阿毘達磨仏教における
業論の研究

A Study of Karma Doctrine in Abhidharma Buddhism

説一切有部と上座部を中心に

清水俊史
［著］

大蔵出版

はしがき

本書は、筆者が佛教大学大学院在学中から取り組んできた業の研究をまとめたものである。本書の各部各章のもととなった論文は巻末の初出一覧に掲げたが、一書にまとめるにあたり、適宜、加筆修正を施した。

業の思想はインドにおいて広く受け入れられ、業によって人々は輪廻し、その輪廻を終極させることこそがインド諸宗教の究極目標とされてきた。仏教では、人々がどのように業をつくり輪廻するのか、そもそも業とはいかなる性格を有するものなのか、そして解脱するに際してどのように業が解消されるのかを緻密に教理体系化しており、これを解明することが本研究において貫かれたテーマである。

謝　辞

学部時代から今日に至るまで多くの方々に御世話になりました。本研究をこのようなかたちで一冊の本にまとめることができたのも、ひとえにこれら有縁の方々の御助力あっての賜物と感謝の念に堪えません。まずなにより、博士後期課程より研究活動全般にわたって格別なる御指導と御高配を賜り、学位論文審査の主査に当たってくださいました本庄良文先生に心より感謝申し上げます。また、論文審査の副査に当たってくださった兵藤一夫先生と松田和信先生に厚く御礼申し上げます。

そして、佛教大学において貴重な御教示を賜りました田中典彦学長、並川孝儀先生、森山清徹先生、小野田俊蔵先生、山極伸之先生、五島清隆先生、吹田隆道先生に心より感謝申し上げます。また、研究に対して数々の有益な御教示を賜り、博論提出後には日本学術振興会特別研究員の受け入れ研究者となっていただいている佐々木閑先生に心より感謝申し上げます。西村実則先生、平岡聡先生、加治洋一先生、桂紹隆先生、青原令知先生、細田典明先生、林隆嗣先生からは、様々なかたちで御教示ならびに御声援を頂き、本研究を進める上で大きな励みとなりました。ここに深く感謝申し上げます。

本書の出版に当たっては、渡邊良昭上人に原稿のチェックをお願いし、多大な御苦労をおかけしました。また、佛教大学大学院の中井亮介君、田中裕成君をはじめ、多くの先輩方・友人達から常に学究に対する刺激を頂きました。ここに深く感謝申し上げます。

最後となりましたが、本書の出版をお引き受けいただいた大蔵出版の石原大道社長、ならびに瞠目すべき編集校正をしてくださった上田鉄也氏に心より感謝申し上げます。

なお、本書は日本学術振興会科学研究費（15K16622, 16J05435, 17K13335）による成果である。

2017 年 7 月 28 日

清水 俊史

目　次

はしがき　1

凡　例　15

序　論……………………………………………………………………19

一　業と輪廻　19

二　先行研究の推移　21

（一）　近代仏教学における業　21

（二）　業研究の進展　22

三　研究の目的と範囲　24

（一）　研究の目的　24

（二）　研究の範囲　26

［序論 註　28］

第一部　表の構造（行為の構造Ⅰ）……………………………31

はじめに…………………………………………………………………31

第一章　上座部における表の構造………………………………33

問題の所在　33

第一節　行為の本体　34

第二節　業になる思　35

第三節　速行と継続的行為　37

第四節　業道の解釈　41

第一項　速行思と業道　41
第二項　表と継続的行為　42
結　び　46
第二章　説一切有部における表の構造……………………………48
問題の所在　48
第一節　表と等起　49
第一項　表と継続的行為　49
第二項　身語の表と心　50
第三項　二種の等起　51
第四項　能転心と随転心　53
第五項　小結　54
第二節　表の構造の教理的展開　55
第一項　『大毘婆沙論』『雑心論』── 三性決定説　56
第二項　『倶舎論』以後 ── 三性不定説　58
第三項　三性不定説における表と等起をめぐる議論　59
第四項　世親・衆賢における表の構造　64
結　び　65
総　括………………………………………………………………67
［第一部 註　68］
第二部　無表の構造（行為の構造Ⅱ）………………………………77
はじめに……………………………………………………………77
第一章　無表研究の総括と展望……………………………………79
第一節　予備的考察　79
第一項　三業とその本体　79

第二項　無表の法相的分類　80
第三項　律儀と無表　81
第二節　先行研究の総括　82
第一項　舟橋水哉と加藤精神　82
第二項　加藤精神と舟橋一哉　83
第三項　舟橋一哉以後　84
⑴　無表の起源　85
⑵　無表と異熟果　86
第三節　無表研究の展望　87
第二章　静慮律儀と無漏律儀の構造……………………………………88
問題の所在　88
第一節　随心転の無表の得　89
第二節　随心転の無表の捨　92
第一項　静慮律儀の捨　92
［補足］　順決択分の捨　95
第二項　無漏律儀の捨　97
第三節　随心転の無表と輪廻　98
結　び　100
第三章　別解脱律儀の構造………………………………………………101
問題の所在　101
第一節　別解脱律儀の得　102
第二節　例外的な別解脱律儀の得　106
第一項　受戒時の随転心が不善・無記であった場合　106
第二項　受戒時に無心であった場合　107
第三節　別解脱律儀の捨　109
結　び　111

第四章　不律儀の構造……113

問題の所在　113

第一節　不律儀の得　114

第二節　不律儀の捨　115

第三節　不律儀と律儀　116

第一項　律儀が捨せられた場合　117

第二項　不律儀と律儀の対立性　118

結　び　119

第五章　非律儀非不律儀の構造……121

問題の所在　121

第一節　非律儀非不律儀の得　122

第二節　業道の構造　123

第一項　自らなす場合　126

［補足］　表の間に目的が達成されない場合　127

第二項　人に命令して実行させる場合　128

［補足］　命令によって達成された殺生は身業か語業か　129

第三項　まとめ　131

第三節　福業事の構造　131

第四節　非律儀非不律儀の捨　133

結　び　134

第六章　行為論における無表……136

問題の所在　136

第一節　根本業道としての無表　138

第一項　取果・与果　141

第二項　まとめ　143
第二節　助因としての無表　143
第一項　業の軽重　144
第二項　造作業・増長業　147
第三項　まとめ　149
結　び　150

第七章　無表と異熟……152

問題の所在　152
第一節　有部法相の検討　153
第一項　有漏法と異熟果　153
第二項　無表と異熟果　154
第三項　小結　157
第二節　『順正理論』に説かれる衆賢説　157
第一項　衆賢説に反する記述　160
第二項　衆賢説を示唆する記述　162
第三項　小結　165
結　び　165

第八章　上座部における無表不要論……167

問題の所在　167
第一節　戒　168
第二節　命令による根本業道　170
第三節　福徳の増大　173
結　び　176

総　括……178

［第二部 註　179］

第三部　業果の理論……217

はじめに……217

第一章　上座部における相続転変差別……219

問題の所在　219
第一節　上座部における無我と相続の理解　220
第二節　相続と種子の譬え　223
第三節　相続転変差別の理論　226
結　び　230

第二章　説一切有部における与果と得……233

問題の所在　233
㈠　先行研究の成果　233
㈡　本研究の目的　236
第一節　加藤精神説と Dhammajoti 説　237
第一項　加藤精神説　237
第二項　Dhammajoti 説　239
第二節　得と与果が関係する場合　241
第三節　得と与果が関係しない場合　244
第一項　上地・下地に再生する場合　244
第二項　色界・無色界の有情が上地を得る場合　246
第三項　不定業について　249
結　び　249

総　括……251

［第三部 註　253］

第四部　修道論における業滅と造業……269

はじめに……269

第一章　不定業と既有業……271

問題の所在　271

第一節　有部における定業・不定業　271

第一項　教理化以前の段階　272

第二項　『発智論』における定業・不定業　274

第三項　『大毘婆沙論』以後における定業・不定業　274

第四項　「塩喩経」に対する有部の見解　276

第五項　小結　279

第二節　上座部における既有業　279

第一項　既有業の教理形成　280

第二項　感果の不定　281

第三項　時期の決定　282

第四項　阿羅漢と既有業　284

(1)　阿羅漢と現世でなした業　284

(2)　阿羅漢と過去世でなした業　285

(3)　まとめ　286

第五項　初期経典に対する上座部註釈の見解　287

(1)　『増支部』第3集, 第99経　287

(2)　『増支部』第10集, 第208経　289

(3)　『増支部』第3集, 第33経　290

第六項　小結　294

結　び　294

第二章　上座部修道論における業滅……296

問題の所在　296

第一節　業滅の順序　297
第一項　ジャイナ教における事例　297
第二項　韻文資料における事例　299
第三項　散文資料における事例　300
⑴『増支部』第3集, 第33経の韻文部と散文部　304
⑵ まとめ　305
第四項　註釈文献における事例　305
⑴『長老偈』第80偈　306
⑵『スッタニパータ』第537偈　307
⑶『相応部』第35章, 第145経　308
第五項　小結　309
第二節　煩悩を助縁とする資料　310
第一項　初期経典における事例　310
第二項　註釈文献における事例　312
第三節　業滅の起こる主体　314
第四節　預流と不還　316
第一項　結の定義　317
第二項　三結と五下分結　318
結　び　321
第三章　上座部における四無量心と世間的業滅……………………324
問題の所在　324
第一節　四無量心と業滅　324
第二節　四無量心に関する註釈文献の検討　325
第一項　①『長部』第13経、②『中部』第99経、
③『相応部』第42章, 第8経　326
第二項　④『増支部』第10集, 第208経　329
第三項　⑤『ジャータカ』第169話　332

第四項　小結　333
第三節　重業の定義　333
結　び　335
第四章　説一切有部修道論における業滅……………………………337
問題の所在　337
第一節　説一切有部における煩悩と業滅　337
第二節　不堕悪趣の理論　339
第一項　不堕悪趣と煩悩の関係　340
第二項　忍位と不堕悪趣　343
第三項　小結　345
第三節　定業と業障　346
第一項　定業　346
第二項　業障　347
第三項　三時障　349
第四節　業の清算　350
結　び　354
第五章　阿羅漢の行為論……………………………………………357
問題の所在　357
第一節　上座部における阿羅漢の行為　357
第二節　説一切有部における阿羅漢の行為　360
第一項　問題点①について　361
(1)　意業（非色法）　361
(a)　断と不成就　361
(b)　自性断と所縁断　363
(2)　身語業（色法）　368
第二項　問題点②について　370

結　び　373

第六章　聖者と飲酒……………………………………………………374

問題の所在　374
第一節　性罪 / 世間罪と遮罪 / 制定罪　375
第二節　説一切有部における理解　376
第三節　上座部における理解　377
結　び　379

総　括……………………………………………………………………380

［第四部 註　382］

第五部　業論と聖典解釈…………………………………………………409

はじめに…………………………………………………………………409

第一章　上座部におけるアングリマーラ………………………………410

問題の所在　410
第一節　アングリマーラ関連資料の構造　412
第二節　アングリマーラの阿羅漢果と業滅　413
第一項　『長老偈』第 871 偈相当資料の検討　414
第二項　『長老偈』第 872 偈相当資料の検討　416
第三項　まとめ　419
第三節　大量殺人の悪業と、無間業に対する配慮　420
第一項　三時業・三障・五障害の定義　420
第二項　五無間業と大量殺人の悪業　423
第三項　まとめ　425
第四節　アングリマーラの苦受　425
第一項　業の転換と苦受　426

第二項　アングリマーラの悪業と苦受　429
第三項　上座部教理に基づく再解釈　430
第五節　「業の異熟」の原意と再解釈　432
結　び　436

第二章　説一切有部におけるアングリマーラ……………………438

問題の所在　438
第一節　有部論書におけるアングリマーラ理解　438
第一項　「無間業の加行不可転」をめぐる議論　440
第二項　小結　441
第二節　有部伝承におけるアングリマーラ説話　442
第一項　有部所伝のプロット　442
第二項　『出曜経』における一致　443
第三項　小結　445
結　び　446

第三章　上座部における宿作因論批判……………………………447

問題の所在　447
第一節　苦受　448
第一項　初期経典と『ミリンダ王の問い』　448
第二項　上座部教理　448
第二節　死没　451
第一項　『ミリンダ王の問い』　451
第二項　上座部教理　451
第三節　業論と宿作因論の差異　453
結　び　454

第四章　施餓鬼の構造……………………………………………456

問題の所在　456
第一節　上座部における施餓鬼の構造　458
第一項　『論事』における施餓鬼　458
第二項　『ミリンダ王の問い』における施餓鬼　461
第三項　小結　466
第二節　有部における施餓鬼の構造　467
第一項　『発智論』における施餓鬼　467
第二項　『婆須蜜論』『大毘婆沙論』『順正理論』における施餓鬼　467
第三項　小結　470
結　び　470
総　括……………………………………………………………………471
［第五部 註　472］
結　論……………………………………………………………………487
初出一覧　489
Abbreviations　491
アルファベット略号　491
漢訳資料の略号　498
シリーズとして出版された原典訳　499
Bibliography　500
索　引　517

凡 例

○（ ）は、言葉を言い換えたり、補足的な説明を付す場合に用いている。
○〔 〕は、訳文を理解しやすくするために言葉を補う場合に用いている。
○本研究において使用したテキスト・参考文献などに関する略号は、巻末のAbbreviationsとBibliographyにまとめた。これらの資料は、次のような表記によって引用されている。

・MNA. 86（Vol. III, pp. 339.7–340.4）とある場合、「中部第86経に対する註釈（MNA. 86）、第三巻、339頁の7行目から340頁の4行目」を意味する。

・『大毘婆沙論』巻114（T27. 590a26–b12）とある場合、「玄奘訳『大毘婆沙論』第114巻、大正新脩大蔵経第27巻、590頁上段26行目から中段12行目」を意味する（cは下段を意味する）。

・中村元［10: pp. 467.17–468.2］とある場合、「中村元［10］に当たる先行研究の467頁の17行目から468頁の2行目」を意味する。また、通常の研究は［1980］というように、その研究が発表された西暦をもってこれを表示する。同年に同一著者の複数の研究が発表されている場合には、［1980a］［1980b］というようにアルファベットをもってこれを区別し、同一タイトルの研究が複数巻にわたって刊行されている場合には、［1980 i］［1980 ii］というようにローマ数字をもってその巻数を表示する。また、全集・著作集などについては、刊行年ではなく全集・著作集の巻数をもってこれを表示する（例：中村元［10］）。

・日本人研究者による先行研究は、「姓」だけの言及では同姓研究者の混同を招くため、「姓名」を併記して引用した。ローマ字によって記述される諸外国の先行研究は、「姓」による引用を基本として（例：Schmithausen［1967］）、必要に応じて「名」や「ミドルネーム」のイニシャルを併記している（例：Rhys Davids, T. W.［1908］, Rhys Davids, C. A. F.［1923］）。

○本書におけるパーリ聖典の経典番号は、赤沼智善『漢巴四部四阿含互照録』（1958, 破塵閣書房）に従っている。
○本書における原典の引用にあたっては、CBETA（中華電子仏典協会）, SAT（大蔵経テキストデータベース委員会）, GRETIL（Georg-August-Universität Göttingen）, TBL（University of Oslo）, VRI（Vipassana Research Institute）などが公開しているデータベースを参照・利用している。
○本書におけるパーリ文献の本文は、基本的にPali Text Society版（PTS版）を底本にしているが、他文献に見られる並行文や、註釈文献に引用される本文、ビルマ第六結集版（Vipassana Research Institute版, VRI版）の読みを参照しながら適宜修正している。『法集論註』（DhsA.）などPTS版の校定に難があると判断される場合には、引用の頁数はPTS版のものを示しながらも、その異読の多くはVRI版に従っている。また、PTS版が未出版のティーカー文献などは、VRI版を底本としている。
○ PTS版とVRI版との間にある異読を註に付した。ただし、鼻音の表記の違い（例：saṃ-

= saṅ- = san-）や、子音の表記の違い（例：vy- = by-)、母音の長短の違い（例：vedanīya = vedaniya）によって意味に変化が生じない場合（すなわち表記の揺れである場合）には、必ずしもこれに一々言及したり、統一したりはしていない。

○ 本書に引用される漢訳文献の本文は、基本的に大正新脩大蔵経に収録されたものに従っているが、必要に応じて三本・宮本などに基づいて修正したものを用いている。

○ 引用文あるいは和訳中の文章の位置づけを明確にし読解を容易にするために、問答などの箇所に適宜【 】で語句を補い（例：【問】【答】)、法数の一々を列挙している箇所などには(1)(2)と数字を挿入した。また、対論者などを区別するために(A)(B)を補った箇所もある。

○ 訳出における改行・段落分けなどは、底本にこだわらず、適宜変更している。

○ 訳出にあたっては『南伝大蔵経』『国訳一切経』など各種出版されている和訳や、先行研究によって提示されているものを最大限参照している（巻末の Abbreviations と Bibliography を参照)。

○ 一重線のアンダーラインは引用されている箇所を表す。**太字**は引用している箇所を表す。

○ 波線のアンダーライン、ならびに傍点は、本論中の論旨において強調したい箇所を表す。

阿毘達磨仏教における業論の研究

―説一切有部と上座部を中心に―

序　論

本書は五世紀ごろに最盛を迎えた「阿毘達磨」（Skt: Abhidharma, Pāli: Abhidhamma）と呼ばれる教理体系を考察して、そこに説かれる「業」（Skt: karman, Pāli: kamma）の理論を明らかにすることを目的としている。まず序論では、本書が研究対象とする業の思想的位置づけと、これまでの研究成果を振り返ることで問題の所在を明らかにしたい。

一　業と輪廻

古くはヴェーダ文献の中にその萌芽が見られる「業と輪廻」の思想は、その後、ブラーフマナやウパニシャッドを経て徐々に体系化されていった。その過程で、行為（業）は表層的な行いだけではなく、その行為が何らかの結果を行為者当人にもたらすまでの余勢をも含意するようになり、これが輪廻説と結びついて業報輪廻の思想が生まれた。この思想はインド文化圏共通の公理となり、この輪廻から如何に解脱するのかがインドにおける宗教家たちの課題となった[1]。

前六世紀から前五世紀ごろに起こった仏教やジャイナ教をはじめとする沙門宗教も、この「業と輪廻」の公理を受け入れて、解脱して輪廻を終極させるための方途を、それぞれが独自の立場から考究した。ジャイナ教はこの業と解脱（輪廻）の関係について、明快な解答を与えていることが知られる。それによれば、輪廻を引き起こす原因は業であるから、新たに業を積まないように感官を抑制し、修行によって過去につくってしまった業を破壊しきれれば、輪廻から抜け出すことができる、というものである[2]。

一方の仏教においては、このような明快な回答が与えられていない。なぜなら、この業と解脱（輪廻）に加えて、煩悩という第三の要素が絡むからでである。すなわち仏教では、「業」が輪廻を引き起こす直接的な原因であると認めながらも、輪廻を終極させるためには「煩悩」を断ずる必要があるという二重構造を説く。さらに、仏陀の金口直説と伝承される阿含・ニカーヤにおいてさえ多種多様な教説が含まれており、それらは必ずしも一貫性をもって理解できるわけではない。たとえば、ある経典では煩悩を断ずることによって解脱すると説かれていたり、他の経典では業を断ずることによって解脱すると説かれていたり、また別の経典では煩悩や業には触れられないまま仏弟子の解脱が説かれていたりする。

このような多様な教説の中から仏陀の真意を取り出そうとする試みが、仏陀なき後に始まった。その痕跡はすでに阿含・ニカーヤのうちにも確認されるが、これが体系的に組織化されたのは部派分裂の後である。この試みは、やがてそれぞれの部派において「阿毘達磨」と呼ばれる教理体系として結実することになる。この阿毘達磨のうち、北インドで勢力を誇った説一切有部と、スリランカを中心に栄えた上座部のものだけがまとまった形で現在まで伝わっており、その他の部派のものは散逸してしまい断片的にしか残っていない。この両部派に伝わる阿毘達磨の内容は、お互いに全く異なっているが、「煩悩を起こすことで業を積み、その業を原因として輪廻する。この輪廻から脱するためには煩悩を断ずる必要がある」という点では一致している。しかし、「解脱するために業はどのような位置づけにあるのか」についての両部派の見解は、必ずしも明瞭ではない。

たとえば、五世紀ごろに著された説一切有部の代表的綱要書『俱舍論』は、第六章「賢聖品」において、解脱するために修行階梯のどの段階でどのような煩悩を断じていくのか説明しているが、業の問題についてはほとんど触れていない。また、『俱舍論』第四章「業品」は、その名の示す通り「業」について体系的に論じる章であるが、そこでは「どのような種類の業があるのか、その業はどのようにつくられ、どのような果報を与えるのか」が主たる関心であって、解脱と業の関係が明示されているわけではない。

同様の傾向は上座部においても確認される。五世紀ごろにブッダゴーサによって著された上座部の代表的綱要書『清浄道論』では、業に関するまとまった記述は第十九品「度疑清浄」に見られるのみであり、それも業を種々の観点から分類した列挙に過ぎない[3]。

このように、両部派の阿毘達磨における業・煩悩・解脱の関係は、必ずしも資料中において明示されてはいない。しかしながら、両部派ともにこの問題に全く無関心だったわけではなく、資料の各所に断片的な記述が散見される。したがって、阿毘達磨における業・煩悩・解脱の関係を知るためには、この断片的記述を繋ぎ合わせなければならないが、未だこの試みは十分に果たされてはいない。

二　先行研究の推移

（一）　近代仏教学における業

文献学的手法に基づく近代仏教学はおよそ十九世紀後半から始まったが、当初、「業」の研究が高い注目を浴びることはなかった。このような背景には、当時の学術的関心が、近代的常識に適った理想的人間としての仏陀を探求することにあった点を忘れてはならない[4]。したがって、業や輪廻といった思想は、「迷信に過ぎない。仏教の本質ではない」として関心を集めることはなかった[5]。近代仏教学の立役者である T. W. Rhys Davids（1843-1922）や H. Oldenberg（1854-1920）は、大乗経典などに比して神話的装飾の少ないパーリ初期経典を材料として、そこから古い部分を抽出し、後に付加されたであろう要素を省くことによって、史的人物としての仏陀を追うことができると考えた[6]。

このような西洋における事情は、その方法論を輸入した日本の学的事情においても当てはまる。たとえば、「根本仏教」を提唱した姉崎正治（1873-1949）は、著書『現身仏と法身仏』（1904）の中で、「確実の歴史の中に、永遠の真理は見らるべければなり」と宣言して、歴史的人物としての仏陀の探求を目指した[7]。木村泰賢（1881-1930）は、その著書『真空より妙有へ』（1929）の中で、近代仏教学が導入されて以降、歴史的部門の研究や原始仏教の研究は盛んになったものの、その一方で倶舎や唯識といった教理を純粋に思想問題として論究することが大いに衰えたことに言及している[8]。このような学界の動向に合わせて、業の思想も取るに足らない神話・迷信の一つであると位置づけられたきらいがある。和辻哲郎が『原始仏教の実践哲学』(1927) の中で、たとえそれが経典の中に説かれていたとしても業報輪廻は原始仏教の実践哲学に属していないと主張したことは、この動きに一層拍車をかけたと思われる[9]。先の木村泰賢は、当時にあって業研究の重要性を訴えた数少ない研究者であるが、『原始仏教思想論』(1922) の中に「業説の価値について」という附論をわざわざ付け加えていることは[10]、当時の業研究への評価を物語っていよう[11]。

このような学問的潮流だけでなく信仰という面からも、明治から昭和初期にかけての仏教界は、実証主義的な科学知識に適うように仏教を近代化させる必要に迫られていた。これまで信じられてきた須弥山や極楽浄土などといった仏教的宇宙観を、そのままの意味で受け入れることが難しくなったからである。その中でも業と輪廻の問題は、仏典に説かれる神話・迷信として腫れ物の如くに扱われたきらいがある。「迷信の勦絶」を標榜に掲げた新仏教同志会は、1905 年に「来世の存在を信じるか否か」を問う質問状を当時の仏教者たちに送り、その返答をまとめて『来世之有無』を刊行した。その返答の内容は千差万別であり、回答そのものを避けたものも多く見られるが、「来世が有る」と明確に答えた者は少数である。このような啓蒙の嵐が過ぎ去り、業の教理研究が大きく飛躍するためには、舟橋一哉著『業の研究』が登場する 1954 年まで俟たなければならなかった。

(二) 業研究の進展

仏教における業の研究に関しては、1951 年に山口益が『世親の成業論』を刊行し[12]、これに触発されて舟橋一哉が 1954 年に『業の研究』を刊行したことが大きな一歩となった[13]。無論、『業の研究』が刊行されるまで、業に関する研究が全くなされていなかったわけではなく、1920 年代から 1930 年代にかけて重要な研究が国内外で発表されており[14]、それらを総合する機運は徐々に高まっていた。とりわけ日本国内においては、明治から始まった啓蒙の嵐の中にあっても例外的に『俱舎論』だけは研鑽が続けられ、無表（身語の非表示的行為）の持つ役割について舟橋水哉と加藤精神が議論を交わし[15]、業果がどのように接続されるのかについて加藤精神と荻原雲来が議論を交わしている[16]。先に述べた舟橋一哉による研究は、これら諸学者による成果や議論を踏まえた上でのものである[17]。

しかしながら、その後の学界に与えた影響力という点からすれば、舟橋一哉による『業の研究』こそが仏教における業研究の始まりであると評価し得る。この『業の研究』によって、初期経典から阿毘達磨教理に至るまでの業思想の全体像とその問題点が初めて明らかになり、これを一つの起点として、続々と業研究が発表されるようになった。

まず、有部業論については、平川彰、河村孝照、櫻部建、兵藤一夫、福原亮厳、武田宏道、Dhammajoti らによる成果が次々と発表され[18]、舟橋一哉が1987 年に梵文『俱舎論』業品の全訳を刊行し[19]、これに続いて佐々木現順が1990 年に『順正理論』業品の読解研究書を刊行したことで[20]、教理の全体像を把握することが容易となった。また、無表研究については、1960 年代から1980 年代にかけて河村孝照、山田恭道、三友健容、工藤道由、佐古年穂らによる論考が集中して発表され[21]、2000 年代に入ってからは Dhammajoti, 青原令知、松島央龍らの研究によって再び活気づいている[22]。そして、業果の接続についても、近年になって Dhammajoti, 那須良彦、松島央龍の研究によって新しい見解がもたらされている[23]。

また、初期仏教における業についても関心が持たれた。1960 年代から 1970 年代を中心にして、水野弘元、西義雄、雲井昭善、藤田宏達らが初期経典に説かれる業を種々の角度から検討し、その特徴を明らかにした[24]。中村元も「倫理」という側面から、初期経典に説かれる善悪論や業思想を網羅的に考察している[25]。1989 年に榎本文雄は、論考「初期仏教における業の消滅」の中で、業の異熟が漸減・消滅してしまう「業滅」に着目し、それが仏教における煩悩・業・解脱（輪廻）の関係を知る上で重要な鍵となることを示した[26]。

この榎本文雄による研究は注目を集め、その後、説話文学を中心として平岡聡が[27]、『倶舎論』を中心として佐古年穂が[28]、パーリ資料を中心に浪花宣明や藤本晃が[29]、それぞれ「業滅」に関する論文を発表した。

パーリ上座部教理における業については、水野弘元が 1964 年に『仏教の心識論』を刊行して上座部の心識論を網羅的に考察したことが、業研究にとっても重要な一歩を刻むこととなった[30]。上座部では身語業であってもそれは思の表れであると解釈するため、心識論の研究が業思想の解明に直接結びつくからである。1970 年代には J. P. McDermott によって、『論事』や『ミリンダ王の問い』に説かれる業思想が研究の対象となった[31]。その後しばらくは、後述する施餓鬼を除いて、上座部の業研究に目立った進展は見られなかったが、1990 年代以降には林隆嗣によって、『法集論註』などを対象とした研究が発表されるようになる[32]。この林隆嗣による一連の業研究は、上座部資料のみならず北伝資料までも目配りの行き届いた緻密なものである。

また、業にまつわる重要なトピックとして、施餓鬼が注目されたことは特筆に値する。1970 年代から現在に至るまで、施餓鬼に説かれる廻向が自業自得か他業他得かをめぐって、初期経典から後代の註釈文献に至るまでを研究対象としながら、国内外で多くの研究が発表されている[33]。この施餓鬼・廻向については、『餓鬼事註』を中心に考察した藤本晃による『廻向思想の研究』(2006) が最大にして最新の成果である[34]。

三　研究の目的と範囲

(一)　研究の目的

このように、仏教における業の研究は、無表の議論を除けば、戦後になってようやく本格的に始まった。近代化の中で生じた歴史的バイアスが徐々に取り除かれ、この半世紀余りの間に様々な角度から業の研究が積み上げられてきたことは、それが仏教の理解を深める上で最も重要なテーマの一つであるという認識が浸透してきた証左である。業報輪廻の思想がアジア圏全般に与えた影響や、仏教の目標が解脱して輪廻を終極させることにあったことを鑑みても、これは正当な評価であろう。本書は、これまでの先行研究に誘われながら、次の四点を研究の目的としたい。

【1：行為の構造を明らかにする】 第一の目的は、これまでの先行研究による成果を引き継ぎながら、「行為」（業）が如何に成り立つのかについて理解を一層深めることである。これまでの説一切有部における業研究は、無表（avijñapti, 身語の非表層的行為）の解明が最大の焦点であった。しかし、無表は行為を構成する一要素に過ぎない。すなわち、有部の行為論においては、行為を完成させるためにはまず意思が必要であり、それによって表（vijñapti, 身語の表層的行為）が起こされ、その表の力によって無表が引き起こされると理解されている。この一連の流れを構造的に理解することで、「殺生」や「受戒」といった継時的時間性のある行為がどのように成立するのかを明らかにしたい。これが明らかになることによって、有部行為論における無表の役割をより明確に位置づけることが可能になるだろう。さらに、この表（viññatti）については上座部においても同様の理論が説かれているので、これを有部のものと比較させて両部派における行為論の特徴を明らかにしたい。これについては第一部「表の構造」と第二部「無表の構造」において考察する。

【2：業が果を起こす理論を明らかにする】 第二の目的は、「過去になした業が、どのようなプロセスを経て未来に果を結ぶのか」という業果を接続させる理論を明らかにすることである。説一切有部におけるこの問題については荻原雲来の説が長らく定説として受け入れられてきたが、近年になってDhammajotiらが新しい理解を提示し始めた。そこで本書では、これら諸説の是非を問い直すことで、有部における業果の接続理論を明らかにしたい。加えて、これまで仔細に研究されることはなかった上座部におけるこの問題についても考察し、両部派の理解を比較することで、その特徴を明白にさせたい。これについては第三部「業果の理論」において考察する。

【3：修道論における業・煩悩・解脱の関係を明らかにする】 第三の目的は、修道論において業・煩悩・解脱という三者がどのような関係で理解されていたのかを明確にすることである。すなわち、「業が輪廻を引き起こしな

がらも、解脱して輪廻を終極させるためには、業ではなく煩悩を断ずる必要がある」という二重構造を、どのように仏教は理解していたのかを明らかにしたい。序論の一において述べたように、これは重要な課題であるにもかかわらず未だ十分に研究されていない。この問題を紐解く手がかりとしては、序論の二（二）において述べた「業滅」という視点からの研究が重要となる。従来の諸研究は、一部の資料に見られる用例を扱っていたが、本書では上座部と説一切有部の「修道論」という大きな枠組みの中でこれを扱う。これについては第四部「修道論における業滅と造業」において考察する。

【4：阿毘達磨の業論と経典の間にある齟齬はどのように解消されているのか】　第四の目的は、阿毘達磨における業論と、初期経典に残された字義との間にある齟齬について考察することである。説一切有部と上座部がそれぞれ保持する阿毘達磨は、ともに初期経典（阿含・ニカーヤ）に説かれる教えをもとに構築されたはずである。ところが、両部派の阿含・ニカーヤはある程度一致するのに対し、阿毘達磨の相違はそれとは比較にならないほど大きい。また、阿含・ニカーヤの内容は、必ずしもそれを保持する部派の阿毘達磨教理と一致するわけではない。そこで、上座部の註釈文献や説一切有部の阿毘達磨文献を検討して、そこに引用される経典が、どのように再解釈されているのかを考察する[35]。これについては第五部「業論と聖典解釈」において考察する。

（二）　研究の範囲

本書は前項で挙げた四点について、説一切有部と上座部に伝わる資料を研究対象とし、両部派の教理を対比しつつ研究を進める。これは、諸部派の教理を対比することで有部教理の特徴をより明確にした舟橋一哉著『業の研究』の手法に倣っている[36]。また、この両部派を取り上げる理由は、他の部派に比べてもともと現存する資料が圧倒的に豊富である上に、さらにこの半世紀余りの間で検討可能な資料が飛躍的に増加していることによる。有部資料については、『倶舎論』（*Abhidharmakośabhāṣya*）の梵本が刊行され、さらに称友

(Yaśomitra）の註を含む全訳が発表されたことで、有部阿毘達磨研究は新たな段階を迎えた[37]。また、上座部資料については、膨大に残されている註釈文献の整理が進み、重要な典籍については現代語訳が一通り揃ったと言える[38]。このように文献学を遂行する上での基盤が整ったことで、本書の目標を達成するための機が十分に熟したと考えられる。

そこで本書は、説一切有部においては世親（Vasubandhu）や衆賢（Saṃghabhadra）による著作を、上座部についてはブッダゴーサ（Buddhaghosa）やダンマパーラ（Dhammapāla）による著作を考察対象の中心とする。とりわけ世親とブッダゴーサは、それぞれの部派において最も影響力があるだけでなく、登場年代もおよそ五世紀と重なっているため、両部派の資料を比較する上で最良の指標となる。もちろん、両部派ともにこれら以外にも多くの資料を保持しており、本書も両部派の正確な教理史を提示するために可能な限り多くの資料を検討することは言うまでもない。しかし、両部派の教理を比較する際には、影響関係などを明確にするためにも、上記の論師たちに限ることで正確を期したい[39]。

序論　註

1　後藤敏文［2009］, 阪本（後藤）純子［2015］.

2　長崎法潤［1974］［1979］, 中村元［10］.

3　Vis.（pp. 601.1-603.28）.

4　「悟り」（bodhi）に「啓蒙」（enlightenment）という訳語を与えていることは、この事実を端的に表していると言えよう（PTSD の bodhi の項を参照）。このような動向は、これと同時期のキリスト教自由主義神学者たちが、旧来の伝統的なカトリック神学を唾棄すべきものとして、聖書の本文に向き合い、それを非神話化することで史的イエスを探求したことと類似している。仏教においては、上座部阿毘達磨研究の開拓者である C. A. F. Rhys Davids（1857-1942）さえも、1923 年に著した論文の中で、阿毘達磨とその註釈書がスコラ学的色合いを強く残していて、何の展望ももたらさない無用の長物かのような低い評価を下した（Rhys Davids, C. A. F.［1923］, 西村実則［2012: pp. 81.3-84.12］）。

5　たとえば、Rhys Davids, T. W.［1908: p. 77.16-23］を参照。

6　結果的に、史的仏陀の生涯を詳らかにしようとする試みは頓挫してしまった。増谷文雄［5: p. 345.7-8］（=［1962: p. 341.12-13］）は、成立が古いと考えられる阿含・ニカーヤを中心にして史的人物としての仏伝を再構成しようとしたが、「初転法輪から大般涅槃にいたる中間の期間 ── それはほとんど半世紀にわたるながい期間であった ── については、後の仏伝もまた、ほとんど空白にひとしい」と述べている。すなわち、阿含・ニカーヤの編纂者たちには「仏陀の伝記」を残そうという意図がほとんどなかったため、正確で詳細な仏陀の事績を知り得ることはほぼ不可能であると言ってよい。

中村元［11］［12］［13］［14］［15］［16］［17］［18］による膨大な初期仏教研究の成果も、史的仏陀の事績を解明するというよりは、むしろその思想的原点を探ろうとする性格が強い。このような研究姿勢は、奇しくも近代自由主義神学者たちが追い求めた史的イエス像が、実際には初期キリスト教の思想的傾向であって、こうした思想的傾向の出発点となる思弁的キリスト論であったことに比されよう。

また近年では、森章司を代表として、「原始仏教聖典資料による釈尊伝の研究」と題する共同研究が進められている。この研究では膨大な資料が用いられており、仏陀のみならず仏弟子たちの年譜まで考察していて興味深い情報が提示されている。しかし、その結論の妥当性や研究方法の精密さについては、今後より一層慎重な検討を必要とする課題を抱えていると思われる。

7　姉崎正治［1904（= 1925）: 序言 p. 3.13-14］.

8　木村泰賢［6: pp. 40.2-44.11］（=［1929: pp. 25.2-31.9］）.

9　和辻哲郎［5: pp. 292.18-293.3］（=［1927: p. 461.1-6］［1970: pp. 292.18-293.3］［2011 i: p. 195.1-5］）.

10　木村泰賢［3: pp. 184.14-191.15］（=［1922a: pp. 217.5-225.14］）.

11　ここでの木村泰賢による業説への弁護は、必ずしも過去世・来世の実在を前提としておらず、現世のうちに当人の中だけで完結する因果関係が強調されている。このことも当時の輪廻説への風当たりの強さを窺わせる。

12　山口益［1951］.

13　舟橋一哉［1954a］.

14　La Vallée Poussin［1927］, 木村泰賢［4］(=［1922b］),［5］(=［1935］), Lamotte, É.［1936］= 英訳 Lamotte, É. (Pruden, L. M. tr.)［1988］, 赤沼智善［2］などが特に重要な成果である。

15　両者の議論の推移については加藤精神［1928］［1929］に手際よくまとめられている。この加藤精神の論文を受けて、舟橋水哉は後に自説を撤回している（舟橋水哉［1943］)。

16　とりわけ加藤精神と荻原雲来の知見には驚くべきものがある。

17　加藤精神［1928］［1929］, 荻原雲来［1928］(=［1938: pp. 1025-1030］).

18　平川彰［11: pp. 184-249］(=［1964: pp. 165-222), 河村孝照［1963］［1986］, 櫻部建［1978］［1979］, 兵藤一夫［1980］, 福原亮厳［1982］, 武田宏道［2000］, Dhammajoti［2007］(=［2009a］).

19　舟橋一哉［1987］.

20　佐々木現順［1990］.

21　河村孝照［1963］, 山田恭道［1972］, 三友健容［1976］［1977a］［1977b］［1978］, 工藤道由［1982］［1983a］［1983b］［1983c］［1985］, 佐古年穂［1985］［1987］.

22　青原令知［2005］［2006］［2010］, 松島央龍［2007］［2010b］［2011］.

23　Dhammajoti［2003］,［2007］(=［2009a］), 那須良彦［2004］, 松島央龍［2010a］.

24　水野弘元［1954］,［1960］(=［2: pp. 159-180］),［1974］(=［2: pp. 181-205］), 西義雄［1967］(=［1975: pp. 545-588］), 雲井昭善［1967: pp. 375-425］［1974］［1976］［1978］［1979］［1988］［2003］, 藤田宏達［1974］［1976a］［1976b］［1978］［1979］を参照。また、舟橋一哉［1972］［1974］も初期仏教における業思想を考察している。

25　中村元［17］［18］.

26　榎本文雄［1989］.

27　平岡聡［1992］［2002］［2008］.

28　佐古年穂［1997］.

29　浪花宣明［1994］［1996］［2008: pp. 253-300］, 藤本晃［2000a］.

30　水野弘元［1964］(=［1978］).

31　McDermott［1975］［1977］.

32　林隆嗣［1993］［1994］［1999a］［2000］［2003］［2005］［2010］［2011］.

33　Malalasekera［1967］, Gombrich［1971］, Spiro［1971］, 櫻部建［1974］(=［2002: pp. 136-147］), McDermott［1975］［1977］, Schmithausen［1986］, Withanachchi［1987］, 浪花宣明［1987: pp. 143-152］, 入澤崇［1989］, 林隆嗣［1999a］.

34　藤本晃［2006］.

35　これに加えて、阿毘達磨教理に合わせて初期経典そのものが再編集されている可能性も考察する。

36　舟橋一哉［1954a］.

37　『倶舎論』（*Abhidharmakośabhāṣya*）の梵本については Abbreviations の AKBh. を参照、および称友による註釈『称友疏』（*Sphuṭārthā Abhidharmakośavyākhyā*）の梵本については Abbreviations の AKVy. を参照。これら両書の和訳としては、【界品・根品】櫻部建［1969］, 荻原・山口［1933–1939］,【世間品】山口・舟橋［1955］（ただし、AKBh. はチベット訳からの和訳）,【業品】舟橋一哉［1987］,【随眠品】小谷・本庄［2007］,【賢聖品】櫻部・小谷［1999］,【智品・定品】櫻部・小谷・本庄［2004］,【破我品】櫻部建［1960］, 舟橋一哉［1962］, 村上真完［1993a］［1993b］を参照。また、『倶舎論』に引用される阿含経典を紹介する特異な註釈『ウパーイカー』（AKUp.）の全訳も発表された（本庄良文［2014］）。漢訳『倶舎論』からのフランス語全訳に La Vallée Poussin［1923–1931］があり、これを英語に重訳した研究が二つある（La Vallée Poussin（Pruden, L. M. tr.）［1988–1990］, La Vallée Poussin（Lodrö Sangpo tr.）［2012］を参照）。

　さらに、梵本校定本が出版された有部論書『灯明論』（*Abhidharmadīpavibhāṣāprabhāvṛtti*）の和訳には三友健容［2007］がある。

38　版本としては Dhammagiri-Pāli-ganthamālā シリーズの出版が最も重要である。これによって註釈や復註までも含めた上座部テキストが容易に参照できるようになった。

　日本においては、古くは『南伝大蔵経』によってパーリ三蔵の大部分が訳出され、その中でも水野弘元による『清浄道論』の訳註研究は現在でも最高水準の研究である。もちろん、近年においても重要な成果が続々と刊行されている。大蔵出版から刊行されている片山一良『パーリ仏典』のシリーズは、ニカーヤの本文のみならず重要箇所のブッダゴーサ註まで併せて訳出されており至便である。また、春秋社から刊行されている中村元監修『ジャータカ全集』、中村元監修『原始仏典』、村上真完・及川真介による『仏のことば註』（SnA. 全訳）と『仏弟子達のことば註』（TheragA. と TherīgA. の全訳）、及川真介『仏の真理のことば註』（DhpA. 全訳）なども重要な成果である。そして、浪花宣明によって『分別論註』『分別論復註』の和訳（浪花宣明［2004］）と、『法集論註』『法集論復註』の和訳（浪花宣明［2014］）が平楽寺書店より刊行され、阿毘達磨教理研究にとって大きな一歩となった。

　海外の成果としては、古くから現在に至るまで Pali Text Society からパーリ聖典の校定本と英訳研究が刊行され続けている。特に近年では、P. Masefiled によって『イティヴッタカ註』や『ウダーナ註』の全訳が刊行されたことは特筆に値する。また、Wisdom Publication から刊行された Bhikkhu Bodhi による『相応部』『増支部』の英訳は、ブッダゴーサ註を参照した上での詳細な註釈が施されており、パーリ聖典訳註研究の白眉ともいえる労作である。

39　個別の有部論書の成立年代・成立順序などについては、木村泰賢［4］（=［1922b］）, 渡辺楳雄［1954］, 福原亮厳［1965］, 櫻部建［1969］, 塚本・松長・磯田［1990］, Frauwallner（Kidd, S. F. tr.）［1995］, Willemen, Ch., Dessein, B. & Cox, C.［1998］などを参照。また、上座部資料の書誌学的研究については、Law, B. C.［1933］（=［2000］）, 前田恵学［別 1］（=［1964］）, 中村元［14: pp. 573–732］（=［旧 14: pp. 259–398］［1956a］）, Norman, K. R.［1983］, 森祖道［1984］, Hinüber［1996］などがある。

第一部　表の構造（行為の構造Ｉ）

はじめに

第一部「表の構造」では、上座部および説一切有部における表（Skt: vijñapti, Pāli: viññatti）の構造、すなわち身体と言語によって遂行される表層的な行為がどのように成立するのかについて検討する。すでに初期経典のうちに業を身・語・意の三つに分類するという考えが生まれている。このうち意業は純粋に精神的な活動であるから、心で思えばそれだけで業が成立し、それは内面的な精神活動であるから、我々が実際にその活動を見たり聞いたりして直接確認することはできない。一方、身業と語業は心で思うだけでは成立せず、身語による動作（表）を伴うものであるから、実際に人々がその「業」を見たり聞いたりして確認することができる。

この身語による動作こそが、これから本書が考察しようとする「表」である。ここで注意しなければならない点は、この表と身語業の関係について、部派教団それぞれが異なる理解を示していることである。すなわち、上座部も有部も身語の動作すなわち表（体の動きや発声）を色法であると設定する。しかし上座部では、思だけが業であり、色法に善悪の自性があることを認めないため、表は業そのものではなく、業（思）によって引き起こされた身語の動作であると理解される（表＝身体・音声、表≠身語業＝思）。一方の有部では、色法にも善悪の自性があることを認めるため、身語の動作である表そのものが業であると理解される（表＝身業＝身体、表＝語業＝音声[1]）。

このように表は身語業そのもの、あるいはそれを構築する重要な要素として理解されている。しかし両部派の阿毘達磨の中で、どのようにこの表が「歩く」や「話す」といった時間的継続性のある動作を完成させているのかは必ずしも明瞭ではない。なぜなら阿毘達磨では、出世間的な立場から諸法を厳密に規定しようとするため、意業・身業・語業もそれぞれ一刹那のうちに生滅する法（Skt: dharma, Pāli: dhamma）として定義されている。このため、「歩く」や「話す」といった身語による具体的な動作は世間的な五蘊相続に過ぎないため、それが阿毘達磨の中で厳密に定義されることはない。そのような事情ゆえに、これら身語による時間的継続性のある動作がどのような構造のもとに成立し得るのか従来明らかではなかった。

そこで第一部では、「何かをしよう」という意思がどのようなプロセスを経て実際の行動を引き起こすのか、という点について考察する。第一章においては上座部について、第二章では説一切有部について、その教理における表の構造を明らかにする。

第一章　上座部における表の構造

問題の所在

本章は、上座部における速行（javana）と呼ばれる心作用が、どのように身語の動作を引き起こし、時間的継続性のある行為を完成させるのかについて考察する。

初期経典から後の阿毘達磨に至るまで、諸資料中には様々な「業」が説かれている。一言で「業」といっても、布施や殺人といった身語による行為としての「業」もあれば、身語の動作がなくとも心で思っただけで成立する「業」も存在する。このような「業」を分析して様々に分類する試みは、初期経典のうちに確認することができる。たとえば、身語意の三業は、その遂行方法によって業を三種に分けている。また十不善業道では、この身語意の三業に具体的な行為を当てはめ、殺生・不与取・欲邪行を身業道に、離間語・麁悪語・雑穢語を語業道に、貪欲・瞋恚・邪見を意業道に分類している。また初期経典中には、ただ「業」を種々に分類するだけではなく、それらがどのように生じるのかを分析する記述も確認される。『増支部』第6集, 第63経「決択経」では、身語意の三業が起こる順序を分析して、思（＝業）が先に起こり、その後に身語意の三業がなされると説かれている[2]。

このような業の分析は、やがて阿毘達磨と呼ばれる法体系の中で緻密に教理化される。上座部の阿毘達磨においては、「業」とは心所法の思（cetanā）であり、一心刹那の出来事であると定義され、身体的な行動である殺生や盗みといった表層的な行為や、貪欲や瞋恚などの心所法は、「業」そのものであるとは理解されない。したがって、上座部における身語意の三業の本質は、いずれもその行為をなさしめる思であると理解されている。このうちの意業は思うだけで成立するが、身語による二業は思うだけでは成立せず、身語による動作といくばくかの時間を必要とする。

これを受けて本章では、上座部において業である思が、どのように身語の行為を引き起こし、殺生や盗みといった行為を成立させているのか、という問題を解明することを目的とする[3]。

第一節　行為の本体

まず本節では、各部派の法相的な面から「業とは何か」という基本的な問題を考察する。色蘊に善悪の差別を認めるか否かは、有部と上座部との業論における最も大きな差異となっている。有部は、精神的要素と同様に、物質的要素（色処・声処）にも善悪があると考えている[4]。一方の上座部は、我々の精神的要素のみに善悪があると理解している[5]。この両部派の違いは、身業・語業・意業の三業の本体に関する解釈にも表れている。有部では身業・語業の本質を色蘊とするが、上座部では三業すべての本質を思（cetanā）に帰している[6]。

有部説：

三業	本　　体
身業	表（形色）、および無表
語業	表（音声）、および無表
意業	思

上座部説：

三業	本　　体
身業	身門を介して顕れる思
語業	語門を介して顕れる思
意業	意門で起こる思

たとえば、ある者が刀を手にして他者に切りかかり殺生がなされた場合、有部では、対象者が死んだ瞬間における犯行者の身体の形色（表）と[7]、その形色（表）から生じた無表の二つが殺生業になると理解している[8]。しかし上座部は、その殺生を成就させるための行動を起こさせ、目的を成就させる原動力となった思こそが殺生業であると理解している[9]。このように上座部は身語によってなされた行為であっても、業としての本質は思にあると解釈する点に大きな特徴がある。

第二節　業になる思

前節で述べたように、上座部は、業の本質をすべて思（cetanā）のみに帰している。しかし、あらゆる思が業になるわけではない。さらに厳密に言うならば、心が「主体的判断」を司る速行（javana）という作用をなすときの思のみに善悪の差別があり、これが業になると考えられている。本節では上座部の心識論を概観し、善悪業としての役割を担う速行という心作用を考察する。

上座部では心作用を十四種に分類する。

⑴ 結生（paṭisandhi）
⑵ 有分（bhavaṅga）
⑶ 引転（āvajjana）
⑷ 見（dassana）
⑸ 聞（savana）
⑹ 嗅（ghāyana）
⑺ 嘗（sāyana）
⑻ 触（phusana）
⑼ 領受（sampaṭicchana）
⑽ 推度（santīraṇa）
⑾ 確定（voṭṭhapana）
⑿ 速行（javana）
⒀ 彼所縁（tadārammaṇa）
⒁ 死（cuti）

これらの心作用については、すでに詳細に研究されている[10]。それを要約すると、⑴⑵⒁は潜在的な心作用とされ、⑵有分は人が無意識な状態にあるときに働いている心作用であり、そして⑴結生は受胎する瞬間、⒁死は死没する瞬間の心作用である。⑶から⒀までが顕在的な心作用である。⑶引転は、無意識状態にある⑵有分の心作用を止めて、六識を呼び起こす働きを持つ。我々が何らかの認識判断をする場合には、必ずこの⑶引転から認識が始まる。⑷から⑻までの五つは前五識であるが、これらは単なる所縁（対象）の情報に過ぎず、まだそれらに対して認識や判断はなされていない。それら所縁の情報を認識し判断する役割を担うのが、続く⑼から⑿までの心作用である。このうち⑼から⑾は純粋な認識作用のみであり、所縁に対して何らかの感情を抱いたり、主体的に判断を下すことはない。これら所縁に対する価値判断や、主体的判断といった役割は、⑿速行に課せられている。そして⑿速行こそが、善悪業になるとされ、上座部の心識論の中で中心的な役割を担っている。この速行は七心刹那連続して生じるとされる。最後の⒀彼所縁は、速行の後に生じる心作用であり、速行作用による経験を保持する働きをする。この彼所縁は二心刹那連続して生じる。

さらに上座部では、我々が意志を持って行動する場合、これら心作用が決まった順序で起こり、一つの認識判断を完成させると考えられている[11]。つまり、人が覚醒していて意識的に行動をなすとき、次のような過程を経て心作用が生滅する。

五門路：…… →有分→引転→見乃至触→領受→推度→確定→速行$_1$→速行$_2$→速行$_3$→速行$_4$→速行$_5$→速行$_6$→速行$_7$→彼所縁$_1$→彼所縁$_2$→有分→ ……

意門路：…… →有分→引転→速行$_1$→速行$_2$→速行$_3$→速行$_4$→速行$_5$→速行$_6$→速行$_7$→彼所縁$_1$→彼所縁$_2$→有分→ ……

これら心作用の一まとまりを「路」（vīthi）と言う。我々が何か意識的に活動する場合には上記の「路」の次第に沿って認識判断の活動が行われ、この「路」には五門路と意門路の二種類がある。このうち五門路とは、見・聞・嗅・嘗・触という五門を通して所縁を認識判断する場合に起こる心作用の次第であり、もう一つの意門路とは、五門によらず人が認識判断する場合に起こる心作用の次第である。この意門路は、単に考える場合や、以前に五門路によって得た所縁の情報をより熟考する場合[12]、また本章では扱わないが禅定や聖道作用を起こす場合などに生じる[13]。

これら十四種類の心作用のうち、善悪業としての役割は、心が速行という心作用をなすときの思（cetanā）に課せられている。五門路・意門路ともに速行の心作用は七心刹那連続して起こり[14]、この七つ連続した速行のセットは速行路（javanavīthi）あるいは速行回（javanavāra）と呼ばれる。この速行路のうち、第一速行の思は順現法受業に、第二から第五速行の思は順後次受業に、最後の第七速行の思は順次生受業になる[15]。すなわち、一度の五門路もしくは意門路が起こされるたびに、一つの順現法受業と、五つの順後次受業と、一つの順次生受業という七つの業がつくられることになる。

また、この速行の心作用は、善悪業としての役割を持つだけではない。人が何かをなそうとして身語で行動を起こそうとする場合にも、この速行心によって色（すなわち身体）が等起されて、それら身語の行動が引き起こされるという。なお、このような身語の行動は、意門路の速行によって引き起こされる[16]。

第三節　速行と継続的行為

前節までに、上座部心識論における速行を検討した。上座部では、心が主体的判断を司る速行という心作用をなすときの思が善悪業となると考えられており、さらに意門路に属する速行によって身語の行動が引き起こされる。

続いて本節では、この僅か一心刹那の出来事に過ぎない速行が、たとえば「数時間かかる移動」といった時間的継続性のある行為を、どのように維持し完成させるのか、という点について考察する。『法集論註』は、「前進しよう、後退しよう」と心が生じた場合、それがどのようなメカニズムで身体的動作を引き起こすのかについて、次のように述べている。

DhsA.（p. 82.29–35）:

> "abhikkamissāmi paṭikkamissāmī" ti hi cittaṃ uppajjamānaṃ rūpaṃ samuṭṭhāpeti. tattha yā pathavīdhātu āpodhātu tejodhātu vāyodhātu tannissito[17] vaṇṇo gandho raso ojā ti imesaṃ aṭṭhannaṃ rūpakalāpānaṃ[18] abbhantare cittasamuṭṭhānā vāyodhātu, sā attanā sahajātaṃ rūpakāyaṃ santhambheti sandhāreti cāleti abhikkamāpeti paṭikkamāpeti.
>
> 「私は前進しよう。私は後退しよう」と心が生じつつ、色を等起させる。そこでは、地界・水界・火界・風界と、それに依った顕色・香・味・食という、これら八つの色合聚のうち、心等起の風界が、自らと倶生した色身を支持し、保持し、動かし、前進させ、後退させる。

このように、心によって色が等起され、その中の風界によって身体的動作が引き起こされる。続いて『法集論註』は、このような心の役割を速行の心作用に課しながら、速行と身体的動作との関係を次のように詳述する。

DhsA.（pp. 82.35–83.9）:

tattha ekāvajjanavīthiyaṃ sattasu javanesu paṭhamacittasamuṭṭhitā vāyodhātu attanā sahajātaṃ rūpakāyaṃ[19] santhambhetuṃ sandhāretuṃ sakkoti, aparāparaṃ pana cāletuṃ na sakkoti. dutiyādīsu pi es' eva nayo. sattamacittena pana samuṭṭhitā vāyodhātu[20] heṭṭhā chahi cittehi samuṭṭhitaṃ vāyodhātuṃ[21] upatthambhanapaccayaṃ labhitvā attanā sahajātaṃ rūpakāyaṃ santhambhetuṃ sandhāretuṃ cāletuṃ abhikkamāpetuṃ paṭikkamāpetuṃ ālokāpetuṃ vilokāpetuṃ sammiñjāpetuṃ pasārāpetuṃ sakkoti. tena gamanaṃ nāma jāyati, āgamanaṃ nāma jāyati, gamanāgamanaṃ nāma jāyati[22]. yojanaṃ gato dasayojanaṃ gato ti vattabbataṃ āpajjāpeti.

そのうち、一つの引転路における七速行のうち第一心によって等起した風界が、自らと倶生した色身を支持し、保持することはできる。けれども、あちこちに動かすことはできない。第二〔心〕などについてもこれは同様である。しかし、第七心によって等起した風界は、これまでの六つの心によって等起した風界を支持縁として得て、自らと倶生した色身を支持し、保持し、動かし、前進させ、後退させ、前を見させ、後ろを見させ、屈伸させ、伸長させることができる。これによって、行くということが生じ、来るということが生じ、行き来ということが生じる。〔第七速行によって等起した風界が〕「一ヨージャナ行った。十ヨージャナ行った」と言われるようにさせる。

ここでは、意識的に身体を動かす場合、第七速行によって等起した風界が身体を動かすと述べられている。ただし後世の文献によれば、ここで言われる「動く」という表現は世俗的な言い回しに過ぎないとされる。諸法は刹那滅であるから、一刹那前にあった法が、次の刹那に別の位置に移動して存続することは不可能だからである。したがって、より厳密に表現すれば、一刹那前の位置とは別の位置に心等起色が新たに生じているのであり、それがあたかも動いているかのように見えるのである[23]。

このように、速行によって動作が引き起こされる。しかし、一つの速行は僅か一心刹那の間しか存続せず、一つの速行路も僅か七心刹那の出来事に過ぎない。僅か七心刹那の速行路が「数時間かかる移動」といった継続的行為を引き起こす場合には、複数の速行路が必要であると考えられている。『法集論註』における「一ヨージャナ行った。十ヨージャナ行った」という言葉に対して、アーナンダ著『法集論復註』は、何千もの風界を生じさせる必要があると註釈している。

DhsMṬ.（VRI: p. 68.15–16）:

yojanaṃ gato, dasayojanaṃ gato ti vattabbataṃ āpajjāpeti anekasahassavāraṃ uppannā.

〔風界が〕何千回も生じ、**「一ヨージャナ行った。十ヨージャナ行った」と言われるようにさせる。**

一つの速行路が、具体的にどれほどの身体的移動を引き起こせるかについては明示されていないものの、継続的な行動を維持しつつ完成させるためには、複数の速行路が必要であることが解る。

続いて、言葉を話す場合について検討する。身体の場合と同様に、発声する場合も第七速行によって色が等起され、その中の地界によって声が起こされると理解されている。まず、『法集論註』において次のように定義される。

DhsA.（pp. 86.33–87.4）:

idaṃ vakkhāmi etaṃ vakkhāmī ti uppajjamānaṃ pana cittaṃ pathavīdhātu āpodhātu tejodhātu vāyodhātu vaṇṇo gandho raso ojā ti aṭṭha rūpāni samuṭṭhāpeti. tesaṃ abbhantare cittasamuṭṭhānā pathavīdhātu upādinnakaṃ ghaṭṭayamānā[24] va uppajjati. tena dhātusaṅghaṭṭanena sah' eva[25] saddo uppajjatī ti[26].

一方、「私はこれを言おう、あれを言おう」と生じている心は、地界・水界・火界・風界・顕色・香・味・食という八色を等起させる。これらのうちで心等起の地界が、有執受〔身〕を打ちつつ生じる。その界の接触とともに、声が起こる。

この部分に対してダンマパーラによる復々註は、より具体的に速行と発声の関係について説明している。それによれば、一つの速行路によって一シラブルを起こすことができるとされている。

DhsAṬ.（VRI: p. 76.16-20）:

> satta javanāni satta akkharāni nibbattentī ti vādaṃ paṭikkhipitvā ekajavanavārapariyāpannāni cittāni ekam akkharaṃ nibbattentī ti vadanti. kiñcāpi paṭhamacittena pi ghaṭṭanā nipphajjati, ekass' eva pana bahuso pavattanena atthi koci viseso ti purimajavanasamuṭṭhitāhi ghaṭṭanāhi paṭiladdhāsevanena sattamajavanena samuṭṭhitā ghaṭṭanā paribyattam akkharaṃ nibbattetī ti.
>
> 「七つの速行が七つのシラブルを引き起こす」という説を斥けて、「一速行回（vāra）に属する〔七つの〕心が一つのシラブルを引き起こす」と人々は主張する。たとえ第一心によって発声が完成するとしても、しかし一つ〔のシラブル〕に対して繰り返し〔速行が〕転起することによって、ある殊勝な状態になる。ゆえに、前の〔六つの〕速行によって等起された発声から習修を得た第七速行によって等起された発声が、明確なシラブルを引き起こす。

したがって、多くのシラブルを発声するためには、シラブルの数だけ速行路が必要であることが解る。以上により次の二点が指摘できる。

⑴ 速行路のうち第七速行によって、身体的動作や発声が引き起こされる。

⑵ 速行路が次々と起こり、それらによって身体的動作や発声が次々と引き起こされて、時間的継続性のある行為が維持され完成される。

このような速行の心作用（すなわち速行心）と時間的継続性のある行為との関係は、次のように図示されるだろう。

【図1】

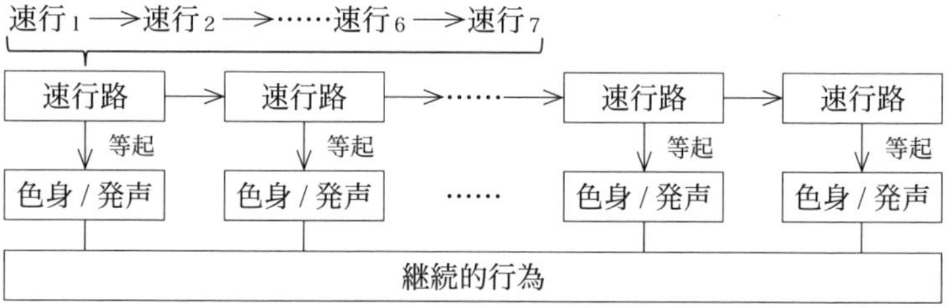

第四節　業道の解釈

第一項　速行思と業道

前節までに、上座部における心識論の視点から、主体的判断を司る速行(javana)という心作用（速行心）を検討し、それがどのように身語による行動を引き起こすのかについて述べた。続いて本節では、心が速行の作用をなすときの思、すなわち速行思（javanacetanā）が、どのように加行（payoga, 実行手段）を起こし、業道を完成させるのか、という点から考察する。

十善・十不善業道はすでに初期経典において説かれているが[27]、ここで考察する加行とは上座部註釈文献に現れる独自の用語であり、有部が業道を加行・根本・後起の三段階に分けて考察する際の加行とは意味がやや異なる[28]。すなわちこれは、〈自ら手を下す〉〈命令する〉などの実行手段のことであり、具体的には目的を遂げた瞬間の表を指す。十不善業道のうち身語によって遂行される七業道の加行[29]は、その有無が次のように規定されている[30]。

<table>
<tr><th rowspan="2">加行</th><th colspan="7">業道</th></tr>
<tr><th>殺生</th><th>不与取</th><th>欲邪行</th><th>虚誑語</th><th>離間語</th><th>麁悪語</th><th>雑穢語</th></tr>
<tr><td>自ら手を下す</td><td>○</td><td>○</td><td>○</td><td colspan="4">○</td></tr>
<tr><td>命令する</td><td>○</td><td>○</td><td>—</td><td colspan="4">△</td></tr>
<tr><td>投げつける</td><td>○</td><td>○</td><td>—</td><td colspan="4">△</td></tr>
<tr><td>動かない</td><td>○</td><td>○</td><td>—</td><td colspan="4">△</td></tr>
<tr><td>呪術からなる</td><td>○</td><td>○</td><td>—</td><td colspan="4">—</td></tr>
<tr><td>神通からなる</td><td>○</td><td>○</td><td>—</td><td colspan="4">—</td></tr>
</table>

△：DhsA.（p. 99.20-25）を参照[31]。

この業道に関する説明は、『法集論註』とその関連資料に詳しい。また興味深いことに、業道の解釈は戒とも密接な関係がある。たとえば、『法集論註』で説かれる業道の加行に関する規定は、『クッダカパータ註』に説かれる十学処のうちの共通する四項目（殺生・不与取・欲邪行・虚誑語）と全く同様の内容であり、また『律註』の殺生戒に対する註釈部分でも六加行が説かれている[32]。さらに『法集論註』は、殺生や不与取の業道に関する細かい説明については『律註』を参照せよと述べている[33]。これらの一致は、上座部諸論師にとって業道の殺生も戒の殺生も同一のものであり、上座部の教理体系の中で両者を矛盾なく統一的に理解しようとする立場から註釈していたことを窺わせる。特に『律註』に対する復註『ヴァジラブッディティーカー』には、業論の立場から戒を理解するという傾向が強く現れており、心が速行の心作用をなすときの思（速行思）が、どのように身語の表に結びつき、それが殺生といった行為を成立させるのかについて解説をしている。そこで続いて、この『ヴァジラブッディティーカー』の記述を検討して、速行思によって表（加行）が引き起こされる過程を考察する。

第二項　表と継続的行為

まず、自ら手を下すというような表（加行）が、どのように起こされるのかを考察する。『ヴァジラブッディティーカー』は、殺生の加行を註釈する部分で、第七速行の思と倶生している身表があり、それこそが〈自ら手を下す〉という加行であると述べている[34]。

VinṬ(Vjb). (VRI: p. 139.14–15):

> sāhatthikanissaggiyapayogesu sanniṭṭhāpakacetanāya sattamāya sahuppannakāyaviññattiyā sāhatthikatā veditabbā.
>
> 〈自ら手を下す〉〈投げつける〉の加行では、〈決定させる思〉(sanniṭṭhāpakacetanā) である第七〔速行の思〕と倶生した身表によって、〈自ら手を下す〉〔の加行〕が知られるべきである。

ここでは、加行とは身表 (kāyaviññatti) であると述べられている。身表とは、内的な意思が身門における動作となって表れ出ることであり、身体動作の意図を他のものに知らせる働きがあるとされる[35]。たとえば、遠くから殺人鬼が襲いかかってくることに気が付くのは、殺人鬼の身体の動きが身表となって「殺害する」という身体動作の情報（意図）を発しているからである[36]。したがって、身表とは、心等起の色身と倶生している一要素であると考えられる。この関係を図示すれば次のようになろう[37]。

【図2】

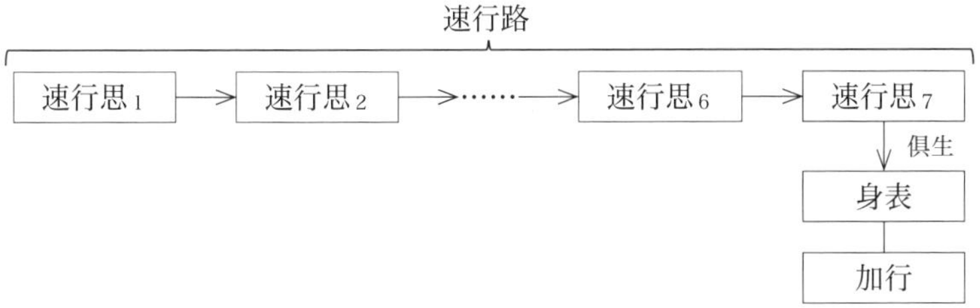

しかしながら、〈自ら手を下す〉といった加行は、ある程度の時間的継続性がなければ完成されない。刀を手に取り振り下ろすだけでも幾分かの時間を要する。したがって、一心刹那の速行思と倶生している一心刹那の身表だけによって加行が完成されるとは考えにくい。これについては、次に検討する〈命令する〉の加行の註釈から明らかになるが、すでに第三節において検討したように、多くの速行路が次々と起こり、その中の第七速行の思と倶生した身表が次々と起こって動作を維持しているものと考えられる。

続いて、殺人の命令を発する場合を検討する。すでに第三節において、一シラブルの発声ごとに一つの速行路が必要になることを見たが、一つの語表を引き起こす場合にも一つの速行路が必要であるとされている。語表（vācī-viññatti）とは、単なる音声ではなく、内的な意思が語門における発声となって表れ出たものであり、さらにその音声が何らかの情報を発信し、聞き手がその情報の意味を理解できるところの音声である。

VinṬ(Vjb).（VRI: p. 139.15–18）; KṅkhpṬ.（VRI: p. 40.16–19）:

āṇattike pana sattahi pi cetanāhi saha vacīviññattisambhavato sattasatta saddā ekato hutvā ekekakkharabhāvaṃ gantvā yattakehi akkharehi attano adhippāyaṃ viññāpeti, tadavasānakkharasamuṭṭhāpikāya sattamacetanāya sahajātavacīviññattiyā āṇattikatā veditabbā.

さて、〈命令する〉〔の加行〕において、七つの思とともに語表が生起するので、七つ七つの声が一つになって、それぞれ一つ一つのシラブルの状態となることで、その限りのシラブルによって自らの意趣を表示する。それの終わりのシラブルを等起させる第七思と倶生した語表によって、〈命令する〉〔の加行〕が知られるべきである。

つまり、「コロセ」と三シラブルの言葉を発して命令したならば、一シラブルの発声ごとに七つの速行が必要であるから、合計二十一の速行が起こることになる。また、「コロセ」と命令した場合、最後のシラブルの語表こそが〈命令する〉の加行であると述べられている。したがって、厳密な意味での加行とは、継続的行為と全同ではない。

殺生を命令の加行で達成した場合の関係を図示すれば次のようになろう。

【図3】

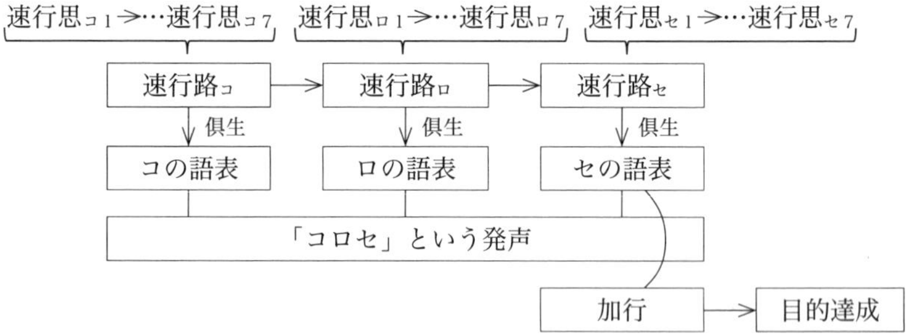

この【図2】【図3】を先の【図1】と比較すると、本第四節で検討した速行思と身語表の関係は、前第三節で述べた速行心と色身/発声の関係と構造が全く同一であり、同じ現象を異なる視点から説明していることが解る。【図1】における速行心と色身および発声との関係は等起（samuṭṭhāna）であるのに、【図2】【図3】における速行思と表（viññatti）との関係は倶生（sahajāta / sahuppanna）であって等起ではないが、これは上座部教理上の定義に厳密に従っているからであり、両ケースの間に本質的な相違はない。なぜなら上座部において、表とは色身や音声に具わった属性であり、表そのものは速行心

や速行思を因として「等起」しているのではなく、それらと単に「倶生」しているに過ぎないが、意味の上から表を心等起と表現することが認められているからである。これについて『法集論註』は次のように述べている[38]。

DhsA. (p. 83.19–27):

tattha yo cittasamuṭṭhānikakāyo na so[39] viññatti, cittasamuṭṭhānāya pana vāyodhātuyā sahajātaṃ rūpakāyaṃ santhambhetuṃ sandhāretuṃ cāletuṃ paccayo bhavituṃ samattho eko ākāravikāro atthi, ayaṃ viññatti nāma. sā aṭṭha rūpāni viya na cittasamuṭṭhānā. yathā pana aniccādibhedānaṃ dhammānaṃ jarāmaraṇattā, "jarāmaraṇaṃ, bhikkhave, aniccaṃ saṅkhatan" tiādi vuttaṃ, evaṃ cittasamuṭṭhānānaṃ rūpānaṃ viññattitāya sā pi cittasamuṭṭhānā nāma hoti[40].

このうち、心等起の身が表なのではなく、心等起の風界と倶生した色身を支持し、保持し、動かすための縁となることができる一つの行相の変化（ākāravikāra）があり、これが表と名付けられる。それは八色のように心等起ではない[41]。しかし、無常などの差別ある諸法にとって老死があるゆえに「比丘らよ、老死は無常であり、有為であり」云々と説かれているように、同様に、心等起の諸色にとって表があるゆえに[42]、それもまた心等起といわれる。

すなわち、「比丘らよ、老死は無常であり有為である」という経文[43]にある「老死」の語は厳密には「諸法」と置かれるべきであるが、老死は無常なる諸法に具わった属性であるから「諸法」を「老死」で代用することが許される。この理論が、「色身・音声」と「表」の間にも適用可能であり、表は心等起の色身・音声に具わった属性であるから、表を心等起と表現しても誤りではないということである。ここから、「速行心によって等起された色身・音声」という表現と、「速行思と倶生している表」という表現は、同一の意味であることが解る[44]。つまり、身体を動かしたり言葉を発したりするとき、行為論一般という視点から、色身や発声について「速行心によって等起された」と説明するのであり、業道の加行という視点から、それら色身や発声にある身語表について「速行思と倶生している」と説明するのである。

結　び

上座部における行為の構造を検討した。上座部では、心が速行という働きをなしているときの思こそが業であるとされる。この速行の思が身語の動作となって表れ出た場合、その思は身語業と呼ばれる。この速行という心作用は必ず七つ連続して生じ、この七つ連続したセットを速行路という。我々が何か意図的に活動しようとする場合には、意門に属する速行路によって身語の活動が引き起こされる。

しかし、この速行路は僅か七心刹那の短い時間の出来事であり、一つの速行路によって時間的継続性のある行為すべてが維持され完成されるわけではない。言葉を発する場合には、一シラブルの発声ごとに一つの速行路が必要であるとされ、長距離移動の場合には、数千もの速行路が必要であると述べられている。このような速行と、その速行から引き起こされる時間的継続性のある行為との関係を図示すれば次のようになる。

【図4】

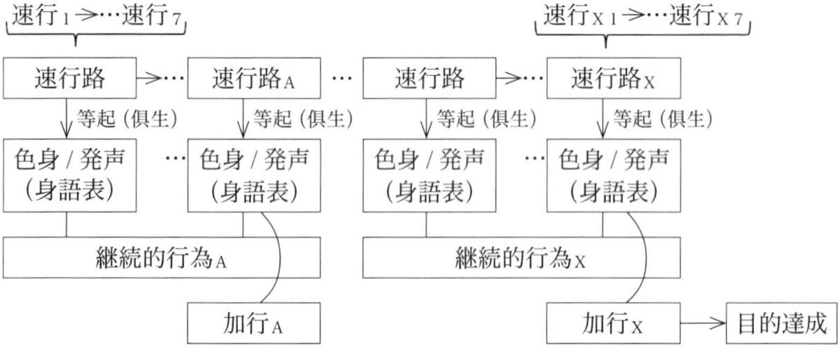

また本章では、上座部における業道の解釈からも検討を加えた。たとえば、甲が乙を殺害するために落とし穴を掘り、その後に暗殺者を雇って「乙を殺せ」と口頭で殺害の命令をなして、その結果、甲の雇った暗殺者が乙を殺害したという事例があったとしてみよう。

この場合を【図4】に当てはめると次のようになる。落とし穴を掘るという継続的行為Aの最中、甲には次々と速行路が起こっており、落とし穴を掘り終わる最終段階の身表が加行Aとしてカウントされる。続いて、甲が暗殺者を雇って「乙を殺せ」と依頼している間（継続的行為X）にも、一シラブル発声するごとにその背後では一速行路が生じている。最後の「せ」のシラブルを起こした語表が加行Xとカウントされる。そして、この殺害の命令という加行Xによって目的が達成されたので、この加行Xの語表を起こした速行路Xに含まれる第七速行X7の思が〈決定させる思〉（sanniṭṭhāpakacetanā）として、殺生の本体であるとされる。

以上の上座部の理論からすれば、我々が日常で何か意図的に身語による活動をする場合、その背後では、膨大な数の速行が絶えず次々と生じてその活動を維持していると考えられる。この結論は、阿毘達磨の註釈資料のみならず、律蔵の註釈資料にも説かれることから、上座部において広く認知されていたことが窺える。

第二章　説一切有部における表の構造

問題の所在

本章では、説一切有部における表（vijñapti）の構造を考察する。仏教では業を身・語・意の三種に分類する。この三業の分類はすでに初期経典中に説かれるが、その解釈をめぐって部派間で大きな相違が見られる。上座部では、身・語・意の三業とも精神的要素であると解釈し、その本質は思（cetanā）であるとする。一方の有部では、意業は思であり精神的要素であるが、身語業は物質的要素であると解釈される。この身語業は、それぞれさらに表（vijñapti）と無表（avijñapti）との二つに分けられる。このうち身表は「形色」、語表は「音声」であり、これらは殺人や悪口といった身語による具体的な肉体的行為を構成する要素である[45]。残る無表は、主に妨善妨悪の効力を持つ戒として理解されている[46]。これら業の諸要素を有部の範疇論に照らし合わせて分類すれば次のようになる[47]。

		本質	五蘊	十二処
身業	表	形色	色蘊	色処
	無表	無表色	色蘊	法処
語業	表	音声	色蘊	声処
	無表	無表色	色蘊	法処
意業		思	行蘊	法処

このように、上座部が「業＝思」という関係だけで業論を理解しようするのに対して、有部は業を種々に分類し、さらにそのそれぞれが特有の自性を持っていると理解している。しかし、身語業に表・無表という固有の自性が認められていたとしても、それらが引き起こされるためには思の力が必要とされる[48]。

これまでの有部業論の研究は、無表に関して数多くの考察が発表されている一方で、表については『倶舎論』を中心とする限られた資料を用いた考察に留まっている[49]。したがって、有部内における表の教理的展開については未だ検討されていない。また、身語による行為の基本的構造に関しては、すでに舟橋一哉［1954a: p. 84 図］によって、一刹那の表がどのように起こされるかについて図示されているが、多刹那にわたる行為がどのような構造を持つかについては考察の対象となっていない。そこで本章は、有部論書を網羅的に検討し、多刹那にわたる行為の構造とその教理的展開の解明を目的とする[50]。

第一節　表と等起

第一項　表と継続的行為

本節では、有部法相における表の定義を検討しながら、それがどのように心によって引き起こされるのかを考察する。本章において検討していく「表」は、殺生や盗みといった時間的継続性のある肉体的行為を構成している要素であるが、一つの表が多刹那にわたって存続することで「動いている」などの動作を完成させるわけではない。有為法はすべて刹那滅であるから、それが多刹那にわたって存続しつつ移動することはあり得ず、一刹那一刹那ごとに諸法が生滅を繰り返している様を「動いている」と我々が錯覚しているに過ぎない[51]。したがって、何らかの目的に基づきながら表が連続して生滅を繰り返すことによって、「村から村へ移動」などといった時間的継続性のある行為を完成させていると考えられる。

このように、刹那ごとに表が生滅を繰り返してその行為を継続的に維持していることは、『倶舎論』における表の成就に関する議論から明瞭に知られる[52]。それによれば、善・不善・無記の表が遂行されている間は、常に現在の表が成就され続けていると述べられている[53]。また、舟橋一哉［1954a: p. 80.8–15］は、表と同一刹那に刹那等起なる心が生じていなければならない点を指摘している。したがって、何らかの継続的行為が遂行されている背後には、その行為を維持する表と、その表を起こしている心が絶えず生滅を繰り返していることになる。

第二項　身語の表と心

続いて本項では、表の法相的性格を検討し、有部における理解を探る。有部において身語表は物質的要素であり、色蘊に収められる[54]。しかし、色蘊が存在してさえいれば、必ず表も存在するわけではない。『倶舎論』によれば、尋・伺と相応する心によって表が引き起こされるため、有尋有伺地である欲界と初静慮にのみ身語表が存在するとされる[55]。

なお、無尋有伺地である中間静慮は初静慮に含まれるとされるので、中間静慮にも身語表が存在すると考えられる[56]。尋・伺の二心所は不定地法であるが、尋は初静慮以下において、伺は中間静慮以下において、善・不善・無記すべての心と相応して起こる[57]。ただし『倶舎論』によれば、その中でも欲界および初静慮における修所断心のみが表を起こす能力を持つとされる[58]。

ここで重要なことは、見所断心によっては表が起こされない点である。この理由として『倶舎論』は、「見所断心は内門転（すなわち内省的な思惟）であるから、外部に働きかけて表を起こすことはできない」と述べているが[59]、これには問題がある。実際、「邪見によって邪語・邪業が生じた」と説く阿含経典が存在し[60]、邪見など見所断煩悩によって身語の動作が引き起こされることは不自然な事態ではない。おそらく、見所断心が表を起こせないとする最大の理由は、見所断心によって表が起こされるならば、見所断の表の存在を認めることに陥るからであろう。『倶舎論』によれば、身語表は無明（avidyā）や明（vidyā）と矛盾しないゆえに修所断だけであると定義されるので[61]、見所断の表の存在は認められていないのである[62]。

第三項　二種の等起

前項（第一節二項）では、有部法相に基づく表の位置づけを検討し、次の三点を結論として得た。

⑴ 身語の表は、欲界と初静慮においてのみ存在する。

⑵ 有尋有伺の修所断心によって、身語の表が起こされる。

⑶ 見所断心は内門転であるから、身語の表を起こすことはできない。

続いて本項では、「表がどのように心によって引き起こされ、その善・不善・無記の三性が決定されるのか」という点から行為の構造を探る。有部では、善・不善・無記の身語業が存在することを認めており、この三性はそれを等起させている心に従って決定される[63]。すなわち、身語による行為の倫理的価値づけは、それを起こさしめている心の様態に依存するのであって、無意識や善意無過失による行為が悪業になるようなことはない。このような身語表を引き起こす心には、因等起と刹那等起の二種類があるとされる[64]。『倶舎論』では次のようにこの二種の等起が説かれている[65]。

AKBh. (p. 203.12–15) :

samutthānaṃ dvidhā hetutatkṣaṇotthānasaṃjñitam.（4,10ab）

dvividhaṃ samutthānaṃ hetusamutthānaṃ tatkṣaṇasamutthānaṃ ca. tatraiva kṣaṇe tadbhāvāt.

pravartakaṃ tayor ādyaṃ dvitīyam anuvartakam.（4,10cd）

hetusamutthānaṃ pravartakam ākṣepakatvāt. tatkṣaṇasamutthānam anuvartakaṃ kriyākālānuvartanāt.

等起は二種類である。因〔等起〕と刹那等起と名付けられたものである。（4,10ab）

因等起（hetusamutthāna）と刹那等起（tatkṣaṇasamutthāna）という、二種類の等起がある。まさにその刹那にそれ（表）があるから〔刹那等起である〕。

二つの〔等起の〕うち、初めのものは能転（転じさせるもの）であり、第二のものは随転（随い転じさせるもの）である。（4,10cd）

因等起は、〔作業を〕引発させるものであるから能転（pravartaka）である。利那等起は、作業（kriyā）のときに引き続き生起させる（anuvartana）から随転（anuvartaka）である。

したがって、何らかの行為を起こす場合、まず因等起によって作業（kriyā）が引き起こされ、その後、刹那等起によってその作業が維持される。因等起・刹那等起とは心そのものを意味しており、このような因等起の役割を担う心を能転心といい、刹那等起の役割を担う心を随転心という。また『倶舎論』と『称友疏』は、実際の作業（kriyā）に対する因等起と刹那等起の役割について、次のように述べている。

AKBh.（p. 203.16）:

kim idānīṃ tasya tasyāṃ kriyāyāṃ sāmarthyam. tena hi vinā ’sau mṛtasyeva na syād ākṣiptā ’pi satī.

【問】この場合、それ（刹那等起）には、その作業に対してどのような功能があるのか。【答】実にそれ（刹那等起）が無ければ、この〔表〕は、たとえ引発されていても、死者の〔表の〕ように、存在しないだろう。

AKVy.（pp. 364.31–365.1）:

tena hīti vistaraḥ. **tena hi** tatkṣaṇasamutthānena **vinā asau** vijñaptir **mṛtasyeva na syād ākṣiptā satī** hetusamutthānena janitāpi satī. tadyathā. kaścid grāmaṃ gamiṣyāmīty ākṣiptakriyāntarā mriyet. tasyānuvartakacittābhāvād gamanaṃ na bhavati. tadvat.

「**実にそれ（刹那等起）が**」云々とは、「**実にそ**の刹那等起**が無ければ、この**表**は**、因等起によって**たとえ引発されていても**〔すなわち〕生ぜしめられていても、**死者の**〔表の〕**ように、存在しないだろう**」ということである。たとえば、ある者が「村へ行こう」と引発された作業の途中で死ねば、その者には随転心がないので行くことがないが、それと同じである。

すなわち「村へ行く」という作業は、能転心という因等起によって引き起こされ、随転心という刹那等起によって表が起こされ維持される。上述の議論だけでは釈然としないが、『大毘婆沙論』と『順正理論』の記述によれば、この能転心は作業が起こされるよりも時間的に先に存在してその作業を引発し、作業の間は随転心が表を起こして時間的継続性のある行為を維持しているものと考えられる[66]。因等起・刹那等起の作業に対する役割を表にまとめれば次のようになる。

	能転 / 随転	作業に対する役割
因等起	能転心	作業より先に存在し、作業を引発する。
刹那等起	随転心	作業の間、表を起こして維持する。

第四項　能転心と随転心

続いて本項では、能転心と随転心の法相的性格に検討を加える。まず、前項までに次の四点を確認した。

⑴ 欲界・初静慮における修所断心によって表は起こされる。

⑵ 表の善・不善・無記の三性は、それを等起させている心の三性に従う。

⑶ この等起には能転心である因等起と、随転心である刹那等起との二種類がある。

⑷ 因等起は作業を引発し、刹那等起は作業を維持させる役割がある。

ところで、表の善・不善・無記の三性はそれを等起させている心の三性に従い、さらに表は修所断心のみによって起こされるから、次のような関係が思い浮かぶかもしれない。すなわち、「有部では“修所断心のみによって表が起こされる”と理解しているのだから、表もその修所断心によって等起されて、その善・不善・無記なる三性が決定されるのではないか」と。たしかにこのように考えれば、表とそれを起こす心との関係が非常にシンプルに説明できる。しかし、有部はそのように理解せず複雑な解釈を施す。この原因は、見所断心は表を起こせないにもかかわらず、能転心（因等起）となり得るからである。どのような心が能転心および随転心になるのかについて、有部論書の見解をまとめると次のようになる[67]。

	見所断		修所断		無漏		異熟生	
	意識	五識[68]	意識[69]	五識[70]	意識	五識[71]	意識	五識
能転心	○		○	—	—		—	—
随転心	—		○	○	—		△	△

△：衆賢は認める。

見所断心は、能転心（因等起）にはなるが随転心（刹那等起）にはならないので、実際に表を起こすことはできない。これは前項（第三項）において確認した「表は修所断心によってのみ起こされる」という有部の理解とも一致している。もし仮に見所断心が随転心（刹那等起）として表を起こすのであれば、表が見所断でもあり得ることに陥ってしまい、表は必ず修所断であるとする有部法相と齟齬を起こしてしまう[72]。したがって、見所断心によって「何かをしよう」と行為が引き起こされることはあるが、その見所断心が実際の動作（すなわち表）を生み出すことはできない。このような『倶舎論』に説かれる法相定義は、『大毘婆沙論』や『雑心論』の段階からも見出すことができる[73]。

『順正理論』と『蔵顕宗論』において衆賢は、見所断心が随転心となり得ないと理解する点は『倶舎論』などと同一であるが、修所断心と異熟生心については異なる解釈を施している[74]。衆賢の理解によれば、修所断の意識のうち有漏定心は能転心・随転心となり得ず、修所断の意識のうち散心だけがなり得るとし、また、異熟生心は随転心となり得るとしている。

第五項　小結

前項までに、表の定義と、表の三性を決定づける「等起」(samutthāna) について考察し、次の三点を確認した。

(1)「村へ行く」などの時間的継続性のある行為は、能転心である因等起によって引き起こされる。

(2) その後、随転心である刹那等起によって表が起こされ、その行為が維持される。

(3) 見所断・修所断の意識が能転心となり得る。修所断心が随転心となり得る。

この三点は、有部の表の基本的構造を明らかにしている。これをもとに、能転心・随転心と時間的継続性のある行為との関係を図示すれば、次のようになるだろう[75]。

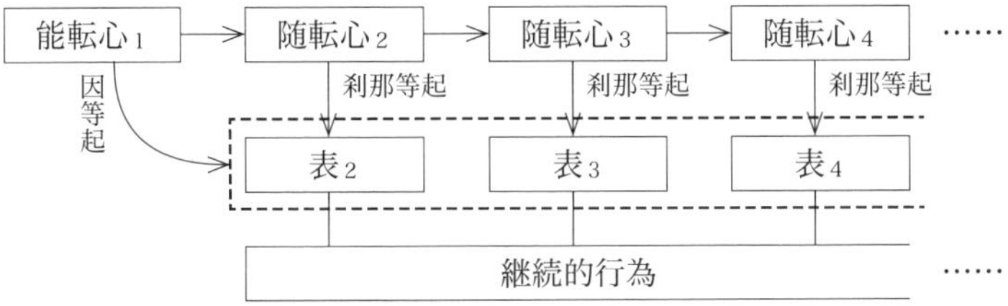

上図は能転心$_1$によって何らかの行為が引き起こされ、その行為が遂行されている間、随転心$_{2 \cdots 4}$が表を等起させ、その行為を維持していることを示している。なお、この基本的構造が明瞭な形で説かれるのは『雑心論』『大毘婆沙論』からであるが、その祖型は『心論』『心論経』において読み取ることができる[76]。

第二節　表の構造の教理的展開

前節において、「等起」という点から、どのように表が引き起こされ、行為が遂行されるのかについて考察し、身語による行為の基本的構造を検討した。続いて本節では、能転心と随転心との関係を中心に考察し、表の構造に関する教理的展開を検討する。

有部論書を検討すると、「能転心の善・不善・無記の三性に、随転心も従うのかどうか」という問題が議論されており、論書によって解釈が異なる。それをまとめると次のようになる。なお、本節では、「随転心の三性は、能転心に従う」という説を〈三性決定説〉と名付け、「随転心の三性は、能転心に従うとは限らない」という説を〈三性不定説〉と名付ける。

	随転心の三性	採用する資料
三性決定説	能転心に従う。	『大毘婆沙論』『雑心論』
三性不定説	能転心に従うとは限らない。	『倶舎論』『順正理論』『蔵顕宗論』

よって、『倶舎論』より前の論書では〈三性決定説〉が説かれ、それ以後の論書では〈三性不定説〉が説かれていることが解る。

第一項　『大毘婆沙論』『雑心論』── 三性決定説

まず、「随転心の三性は、能転心に従う」という〈三性決定説〉を主張する資料から検討する。『大毘婆沙論』と『雑心論』には次のように説かれている。

『大毘婆沙論』巻 117（T27. 610b01-04）:

此中若善心作能転。即善心作随転。若染汚心作能転。即染汚心作随転。若威儀路心作能転。即威儀路心作随転。若工巧処心作能転。即工巧処心作随転発身語業。

此の中、若し善心が能転と作らば、即ち善心が随転と作り、若し染汚心が能転と作らば、即ち染汚心が随転と作り、若し威儀路心が能転と作らば、即ち威儀路心が随転と作り、若し工巧処心が能転と作らば、即ち工巧処心が随転と作りて身語業を発す。

『雑心論』巻 3（T28. 897a03-04）:

彼亦善不善無記。彼善転即善随転。不善無記亦如是。

彼（能転心）は亦、善・不善・無記あり。彼（能転心）の善の転ずるとき、即ち善が随転す。不善・無記も亦是の如し。

したがって、能転心が随転心に影響を与え、その善・不善・無記の三性を決定づけると考えられている。これを図示すれば次頁のようになる[77]。

この説をとる場合、能転心が善であるならば、行為を遂行する間、ずっと善の随転心が生じていなければならない。しかしながら現実の行為を顧みる

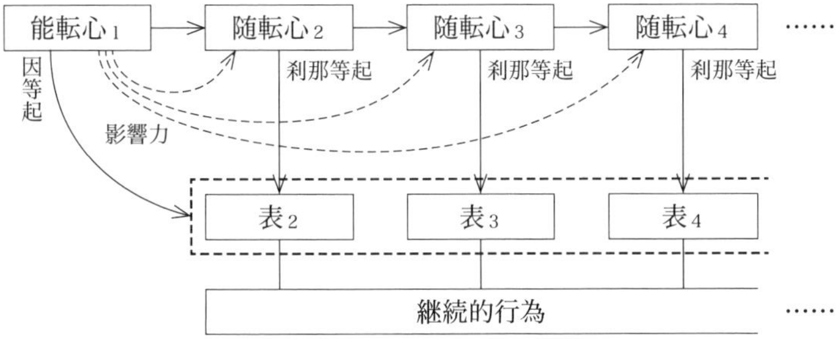

と、たとえ善心で「何かをしよう」と決意して行為を起こしても、その行為の間に不善心や無記心が生じることは十分にあり得ることである。これについて『大毘婆沙論』および『雑心論』では、「どこかへ行こう」とか「絵を描こう」と無記の能転心が行為を引き起こしても[78]、その途中で仏像を見たり描いたりすれば善心が起こることもあり、女性を見たり描いたりすれば染汚心を起こし得るのではないか、という問題が提起されている。これらの問題に対し、『大毘婆沙論』は二つの解釈を紹介している[79]。

まず、世友に帰せられる第一説によれば、心は非常に速く利那利那に次々と生じては滅しているので、あたかも無記の行為を遂行している間にも善心や染汚心が生じその行為を維持しているかのように錯覚してしまうが、厳密には善心や染汚心が生じている利那において、その行為は遂行されていないとしている。したがって、この理解によれば、行為を遂行する間に能転心とは異なる三性の心が生じても、それは随転心として表を起こし行為を維持しているわけではない。この解釈は法救の『雑心論』にも説かれる[80]。この第一説を図示すれば次頁の【図1】のようになる。

次に第二説によれば、威儀路と工巧処の無記心が能転心となった場合にのみ、例外的に善・染汚・無記の三種の随転心が起こることがあるとされる。この第二説を図示すれば次頁の【図2】のようになる[81]。

このように〈三性決定説〉をとる場合には、能転心によって随転心の三性が決定づけられる。しかしその場合、「威儀路や工巧処の無記心によって引発された継続的行為の間にも、善心や不善心が起こることがある」という矛盾を説明することが困難になり、諸論師により会通が施されている。

【図 1】

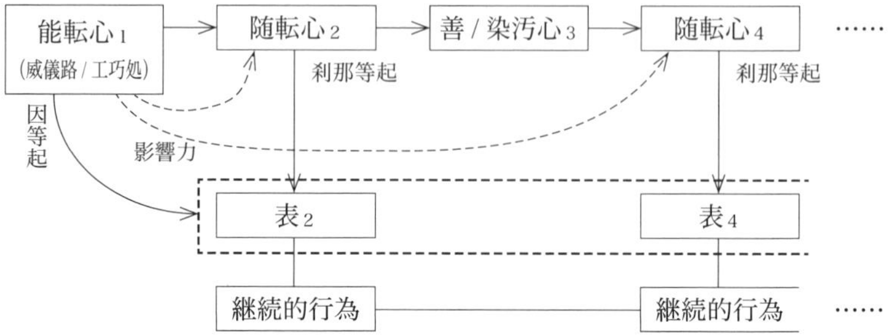

【図 2】

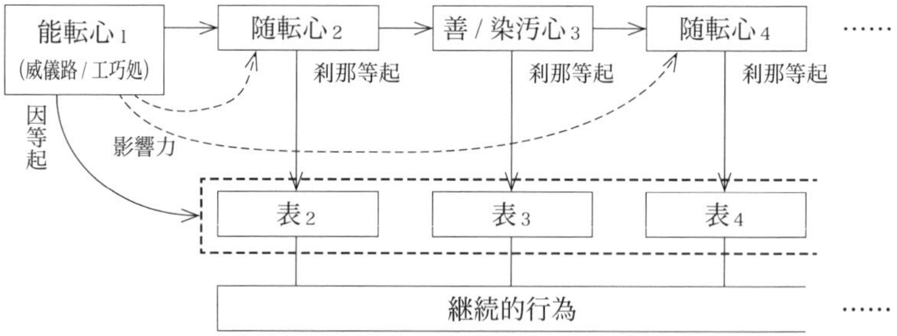

第二項　『倶舎論』以後 — 三性不定説

続いて、『倶舎論』および『順正理論』『蔵顕宗論』に説かれる「随転心の三性は、能転心に従うとは限らない」という〈三性不定説〉を検討する。これらの資料によれば、「たとえ能転心が善であっても、随転心が不善・無記となる場合もある」と、次のように述べられている。

AKBh. (p. 204.11-14):

kiṃ khalu yathā pravartakaṃ tathaivānuvartakaṃ bhavati. nāyam ekāntam.

pravartake śubhādau hi syāt tridhā 'py anuvartakam,（4, 12ab）

kuśale pravartake kuśalākuśalāvyākṛtam anuvartakaṃ syāt. evam akuśale cāvyākṛte ca.

【問】実に、能転と同じように随転もあるのか。【答】これは断定できない。

実に能転が浄（śubha）などである場合、随転は三種すべてである。（4, 12ab）

能転が善である場合、随転は善・不善・無記である。〔能転が〕不善と無記との場合も同様である。

『順正理論』巻 36（T29. 547b29–c03）；『蔵顕宗論』巻 19（T29. 865a25–28）:

転随転識性必同耶。不爾。云何。謂前転識若是善性。後随転識通善等三。不善無記為転亦爾。

【問】転と随転との識の性は必ず同じきや。【答】爾らず。【問】云何ぞ。【答】謂く、前の転の識、若し是れ善性ならば、後の随転の識は善等の三に通ず。不善と無記との転を為すも亦爾り。

この〈三性不定説〉は、『大毘婆沙論』や『雑心論』で採用されている〈三性決定説〉よりも、現実に即した理解であるといえる。現実には、無記心によって「何かをしよう」と行為を引き起こしたとしても、その行為を遂行する間、常に無記心であるとは限らず、善心や不善心を起こしても不自然ではないからである。したがって、この〈三性不定説〉を採用するならば、〈三性決定説〉を採用した場合に生じる「威儀路や工巧処の無記心によって引発された行為の間にも、善心や不善心が起こることがある」という矛盾を説明する必要がなくなる。しかし、この〈三性不定説〉の立場をとる場合には、それとは別の新たな問題が起こってくる。

第三項　三性不定説における表と等起をめぐる議論

続いて、〈三性不定説〉の立場をとる場合に起こる問題点と、その解決方法を考察する。有部では表の三性を決定させる基準として、因等起と刹那等起という二種類の基準を設けているが、〈三性不定説〉をとる場合、「果たして表の三性は、どちらの等起に従うのか」という問題を解決しなければならない。

『大毘婆沙論』や『雑心論』のように、能転心と随転心の三性が必ず一致するという立場をとるならば、「表の三性は、能転心（因等起）に従うのか、それとも随転心（刹那等起）に従うのか」と議論する必要はほとんどない。なぜなら、必ず一致するからである。しかし、能転心と随転心の三性が必ずしも一致しないという立場をとる『倶舎論』などでは、表の三性がどのようにして決定されるのか説明する必要がある。

これが議論される背景には、次のような場合を合理的に説明する必要性があったことが考えられる。すなわち、善なる能転心によって具足戒を受けようと行為を引き起こしたにもかかわらず、その具足戒の作法が完成する瞬間に、何らかの原因で随転心が不善や無記だった場合の説明である。そのような場合、もし随転心の三性によって表の三性も決定されるならば、具足戒の完成した瞬間の表も不善や無記になってしまい、その結果、受戒という聖なる作法が「悪業」になるという矛盾に陥ってしまう[82]。しかし、能転心の三性に表も従うとするならば、今度は法相上の矛盾が生じる。なぜなら、能転心には見所断心や有覆無記心も含まれるため、「見所断の表」とか「欲界繫の有覆無記の表」というような、法相上許されない表が存在することになってしまうからである[83]。

そこで、この問題に対する『倶舎論』の議論を検討する。まず、表の三性が能転心と随転心のどちらに従ったとしても矛盾が起こるとして、対論者が次のように述べている。

AKBh.（p. 205.2-6）:

> kim idānīṃ yathā pravartakaṃ tathā vijñaptir āhosvid yathā ’nuvartakam. kiṃ cātaḥ.（A）yathā pravartakaṃ cet. ihāpi nivṛtāvyākṛtā vijñaptiḥ prāpnoti. satkāyāntagrāhadṛṣṭipravartitatvāt. na vā sarvaṃ darśanaprahātavyaṃ pravartakam iti viśeṣaṇaṃ vaktavyam.（B）yathānuvartakaṃ cet akuśalāvyākṛtacittasya prātimokṣavijñaptiḥ kuśalā na prāpnoti.

【問】さてこの場合、能転と同じように表があるのか、あるいは随転と同じように〔表があるのか〕。【徴】では、それから如何なる〔過失〕があるか。【難】(A) もし能転と同じように〔表がある〕ならば、ここ（欲界）においても有覆無記の表があることになる。有身〔見〕と辺執見とによって転ぜられるからである[84]。あるいは「すべての見所断〔の心〕が能転であるのではない」と区別が説かれるべきである。(B) もし随転と同じように〔表がある〕ならば、不善・無記の心を持つ者にとって、別解脱〔律儀〕の表は善ではなくなってしまう。

AKVy. (p. 367.7-13):

na vā sarvaṃ darśanaprahātavyaṃ pravartakam iti. syād etad evaṃ. yadi sarvaṃ darśanaprahātavyaṃ pravartakam iṣyeta. na tu sarvaṃ. kiṃ tarhi. mithyādṛṣṭyādikam eva pravartakaṃ vijñapter na satkāyadṛṣṭyādikam ity ata āha. **na vā sarvam iti viśeṣaṇaṃ vaktavyam** īdṛśaṃ pravartakam īdṛśaṃ neti. **akuśalāvyākṛtacittasye**ti. upasaṃpādyamānasya kenacid yogenākuśalāvyākṛtacittasya. prātimokṣasamvaravijñaptir aṃjalyādikā kuśalā na prāpnoti. tadanuvartakacittam akuśalāvyākṛtam iti kṛtvā.

「**あるいは「すべての見所断〔の心〕が能転であるのではない」**」とあるが、もしすべての見所断〔の心〕が能転であると認められれば、〔欲界にも有覆無記の表が存在するという〕それはその通りになるであろう。けれども、すべて〔の見所断心が能転となるわけ〕ではない。【問】その場合どうなのか。【答】「邪見などのみが、表にとって能転となるが、有身見などはそうではない」と、それゆえに「**あるいは「すべての……ない」と**」と説かれたのであり、「このようなものは能転であり、このようなものはそうではない」と**区別が説かれるべきである**。「**不善・無記の心を持つ者にとって**」とは、具足戒を受けようとしていて、何らかの事情で不善・無記の心を持つ者にとっては、合掌などの別解脱律儀の表が善ではなくなってしまう。その随転する心は、不善あるいは無記だからである。

ここで述べられている問題点をまとめれば次のようになる。

能転 / 随転	問題点
(A) 表は能転心に従う	欲界に存在すると認められる有身見と辺執見と相応する見所断の有覆無記心が能転心となった場合、有覆無記の表が欲界にも存在することになるが、それの存在は法相上認められてない[85]。
(B) 表は随転心に従う	具足戒が完成する刹那に無記心あるいは不善心が起これば、刹那等起による具足戒の表も、無記あるいは不善になってしまう。

この論難に対して『倶舎論』は、(A)「表は能転心に従う」という説をとり、上記の問題点について次のように回答している。

AKBh. (p. 205.6-10):

yathā pravartakaṃ tathā vijñaptir na tu yathā darśanaprahātavyam. bhāvanāheyāntaritatvāt. yadi nānuvartakavaśād vijñapteḥ kuśalāditvaṃ na tarhīdaṃ vaktavyam. hetusamutthānaṃ saṃdhāyoktaṃ, sūtre na tatkṣaṇasamutthānam. ato nāstīha nivṛtāvyākṛtā vijñaptir iti. evaṃ vaktavyam. anyavyavahitaṃ hetusamutthānaṃ saṃdhāyoktam iti. avasitaḥ prasaṅgaḥ.

【答】能転と同じように、そのように表はあるのだが、しかし見所断〔である能転の心〕と同じように〔そのように表が設定されるの〕ではない。修所断〔の心〕が間に入るからである。もし随転〔心〕によって、表が善などとなるのではないならば、その場合、次のことは説かれるべきではない。「経典では、因等起について説かれたのであり、刹那等起〔について説かれたの〕ではない。それゆえに、ここ(欲界)において有覆無記の表はない」と。〔そうではなくて〕次のように説かれるべきである。「他〔の心〕によって隔てられた因等起について説かれたのである」と。傍論が終わった。

AKVy. (p. 367.13-25):

yathā pravartakam iti vistaraḥ. yathā pravartakaṃ cittaṃ bhāvanāprahātavyam. **tathā vijñaptir** vyavasthāpyate. **na tu yathā darśanaprahātavyaṃ** pravartakaṃ tathā vyavasthāpyate. kasmāt. **bhāvanāheyenāntaritatvāt**. yasmāt tatpravartakaṃ darśanaprahātavyaṃ bhāvanāheyena pravartakenāntaritaṃ. kathaṃ kṛtvā. tadyathāsty ātmeti mayā pareṣāṃ gamayitavyam iti pūrvam evāvadhārya tato vāksamutpādakena cittena bahirmukhapravṛttena bhāvanāprahātavyena savitarkeṇa savicāreṇa vācaṃ bhāṣate. asty ātmetyevamādi. ato **yathā pravartakam** iti vistaraḥ. tad evam avaśyaṃ darśanaprahātavyasya pravartakasyānantaraṃ pravartakam eva bhāvanāprahātavyaṃ kuśalam akuśalam avyākṛtaṃ cotpadyate. tadvaśāc ca vijñapteḥ kuśalāditvam iti. **evaṃ tu vaktavyam** iti vistaraḥ. **evaṃ tu vaktavyam anyavyavahitaṃ** bhāvanāheyavyavahitaṃ **hetusamutthānaṃ saṃdhāyoktam** iti. paraṃparāhetusamutthānaṃ saṃdhāyety arthaḥ.

「**能転と同じように**」云々とは、「修所断である能転の心と同じように、**そのように表は**設定されるが、**しかし見所断**である能転〔の心〕**と同じように、**そのように〔表が〕設定されるの**ではない**」ということである。【問】なぜか。【答】**修所断〔の心〕が間に入るからである**。〔すなわち〕その見所断の能転〔心〕が、修所断の能転〔心〕によって間に入られているからである。【問】どのようにしてか。【答】たとえば、「“我はある”と、私は他の者たちを納得させよう」と、先に決心してから、それから外門転であり修所断であり有尋有伺である発語心によって「我はある」などと言葉を語る如くである。それゆえに「**能転と同じように**」云々と〔いう〕。ゆえにこのようにして、必ず見所断の能転〔心〕の直後には、まさに善、または不善、または無記なる修所断の能転〔心〕が生じる。そして、それ(修所断の能転心)の力によって表が善などになる。「**そうではなくて、次のように説かれるべきである**」云々とは、「**そうではなくて、次のように説かれるべきである。他〔の心〕によって隔てられた**〔すなわち〕修所断〔の心〕によって隔てられた、**因等起について**〔すなわち〕間接的な因等起について**説かれたのである**」という意味である。

表の三性は、随転心ではなく、能転心に従うとされる。したがって、随転心は表を起こすことこそが役割であり、表の善・不善・無記の三性を決定づける役割は能転心であることが解る。ただし、その能転心が見所断心であれば、必ずその見所断心に続いて修所断心が生じ、その修所断心こそが能転心となって表の三性を決定づけるとされる。すなわち、修所断の能転心こそが、その後の表の三性に対して決定的な影響力を与えると考えられている。これは『順正理論』においても同様に主張される[86]。

さて、この議論において、(A)「表は能転心に従う」という説をとった場合に生じる矛盾として、論難者は「欲界において有覆無記の見所断心が能転心となった場合、法相上存在が許されていない有覆無記の表が欲界に存在してしまう」と批判している。それに対し、『倶舎論』と『称友疏』は「見所断心は表の三性を決定することができないため、その場合には必ず修所断の能転心が続いて起こる」と回答し、論難されている「欲界の有覆無記の見所断心」の場合に限らず、回答の範囲を「見所断心一般」にまで拡げているが、これは有部の法相を考慮した上の回答であると考えられる。というのも、見所断心によって表の三性が決定されるとしてしまうと、表も見所断であるという理解に繋がってしまい、身語表は修所断のみであるとする有部法相と矛盾を起こしてしまうのである。これについてはすでに述べた通りである。

第四項　世親・衆賢における表の構造

前項までに、『倶舎論』以降の論書に説かれる表の構造を検討した。『大毘婆沙論』『雑心論』に説かれる構造と比べ、非常に緻密に複雑化していることが解る。これらを要約すれば次のようになる。

「村へ行く」などの行為は能転心によって引き起こされる。その実際の行為が遂行される間は随転心によって表が起こされ、その行為が維持される。また、表の善・不善・無記の三性は、修所断の能転心（因等起）によって決定される。したがって、「何かをしよう」と善なる能転心によって行為が引き起こされた場合、行為が遂行されている間に随転心（刹那等起）が不善となったとしても、その表の三性は善ということになる。また、もしも見所断の能転心によって何か行為が引き起こされた場合には、必ず修所断の能転心が間に入って生じ、その修所断の能転心（因等起）によって表の三性が決定づけられる。この関係を図示すれば次のようになる。

【世親・衆賢における表の構造】[87]

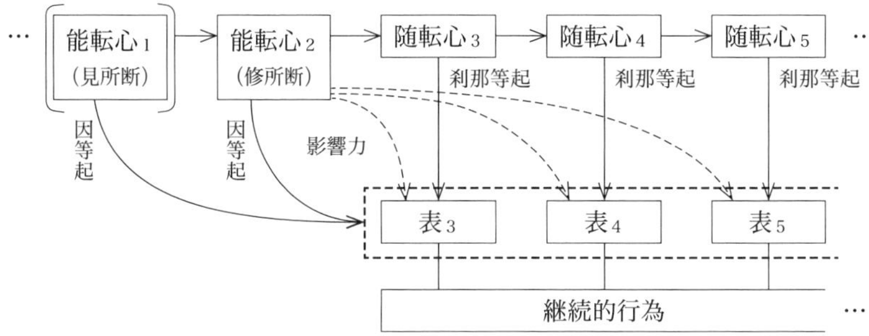

結　び

以上、どのように表が起こされ、時間的継続性のある行為が成立するのかについて考察した。結論は次のようにまとめられる。

⑴ 表と、それを等起させる心と、表によって維持される行為との三者の関係が詳細に説かれるのは、『大毘婆沙論』『雑心論』からである。

⑵「村へ行く」などの時間的継続性のある行為は、能転心（因等起）によって引き起こされる。随転心（利那等起）によって表が等起され、この行為が維持される。

⑶ 能転心には見所断・修所断の両者がなり得る。一方、随転心には修所断心のみがなり得る。

⑷ 能転心の善・不善・無記の三性と、随転心の三性とが一致するか否かについては諸説がある。『大毘婆沙論』と『雑心論』は、両者の三性が一致すると主張する（三性決定説）。一方で『倶舎論』『順正理論』『蔵顕宗論』は、両者の三性が必ずしも一致しないと主張する（三性不定説）。

(5)〈三性決定説〉の場合、能転心と随転心の三性は必ず一致するため、表の三性も能転心に従うと考えられる。

(6) 一方の〈三性不定説〉の場合、能転心と随転心の三性が必ずしも一致するとは限らないため、表の三性がどのように決定されるのか定義する必要がある。これに対して『倶舎論』『順正理論』『蔵顕宗論』は、表の三性が能転心の三性に従うと述べている。

(7) 以上により有部では、行為を起こす能転心こそが、その行為全体の価値を決定づける主要な役割を果たしていることが確認される。

総　括

第一部では、上座部と説一切有部とにおける身語の表（表層的動作）の成立を考察した。

上座部では、業の役割は思（cetanā）の活動だけに集約され、身業・語業という名称であっても、それは身門・語門を介して顕れる思を意味する。移動や発語などの具体的な行動はこの身門・語門が連続して変化することによって成立するが、この一連の行動を完成させるためには膨大な数の思がその背景で働いていなければならない。

一方の説一切有部では、色蘊にも善悪の自性があることを認めるため、身語の表（表層的動作）そのものに善悪の自性を認める。しかしながら、この身語表が成立するためには、それを引き起こしている心が設定されなければならない。そして、身語表の善・不善・無記は、その表を引き起こした心の三性と必ず一致していなければならないため、無意識や善意無過失の行為が悪業になることはない。

このように両部派ともに、身語の表層的行為はそれ単独では成立し得ないと考えており、必ずそれを背後で支える善悪の動機が最重要視されている。かかる意味で、初期経典に説かれる業論の特徴とされる動機主義は[88]、後代の部派教理においても貫かれている。

第一部　註

はじめに

1　もちろん身業・語業には表のみならず無表も含まれる。

第一章

2　AN. vi, 63（Vol. III, p. 415.7-8）:

cetanāhaṃ bhikkhave kammaṃ vadāmi, cetayitvā kammaṃ karoti kāyena vācāya manasā.

比丘らよ、私は思が業であると説きます。思い已りて身・語・意によって業をつくります。

ANA. vi, 63（Vol. III, p. 408.8-11）:

cetanāhan ti cetanaṃ ahaṃ, idha sabbasaṃgāhikā saṃvidahanacetanā[①] gahitā. **cetayitvā** ti dvārappavattacetanā. **manasā** ti cetanāsampayuttacittena.

「**私は思が（cetanāhaṃ）**〔業であると説きます〕」とは、「思を私は（cetanaṃ ahaṃ）〔業であると説きます〕」のことである。ここでは、一切を摂し、統制する思が把握されている。「**思い已りて**」とは、「門に生起した思」のことである。「**意**」とは、「思と相応した心」のことである。

① PTS: vidahanacetanā, VRI: saṃvidahanacetanā.

3　本章と同じ問題を扱った先行研究として、林隆嗣［1993］［1994］がある。この研究は『法集論註』を中心に業と門（dvāra）との関係について考察している。

4　AKBh.（p. 20.4-15）.

5　Vibh.（p. 62.1-2）, KvA. 8, 9（p. 110.12-16）.

6　MNA. 56（Vol. III, p. 53.17-24）:

kāyakammaṃ vacīkammaṃ manokamman ti ettha kāyadvāre ādānagahaṇamuñcanacopanappattā aṭṭhakāmāvacarakusalacetanā dvādasākusalacetanā ti vīsaticetanā kāyakammaṃ nāma. kāyadvāre ādānādīni appatvā vacīdvāre vacanabhedaṃ pāpayamānā uppannā tā yeva vīsaticetanā vacīkammaṃ nāma. ubhayadvāracopanaṃ[①] pana[②] appatvā manodvāre uppannā ekūnatiṃsakusalākusalacetanā manokammaṃ nāma.

「**身業・語業・意業**」とは、このうち身門において〈取ること〉〈握ること〉〈放すこと〉〔といった〕動作（copana）を得た八つの欲〔界〕繫善思と十二の不善思との二十思が身業と呼ばれる。身門において〈取ること〉などを得ることなく、語門において発語を得させつつ生起した〔先と〕同じその二十思が語業と呼ばれる。一方、両門の動作を得ることなく、意門において生起した二十九の善・不善の思が意業と呼ばれる。

① PTS: ubhayadvāracopanaṃ, VRI: ubhayadvāre copanaṃ.　② PTS: *add* pana, VRI: *omit*.

7 AKK. 4, 2.

8 AKBh.（p. 239.11–19）.

9 DhsA.（p. 97.13–18）:

tattha pāṇassa atipāto pāṇātipāto nāma, pāṇavadho, pāṇaghāto ti vuttaṃ hoti. pāṇo ti c' ettha vohārato satto, paramatthato jīvitindriyaṃ. tasmiṃ pana pāṇe pāṇasaññino jīvitindriyupacchedakaupakkamasamuṭṭhāpikā kāyavacīdvārānaṃ aññataradvārappavattā vadhakacetanā pāṇātipāto.

そのうち、生類を殺すことが「殺生」と呼ばれ、「生類を殺害すること」「生類を殺傷すること」と言われたことになる。またここでは、「生類」とは、世俗的言い回しからすれば有情のことであり、勝義からすれば命根である。そして、ある生類に対して「生類である」という想を持つ者に〔生じ〕、命根を断つ行動を起こさせ、身と語の門のうちいずれかを門として転起する、殺害の思が、殺生である。

10 佐々木現順［1960］, 水野弘元［1978］（=［1964］）, Cousins［1981］（=［2005］）, Karunadasa［2010］.

11 上座部の心識論では、〈確認〉〈推理〉〈主体的判断〉といった様々な働きを持つ心作用が、同時には起こらず、決まった順序で起こると理解されている。有部では、心作用の経過が詳細に分析されることはない。

12 VisṬ.（VRI: Vol. I, p. 47.13–16）:

ettha ca cakkhudvāre rūpārammaṇe āpāthagate niyamitādivasena kusalākusalajavane sattakkhattuṃ uppajjitvā bhavaṅgaṃ otiṇṇe tadanurūpam eva manodvārikajavane tasmiṃ yev' ārammaṇe sattakkhattuṃ yeva uppajjitvā bhavaṅgaṃ otiṇṇe puna tasmiṃ yeva dvāre tad ev' ārammaṇaṃ nissāya "itthī puriso" tiādinā vavatthapentaṃ pasādarajjanādivasena sattakkhattuṃ javanaṃ javati.

またここで、色なる所縁が眼門の領域にやって来たとき、「決定されている」① などによって善・不善の速行が七回生起して有分に堕すと、まさにそれに順応して、同じその所縁に対して意門速行が同じく七回生じて有分に堕し、さらに続いて、その〔意〕門において、同じその所縁について「女である」「男である」などと判断しつつ、浄心・染愛などによりて速行が七回速行する。

①「決定されている」云々についてはDhsA.（p. 75.4–18）を参照。

13 水野弘元［1978（= 1964）: p. 910.14–16］.

14 一つの速行が七心利那の間存続するという意味ではなく、七回連続して合計七つの速行が生じるという意味である。

15 Vis.（p. 601.1–14）:

tattha catubbidhaṃ kammaṃ: diṭṭhadhammavedaniyaṃ, upapajjavedaniyaṃ, aparāpariyavedaniyaṃ, ahosikamman ti. tesu ekajavanavīthiyaṃ sattasu cittesu kusalā vā akusalā vā paṭhamajavanacetanā diṭṭhadhammavedaniyakammaṃ nāma. taṃ imasmiṃ yeva attabhāve vipākaṃ deti. tathā asakkontaṃ pana ahosikammaṃ "nāhosi kammavipāko, na bhavissati kammavipāko, n' atthi kammavipāko" ti evam imassa tikassa vasena ahosikammaṃ nāma hoti. atthasādhikā pana sattamajavanacetanā upapajjavedaniyakammaṃ nāma, taṃ anantare attabhāve vipākaṃ deti. tathā asakkontaṃ vuttanayen' eva ahosikammaṃ nāma hoti. ubhinnaṃ antare pañca javanacetanā aparāpariyavedaniyakammaṃ nāma. taṃ anāgate yadā okāsaṃ labhati, tadā vipākaṃ deti. sati saṃsārappavattiyā ahosikammaṃ nāma na hoti.

そのうち、四種の業がある。順現法受、順次生受、順後次受、既有業である。これらのうち、一つの速行路にある七速行のうち、善あるいは不善の第一速行思が順現法受業と名付けられる。それは、まさに現世における自体（生涯）に異熟を与える。一方、そのような〔異熟を引く〕力のないものは既有業である。「業の異熟は生じなかった」「業の異熟は生じないだろう」「業の異熟は生じない」と、このようにこの三つのことにより既有業と名付けられる。他方、目的を成就する第七速行思が順次生受業と名付けられる。それは続く次世における自体（生涯）に異熟を与える。そのような〔異熟を引く〕力のないものは、すでに述べた同じ規定により、既有業と名付けられる。両者の間にある五つの速行思が順後次受業と名付けられる。それは未来に機会を得るときに異熟を与える。輪廻の流転があるならば、既有業というものにはならない。

なお同趣旨は、MNA. 86（Vol. III, p. 339.7-21），ANA. iii, 33（Vol. II, pp. 210.30-212.2），ANA. iii, 99（Vol. II, p. 360.3-13），PṭsA.（Vol. III, pp. 575.31-576.7）でも述べられている。

16 VisṬ.（VRI: Vol. I, p. 46.14-20），MNṬ. 9（VRI: Vol. I, p. 290.3），AbhSmhṬ.（p. 160.13-23）など註釈文献によれば、五門速行によって色が等起されても、それには表がないとされ、意門速行によってのみ身語の表を起こすことができるとされる。

17 PTS: taṃ nissito, VRI: tannissito.

18 PTS: rūpānaṃ, VRI: rūpakalāpānaṃ.

19 PTS: *omit*, VRI: *add* attanā sahajātaṃ rūpakāyaṃ.

20 PTS: *omit*, VRI: *add* vāyodhātu.

21 PTS: samuṭṭhitā vāyodhātu, VRI: samuṭṭhitaṃ vāyodhātuṃ.

22 PTS: *omit*, VRI: *add* gamanāgamanaṃ nāma jāyati.

23 AbhSmhṬ.（p. 154.11-13）:

desantaruppatti yeva c' ettha calanaṃ uppannadesato kesaggamattam pi dhammānaṃ saṅkamanābhāvato. itarathā nesaṃ avyāpārakatā, khaṇikatā ca na siyā.

またここでは、動作（calana）とは、別の場所に生じることに他ならない。生じた場所から毛先ほどの距離も諸法が動くことはないからである。そうでなければ、これら〔諸法〕に不作為性（avyāpārakatā）と、刹那性（khaṇikatā）とがなくなってしまうことになろう。

24 PTS: saṅghaṭṭiyamānā, VRI: ghaṭṭayamānā.

25 PTS: *omit*, VRI: *add* sah' eva.

26 PTS: *omit*, VRI: *add* ti.

27 DN. 33（Vol. III, p. 269.1-9）.

28 AKBh.（p. 239.11-19）.

29 意に属する三業道に加行（実行手段）はない。この点は説一切有部の所論と同じである。

30　このうち、離間語・麁悪語・雑穢語の加行に関する定義は『法集論註』では見当たらない。おそらく虚誑語と同じであるため省略したのであろう。

31　DhsA.（p. 99.20–25）:

yasmā pana yathā kāyakāyappaṭibaddhavācāhi① paraṃ visaṃvādeti, tathā imassa 'imaṃ bhaṇāhī' ti āṇāpento pi, paṇṇaṃ likhitvā purato nissajjanto② pi, 'ayam attho evaṃ daṭṭhabbo' ti kuṭṭādīsu③ likhitvā ṭhapento pi, tasmā ettha āṇattikanissaggiyathāvarā④ pi payogā yujjanti. aṭṭhakathāsu pana anāgatattā vīmaṃsitvā gahetabbā.

なぜなら、たとえば〈身〉〈身と結びついたもの〉〈語〉によって他者を欺くように、〈ある者に「これを言え」と命令する人〉も〈葉に書き記して、目の前で手渡す人〉も〈「この意味をこのように理解せよ」と壁などに書き記しておく人〉も〔他者を欺くので〕、したがって、ここでは〈命令する〉〈投げつける〉〈動かない〉も加行になる。しかし、諸アッタカターには説かれていないので、吟味して理解されるべきである。

①PTS: kāyapaṭibaddhavācāya, VRI: kāyakāyappaṭibaddhavācāhi.　②PTS: nissajanto, VRI: nissajjanto.　③PTS: veditabbo kuḍḍādisu, VRI: daṭṭhabbo ti kuṭṭādīsu.　④PTS: āṇattikā nissaggikā thāvarā, VRI: āṇattikanissaggiyathāvarā.

32　KhpA.（Vol. I, pp. 29.8–31.4）, VinA.（Vol. II, pp. 439.10–441.15）.

33　DhsA.（p. 97.27–30）:

imasmiṃ pan' atthe vitthāriyamāne atipapañco hoti. tasmā taṃ na vitthārayāma. aññañ ca evarūpaṃ atthikehi pana samantapāsādikaṃ vinayaṭṭhakathaṃ oloketvā gahetabbaṃ①.

しかし、この意味を広説すれば、あまりに煩雑になる。ゆえに、それを広説しない。また、そのような知識を求める者たちは、『サマンタパーサーディカー』なる律註を見て理解すべきである。

① PTS: gahetabbo, VRI: gahetabbaṃ.

DhsA.（p. 98.9–12）:

te ca kho yathānurūpaṃ theyyāvahāro, pasayhāvahāro, paṭicchannāvahāro, parikappāvahāro, kusāvahāro ti imesaṃ pañcannaṃ① avahārānaṃ vasena pavattanti②. ayam ettha saṅkhepo. vitthāro pana samantapāsādikāyaṃ vutto.

実にそれら〔六つの加行〕は、それぞれ〈盗み取る〉〈強引に取る〉〈隠れて取る〉〈計画して取る〉〈抽籤によって取る〉というこれら五つの取り方によって起こる。ここでのこれは略説である。また、広説は『サマンタパーサーディカー』において述べられている。

① PTS: *omit*, VRI: *add* pañcannaṃ.　② PTS: pavattā ti, VRI: pavattanti.

34　Vis.（pp. 615.1–616.22）や AbhS.（p. 31.5–11）などによれば、色（すなわち身体）は速行以外の心作用によっても等起される。しかし、表を起こす役割は主として速行に課せられる。表とは、内面的な意思が表層的な身語の行為として表れ出るそのことであり、身語業と不可分な要素であるとされる。『法集論註』などにおいても、身語業を起こす心作用は速行に課せられている。身語業と表との密接な関係については林隆嗣［1993］［1994］を参照。

35 DhsA.（p. 83.27-35）:

viññāpanattā pan' esā viññattī ti vuccati. kiṃ viññāpetī ti. ekaṃ kāyikakaraṇaṃ. cakkhupathasmiṃ hi ṭhito hatthaṃ vā pādaṃ vā ukkhipati, sīsaṃ vā bhamukaṃ① vā cāleti, ayaṃ hatthādīnaṃ ākāro cakkhuviññeyyo hoti. viññatti pana na cakkhuviññeyyā manoviññeyyā eva. cakkhunā hi hatthavikārādivasena vipphandamānaṃ vaṇṇārammaṇam eva passati. viññattiṃ② pana manodvārikacittena cintetvā 'idañ c' idañ ca esa kāreti maññe' ti jānāti.

さて、能知性からこれは表（viññatti）と言われる。何を知らせるのか。一つの身体動作である。眼の対象領域にある人が、手あるいは足をあげ、頭あるいは眉を動かす。この手などの行相は、眼の所知である。しかし表は、眼の所知ではなく、意の所知のみである。なぜなら、眼によっては手の変化などを通して、動きつつある顕色という所縁のみを見るのであり、他方、表を意門心によって思惟して、「彼の者は、あれこれをなすと思う」と知るからである。

① PTS: bhamukhaṃ, VRI: bhamukaṃ. ② PTS: viññatti, VRI: viññattiṃ.

36 単なる色身の動作は五門所知であるが、表は意門所知である。『法集論註』は次のような例を挙げている。

DhsA.（pp. 83.35-84.8）:

yathā hi araññe nidāghasamaye udakaṭṭhāne① manussā 'imāya saññāya idha udakassa atthibhāvaṃ jānissantī' ti rukkhagge tālapaṇṇādīni bandhāpenti, surāpānadvāre dhajaṃ ussāpenti, uccaṃ② vā pana rukkhaṃ vāto paharitvā③ cāleti, antoudake macche calante upari bubbuḷakāni uṭṭhahanti, mahoghassa gatamaggapariyante tiṇapaṇṇakasaṭaṃ ussāritaṃ④ hoti. tattha tālapaṇṇadhajasākhācalanabubbuḷakatiṇapaṇṇakasaṭe disvā yathā cakkhunā adiṭṭham pi 'ettha udakaṃ bhavissati, surā bhavissati, ayaṃ rukkho vātena pahato bhavissati, antoudake maccho bhavissati, ettakaṃ ṭhānaṃ ajjhottharitvā ogho gato bhavissatī' ti manoviññāṇena jānāti, evam eva viññatti pi na cakkhuviññeyyā manoviññeyyā 'va. cakkhunā hi hatthavikārādivasena⑤ vipphandamānaṃ vaṇṇārammaṇam eva passati. viññattiṃ⑥ pana manodvārikacittena cintetvā 'idañ c' idañ ca esa kāreti maññe' ti jānāti.

たとえば、郊外で夏に、水のある場所で人間たちは、「この目印によって、ここに水のあることを人々は知るだろう」と、樹の頂にターラ葉などを結びつける。酒屋の門に旗を立てる。あるいはまた、高い樹を風が打ちつけ揺らす。水中で魚が動けば上に泡がたつ。大きな暴流の通った道の端に草・葉・ごみが堆積する。そこで、ターラ葉・旗・枝の動きや、泡・草・葉・ごみを見て、たとえ眼によって見なくても、「ここに水があるだろう。酒があるだろう。この枝は風によって打ちつけられているだろう。水中に魚がいるだろう。これだけの場所を覆って暴流が通ったのであろう」と、意識によって知る。そのように表は、眼の所知ではなく、意の所知のみである。なぜなら、眼によって手の変化などを通して、動きつつある顕色という所縁のみを見るのであり、他方、表を意門心によって思惟して、「彼の者は、あれこれをなすと思う」と知るからである。

① PTS: *add* va, VRI: *omit*. ② PTS: uddhaṃ, VRI: uccaṃ. ③ PTS: paharetvā, VRI: paharitvā. ④ PTS: ussāditaṃ, VRI: ussāritaṃ. ⑤ PTS: *omit*, VRI: *add* udakaṃ bhavissati, surā bhavissati, ayaṃ rukkho vātena pahato bhavissati, antoudake maccho bhavissati, ettakaṃ ṭhānaṃ ajjhottharitvā ogho gato bhavissatī' ti manoviññāṇena jānāti, evam eva viññatti pi na cakkhuviññeyyā manoviññeyyā 'va. cakkhunā hi hatthavikārādivasena. ⑥ PTS: viññatti, VRI: viññattiṃ.

37 第一速行から第六速行によって等起された風界は、その刹那に諸色を他の場所に生ぜしめることができないが、それでもその刹那の諸色は表の変化を伴っているとされる。しかし、VinṬ(Vjb).（VRI: p. 139.14–15）にはこれらの表については言及がないので、【図2】に含めていない。

38 語表についても同様である。

DhsA.（p. 87.5–10）:

ayaṃ cittasamuṭṭhānasaddo nāma. ayaṃ na viññatti. tassā pana cittasamuṭṭhānāya pathavīdhātuyā upādinnakaghaṭṭanassa[①] paccayabhūto eko ākāravikāro atthi, ayaṃ vacīviññatti nāma. ito paraṃ sā aṭṭha rūpāni viya na cittasamuṭṭhānā tiādi sabbaṃ heṭṭhā vuttanayen' eva veditabbaṃ.

これが心等起の声といわれるが、これは表ではなく、その心等起の地界が有執受〔身〕を打つことの縁となる一つの行相の変化（ākāravikāra）があり、これが語表といわれる。この他に、「これは八色のように心等起ではない」云々というすべては、先に述べた通りに理解されるべきである。

① PTS: upādiṇṇakaghaṭṭ anassa, VRI: upādinnakaghaṭṭanassa.

39 PTS: sā, VRI: so.

40 PTS: *add* ti, VRI: *omit*.

41 DhsMṬ.（VRI: p. 68.19–20）:

na cittasamuṭṭhānā ti etena paramatthato abhāvaṃ dasseti. na hi rūpaṃ appaccayaṃ atthi, na ca nibbānavajjo attho nicco atthī ti.

「**心等起ではない**」とは、これによって勝義という点からは存在しないことを示している。なぜなら、色は縁なくしては存在せず、そして涅槃という目的を除いて常なるものは存在しないからである。

42 DhsMṬ.（VRI: p. 68.21–22）:

viññattitāyā ti viññattivikāratāya. cittasamuṭṭhānabhāvo viya mahābhūtavikāratāya upādārūpabhāvo ca adhippeto ti veditabbo.

「**表があるゆえに**」とは、「表の変化があるゆえに」ということである。心等起の状態のように、大種の変化というものから所造色の状態が意趣されていると知られるべきである。

DhsAṬ.（VRI: p. 72.23–24）:

cittasamuṭṭhānabhāvo viyā ti viññattiyā cittasamuṭṭhānaupādārūpabhāvo upacārasiddho ti dasseti.

「**心等起の状態のように**」とは、表によって心等起の所造色の状態が二次的に成り立つことを示している。

43 SN. 12, 20 (Vol. II, p. 26.8) を参照。ここは十二支縁起の「老死」を解説する部分である。

44 思は心所法であるから、心が速行の作用をなしている場合の心（すなわち速行心）と相応している思が「速行思」である。

第二章

45 ただし、このように身表を形色、語表を音声とする理解は、古い段階の綱要書では明確に説かれておらず、『甘露味論』巻 1 (T28. 967c17-18),『心論』巻 1 (T28. 812b27-c06),『心論経』巻 2 (T28. 840a03-10),『雑心論』巻 3 (T28. 888b15-22) では、「身表・口表は身動・口動である」と述べられている。これらの指摘については三友健容［1976］を参照。ただし、身表・語表が多刹那にわたるものとして積極的に認めている記述は見受けられず、またなによりこれらの綱要書は記述があまりに簡潔なため、「動」が正量部や犢子部で説くところの gati を意味していたかどうかは不明である。

46 無表については第二部において考察する。

47 深浦正文［1951: p. 91 図］, 舟橋一哉［1954a: p. 42 図］, 本庄良文［1997］.

48 AKK. 4, 1.

49 舟橋一哉［1954a］, 工藤道由［1983c］, 塚田康夫［1985］, 松島央龍［2009］.

50 上座部における表については第一部一章「上座部における表の構造」を参照。

51 AKBh. (p. 194.11-13).

52 AKBh. (pp. 210.19-211.4).

53 成就とは得 (prāpti) の異名である。表層的な行為がやめば、現在の表は成就されなくなるが、過去の表は成就され続ける場合がある。舟橋一哉［1954a: pp. 255.7-256.4］を参照。

54 AKBh. (p. 20.4-15).

55 AKBh. (p. 201.14-15), AKVy. (p. 361.26-28).

56 中間静慮が初静慮に含まれる旨は AKBh. (p. 448.10) を参照。ただし、中間静慮を初静慮に含めるかどうかについては問題が残っている。櫻部・小谷・本庄［2004: p. 297 註 3］は、玄奘・真諦の両漢訳では、中間静慮が初静慮に属さないものと理解されている点を指摘している。

また、三友健容［1977b: p. 185.a7-17］は『順正理論』の記述を根拠に、中間静慮にも表が存在すると指摘している。『順正理論』巻 36 (T29. 545c20-21),『蔵顕宗論』巻 18 (T29. 863c01-03),『順正理論』巻 78 (T29. 765c03-17),『蔵顕宗論』巻 39 (T29. 970b28-c13) を参照。

57 櫻部建［1969: pp. 106-107 図］.

58 AKBh. (pp. 201.23-202.4).

59 AKBh. (p. 202.3), AKVy. (p. 362.25-27).

60 AKBh. (p. 203.9-11), AKVy. (p. 364.11-16) を参照。結論的に言えば、後で述べるように、見所断心に続いて必ず修所断心が生じ、その修所断心によって表が等起されると理解されている。引用経については AKUp.［4013］を参照。

61 AKBh.（p. 203.21–23）:

tatsamutthāpitaṃ ca rūpaṃ darśanaprahātavyaṃ syāt. kiṃ syāt. abhidharmo bādhitaḥ syāt. vidyāvidyābhyāṃ cāvirodhān nāsti rūpaṃ darśanaprahātavyam.

また、それ（見所断心）によって等起された色は、見所断ということになってしまうだろう。【問】〔色が見所断であるなら〕どのようになるのか。【答】阿毘達磨が損なわれることになるだろう。しかしながら、明および無明と矛盾しないゆえに、色は見所断ではない。

ここで言われている色とは五蘊のうちの色蘊のことで（すなわち身語の表を含む）、十二処のうちの色処（身表だけを含む）を指しているわけではない。AKVy.（p. 365.16–20）を参照。

62 AKBh.（pp. 28.23–29.11）においても、身表（色処）と語表（声処）は修所断のみが認められている。

63 自性として善性が認められているのは三善根・慚・愧だけであり、自性として不善性が認められているのは三不善根・無慚・無愧だけである。AKBh.（pp. 202.5–203.9）を参照。もちろん、この「自性として」とは、「相応や等起などの根拠づけが無くても」という意味である。

64 この「等起」とは、自性・相応・等起・勝義の四点から善不善を分類するうちの一つである。AKBh.（pp. 202.5–203.9）を参照。

65 この等起については舟橋一哉［1954a: pp. 76.1–98.6］による先行研究があるが、『倶舎論』のみを研究対象としている。そこで本章では、それ以外の論書も含めて検討を加える。

66 『大毘婆沙論』巻 195（T27. 975c09–11）:

心有二種。謂転随転。転謂能引身語二業在彼前起。随転謂助身語二業与彼倶生。

『順正理論』巻 36（T29. 547a08–10）;『蔵顕宗論』巻 19（T29. 864c18–20）:

身語二業等起有二。謂因等起刹那等起。在先為因故。彼刹那有故。如次。初名転。第二名随転。

67 AKBh.（p. 204.5–11）, AKVy.（p. 366.23–27）を参照。また、AKBh.（p. 205.1–2）, AKVy.（p. 367.4–6）によれば、異熟生心は能転にも随転にもなれないとされる。

68 AKBh.（pp. 28.23–29.11）によれば、前五識は修所断のみである。

69 ただし衆賢によれば、修所断の意識のうち一部のみが能転心・随転心になり得るという。

70 『大毘婆沙論』巻 117（T27. 610a27–29）の如是説者によれば、五識は因等起になり得ない。

71 AKBh.（pp. 28.23–29.11）によれば、無漏なる前五識はない。

72 この議論は AKBh.（p. 203.21–23）を参照。また、AKBh.（pp. 28.23–29.11）からも明らかなように、身表（色処）と声表（声処）は修所断でしかない。

73 『大毘婆沙論』巻 117（T27. 610a05–c10),『雑心論』巻 3（T28. 896c27–897a17).

74 『順正理論』巻 36（T29. 546c28–547b29),『蔵顕宗論』巻 19（T29. 864c09–865a25).

75　矢印は因果関係を示している。基本的に左から右に向かって時間が進行し、上下の関係は同一刹那時の階層構造を示している。また、「能転心$_{1}$」のような下付きの$_{1\cdots4}$などの数字は、その法が存在している時を表しており、同じ数字ならばその法同士は同一時間に存在していることを意味している。すなわち、「随転心$_{2}$」「表$_{2}$」とあれば同一刹那時に両者が倶起していることを意味する。

76　二種の等起は、『大毘婆沙論』巻 117（T27. 610a05–611a07),『雑心論』巻 3（T28. 896c21–897a17）に説かれるが、『心論』『心論経』においては説かれていない。法救はこの等起を説明するために、『心論』『心論経』においては見られない偈を、新たに『雑心論』において追加している。この点からも、等起の教理は『大毘婆沙論』『雑心論』に至って整理されたと考えられる。

一方、表が連続して生滅を繰り返して行為を維持するという理解は、行為が遂行されている間、現在の表を成就すると述べている『心論』巻 1（T28. 813b09–14),『心論経』巻 2（T28. 841a01–10),『雑心論』巻 3（T28. 889c07–12）などの記述から確認することができる。

77　図中の破線矢印は、能転心の善・不善・無記の三性が、随転心の三性に影響を与えることを意味している。その他については前第一節五項を参照。

78　威儀路・工巧処・異熟生・化心（通果心）は無覆無記のみである。AKBh.（p. 106.5–10),『大毘婆沙論』巻 18（T27. 88c11–13),『順正理論』巻 16（T29. 424c06–08),『蔵顕宗論』巻 9（T29. 817a10–11）も参照。なお、無色界には異熟生心のみがあるとされる。

79　『大毘婆沙論』巻 117（T27. 610b05–23).

80　『雑心論』巻 3（T28. 897a04–06):

> 無記者威儀工巧。彼威儀心転即彼随転。善穢汚心現在前去者不然。以速起故。如旋火輪。工巧心亦如是。

81　この第二説を、法救は『雑心論』巻 3（T28. 897a04–06）において否定している。

82　さらに言えば、随転心が不善ならば別解脱律儀の無表が不善になってしまい、随転心が無記ならば別解脱律儀の無表そのものが生じないという事態に陥ってしまう。

83　表は色蘊に含まれるが、色蘊は修所断のみである。AKBh.（p. 203.21–23), およびAKBh.（pp. 28.23–29.11）を参照。また、有覆無記の表は梵天にのみ存在する。AKBh.（p. 201.16–17）を参照。

84　欲界の有身見と辺執見とは有覆無記であるとされる。AKBh.（p. 290.13–19),『大毘婆沙論』巻 144（T27. 740b08–12）を参照。

85　AKBh.（pp. 201.21–202.4).

86　『順正理論』巻 36（T29. 547a05–23）を参照。また、『順正理論』巻 36（T29. 547c14–21),『蔵顕宗論』巻 19（T29. 865b03–10）も参照。

87　図中の破線矢印は、能転心の善・不善・無記の三性が、表の三性に影響を与えることを意味している。その他については第一節五項を参照。

総　括

88　舟橋一哉［1954a: pp. 32.15–34.1］.

第二部　無表の構造（行為の構造Ⅱ）

はじめに

第二部では、説一切有部の教理を検討し、無表（avijñapti）について考察する。上座部では、身語による行為について表（viññatti）だけを構成要素として認めるが、説一切有部では、表だけでなく無表と呼ばれる潜在的な構成要素の存在にも言及する。このうちの表は、具体的な「切り付け」や「発声」など我々が眼根や耳根によって認識可能なものであるから、具体的に如何なるものであるか把握しやすい。しかし無表は、眼にも見えず触れることもできないものとされ（無見無対）、色法であるにもかかわらず法処に収められるなど、一体それが何であるのか極めて把握しにくい存在である。

この不可解さゆえに、説一切有部の教理研究の中で無表は高い注目を浴び、多くの先行研究が積み重ねられている。しかし、無表の全貌は、有部法相の複雑さゆえに十分に解明されたとは言いがたい。結論的に述べれば、無表には大きく分けて次の三つの役割がある。

⑴ 戒体としての役割。例：受戒などによって得られる善的習性。比丘が比丘であることの根拠。

⑵ 悪戒としての役割。例：殺生などを生業にして生活しようと決意し実行することによって得られる悪的習性。

⑶ 行為の構成要素としての役割。例：命令による殺生遂行がなされた場合に、根本業道として無表が生じ、それが未来に取果することで、殺生未遂の場合よりも重大な果報をもたらす。

このように、無表には戒や悪戒、業道など様々な役割が課せられているため、それらを単一的にまとめて考察し得ず、それぞれの役割に応じた仔細で慎重な検討を必要とする。

そこでまず、第一章において無表の基本的な法相を確認し、これまでの先行研究を総括することで問題の所在を探る。この第一章を受けて、続く第二章から第五章まで、それぞれ静慮律儀と無漏律儀（第二章）、別解脱律儀（第三章）、不律儀（第四章）、非律儀非不律儀（第五章）について、得捨という観点からその基本的な構造を探る。特に第二章では、従来の研究でしばしば見られた「無漏律儀以外の無表は死没すれば捨せられる」という誤解を訂正する。第六章では、特に業道や福業事として設定される非律儀非不律儀が、行為に対してどのような役割を担っているのかについて考察する。第七章では、無表が異熟果を招くかどうか、という点に考察を加える。最終第八章では、無表の存在を認めない上座部が、有部では無表によって説明される「戒」「命令による業道」「福業事」といった問題を、どのように説明しているのかを検討する。

第一章　無表研究の総括と展望

無表を解明することは、有部業論を研究する上での中心的課題であった。しかし、阿毘達磨の煩雑さに加え、多種多様な関心から無表の研究が重ねられてきたゆえに、かえって教理の全体像と問題の所在が把握しづらくなってしまっている。そこで本章では、有部における無表の定義と、これまでの先行研究の成果をまとめ、そこから問題の所在を明らかにしたい。

第一節　予備的考察

まず本節では、無表を考察する上での前提となる、有部における無表の法相的分類と、律儀・不律儀・非律儀非不律儀の定義を、『倶舎論』の記述に基づきながら確認する。

第一項　三業とその本体

まず本項では、身語意の三業とその本体について確認する。有部は、身語意の三業を開いて五業とし、それぞれの三性の自性を次のように想定している[1]。

三業	五業	三性		
		善	不善	無記
身業	身表（形色）	○	○	○
	身無表	○	○	—
語業	語表（音声）	○	○	○
	語無表	○	○	—
意業	思	○	○	○

身業と語業については表（vijñapti）と無表（avijñapti）の二つがあるとされる。このうちの表とは、肉体的な動きや声などの具体的な身語による行動のことであり、その名が示すように眼や耳によって確認することのできる表示的なものである。一方の無表とは、眼や耳によって認識できない非表示的な身語業であり、これには善と不善の自性だけが想定され、無記の無表は存在しない。また、意業には表・無表という分類は適用されないため、やはり意業の無表も存在しない[2]。

すなわち、本研究がこれから考察しようとする無表とは、眼耳鼻舌身の五感によって認識することのできない、身語に属する善・不善業である。

第二項　無表の法相的分類

続いて本項では、有部論書中に説かれる無表の法相的分類を確認する。有部の分類によれば、無表には⑴悪戒の流れを遮止する"戒"としての律儀（saṃvara）と、⑵その逆の働きをする"悪戒"としての不律儀（asaṃvara）と、⑶その両者に属さない非律儀非不律儀（naivasaṃvaranāsaṃvara）との三種がある[3]。この三種の無表は、欲界において善・不善の身語表をなすことによって得られるもの（表所生）と、色界（静慮）もしくは無漏の禅定に入っている間、自動的に得られているもの（定所生）とで、さらに細分化される[4]。そして、このうち定所生の無表は、禅定に入っている間のみ生じ続けて効力を発揮する（随心転）[5]。一方の表所生の無表は、一旦得られてしまえば、その後、何らかの原因によって捨せられるまで行住坐臥を問わず相続し、その間、常に効力を発揮する（不随心転）。たとえば、ある人物が"比丘戒"を受けた場合、受戒作法が完了した瞬間に律儀の無表がその者に生じ、その後、学処の棄捨を宣言するなどしない限り、その無表は死ぬまで相続して妨悪の功能を発揮する、ということである。以上を表にまとめれば次頁のようになる[6]。

このように、無表には様々な役割が課せられ、その役割ごとに異なった性質を有している。したがって、テキストや先行研究で「無表」について言及されていても、上記や次頁の表のどれに該当するのかを慎重に検討しなければばならない。

無表		界繫	所生	随転	三性
律儀	無漏律儀	非　繫	定所生	随心転	善
	静慮律儀	色界繫	定所生	随心転	善
	別解脱律儀	欲界繫	表所生	不随心転	善
不律儀		欲界繫	表所生	不随心転	不善
非律儀非不律儀		欲界繫	表所生	不随心転	善 / 不善

第三項　律儀と無表

前項において考察したように、有部における無表は、その役割に応じて無漏律儀・静慮律儀・別解脱律儀・不律儀・非律儀非不律儀の五つに細分される。この五つそれぞれが異なる法相的性格を有していることから、無表の全体像を明らかにするためには、この分類に基づいてそれぞれを個別に考察していく必要がある。

しかし、ここで注意しなければならない点は、厳密な定義に基づけば「律儀」「不律儀」の語は、有情の状態を示している用語であって、無表だけではなく表をも含むことである。たとえば、別解脱律儀とは身語の七善業道における根本と後起と定義される[7]。すなわち、受戒作用に直接関わる合掌などの表のうちで根本と後起に属するものと、受戒が成立した瞬間（根本）に生じてその後（後起）にも相続している無表とが「別解脱律儀」である。同様に、非律儀非不律儀とは律儀にも不律儀にも該当しないという意味であるから、「非律儀非不律儀に住する者」とは「律儀の状態でも不律儀の状態でもない者」というだけであって、必ず非律儀非不律儀の無表を成就しているとは限らない[8]。

ただし、『倶舎論』など有部論書中における律儀・不律儀・非律儀非不律儀は、一般的に無表と関連する文脈で用いられていることは事実である。なぜなら、有部業論において律儀などの主要な構成要素は無表であり、表が必要不可欠とはされていないからである。たとえば、「静慮律儀」「無漏律儀」については、無表だけが構成要素となり、表はそこに含まれない[9]。「別解脱律儀」についても、表を欠いて無表のみが生じる場合が論じられている[10]。また、文献学的な立場からは、青原令知［2005］が指摘するように、もともと「律儀」という概念が先に生まれ、それが後になって「無表」として教理的に位置づけられたと考えられる。

このように、有部文献における無漏律儀・静慮律儀・別解脱律儀・不律儀・非律儀非不律儀の五つは、たしかに無表の存在を大前提としているが、必ずしも無表だけを意味する用語ではない。この点は無表研究を進める上で十分に留意されていなければならない。以上の法相的前提を踏まえた上で、続く第二節では無表に関するこれまでの先行研究を考察する。

第二節　先行研究の総括

続いて本節では、これまでの無表研究を総括し、そこから問題の所在を明らかにする。無表を如何に理解すべきかという問題は、業研究における最大の焦点であり、明治以来これまで多くの研究がなされている。ところが、それらの研究のいくつかは、先行研究を正しく理解しておらず、かえって誤解を生んでしまっている場合も見られる[11]。

第一項　舟橋水哉と加藤精神

昭和の初めまで舟橋水哉をはじめとする当時の学界は、無表とは原因と結果とを結びつける媒介者であると理解していた[12]。すなわち、何か業をなすと、その瞬間に無表という物質が生じて、その業力を引き継ぎつつ果をもたらすまで相続し、過去に落謝した業に代わりその無表こそが果を生み出すという理解である[13]。

たとえば殺生業が完成すると、その瞬間に表所生の無表が生まれ、果をもたらすときまで輪廻を隔てて相続し、過去に落謝した殺生業に代わって「地獄に再生する」「苦しみを受ける」などの果を与える。このように無表こそが業と果とを繋ぐ担い手であり、経部の相続転変差別（もしくは種子）や大衆部の増長に相当する理論であると考えられてきた。

この理解が完全な誤りであると破折したのは加藤精神である。1928年に加藤精神は、「無表は、死没すれば捨せられてしまい、来世まで持ち越すことは出来ない」という点を論証して、それまでの定説を完全に崩した[14]。さらに加藤精神（および荻原雲来）は、業と果との繋がりは三世実有説によって理解され、業は過去に落謝したとしても実有であるゆえに、その業は未来に果をもたらすことができると指摘した[15]。この批判を受けて舟橋水哉は、後に自説を撤回している[16]。

加藤精神は、無表の功能について「無表色は善悪業を為すとき若し善業を為せば防非止悪の功能があり善業を為す習性となる。若し悪業を為せば良心麻痺の習性となる。是を無表色と云ふのである」と述べ[17]、潜在的な善悪の後天的習性こそが無表の功能であると結論した。

第二項　加藤精神と舟橋一哉

このように、当時の定説を砕破した加藤精神は、さらにその後1953年に『印度学仏教学研究』第一巻二号において「有部の無表色に対する近代学者の誤解を匡す」を寄稿し自説を再説した[18]。この加藤精神に質疑を申し立てたのは舟橋水哉の子、舟橋一哉である。加藤精神の論考を受け舟橋一哉は、1953年に『印度学仏教学研究』第二巻一号において無表について論じ[19]、さらにその翌1954年に『業の研究』を出版した[20]。舟橋一哉は、加藤精神および荻原雲来の主張した「三世実有によって業と果の繋がりが説明される」という説を支持しながらも、次のように無表を理解した。

(1) 有部における無表ではなく、そもそも本来の仏教における無表は、果報をもたらす担い手を説明するために導入された教理であり、加藤精神以前の学者たちが誤って考えていたように、果をもたらすまで相続して業と果とを連結させるものである[21]。

(2) 本来の意味での無表は、経部の種子（bīja）や、大衆部の増長（upacaya）、正量部の不失壊（avipranāśa）と同じ役割を持って登場した教理である[22]。

(3) ところが、有部においては三世実有説があるため、本来の意味における無表の役割は必要ではない[23]。

(4) そこで有部において無表は、妨善妨悪の功能を持つ後天的習性として導入された[24]。

(5) ただし、無表も善不善法一般に関する有部法相が適用されるはずだから、無表も異熟果を招くはずである[25]。この点について加藤精神の論考は明確に述べていない[26]。

すなわち、そもそも無表は、業と果との間で連鎖し結びつける媒介者として登場したはずであるが、三世実有を唱える有部においては中間の媒介者が必要ではないため、妨善妨悪の功能を持つ後天的習性として有部に導入された、と主張したのである。この舟橋一哉の質疑を受けて加藤精神は、『印度学仏教学研究』第二巻二号において弁斥している[27]。その中で加藤精神は、無表と種子を同一視する点（上記(2)を参照）について批判を加えているが[28]、無表が異熟果を招くという点（上記(5)を参照）については舟橋一哉と同意見であったことが確認される[29]。

第三項　舟橋一哉以後

加藤精神と舟橋水哉・舟橋一哉の親子二代にわたる論争は、1956年に加藤精神が急逝したこともあり決着がつかないまま幕が下ろされてしまう[30]。しかし、この三者による論争は、その後の研究の方向性をも決定づけた。特に舟橋一哉の著した『業の研究』（舟橋一哉［1954a］）は現在まで大きな影響力を及ぼしている。舟橋一哉以後の研究の焦点は、主として(1)無表の起源と、(2)無表と異熟果の関係との二点を解明することに集められた。

⑴　無表の起源

このうち、無表の起源については次のように研究が進んでいる。有部における無表は、「妨善妨悪の功能を持つ後天的習性」であるという理解で、最終的には加藤精神・舟橋一哉ともに一致している[31]。ところが舟橋一哉は、有部のではなく仏教元来の無表は、果をもたらすまで相続して業と果とを連結させるものであると主張した。しかし、仏教元来の無表が説かれているとして舟橋一哉が引用する資料は『成実論』であり[32]、有部資料に基づいておらず、資料の成立も古いとはいえない。そして、舟橋一哉による『成実論』の理解も妥当とは言いがたい[33]。また、舟橋一哉が本来の無表と同じ役割を担うものとして挙げている経部の種子（bīja）や、大衆部の増長（upacaya）、正量部の不失壊（avipranāśa）も[34]、後代の論書を通じてその教義を部分的に知り得るのみであるから、この指摘をそのまま無表起源論にまで適用して理解することは難しい。

この難点を受けて、有部資料を用いて無表の源泉を探る研究が1960年代から1970年代にかけて数多く発表された。ところが舟橋一哉の見解に反し、それら諸研究は一致して、無表は当初から「妨善妨悪の功能を持つ後天的習性」すなわち“戒”として導入されたと結論している[35]。

河村孝照［1963］は、『心論』『心論経』『雑心論』『大毘婆沙論』『倶舎論』『順正理論』などの有部論書のみならず、さらに『顕揚聖教論』『中論』までも検討し、いずれの論書においても無表は“戒”として理解すべきであると指摘した。続いて平川彰［1964］も、主に『倶舎論』を材料としながら、有部の無表は心や行動を制約するものと結論した[36]。三友健容［1976］［1977a］［1977b］［1978］は、従来あまり取り上げられなかった初期阿毘達磨論書を研究対象に含めて成立順に検討を加えた[37]。そして、『集異門足論』『法蘊足論』など初期阿毘達磨の段階では無表の用例は僅かしか現れないこと、またその僅かな用例いずれも“未来の果を招くかどうか”といった問題に答えるものではなく、自然と不善を遠離していく表面的な形とはならない習慣性として理解し得ると指摘している[38]。

これらの研究は、有部論書中における無表を俯瞰的に考察したものであり、無表の成立事情を解明すべく緻密な文献学が遂行されているわけではない。有部の初期阿毘達磨論書に焦点を合わせた詳細な研究は、2000年代に入りようやく発表される[39]。青原令知［2005］［2006］［2010］は、六足発智に説かれる無表およびその関連語である律儀（saṃvara）の用例を検討することによって、有部における無表の教理形成を考察した。そして結論として、「つまり、正語・正業・正命の解釈における、身語の悪行からの遠離・不作・防護という既成の解釈に「律儀」という概念が導入され、それが最終的に「無表業」として位置づけられたということである」と述べ[40]、やはり無表は当初から律儀、すなわち“戒”として導入されたと理解している[41]。

このように、有部資料を検討する限りでは、舟橋一哉の説は支持し得ないことが明らかとなっている。また、有部資料を除いて無表の教理は断片的にしか知り得ない状況であるから、舟橋一哉の説を証明することは極めて困難であると考えられる[42]。

⑵　無表と異熟果

続いて、無表と異熟果との関係については次のように研究が進んでいる。まず、加藤精神と舟橋一哉は、ともに「たとえ無表が異熟果と関係づけて説かれていなくても[43]、有漏法一般の規則が適用されるはずであるから、無表には異熟果を招く功能がある」という点で理解は一致している[44]。

ところが、その後の幾人かの学者は「無表が異熟果をもたらすという理解は誤りである」、あるいは「そのような理解は有部の正統ではない」と主張している。このような無表の理解は、平川彰、山田恭道、河村孝照、三友健容、佐々木現順によって主張され、近年では松島央龍［2007］［2010b］［2011］が同趣旨の主張を展開している[45]。

その一方で、加藤精神・舟橋一哉と同じく「無表は異熟果を招く」と主張する研究も見られる[46]。Dhammajoti［2003］は、特に『大毘婆沙論』の記述を中心に考察を加え、舟橋一哉と同じ結論に至っている[47]。青原令知［2006］は、『集異門足論』『法蘊足論』『施設論』などの初期有部阿毘達磨を考察して、そこに説かれる律儀（すなわち無表）には業としての生果の働きが積極的に与えられていると指摘している[48]。

第三節　無表研究の展望

このように、舟橋一哉以後の無表に関する研究は、⑴「無表の起源」、および⑵「無表と異熟果との関係」の二つが主たる焦点であった。このうち⑴「無表の起源」については、「無表はそもそも戒として導入された」と結論付けられ、これは初期有部論書における数少ない用例が一貫して“戒”として理解すべきであることを支持しているため、この結論は妥当であると考えられる。しかしながら、有部教理では非律儀非不律儀という“戒”としての役割を果たさない無表も説かれており、このような無表がどのような役割を担っているのかについては未だ研究が十分ではない。⑵「無表と異熟果との関係」についても様々な角度から研究が進められているが、無表は異熟果を招くか否かについて見解が分かれており定説を欠いている。

また、以上の二点については飛躍的な研究の進展が見られる一方で、未知の領域も広く残されている。特に『大毘婆沙論』以降の論書には、無表の得捨にまつわる膨大な量の記述が含まれているが、これに関する研究は手付かずのままである。そして、この得捨の考察が十分になされてこなかったために、誤った無表観が多くの先行研究において散見される。

このような問題点を受けて本研究は、次の三点の解明を目的とする。第一の目的として、無表の得捨を総合的に考察し、無漏律儀・静慮律儀・別解脱律儀・不律儀・非律儀非不律儀それぞれの構造を解明する。そして第二の目的として、“戒”としての役割を持たない非律儀非不律儀が、有部法相においてどのような役割を担っているのかを検討する。そして最後に第三の目的として、無表と異熟果を取るか否かについての問題を再検討し、有部における理解を提示する。

第二章　静慮律儀と無漏律儀の構造

問題の所在

まず本章では、静慮律儀と無漏律儀の二つ、すなわち随心転の無表を、得捨の関係から考察することでその構造を提示する。この二つの無表は、ある人物が禅定に入っている間、その人物の心に従って生じるものであり（随心転)、妨悪の功能を有している。

この随心転の無表は、これまで最も誤解されてきた無表の一つである。舟橋一哉から Dhammajoti に至るまでの多くの先行研究は、この随心転の無表と得捨の関係について、出定あるいは死没とともに捨せられてしまうと理解してきたが、これは大きな誤りである。この誤解が生まれてしまった原因は、無表が業と果との間で連鎖する別法ではないことを、加藤精神が「無表は死没と共に捨せられる」という点から証明したからであると思われる。しかし、厳密に表現すると加藤精神は、当時の定説に対する反例として「一部の無表は死没すれば捨せられる」という点を指摘したのであって、「すべての無表は死没すれば捨せられる」とまでは主張していない。そのことは加藤精神自身が、随心転（静慮律儀と無漏律儀）に関する無表は死没しても捨せられないと主張している点からも明らかである[49]。にもかかわらず、この主張は忘れ去られてしまい、いつの間にか「すべての無表は死没すれば捨せられる」ということが当然の前提であるかのように理解されている場合がある[50]。この静慮律儀・無漏律儀の無表が、死没すると捨せられるのかどうかについて、加藤精神以降の諸学者は次のような見解を述べている。

⑴ 静慮・無漏律儀は、随心転であり、定に入れば得せられ、定から出れば捨せられる。したがって、これら随心転の無表は、現世から来世へと輪廻を隔てて成就され続けない[51]。

⑵ 例外的に聖者だけには静慮・無漏律儀が死没しても輪廻を隔てて相

続している[52]。あるいは無漏律儀だけは死没しても輪廻を隔てて相続している[53]。

しかし、この二つの主張は次のように改めるべきである。

(1) 静慮・無漏律儀は、定から出ても捨せられず、成就関係自体は維持される。

(2) 静慮・無漏律儀が現世から来世へと輪廻を隔てて成就され続けることは、有部法相上、全く特別なことではなく、異生（凡夫）[54]にも十分起こり得る。

本章は、以上二点を証明するために静慮律儀と無漏律儀の構造を検討し、それが死没後にも輪廻を隔てて成就関係が維持される点を指摘することを目的とする。

第一節　随心転の無表の得

静慮・無漏の両律儀は、“戒”すなわち「妨悪の功能を持つ後天的習性」であり、悪戒を抑制する効果がある[55]。この両律儀は、それぞれ有漏・無漏の静慮に入定することで[56]、静慮中の心に依存して生じる随心転の無表であるとされる[57]。結論的に述べれば、この関係は次のように図示される[58]。

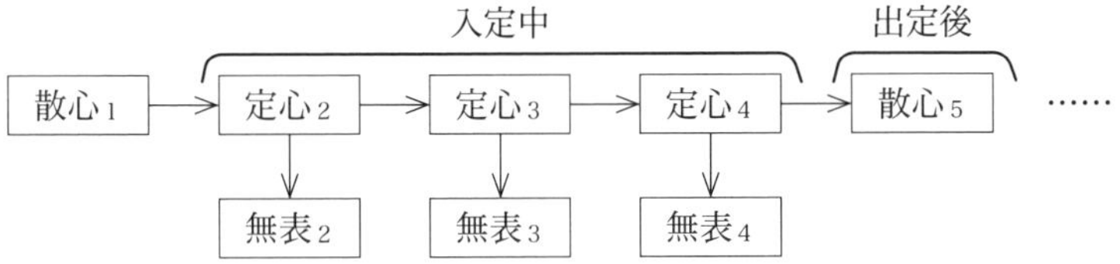

上図は、定心$_2$から定心$_4$の間だけ静慮に入っており、その入定心に従って無表$_{2 \cdots 4}$が転じている場合を表している。ここで注意すべき点は、随心転の無表は静慮中の心に従って転じるが、散心に戻ったからといって一旦成就された無表が捨せられるわけではない点である。つまり上記図において、静慮から出た散心$_5$の段階でも無表$_{2 \cdots 4}$は成就されているということである。従

来の研究[59]では、随心転の無表は、散心に戻ると同時に捨せられると解釈される場合があったが、これは大きな誤解である。この事実は、静慮・無漏律儀が捨せられる原因のうちに、「散心に戻る」（出定、出観）なる項目が無いことから確認される[60]。また、次の『倶舎論』からも確認することができる。

AKBh.（pp. 209.16-210.3）:

dhyānasaṃvaravān sadā atītājātayā.（4, 20bc）

dhyānasaṃvarasya lābhī nityam atītānāgatābhyām avijñaptibhyāṃ samanvāgataḥ ā tyāgāt[61]. prathame hi kṣaṇe sa janmāntaratyaktaṃ dhyānasaṃvaram atītaṃ labhate.

āryas tu prathame nābhyatītayā.（4, 20cd）

āryas tu pudgalo ’py evam anāsravayā. ayaṃ tu viśeṣaḥ. sa prathame kṣaṇe nātītayā samanvāgato mārgasya pūrvam anutpāditatvāt.

samāhitāryamārgasthau tau yuktau vartamānayā.（4, 21ab）

tau dhyānānāsravasaṃvarānvitau samāhitāryamārgasamāpannau vartamānayā avijñaptyā samanvāgatau yathākramaṃ na tu vyutthitau. saṃvarāsaṃvarasthānāṃ tāvad eṣa vṛttāntaḥ.

静慮律儀を有する者は、常に過去と未生と〔の無表を成就する〕。（4, 20bc）

静慮律儀を獲る者は、捨するまで[62]、常に過去と未来との無表を成就する。なぜなら、最初の刹那において、彼は〔今生に加え〕他生において捨せられた過去の静慮律儀を獲るからである。

けれども、聖者は最初〔の刹那〕においては、過去〔の無表を成就し〕ない。（4, 20cd）

けれども、聖者も同様に無漏〔の無表を成就するが〕、しかしながら次の違いがある。彼は最初の刹那においては、過去〔の無表〕を成就しない。道は以前に起こったことがないからである。

定と聖との道に住する者たちは、現在〔の無表〕と結びつく。（4, 21ab）

静慮〔律儀〕と無漏律儀とを成就し、定と聖との道に入観した彼らは、順序通りに、現在の〔静慮律儀と無漏律儀との〕無表を成就するが、けれども出観すれば〔そうでは〕ない。まず、これが律儀と不律儀とに住する者たちの事情である。

以上の記述から次の二つの重要な点が見て取れる。第一には、静慮律儀・無漏律儀は、捨せられない限り、過去と未来との無表を成就し続けると理解されている点である。第二には、静慮律儀・無漏律儀は、入定中にのみ現在の無表が成就され、出定後には現在の無表は成就されないという点である。これをまとめれば次のようになろう。

			過去	現在	未来
静慮律儀		入定中	○	○	○
		出定後	○	—	○
無漏律儀	初刹那	入定中[63]	—	○	○
	第二刹那以降	入定中	○	○	○
		出定後	○	—	○

この関係は、すでに『発智論』にも説かれており、その後の有部論書においても一貫して認められている[64]。したがって、すでに本節冒頭にて示した図中の、静慮から出た散心$_5$の段階においては、現在の無表は成就されていないものの、過去の無表$_{2\cdots4}$は成就されたままであることが確認される[65]。以上より次の点が指摘される。

(1) 静慮・無漏律儀は随心転の無表であり、入定している間のみ転じる。

(2) 出定して散心に戻ったとしても律儀は捨せられず、成就関係は維持されている。

したがって、舟橋一哉やDhammajotiらによる、「出定後には静慮・無漏律儀が捨せられる」という理解には訂正が必要である[66]。

第二節　随心転の無表の捨

続いて、随心転の無表が捨せられる条件を検討する。従来の研究では、随心転の無表は、出定すれば捨せられてしまうと理解されてきたが、この理解が誤りであることを前節で指摘した。また従来の研究では、随心転の無表の成就関係が死没後に輪廻を隔てても維持されることは、聖者のみにある特例、あるいは無漏律儀のみにある特例として考えられてきた[67]。しかし、すでに言及した通り、この理解も随心転の意味を取り違えたことによる誤解である。まず本節の第一項では、静慮律儀が捨せられる条件を詳細に検討し、異生にとっても成就関係が輪廻を隔てて維持される点を指摘する。

第一項　静慮律儀の捨

本項では、静慮律儀が捨せられる条件を考察する。静慮律儀とは色界定所生の無表のことであるから、当然それは色界繫の善法として理解されている。したがって、「静慮律儀の得捨は、色界繫善法の得捨に従う」と有部は一貫して理解している[68]。色界繫善法が捨せられる原因について、有部論書の記述をまとめると次のようになる[69]。

	『甘露味論』	『心論』	『心論経』	『雑心論』	『大毘婆沙論』	『倶舎論』	『順正理論』	『蔵顕宗論』	『灯明論』
(1) 易地		○	○	○	○	○	○	○	○
(2) 退	○	○	○	○	○	○	○	○	○
(3) 死没	○			▽	▽	△	△	△	△
(4) 離染					○		△	△	

△：本頌では説かれず長行で補足的に説かれる。
▽：「順決択分の捨」を解説する別部分で説かれる（本項［補足］参照）。

このうち⑴「易地」とは、死没して上地や下地に再生した際に、ある静慮地を捨せば、その地に属する色界繫善法（この中に静慮律儀も含まれる）も同時に捨せられるという意味である。たとえば、上地に再生した者は下地の色界繫善法を捨し、下地に再生した者は上地の色界繫善法を捨す。⑵「退」とは、ある静慮地から退すれば、その地に属する色界繫善法が捨せられることである。ここで言われる「退」とは、ある静慮地に入った者が、散心に戻ることではない。すなわち退（parihāṇi）とは、一度得た静慮地の功徳を失うことであり[70]、不成就（＝非得）のことである[71]。したがって、静慮を得てから退しなければ、散心であっても一度獲られた色界繫善法は成就されたままであると考えられる。これはすでに前第一節でも検討した通りである。⑶「死没」とは、衆同分が捨せられれば色界繫善法も捨せられるということである。⑷「離染」とは、離染することによって色界繫善法は捨せられるということである[72]。

さて、ここで問題となるのは⑴「易地」と⑶「死没」が適用される範囲である。この範囲を詳細に検討すると、死没したとしても静慮律儀の成就関係が維持されたままの場合があることが解る。

このうち⑴「易地」とは、死没して上地に再生した場合には下地の善法を捨してしまうこと、もしくは下地に再生した場合には上地の善法を捨してしまうことである。したがって、次の二つの場合には「易地」は適用されない。第一に、ある地から死没して、再び同地に再生した場合であり、この場合に、その地に属する法は「易地」によっては捨せられない。第二に、たとえばある欲界の者が、第三静慮までを得てから死没し、次世で第三静慮に生まれた場合であり、この場合には、初静慮・第二静慮の色界繫善法は「易地」により捨せられるが、第三静慮の色界繫善法は「易地」によっては捨せられない。

続いて、⑶「死没」（＝衆同分の捨）について考察する。この「死没」は、色界繫善法のうち順決択分などの一部が捨せられてしまう原因であって[73]、これによってすべての色界繫善法が捨せられてしまうという意味ではない。

諸資料の記述によれば、「死没」によって次の諸法が捨せられるとされる。

資料	捨せられる対象
『甘露味論』『灯明論』	不明（言及なし）
『倶舎論』AKBh. (p. 224.17-20)	一部のみ（詳細不明）
『称友疏』AKVy. (pp. 387.32-388.3)	忍位に至るまでの順決択分
『順正理論』巻39 (T29. 566b28-c07) 『蔵顕宗論』巻21 (T29. 874a01-08)	煖位などの順決択分

『称友疏』『順正理論』『蔵顕宗論』において共通して説かれている順決択分とは、見道に入る前段階に位置する修行階梯のことである。なお、『順正理論』『蔵顕宗論』は退分定にも言及するが、こちらは「死没」ではなく「離染」によって捨せられる対象と考えられる[74]。よって、一部（特に順決択分）を除く色界繋善法は、たとえ死没しても捨せられず、その他の捨せられる条件に該当しなければ、その成就関係を維持したまま輪廻することが可能である。ここで、色界繋善法と、静慮律儀と、および「死没」によって捨せられる色界繋法という三者の包含関係を示せば次のようになろう。

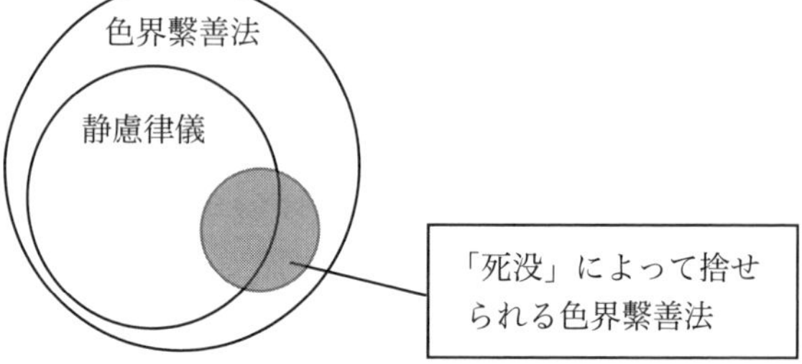

以上を要約すれば次の点が指摘される。

(1) 静慮律儀の得捨は、色界繋善法の得捨に従う。

(2) 色界繋善法が捨せられる主たる原因は「易地」と「退」とである。

(3)「死没」によっては、一部の色界繋善法（特に順決択分）しか捨せられない。

⑷ したがって、色界繫善法が捨せられるのは、ほとんどの場合、「死没」によってではなく「易地」と「退」による。よって、前世と同地に再生した場合や、前世である静慮地を得てその地に再生した場合などは、「易地」と「退」に該当しない。その場合には、その地の色界繫善法（この中に静慮律儀を含む）を捨することなく、成就関係を維持したまま再生できる。

［補足］ 順決択分の捨

前項（第二節一項）では、色界繫善法が捨せられる諸条件を検討し、「死没」（＝衆同分の捨）によって捨せられるものは、色界繫善法のうちの一部（特に順決択分）だけである点を指摘した。よって、順決択分と関係のない色界繫善法（この中に静慮律儀も含まれる）であれば、輪廻を隔てて成就し続けることが可能である。続いて、この「順決択分の捨」に関する定義を検討し、前項の指摘を補強する。

有部によれば、煖・頂・忍・世第一法の順決択分とは色界繫[75]の五蘊であり、その中には相伴って生じた無表も当然含まれている[76]。諸論書における順決択分を捨する条件を表に示すと次のようになる[77]。

	『毘曇婆沙論』			『大毘婆沙論』			『雑心論』			『倶舎論』					
										異生			聖者		
	易地	退	死没	易地	退	死没	易地	退	死没	易地	退	死没	易地	退	死没
煖法	○	○		○	○	○	○	○	○		○	○	○		
頂法	○	○		○	○	○	○	○	○		○	○	○		
忍法	○			○		○	○		○			○	○		
世第一法	○			○			×	×	×				○		

本項が注目するのは「死没」の教理的展開についてである。新訳『大毘婆

沙論』では「死没」を原因として数えて三因とするが、旧訳『毘曇婆沙論』では数えずに二因とする。これは新訳がより整理された分類であると考えられる。というのも、旧訳『毘曇婆沙論』の段階でも「忍善根を命終とともに捨するかどうか」という議論があるため[78]、この議論を踏まえた上で新訳『大毘婆沙論』は、順決択分を捨する条件のうちに「死没」を加えて三因にしたと考えられる。

また、この新訳『大毘婆沙論』と旧訳『毘曇婆沙論』の間で見られる事情は、『雑心論』においても確認される。前頁の表で示したように『雑心論』では、色界繫善法である順決択分が捨せられる原因として「死没」を含む三因が挙げられている[79]。この一方で、前項（第二節一項）で見たように『雑心論』の別の箇所では、色界繫善法を捨する原因として「易地」「退」の二因が挙げられるのみで、そこに「死没」は説かれていない[80]。このように、『雑心論』の「順決択分の捨」と「色界繫善法の捨」との両定義の間には齟齬が見られる。このような齟齬が生じた原因は、両定義が同一に成立したわけではなく、別々に成立したからであると考えられる。なぜなら、「色界繫善法の捨」については『甘露味論』『心論』『心論経』の段階から説かれているが、一方の「順決択分の捨」については『雑心論』に至ってはじめて説かれるからである。したがって、『雑心論』の段階では、「順決択分の捨」の定義が「色界繫善法の捨」の定義に未だ反映されていないものと考えられる。

このような『雑心論』における不備は、『倶舎論』以後の論書では解消されている。前項（第二節一項）において検討したように、『倶舎論』以後の論書では「色界繫善法の捨」の定義に「死没」が加えられ、さらにこの死没によって捨せられる色界繫善法とは順決択分であると説かれている。したがって、『倶舎論』以後の論書において「死没」が色界繫善法を捨する原因として説かれる理由は、順決択分の教理を組み込んだ結果であると考えられる。

次の点が指摘される。

⑴ 順決択分は色界繫の五蘊であり、その中には無表も含まれる。

⑵ ところが、「順決択分の捨」と「色界繫善法の捨」に関する定義は同一に成立したものではなく、新訳『大毘婆沙論』と『雑心論』にお

いては、この両定義の間に齟齬が見られる。

⑶ この齟齬とは、「色界繫善法の捨」の原因の中に「死没」を挙げていないにもかかわらず、色界繫法である順決択分は「死没」によって捨せられるという点である。この齟齬の解消は『倶舎論』において果たされる。

⑷ したがって、『倶舎論』において「色界繫善法の捨」の原因の中で挙げられている「死没」とは、上記の齟齬を解決するために加えられたものであり、特に順決択分について言及しているものと考えられる。

以上より、有部では色界繫善法のうちの特に順決択分を捨する原因として「死没」が想定されており、「死没」によって色界繫善法（静慮律儀を含む）すべてが捨せられるわけではないことが確認される。

第二項　無漏律儀の捨

続いて、無漏律儀が捨せられる条件を考察する。無漏律儀は、静慮律儀と同じく随心転であり、無漏の禅定に入ったときの心に依存して転じる無表である。有部では、無漏律儀の捨は無漏法の捨に従うと理解され[81]、次の原因によって捨せられる[82]。

	『甘露味論』	『心論』	『心論経』	『雑心論』	『大毘婆沙論』	『倶舎論』	『順正理論』	『蔵顕宗論』	『灯明論』
⑴ 得果	○	○	○	○	○	○	○	○	○
⑵ 練根			×	○	○	○	△	△	○
⑶ 退	○	○	○	○	○	○	○	○	○

×：異説として紹介、△：得果に含まれる。

ここで重要な点は、「死没」（＝衆同分の捨）が捨せられる因とはならないため、無漏律儀は前世から次世に成就され続けることである。また、見道を経て聖者となった者は、そのときに得られた果から退することはないとされるため、聖者が異生に退することは決してない[83]。さらに、⑴「得果」と⑵「練根」によって無漏律儀が捨せられる場合には、それより上位の無漏律儀が必ず得られるため、聖者となった者は、阿羅漢となり入滅するまで常に無漏律儀を成就し続けることになる。

ただし無漏律儀も、静慮律儀と同じく随心転の無表であるから、無漏定に入定したときのみ現在の無表を成就することが可能であり、無漏定から出定した後に成就している無漏律儀とは過去と未来の無表である。

第三節　随心転の無表と輪廻

以上、随心転の無表（静慮律儀・無漏律儀）が、どのように得せられ、どのように捨せられるかについて検討した。次の点が指摘される。

⑴ 随心転の無表（静慮律儀・無漏律儀）は、静慮に入定することによって得せられる。しかし、出定したからといってすでに得られた無表が捨せられるわけではない。出定後にも過去と未来の無表が成就されている。

⑵ 静慮律儀・無漏律儀が捨せられる原因は、それぞれ色界繫善法・無漏法が捨せられる原因に従う。色界繫法は主に「易地」「退」によって捨せられ、無漏法は「得果」「練根」「退」によって捨せられる。

⑶ 無漏法は「死没」（＝衆同分の捨）によって捨せられない。したがって、得せられた無漏律儀は輪廻を隔てて成就され続ける[84]。

⑷「死没」（＝衆同分の捨）によって捨せられる色界繫法は一部（特に順決択分）のみであり、死没したからといってすべての色界繫善法が捨せられるわけではない。よって、そこに含まれる無表（静慮律儀）も一部以外は死没によって捨せられない。

⑸ したがって、静慮律儀が捨せられるのは、ほとんどの場合、「死没」によってではなく「易地」と「退」によってであるが、ある静慮地にて死没して同地に再生したり、ある静慮地を得て退することなく

その地に再生したりする場合には、「易地」にも「退」にも該当しないので、静慮律儀の成就関係は捨せられることなく、輪廻を隔てて維持され続けるものと考えられる。

上記の結論は、『甘露味論』以外のほぼすべての有部論書の記述から得ることができる。したがって、有部の正統説においては、随心転の無表は死没しても捨せられることなく、死後も成就され続けると理解されていることが確認できる。

このうち、静慮律儀が死後にも成就され続けるのは、上記(5)に示した次のような場合である。

第一には、ある静慮地に生在する有情が、死没して同地に再生する場合である。この場合には「易地」「退」の二原因に該当しないため、その静慮地に属する静慮律儀は捨せられずに成就したまま輪廻すると考えられる。これを図示すれば次のようになろう。

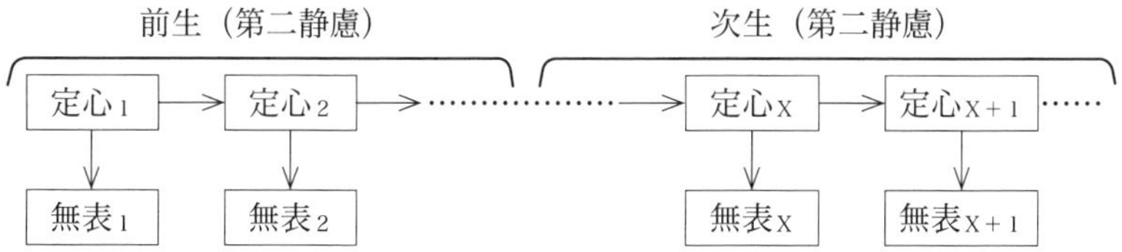

上図は、前生において第二静慮の有情であり、次生も第二静慮の有情であった場合を図示している。この場合、前生に属する無表$_1$は、定心$_2$および定心$_X$、定心$_{X+1}$の段階でも成就されており、その成就関係は前生から次生へと輪廻を隔てて維持され続ける。

続いて第二には、前生においてある上地の静慮地を得て、その静慮地から退することなく次生においてその上地に再生した場合である。この場合には、その上地よりも下地に属する静慮律儀は「易地」の適用によって捨せられるが、その上地に属する静慮律儀については捨せられずに成就したまま輪廻することが可能である。図示すれば次のようになろう。

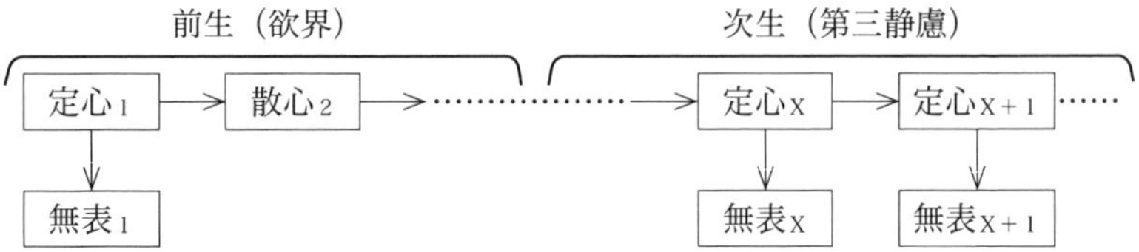

上図では、前生において欲界に生在していた有情が第三静慮地を得て、次生において第三静慮に再生した場合を図示している。仮にもし前生の定心$_1$および無表$_1$の段階で第三静慮地を得たとすれば、散心$_2$の段階においても無表$_1$の成就関係は維持され続けている。順決択分に属さない静慮律儀は「易地」と「退」によって捨せられるから、この有情が前生で退することなく命終し、次生で第三静慮地に再生した場合、この無表$_1$の成就関係はその間捨せられることなく、輪廻を隔てて維持されるものと考えられる。

結　び

随心転の無表の構造を検討した。近年の研究の多くは、無表は死没すれば捨せられると理解しているが、これは妥当ではない。無漏律儀のみならず静慮律儀も条件が整えば死没後も輪廻を隔てて成就され続ける。しかしこれは、無表が「業と果との間で連鎖する媒介者」であることの証左ではない[85]。

第三章　別解脱律儀の構造

問題の所在

本章では、別解脱律儀の構造について、得捨という点から考察を加える。この別解脱律儀とは欲界繋の戒のことであり、厳密な定義に基づくならば、七善業道の根本と後起における表・無表のことである[86]。しかし有部法相では、七善業道の根本と後起においては必ず無表が設定されていなくてはならないのに対して、表は根本・後起において設定されない場合も想定されている[87]。そのため有部における「別解脱律儀」とは、実質的には受戒によって生じる無表こそがその主要な構成要素である[88]。

この別解脱律儀の無表とは、受戒作法が完成した瞬間の表から生じる特殊な色法であり（表所生）[89]、これが受戒後にも当人に相続していくことで「妨悪の功能を持つ後天的習性」として働く[90]。この無表は一旦得られれば、戒の放棄などによって捨せられない限り、生涯にわたって相続していく（不随心転）[91]。そして、この別解脱律儀の無表が持つ最も重要な役割は、戒体としての役割であり、これが当人に相続していくことこそが、在俗に比して比丘が比丘であることの根拠とされる[92]。

これまでの諸研究は、この別解脱律儀の無表について、戒体としての役割を概説的に紹介するに留まっており、それ以上の詳細な研究は未だ果たされていない[93]。また、どのように身語の具体的な受戒作法によって無表が生み出されるのか、という点は依然として不明確である。これを受けて本章では、第一部二章「説一切有部における表の構造」において考察した表（vijñapti）の構造を念頭に置きつつ、別解脱律儀がどのように成立するのかを明らかにする。

第一節　別解脱律儀の得

まず本節では、どのように別解脱律儀が得られるのかについて考察する。この別解脱律儀には、実体の上からはⒶ比丘律儀、Ⓑ沙弥律儀、Ⓒ優婆塞律儀、Ⓓ近住律儀の四種類があり、名称の上からはこれを男女の別に分け、①比丘律儀、②比丘尼律儀、③正学律儀、④沙弥律儀、⑤沙弥尼律儀、⑥優婆塞律儀、⑦優婆夷律儀、⑧近住律儀の八つに分類される[94]。すなわち、別解脱律儀とは単に「悪いことをするまい」という“戒”ではなく、仏教に関係する“戒”のみが別解脱律儀として実体化されている[95]。これをまとめれば次のようになる。

別解脱律儀		守るべき条目
戒の実体	戒の名称	
Ⓐ 比丘律儀	① 比丘律儀	比丘戒
	② 比丘尼律儀	比丘尼戒
Ⓑ 沙弥律儀	③ 正学律儀	十戒および六法戒
	④ 沙弥律儀	十戒
	⑤ 沙弥尼律儀	十戒
Ⓒ 優婆塞律儀	⑥ 優婆塞律儀	五戒
	⑦ 優婆夷律儀	五戒
Ⓓ 近住律儀	⑧ 近住律儀	八斎戒

有部における受戒は、心で誓うだけでは決して成立せず、必ず身語の動作を伴う受戒作法が必要であり、受戒の完成とともに別解脱律儀の無表が生じる[96]。そして、この無表は捨せられるまで相続していき、仏教者を仏教者たらしめている根拠（戒体）になる[97]。『倶舎論』は、この比丘律儀が獲られる状況について次のように説明している。

AKBh.（pp. 241.22–242.5）:

kuśalāḥ katham ity āha,

kuśalāḥ saprayogāntā alobhadveṣamohajāḥ.（4, 69cd）

saprayogapṛṣṭhāḥ kuśalāḥ karmapathā alobhadveṣamohajāḥ. kuśalacittasamutthitatvāt. tasya ca avaśyam alobhādibhiḥ saṃprayogāt. tatrākuśalakarmapathaprayogād viratiḥ kuśalakarmapathaprayogaḥ. maulād viratiḥ maulaḥ. pṛṣṭhād viratiḥ pṛṣṭhaḥ. tadyathā śrāmaṇera upasaṃpādyamāno nānāvāsaṃ praviśati bhikṣūn vandate upādhyāyaṃ yācate yāvad ekaṃ karmavācanaṃ kriyate dvitīyaṃ ca. ayaṃ prayogaḥ. tṛtīye[98] karmavācane yā vijñaptis tatkṣaṇikā cāvijñaptir ayaṃ maulaḥ karmapathaḥ. tata ūrdhvaṃ yāvan niśrayā ārocyante tadadhiṣṭhānaṃ ca vijñapayati avijñaptiś ca yāvad anuvartate idaṃ pṛṣṭham.

【問】諸々の善〔業道〕はどのようであるか。【答】答える。

加行と後起とを具えた諸々の善〔業道〕は、無貪・〔無〕瞋・〔無〕痴より生じる。（4, 69cd）

加行と後起とを具えた諸々の善業道は、無貪・〔無〕瞋・〔無〕痴より生じる。善心によって等起されたからである。また、それが必ず無貪などと相応するからである。そのうち、不善業道の加行からの離（virati）が、善業道の加行である。〔不善業道の〕根本からの離が、〔善業道の〕根本である。〔不善業道の〕後起からの離が、〔善業道の〕後起である。たとえば、沙弥が戒を受けるときに、不共住（nānāvāsa）[99]に入り、諸々の比丘に礼拝し、師に願い、一の羯磨説（karmavācana）がなされ、第二の〔羯磨説がなされる〕までが、これが加行である。第三の羯磨説における、表と、その刹那に属する無表とが、これが根本業道である。それ以降、〔四〕依が説かれ、そしてそれ（四依）を拠り所として表を起こし、そして無表が随転する限り、これが後起である。

AKVy.（pp. 403.28-404.5）:

tṛtīye karmavācana iti. jñapticaturthena karmaṇā śrāmaṇera upasaṃpādyate. tatra jñaptyā idaṃnāmānam upasaṃpādayet saṃgha iti. liṅartha ucyate. karmavācanena laḍartha ucyate. imaṃ saṃgha upasaṃpādayatīti. tatra karmavācanaṃ trir ucyate. tṛtīyasya karmavācanasyāparisamāpteḥ prayogaḥ karmapathasyāvagaṃtavyaḥ. tasyāvasāne tu **yā vijñaptis tatkṣaṇikā cāvijñaptir**[100] **ayaṃ maulaḥ karmapathaḥ**. **tata ūrdhvaṃ yāvan niśrayā ārocyaṃta** iti. catvāro niśrayāś cīvarapiṇḍapātaśayyāsanaglānapratyayabhaiṣajyalakṣaṇā yathoktena vidhinā tasyopasaṃpāditasyārocyaṃte. **tadadhiṣṭhānaṃ ca vijñapayati**. niśrayādhiṣṭhānaṃ ca vijñaptiṃ karotīty arthaḥ. **avijñaptiś ca yāvad anuvartate**. yāvat saṃvaro na tyajyata ity arthaḥ. **idaṃ pṛṣṭhaṃ**.

「**第三の羯磨説における**」とは、白四羯磨[101]によって、沙弥が戒を受ける。そのうち、白事（動議）によって「僧伽は、この名前の者に戒を授けますよう」と可能法の意味が説かれる。羯磨説（karmavācana）によって「僧伽はこの者に戒を授ける」と現在時の意味が説かれる。その場合に羯磨説は三度説かれる。第三の羯磨説が満了しない間は、業道の加行であると理解すべきである。けれども、その最終段階における**表と、その刹那に属する無表とが**[102]**、これが根本業道である**。「**それ以降、〔四〕依が説かれ**」とは、四依、〔すなわち〕衣と、托鉢食と、坐臥具と、病人に必須の薬との条目（lakṣaṇa）が、説かれた通りの規則で、戒を受け終えた彼に説かれる。「**そしてそれ（四依）を拠り所として表を起こし**」とは、「そして〔四〕依を拠り所として表をつくり」という意味である。「**そして無表が随転する限り**」とは、「律儀が捨せられない限り」という意味であり、**これが後起である**。

以上から別解脱律儀が獲られる構造を図示すると次のようになろう[103]。

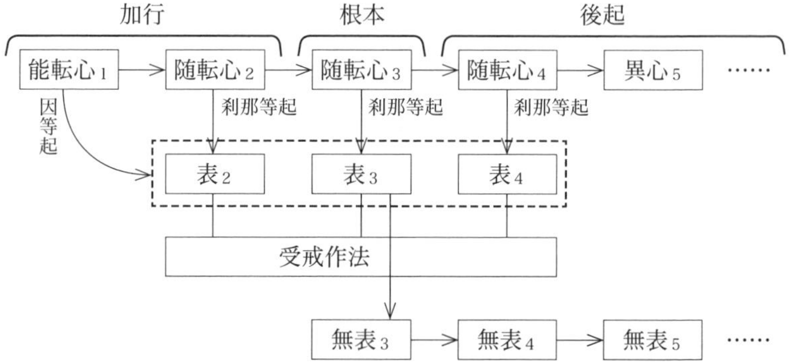

この図は、能転心$_1$によって受戒作法が引き起こされ、その後、随転心によって表が等起されつつ、随転心$_3$によって等起された表$_3$によって受戒が完成した場合を意味している[104]。表$_4$は、受戒後に四依が説かれているときのものである。表$_3$によって生み出された別解脱律儀の無表$_3$は、無表$_4$、無表$_5$と相続していき、不随心転であるから、たとえその後に不善心や無記心といった受戒時とは異なる性質の心（上図における異心$_5$）が生じていても、その人物の相続にあって犯罪抑止の効力を生み出すと考えられる[105]。これは次の『倶舎論』の記述から確認することができる。

AKBh.（p. 209.4-11）:

idaṃ vicāryate. kaḥ katamayā vijñaptyā 'vijñaptyā vā kiyantaṃ kālaṃ samanvāgata iti. tatra,

prātimokṣasthito nityam atyāgād vartamānayā, avijñaptyā 'nvitaḥ.（4, 19abc）

yaḥ prātimokṣasaṃvarasthaḥ pudgala uktaḥ sa yāvat tām avijñaptim na tyajati tāvat tayā vartamānayā nityaṃ samanvāgataḥ.

pūrvāt kṣaṇād ūrdhvam atītayā.（4, 19cd）

prathamāt kṣaṇād ūrdhvam atītayā 'pi samanvāgataḥ. atyāgād iti sarvatrādhikṛtaṃ veditavyam.

次のことが考察される。「誰が、いずれの表あるいは無表を、如何ほどの間、成就するのか」と。そのうち、

別解脱に住する者は、捨していなければ、現在の無表を恒に成就する。（4, 19abc）

「別解脱に住する者は」と言われるその人は、その無表を捨さない限り、現在のそれ（無表）を恒に成就する。

先の刹那より後には、過去〔の無表〕を〔成就する〕。（4, 19cd）

第一刹那より後には、過去〔の無表〕をも成就する。「捨していなければ」とは、あらゆる場合に適用されると理解されるべきである。[106]

よって、一旦、別解脱律儀の無表が成就されれば、死ぬなどしてそれが捨

せられるまで常に現在の無表が成就され続ける（第二刹那以後は過去の無表も成就される）[107]。この三時の別解脱律儀の成就については、他の有部論書においても同様に説かれており、有部の一貫した理解であることが窺える[108]。

第二節　例外的な別解脱律儀の得

前節では、別解脱律儀が得せられる典型例を検討した。別解脱律儀の無表は表所生の善なる自性を持つものであるから、受戒作法が完成した瞬間に生じている善なる表によって引き起こされると考えられる。ところが、このように単純に理解できない例外的事例が、『倶舎論』において議論されている。たとえば、善なる心を起こして受戒を決意したにもかかわらず、受戒作法が成立する瞬間に不善心や無記心を生じていたり、滅尽定に入って無心だったりする場合である。本節では、このような例外的な場合に、どのように別解脱律儀の無表が設定されるのかを考察する。

第一項　受戒時の随転心が不善・無記であった場合

まず受戒が完成する瞬間に、心が不善・無記であった場合を考察する。これが問題となる背景として、次の二つの教理を念頭に置く必要がある。第一に、欲界繫の無表の善・不善は、それを起こさしめている表の善・不善によって決定され、さらにこの表の三性はそれを生ぜしめている心の三性に一致するという前提がある[109]。そして第二に、『倶舎論』および『順正理論』『蔵顕宗論』に従えば、受戒しようと決意する心（能転心）と、実際の受戒作法の間、生じつつ合掌などの身表を起こしている心（随転心）との三性は必ずしも一致していないと理解されている[110]。したがって、善の能転心によって受戒を決意しても[111]、受戒作法の最終段階で随転心が不善であったならば、その随転心によって起こされた表も不善になり、表所生の別解脱律儀も不善になってしまわないか、という問題が生じる[112]。

『倶舎論』に登場する対論者もこの問題を突いて「仮に表の三性が随転心

に従うとすれば、受戒作法中に不善心・無記心だった場合、聖なる儀式であるはずの受戒が不善業や無記業に陥ってしまうのではないか」と論難し、これに答えて有部は「表の三性は能転心に従うので、受戒が不善業や無記業に陥ることはない」と主張している[113]。この理解は衆賢の『順正理論』『蔵顕宗論』からも確認することができる[114]。この主張に基づいて、受戒の完成する最終段階において不善心であった場合を図示すれば次のようになる。

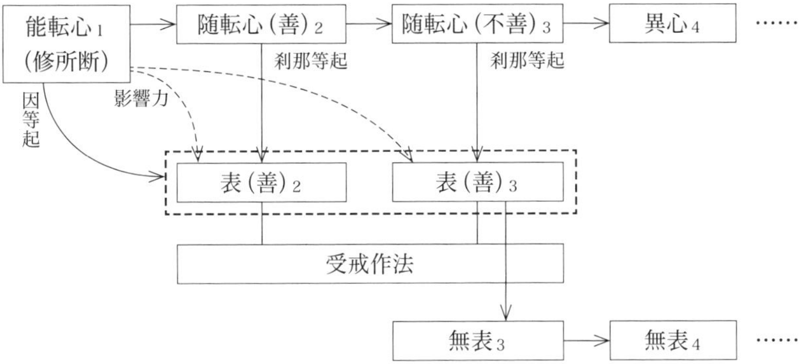

したがって、「受戒しよう」と決意する能転心が善であれば[115]、受戒作法の最終段階において不善心であったとしても表は善になり、表所生の無表も善ということになる。このように解釈することによって、受戒という聖なる儀式が不善業に陥るという問題を回避している点が確認される。

第二項　受戒時に無心であった場合

この他に『倶舎論』では、受戒の完成する最終段階において滅尽定に入っていた場合を議論している。すなわち、もし利那等起が表を等起させて行為を維持しているとするならば、滅尽定に入り無心である者が戒を受けた場合、心が無いので利那等起が成立せず表も等起されないことから、受戒が完成する瞬間の表と無表はどのようになっているのか、という問題が生じている[116]。この問題に対する『倶舎論』と『称友疏』の回答は、「利那等起には表を明瞭にする功能がある」と答えるのみであり、無表の仔細については述べていない[117]。しかしながら、受戒作法の完成する瞬間に表が起きていなくても別解脱律儀の無表が生じる場合が認められているので、刹那等起による表がなくとも無表は生じると考えられる。

AKBh. (p. 212.3–9) :

daśavidhā upasaṃpad iti vinayavibhāṣikāḥ. .... iti teṣāṃ nāvaśyaṃ vijñaptyadhīnaḥ prātimokṣasaṃvaraḥ.

「十種の受戒（upasaṃpad）がある」と毘奈耶の毘婆沙師たちは〔主張する〕[118]。……。以上、彼らにとって別解脱律儀は必ずしも表に随従しているわけではない。

AKVy. (pp. 374.32–375.2) :

teṣāṃ nāvaśyaṃ vijñaptyadhīna iti. **teṣāṃ** vinayadharāṇām idam mataṃ. **nāvaśyaṃ vijñaptyadhīnaḥ prātimokṣasaṃvara** iti. buddhaprabhṛtīnām avijñaptyadhīnatvāt[119]. atha vā **teṣām** iti yeṣāṃ vijñaptir nāsty upasaṃpatkriyāyāṃ.

「**彼らにとって別解脱律儀は必ずしも表に随従しているわけではない**」とは、【解釈 1】**彼ら**持律者たち**にとって**「**別解脱律儀は必ずしも表に随従しているわけではない**」と、これが認められている。仏をはじめとする〔彼ら〕の〔別解脱律儀は〕表に随従していないからである。【解釈 2】もしくは、「**彼らにとって**」とは、「受戒作法のときに表が無い者たちにとって」である。

『順正理論』『蔵顕宗論』においても、随転心による表なしに無表の転じることが認められている[120]。

『順正理論』巻 36（T29. 547a13–16）;『蔵顕宗論』巻 19（T29. 864c23–26）:

若無随転。雖有先因為能引発。如無心位或如死屍。表応不転。随転於表有転功能。無表不依随転而転。無心亦有無表転故。

若し随転無くば、先の因有りて能く引発を為すと雖も、無心位の如く或は死屍の如く、表は応に転ぜざるべし。随転は表に於て転の功能有り。無表は随転に依らずして転ず。無心にも亦、無表有りて転ずるが故に。

したがって、戒を受ける瞬間に無心であったとしても、別解脱律儀の無表は成就される。これを図示すれば次のようになろう。

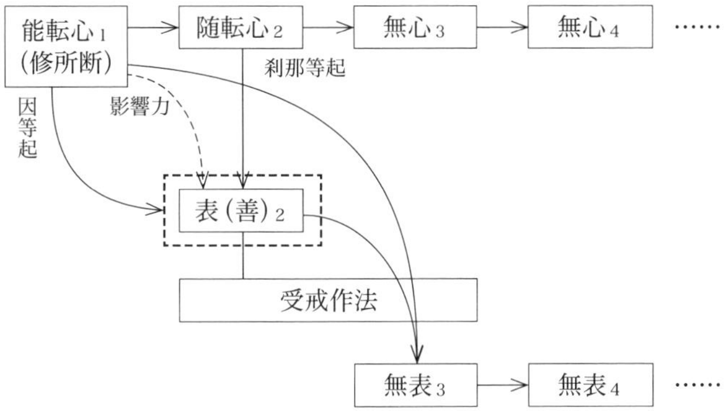

上図は、能転心1によって受戒作法が引き起こされ、随転心2によって受戒作法の表が等起されたものの、その直後に滅尽定に入り、無心3の段階で受戒が完成した場合を示している。この場合、別解脱律儀の無表が何によって生み出されるのか、という点は諸資料において明確には説かれていない。上図では、能転心と表[121]とによって無表が生み出されたかのように図示しているが、このように図示した根拠は、『大毘婆沙論』『順正理論』『蔵顕宗論』において、過去の表や、その行為を能起させた過去の心が、現在の無表を生み出すことを容認しているからである[122]。ただし、この問題については種々の異説が有部内にあったようである[123]。

このように、別解脱律儀の無表が得せられる場合には様々な例外があり、それをどのように教理的に説明するかについて論師たちが盛んに議論していた事実が確認される。

第三節　別解脱律儀の捨

前節までに、どのように別解脱律儀が得せられるかについて考察した。この別解脱律儀の効力は永続するわけではなく、いくつかの原因によって捨せられる。捨せられれば別解脱律儀の無表は現在法と過去法ともに不成就となるので[124]、捨せられると同時に無表の相続は断絶すると考えられる[125]（なお、捨せられると同時に別解脱律儀の表も成就関係が失われる[126]）。

この別解脱律儀の捨に関連して学界上最も注目されるのは、「別解脱律儀の無表は、死ねば必ず捨せられてしまい、来世に持ち越すことはできない」という点であり、これは無表が業果の担い手ではないという根拠になっている。しかし、『甘露味論』では「死没」（＝衆同分の捨）が別解脱律儀の捨せられる原因として挙げられておらず、諸論書によって捨せられる原因の定義が異なっている[127]。別解脱律儀が捨せられる原因を論書別に示せば次のようになろう[128]。

	『甘露味論』	『心論』	『心論経』	『雑心論』	『大毘婆沙論』	『入阿毘達磨論』	『倶舎論』	『順正理論』	『蔵顕宗論』	『灯明論』
(1) 学処の棄捨	○	○	○	○	○	○	○	○	○	○
(2) 死没		○	○	○	○	○	○	○	○	○
(3) 二形生			○	○	○	○	○	○	○	○
(4) 断善根（邪見）	○	○	○	○	○	○	○	○	○	○
(5) 法滅	×	○	○	×	×		×	×	×	×
(6) 犯戒	○	○	×	×			×	×	×	×
(7) 夜尽				○	○	○	○	○	○	○

○：言及あり、×：異説として紹介。

以上のように、『甘露味論』から『心論経』に至る、比較的早く成立した有部綱要書に説かれる「別解脱律儀の捨」の条件は、それより遅く成立した『倶舎論』などで説かれるカシミール有部説と比べ、かなり異なっている。このうち、(1)「学処の棄捨」は、認知能力のある人の前で、受けた学処を棄捨すると宣言することによって成立する[129]。(2)「死没」とは、命終して衆同分を捨するときに、同時に別解脱律儀も捨せられることである。⑶「二形生」とは、後天的な理由で両性具有者になった場合のことである。なお、男性から女性に、女性から男性に性転換しても、別解脱律儀は捨せられない[130]。⑷「断善根」とは、強力な邪見を起こして善根を断てば、同時に別解脱律儀も捨せられることである[131]。⑸「法滅」とは、法滅のときには別解脱律儀も捨せられるという説であるが、これはカシミール有部では採用されなかったようである。⑹「犯戒」は、特に四波羅夷罪を犯した者には別解脱律儀が捨せられるという説であるが、これもカシミール有部では採用されなかったようである。⑺「夜尽」は近住律儀のみに適用されるという点で他と異なり、近住律儀は一晩のみ護ると誓うものであるから夜が明けるとともにそれは捨せられるとされる。この「夜尽」については、有部論書中でも比較的成立が遅い資料の中で付随的に説かれるに留まっている。

以上のように、別解脱律儀が捨せられる原因については論書ごとに定義が異なっており、徐々に整備されていった様子が見て取れる。『倶舎論』で説かれるカシミール有部正統説が現れるのは、『雑心論』『大毘婆沙論』の登場を待たなければならない。

結　び

以上、本章は別解脱律儀の得捨を中心に検討を加え、その構造を明らかにした。次の点が指摘される。

⑴ 別解脱律儀の無表は、表所生であり不随心転であるから、一旦得られれば、その後の心の様態が如何様であろうとも、捨せられるまで相続している。すなわち、別解脱律儀の無表を得すれば、その後に無記心や不善心が生じていても、善の無表が相続して“妨悪の功能”を当人に与え続けると考えられる。そして、この無表を保持していることこそが、仏教者を仏教者たらしめている根拠（戒体）であるとされる。

⑵ 過去・未来・現在の三時における別解脱律儀の無表の得については、

『発智論』などの論書からすでに定義が説かれており、その後の有部論書においても引き継がれている。

(3) 別解脱律儀の無表は、受戒作法が完成する瞬間に存在している善の表から生じる。ところが、受戒作法が完成する瞬間に不善心であったり無心であったりする場合や、受戒作法なしに出家した比丘の事例が有部では認められている。これを教理的に説明するために世親や衆賢は複雑な教理解釈を加えている。

(4) 別解脱律儀が捨せられる原因は、論書ごとに定義が異なる。特に『甘露味論』において、「死没」(＝衆同分の捨)が「別解脱律儀の捨」の条件に数えられていなかったことは注目に値する。この定義に従えば、別解脱律儀は死没しても捨せられず、相続していることになる[132]。

(5) このように有部における別解脱律儀の理解は、初めから一貫していたとは言いがたい。この見解の相違は、カシミールやガンダーラといった地域による差なのか、それとも時代経過に基づく教理展開による差なのかについては、より吟味が必要であろう。

このように、有部は別解脱律儀がどのように設定されるかについて、様々な状況を想定しながら種々の議論を交わしている。ここから、戒を受けることが有部にとって極めて重要な儀式であったことが窺える。この結論は、次章において検討する不律儀と律儀との非対称性からも裏付けることができる。

第四章　不律儀の構造

問題の所在

本章では、有部論書に説かれる不律儀について、無表の得捨という点から考察する。不律儀とは、律儀とは逆に妨善の功能がある悪戒であり、不善をなそうと誓うことによって獲られる[133]。すなわち、前章において検討した別解脱律儀と対立する概念であり、不善の後天的習性こそが不律儀である。この不律儀には表と無表の二つが含まれるが[134]、有部法相において重要となるのは無表である。つまり、不善の表（切り付けなどの表層的な行為）をしている間だけではなく、その後も絶えず不善の無表が相続していくことで潜在的な悪の習性を保ち続ける者こそが不律儀の者なのである。この点において不律儀は、無表の存在を前提としていない通常の不善行為とは一線を画す特異性を持っている。

また、この不律儀は、職業と密接に関係して理解されている。たとえば、狩りなど殺生を生業とする者たちや、王侯や裁判官といった人を裁く者たちが不律儀の者であるとされる[135]。つまり、このような職業の者たちは、殺生や懲罰などの行為（表）をしている間だけではなく、それ以外（たとえば食事や睡眠）のときにも不善の無表が相続しているため、常に不律儀者であるというのである。

ここで問題となるのは、不律儀と律儀は対立する概念であるから、狩りなどの殺生を生業とする不律儀者が、不殺生を自性とする優婆塞律儀（もしくは優婆夷律儀）を得することが可能なのか、という点である[136]。もしも不律儀者が殺生などの生業から離れない限り律儀を得せられないならば、有部において狩人や屠羊者は在俗信者（優婆塞・優婆夷）にすらなれないということになってしまう[137]。これは、生まれによって身分や職業が限定されたインド文化圏においては、とりわけ重大な意味を持つ。

このように、不律儀を考察することは、無表の教理だけでなく、有部における僧団と世俗社会の関係性までをも明瞭にし得る。そこで本章では、不律儀の得捨の条件を考察し、これを律儀の得捨と比較することで、狩りなどの生業を続けながらも律儀者になれる点を指摘する。なお、不律儀の無表は、別解脱律儀のものと同じく表所生であり[138]、不随心転の無表であるとされる[139]。したがって、不律儀が成立する構造は、すでに検討した別解脱律儀の構造に準じると考えられる。そのため本章では、その構造を図示することは省略する。

第一節　不律儀の得

まず本節では、不律儀が得せられる条件を考察する。この不律儀は、⑴生業として殺生を実行しようと加行を起こしたり、⑵「殺生をなして生活をしよう」と誓言を立てたりすることで獲られる[140]。有部論書に説かれる不律儀が得せられる諸条件を表にまとめれば次のようになり、『雑心論』以降の有部内における一貫した理解が窺える。

	『心論経』	『雑心論』	『大毘婆沙論』	『入阿毘達磨論』	『倶舎論』	『順正理論』	『蔵顕宗論』	『灯明論』
⑴ 作業	○	○	○	○	○	○	○	○
⑵ 誓受（誓言）		○	○	○	○	○	○	○

この二つの条件のうちいずれかを満たすと、その瞬間の表から無表が生じて不律儀者となり、この無表がその後も相続していくことで、当人に妨善の習性が具わることになる。また、すでに「問題の所在」において述べたように、この不律儀は職業と密接に関係しており、⑴「作業」は、殺生を生業とする家に生まれた者が不律儀者となる条件として、⑵「誓受」は、そのような生

業の家に生まれなかった者が不律儀者となる条件として理解されている[141]。すなわち、殺生や裁判などを生業として実行することが不律儀者になる判定基準となっており、単に不善行為を実行しただけでは不律儀者にはならない。

なお、『甘露味論』と『心論』においては、不律儀を得する条件には言及していないものの、不律儀に関する言及自体は確認できるため[142]、これら両書が成立した段階でも不律儀という概念はすでに成立していたと考えられる。

第二節　不律儀の捨

続いて本節では、不律儀が捨せられる条件を考察する。不律儀者となった瞬間に生じる無表は、一旦成就されれば捨せられるまでその者に相続して効力を与え続けることになる。この不律儀が捨せられる原因を表にまとめれば次のようになる[143]。

	『甘露味論』	『心論』	『心論経』	『雑心論』	『大毘婆沙論』	『入阿毘達磨論』	『倶舎論』	『順正理論』	『蔵顕宗論』	『灯明論』
(1) 別解脱・静慮律儀の得	○		○	○	○	○	○	○	○	○
(2) 死没		○	○	○	○	○	○	○	○	○
(3) 二形生			○	○	○	○	○	○	○	○
(4) 不作の方便	○	○		×	×		×	×		×
(5) 一心息求	○									
(6) 道の善色を得る	○									
(7) 法爾に色界善を得る						○				

○：言及あり、×：否定的に言及。

不律儀が捨せられる原因について、『心論経』以降の論書では (1)「別解脱・静慮律儀の得」、(2)「死没」、(3)「二形生」の三条件が定説化している。このうちの (1)「別解脱・静慮律儀の得」は、たとえ不律儀の者であっても律儀を得すれば、不律儀が捨せられるという意味である。(2)「死没」は、衆同分を捨するのと同時に不律儀も捨せられるという意味であり、(3)「二形生」とは、両性具有に性転換すると不律儀も失われるという意味である。このうちの(2)(3)は、別解脱律儀が捨せられる条件としても挙げられている[144]。

残る四つは、一部の論書においてのみ説かれる条件である。(4)「不作の方便」は、不律儀の原因となっている、決意した不善行為をやめることであり、『甘露味論』と『心論』において説かれる[145]。(5)「一心息求」は、『甘露味論』においてのみ説かれる条件であり、その内容はよく解らない。(6)「道の善色を得る」も、『甘露味論』だけに採用される条件であり、これは無漏律儀を得した場合を想定していると考えられる[146]。(7)「法爾に色界善を得る」とは、何らかの要因によって不律儀者が法爾に色界定を得る場合を想定していると考えられ、『入阿毘達磨論』においてのみ説かれている。

第三節　不律儀と律儀

続いて本節では、不律儀と律儀の対立構造について考察する。前節において、不律儀が捨せられる諸条件の推移を検討した。この推移の中で最も重要な点は、『心論』など比較的古い段階の有部論書で認められていた(4)「不作の方便」が、『倶舎論』などでは、「これだけでは不律儀を捨するためには不十分である」として除外されていることである[147]。この理由について『倶舎論』は次のように述べている。

AKBh.（p. 225.6–7）:

śastrajālatyāge ’py akaraṇāśayataḥ. saṃvaram antareṇāsaṃvaracchedo nāsti. nidānaparivarjane ’py auṣadham antareṇa pravṛddharogāvinivṛttivat.

不作の意欲（āśaya）から剣や網を捨てたとしても、律儀なしに不律儀の棄捨はない。〔あたかも〕原因を取り除いても、薬なしに重篤の病気が消えることがないようにである。

すなわち、一旦、不律儀者になってしまった場合、その原因となっている行為をやめるだけでは不律儀を捨することはできない。不律儀を捨するためには必ず「律儀」を得する必要がある。律儀のうち、静慮律儀・無漏律儀は凡俗にとって容易く生じさせられるものではなく、別解脱律儀は仏教に関する“戒”だけが含まれる[148]。よって、不律儀者となってしまった一般人がそこから抜け出すためには、仏教に帰依するしか方途はないという意趣がここから読み取れる。『称友疏』も同趣旨の理解を示す。

AKVy.（p. 388.13–14）:

tad uktaṃ bhavati. asaṃvaratyāgecchāyāṃ saṃvaro grahītavyo nānyatheti.

次のことが言われていることになる。「不律儀の捨を望む場合には、律儀を受けなければならないのであって、それ以外に〔方途は〕ない」と。

しかし、ここで次のような疑問が起こる。すなわち、殺生などを生業とする不律儀者が八斎戒を受けて不律儀を捨したとしても、この八斎戒（近住律儀）は夜明けとともに捨せられるから、そのときにこの者は自動的に不律儀者に戻るのであろうか。また、優婆塞・優婆夷などの律儀者でありつつ、殺生や裁判などの不律儀的行為を起こしたならば、この場合にも自動的に律儀は捨せられて不律儀者に戻ってしまうのであろうか。本節では、このような疑問に対する有部の理解を考察する。

第一項　律儀が捨せられた場合

まず、不律儀者が律儀を得した後に、この律儀が捨せられてしまった場合、その者が再び不律儀に戻るか否かを考察する。この問題はすでに有部論書において現れており、『倶舎論』では、一日で効力の切れる八斎戒（近住律儀）を例にとって次の二説が挙げられている。

AKBh.（p. 225.8–10）:

ya āsaṃvarika upavāsaṃ gṛhṇāti kim asau tasmāt saṃvarāt punar asaṃvaraṃ gacchaty āhosvin naivasaṃvaraṃ nāsaṃvaram. asaṃvaram ity eke. tyāgāśayasyānātyantikatvāt. pradīpta ivāyaḥpiṇḍaḥ punaḥ śyāmatāṃ. nāprayujyamāno gacchatīty apare. tallābhasya vijñaptyadhīnatvāt.

【問】ある不律儀者が近住〔戒〕を受けるならば、この者はその律儀〔が捨せられて〕から、再び不律儀に行くのか、それとも非律儀非不律儀に〔行くのか〕。【第一説】ある人々は「不律儀へ〔行く〕」〔と主張する〕。あたかも赤熱の鉄球が再び黒い状態に〔行く〕ように、〔不律儀を〕捨そうとする意欲（āśaya）が永続しないからである。【第二説】他の人々は「加行をつくらなければ〔不律儀に〕行くことはない」〔と主張する〕。それ（不律儀）を獲ることは表に随従しているからである。

すなわち、律儀の効力が切れれば元の不律儀者に戻ってしまうという立場（第一説）と、非律儀非不律儀者（律儀でもなく不律儀でもない者）に留まるという立場（第二説）を紹介している。この二説の優劣について『倶舎論』は無言である。しかし、『大毘婆沙論』によれば、第一説はガンダーラ有部説であり、第二説はカシミール有部説であるという[149]。当然、カシミール有部の立場をとる『順正理論』では、第一説が斥けられ、第二説が採用されている[150]。ただし、非律儀非不律儀者に留まっていたとしても、再び生業として殺生などを行えば不律儀者に戻ってしまうことになる。

第二項　不律儀と律儀の対立性

前項においては、殺生などを生業とする不律儀者が、八斎戒（近住律儀）を受けてその効力が失われた後に、再び不律儀者となるか否かの議論を検討した。この場合の八斎戒（近住律儀）とは一日だけ守る戒であるから、殺生などの生業をその間だけ慎むことは十分考えられる事態である。しかしながら、在俗信者（優婆塞・優婆夷）となりながら、殺生などの生業を続けることは可能であろうか。それともこのような場合には、殺生の生業を再開した途端に優婆塞・優婆夷律儀は捨せられてしまうのであろうか。優婆塞・優婆夷律儀は七善業道からなるものであり[151]、意思を持って信者を辞めるなどしない限り基本的に死没するまで相続するので[152]、殺生を生業とする者がそれを守り抜くことは極めて困難なはずである。この問題を受けて本項では、律儀を現に得している状態のまま不律儀行為をなした場合について考察する。

有部論書はこの問題について直接的に議論していない。しかし、不律儀・

律儀が捨せられる条件から、この問題に対する有部の回答を推し量ることができる。

まず、不律儀が捨せられる原因のうちに「別解脱・静慮律儀の得」があるため[153]、優婆塞律儀・優婆夷律儀が得せられれば自動的に不律儀者ではなくなる。この一方で、律儀が捨せられる原因の中に、「不律儀の得」という条目は存在しない[154]。別解脱律儀が捨せられる条件は、⑴「学処の棄捨」、⑵「死没」、⑶「二形生」、⑷「断善根」の四つである。すなわち、律儀を得している者が、その後に不律儀的行為をなしたとしても不律儀者に逆戻りすることはないことになる。したがって、かつて不律儀者であったとしても、一旦、律儀者になってしまえば、学処の棄捨を宣言しない限り、王侯や猟師であり続けながら律儀者のままでいられると考えられる。

加えて、別解脱律儀を捨するための条件としてカシミール有部は、「犯戒」を否定している点は注目に値する[155]。つまり、比丘戒を受けたならば、本来は学処すべてを守らなければならないはずであるが、カシミール有部では、たとえ殺生の波羅夷罪を犯しても比丘律儀は捨せられない、と理解されている[156]（もちろん僧団からは追放される）。

この考え方を在俗信者（優婆塞・優婆夷）の場合に当てはめて考えれば次のようになる。すなわち、たとえ戦争や裁判を起こす王侯や、狩りを生業とする猟師などの不律儀者であっても、「十戒を守る」と誓いを立てて優婆塞律儀・優婆夷律儀を獲てしまえば、その後に戦争や狩りを起こしても一旦得せられた律儀は捨せられない、ということである。

このように、王侯や漁師などの不律儀者は、仏教に帰依することによってこそ不律儀から決定的に脱して、その生業を続けながらも律儀者として日々の生活を送ることが可能となる。

結　び

本章では、不律儀の得捨と、不律儀と律儀との関係性について考察した。次の点が指摘される。

(1) 有部論書においてこの不律儀は、職業と関係して理解されている。すなわち、戦争を起こしたり人を裁くような王侯・役人、そして狩りや漁を生業とする人々が不律儀者となる。

(2) 不律儀の無表は、表所生であり、不随心転であるから、その得捨の構造は別解脱律儀と同一であると考えられる。すなわち、不律儀の無表が一旦生じれば、その後に当人が善心や無記心を起こしても、不善の無表が常に相続して“妨善の功能”を与え続けると考えられる。この相続は不律儀が捨せられるまで続く。

(3) この不律儀を捨する条件は論書ごとに異なっているが、『倶舎論』に代表されるカシミール有部説では、「不律儀の原因となる行為をやめること」は不律儀を捨するための条件としては不十分であると評価され、必ず「律儀を得すること」が要求される。

(4) 律儀を捨する条件の中に「不律儀の得」や「犯戒」がない以上、一旦、律儀を得してしまえば、「学処を棄てる」と宣言しない限り、死没するまで律儀は捨せられない。したがって、王侯や猟師であっても律儀者となってしまえば、その後に戦争や狩りをしたとしても律儀者のままでいられると考えられる。

したがって、律儀の効力によって不律儀を死没するまで打ち消しておくことが可能である。このような律儀と不律儀の非対称性から、仏教に帰依することが如何に重大な意義を持っていたのかが窺い知れる。

第五章　非律儀非不律儀の構造

問題の所在

本章では、非律儀非不律儀（naivasaṃvaranāsaṃvara）の考察を通して、殺生や布施などの行為が成り立つ構造を考察する。この非律儀非不律儀とは、その名前が示す通り、律儀にも不律儀にも属さない状態を意味するのであって、必ずしも表・無表を指しているわけではない[157]。しかし、有部行為論においてこの非律儀非不律儀は、殺生や殴打や布施などといった、律儀・不律儀に属さない行為一般を構成している表・無表を指すための用語としても言及される。

さて、すでに検討してきたように、有部において律儀と不律儀は、ともに「妨善妨悪の功能を持つ後天的な習性」を実体化したものであり、受戒作法などの表層的な行為ではなく、受戒によって生じた無表こそがその主要な構成要素である[158]。すなわち、当人に善悪の無表が相続しているからこそ、妨善妨悪の功能がその者に発揮され続けるというのである。それでは、このような功能を主としないそれ以外（すなわち非律儀非不律儀）の行為には、無表が全く生じず不要なのか、といえばそうではない。たしかに、この非律儀非不律儀に属する行為の中には、表のみで完結してしまうものも含まれるため、無表が必要不可欠であるとは理解されていない[159]。しかし、非律儀非不律儀の中でも業道と福業事の二つについては、無表が行為の構成要素として不可欠な役割を担っている。この非律儀非不律儀の無表は、別解脱律儀や不律儀と同様に、表によって生じ（表所生）、一旦生じれば捨せられるまで相続していくもの（不随心転）と定義される[160]。

そこで本章では、この非律儀非不律儀の行為のうち、業道と福業事の二つを取り上げ、これらの行為がどのように成立するのかを検討する。なお、本章では、得捨に基づいた業道と福業事の構造的理解のみを取り上げ、ここでの無表が担っている具体的な役割や、それが因果論の中でどのような位置を占めるかについては、それぞれ第六章「行為論における無表」と第七章「無表と異熟」において検討する。

第一節　非律儀非不律儀の得

まず、非律儀非不律儀の無表が得せられる条件を考察する。すでに『大毘婆沙論』『雑心論』やそれ以前の論書のうちにも、業道や有依の福業事が無表と密接な関係を持って説かれている[161]。しかし、それらが非律儀非不律儀の無表としてまとめられ、その得捨の条件が分類整理されて説かれるようになるのは『倶舎論』に至ってからである。このように分類整理が遅れた理由は、すでに多くの先行研究が指摘しているように、有部において無表はもともと戒（律儀）として導入されたことに由来すると考えられる[162]。

さて、この非律儀非不律儀の無表が生じる原因について、『倶舎論』は次のように述べている[163]。

AKBh. (p. 222.11–14) :

śeṣāvijñaptilābhas tu kṣetrādānādarehanāt. (4, 37cd)

kṣetraṃ vā tadrūpaṃ bhavati yatrārāmādipradānamātreṇāvijñaptir utpadyate. yathaupadhikeṣu puṇyakriyāvastuṣu. atha vā samādānam ādatte buddham avanditvā na bhokṣye tithimāsārdhamāsabhaktāni vā nityaṃ kariṣyāmītyādi. ādareṇa tadrūpeṇa kriyām īhate kuśalām akuśalāṃ vā yato 'syāvijñaptir utpadyate.

一方、余の無表を獲ることは、⑴田と、⑵執持と、⑶顧慮行とによる。(4, 37cd)

⑴ある者に対して園苑などを施与するだけで無表が生じるような、そのような〔福〕田が〔ある場合である〕。あたかも有依の福業事におけるようにである。⑵あるいはまた「仏に礼拝しなければ、食事をしまい」、もしくは「斎日・一月間・半月間分の施食を、欠かさずなそう」などと、誓受を受ける〔ときに無表を獲る〕。⑶〔あるいは〕[164]彼の者に無表が起

こるような、そのような顧慮をもって、善あるいは不善の作業（kriyā）を企てる〔場合である〕。[165]

⑴「田」、⑵「執持」、⑶「顧慮行」という三因によって、非律儀非不律儀の無表は得せられる。この三因は、『入阿毘達磨論』『順正理論』『蔵顕宗論』『灯明論』においても説かれている[166]。

ここで注意しなければならない点は、この無表は表所生であるから、上記の三因いずれの場合も表を起こさなければ無表は生じないことである[167]。このうち、⑴「田」とは、福田である僧団に布施をすれば、必ず無表が生じるという意味であり、福業事などがこれに当てはまる。⑵「執持」とは、ある期間を定めて何かをしようと決心すれば、その期間、無表が生じるとされる。⑶「顧慮行」とは、激しい善・不善の心によって表が起こされれば、その表に従って無表が生じるという意味であり、業道などを含めた行為一般に適用される[168]。

また、表所生の無表は、上記の三因のうち⑶「顧慮行」にもあるように、強力な善・不善の思によって引き起こされた表から生じることが原則である。しかしながら、業道と福業事は例外であり、この両者の場合には羸弱な意思によって表が起こされていても、必ず無表が生じる[169]。この業道と福業事の二つは、『倶舎論』において詳細に解説されているため、非律儀非不律儀の行為の代表例であると考えられる。そこで次節（第二節）では業道を、次々節（第三節）では福業事を詳しく取り上げてその構造を探る。

第二節　業道の構造

まず、業道について考察を進める。有部における業道の解釈は、初期経典のうちに説かれる十善業道・十不善業道という分類に立脚している[170]。有部によれば、これら善・不善の十業道は、身語意の善行（sucarita）・悪行（duś-carita）の中から、特に顕著なもの十種類が選び取られていると理解されている[171]。たとえば、捕縛や不飲酒、布施、供養といったものが善行・悪行に含まれていながらも、十善業道・十不善業道には含まれていないとされる[172]。

これら業道のうち、身語に属する七業道だけが無表と関係し、意に属する三業道は表も無表も生じさせない。さらに、離殺生などの七善業道とは、別解脱律儀や静慮律儀といった"戒"がその本体であり[173]、単に「殺生などをしないこと」そのものが善業道なのではない[174]。すでにこれら律儀については考察し終えた[175]。したがって、これから本節で考察しようとする「業道」とは、未だ考察し得ていない七不善業道である。

『倶舎論』によれば、この七不善業道の達成には「自らなす場合」と「人に命令して実行させる場合」との二つがあり、それぞれ構造が異なる。構造が異なる最大の理由は、他者に実行させる場合には、自らの表によって目的が達成されないからである。まず、このうち「自らなす場合」の加行・根本・後起における表・無表の有無をまとめれば次のようになる[176]。

自らなす場合における表・無表の有無

・殺生・不与取・虚誑語・離間語・麁悪語・雑穢語の場合

	加行	根本	後起
表	○	△	△
無表	△	○	○

・欲邪行の場合

	加行	根本	後起
表	○	○	△
無表	△	○	○

○：定んで有り、△：不定。

業道の場合には、たとえ微弱な思によって起こされたものであっても、意図した目的を達成したのであれば、その達成した瞬間（根本業道）に必ず無表が生じる[177]。そして、加行において無表が設定される理由は、第一節で言及した(3)「顧慮行」の条件、すなわち強力な善不善の思によって表が起こされると、それに伴って無表が得せられるからである。よって、(3)「顧慮行」にあたるような表を起こさない限りは、加行の段階で無表が起こることはない。

この七不善業道のうち欲邪行の根本業道において、必ず表がなければならないと定義される理由は、欲邪行は必ず本人によって遂行、達成されるものと理解されているからである。したがって、欲邪行を他の者に代理でさせることは想定されていない。逆に、欲邪行を除く六不善業道の場合には、自ら実行したとしても根本業道に表が必ずしも必要でない理由は、表が遂行されている間に目的（根本業道）が達成されるとは限らないからである。たとえば、落とし穴を掘って殺生を遂行する場合には、穴掘りなどの表と目的達成の瞬間（根本業道）とが同時にあるわけではない。この場合には、目的達成の瞬間に無表が生じ、それこそが根本業道になる[178]。

続いて、自ら直接手を下さず人に命令して目的を達成させる場合の、加行・根本・後起における表・無表の有無をまとめれば次のようになる[179]。

命令して実行させる場合における表・無表の有無

・殺生・不与取・虚誑語・離間語・麁悪語・雑穢語の場合

	加行	根本	後起
表	○	—	—[180]
無表	△	○	○

○：定んで有り、△：不定。

ここで加行や根本業道に無表が設定される理由は、先ほど述べた「自らなす場合」と同様である。また、根本業道に表が設定されない理由は、命令の表と目的が達成される段階（根本業道）とが同時ではないからである。

以上の『倶舎論』に説かれる記述は、『大毘婆沙論』『順正理論』『蔵顕宗論』『灯明論』においても採用されている[181]。これを受けて本研究では、続いて「自らなす場合」と「人に命令して実行させる場合」との二つの構造を考察する。

第一項　自らなす場合

まず、「自らなす場合」について考察する。『倶舎論』では、「殺生」を自らの手で実行した場合に、加行・根本・後起においてどのように表・無表が設定されるのか、次のように説明されている。

AKBh. (p. 239.11-19) :

atha kuto yāvad eṣāṃ prayogamaulapṛṣṭhānāṃ vyavasthānam. yadā tāvad iha kaścit paśuṃ hantukāmo mañcakād uttiṣṭhati mūlyaṃ gṛhṇāti gacchaty āmṛśati paśuṃ krīṇāty ānayati puṣṇāti praveśayati nihantuṃ śastram ādatte prahāram ekaṃ dadāti dvau vā yāvan na jīvitād vyaparopayati tāvat prayogaḥ. yena tu prahāreṇa jīvitād vyaparopayati tatra yā vijñaptis tatkṣaṇikā cāvijñaptir[182] ayaṃ maulaḥ karmapathaḥ. dvābhyāṃ hi kāraṇābhyāṃ prāṇātipātāvadyena spṛśyate prayogataḥ mṛte sati phalaparipūritaś ca. tata ūrdhvam avijñaptikṣaṇāḥ pṛṣṭhaṃ bhavanti. yāvac ca taṃ paśuṃ kuṣṇāti śodhayati vikrīṇīte pacati khādayaty anukīrtayati vā tāvad asya vijñaptikṣaṇā api pṛṣṭhaṃ bhavanti. evam anyeṣv api yathāsaṃbhavaṃ yojyam. abhidhyādīnāṃ nāsti prayogo na pṛṣṭham saṃmukhībhāvamātrāt karmapathaḥ.

【問】さて、どこからどこまでの範囲で、この加行・根本・後起が設定されるのか。【答：加行】まず、ある者が獣類を殺そうと欲し、坐臥から立ち上がり、財を持ち、行き、触れ、獣類を買い、連れ帰り、養育し、連れて行き、屠るために刀を手に執り、一回あるいは二回切り付け、生命を奪わない限りが加行である。【根本】けれども、ある切り付けによって生命を奪えば、その〔切り付けの刹那に〕おける表と[183]、その刹那の無表というこれが根本業道である。なぜなら、二因によって殺生罪に触れることになるからである。〔二因とは〕加行からと、死んだときにおける果の成満からとである。【後起】それ以後の無表の諸刹那が後起である。また、獣類を皮剝ぎにし、洗い、売り、料理し、食し、あるいは称賛するまでの、その者の表の諸刹那も後起である。同様に、他〔の業道〕についても[184]、可能性に応じて適用すべきである。貪欲などに加行はなく、後起もない。現起するだけで業道である。

この記述をもとに加行・根本・後起を、構造的に示せば次のようになる。

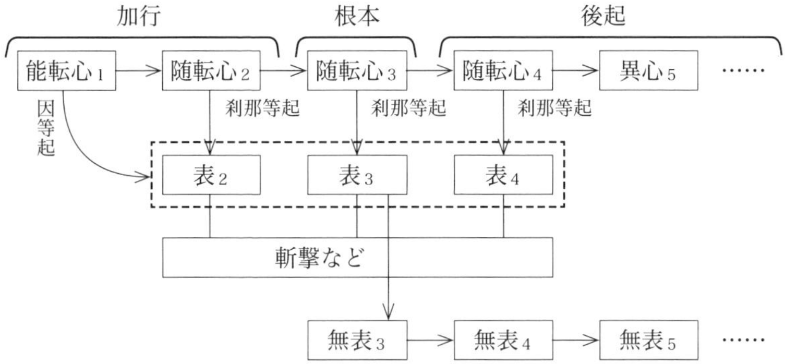

上図では、能転心 $_1$ が「獣類を殺そう」と決意する心にあたり、その目的を達成するために起こした身表が表 $_{2\cdots4}$ にあたる。この表のうち、生命を奪うまでの「斬撃」などの加行が表 $_2$ にあたり、生命を奪って後の「皮剝ぎ」などの後起が表 $_4$ にあたる。獣類の生命が絶たれた瞬間に表 $_3$ から無表 $_3$ が生じ、この表 $_3$ と無表 $_3$ との両者が根本業道にあたる[185]。この無表 $_3$ は、その後も無表 $_4$、無表 $_5$ と捨せられるまで相続し、これら根本業道より後の無表 $_{4\cdots5}$ は後起として設定される。この『倶舎論』の例は、加行の段階で非常に強い煩悩を起こさなかった場合であり、もし強力な煩悩によって表を起こせば、その表の力によって加行段階ででも無表が生まれる可能性がある。

［補足］ 表の間に目的が達成されない場合

先に検討した『倶舎論』の例は、「斬撃」という表が起こされている間に獣類が絶命しているが、表をなしている間に獣類が絶命せず、表を終えてから絶命する場合も想定されている[186]。この場合は、獣類が絶命した瞬間にその当人が殺生と無縁なこと（たとえば布施や睡眠など）に従事していることを想定しているため、獣類が絶命した瞬間のその者にある表を、殺生の根本業道に設定することはできない。このような場合には、過去に落謝した「斬撃」

の表から無表が生じて根本業道として設定される[187]。これを図示すれば次のようになる。

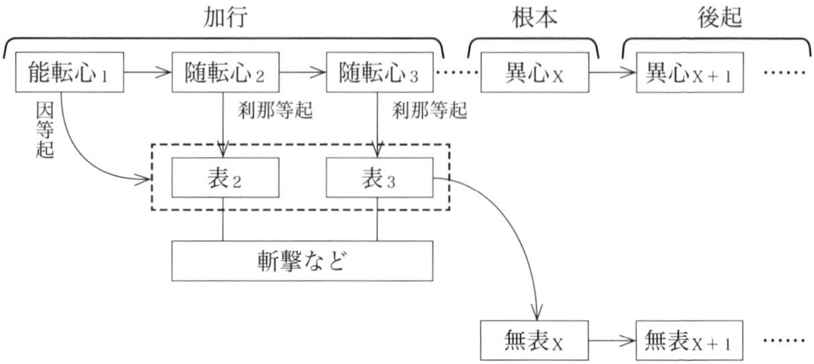

上図では、「斬撃」などの表$_{2\cdots3}$の間に対象が死なず、その後時間が経過してから死んだ場合を図示している。この場合は、対象が死んだ瞬間に過去の表より生じる無表$_X$が根本業道として設定される。上図では、表$_3$から無表$_X$が生じたように仮に図示しているが、『倶舎論』の議論では、このような場合にどの表から根本業道の無表が生じるのかについては明示されていない[188]。また、「斬撃」の表が非常に強い煩悩によって起こされていれば、根本業道が設定される前であっても無表が生じていると考えられるが、(1) この加行位の段階で生じた無表がその後相続していって、そのままそれが根本業道として設定されるのか、(2) それとも根本業道のときに新たに無表が生じ、先ほどの加行のときに生じた無表の相続とは別の相続として存在するのかなどの疑問について、『倶舎論』は明示的ではない。

第二項　人に命令して実行させる場合

次に、「人に命令して実行させる場合」について考察する。この場合には、命令者が実行者に命令した際の身語表は加行に属するものであり、それは根本業道としては設定されない[189]。命令された者が目的を完遂した瞬間に、過去に落謝している「命令」の表から無表が生じ、それこそが根本業道として設定される[190]。命令によって殺生業道が遂行された場合を図示すれば次のようになろう。

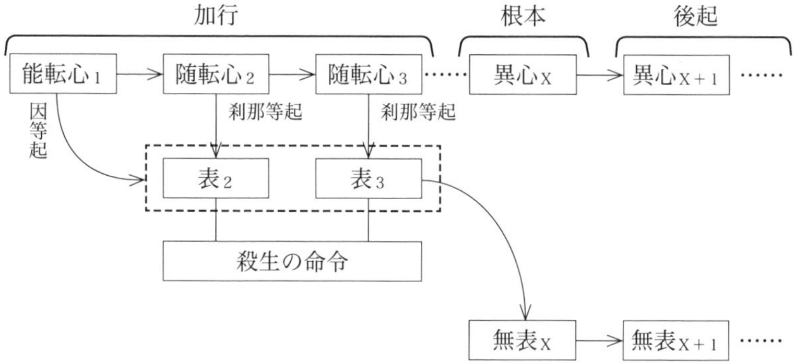

この図は、まず能転心1によって「誰某を殺してやる」と殺生が引き起こされ、暗殺者に「誰某を殺せ」という命令の表2…3が、随転心2…3によって等起された場合を意味している。その後、暗殺者によって殺人が遂行された瞬間に、命令者には無表Xが生じ、それこそが根本業道であるとされる。この場合の無表Xも、先ほど論じたように過去の表から生じるとされるが、無数にあるであろう表のうち、いずれから生じるのかは明確には説かれていない[191]。

［補足］　命令によって達成された殺生は身業か語業か

さて、すでに検討してきたように、甲が口頭で乙に命令して丙を殺害した場合には、丙が絶命した瞬間に甲に殺人の無表が生じることになる。ところで、この無表はもちろん殺生業道であるから、身業でなければならない。しかし、この場合に甲は口頭（すなわち語表）によって命令している以上、この殺生業道は語表から生じた無表なのであるから、殺生が語業になってしまうのではないかという疑問が生じる[192]。

このような問題は有部論書のうちでも議論されている。まず、『大毘婆沙論』には次のようにある。

『大毘婆沙論』巻 118 (T27. 617c25-26):

頗有非身作。而得殺生罪耶。答有。謂語遣殺。

【問】頗し身にて作すに非ずして、殺生罪を得すること有りや。【答】答ふ、有り。謂く、語もて遣して殺すなり。

ここから窺える重要なことは、口頭で命令して他の者に殺生を実行させる場合には、命令者に殺生の身表が生じていない点である。ここでの『大毘婆沙論』は、命令者に生じる殺生罪の自性について無言である。また、この『大毘婆沙論』の一節は『倶舎論』においても引用されるが、そこでも命令者の殺生罪が如何なる自性を持つのかについては論じられていない[193]。しかし『称友疏』は、この『倶舎論』に引用された『大毘婆沙論』を註釈して、命令の加行は語表であっても殺生の根本業道は身無表であると定義している。

AKVy. (p. 408.2-4):

vācā parākrameteti. vācā paraṃ mārayed ity arthaḥ. iha tu prāṇātipātasya kāyikatvāt kāyiky evāvijñaptir maulasaṃgṛhītā. na vācikī. nāpy atra kāyikī vijñaptiḥ syāt.

「**語によって遂行させるならば**」とは、「語をもって他の人に殺害させるならば」という意味である。しかし、世において殺生は身に属するものであるから、〔この場合の〕根本業道に含められる無表は、まさに身に属するものであり、語に属するものではない。この場合に身に属する表もまたないであろう。

これと同一理解は、後述するように他の有部論書においても確認される。ただし、「この無表が命令の語表から生じるのか、それとも命令中の身振りなどの身表から生じるのか」という疑問については、有部内において必ずしも一貫した見解が明示されているわけではない。これについて『大毘婆沙論』は、「命令によって殺生などの身業道が遂行されたとしても、命令する際に必ず手振り身振りが起こされており、そこから身無表が生じる」との立場を正統説として認めているが、『順正理論』では、「非人たちが仙人の憤りを感知して、殺生を遂行する」という場合を「仙人が憤ることによって身語の動きが生じ、それを非人たちが感知して殺生を遂行するので、その仙人の身語表から殺生の無表が生じる」と解釈して、語表からも身無表が生じる可能性を認めている[194]。

このように、有部では命令によって殺生が遂行される場合であっても、語ではなく身に属する無表がその根本業道として設定される点については見解の統一がとれているが、そのような無表がどのように生じてきたかについては種々の見解が提示されている[195]。

第三項　まとめ

以上、本節では業道の構造を考察した。ここで注目されることは、自らなしても表の間に目的が達成できなかった場合と、人に命令して実行させる場合との両構造が全く同一な点である。したがって、業道における無表の重要な役割の一つは、目的達成の瞬間に表が生じていない場合に、この無表こそが根本業道として設定されることである[196]。

なぜ、このように目的達成の瞬間に無表が設定される必要があったのかと言えば、それは三世実有説に基づいた有部の因果論と密接に関係しているのだが、その詳細については第六章「行為論における無表」において考察する。

第三節　福業事の構造

続いて本節では、福業事について考察する。福業事とは、何か善いことをなすと、なした瞬間だけでなく、その後にもそれが原因となって昼夜・行住坐臥を問わず功徳が絶えず得られるような善行のことである。このような思想の萌芽はすでに阿含・ニカーヤのうちに確認される[197]。有部はこの福業事を有依と無依の二種類に分ける。このうち有依の福業事とは、僧団に対して園苑や僧院、日常生活品といった“もの”を布施することであり、一旦布施すれば施した“もの”が壊れるなどして失われてしまうまで、布施者は絶えずその福徳を得ることができるというものである。有部では、布施してから布施物が失われるまでの間、布施者のうちに存続して福徳を生み出す源こそが無表であるとされる[198]。

一方、無依の福業事とは、「如来がやって来た」などと知って心が大いに歓喜することであり、このような者には歓喜した後にも絶えずその福徳が得られるという。この無依の福業事は身語の動作を伴わず、表所生の無表も生じないように読めるが[199]、『順正理論』における有部説によれば、無依の福業事といえども必ず身語の動作を伴い、表所生の無表が生じることによって福徳が増大すると理解されている[200]。

このうち本節では、『倶舎論』の記述を頼りにして有依の福業事の構造を探る。施物と無表との関係について次のように説かれている。

AKBh. (p. 196.12–16) :

> vṛddhir api coktā. ebhiḥ saptabhir aupadhikaiḥ puṇyakriyāvastubhiḥ samanvāgatasya śrāddhasya kulaputrasya kuladuhitur vā carato vā svapato vā tiṣṭhato vā jāgrato vā satatasamitam abhivardhata eva puṇyam upajāyata eva puṇyam. evaṃ niraupadhikair iti. na cāvijñaptim antareṇānyamanaso 'pi puṇyasyābhivṛddhir yujyate.
>
> また、増大（vṛddhi）も〔経中に〕説かれている。「これら七つの有依の福業事を成就した、信ある善男子あるいは善女人には、動いていても、あるいは寝ていても、あるいは止まっていても、あるいは目覚めていても、福徳は絶えず常にまさに増大し、福徳はまさに生じます。無依の福業事も同様です」と[201]。そして無表を除いては、他の意を持つ者に福徳の増大があるということは、理に合わない。[202]

したがって、施物が施されると同時に無表が生じ、これが相続していくことで布施者の福徳が増大するという。この無表の相続は、その施物が壊れるなどして失われるまで続く[203]。この場合の布施と無表との関係を図示すれば次頁のようになろう。

この図では、能転心$_{1}$によって「布施をしよう」と決意がなされ、「布施」の身業（表$_{2\cdots3}$）が随転心$_{2\cdots3}$によって等起され、表$_{3}$によって布施が完成された場合を意味している。この布施が完成された瞬間に表$_{3}$によって無表$_{3}$

が生じ、その後も施物が壊れるまで無表4、無表5と転起して、それら各々の無表は善業として働き、布施者の功徳になり続ける。

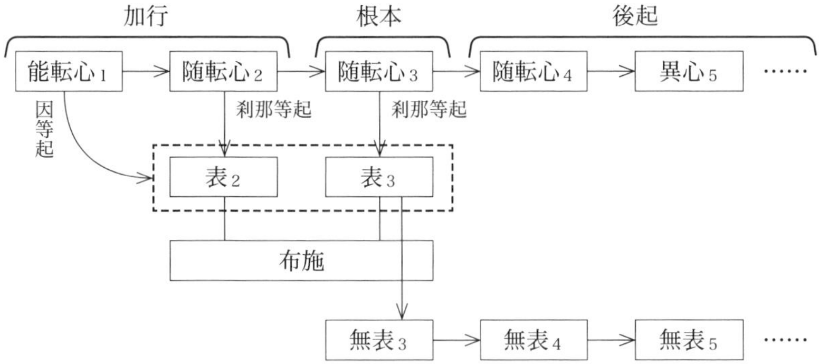

第四節　非律儀非不律儀の捨

前節までに、業道と福業事の構造について考察し、その中で無表が不可欠な要素として説かれている点を確認した。この無表は欲界繫の不随心転であるから、捨せられるまで相続している[204]。続いて、非律儀非不律儀の無表が捨せられる原因について考察する。この非律儀非不律儀の無表には、律儀・不律儀に属さないものすべてが収められているので、捨せられる原因についても様々な条目が列挙されている。それらを表に示すと次頁のようになる[205]。

非律儀非不律儀の無表が捨せられる原因について、『甘露味論』『心論』においては整理された形での記述を見出すことができない。一方で、律儀・不律儀の捨せられる原因については『甘露味論』から記述を確認することができるので、この非律儀非不律儀に関する定義は、律儀・不律儀よりも遅れて整理されたと考えられる。

『倶舎論』以降の論書では、次の六種類が捨せられる条件とされる。まず、⑴「煩悩浄心の勢力の断絶」とは、その無表を起こした煩悩や浄心の勢力が途切れれば、その無表も捨せられるとされる。⑵「誓受の断絶」とは、「何か

	『心論経』	『雑心論』	『大毘婆沙論』	『倶舎論』	『順正理論』	『蔵顕宗論』	『灯明論』
(1) 煩悩浄心の勢力の断絶	○	○	○	○	○	○	○
(2) 誓受の断絶	○	○	○	○	○	○	○
(3) 作業の断絶	○	○	○	○	○	○	○
(4) 施与物の断絶		○	○	○	○	○	○
(5) 死没		○	○	○	○	○	○
(6) 断善根				○	○	○	○

をしよう」などと立てた誓いを不必要であるとして捨て去ってしまうと、その誓いによって生じていた無表も捨せられるとされる。(3)「作業の断絶」とは、「何かあることを今後続けてなそう」と誓いを立てても、それと矛盾することをなした場合、その無表も捨せられるとされる。(4)「施与物の断絶」は、有依の福業事と関係する。僧団などに“もの”を寄進すると無表が起こり、絶えず功徳を得ることができるが、寄進した“もの”が壊れてしまうと、その無表も捨せられるとされる。(5)「死没」とは、衆同分を捨せば無表も捨せられることである。(6)「断善根」とは、善根を断てば無表も捨せられるとされる。

結び

以上、本章は非律儀非不律儀の無表の得捨を通して、殺生業道や布施の構造について検討を加えた。次の点が指摘される。

(1) 非律儀非不律儀の無表の定義については、『甘露味論』『心論』においてはまとまった記述が見られない。捨の条件についても、『心論経』では本頌のうちに説かれず長行で補足的に説明されるに留まり、『雑心論』に至ってようやく本頌において説かれるようになる。よって、非律儀非不律儀に関する教理は、別解脱律儀よりも遅れて整備されたと考えられる。

⑵ 業道や福業事に関する無表は、非律儀非不律儀に属している。よって、本章における考察は、「無表の教理は、行為の構成要素としてではなく、戒（律儀）として導入された」とする先行研究の結論を裏付けている[206]。

⑶「自ら表を起こして業道を達成しようとしたが、業道が達成される刹那に表が起きていない」という場合と、「他人に命令して業道を遂行した」という場合との行為の基本構造は全く同一である。したがって、業道における無表の重要な役割は、目的達成の瞬間に表が起きていない場合に、根本業道として設定されることであると考えられる。

続いて、本章の結論に基づきつつ、殺生や布施において設定される無表が如何なる役割を果たしているか、業果と無表とはどのような関係にあるのか、といった点を考察することが課題として考えられる。これについては、続く第六章「行為論における無表」と第七章「無表と異熟」において検討する。

第六章　行為論における無表

問題の所在

本章は、行為論において無表が如何なる役割を果たしているのか、という点を検討する。ここでの「行為」とは、阿毘達磨の厳密な定義に基づいた一刹那に存在する身語意業の諸法ではなく、世間的・世俗的な意味で用いられる「目的を達成しようとして起こされる、継時的な身語による外部的動作」を意味する。すなわち、殺生や布施などの行為一般において、それが達成された瞬間に生じるとされる無表が、如何なる役割を担っているのかを明らかにすることが本章の目的である。

明治から大正にかけての当時の学界は、殺生や布施が達成された瞬間に無表が生じて相続していくという記述を受けて、この無表には業と果を結ぶ媒介者としての役割があると理解していた。この理解が誤りであると証明したのは加藤精神と荻原雲来である。しかしながら、両者ともに「三世実有説に基づいて過去の業は、媒介者なしに直接的に未来に果を生み出すことができる」と主張することで従来説を破折するに留まり、この殺生や布施によって生じる無表が持つ役割については検討していない[207]。

それ以降、舟橋一哉から青原令知に至るまでの数多くの研究は、㈠無表の起源と、㈡無表と異熟の関係という二点を考察することに主眼を置いているが、一部の概説的な言及[208]を除けば殺生や布施などの行為一般を構成する無表（非律儀非不律儀の無表）の持つ役割が研究対象とされることはなかった[209]。このように行為一般を構成している無表が注目を集めてこなかった理由は、加藤精神や舟橋一哉、平川彰といった諸学者が、有部における無表を「妨善妨悪の功能を持つ後天的習性」と位置づけたからであろう[210]。このような役割が無表にあったことは、律儀・不律儀の定義からも確認することができる[211]。

しかしながら、『大毘婆沙論』や『倶舎論』などの有部論書には、妨善妨悪（戒）の功能を持つ律儀・不律儀には属さない、殺生や布施によって生じる無表（非律儀非不律儀の無表）が説かれていることも事実である。たとえば『倶舎論』では、無表の存在証明として次の八証が示され、その中には業道や福業事の例が、無表が実在する根拠として挙げられている。

⑴ 無見無対色が経典に説かれている[212]。

⑵ 無漏色が経典に説かれている[213]。

⑶ 有依福業事による福徳の増大が経典に説かれている[214]。

⑷ 自ら実行せず、他者に命令して行為を遂行させた場合には、無表がなければ根本業道が成立しない[215]。

⑸ 十一処に含まれない無見無対の色が経典に説かれている[216]。

⑹ 無表がなければ、入定した者には正語・正業・正命が存在しなくなってしまい、八聖道が揃わなくなってしまう[217]。

⑺ 無表がなければ別解脱律儀が存在しないことになってしまう[218]。

⑻ 経典には犯戒を止める遠離が、堤防（setu）という実体として説かれている[219]。

この八証のうちの二つ、すなわち証明⑶が福業事と、証明⑷が業道と関係している。また、『大毘婆沙論』において説かれる表・無表の実在論でも上記の証明⑷に相当する理論が説かれ[220]、さらに、『成実論』においても証明⑶⑷に相当する記述が見られる[221]。このように無表は、当初は戒として有部に導入されたとしても、時代が下り『大毘婆沙論』や『倶舎論』が編纂されるころになると、戒としてだけではなく行為一般を成立させるための重大な要素として受け入れられていたことが確認される。

また、本章に先立って第五章では、非律儀非不律儀の無表の持つ重要な役割の一つが、身語の七業道や福業事として設定される点であることを指摘した。有部法相によれば、根本業道において無表は必ず存在していなければならないのに対し、表は存在していなくてもよい。また、福業事の場合には、無記心によって起こされた布施であっても、必ず善無表が生じるとされる。これは、殺生や布施などの身語による行為が成立する上で、無表が必要不可欠であったことを意味している。

これを受けて本章では、このような非律儀非不律儀を構成する無表が、(一)何故に殺生や布施の根本業道に設定される必要があるのか、(二)当該の行為に対してどのような役割を担っているのか、という二点を考察する。

第一節　根本業道としての無表

第一の問い「何故に無表が根本業道に設定される必要があるのか」について考察を進める。この問いが取り上げられるのは、「身語の業道が完成した刹那に当人に表が起きていなければ、その刹那に生じる無表こそが根本業道として設定される」という場合である[222]。具体的には、Ⓐ他人に依頼して殺人などの目的を達成しようとする場合と、Ⓑ自らの手で殺人などを実行するも、「切り付け」などの表層的な身体的行為がすでに終わってしまった後で殺人などの目的が達成される場合とに、どうして無表が根本業道として生じる必要があるのか、ということである。

まず、Ⓐの場合を検討する。『倶舎論』では、他者に殺人を依頼して目的を達成した場合（殺人教唆）を例にとり、このような場合には命令者にとって何が殺生業道の本体になるのか、次のように説いている。

AKBh. (p. 196.16-18) :

akurvataś ca svayaṃ paraiḥ kārayataḥ karmapathā na sidhyeyur asatyām avijñaptau. na hy ājñāpanavijñaptiḥ maulaḥ karmapatho yujyate. tasya karmaṇo 'kṛtatvāt. kṛte 'pi ca tasyāḥ svabhāvāviśeṣād[223] iti.

また、もし無表がなければ、自らなさず他の人々になさしめる者に諸々の業道が成立しないであろう。なぜなら、命令の表は根本業道として相応しくないからである。その業が未だなされていないからである。また、〔他者によってその業が〕なされたとしても、それ（命令の表）に自性の差異はないからである、と。

すなわち、命令の表は根本業道にはなり得ないのであるから、目的が達成される瞬間に無表がなければ根本業道が成り立たないと理解されている。これは、経部の無表仮有論に対抗してその実有性を立証するための一文であり、すでに『大毘婆沙論』においてもこれと同趣旨が説かれるため、有部にとって無表実有論の重要な根拠の一つであると考えられる[224]。しかしながら、上記の『倶舎論』の文面はあまりに簡略であり、どうして命令したときの表が根本業道に再設定することができないのかについて大意を摑みにくい。これについて『称友疏』は次のように説明する。

AKVy. (pp. 354.31-355.4):

na hy ājñāpanavijñaptiḥ maulaḥ karmapatho yujyate[225]. **tasya** prāṇātipātādi-**karmaṇo 'kṛtatvāt**. syān matam. kṛte tasmin karmaṇi tadājñāpanavijñapteḥ karmapatho bhaviṣyatīti. atra idam ucyate. **kṛte 'pi ca tasyāḥ svabhāvāviśe-ṣād iti**. pareṇa kṛte 'pi tasmin karmaṇi tasyā ājñāpanavijñapter na kaścit svabhāvaviśeṣo 'sti, yena tadānīṃ karmapathaḥ syāt. tasmāt pūrvavat tasyāḥ svabhāvāviśeṣāt. yathaiva pūrvaṃ[226] karmapatho na vyavasthāpyate. tathai-va paścād ity ato 'stīty abhyupagantavyā yāsau tadānīm utpadyate karma-pathasaṃgṛhīteti.

なぜなら、命令の表は根本業道として相応しくないからである[227]。**その**殺生などの**業が未だなされていないからである**。「〔他者によって〕その業がなされたとき、〔命令者の〕その命令の表が業道になるだろう」と考えるかもしれないが、これに対して次のことが説かれる。「**また、〔他者によってその業が〕なされたとしても、それ（命令の表）に自性の差異はないからである**」と〔は次の意味である。すなわち〕他者によってその業がなされたとき、その命令の表には、それによってそのとき（他者によって業がなされたとき）〔その命令の表が〕業道となるような、如何なる自性の差異もない。したがって、前と同じく〔命令の表は加行のままであり、業道になるということはない〕。そ〔の命令の表〕に自性の差異がないからである。先に業道として建立されないのと全く同様に、後にも〔建立されることはないの〕である。それゆえに、そのとき〔すなわち他者が業をなしたとき〕に、業道に摂められるものとして起こる〔ところの〕、こ〔の無表〕はあると承認されるべきである。

すなわち、命令の表は、すでに過去に落謝してしまっているために、その後の事情の如何によってそれの自性が変化することはない。それゆえに、目的が達成された瞬間に根本業道となる法が生じていなくてはならない。上記の『倶舎論』および『称友疏』における記述が想定している殺人教唆を、行為の構造に当てはめると次のようになる。

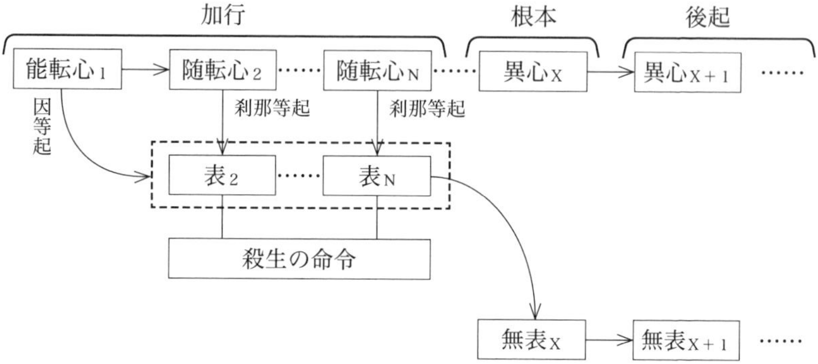

上図においては、能転心$_1$が「誰某を殺してやる」と決意した心にあたり、表$_{2\cdots N}$が「誰某を殺せ」という殺人の命令にあたり、その後に暗殺者が殺人に成功した刹那$_X$に命令者に生じる無表$_X$が根本業道にあたる[228]。

有部の理解に従えば、暗殺者が殺生を達成した刹那$_X$にはすでに指示者による命令の表は過去に落謝してしまっているため、その後に殺人が成功したからといって命令の表$_{2\cdots N}$を根本業道に再設定することはできない。もちろん、命令が伝えられた時点では未だ殺生の成功/不成功までは決定していないのであるから、命令されただけの段階で表$_{2\cdots N}$を根本業道と設定することもできない。なぜなら、未だ殺生が完成していないのに殺生業を犯したという矛盾に陥ってしまうからである。このような場合における殺生業の本体を合理的に説明するために無表を想定する必要がある、と有部は考えるのである。

以上のような、目的が達成された刹那に無表が生じて根本業道に設定されることは、命令の場合だけではなく、先に述べたⒷの場合、すなわち自らなす場合にも当然あてはまる。『大毘婆沙論』ではこの例として、アジャータシャトルが父王を殺害する例と[229]、外道が目連を殺害する例とを挙げている[230]。すなわち、犯行者（アジャータシャトル、外道）が自ら幽閉・攻撃し、それをなし終えた瞬間にはまだ被害者（父王、目連）は存命しており、それより時間を隔ててから死んだ場合である。

この場合も同様に、被害者が死没した刹那にすでに過去に落謝している表を根本業道に再設定することも、存命中に殺害の根本業道を設定することも、不可能である。したがって、やはり無表という別法が目的達成の瞬間に生じていると想定しなければ、殺生業を合理的に説明することができない。

第一項　取果・与果

このように無表が根本業道として生じていなければならない理由は、有部の三世実有説に基づく取果・与果の因果則からも確認することができる。有部では業がなされたその瞬間に、未来にどのような果を引くか予約され（取果)、この業は過去に落謝していても予約された果を与える（与果）能力があると考えられている。このうち取果について、有部法相によれば、法は現在位にあるときのみ果を取ることが可能である。

AKBh. (p. 96.10-13):

athaiṣāṃ hetūnāṃ katamo hetuḥ kasmin kāle phalaṃ pratigṛhṇāti dadāti vā.

vartamānāḥ phalaṃ pañca gṛhṇanti.（2, 59ab）

nātītāḥ pratigṛhītatvān, nāpy anāgatā niṣpuruṣakāratvāt. kāraṇahetur apy evam. sa tu nāvaśyaṃ saphala iti nocyate.

【問】さて、これら〔六〕因のうち、いずれの因がいずれのときに果を取り、あるいは〔果を〕与えるのか。【答】

現在なる五つが、果を取る。（2, 59ab）

過去なる〔五つ〕は〔果を取ら〕ない。すでに〔果が〕取られているからである。未来なる〔五つ〕も〔果を取ら〕ない。士用が無いからである。能作因も同様に〔現在のみ果を取る〕。けれども、それ（能作因）は必ず果を持つわけではないので、〔本頌に〕説かれていない。[231]

また、与果については、その法が現在か過去にあるときのみ果を与えることが可能であり、とりわけ本論において問題となる異熟因（＝業）の場合には、その法が過去にあるときのみ異熟果を与えることができる。

AKBh.（pp. 96.14–97.9）:

dvau prayacchataḥ.（2, 59b）

sahabhūsaṃprayuktakahetū varttamānau phalaṃ prayacchataḥ. samānakālam eva hy anayoḥ[232] phaladānagrahaṇam.

varttamānābhyatītau dvau（2, 59c）

phalaṃ prayacchataḥ sabhāgasarvatragahetū. yuktaṃ tāvad yad atītāv iti. atha kathaṃ varttamānau niṣyandaphalaṃ prayacchataḥ. samanantaranivarttanāt. nivṛtte tu phale tau cābhyatītau bhavataḥ. phalaṃ cāpi dattaṃ na punas tad eva dattaḥ. ....

eko 'tītaḥ prayacchati.（2, 59d）

vipākahetur atīta eva phalaṃ prayacchati. yasmān na saha vā samanantaro vāsti vipākaḥ.

二は、〔現在にあるときに果を〕与える。（2, 59b）

倶有・相応の両因は、現在にあるときに果を与える。なぜなら、これら二〔因〕の与果と取〔果〕とは、必ず同時にあるからである。同類・遍行の

二は、現在と過去にあるときに（2, 59c）

果を与える。【問】まず、過去にある〔二因が与果することは〕理に適っている。しかるに、どうして現在にある〔二因〕が等流果を与えるのか。【答】〔因の〕無間に〔果が〕転起するからである。けれども果が転起したときに、その二つは過去においてあり、そして果をすでに与えているから、同じそれ（すでに与えられた果）を再び与えることはない。……。

一は、過去にあるときに〔果を〕与える。（2, 59d）

異熟因は過去にあるときにのみ果を与える。なぜなら、倶に、あるいは無間に異熟はないからである。[233]

したがって、未来の事情が過去に何らかの影響をもたらすことは法相上あり得ない。なぜなら、時系列上、後に生じた法が、それより前に起きた事象

を取果したり与果したりすることは決してないからである。よって、「殺人が達成された」という事実が未来に何らかの影響を及ぼす場合には、必ず殺人が達成された瞬間に根本業道となる法が生じていて、さらに同じその瞬間にその法が取果をなさなければならない。しかし、もしその瞬間に表が生じていない場合には、その瞬間の心・心所法や無為法といった非色法に、色法である殺生業道（身業）としての役割を負わせられないことは明白であるから[234]、有部はどうしても無表という特殊な色法を想定せざるを得ない。

第二項　まとめ

以上を要約すれば、根本業道において無表が設定される理由は三世実有説に基づいた因果則を守るためであり、後に起きた出来事が時間を遡って過去の事象に影響を与えるという「因果の時間的逆転現象」を防ぐためであると考えられる。これと同趣旨は『大毘婆沙論』『順正理論』『蔵顕宗論』からも確認することが可能であり[235]、無表の主要な役割の一つとして理解されていたことが窺える。

第二節　助因としての無表

続いて、第二の問い「無表は当該行為に対してどのような役割を果たすのか」について考察する。ここでの「行為」とは、世間的・世俗的な意味で用いられる「継時的な行動一般」のことであり、多数の刹那にわたって、無数の表・無表によって構成されるものである[236]。ここでの結論を先んじて言えば、このような行為を構成している無表の役割は、その行為全体の軽重を、すなわちその行為が未来に重大な影響を与えるものになるかどうかを決定する助因になると有部は考えている。『順正理論』では、無表の持つこのような役割が明確に説かれる。

『順正理論』巻 35（T29. 543a11–17）:

非牽引力即令当来愛非愛果決定当起。除能教者能起表思。若於後時善心相続。乃至使者事究竟時。無表若無。更無別法。於非愛果能為円満助因。可得果応不生。若加行心。即能令果決定当起。不須満因。使者或時不為殺事。教者非愛果亦応決定生。既不許然。故汝経部。於業果理。極為悪立。

牽引の力、即ち当来の愛・非愛の果をして、決定して当に起るべからしむるに非ず。能教者の能く表を起す思を除き、若し後時に於て善心相続し、乃至、使者の事の究竟する時まで、無表若し無くば、更に別法の、非愛の果に於て能く円満の助因と為るもの無し。得可き果も応に生ぜざるべし。若し加行の心、即ち能く果をして決定して当に起るべからしめ、満因を須ひずば、使者或る時殺事を為さざるも、教者の非愛の果亦応に決定して生ずべし。既に然りと許さず。故に汝経部は業果の理に於て極めて悪立と為す。

すなわち、命令者が暗殺者に殺人を依頼して、その命令者の思が何らかの果を未来に与える場合には、殺人が達成された瞬間に無表なる別法が命令者に生じて、その無表が先に起こした思（業）に対して、その果をより決定的に起こらしめる助因として働く[237]。もし殺人に失敗すれば根本業道として無表が生じないため、その命令者の犯した思（業）は、未来に果を与えるための助因を欠くことになる[238]。

もちろん上記の言及は、殺人の命令をして以降、悪心や自ら実行する表が生じていない場合を想定しているのであり、もしも悪心が生じていたり、自ら殺生を実行することで表が生じていたりする場合には、それら悪心や表が助因となることも当然あり得ると考えられる[239]。

第一項　業の軽重

このような助因としての無表の役割は、他の箇所からも確認することができる。ある業が重大な異熟を招くようになるか、それとも軽微な異熟を受けるだけで済むのか、という「業の軽重」を決定する要因として、有部は、⑴後起、⑵田、⑶依処（業道）、⑷加行、⑸思、⑹意欲という六要素があると理解している。『倶舎論』と『称友疏』には次のようにある。

AKBh.（p. 271.7-16）:

karmaṇāṃ tu gurulaghutvaṃ jñātukāmena samāsataḥ ṣaṭ kāraṇāni jñeyāni. tadyathā

pṛṣṭhaṃ kṣetram adhiṣṭhānaṃ prayogaś cetanāśayaḥ.

eṣāṃ mṛdvadhimātratvāt karmamṛdvadhimātratā.（4, 119）

pṛṣṭhaṃ nāma yat kṛtasya punar anukriyā. kṣetraṃ nāma yatra kārāpakārāḥ kriyante. adhiṣṭhānaṃ karmapathaḥ. prayogas tadarthaṃ kāyavākkarma. cetanā yayā karmapathaṃ niṣṭhāpayati. āśayas tadabhiprāya evaṃ caivaṃ ca kuryām evaṃ caivaṃ ca [240] kariṣyāmīti. kasyacit pṛṣṭhaparigraheṇaiva tat karma guru saṃpadyate. vipākanaiyamyāvasthānāt[241]. kasyacit kṣetravaśenaiva. tatraiva kṣetre punar adhiṣṭhānavaśāt guru saṃpadyate nānyathā. yathā mātāpitroḥ prāṇātipātāt na tv evam adattādānādikāt. evam anyad api yojyam. yasya tu sarvāṇy adhimātrāṇi bhavanti tasyātyartham adhimātraṃ guru karma veditavyam. yasya mṛdūni tasyātyarthaṃ mṛdu veditavyam.

さて、諸業に軽重があることを知ろうと欲する者は、概略として六因を知るべきである。すなわち、

⑴後起と、⑵田と、⑶依処と、⑷加行と、⑸思と、⑹意欲とである。これらに上品と下品があるゆえに、業にも上品と下品がある。（4, 119）

⑴「後起」と呼ばれるものは、なされたことをさらに引き続きなすところのそれである。⑵「田」と呼ばれるものは、ある者に対して利益もしくは損害がなされるところのその者である。⑶「依処」とは、業道である。⑷「加行」とは、それ（業道）を目的とする身語業である。⑸「思」とは、それによって〔人が〕業道を究竟せしめるところのものである。⑹「意欲」とは、「このように、あのように私はなしたい」または「このように、あのように私はなすだろう」という、それらの志向である。ある人にとっては後起に属するものによってのみ、その業は重いものとなる。異熟の決定性を確立するからである。ある人にとっては田によって

のみ〔その業は重いものとなる〕。さらに、同じその田であっても、依処により重いものとなるが、さもなくば〔そうでは〕ない。たとえば母・父を殺せば〔重いものとなるほどには〕、〔母・父から〕盗むことなどをなしても〔重いものとはなら〕ない。他〔の因〕も同様に適用されるべきである。また、ある者にとって〔六因の〕すべてが上品であれば、その者の業は極めて上品で重い、と理解すべきである。ある者にとって〔六因のすべてが〕下品であれば、その者の〔業は〕極めて下品であると理解すべきである。

AKVy.（p. 435.12-19）:

vipākanaiyamyāvasthānād iti. niyatavipākadānāvasthānād ity arthaḥ. **kasyacit kṣetravaśenaive**ti. tadyathā. sāmānyapuruṣavadhāt pitṛvadhaḥ. **tatraiva kṣetre punar adhiṣṭhānavaśād** iti. karmapathavaśāt. katham ity āha. **mātāpitroḥ prāṇātipātanāt** guru karma **na tv evam adattādānādikāt** guru. na hi mātāpitror dravyāpaharaṇakarma tadvadhavat guru bhavati tadvadhasyānaṃtaryasvabhāvatvād. **ādi**śabdena mṛṣāvādapaiśunyādigrahaṇaṃ. **evam anyad api yojyam** iti. kasyacit prayogaviśeṣeṇa guru sampadyate vipākanaiyamyāvasthānāt. kasyacic cetanāviśeṣeṇa. kasyacid āśayaviśeṣeṇa.

「**異熟の決定性を確立するからである**」とは、「決定した異熟を与えること（与果）を確立するからである」という意味である。「**ある人にとっては田によってのみ**」とは、たとえば一般の人を殺すより父を殺す方が〔重い業となる〕ようにである。「**さらに、同じその田であっても、依処により**」とは、「業道により」である。【問】どのようにか。【答】答える。「**母・父を殺せば**重い業となるが、〔母・父から〕**盗むことなどをなしても**重い〔業とはなら〕**ない**」と。なぜなら、母・父の財産を奪う業は、彼らを殺害することほどに重いものとはならないからである。彼らの殺害は無間〔業〕を自性とするからである。「**など**」の語によって、虚誑語・離間語などを含んでいる。「**他〔の因〕も同様に適用されるべきである**」とは、ある人にとっては加行の卓越なることによって重いものとなる。異熟の決定性を確立するからである。ある人にとっては思の卓越によって〔重いものとなる〕。ある人にとっては意欲の卓越なることによって〔重いものとなる〕。

上で説かれている六因のうち、(1)後起、(3)依処（業道）、(4)加行の三つは身語業から構成されるものであるから、そこに属する表と無表とを指しているものと考えられる。ここでは、六因すべて揃う場合が最も重い業になると説かれていることから、複数の表や無表などが相互に影響力を及ぼしつつ、当該行為の軽重を決定するものと考えられる。これと同趣旨は『順正理論』と『蔵顕宗論』においても説かれる[242]。

第二項　造作業・増長業

また、無表の助因としての役割は、造作業・増長業の分類定義からも確認することができる。すなわち、造作業とは比較的軽い業であり、増長業とはそれより重大な業であるが、造作業が増長業になるための基準には(1)故意、(2)円満、(3)悪作、(4)助伴、(5)異熟という五つがあるとされる。『俱舎論』には次のようにある。

AKBh.（pp. 271.17–272.4）:

kṛtaṃ copacitaṃ ca karmocyate. kathaṃ karmopacitaṃ bhavati. pañcabhiḥ kāraṇaiḥ[243].

saṃcetanasamāptibhyāṃ niṣkaukṛtyavipakṣataḥ,
parivārād vipākāc ca karmopacitam ucyate.（4, 120）

(1) kathaṃ saṃcetanataḥ. saṃcintya kṛtaṃ bhavati nābuddhipūrvaṃ na sahasā kṛtam. (2) kathaṃ samāptitaḥ[244]. kaścid ekena duścaritenāpāyān yāti kaścid yāvat tribhiḥ. kaścid ekena karmapathena kaścid yāvad daśabhiḥ. tatra yo yāvatā gacchati tasminn asamāpte kṛtaṃ tat karma nopacitam samāpte tūpacitam. (3) kathaṃ niṣkaukṛtyavipakṣataḥ. nirvipratisāraṃ ca tat karma bhavati niṣpratipakṣaṃ ca. (4) kathaṃ parivārataḥ. akuśalaṃ cākuśalaparivāraṃ ca bhavati. (5) kathaṃ vipākataḥ. vipākadāne[245] niyataṃ bhavati. evaṃ kuśalam api yojyam. ato 'nyathā karma kṛtaṃ bhavati nopacitam.

【問】〔経には〕造作と増長との業が説かれる。どのように業は増長したものとなるのか。【答】五つの原因によってである。

(1)故意と(2)円満とにより、(3)悪作と対治がないことにより、(4)助伴により、および(5)異熟により業は増長したものであると言われる。(4, 120)

(1)【問】どのように、故意により〔増長したものとなるのか〕。【答】意図してからなされたのであって、先に覚知しないのでもなく、咄嗟になされたのでもない〔業である〕。(2)【問】どのように、円満により〔増長したものとなるのか〕。【答】ある者は一つの悪行によって諸悪趣へ行き、乃至、〔別の〕ある者は三つ〔の悪行〕によって〔諸悪趣へ行く〕。ある者は一つの業道によって〔諸悪趣へ行き〕、乃至、〔別の〕ある者は十〔の業道〕によって〔諸悪趣へ行く〕。〔必要な〕量〔の業〕によって人は〔諸悪趣へ〕行く場合、そ〔の量〕が満たされていなければ、その業は造作〔業〕であり増長〔業〕ではないが、満たされていれば増長〔業〕である。(3)【問】どのように、悪作と対治とがないことにより〔増長したものとなるのか〕。【答】その業が後悔を伴わず、および対治を有していないものである。(4)【問】どのように、助伴により〔増長したもの〕なのであるか。【答】不善であって、さらに不善の助伴をともなう〔業〕である。(5)【問】どのように、異熟により〔増長したものとなるのか〕。【答】異熟を与えることについて決定しているものである。同様に善にも適用されるべきである。もし以上のようでなければ、業は造作されたものであり、増長したものではない。

AKVy. (p. 435.24–26):

yāvat tribhir iti. kāyavāṅmanoduścaritaiḥ. **niṣpratipakṣaṃ ce**ti. pratideśanādipratipakṣābhāvataḥ. **akuśalaṃ cākuśalaparivāraṃ ce**ti. yaḥ kṛtvāpy anumodata iti. **vipākadāne niyatam** iti. puṣṭākuśalalakṣaṇasamutpādāt.

「**乃至、三つ〔の悪行〕によって**」とは、「身語意の悪行によって」である。「**および対治を有していないものである**」とは、悔過などの対治がないからである。「**不善であって、さらに不善の助伴をともなう**」とは、ある者が〔不善を〕なしてからさらに〔それを〕随喜する、ということである。「**異熟を与えることについて決定しているものである**」とは、多くの不善の相を起こすからである。

ここで特に重要となるのは⑵円満である。すなわち、ある一つの業が造作業から増長業になるためには、その他に別の身語意行や業道が助因として必要な場合があると説かれている。殺生などの十業道とは身語意行のうちで粗顕な十を選んだものであり[246]、身行・語行とは身業・語業と同義である[247]。したがって、ある業が増長業となるためには、その業単独で増長業にはならず、その業に関連して付随しているその他の表や無表などが助因として必要な場合があると考えられていることが解る[248]。これと同趣旨は『大毘婆沙論』『順正理論』『蔵顕宗論』からも確認される[249]。

第三項　まとめ

このように無表は、表などと同様に、それによって構成される行為全体の軽重を決定したり、他業に影響力を及ぼしたりして、その他業の与果を決定的にするための助因としての役割を担っているものと考えられる。すなわち、業道や福業事などの行為が遂行される場合には、その行為の加行・根本・後起において生じる無表によって、その行為全体の軽重が決定づけられる。たとえば、殺生業道の後起には必ず無表が相続しているが、これを速やかに懺悔などによって捨して相続を断たない限り、不善の無表が無数に助因として積み重ねられることになる。

衆賢は『順正理論』において、無表が助因となる例として、命令によって殺人を遂行する場合（すなわち殺人教唆）を挙げている。すなわち、命令者の能起の思が引業となって与果する場合には、殺生が遂行された瞬間（根本業道）に命令者に生じる無表が助因となる[250]。言い換えれば、殺人が未遂で済んだ場合には根本業道の無表は生じないため、能起の思は与果するための助因を欠くことになる。

結び

以上、本章では、非律儀非不律儀の無表の役割について、㈠何故に根本業道に設定される必要があるのか、㈡当該の行為に対してどのような役割を担っているのか、という二つの問いから考察を進めた。次の二点が指摘される。

⑴ 根本業道に無表が設定される理由は、因果の時間的逆転現象を防いで三世実有説に基づいた因果則を守るためであると考えられる。すなわち、有部の因果則に基づけば、未来法・現在法が因となって過去法に対して取果・与果することは決してない。よって、加行であった法がその後の何らかの事情で、急遽、根本業道に再設定されることは法相上あり得ない。そのため、根本業道が未来に何らかの影響を及ぼすと考える場合（たとえば殺生が成立した場合には、成立しなかった場合よりも重大な異熟を招くとする場合など）には、目的が達成されたのと同一刹那に、その根本業道に相当する何らかの法が存在し、それが未来の果を取らなければならないと理解されている。もしも身語の業道が遂行され、根本業道の刹那に表が存在しない場合には、何を根本業道に設定すればよいのかという問題に直面する。そこで、有部では無表という教理を設けることによって、この問題を解決している。

⑵ 行為の構成要素の一つである無表は、その当該行為の軽重を決定する助因としての重要な役割を担っている。一つの行為のうちには加行・根本・後起に属する無表が多数存在しており[251]、これらが助因として働くことで、業の与果を決定的なものにしたり、逆に与果を妨げたりする働きがあるものと考えられる[252]。たとえば衆賢はこの例として、根本業道や後起に生じた無表が助因となって、業道を起こした能起の思がより確実に与果できるようになる場合があると説いている[253]。

なお、本章では、無表が異熟果を取るのかどうかについては詳しく言及しなかったが、これは「無表は異熟果を取らない」ことを意味しているのではない。有部法相に従えば、無表が「戒」として説かれようとも、「業道」として説かれようとも、「助因」として説かれようとも、有漏法であるからには異熟果を取る[254]。

また、本章において考察した衆賢説は、無表にある助因としての役割を強く主張しているが、これは「欲界繫の身語業が引業にはならない」という立場を衆賢がとっていたことに由来する。衆賢も無表が満業になることを認めている以上、ある無表が助因となって別の無表の異熟を決定たらしめることを認めている。もちろん、これとは逆に「欲界繫の身語業が引業になる」という立場をとるならば、当然、根本業道の無表が来世の境涯を引くために、加行や後起の表・無表が助因として働くと考えられる。一つの行為が遂行される間には無数の心・心所・表・無表が生じていると考えられるが、それらがどのように影響し合ってどのような果報を生み出しているのかは必ずしも有部論書の中で明示的ではない。衆賢は引業の役割を能起の思に帰そうとするが、これを明確に主張するのは衆賢だけである。このような無表と異熟果との関係については、次章において検討する。

第七章　無表と異熟

問題の所在

本章は、無表（avijñapti）に対する考察を軸にしながら、説一切有部における業と異熟果との関係について検討を加える。有部における業研究については、「業と異熟果がどのように接続されるのか」という問題に関心が集まるとともに、「無表は異熟果を招くのか」という点も大いに注目されてきた。しかし、未だ「招く、招かない」を決定づける研究は発表されていない[255]。

近年になりDhammajotiや青原令知による研究が「無表は異熟を招く」と結論付けたが[256]、これと時をほぼ同じくして松島央龍が「無表と業果との結びつきに関連した議論はアビダルマの正統とはいえない」と主張した[257]。また、青原令知による結論は、主として色界繫の律儀（随心転の無表）に関する記述から得られたものであり、「欲界繫の不随心転の無表が単独で異熟をもたらし得るのか」[258]という点については未だ十分な考察が加えられていない[259]。このように、無表と異熟果の関係については依然として見解が分かれており、定説があるとは言いがたい状況にある。

そこで本章は、これらの先行研究と前章までの成果を踏まえながら、有部における無表と異熟果との関係について体系的に論じることを目的としている。特に有部法相の基本的性格を再検討して、さらに衆賢の『順正理論』に見られる理論を手がかりとしながら議論を進めていく。本章の結論を先取りすれば、㈠ 無表が「戒」「悪戒」「業道」「助因」のいずれの働きをしていたとしても「無表は異熟を招く」と考えられること、㈡『順正理論』に説かれる「欲界における身語の表・無表は、満業にはなっても引業にはなり得ない」という理解が、必ずしも衆賢による新説ではなく、それ以前の有部論書においても散見される点を指摘する。

第一節　有部法相の検討

第一項　有漏法と異熟果

本節では、先行研究による成果を踏まえつつ、有部法相の基本的性格を再検討することで、無表が異熟果を取る点を指摘する。これまでのいくつかの先行研究では無表と異熟果との関係について、「有部において無表は主として"戒"として説かれ、異熟果と関係して説かれることがほとんどない。したがって、無表が異熟果を取るという解釈は、有部の正統的理解ではない」という主張がしばしば見られた[260]。

しかし、有部法相の原則に照らし合わせるならば、このような主張そのものに問題がある[261]。なぜなら、すでに加藤精神と舟橋一哉が正しく指摘しているように、身語業とはそもそも表・無表を自性とするものであり[262]、そして表であろうとも無表であろうとも、それが善不善の有漏法であれば、有漏法一般の法相に従い異熟果を取ると考えられるからである[263]。すなわち、無表が「戒」として説かれていても、それが有漏法である限りは異熟因になる、ということである[264]。これを裏付けるように、異熟因に対する定義の中に「不善法と有漏の善法とは異熟果を取る」ことが明示されている[265]。

AKBh.（p. 89.15–21）:

vipākahetuḥ katamaḥ.

vipākahetur aśubhāḥ kuśalāś caiva sāsravāḥ.（2, 54cd）

akuśalāḥ kuśalasāsravāś ca dharmā vipākahetuḥ. vipākadharmatvāt. kasmād avyākṛtā dharmāḥ vipākaṃ na nirvarttayanti. durbalatvāt. pūtibījavat. kasmān nānāsravāḥ. tṛṣṇānabhiṣyanditatvāt. anabhiṣyanditasārabījavat. apratisaṃyuktā hi kiṃpratisaṃyuktaṃ vipākam abhinirvarttayeyuḥ. śeṣās tūbhayavidhatvān nirvarttayanti. sārābhiṣyanditabījavat.

【問】異熟因とは何か。【答】

異熟因は不浄（aśubha）と善（kuśala）なる有漏である。（2, 54cd）

不善と善なる有漏との法が異熟因である。異熟法を〔果として〕持つからである。【問】何故に無記法は異熟を起こさないのか。【答】腐敗した種のように、力が弱いからである。【問】何故に無漏法は〔異熟を起こさ〕ないのか。【答】〔水に〕潤されていない堅実な種のように、渇愛に潤されていないからである。なぜなら、非繋〔である無漏法〕が、如何なる〔界に〕繋せられた異熟を起こさせるというのか。〔起こさせるはずがない。〕けれども、堅実で〔水に〕潤された種のように、その他は〔力強さと、渇愛による湿潤という〕二種を具えているので〔異熟を〕起こさせる。

これと同趣旨がほぼすべての有部論書において説かれるが、そこに「無表が異熟因とはならない」という例外規定は設けられていない[266]。『順正理論』も因業・満業を解説する箇所で、一切の善不善の有漏法は異熟因になる旨を述べ、無表に関する例外規定を設けることはない[267]。したがって、無漏律儀を除く静慮律儀・別解脱律儀・不律儀・非律儀非不律儀の無表は、いずれも善もしくは不善の有漏法であるから[268]、それらは異熟因となって異熟果を取ると理解することが妥当である。

第二項　無表と異熟果

また、『大毘婆沙論』において無表が異熟果を取ることが明示されている。この箇所では、(1) もしも随心転の無表であるならば心と倶有因になるので、無表と心は同一の異熟果を取ること、(2) しかし、不随心転の表や無表は心・心所法と倶有因にならないため、それぞれ別々の異熟果を取ること、が説かれている[269]。

『大毘婆沙論』巻 19（T27. 96b22-c11）:

復次諸身語業。受異熟色心心所法心不相応行。此身語業与彼異熟為異熟因。問。随心転身語業心一果故。如前已説。此中復言身語業者。説何法耶。答。善不善表及依表業所生無表不随心転身語二業。此定能招異熟果故。【有説一】有説。此中説身語表及此刹那所生無表。同一果故。彼説非理。身語表業与彼倶生身語無表非同一果[270]。彼不互為倶有因故。【有説二】有説。表業与依表生身語無表。雖非一果而定倶時受異熟果。一心起故。彼説非理。展転相望非倶有因。如何定説同一刹那受異熟果。然表無表展転不為倶有因故。異熟果別。於表業中七支等異。一一各別招異熟果。一一支等有多極微。一一極微有三世別。於一一世有多刹那。一一刹那異熟果別。非倶有因故。無表業亦爾。前随心転七支無表能展転為倶有因故。同異熟果。此中所説表無表業。則亦摂彼随転生等。同一果故。所受異熟如前応知。

「復次に、諸の身語業は、異熟色と、心・心所法と、心不相応行とを受く。此の身語業は、彼の異熟の与めに、異熟因と為るなり」と[271]。【問】問ふ。随心転の身語業が、心と一果なる故は、前已に説けるが如くなるに、此の中、復、身語業と言ふは、何の法を説くや。【答】答ふ。善と不善の表と、及び〔その〕表業に依りて生ずる所の無表の不随心転の身と語との二業なり。此は定んで能く異熟果を招くが故なり。【有説一】有が説く、「此の中に、身語の表と、及び此の刹那に生ずる所の無表とを説くなり。同一果なるが故に」と。彼の説は、理に非ず。身語の表業と、彼と倶生の身語の無表とは、同一果に非ず。彼は互に倶有因と為らざるが故に。【有説二】有が説く、「表業と、表に依りて生ずる身語の無表とは、一果に非ずと雖も、而も定んで倶時に異熟果を受くるなり。一心の起なるが故に」と。彼の説は、理に非ず。展転して相望むるに、倶有因には非ず。如何が定んで同一刹那に異熟果を受くと説かん。然も表と無表とは、展転して倶有因と為らざるが故に、異熟果、別なり。表業の中に於て、七支等は異なり、一一の各別に異熟果を招く。一一の支等に多極微有り。一一の極微に三世の別有り。一一の世に於て多刹那有り。一一の刹那において異熟果は別なり。倶有因に非ざるが故に。無表業も亦爾り。前の随心転の七支の無表は能く展転して倶有因と為るが故に、異熟果を同じくするなり。此の中の所説の表・無表の業は、則ち亦彼の随転の生等を摂す。同一果なるが故に、受くる所の異熟は、前の如しと応に知るべし。

この箇所は、舟橋一哉やDhammajotiによって、無表が異熟をもたらす根拠として引用されている[272]。ただし、松島央龍［2010b: pp. 64.19–65.4］は、上記の部分に言及しながらも「一例だけ、例外的に異熟と無表を結びつけた記述がある」と述べて、「ただし、無表と異熟を結びつけることがこの一例のみであることからも、近代仏教学において問題となった、無表と業果との結びつきに関連した議論はアビダルマの正統とはいえないのではないだろうか」と批判的に見ている。しかしながら、前項において検討した「有漏法は異熟果を取る」という有部法相の前提を踏まえるならば、「無表は異熟果を招く」という理解こそが正統説であると考えられる。これは次の律儀・不律儀・非律儀非不律儀に関する記述からも確認することができる。

『大毘婆沙論』巻124（T27. 649c22–650a02）:

若律儀業。已現在前。已牽異熟。此有四種。謂順現法受。順次生受。順後次受。順不定受。……。若不律儀業。已現在前。已牽異熟。此有四種。謂順現法受等如前説。……。若非律儀非不律儀。諸余身語妙行悪行。已現在前。已牽異熟。此有四種。謂順現法受等如前説。……。

若しくは律儀業が、已に現在前し、已に異熟を牽く。此に四種有り。謂く、順現法受、順次生受、順後次受、順不定受なり。……。若しくは不律儀業が、已に現在前し、已に異熟を牽く。此に四種有り。謂く、順現法受等なること前説の如し。……。若しくは非律儀非不律儀の、諸余の身語の妙行・悪行が、已に現在前し、已に異熟を牽く。此に四種有り。謂く、順現法受等なること前説の如し。……。

律儀・不律儀・非律儀非不律儀の業は、順現法受などの異熟を与え得る。もちろん、律儀・不律儀・非律儀非不律儀には、無表のみならず表も含まれるが[273]、すでに本研究が考察してきたように、これら諸律儀において主要な役割を果たしているのは表ではなく無表である[274]。非律儀非不律儀に収められる業道の場合には、羸弱な意思によって起こされた行為であっても必ず無表が生じ、それこそが善悪業となって未来に影響を与える。もし思や表だけに異熟があり無表に異熟は無いとするならば、命令によって業道を達成したとしても、何ら未来に影響が無いことに陥ってしまうだろう。また、別解脱律儀については、表がなくても無表が生起するという説さえ有部内に存在している[275]。したがって、この『大毘婆沙論』の一節は、無表が異熟因となることを前提にしていると読むことが妥当である[276]。またさらに、ここでは不律儀と非律儀非不律儀も言及されているから、心・心所と倶有因にならない欲界繫の表所生[277]の無表にも異熟果があることは言を俟たない[278]。

第三項　小結

このように、有部阿毘達磨において無表は、それが善不善の有漏法であれば異熟因になると考えられる。この前提に立たなければ、有部論書は整合的に読み得ない。『大毘婆沙論』では、随心転の無表も、不随心転の無表も、ともに異熟果をもたらす旨が明記されている。むしろ、無表（無漏のものを除く）が異熟因にならないことを示唆する記述は有部論書中に存在しない。

第二節　『順正理論』に説かれる衆賢説

前節で検討したように、有部において無表は異熟果を取るものとして理解されている。しかし『順正理論』を検討すると、無表がどのような異熟果を取るのかについては、有部内で見解が分かれていたようである。そこで本節では、この『順正理論』に説かれる衆賢説を考察する。有部の教理によれば、異熟果をもたらす業には、その性質に応じて引業・満業という二種の別があるが、そのうち衆同分と命根を引くことができるのは引業だけである。『順正理論』には次のように説かれ[279]、衆賢によれば、欲界の衆同分は思（cetanā）のみによって引かれ、不随心転の身語の表・無表によって引かれることはないとされる。

『順正理論』巻 16（T29. 427c09-20）:

> 非心随転身語二業。定不能引命衆同分。不爾便違契経正理。経言劣界思所引故。此説欲有命衆同分。唯意業感。非身語業。……。依此無表亦同此釈。

心随転に非ざる身語の二業は、定んで命〔根〕と衆同分とを引くこと能はず。爾らざれば、便ち契経の正理に違す。経[280]に「劣界は思の所引」と言ふが故に。此、欲有の命〔根〕と衆同分とは、唯、意業の感にして、身語業に非ざると説けるなり。……。此に由りて、無表も亦、此の釈（表の釈）に同じ。

この衆賢説を理解するためには次の二点が留意されなければならない。第一に、上記の衆賢説は、不随心転の身語業（すなわち欲界の表・無表）が満業になるという前提の上に説かれている[281]。満業は異熟因の一つであるから、表はもちろんのこと無表も異熟果を取ることが認められている[282]。第二に、ここで不随心転の身語業のみが言及されている理由は、仮に随心転の身語業（すなわち静慮律儀）ならば心・心所と倶有因になり、思（cetanā）と同一果を取るので間接的に衆同分を引くことが可能だからである。

このように『順正理論』においては、欲界繫の身語業は異熟因になるものの、引業にはなり得ないと理解されている。しかし、意業だけが欲界の命根と衆同分を引き起こせると解釈することは、「殺生を犯して地獄に生まれた」などと説かれる経と矛盾を起こしてしまう。なぜなら、有部によれば殺生とは、この経文にある通り、身業であって意業では決してないからである。この矛盾に対して衆賢は次のように会通する。

『順正理論』巻 16 (T29. 427c23-29):

若欲界繫身語二業。不能牽引。便違契経。如説殺生若修若習若多修習生那落迦。乃至広説。又違本論。如説於此三悪行中。何罪最大。謂能随順僧破妄語。此業能取無間獄中劫寿異熟。寿定説為所牽引果。此説所起。顕能起思。麁易了故。無相違失。

【難】若し欲界繫の身語の二業、牽引すること能はずば、便ち契経に違す。「殺生の若しくは修、若しくは習、若しくは多修習は那落迦に生ず」、乃至広説と説くが如し。又、本論に違す。説くが如し、「此の三悪行中に於て、何の罪か最大なる。謂く、能く僧破に随順する妄語なり。此の業は、能く無間獄中の劫寿の異熟を取る。寿は定んで説いて所牽引の果と為す」と。【答】此は所起を説いて、能起の思を顕す。麁にして了し易きが故に、相違の失無し。

したがって、欲界で身語業が達成されたとしても、それを構成する表・無表ではなく、それらを等起させている思（cetana）こそが引業となり欲界の生存を引き起こしている、と解釈されている[283]。ただし、ここで注意しなければならない点は、あくまで衆賢は「欲界の表・無表は引業にはならない」と主張しているのであって、欲界の表・無表は満業として異熟果をもたらし[284]、そして色界・無色界の随心転の無表ならば思と倶有因となるので異熟果として衆同分を引くことができることは留意される必要がある[285]。衆賢による身語意業と引業・満業との関係を表に示せば次のようになる。

			引　業	満　業
意業（＝思）			○	○
身語業	随心転	表[286]		
		無表	△[287]	○
	不随心転	表	×	○
		無表	×	○

このように、衆賢は三業のうち意業を特に重視している。しかしながら、このような三業と異熟果の関係は『順正理論』において説かれるだけであり、それ以前の論書においては明示されていない。中国撰述『光記』において普光は、上記の衆賢による理解が『倶舎論』で説かれる有部説と同一であるかどうかについて、「同一である」「同一ではない」のどちらにも解釈し得ると述べている[288]。一方、江戸中期に活躍した浄土宗の普寂（1707-1781）は『倶舎論要解』において[289]、『順正理論』の衆賢説は七論婆沙には見られない新説であると述べている。以上からも窺えるように、『順正理論』の所説が衆賢による新説であったのか、それともそれ以前から存在した一説であったのかについて、古来、議論があったようである。続いて、この議論を吟味し、有部における業思想の特徴を考察する。

第一項　衆賢説に反する記述

まず、「欲界の身語業が引業になり得ない」とする衆賢説と齟齬を起こしている記述を考察する。たとえば、『法蘊足論』では欲界の身語意の悪行 / 妙行が欲界の衆同分を引き起こすと説かれている。

『法蘊足論』巻 12（T26. 512c10–22）:

云何有縁生。謂有一類。由貪瞋痴纏縛心故。造身語意三種悪行。此三悪行。説名業有。由此因縁。身壊命終。堕於地獄。於彼諸生。等生。趣入。出現。蘊得。界得。処得。諸蘊生。命根起。説名生。此生縁有故起。是名有縁生。如説地獄。傍生鬼界。応知亦爾。復有一類。於人趣楽。繋心希求。彼作是念。願我当生人趣同分。与諸人衆。同受快楽。因此希求。造能感人趣身語意妙行。此三妙行。説名業有。由此因縁。身壊命終。生於人趣衆同分中。於彼諸生。等生。乃至命根起。説名生。此生縁有故起。是名有縁生。如説人趣。四大王衆天。乃至他化自在天。応知亦爾。

【問】云何が「有に縁りて生あり」なる。【答：地獄】謂く、一類有り。貪・瞋・痴の、心を纏縛するに由るが故に、身語意の三種の悪行を造る。此の三悪行を説いて業有と名づけ、此の因縁に由りて、身壊命終して地獄に堕するとき、彼に於ての諸の生、等生、趣入、出現、蘊得、界得、処得、諸蘊の生、命根の起を説いて「生」と名づく。此の生は有に縁るが故に起れば、是れを「有に縁りて生あり」と名づく。【傍生・鬼界】地獄を説くが如く、傍生・鬼界も、応に知るべし、亦、爾なり。【人】復、一類有り。人趣の楽に於て繋心して希求し、彼れ是の念を作さく、「願はくば、我、当に人趣の同分に生じ、諸の人衆と同じく快楽を受くべし」と。此の希求に因りて能く人趣を感ずる身語意の妙行を造る。此の三妙行を説いて業有と名づけ、此の因縁に由りて、身壊命終して人趣の衆同分中に生ずるとき、彼に於ての諸の生、等生、乃至、命根の起を説いて「生」と名づく。此の生は有に縁るが故に起れば、是れを「有に縁りて生あり」と名づく。【六欲天】人趣を説くが如く、四大王衆天、乃至、他化自在天も、応に知るべし、亦、爾なり。

この箇所を字義通りに理解すれば、「身語意の三悪行・三妙行によって業をつくり、それを原因として来世が決定される」と説かれているのであるから、身語の業によっても来世の衆同分が引かれるように読める。したがって、衆賢説のような解釈のもとに上記『法蘊足論』は説かれていない。

また、同様の傾向は、『発智論』『大毘婆沙論』に説かれる次の箇所においても確認される。まず、『発智論』では〈異熟因―異熟果〉の関係を述べる箇所で、異熟因が(1)心・心所法の場合、(2)身業・語業の場合、(3)心不相応行の場合のいずれであっても、異熟果は色・心・心所法・心不相応行の四範疇にわたることが説かれている[290]。表に示せば次のようになろう[291]。

	異熟因	異熟果	『発智論』(T26)	『大毘婆沙論』(T27)
(1)	心・心所法	色・心・心所法・心不相応行	920c27-29	96b12-21
(2)	身業・語業	〃	920c29-921a02	96b22-c11
(3)	心不相応行	〃	921a02-04	96c12-97b09

このうち、衆同分や命根は心不相応行に含まれるから[292]、異熟因が(1)(2)(3)のいずれであっても、それの異熟果として衆同分や命根が引き起こされ得るのか、といえばそうではない。この問題について『大毘婆沙論』は、(3)の註釈部分で「二無心定や得などは、衆同分と命根を異熟果として引き起こさない」と除外規定に言及している[293]。

しかし、このような除外規定は(1)(2)の註釈部分では設けられていない。もしも『大毘婆沙論』の段階で、衆賢のように欲界繫の身語業（表・無表）が引業にはなり得ないと理解されていたならば、先に(2)の註釈部分でその旨の除外規定が述べられて然るべきはずである。ところが(2)の註釈部分では[294]、同一刹那にある表と無表と心とが同一果を取るか否かの議論が説かれているのみであり[295]、引業・満業の問題については全く触れられていない。

また、『称友疏』においても「欲界の身語業が引業になる」と読める箇所がある。「殺生の根本業道によって地獄に再生する」という解釈について次のように説いている。

AKVy. (p. 419.6-9):

yadi tatra prayogeṇeha maulena. kasmād evam uktaṃ. prāṇātipātenāsevitena bhāvitena bahulīkṛtena narakeṣūpapadyate. prāṇātipātena mauleneti sūtrārthaṃ paśyann evaṃ pṛcchati.

【難】もしそ〔の世〕において〔等流果を受けるのは〕根本〔業道〕によってであるならば、どうして「習せられ修せられ多く所作された殺生によって、諸地獄に再生する」と、このように言われるのか。【答】「殺生の根本〔業道〕によって〔地獄に生まれる〕」が、経典の意味であるとみなして、このように問うたのである。

殺生の根本業道は、表と無表とによって構成されるものであるから[296]、この文章を会通せずに字義通りに読めば、やはり欲界の身業が引業になるという理解が有部内にあったことは否定できないと考えられる。

第二項　衆賢説を示唆する記述

一方で、衆賢説を示唆する記述も有部論書中に見られる。まず、『大毘婆沙論』では次のように問題提起されている。

『大毘婆沙論』巻20 (T27. 99a23-b29)[297]:

問。一刹那業為但能引一衆同分。為亦能引多衆同分耶。設爾何失。若一刹那業但能引一衆同分者。……。尊者無滅所説本事。復云何通。如説。具寿。我以一食施福田故。七生天上作大天王。七生人中為大国主。……。答。応作是説。一刹那業唯能引一衆同分。

【問】問ふ。一刹那の業は、但、能く一の衆同分を引くと為すや、亦、能く多の衆同分を引くと為すや。設し爾らば、何の失ありや。若し一刹那の業が、但、能く一の衆同分を引くとせば、……。尊者無滅の所説本事を、復、云何が通ぜん。説くが如し、「具寿よ、我、一食を以て福田に施せしが故に、七たび天上に生まれ大天王と作り、七たび人中に生まれ大国主と為れり」[298]と。……。【答】答ふ。応に是の説を作すべし、「一刹那の業は、唯、能く一の衆同分を引く」と。

すなわち、有部教理では「一刹那の業は一つの衆同分しか引けず、多くの衆同分を引くことはできない」と定義されている。しかし、そうなると「一度の施食で、七度、天に生まれ、さらに七度、人に生まれた」という経典の字義が、教理と齟齬を起こしてしまうことになる。なぜなら、有部阿毘達磨における財施とは、布施が成立した瞬間の善なる諸蘊（とりわけ身業）であると定義されるため[299]、それだけでは多数の生涯を引き起こすことができないからである。この齟齬をどのように解消させるかが、ここで問題となっている。

ところで、欲界の身語業（表・無表）は不随心転であるから、他の心・心所法や表などの諸法と倶有因にならず、それ単独で異熟果を与えることが可能である[300]。さらに、布施をなそうと決意してから完遂するまでに一定の時間を要するから、この布施という行為が完成するには膨大な数の表・無表が必要である。加えて、たとえば世尊という福田に施がなされた場合には、当人に無表の相続が生じていなければならないはずである[301]。よって、一度でも施食がなされれば無数の表・無表がその行為を成立させる構成要素となっていて、それら表・無表が一つ一つ各別に異熟果を招くはずである。したがって、「欲界の身語業も引業となる」のであれば、上記の「一度の施食で、七度、天に生まれ、さらに七度、人に生まれた」という経文を「布施を成り立たしめている構成要素である表・無表のそれぞれが異熟果として衆同分を引いている」と解釈することは十分可能なはずである。

ところが、『大毘婆沙論』はそのように解釈せず、次の四説を挙げる[302]。

第一説：ここで言われている施食とは、七度、天に生まれ、七度、人中に生まれることの初因である。すなわち、「最初の施食によって大富豪となり、そこで再び他の福徳をつくる」というように、その最初の施食から順次に展開したことがここでは示されている。

第二説：その生涯のうちで繰り返し施をしていた。その初めの施についてここでは述べられている。

第三説：一つの施食をする間に多くの思願を起こした。その多くの思願によって多くの異熟果が引かれた。

第四説：一つの施食を因として上・中・下の三品の業を起こした。それらの業の異熟によって天上や人中に生まれた。

このうち、一度の施食によって多数の生涯が引かれたと解釈するのは第三説のみであり、それも「多くの思願によって異熟果が引かれた」とあるから、「施食という身体的行動を構成する表・無表によって多数の生涯が引かれた」のではなく、その行為の最中に起こった諸々の思によってそれぞれの衆同分が引かれたと理解されている。この解釈は『倶舎論』にも引き継がれている。『倶舎論』は上記四説のうち第一説と第三説を紹介する。

AKBh.（p. 258.14–17）:

yat tarhi sthavirāniruddhenoktaṃ so 'haṃ tasyaikapiṇḍapātasya vipākena saptakṛtvas trayastriṃśeṣu deveṣūpapanno yāvad etarhy ādye śākyakule jāta iti. (1) tena hy asau samṛddhiṃ labdhvā jātismaraḥ punar anyat puṇyaṃ kṛtavān. tata utthānaṃ darśayati sma. yathā manuṣyo dīnārottho 'nena sahasraṃ nirvartyāha[303] ekena dīnāreṇāham aitadīśvaryaṃ prāpta iti. (2) apare tv āhuḥ. tasya taṃ piṇḍapātam adhiṣṭhānaṃ kṛtvā dānacetanānāṃ pravāho mahān utpannaḥ kayācit kiṃcit phalaṃ parigṛhītam iti. anekenāpy ekam ākṣipyate, mā bhūt khaṇḍaśo nikāyasabhāgasyākṣepa iti.

【問】そうならば次の、長老アニルッダによって説かれた〔ことはどうなるのか〕。「この私は、その一施食の異熟によって七度三十三天に再生し、乃至、今生において大富釈迦家に再生した」と。【答一】なぜならば、それ（一施食）によって彼は繁栄を獲てから、〔宿〕生を憶念して、さらに他の福徳をつくったのである。〔以上のことが〕それ（一施食）から起こったことであることを示したのである。あたかも、初めに〔一の〕金銭を持つ人が、これ（一の金銭）によって千〔の金銭〕を儲けて「一の金銭によって私はこの財産を得た」と言うようにである。【答二】一方、他の人々は言う、「その施食を所依として、彼に布施に関する諸思の大いなる流れ（pravāha）が起きたのであり、ある果はある〔思〕と繋がっている」と。「多〔業〕によって一〔生〕が引き起こされ、衆同分を引き起こすことが切れ切れであってはならない」と。[304]

この『倶舎論』における記述は、衆賢の『順正理論』においても踏襲されている[305]。以上の諸資料からも解るように、「思（意業）のみが引業となり衆同分を引き起こすことが可能であり、欲界の身語業（表・無表）に衆同分を引き起こす能力はない」[306]という衆賢説を彷彿させる記述が有部論書の各所に確認される。よって、衆賢説は必ずしも突然現れた新説ではなく、長い有部の伝統のうちにその解釈の萌芽がすでに内包されていたものと考えられる。

第三項　小結

このように衆賢は、「引業＝思（意業）」という明確な関係性のもとに業と異熟果の関係を理解していたことが窺える。すなわち、衆賢にとって来世の衆同分は、思（意業）によってこそ引かれる[307]。一方の、欲界の身語の表・無表については、引業となって来世の境涯を引くことはできないが、満業となって種々の異熟果を与え得ると考えられている。このような明確な区分は衆賢以前の論書には説かれず、身語の表・無表が引業になると読める資料も存在する。

結　び

本章では、有部における業と果の関係性について考察した。無表が異熟果を招くか否かについて、そして衆賢説を手がかりに身語意業と異熟果に関する解釈について次の点が指摘される。

⑴ 無表が異熟果を招くか否かについて研究者の見解が分かれていたが、「無表も異熟果を招く」という理解が有部の正統説であると考えられる[308]。

⑵ 身語意業と異熟果との関係について衆賢は、「意業は引業にも満業にもなるが、欲界繫の身語業（表・無表）は引業にはならない」と理解

している。この衆賢説は、それ以前の有部論書において明示されていない点が、古来、指摘されている。

(3) 有部論書を検討した結果、①身語業が欲界の引業になると読み得る箇所が散見されること、②その一方で衆賢説と同じく意業（思）によってこそ欲界の衆同分が引かれると理解し得る記述も散見される。

(4) すなわち、欲界の衆同分が身語業によって「引かれる」もしくは「引かれない」という両説が、『光記』において普光が暗示しているように、衆賢以前の段階から有部において併存していたものと考えられる。

以上のように、有部阿毘達磨においては、業の自性や分類について、六因四縁五果に基づいた因果論の諸法の関係性について、そして身語による行為の成り立ちについて詳細な定義がなされている。しかし、この一方で、具体的に如何なる業がどのような有り様の異熟を招くのかという関係性については大まかな説明しかなされていない。これが具体的に説明されているのは五無間業と堕地獄の関係性について程度である。だが、この無間業についても、それを構成している無数の思・表・無表のうちのいずれが堕地獄を招くのかについて、有部論書は明示的ではない[309]。このように有部論師たちが、如何なる業が如何なる有り様の異熟を招くのかについて無言である理由は、おそらく「業とその果をすべて知るのは諸仏のみである」という意識が強くあったからであろう[310]。これは、十八不共仏法（諸仏のみが持つ徳性）の十力のうちに「業異熟智力」があることからも確認される[311]。

このような有部論書における説明の欠落ゆえに、明治から現代に至るまで、「無表が異熟果をもたらすという理解は誤りである」、あるいは「そのような理解は有部の正統ではない」という説が時として主張されてきた。しかし、本章において検討しように、この理解は正しくない。善不善の有漏なる無表であれば、それが戒であろうと助因であろうと業道であろうと、それは必ず異熟果を取る。

第八章　上座部における無表不要論

問題の所在

前章までに、説一切有部における無表（avijñapti）を考察した。この無表には、律儀・不律儀・非律儀非不律儀という三種があるが、このうち律儀と不律儀は「戒」を説明するために、非律儀非不律儀は特に「命令による業道の遂行」や「自然と福徳が増大すること（福業事）」を説明するために重要な役割を担っている点を明らかにした。有部の教理体系の中で、無表は上記の事態を合理的に説明する上で必要不可欠な要素である。

ところで、ここで問題となっている「戒」「命令による業道の遂行」「自然と福徳が増大すること」という三つの事態は、必ずしも有部だけに留まる論題ではない。スリランカで栄えた上座部においても、保持している三蔵のうちに「戒」や「自然と福徳が増大すること」がすでに説かれているし、後代の教理体系においては「命令による業道の遂行」も業論を構築する上で想定されている。ところが、有部とは異なり上座部では、無表という心不相応法の存在を認めないため、これらの事態をどのように説明しているのかということがここで問題となる。加えて興味深いことに、上座部資料の記述を考察すると、これら三つの事態に関連して上座部は、他部派が想定する無表やその類似概念（大衆部の増長、正量部の不失壊）を論駁しつつ、自説を展開していることが解る[312]。

これを受けて本章では、これら三つの事態をめぐる上座部註釈家の理解を考察して、教理体系のうちに無表（およびその類似概念）を導入する意義、ならびに部派間の対論の一様相を明らかにする[313]。

第一節　戒

まず本節では、上座部における「戒」の法相的説明について考察する。上座部は「戒」を定義して、『無礙解道』においては(a)思、(b)心所、(c)律儀、(d)不犯の四種に分けている[314]。この定義を受け継ぎながら『清浄道論』では、この(c)律儀を細分化して、(1)別解脱律儀、(2)念律儀、(3)智律儀、(4)忍律儀、(5)精進律儀の五つを挙げている[315]。このうちの(1)別解脱律儀こそが、受戒した仏教者によって遵守されるべき戒である。

有部は、これら戒の体として無表と呼ばれる心不相応法が存在すると主張している。しかし上座部では、上記のように戒を種々に分類しながらも、戒とは心の有り様そのものと理解している。この事実は、戒をめぐる『論事』の議論からも明瞭に知り得る。上座部は、「戒非心所論」（Kv. 10, 7）と「戒非心随転論」（Kv. 10, 8）において戒とは心の有り様そのものであると述べ、「表戒論」（Kv. 10, 10）と「無表悪戒論」（Kv. 10, 11）においては表や無表に戒体としての役割を認めず[316]、無表に至っては存在そのものを否定している。この理解は、およそ五世紀に成立した『論事註』においても受け継がれている。次のように説かれる。

KvA. 10, 7（p. 126.2-5）:

> idāni sīlaṃacetasikantikathā nāma hoti. tattha yasmā sīle uppajjitvā niruddhe pi samādānahetuko sīlopacayo nāma atthi, yena so sīlavā yeva nāma hoti, tasmā "sīlaṃ acetasikan" ti yesaṃ laddhi, seyyathāpi mahāsaṃghikānaṃ.
>
> 次に、戒非心所論と呼ばれるものがある。ここに、「戒が生じてから滅しても、受〔戒〕を因とする戒増長（sīlopacaya）と呼ばれるものがあり、それによって彼は具戒者と呼ばれる。ゆえに戒は心所ではない」と、ある者たちに執見がある。たとえば大衆部の者たちにである。

ここで注目すべきは、大衆部の「増長」が戒体としての役割を果たしている点である。北伝資料である『成業論』とその註釈では、大衆部の教理としてこの増長が蘊相続中に生起する心不相応法であると言及されている[317]。これと全く同じ記述が、アーナンダによって著された『論事復註』においても説かれている。

KvMṬ. 10, 7（VRI: p. 99.12–13）:

> **yena so sīlavā yeva nāma hotī** ti yena cittavippayuttena ṭhitena upacayena akusalābyākatacittasamaṅgī sīlavā yeva nāma hotī ti adhippāyo.
>
> 「**それによって彼は具戒者と呼ばれる**」とは、「その心不相応として存続している増長（upacaya）によって、不善や無記の心を抱いていても具戒者と呼ばれる」という意趣である。[318]

すなわち、受戒の後に不善や無記の心を抱いてしまったとしても、依然として善なる比丘性を保ち続けていられるのは、増長と呼ばれる心不相応法が存続しているからであるとされる。すなわち、ここから明らかなように、この大衆部における増長は、有部における別解脱律儀の無表と同じ役割を担っている。有部も、心不相応法なる無表こそが戒体として相続していくと述べている。

AKBh.（pp. 196.24–197.2）:

> prātimokṣasaṃvaraś cāpi na syād asatyām avijñaptau. na hi samādānād ūrdhvaṃ tad asti yenānyamanasko ’py ayaṃ bhikṣuḥ syāt bhikṣuṇī veti.
>
> また、無表がなければ別解脱律儀も存在しないことになってしまうだろう。なぜなら、受〔戒〕してから後、〔受戒のときとは〕異なる心を抱いたとしても、比丘あるいは比丘尼であろう所以のものが〔無表以外には〕存在しないからである。

以上の諸議論から、仏教諸派において「戒」をめぐって次の二説があったことが窺える。第一には、戒について心・心所とは別に「戒体」となる心不相応法を想定する立場であり、有部や大衆部がこれを採用している。また、法蔵部所伝とされる『舎利弗阿毘曇論』においても、戒無教という色法が想定されている[319]。第二には、心・心所といった心の有り様そのものが戒であって、その他に戒となる別法を想定しない立場であり、上座部や経部がこれを採用している。

第二節　命令による根本業道

続いて、命令によって業道を遂行した場合について考察する。説一切有部における無表は、「戒体」としての役割だけでなく、殺生や偸盗などといった業道の一要素としての役割も担っている。この後者の役割が端的に現れるのは、自ら実行せず、他の者に命令して殺生などを実行させる場合である。つまり、命令によって殺生が遂行された場合には、すでに過去に落謝してしまっている命令の加行を殺生の根本業道として再設定することはできず、必ず遂行された瞬間に殺生の根本業道が存在しなければならない。

このように、根本業道において無表が必要不可欠である理由は、因果の時間的逆転現象を認めない有部教理と密接な関係がある。すなわち、現在位にある法が未来にどのような異熟を招くか予約し（取果）、その予約された時がくると過去位にあるその法が直接的に異熟を与える（与果）、と定められている[320]。ゆえに、「実際に殺された」という事実が未来に何らかの影響を与えるとするならば、殺された瞬間に生じている法が未来に取果していなければならない[321]。しかし、殺人教唆によって殺害が遂行されたならば、被害者が死んだ瞬間に教唆者において殺生の根本業道に相当する表が生じていないので、無表という色法が根本業道として生じていると想定しなければ因果論が成立しなくなってしまう[322]。

無表にこのような役割があったことを上座部註釈家も認知している。『論事』の「無表悪戒論」（Kv. 10, 11）に対する註釈では、命令によって殺生が遂行された場合には、無表を認める部派にあってはそれこそが構成要素になると言及している。

KvA. 10, 11（p. 127.14-17）:

idāni aviññattidussīlyantikathā nāma hoti. tattha cittavippayuttaṃ apuññūpacayañ c’ eva āṇattiyā ca pāṇātipātādīsu aṅgapāripūriṃ sandhāya “aviññatti dussīlyan” ti yesaṃ laddhi, seyyathāpi mahāsaṃghikānaṃ.

次に、「無表悪戒論」と呼ばれるものがある。ここに、心不相応の非福の増長と、命令による殺生などの構成要素を満たすものについて「無表は悪戒である」と、ある者たちに執見がある。たとえば大衆部の者たちにである。

ここでの無表論者には大衆部が当てられている。この事実を証明する大衆部所伝の資料は残っていない。しかし、『成業論』(および善慧戒註)では、身語業が遂行されると蘊相続の中に心不相応行なる別法が生じると主張する部派に言及していて、そのような別法を大衆部が「増長」と呼び、正量部が「不失壊」と呼んでいたことが明らかにされている[323]。これが説一切有部においては「無表」と呼ばれているものに相当することは言を俟たない[324]。アーナンダ復註(KvMṬ.)とダンマパーラ復々註(KvAṬ.)には次のように説かれ、有部による無表の理解と同一であることが解る。

KvMṬ. 10, 11 (VRI: p. 100.5–7):

āṇattiyā ca pāṇātipātādīsu aṅgapāripūrin ti ekasmiṃ divase āṇattassa aparasmiṃ divase pāṇātipātaṃ karontassa tadā sā āṇatti viññattiṃ vinā yeva aṅgaṃ hotī ti **aviññatti dussīlyan** ti adhippāyo.

「**命令による殺生などの構成要素を満たすもの**」とは、「ある日に命令された者が後日に殺生などをなせば、その時にはこの命令は表を欠いて構成要素になる」ということが、「**無表は悪戒である**」の意味である。

KvAṬ. 10, 11 (VRI: pp. 134.18–135.2):

mahābhūtāni upādāya pavatto aññacittakkhaṇe pi labbhamāno kusalākusalānubandho aviññattī ti ayaṃ vādo "cittavippayutto apuññūpacayo" ti iminā saṅgahito ti tato aññānubandhāyaṃ "āṇattiyā" tiādi vuttan ti taṃ dassetuṃ "**āṇattiyā ...pe... adhippāyo**" ti vuttaṃ. tattha āṇatto yadā āṇattabhāvena vihiṃsādikiriyaṃ sādheti, tadā āṇattiyā pāṇātipātādīsu aṅgabhāvo veditabbo. sā pan' āṇatti pārivāsikabhāvena viññattirahitā nāma hotīti paravādino adhippāyo, taṃ dassetuṃ "**ekasmiṃ divase**" tiādi vuttaṃ.

「大種所造として転起し、他心の利那においても獲られ続ける、善・不善の連鎖(anubandha)が無表である」というこの説が、この「心不相応の非福の増長」によって含意されている。それとは別の連鎖において「命令による」云々が言われていることを示すために、「**命令による…中略…意味である**」と説かれた。「そのうち、命令された者が、命令された状態のまま殺害などの作業を完成させれば、その時に命令が殺生などにおける構成要素であると理解されるべきである。しかるにこの命令は、別住の状態として、表を欠いていると呼ばれる」というのが他論師の意図であり、それを示すために「**ある日に**」云々と言われた。

ここで最も注目すべきは、上記の『論事復々註』(KvAṬ.) に説かれる波線部である。これと全く同内容が『俱舍論』に説かれており、ダンマパーラが有部の無表定義を熟知していたことを窺わせる。

AKBh. (p. 7.26–27):

vikṣiptācittakasyāpi yo 'nubandhaḥ śubhāśubhaḥ,

mahābhūtāny upādāya sa hy avijñaptir ucyate. (1, 11)

乱〔心者にも〕無心者にもまたある、浄 (śubha) 不浄 (aśubha) なる連鎖 (anubandha) にして、大種所造なるもの、それこそが無表と言われる。(1, 11)

以上のように上座部は、一部の部派が「無表」という心不相応法を想定することで命令による業道の成立を説明していることを知っていたが、そのような理解を上座部自身は採用しなかった点が確認される。そこで問題となるのが、命令によって殺生が遂行された場合に、「殺害が成功した」という事実がどのように業と異熟の関係に影響を与えるのか、ということである。上座部では、現在有体過未無体説を採用するため、命令の業(思)はすでに過去に落謝して消失してしまったと理解され、さらに無表のような特殊な別法を想定しないため、このような事態を教理的に説明することが極めて困難である。

この問題について上座部は、有部のように複雑な教理体系を有しておらず、その理解は必ずしも明瞭ではない。もちろん、命令によって業道を遂行した場合を上座部も想定しているが、単に命令が達成された瞬間に「業に結ばれる」(kammunā bajjhati / kammabaddha) と説明するだけで、それ以上の説明を加えていない[325]。ただし上座部では、有情の相続に基づきながら業と果の繫がりを説明し、これに加えてアーナンダやダンマパーラは、北伝仏教から相続転変差別（自相続の特殊な変化）の理論を援用することで、これを教理的に解釈していることには注意を払うべきである[326]。すなわち、ある者が業（思）を起こすと、その者の相続に特異点が刻まれることで業の余勢が保存され、その後、他の助縁が整うと異熟が転じる、というのである。この理解を応用するならば、命令した内容の達成は、その命令（表）を等起させた業が異熟するための助縁になると理解し得るであろう[327]。

第三節　福徳の増大

最後に、「福徳の増大」について検討する。複数の初期経典において、「ある者が比丘や僧団に寄進をすれば、その寄進物が消失してしまうまで、昼夜を問わずその者に自然と福徳が増大し続ける」という内容の教えが説かれている[328]。このような福徳の増大を有部は「福業事」と名付け、「寄進されると同時に寄進者に善の無表が生じ、その寄進物が無くなってしまうまで、この善の無表が連鎖し続ける」と解釈している[329]。一方の経部は、無表の存在を認めないため相続転変差別の理論によってこれを解釈し、「布施を縁じる思によって熏習されることで、寄進者の自相続が特殊な変化を得て、法爾として福徳が増大する」と理解している[330]。

上座部も、これと同趣旨の福徳の増大を説く相応部経典（SN. 1, 5, 7）を保持しているが、有部や経部のように「自然に福徳が増大し続ける」という事象自体を認めない。それゆえに上座部は、自身の教理に適合するように経典に会通を施している。まず、経には次のように説かれている。

SN. 1, 5, 7（Vol. I, p. 33.16–21）:

“kesaṃ divā ca ratto ca, sadā puññaṃ pavaḍḍhati,
dhammaṭṭhā sīlasampannā, ke janā saggagāmino” ti.
“ārāmaropā vanaropā, ye janā setukārakā,
papañ ca udapānañ ca, ye dadanti upassayaṃ.
tesaṃ divā ca ratto ca, <u>sadā puññaṃ pavaḍḍhati</u>,

dhammaṭṭhā sīlasampannā, te janā saggagāmino" ti.

どのような者に、昼も夜も常に福徳（puñña）が増大するのか。

どのような人々が法に住し、戒を具え、天へ行くのか。

園に植え、林に植え、橋を渡し、水場や井戸や住所を与える人々がいる。

その彼らには、昼も夜も常に福徳（puñña）が増大する。

彼らは法に住し、戒を具え、天へ行く。

この偈頌に残された字義に従う限りでは、福徳が絶えず増大するように読める。これをブッダゴーサとダンマパーラは次のように註釈している。

SNA. 1, 5, 7（Vol. I, pp. 88.31–89.3）:

sadā puññaṃ pavaḍḍhatī ti na akusalavitakkaṃ vā vitakkentassa niddāyantassa vā pavaḍḍhati. yadā yadā pana anussarati, tadā tadā tassa pavaḍḍhati[331]. imam atthaṃ sandhāya **"sadā puññaṃ pavaḍḍhatī"** ti vuttaṃ.

「**常に福徳が増大する**」とは、不善の尋（vitakka）を考察している者や寝ている者には増大しないが、〔その行為を〕繰り返し随念するたびにその者に〔福徳が〕増大する。この意味を念頭に置いて「**常に福徳が増大する**」と言われている。

SNṬ. 1, 5, 7（Vol. I, p. 109.11–12）:

imam atthaṃ sandhāyā ti iminā kammappathappattaṃ paṭikkhipati. attanā katañ hi puññaṃ anussarato taṃ ārabbha bahuṃ puññaṃ pasavati, na pana yathā kataṃ puññaṃ sayam eva pavaḍḍhati.

「**この意味を念頭に置いて**」とは、これによって業道を得たことを否定している。なぜなら、自らなした福徳を随念する者には、それに関連して多くの福徳が生まれるのであって、なされた福徳それ自身が増大するのではない。

つまり、布施の行為を後になって想起するその思こそが新たな福徳（善業）になるのであって、過去になし終わった福徳そのものが増大するわけではない、と理解している。この理解は『論事』の「受用所成福徳論」（Kv. 7, 5）においても確認される。ここにおいては、「受用福徳」すなわち「自然と福徳が増大する現象」を認めるか否かをめぐって議論しており、先ほどの相応部経典（SN. 1, 5, 7）が対論者によって受用所成福徳の根拠として取り上げられている。これに対して『論事』の註釈（KvA.）は、この相応部経典を次のように解釈する。

KvA. 7, 5（p. 98.18–26）:

suttasādhane **ārāmaropakā**dīnaṃ anussaraṇapaṭisaṅkharaṇādivasena antarantarā uppajjamānaṃ puññaṃ sandhāya **sadā puññaṃ pavaḍḍhatī** ti vuttaṃ. .... taṃ so paribhogamayan ti sallakkheti. yasmā pana paṭiggāhakena paṭiggahetvā aparibhutte pi deyyadhamme puññaṃ hoti yeva, tasmā sakavādīvādo 'va balavā, tattha paṭiggāhakena paṭiggahite ti[332] attho daṭṭhabbo.

経証における「**園に植え**」などについては[333]、随念や省察などによって時々に生じる福徳について「**常に福徳が増大する**」と言ったのである。……。彼（他論師）はそ〔の経〕を「受用所生はある」と構想するのである。しかし、受納者によって受け取られてから所施物が使用されなくとも必ず福徳はある。したがって、自論師の主張が有力であり、「受納者によって受け取られた時に」という意味であると理解すべきである。

先ほど検討した『相応部註』『相応部復註』と同様に、この『論事註』においても、註釈元となる相応部経典（SN. 1, 5, 7）の文言は、福徳そのものの増大ではなく、その寄進を想起することによって生じる福徳（善業）を説いていると理解されている。

アーナンダとダンマパーラによる註釈も同趣旨の説明をする。

KvMṬ. 7, 5（VRI: p. 88.7–16）:

paribhogamayaṃ nāma cittavippayuttaṃ puññaṃ atthī ti laddhi. tañ hi te sandhāya paribhogamayaṃ puññaṃ pavaḍḍhatī ti vadantī ti adhippāyo. .... **aparibhutte pī** ti iminā "paṭiggāhako paṭiggahetvā na paribhuñjati chaddetī" tiādikaṃ dasseti. aparibhutte deyyadhamme puññabhāvato paribhogamayaṃ puññaṃ pavaḍḍhatī ti ayaṃ vādo hīyati. tasmiñ ca hīne sakavādīvādo balavā. cāgacetanāya eva hi puññabhāvo evaṃ siddho hotīti adhippāyo. aparibhutte pi deyyadhamme puññabhāve cāgacetanāya eva puññabhāvo ti āha "**sakavādīvādo 'va balavā**" ti.

「受用所生と呼ばれる心不相応の福徳がある」という執見である。「彼ら（他論師）は、それについて"受用所生の福徳は増大する"と主張する」という意味である。……。「**使用されなくとも**」とは、これによって「受納者が受け取ってから使用せず棄てた」云々を示している。所施物が使用されなくとも福徳はあるので、「受用所生の福徳は増大する」と〔いう〕この主張は退けられる。そして、これが退けられれば自論師の主張が有力である。「捨思こそが実に福徳であるとこのように成立している」という意味である。所施物が使用されなくとも福徳はあるので、「捨思こそが福徳である」という「**自論師の主張が有力であり**」と述べたのである。

KvAṬ. 7, 5（VRI: p. 119.1516）:

cāgacetanāya eva puññabhāvo, na cittavippayuttassa. **evan** ti iminā pakārena, aparibhutte deyyadhamme puññabhāvenā ti attho.

「**捨思こそが福徳である**」とは、「心不相応の〔福徳は〕ない」である。「**このように**」とは、「このような方法で」であり、「所施物が使用されなくとも福徳はあるので」という意味である。

ここで上座部がその存在を否定する「心不相応の福徳」とは、前第二節において検討したように、有部における「無表」を意味していると考えられる。このように上座部では、思だけが業であると理解するため、思と離れて自然と福徳の増大する現象を容認することができなかった点が確認される。

結び

以上、上座部における「戒」「命令による業道」「福徳の増大」の三点について考察した。この三点について、いくつかの部派では、心・心所とは別にある心不相応法が相続のうちに生じると想定することで、これらの事態を説明している。すなわち、有部における無表（avijñapti）や大衆部における増長（upacaya）がそれである。一方の上座部註釈家たちは、これら無表や増長の存在を十分に認知していながらも、これを採用せず、自身の教理に基づきながらこれら三点の事態を説明している。結論として諸部派の理解の相違は次のようにまとめられる。

⑴【戒】有部は無表の連鎖をもって[334]、大衆部は増長の連鎖をもって戒を実体的に説明する。一方、上座部における戒とは、心の有り様そのものであり、別法が必要であるとは解釈していない。

⑵【命令による業道】命令によって目的を達成した場合、有部と大衆部では、それぞれ無表と増長と呼ばれる心不相応法が生じて、それこそが根本業道になると想定する。一方の上座部は、このような場合について「業に結ばれる」(kammunā bajjhati / kammabaddha) と説明するだけであり、教理的な説明を欠いたままである。

⑶【福徳の増大】初期経典に説かれる「自然な福徳の増大」という記述に対して、有部は無表の連鎖によってこれを合理的に説明し、経部は「法爾として増大する」と説明する。一方、上座部は、このような現象そのものを認めず、この経典に対しても「過去になした行為を後に想起するその時の思こそが福徳として積まれる」と解釈している。

このように、「戒」「命令による業道」「福徳の増大」といった事態に対して、上座部は必ずしも説得的な解釈を果たしているわけではない。有部の無表(ならびに大衆部の増長、正量部の不失壊) は、これらの事態を合理的に説明する上で重要な役割を果たしている。

なお、先行研究によって大衆部の増長や正量部(犢子部)の不失壊は、業と果とを結びつけるための媒介者であることが明らかになっている(注意しなければならないが、有部の無表にこのような役割はない)[335]。本章では、この役割についての議論を扱わなかったが、心不相応法に業果の媒介者としての役割を課している部派があることを上座部も承知しており、『論事』『論事註』においてこれを非難している[336]。このような部派に対して、上座部が業果の接続をどのように理解していたかは、第三部一章「上座部における相続転変差別」において考察する。

総　括

全八章にわたって、有部における無表について得捨という点からその構造を考察し、行為論における無表の役割、そして無表と異熟果の関係性を明らかにした。

このうち第二章から第五章にかけて、静慮律儀、無漏律儀、別解脱律儀、不律儀、非律儀非不律儀のそれぞれが、どのように得せられ、どのように捨せられるかについて明らかにし、その構造を提示した。とりわけ第二章では、「無漏律儀以外の無表は死没すれば捨せられる」という従来の理解が誤りであることを明らかにして、静慮律儀も条件が整えば死没後も成就され続ける点を指摘した。また、注目すべき事実として、有部においては不律儀が生業と密接に絡んで理解されているものの、一旦、優婆塞・優婆夷になって律儀さえ得していれば、再び生業を始めても不律儀者に逆戻りしないと考えられている点を、第四章において指摘した。

第六章では、非律儀非不律儀が業道や福業事において設定される理由を考察し、因果の時間的逆転現象を防ぐためであると結論付けた。第七章では、無表と異熟果の関係について考察し、無表が異熟因となること、ただし有部では、欲界における身語の表・無表は引業にはならないという解釈もあった点を明らかにした。

第八章では、上座部において「戒」「命令による業道」「福徳の増大」がどのように教理解釈されているかを検討した。説一切有部ではこれらを説明するために無表の教理を用いている。一方の上座部では業は思であるという原則を貫き、(1) 戒は心の有り様であり、(2) 自相続のうちに業の余勢が保存されるため無表を想定する必要がなく、(3) 福徳の増大についてはそれそのものを認めていない点が明らかになることで、両部派の思想性の差異が鮮明となった。

第二部　註

第一章

1　深浦正文［1951: p. 91 図］, 舟橋一哉［1954a: p. 42 図］, 本庄良文［1997］を参照。また、第一部二章「問題の所在」に示した分類表も参照。

2　『心論』『心論経』にある記述から三友健容［1976: p. 139.12–13］は、「ことに、『心論』と『心論経』は意業を無表業のみであるとする立場をとっており、『大毘婆沙論』二百巻系統の有部とは思想を異にしていることがわかる」と述べている。しかし、ここでの意業における「無表」とは、語義上の「外に表示されない」という意味であって、身語による無表色と同一ではないと考えられる。

3　AKBh.（p. 205.11–14）:

sā tu pūrvoktā

avijñaptis tridhā jñeyā saṃvarāsaṃvaretarā.（4, 13ab）

saṃvaraś cāsaṃvaraś ca. tābhyāṃ cetaro naivasaṃvaro nāsaṃvaraḥ. dauḥśīlyaprasarasya saṃvaraṇaṃ saṃrodhaḥ saṃvaraḥ.

ところで、先に説かれた彼の

無表は、律儀と不律儀と〔それら〕以外との三種であると理解されるべきである。（4, 13ab）

律儀と、不律儀と、それら二つより以外の非律儀非不律儀とである。悪戒の流れを遮止し抑制することが、律儀である。

4　AKBh.（p. 8.9）:

samāsatas tu vijñaptisamādhisaṃbhūtaṃ kuśalākuśalarūpam avijñaptiḥ.

けれども総括すれば、表と定から生じた善不善なる色が無表である。

AKVy.（p. 30.8–16）:

samāsatas tv iti vistaraḥ. śiṣyasukhāvabodhārthaṃ saṃkṣepato vākyena tad avijñaptirūpaṃ darśayaty ācāryaḥ. **vijñaptisamādhisaṃbhūtaṃ kuśalākuśalaṃ rūpam avijñaptir** iti. yathāsaṃbhavam etat yojyaṃ. kāyavākvijñaptisaṃbhūtaṃ kuśalaṃ prātimokṣasaṃvarasaṃgṛhītaṃ naivasaṃvaranāsaṃvarasaṃgṛhītaṃ ca. akuśalaṃ punar asaṃvarasaṃgṛhītaṃ naivasaṃvaranāsaṃvarasaṃgṛhītaṃ ca. samādhisaṃbhūtaṃ tu kuśalam eva. tad dvividhaṃ. sāsravasamādhisaṃbhūtaṃ dhyānasaṃvarasvabhāvaṃ. anāsravasamādhisaṃbhūtaṃ anāsravasaṃvarasvabhāvaṃ. upādāyarūpasvabhāvaṃ ca. na cittacaitasikādisvabhāvam ity avagantavyaṃ.

「**けれども総括すれば**」云々とは、学徒に容易く理解させるために、文言をもって略説という点から規範師は無表色を示す。「**表と定から生じた善不善なる色が無表である**」と。可能性に応じてこれは適用されるべきである。身語の表所生の善は、別解脱律儀に含まれるものと、非律儀非不律儀に含まれるものとである。また、不善は、不律儀に含まれるものと、非律儀非不律儀に含まれるものとである。一方、定所生のものは善のみである。それは二種類あり、有漏定所生のものは静慮律儀を自性とし、無漏定所生のものは無漏律儀を自性とする。そして所造色を自性とするが、心・心所などを自性とするのではない、と理解されるべきである。

5　ただし、舟橋一哉［1954a］をはじめとする先行研究は、随心転の無表が生じ続けること（相続）と、それを得していることとの違いを十分に区別して考察できていない。無表の相続が止まった後にも、その無表を得し続けている場合がある。

6　色界にも表は存在し得るが、有部の理解によれば、表所生の無表は色界には決して存在しないとされる。

『大毘婆沙論』巻 122（T27. 639b10–11）:

此中所説決定義者。欲界必無随心転無表。色界必無依表発無表。

此の中の所説の決定の義とは、欲界には必ず随心転の無表の無きことと、色界には必ず表に依りて発る無表の無きこととなり。

7　AKBh.（p. 207.15–20）によれば、律儀を受ける者の根本業道と後起との表・無表が別解脱律儀であるとされる。身語の七善業道が律儀（別解脱律儀・無漏律儀・静慮律儀）である旨は、AKBh.（pp. 238.23–239.2), AKVy.（p. 401.13–20）を参照。

8　AKBh.（p. 210.4–10).

9　定所生の七善業道（静慮律儀と無漏律儀）は無表のみである。AKBh.（p. 239.1–2）を参照。

10　第二部三章二節「例外的な別解脱律儀の得」を参照。

11　結論的に言えば、無表の教理的理解は、加藤精神［1928］［1929］［1953］による研究が最も妥当である。それ以降の研究の中には、誤解がさらなる誤解を生み、かえって後退してしまっているケースが見られる。

12　無表と異熟をめぐる研究史については青原令知［2017］を参照。

13　舟橋水哉［1943: pp. 141.b4–142.a7], 舟橋一哉［1954a: pp. 103.9–104.6].

14　注意しなければならないが、加藤精神［1928: p. 28.16, p. 30.7–8］［1953: p. 213.a 表］は、静慮と無漏の律儀については死没しても捨せられないと理解している。この理解は正しいにもかかわらず、後の研究者たちによって大きく誤解されている。

15　加藤精神［1929].

16　舟橋水哉［1943].

17　加藤精神［1953: p. 213.a20–b1].

18　加藤精神［1953].

19　舟橋一哉［1953].

20　舟橋一哉［1954a].

21　舟橋一哉［1953: p. 291.b15–19］［1954a: p. 119.1–2].

22　舟橋一哉［1953: p. 291.a3–10］［1954a: p. 118.2–6].

23　舟橋一哉［1953: p. 291.b19–23］［1954a: p. 119.3–6].

24　舟橋一哉［1954a: p. 119.6–9].

25　舟橋一哉［1953: p. 290.a3–19］［1954a: pp. 105.14–107.12］を参照。無記を除く有漏法は異熟果を招くとされる。AKBh.（p. 255.16), AKBh.（pp. 255.24–256.2）を参照。

26　舟橋一哉［1953: p. 290.a3-9］.

27　加藤精神［1954］を参照。この論考は、舟橋一哉［1953］に対する反論であり、舟橋一哉［1954a］が参照されている形跡はない。おそらく加藤精神［1954］と舟橋一哉［1954a］の両研究は、発表時期がほぼ同時であったためにお互い参照することなく発表されている。

28　加藤精神［1954: p. 226.a18-19］を参照。また、無表と種子を同一視する理解は、舟橋一哉の父、舟橋水哉も述べており、加藤精神から激しい反論にあっている。加藤精神［1928: pp. 41.9-42.8］は、種子に相当するものは得・非得のみであると主張した。この加藤精神の理解は卓見であると思われる。

29　加藤精神［1954: p. 226.a6-15］.

30　舟橋一哉［1954b］は、加藤精神［1954］に対して答弁しているが、既出の自説を繰り返すのみで新しい展開はない。

31　舟橋一哉［1954a: p. 119.6-9］, 加藤精神［1953］［1954］.

32　舟橋一哉［1953: p. 291.a4-15］［1954a: pp. 100.13-101.14］を参照。ただし『成実論』は、所属部派については不明確な点が多い。所属部派については水野弘元［2: pp. 279-300］(=［1930］) や福原亮厳［1969: pp. 25-52］などを参照。

33　舟橋一哉［1954a: p. 101.12-14］では、『成実論』に説かれる得（prāpti）を律儀（無表）と同一視しているが、原文からそのように読み得るかは極めて疑わしい。単に「成就されていない業は、未来に果を生み出せない」と読み得る（有部における得と果の関係については、第三部二章「説一切有部における与果と得」を参照）。そして、舟橋一哉［1954a: p. 101.1-7］に引用される『成実論』も、有部における福業事や七善業道の無表理解と同一基軸であると読み得る。

34　舟橋一哉［1953: p. 291.a3-10］［1954a: p. 118.2-6］.

35　ただし、梶山雄一［5: p. 250.1-12］(=［1979: p. 312.3-15］) は、『中論』（*Madhyamakārikā*）およびその註釈を検討し、ナーガールジュナが業果の連結者として無表を理解していたと指摘している。

36　平川彰［11: pp. 232.8-233.6］(=［1964: pp. 206.16-207.11］).

37　松島央龍［2007: p. 21.12］も、「無表業は妨悪のはたらきを持つものとして登場した」と同趣旨の指摘をしている。なお、この松島央龍［2007］は、三友健容［1976］［1977a］［1977b］［1978］の影響を強く受け、有部論書を年代別に並べ考察するという構成をとっている。

38　三友健容［1976: p. 139.3-8］.

39　これ以前の諸研究としては、有部論書における無表論争を考察した研究として、袴谷憲昭［1995］(=［2013: pp. 636-693］) や、工藤道由［1982］［1983a］［1983b］［1983c］［1985］がある。

40　青原令知［2005: p. 132.22-24］.

41　青原令知［2005］によれば、「無漏律儀」として理解される用例が最も古いらしい。

42　ただし、平川彰［11: pp. 184-249］(=［1964: pp. 165-209］) にもあるように、『論事註』に説かれる議論からすれば大衆部などが主張する増長の理論は、因果を結ぶ連鎖としての役割や、戒体としての役割を担っていたらしい。

43 加藤精神［1954: p. 226.a6–15］, 舟橋一哉［1953: p. 290.a3–19］［1954a: pp. 105.14–107.12］［1954b: p. 42.a8–10］.

44 無記を除き有漏の善・不善法には異熟果がある。AKBh.（pp. 255.16–256.4）を参照。

45 平川彰［11: pp. 232.8–233.6］（=［1964: pp. 206.16–207.11］）, 山田恭道［1972: pp. 69.16–70.1］, 河村孝照［1972: p. 18.8］（=［2004: p. 18.6］）, 三友健容［1977b: pp. 191.b20–192.a1］, 佐々木現順［1990: p. 417.16–18, p. 427 註 2］, 松島央龍［2007: p. 21.12–17］［2010b: pp. 64.19–65.4］［2011: p. 146.9–10］.

46 山田恭道［1972］も、無表が異熟果と関係して説かれる場合が僅かにあると理解しているが、有部法相への理解そのものに問題があるように思われる。有漏法である以上は、業道であろうとも戒であろうとも、それは異熟果をもたらす。

47 Dhammajoti［2003: pp. 69.27–70.3］を参照。ただし、Dhammajoti による得（prāpti）の理解には問題がある。

48 青原令知［2006: p. 63.11–26］を参照。ただし、静慮律儀は倶有因として思と同一果を取り、欲界の戒とは無表のみならず表も含まれるから、無表単独で異熟を取れるかどうかについては未だ詳細が不明確である。

第二章

49 加藤精神［1928: p. 28.16, p. 30.7–8, p. 40.15–16］を参照。加藤精神［1953: p. 213.a 表］においても、静慮律儀・無漏律儀が論証の中で取り上げられていないにもかかわらず、結論では「以上、律儀、不律儀、処中の無表色は何れも死に由りて捨すること明らかである」（加藤精神［1953: p. 213.a18–19］）とあり、あたかも「すべての無表が死によって捨せられる」と誤解してしまうような表現になっている。おそらく加藤精神［1953］は、自説をより効率よく説得力を持たせるために、あえて静慮律儀・無漏律儀について言及しなかったのではないかと考えられる。

50 これは、無表に関する最新成果の一つである松島央龍［2011: p. 143.26–29］においても見られる。

51 舟橋一哉［1954a: p. 108.1–3, pp. 159.14–160.3］を参照。また、Dhammajoti［2007: p. 503.3–9］（=［2009a: p. 385.17–22］）も、静慮から出定すれば無表が捨せられると述べているが、捨（tyāga）を「相続が止まる」という意味でとってしまい、捨せられた後も成就され続けているという理解を示している（このことは Dhammajoti［2003: p. 85.21–27］,［2007: p. 490.4–11］（=［2009a: p. 376.11–17］）,［2007: p. 526.6–11］（=［2009a: p. 401.4–8］）,［2007: p. 528.21–25］（=［2009a: p. 402.30–33］）を参照）。この Dhammajoti の理解には問題がある。

52 三友健容［1976: p. 134.4–8］.

53 佐古年穂［1985: p. 137.a8–13］.

54 異生（Skt: pṛthagjana, Pāli: puthujjana）は、凡夫の新訳であり、見道によって未だ煩悩を断じていない有情（衆生）のことを指す。

55 AKBh.（p. 205.11–14）.

56 AKBh. (p. 208.3-8):

dhyānajena tadanvitaḥ. (4, 17b)

dhyānād dhyāne vā jāto dhyānajaḥ. yo dhyānena samanvāgataḥ so 'vaśyaṃ dhyānasaṃvareṇa. sāmantakam apy atra dhyānaṃ kṛtvocyate. ....

anāsraveṇāryasattvāḥ. (4, 17c)

āryapudgalā anāsraveṇa saṃvareṇa samanvāgatāḥ. te punaḥ śaikṣāśaikṣāḥ.

その〔静慮〕を成じた者が、静慮生のものを〔成就する〕。(4, 17b)

静慮より〔生じたもの〕、あるいは静慮において生じたものが、静慮生のものである。静慮を成就している者は、必ず静慮律儀を成就している。近分〔定〕もここでは静慮として言われている。……。

聖者たちは無漏律儀を〔成就する〕。(4, 17c)

聖なる人々は、無漏律儀を成就する。また、彼らは有学と無学とである。

AKVy. (p. 370.5-7):

sāmantakam apy atra dhyānaṃ kṛtvocyata iti. yasmāt sāṃantake 'pi dhyānasaṃvaro 'nāsravasaṃvaraś ceṣyate. tasmād dhyānasāmantakam apy atra dhyānaśabdenocyata itīṣyate.

「**近分〔定〕もここでは静慮として言われている**」とは、なぜならば近分においても静慮律儀と無漏律儀が認められているので、それゆえに静慮の近分もまた、ここでは「静慮」なる語によって説かれているのであると認められる。

57 AKBh. (p. 208.8-12):

yad uktaṃ sahabhūhetāv ucyamāne dvau saṃvarau cittānuvartināv iti. katamau tau. eṣām eva trayāṇām

antyau cittānuvartinau. (4, 17d)

dhyānasaṃvaro 'nāsravasaṃvaraś ca. na prātimokṣasaṃvaraḥ. kiṃ kāraṇam. anyacittācittakasyāpy anuvṛtteḥ.

【問】倶有因が説かれるとき「二つの律儀が随心転である」と説かれたが、いずれの二つであるか。【答】まさにこれら三つの〔律儀の〕中で、

末尾の二つが随心転〔の律儀〕である。(4, 17d)

静慮律儀と無漏律儀とが〔随心転であって〕、別解脱律儀は〔随心転では〕ない。【問】なぜか。【答】異心者と無心者にも随転するからである。

58 矢印は因果関係を示している。基本的に左から右に向かって時間が進行し、上下の関係は同一刹那時の階層構造を示している。また、「散心$_1$」のような下付きの$_{1\cdots5}$などの数字は、その法が存在している時を表しており、同じ数字ならばその法同士は同一時間に存在していることを意味している。すなわち、「定心$_2$」「無表$_2$」とあれば同一刹那時に両者が倶起していることを意味する。

59 従来の諸研究では、静慮律儀・無漏律儀に対する研究はあまり盛んではなく、問題のある記述が多い。たとえば、舟橋一哉［1954a: p. 108.1-3, pp. 159.14-160.3］は、「静慮から散心に戻れば、静慮律儀は捨せられてしまう」と理解している。

60 この静慮・無漏の律儀が捨せられる条件については次節にて扱う。

61　Pradhan: ātyāgāt, 舟橋一哉［1987: p. 144 註 1］: atyāgāt.

62　前註の通り Pradhan 本には ātyāgāt とあるが、舟橋一哉［1987: p. 144 註 1］は Śāstri 本を参照して atyāgāt とする。しかし、AKK. 4, 23cd を参照する限りでは、ā tyāgāt でも良いであろう。Hirakawa の ā の項目（p. 69）も参照。

63　無漏律儀が初めて獲られるのは見道の初刹那である。現観の十六刹那は世第一法と同じ地に依って生じるが、その世第一法は未至・中間・色界四静慮の六地に依って生じる。したがって、欲界生在の有情が入定せず散心のまま見道に入って無漏律儀を獲ることはできない。これについては AKBh.（p. 352.7–11），AKVy.（p. 545.6–8）を参照。

64　『発智論』巻 12（T26. 980a13–b02），『八犍度論』巻 17（T26. 852a13–b01），『甘露味論』巻 1（T28. 968a29–b03），『心論』巻 1（T28. 813b15–c03），『心論経』巻 2（T28. 841a11–19），『雑心論』巻 3（T28. 889c13–890a01），『大毘婆沙論』巻 123（T27. 642b23–643c04），『順正理論』巻 36（T29. 550a11–b02），『蔵顕宗論』巻 19（T29. 867a01–12）.

65　これは、無色界に再生した聖者の例を考えれば明瞭である。有部の法相によれば無表とは色法であるから、色法の存在しない無色界には無表も存在しない。よって、無色界定に入ることで無表を成就することはない。けれども無色界に生まれた聖者は無漏律儀を成就しているとされる。この成就されている無漏律儀とは過去の無表である。AKBh.（pp. 226.26–227.3）を参照。

66　舟橋一哉［1954a: p. 108.1–3, pp. 159.14–160.3］, Dhammajoti［2007: p. 503.3–9］（=［2009a: p. 385.17–22］）.

67　三友健容［1976: p. 134.4–8］, 佐古年穂［1985: p. 137.a8–13］.

68　これは多くの有部論書において一貫して認められている。『甘露味論』巻 1（T28. 968b11–14），『心論』巻 1（T28. 813c28–814a04），『心論経』巻 2（T28. 841b29–c11），『雑心論』巻 3（T28. 891b16–25），『入阿毘達磨論』巻 1（T28. 981b17–18）を参照。

AKBh.（p. 224.17–20）では、「静慮律儀の捨の原因とは何か」という問いに対し「色界繫善法の捨の原因」という視点から回答しているので、そこから確認することができる。また、AKVy.（pp. 387.27–388.3）によれば、色界繫の色法も非色法も共に同じ原因に基づいて捨せられる。『順正理論』巻 39（T29. 566b28–c07），『蔵顕宗論』巻 21（T29. 874a01–08），ADV.（p. 134.4–8）も同趣旨を伝える。

AKBh.（p. 208.3–8）によれば、静慮律儀・無漏律儀の成就は、色界繫法・無漏法の成就に従うと述べられている。『順正理論』巻 36（T29. 549b18–29），『蔵顕宗論』巻 19（T29. 866b15–21）も同趣旨を伝える。

69　静慮律儀を捨する条件については論書によってやや異なる。『甘露味論』巻 1（T28. 968b17–18）は、⑵「退」と ⑶「死没」の二つを挙げる。

『心論』巻 1（T28. 814a12），『心論経』巻 2（T28. 841c19），『雑心論』巻 3（T28. 892b18–22）の三書は、⑴「易地」と ⑵「退」の二つを挙げる。また、『雑心論』巻 7（T28. 924b15–17）の記述から、『雑心論』において順決択分が色界繫として理解されており、『雑心論』巻 5（T28. 910a06–10）における順決択分の解説部分では、このうち煖位・頂位・忍位が ⑶「死没」によって捨せられるとされる。

『大毘婆沙論』では、色界繫法の漸捨・頓捨を解説する『大毘婆沙論』巻 171（T27.

859c23–860a23）の記述から、⑴「易地」と⑵「退」と⑷「離染」の三つが説かれていることが解る。なお、『大毘婆沙論』巻6（T27. 25c18–19）において、順決択分は色界繫法であると理解されているが、その順決択分の捨を解説する『大毘婆沙論』巻6（T27. 30b08–c04）の記述では、煖法と頂法の二つについて⑶「死没」によっても捨せられるとされている。ただし、対応する旧訳『毘曇婆沙論』巻3（T28. 21b19–c14）では⑶「死没」に言及していない。

AKBh.（p. 224.17–20）は、本頌では⑴「易地」と⑵「退」の二つを挙げ、長行において⑶「死没」を加え三因とする。ただし、⑶「死没」によって捨せられる色界繫法は一部だけであるとされ、その一部とはAKVy.（pp. 387.27–388.3）によれば順決択分であるとされる。ADV.（p. 134.4–8）も『倶舎論』と同じ三条件を挙げる。

『順正理論』巻39（T29. 566b28–c07),『蔵顕宗論』巻21（T29. 874a01–08）において衆賢は、『倶舎論』の三条件に加え、四つ目として⑷「離染」を条件に加える。

なお、『入阿毘達磨論』巻1（T28. 981b17–19）では、静慮律儀（色界繫法）は色界善心の得捨に従うと記されているのみであり、具体的な捨の原因については述べられていない。

70 AKBh.（p. 377.16–18）によれば、退（parihāṇi）には已得退と未得退と受用退という三種があるという。このうち、未得退は未得の状態に留まることであり、受用退は獲られた功徳が現前しないことである。したがって、静慮律儀の議論で問題視される「静慮地からの退」とは已得退であると考えられる。

この具体例として、上流不還の聖者が修する雑修静慮の場合が考えられる。雑修静慮とは、有漏と無漏の静慮を交えて修習することである。この場合、まず第四静慮を雑修し、順次、第三静慮、第二静慮、初静慮を雑修するとされる。このように初静慮から第四静慮に至るまで静慮を雑修してから、上流不還の聖者は、上位三つの静慮から退し、死後に初静慮（梵衆天）に生まれる。もし上位の静慮地からの退がなければ、第四静慮に再生することになってしまい、初静慮に再生することはないとされる。AKBh.（p. 359. 14–18), およびAKVy.（p. 560.12–19）を参照。

71 AKBh.（p. 347.17–20）:

ete punar vihāniparihāṇī[①] kiṃsvabhāve.

hānī dve asamanvitiḥ.（6, 22d）

ubhe apy ete asamanvāgamasvabhāve. parihāṇis tu doṣakṛtā nāvaśyaṃ vihāniḥ. guṇaviśeṣakṛtā ca sā.

【問】さて、これら失（vihāni）と退（parihāṇi）とは、何を自性とするのか。【答】

二つの退失（hāni）は、不成就である。（6, 22d）

これら二つとも不成就（＝非得）を自性とする。また、退（parihāṇi）は過失によってなされるが、失（vihāni）は必ずしも〔そうでは〕なく、勝れた功徳によってなされることもある。

① Pradhan: vihīni-, 櫻部・小谷［1999: p. 148 註1］: vihāni-.

72 『順正理論』などでは詳しく説かれていないが、『大毘婆沙論』巻171（T27. 859c23–860a23）によれば、味相応の静慮が離染によって捨せられる場合を想定している。

73 『順正理論』の国訳である『国訳一切経』毘曇部 29（p. 20 註 90）と、および『蔵顕宗論』の国訳である『国訳一切経』毘曇部 24（p. 2 註 22）の理解によれば、煖・頂・下忍・中忍までが捨せられるという。なぜなら、上忍に入った者はその生涯のうちに必ず聖者となり、聖者の場合にはこれら善根は「死没」によっては捨せられないからである。

74 AKBh.（p. 443.2-4），『順正理論』巻 78（T29. 764b26-28）を参照。退分定とは、浄等至を順退分・順勝進分・順住分・順決択分の四種に分けるうちの一つである。AKBh.（p. 445.1-14）を参照。

75 AKBh.（p. 346.9-10）.

76 AKBh.（p. 345.6-12），AKVy.（p. 535.22-24）.

77 新訳『大毘婆沙論』と旧訳『毘曇婆沙論 』との間で原因の数が異なっている。新訳『大毘婆沙論』巻 6（T27. 30b08-c04）は、「易地」「退」「死没」の三因を挙げる。ところが、旧訳『毘曇婆沙論』巻 3（T28. 21b19-c04）は、「易地」「退」の二因を挙げ、「死没」を原因として挙げない。

『雑心論』巻 5（T28. 910a06-10）では、世第一法については言及されないが、それ以外については新訳『大毘婆沙論』と同趣旨を述べている。『雑心論』において世第一法の捨せられる条件が説かれていない理由は、世第一法を得た者は異生のまま死ぬことはできないという意識があった可能性が考えられる（後述）。

AKBh.（p. 347.2-10）では、異生の場合と聖者との場合に分けて捨せられる条件が詳説される。このように異生と聖者とで捨する原因が異なる理由について、AKVy.（pp. 538.23-539.1）は、聖者の場合には見道によって善根の相続が強化されているため、聖者は死没しても順決択分を捨することはないと理解されている。このように異生と聖者とを区別する説明は、それ以前の論書では明確には説かれていないが、『大毘婆沙論』巻 7（T27. 34a09-21），『毘曇婆沙論』巻 3（T28. 23b29-24b10）には、「死没しても、聖者の場合には忍法は捨せられない」とあるため、体系的に説明されないだけで、すでに『大毘婆沙論』が編纂された段階でも同じ意識はあったと推察される。

なお、世第一法が「死没」によって捨せられない理由は、世第一法を得た者は次刹那に必ず見道に入って聖者になるため、異生のまま死ぬことができないからである。世第一法とは見道に入る一刹那前の五蘊のことであり、世第一法を得た者は必ずその次の刹那に見道に入ることが確定している。これは有部において一貫して認められている。『集異門足論』巻 16（T26. 435c03），『発智論』巻 1（T26. 918a10-12），『八犍度論』巻 1（T26. 771c09-11），『大毘婆沙論』巻 2（T27. 7b26-29），『毘曇婆沙論』巻 1（T28. 5b09-10），『甘露味論』巻 1（T28. 973a21），『心論』巻 2（T28. 818c12-15），『心論経』巻 3（T28. 849c06-10），『雑心論』巻 5（T28. 910a27-b03），AKBh.（p. 350.1-2），『順正理論』巻 62（T29. 683a10-18），『蔵顕宗論』巻 30（T29. 923c25-924a04）を参照。なお、周柔含［2009: p. 66.21-27, pp. 135.10-136.3］も参照。したがって、この世第一法を捨する原因には、それを得た地を捨すること、すなわち「易地」のみが適用される。

78 『毘曇婆沙論』巻 3（T28. 23b29-24b10），新訳対応箇所：『大毘婆沙論』巻 7（T27. 34a09-21）.

79 『雑心論』巻 5（T28. 910a27-b03），『雑心論』巻 7（T28. 924b15-17）.

80 『雑心論』巻 3 (T28. 892b18-22).

81 多くの有部論書において一貫して認められている。『甘露味論』巻 1 (T28. 968b14-16),『心論』巻 1 (T28. 814a04-05),『心論経』巻 2 (T28. 841c09-11),『雑心論』巻 3 (T28. 891c06-09),『入阿毘達磨論』巻 1 (T28. 981b19-20) = Tib 和訳：櫻部建［1965: p.178.4］(=［1975: p.132.25］［1997: p.196.25］), AKBh. (p. 224.22-23) を参照。

82 『甘露味論』巻 1 (T28. 968b16-17),『心論』巻 1 (T28. 814a12-13),『心論経』巻 2 (T28. 841c19-20) は、「退」と「得果」の二因によって無漏律儀が捨せられるとする。『雑心論』巻 3 (T28. 892b23-28) は、「練根」を加えた三因によって捨せられると説明する。『雑心論』と同じく、『大毘婆沙論』巻 36 (T27. 186c26-27),『毘曇婆沙論』巻 19 (T28. 141b28-29), AKBh. (pp. 224.20-225.2), ADV. (pp.134.9-135.2) も三因を挙げる。

また衆賢は、『順正理論』巻 39 (T29. 566c07-10),『蔵顕宗論』巻 21 (T29. 874a09-10) において、「練根」は「得果」のうちに含まれるとして二因を挙げるが、意味の上からは『倶舎論』などと同一理解である。なお、『入阿毘達磨論』巻 1 (T28. 981b19-20) では、無漏律儀 (無漏法) は無漏心の得捨に従うと記されているのみであり、具体的な捨の原因については述べられていない。

83 AKBh. (p. 374.17-18), AKVy. (p. 586.23-29).

84 これは無漏律儀が輪廻を隔てて相続しているという意味ではなく、出定することで無漏律儀の相続が途切れたとしても、すでに生じたこの無漏律儀はその後も得という心不相応行法によって有情に結びつけられ続けている、という意味である。相続と得 (成就、獲) は全く別ものである。相続とは、連続して法が生起し続けることである。一方の得 (成就、獲) とは、心不相応行法の一つであり、諸法を有情に結びつける働きがある。

85 すなわち、随心転の無表の得捨については加藤精神の理解が最も正しかったと結論付けられる。当時は『倶舎論』や『灯明論』の梵文資料を利用することは不可能であり、蔵訳資料すらも入手困難であった。おそらく加藤精神による一連の論考は漢訳資料のみによって導かれたものと考えられる。この点を考慮すると、加藤精神の洞察には驚くべきものがある。

第三章

86 AKBh. (p. 207.15-20), AKBh. (pp. 238.23-239.2), AKVy. (p. 401.13-20).

87 AKBh. (pp. 238.23-239.2) に説かれる記述に従えば、根本業道には表・無表が必須であるとされる。しかし後述するように、有部では根本業道に表が存在しない場合の別解脱律儀も想定されている。

88 これは、「律儀」という概念から「無表」の概念が生み出されたという青原令知［2005］［2006］の結論からも支持されよう。

89 AKBh. (pp. 238.23-239.2), AKVy. (p. 401.13-20), および AKBh. (p. 8.9), AKVy. (p. 30.8-16) を参照。

90 AKBh. (p. 205.11-14).

91 AKBh. (p. 208.8-12, p. 209.4-11).

92 AKBh. (pp.196.24-197.2).

93　無表の総合的研究のうち最も重要なものとしては、舟橋一哉［1954a］, Dhammajoti［2007: pp. 480–535］(=［2009a: pp. 369–407］）がある。

94　AKBh. (p. 205.17–25）を参照。男女では受持する戒の数も、その内容も異なる。それにもかかわらず、男女の律儀の実体が同一であるとする理由は、「比丘となった者が後に性転換して比丘尼になる」という事態を想定するからである。仮に比丘律儀と比丘尼律儀の実体が異なるものであるとすれば、性転換すると同時に元の律儀が失われて在家に戻ってしまうことになるが、有部は両者の実体は同一であると考えるため、性転換したとしても在家に戻ってしまうということはない。比丘の性転換については AKBh. (pp. 205.25–206.6）を参照。

95　AKBh. (pp. 207.21–208.2) :

athaiṣāṃ saṃvarāṇāṃ kena kaḥ samanvāgataḥ.

prātimokṣānvitā aṣṭau. （4, 17a）

prātimokṣasaṃvareṇāṣṭau nikāyāḥ samanvāgatā bhikṣur bhikṣuṇī yāvad upavāsastho 'ṣṭamaḥ. kiṃ khalu bāhyakānāṃ samādānaśīlaṃ nāsti. asti na tu prātimokṣasaṃvaraḥ. kiṃ kāraṇam. na hi tad atyantaṃ pāpasya pratimokṣaṇāya saṃvartate. bhavasaṃniśritatvāt.

さて、これらの律儀のうち、いずれを、何者が成就するのか。

八は別解脱を成ずる。（4, 17a）

八部衆は別解脱律儀を成就する。〔すなわち〕比丘・比丘尼、乃至、第八に近住者である。【問】実に諸々の外道たちが受持する戒はないのか。【答】ある。けれども、〔それは〕別解脱律儀ではない。【問】なぜか。【答】なぜなら、有（bhava）に依著しているゆえに、それは一向に悪を別解脱する作用があるわけではないからである。

96　これについては異説があったようである。詳細は第二節「例外的な別解脱律儀の得」において考察する。

97　AKBh. (pp. 196.24–197.2).

98　Pradhan: tṛtīya, Hirakawa: tṛtīye.

99　波羅夷を犯した場合の不共住（asaṃvāsa）とは異なる。

100　AKVy.: vā, AKBh.: ca.

101　白四羯磨とは僧団内における議決方法の一つである。仔細については佐々木閑［1999: p. 41.2–7］を参照。

102　前註 100 に示した通り、AKVy. には vā とあり、「あるいは」とも読めるが、AKBh. にある ca をとる。

103　矢印は因果関係を示している。基本的に左から右に向かって時間が進行し、上下の関係は同一刹那時の階層構造を示している。また、「能転心$_1$」のような下付きの$_{1 \cdots 5}$などの数字は、その法が存在している時を表しており、同じ数字ならばその法同士は同一時間に存在していることを意味している。すなわち、「随転心$_2$」「表$_2$」とあれば同一刹那時に両者が倶起していることを意味する。また、表の構造については第一部二章「説一切有部における表の構造」を参照。

104　なお、有部阿毘達磨の定義に基づけば、上図のうち表$_3$、表$_4$、無表$_3$、無表$_4$、無表$_5$

が別解脱律儀である。AKBh.（p. 207.15-20, p. 239.3-11, pp. 238.23-239.2）を参照。

105 AKBh.（pp. 238.23-239.2）によれば、欲界繋の善なる根本業道には必ず表と無表が存在する。また、AKBh.（p. 239.3-11）によれば、欲界繋の加行には必ず表が存在し、後起には必ず無表が存在するという。これを表にまとめれば次のようになる。

	加行	根本	後起
表	○	○	△
無表	△	○	○

○：定んで有り、△：不定。

106 AKVy.（p. 371.6-8）:

sa yāvat tām avijñaptiṃ na tyajatīti. śikṣānikṣepādi. **pūrvāt kṣaṇād ūrdhvam atītaye**ti. prathame kṣaṇe vartamānasyaiva samanvāgato bhavatīty uktaṃ bhavati.

「**その人は、その無表を捨さない限り**」とは、学処の棄捨などのことである。「**先の刹那より後には、過去〔の無表〕を〔成就する〕**」とは、「初刹那には、現在〔の無表〕のみを成就する」と説かれたことになる。

107 なお、別解脱律儀の表に関しては、受戒の表がなされている間のみ現在の表が成就され、捨せられるまで過去の表も成就される。AKBh.（pp. 210.19-211.4), AKVy.（p. 372.25-30）を参照。

108 『発智論』巻12（T26. 980a13-b02),『八犍度論』巻17（T26. 852a13-b01),『甘露味論』巻1（T28. 968a28-29),『心論』巻1（T28. 813b02-08),『心論経』巻2（T28. 840c22-29),『雑心論』巻3（T28. 889c01-12),『大毘婆沙論』巻123（T27. 642b23-643c04),『順正理論』巻36（T29. 549c26-550a03),『蔵顕宗論』巻19（T29. 866c20-26）を参照。なお、『灯明論』はこの部分を欠く。

109 無記なる表はあっても、無記なる無表は存在しない。したがって、無記心によって無記の表が起こされた場合には、無記なる無表は生じない。

110 すなわち、能転心と随転心との善・不善・無記の三性が必ずしも一致しないという説をとる。第一部二章二節二項を参照。

111 受戒を引き起こす能転心は必ず善であり、不善の能転心によって受戒が引き起こされることはあり得ない。有部法相に基づけば、受戒は無貪・無瞋・無痴と相応した心によって等起される。AKBh.（pp. 241.22-242.5）を参照。この無貪・無瞋・無痴（すなわち三善根）には自性としての善が具わっているので、これと相応する心は必ず善である。AKBh.（pp. 202.5-203.9）を参照。

112 『雑心論』『大毘婆沙論』では、能転心と随転心との善・不善・無記の三性が必ず一致するという立場をとるため、このような問題は起こらない。第一部二章二節一項を参照。

113 AKBh.（p. 205.2-6), AKVy.（p. 367.7-13).

114 『順正理論』巻36（T29. 547c14-21),『蔵顕宗論』巻19（T29. 865b03-10).

115 不善心によって受戒を決意するという場合は想定されていない。

116 このことが問題となる背景として、別解脱律儀が完成される刹那には表と無表の両方が存在していなければならないことが指摘できる。なぜなら、別解脱律儀とは欲界繫の七善業道であり、この善業道は必ず表と無表の両方を必要とするからである。AKBh.（p. 207.15-20），AKBh.（pp. 238.23-239.2），AKVy.（p. 401.13-20）を参照。

117 AKBh.（p. 203.17）:

acittakasya tarhi saṃvarotpattau kathaṃ bhavati. sphuṭatarā tarhi sacittakasya bhavatīty etat sāmarthyam.

【問】その場合、無心の者に律儀が生じるとき、〔身表が〕どのようにあるのか。【答】その場合、有心の者に〔表があることは〕明瞭であるから、功能がこれである。

AKVy.（p. 365.1-8）:

acittakasya tarhīti vistaraḥ. yadi tatkṣaṇasamutthānena vināsau mṛtasyeva na syāt. nirodhasamāpattilābhinaḥ kasyacid upasaṃpādyamānasya kāyavijñaptim ābadhnataḥ tatkālopasthitanirodhasamāpattitvād **acittakasya saṃvarotpattau** karmavācanāvasānakālīnāyāṃ tatsaṃvarāntargatā kāyavijñaptiḥ **kathaṃ bhavati**. katham utpadyate tatkṣaṇasamutthānaṃ vinety arthaḥ. evaṃ virodhite samādhyaṃtaraḥ① śrīyate. **sphuṭatarā tarhī**ti. tatkṣaṇasamutthānena sacittakasya vyaktatarā vijñaptir bhavatīty **etat** tasya **sāmarthyaṃ**.

「**その場合、無心の者に**」云々とは、「もし刹那等起がなければ、これ（表）が、あたかも死者の〔表の〕ように存在しないならば、滅尽定を獲て、戒を受けつつ、身表を結びつけつつある、ある者にとって、〔戒を受ける〕その時に滅尽定に入っているのであるから、**無心の者に律儀が生じるとき**、〔すなわち〕羯磨説（karmavācana）の最終時において、その律儀に属する身表が**どのようにあるのか**。〔すなわち〕刹那等起がないのに、〔身表が〕どのように生じるのか」という意味である。このように矛盾を指摘されて、「**その場合、**〔有心の者に表があることは〕**明瞭である**」と他の回答が根拠にされた。刹那等起によって有心の者には表が明確であるので、それの**功能がこれである**。

① Wogihara: samādhy-, AKVy（Tib）.（D: ngu 20a2）: lan.

この箇所は難解である。『国訳大蔵経』12（p. 55 註 283, 註 284），『国訳一切経』毘曇部 26 上（pp. 576-577 註 287, 註 288），舟橋一哉［1954a: pp. 242.1-243.6］を参照。おそらく AKBh.（p. 203.17）は、無心の者に無表が生じることを前提として認めた上で、どのように無心の者に表が生じるのかを問うていると思われる。

118 AKUp.［4018-4028］を参照。この戒を得る十通りの手段は、『十誦律』においても説かれている。平川彰［10: pp. 160-178］(=［1960: pp. 572-590］）を参照。

119 Wogihara: avijñaptidhīnatvāt, 舟橋一哉［1987: p. 158 註 8］: avijñaptyadhīnatvāt, AKVy（Tib）.（D: ngu 29a3-4）: rnam par rig byed la rag ma las pa'i phyir ro.

120 ただし、世親は『成業論』において、「欲界繫にもかかわらず、表所生ではない無表がある」という有部説を論難している。山口益［1951: pp. 132-134］を参照。世親の思想的立場をどのように理解するのかは難しい問題であるが、別解脱律儀の理解について有部正統説とは異なる立場をとっていたことが確認される。

121 図中では表は一刹那しか示していないが、もし多刹那にわたって複数の表が生じている場合には、そのうちのどれから無表が生じるのかは明らかではない。

122 まず重要なのは『順正理論』巻42（T29. 580a10–13）である。「五比丘が得果と同時に、表によらず別解脱律儀の無表を得た」とする説に対し衆賢は、「五比丘が得果する前に表を起こしており、それによって別解脱律儀の無表が生じた」と理解している。このように過去に落謝した表によって現在の無表が生じることは『大毘婆沙論』巻122（T27. 634c17–24）でも認められている。

さらに、『順正理論』巻35（T29. 543a06–08），『蔵顕宗論』巻18（T29. 861c29–862a02）によれば、特に別解脱律儀に限定して言及しているわけではないが、過去に落謝した表や能起心によって表所生の無表が生じることが認められている。

123 『順正理論』巻42（T29. 580a10–13）には、全く表によらずとも無表が生じると主張する立場が紹介されている。AKVy.（pp. 374.32–375.2）によれば、そのような立場は持律者のものであるとされる。

124 AKBh.（p. 209.4–11），AKVy.（p. 371.6–8）.

125 Dhammajoti［2003: p. 85.21–27］，［2007: p. 526.6–11］（=［2009a: p. 401.4–8］），［2007: p. 490.4–11, p. 528.21–25］（=［2009a: p. 376.11–17, p. 402.30–33］）は、死没などによって無表が捨せられた後も得という法が生じ続けて、その無表は過去に落謝していても有情と結びつけられ続ける（すなわち成就され続ける）と解釈しているが、これは誤りであろう。仮に Dhammajoti 説が正しいならば、捨せられた後には現在の無表を成就せずに過去の無表を成就していなければならない。この得の断絶については別解脱律儀のみならず、非律儀非不律儀についても同様に捨せられれば得が断絶するものと考えられる。AKBh.（p. 210.4–10）を参照。この Dhammajoti 説の問題点については第三部二章一節二項「Dhammajoti 説」において詳細に検討する。

126 過去の表は捨せられるまで成就されている。AKBh.（pp. 210.19–211.4），AKVy.（p. 372.25–30）を参照。

127 だからといって本書は、無表が業果の担い手として有部に導入されたことを主張するものではない。

128 まず『甘露味論』巻1（T28. 968b18–20）では、⑴「捨戒」、⑷「悪邪起」、⑹「犯戒」の三つと、異説として⑸「法滅尽」が挙げられている。この定義によれば「死没」が原因として挙げられていないため、別解脱律儀は死没してからも成就され続けることになる。ここで説かれている「悪邪」とは、玄奘訳でいう邪見（mithyādṛṣṭi）のことであると考えられる。これは『甘露味論』巻1（T28. 966b1）にある十不善業道を列挙するときの訳語から確認できる。また『甘露味論』巻1（T28. 968b19–20）では、法滅による別解脱律儀の捨を否定する。

続いて、『心論』『心論経』『雑心論』の三論書を検討する。これについては、両瀬渉［1986］も参照。まず『心論』巻1（T28. 814a08–11）では、⑴「罷道」、⑵「死時」、⑷「邪見増」、⑸「法没尽」、⑹「犯戒」という五つの条件が挙げられている。このうち「罷道」とは、同訳者（僧伽提婆）による『中阿含』巻5（T01. 451a03）などにある同一訳語の記述から、「学処の棄捨」にあたると予想される。

次に『心論経』巻2（T28. 841c13–18）は『心論』と同じ偈を採用しつつも、長行においては⑴「捨戒」、⑵「捨自分種類」、⑶「二根生」、⑷「断善根」、⑸「正法隠没」という異なる条件を挙げる。すなわち『心論』と比べ、(3)「二根生」が加えられ、(6)「犯戒」が異説として退けられている。『甘露味論』と『心論』では「悪邪起」「邪見増」であったものが、『心論経』では「断善根」に置き換えられている点にも注意がいる。また『心論経』で紹介される罽賓者説は、(1)「捨戒」、(2)「捨自分種類」、(3)「二根生」、(4)「断善根」の四つを採用しており、後の論書で紹介されるカシミール有部説と同一である。ゆえに、これは同時に『心論経』の著者が非カシミール系であることを暗示している。

法救の『雑心論』巻3（T28. 892b01-14）では偈自体が改作され、(1)「捨戒」、(2)「身種類滅」、(3)「二根生」、(4)「断善根」という条件によって別解脱律儀は捨せられるとし、(5)「法滅尽」と(6)「犯戒」とを異説として挙げている。また『雑心論』では、近住律儀が捨せられる条件として(7)「明相起時」も挙げられている。

この『雑心論』における説は、『大毘婆沙論』巻117（T27. 608c09-17）でも同じく説かれ、(1)「捨所学」、(2)「捨衆同分」、(3)「二形生」、(4)「断善根」の四条件が正統説とされ、(5)「法滅没」は持律者説として斥けられている。また、『大毘婆沙論』巻119（T27. 623a04-07）においては、(7)「夜尽」も近住律儀を捨する原因として数えられている。この『雑心論』『大毘婆沙論』において採用された説は、その後の有部論書に引き継がれる。

『入阿毘達磨論』巻1（T28. 981b14-17）は、『雑心論』『大毘婆沙論』で説かれるカシミール有部説を採用しつつ、近住律儀にのみ適用される(7)「夜尽」を付属的に追加している。チベット訳『入阿毘達磨論』の和訳については、櫻部建［1965: pp. 177.17-178.2］（=［1975: p. 132.18-22］［1997: p. 196.18-22］）を参照。

以上のカシミール有部説はAKBh.（p. 222.15-24）でも全く同じく説かれ、別解脱律儀が捨せられる原因は、(1)「学処の棄捨」、(2)「死没」、(3)「二形生」、(4)「断善根」の四つと、近住律儀のみに適用される(7)「夜尽」とを合わせて五つとし、異説として(5)「法滅」と(6)「犯戒」とを紹介している。『順正理論』巻39（T29. 564a24-566b28),『蔵顕宗論』巻21（T29. 873b29-874a01）およびADV.（pp. 131.16-134.3）も、『倶舎論』と同様にカシミール有部説を採用している。

129 心で宣言するだけではなく、誓受と矛盾する表を起こす必要がある。AKBh.（p. 222.23-24), AKVy.（p. 385.25-27）を参照。

130 比丘と比丘尼、沙弥と沙弥尼などの男女の差は名称（nāman）のみであり、実体（dravya）として違いがあるわけではないとされる。AKBh.（pp. 205.17-206.6）を参照。

131 断善根が強力な邪見によって引き起こされる点についてはAKBh.（p. 248.14-18）を参照。成立の古い論書で見られる「邪見によって別解脱律儀が捨せられる」という定義が発達して、後代の論書では「断善根によって別解脱律儀が捨せられる」と改められたものと考えられる。

132 ただし、生まれながらの比丘が存在しない以上、別解脱律儀が死没とともに捨せられることが当然の前提としてあったとも考えられる。

第四章

133 AKBh.（p. 205.11-14).

134 『大毘婆沙論』巻 117（T27. 607c16-17）.

135 AKBh.（p. 221.11-15）:

tatreme āsaṃvarikās tadyathā aurabhrikāḥ kaukkuṭikāḥ saukarikāḥ śākunikā mātsikā mṛgalubdhakāś caurā vadhyaghātakā bandhanapālakā nāgabandhakāḥ śvapākā vāgurikāś ca. rājāno daṇḍanetāro vyāvahārikāś cārthata āsaṃvarikāḥ. asaṃvare bhavatvāt tatrasthatayā asaṃvara eṣām astīti āsaṃvarikā vā. urabhrān ghnatīti aurabhrikāḥ. evam anye 'pi yojyāḥ.

その場合、次の者たちが不律儀者である。すなわち、屠羊者（aurabhrika）、屠鶏者（kaukkuṭika）、屠猪者（saukarika）、捕鳥者（śākunika）、捕魚者（mātsika）、狩獣者（mṛgalubdhaka）、掠盗者（caura）、刑罰執行者（vadhyaghātaka）、獄卒者（bandhanapālaka）、縛象者（nāgabandhaka）、狗食者（śvapāka）、捕鹿者（vāgurika）である。諸々の王（rājan）、司法官（daṇḍanetāra）、諸々の役人（vyāvahārika）も、意味の上から不律儀者である。そこに住することによって、不律儀があるから、あるいは不律儀が彼らにあるから、不律儀者である。羊を殺すので屠羊者（aurabhrika）である。他についても同様に理に応じて解されるべきである。

このような職業と不律儀とを関連させる記述は、『心論経』巻 2（T28. 841b02-04），『雑心論』巻 3（T28. 890b16-c03），『入阿毘達磨論』巻 1（T28. 981b08-09），『大毘婆沙論』巻 117（T27. 607a24-b11），『順正理論』巻 39（T29. 563a04-09），『蔵顕宗論』巻 20（T29. 872b29-c05），ADV.（pp. 130.21-131.3）にも説かれている。

136 比丘・比丘尼律儀は、そもそもこのような世間の生業を捨てて出家することで得せられるので、ここでは考察の対象とはならない。

137 石田一裕［2012: pp. 79.24-80.3］は、この解釈の可能性を指摘する。

138 AKBh.（p. 8.9），AKVy.（p. 30.8-16）.

139 『倶舎論』では、次のように不律儀の得捨があると述べられている。

AKBh.（p. 209.11-15）:

yathā prātimokṣasaṃvarastha uktaḥ,

tathaivāsaṃvarastho 'pi.（4, 20a）

asaṃvarastho 'pi yāvad asaṃvaraṃ na tyajati tāvan nityam avijñaptyā vartamānayā samanvāgataḥ. kṣaṇād ūrdhvam atītayā 'pi.

別解脱に住する者が説かれたように、

同様に不律儀に住する者も〔同じように無表を成就する〕。（4, 20a）

不律儀に住する者も、捨さない限り、恒に現在の無表を成就する。〔初〕刹那より後には、過去〔の無表〕をも〔成就する〕。

したがって、捨せられない限り現在の無表を成就している点から、不律儀は別解脱律儀と同じく不随心転であることが解る。もし随心転ならば、同刹那の心の様態と律儀の様態とが一致していなければならないからである。同趣旨は、『甘露味論』巻 1（T28. 968b06-09），『心論』巻 1（T28. 813c12-16），『心論経』巻 2（T28. 841a29-b10），『雑心論』巻 3（T28. 890a10-15），『順正理論』巻 36（T29. 550a09-11），『蔵顕宗論』巻 19（T29. 866c27-867a01）にも見られる。

140 如何なる者が不律儀を得するのかについて、『甘露味論』と『心論』は何も述べていない。不律儀への本格的な説明は、『心論経』巻 2（T28. 841a29-b10）において確認される。そこでは、「非戒者」（不律儀者）を屠羊などの生業と結びつけて理解されており、⑴「作業」の初刹那に不律儀が得せられると説かれている。『雑心論』巻 3（T28. 891c21-28）では、この「不律儀の得」の条件を説明するために、新たに偈頌を設けている。それによれば、『心論経』に見られた ⑴「作」と、および「この殺生を生業として生活する」と宣言した瞬間に獲られるという ⑵「受事」を条件に加えている。

『大毘婆沙論』巻 117（T27. 607b15-27）においても、『雑心論』と同じく ⑴「作業」と ⑵「誓言」（誓受）の二つが不律儀を得する条件として説かれている。さらにこの『大毘婆沙論』では、【第一説】⑵ 殺具を持って誓言すると得せられる、【第二説】⑴ 不律儀家に生まれた者が作業を起こすときと、⑵ 非不律儀家の者が生活のために殺害心を抱いて、不律儀家のところに行き誓言を立てるときに不律儀が得せられる、【第三説】⑴ 最初に作業を起こすときに不律儀が得せられる、との三説を挙げている。このうちの第三説は、『心論経』と同じ立場であると考えられる。このうちの第二説が、その後の有部における定説として受け入れられた。『入阿毘達磨論』巻 1（T28. 981b20），AKBh.（p. 222.7-10），『順正理論』巻 39（T29. 564a05-15），『蔵顕宗論』巻 20（T29. 873b02-11），ADV.（p. 131.4-10）においても同じ二条件が説かれている。

141 AKBh.（p. 222.7-10）.

142 『甘露味論』巻 1（T28. 968b06-09），『心論』巻 1（T28. 813c13-21）.

143 不律儀の捨について『甘露味論』巻 1（T28. 968b20-21）は、⑴「受戒」、⑷「不更作」、⑸「一心息求」、⑹「得道善色」という四因を挙げる。このうち ⑸ は他の論書には見られない特殊な用例であり、具体的な内容は解らない。

『心論』巻 1（T28. 814a16）は、⑷「方便の不作」と ⑵「死時」という二因を挙げる。おそらく「方便の不作」とは、『甘露味論』における「不更作」と同一主旨であり、やろうと決意した行為を放棄してしまうことであろう。『心論経』巻 2（T28. 841c25-26）と『雑心論』巻 3（T28. 892b28-c06）は、『心論』の記述に大幅な変更を加え、⑴a「別解脱律儀の得」、⑴b「静慮律儀の得」、⑵「死没」、⑶「二根生」の四因とする。『大毘婆沙論』巻 117（T27. 608c18-23）と『入阿毘達磨論』巻 1（T28. 981b20-22）も、これと同じく四因とする。

『倶舎論』以後の論書では、『大毘婆沙論』などで説かれる ⑴a「別解脱律儀の得」と ⑴b「静慮律儀の得」の二つを一つにまとめて三因とする。AKBh.（p. 225.3-7），『順正理論』巻 39（T29. 566c14-23），『蔵顕宗論』巻 21（T29. 874a15-21），ADV.（p. 135.3-8）を参照。

144 第二部三章三節「別解脱律儀の捨」を参照。すなわち、有部において両性具有者は、律儀者にも不律儀者にもなれないという特殊な立場にあり、世間の営みから外れた者として扱われている。

145 この ⑷「不作の方便」では、新たに律儀を得することまでは求められていない点で、⑴「別解脱・静慮律儀の得」と異なると考えられる。ただし、『国訳一切経』毘曇部 21（p. 164 註 235）は、この ⑷ を ⑴ と同じものとして理解しているようである。

146 おそらくは、無漏律儀をすでに得している者は不律儀者になることはないという意味であろう。

147 同趣旨は、『雑心論』巻3（T28. 892c03-06),『大毘婆沙論』巻117（T27. 608c20-23),『順正理論』巻39（T29. 566c20-22), ADV.（p.135.7-8）においても説かれている。

148 AKBh.（pp. 207.21-208.2).

149 『大毘婆沙論』巻117（T27. 608b27-c09).

150 『順正理論』巻39（T29. 566.c23-29).

151 AKBh.（pp. 238.23-239.2), AKVy.（p. 401.13-20).

152 第二部三章三節「別解脱律儀の捨」を参照。

153 本章第二節「不律儀の捨」を参照。

154 第二部二章二節「随心転の無表の捨」、および第二部三章三節「別解脱律儀の捨」を参照。ここでは別解脱律儀が特に問題となる。

155 第二部三章三節「別解脱律儀の捨」を参照。

156 AKBh.（p. 223.1-8）:

patanīyena cety eke.（4, 39a）

anye punar āhuś caturṇāṃ patanīyānām anyatamena bhikṣuśrāmaṇerasaṃvaratyāga iti.

saddharmāntirdhito ’pare.（4, 39b）

saddharmasyāntardhānād ity apare. yasmād antarhite saddharme sarvaśikṣāsīmākarmāntāḥ pratiprasrabhyanta iti.

dhanarṇavat tu kāśmīrair āpannasyeṣyate dvayam.（4, 39cd）

kāśmīrās tu khalu vaibhāṣikāḥ evam icchanti. na maulīm apy āpattim① āpannasyāsti bhikṣusaṃvaratyāgaḥ.

また、「応堕〔の罪〕によって〔捨せられる〕」と、一部の人々は〔主張する〕。（4, 39a）

また、他の人々は言う。「四つの応堕〔の罪（四波羅夷)〕のうち、いずれか一つによって比丘と沙弥との律儀の捨がある」と。

〔また〕余の人々は「正法の隠没するによる」と〔主張する〕。（4, 39b）

余の人々は「正法が隠没するにより〔捨せられる〕」と〔言う〕。「なぜならば、正法が隠没すれば、すべての学〔処〕と結界と羯磨とが止息する」と。

けれども、カシミールの人々は、「犯罪者には、財産と借金のように、二がある」と容認する。（4, 39cd）

けれども、実にカシミールの毘婆沙師たちは、次のように容認する。「根本の犯罪（四波羅夷）を犯す者にも、比丘律儀の捨はない」と。

① Pradhan: adhyāpattim, Hirakawa: apy āpattim.

これに続いて『倶舎論』は、波羅夷罪を犯しても比丘律儀が捨せられない理由を説明しているが、あまり説得的ではない。むしろ、たとえ比丘が淫戒を犯してしまっても、それが一度だけならば「与学沙弥」として僧団に残り、阿羅漢になれる可能性を認められていたことが背景にあるのではないか。平川彰［14: pp. 129.3-131.17］を参照。

157 処中（madhya）とも呼ばれる。AKBh.（p. 210.4–10, pp. 210.19–211.4, p. 211.11–14），AKVy.（p. 373.7–19）によれば、表も無表も成就していない非律儀非不律儀者の存在を想定している。この表も無表も成就していない非律儀非不律儀者とは、たとえば、異生であり（無漏律儀の不成就）、かつ受戒しておらず（別解脱律儀の不成就）、かつ身語による能動的な行動を起こしていない（表、および非律儀非不律儀無表の不成就）、そのような人物が想定される。

158 第二部三章「別解脱律儀の構造」を参照。

159 AKBh.（p. 210.4–10, pp. 210.19–211.4, p. 211.11–14）を参照。

160 AKBh.（p. 210.4–10）:

athedānīṃ madhyasthasya.

madhyasthasyāsti ced ādau madhyayā.（4, 21cd）

yo naivasaṃvaranāsaṃvare[①] sthitaḥ sa madhyasthaḥ. tasya nāvaśyam avijñaptir asti. yasya tv asti dauḥśīlyaśīlāṅgādisaṃgṛhītā sa ādau madhyayā samanvāgataḥ. vartamānā hy avijñaptir atītānāgatayor madhyād.

ūrdhvaṃ dvikālayā.（4, 21d）

prathamāt kṣaṇād ūrdhvam atītayā vartamānayā ca. atyāgād[②] iti vartate.

さて次に、処中に住する者にとって、

処中に住する者にとって、もし〔無表が〕あるならば、第一〔刹那〕において処中〔の無表〕を〔成就する〕。（4, 21cd）

非律儀非不律儀に住する者が、処中に住する者である。その者には無表が必ずあるわけではない。しかるに、ある者に悪戒や戒支などに含まれた〔無表があれば〕、その者は第一〔刹那〕において処中〔すなわち現在の無表〕を成就する。なぜなら、現在の無表は、過去と未来との間（madhya）にあるから〔処中（madhya）なのである〕。

後には二時〔の無表〕を〔成就する〕。（4, 21d）

第一刹那より後には、過去と現在と〔の無表〕を〔成就する〕。「捨していなければ」（4, 19b）と〔いう前出の語を〕補う。

①Pradhan: naiva saṃvare nāsaṃvare, 舟橋一哉［1987: p. 146 註 1］: naivasaṃvaranāsaṃvare.　②Pradhan: ātyāgād, 舟橋一哉［1987: p. 146 註 2］: atyāgād.

AKVy.（p. 372.16–19）:

yo naivasaṃvaraṇāsaṃvare sthitas sa madhyastha iti. yo na bhikṣvādiḥ. na ca kaivartādiḥ. sa madhyasthaḥ. **dauḥśīlyaśīlāṃgādisaṃgṛhīte**ti. dauḥśīlyaṃ prāṇātipātādi. śīlāṃgaṃ prāṇātipātaviratyādi. yan nasaṃvaraṇāsaṃvarasaṃgṛhītam. **ādi**śabdena stūpavandanākhaṭacapeṭādikriyāvijñaptir gṛhyate.

「**非律儀非不律儀に住する者が、処中に住する者である**」とは、比丘などでもなく、漁師などでもない者が、処中に住する者である。「**悪戒や戒支などに含まれた**」とは、悪戒とは殺生などであり、戒支とは離殺生などであり、非律儀非不律儀に含まれたものである。「**など**」の語によって、仏塔への礼拝や、斧で打つこと、平手で打つことなどの作業の無表が含まれる。

これと同趣旨は、『心論』巻1（T28. 813c22–26），『心論経』巻2（T28. 841b20–29），『雑心論』巻3（T28. 890a23–b03）においても説かれる。

161 『雑心論』巻3（T28. 892c06–23），『大毘婆沙論』巻122（T27. 635b01–c13）.

162 青原令知［2005］によれば、「無漏律儀」として理解される用例が最も古いらしい。

163 AKK. 4, 37cd に相当する偈は、『心論』『心論経』『雑心論』においては確認されない。

164 AKVy. に従い vā を補って訳す。

165 AKVy.（p. 385.20–24）:

kṣetrādānādarehanād iti. ādareṇa īhanaṃ kriyārambhaḥ. kṣetraṃ cādānaṃ cādarehanaṃ ceti samāsaḥ. tasmād avijñaptir utpadyate. **tithī**ti vistaraḥ. tithibhaktaṃ. yāvad ardhamāsabhaktam ity arthagatiḥ. **ādi**śabdena maṇḍalakaraṇādi gṛhyate. **ādareṇa vā tadrūpeṇe**ti. tīvrakleśatayā. tīvraprasādatayā cety arthaḥ.

「**(1)田と、(2)執持と、(3)顧慮行とによる**」のうち、「顧慮して行ずる」とは、作業を発すことである。「田と、および執持と、および顧慮行と」という複合語である。そ〔のような原因〕から無表が起こる。「**斎日**」云々とは、「斎日の施食、乃至、半月の施食を」という意味である。「**など**」の語によって、円壇①を造ることなどが含まれている。「**あるいは**〔彼の者に無表が起こるような〕**そのような顧慮をもって**」とは、「鋭い煩悩の状態をもって、または鋭い浄心の状態をもって」という意味である。

① AKVy(Tib).（D: ngu 39a1）: dkyil ’khor.

166 『入阿毘達磨論』巻1（T28. 981b22–27），『順正理論』巻39（T29. 564a06–24），『蔵顕宗論』巻20（T29. 873b02–20），ADV.（p. 131.4–15）.

167 AKBh.（p. 8.9），AKVy.（p. 30.8–16）.

168 これと同趣旨が、『順正理論』巻39（T29. 564a15–24），『蔵顕宗論』巻20（T29. 873b11–20），ADV.（p. 131.10–14）においても確認される。

169 AKBh.（p. 211.11–14）:

syād vijñaptyā samanvāgato nāvijñaptyeti catuṣkoṭikam. tatra tāvat.

vijñaptyaivānvitaḥ kurvan madhyastho mṛducetanaḥ.（4, 25ab）

mṛdvyā cetanayā kuśalam akuśalaṃ vā kurvan naivasaṃvaranāsaṃvarasthito vijñaptyaiva samanvāgato bhavati nāvijñaptyā prāg evāvyākṛte anyatraupadhikapuṇyakriyāvastukarmapathebhyaḥ.

「表を成就して、無表を〔成就〕しないこともあるだろう」と、四句がある。まずそのうち、

劣った思をして〔業を〕なしつつある者は、処中に住し、表だけを成ずる。（4, 25ab）

非律儀非不律儀に住し、劣った思によって善あるいは不善〔の業を〕をなしつつある者は、表だけを成就し、無表を〔成就〕しない。ましてや、無記の場合に〔無表が起こるはずがない〕。〔ただし〕有依の福業事と業道とを除く。

AKVy. (p. 373.7-19):

vijñaptyaivānvitaḥ kurvan madhyastho mṛducetana iti. **madhyastha**grahaṇaṃ saṃvarāsaṃvarasthanirāsārthaṃ. saṃvarāsaṃvarasthā hi vijñaptyavijñaptibhyām avaśyaṃ samanvāgatāḥ. **mṛducetana**grahaṇaṃ tīvracetananirāsārthaṃ. tīvracetanayā① hi vijñaptiṃ kurvann avijñaptiṃ samutthāpayet. **prāg evāvyākṛtam** iti. mṛdvyā cetanayā prāg evāvyākṛtaṃ kurvan. yatra hi mṛdvyā cetanayā kuśalam akuśalaṃ vā kurvan naivasaṃvaranāsaṃvare sthito vijñaptyaiva samanvāgato bhavati avijñapter anutpādāt. prāg evāvyākṛtaṃ kurvan sutarāṃ vijñaptyaivāsau samanvāgato nāvijñaptyā. avijñaptyutpādāśaṃkāyā abhāvāt. **anyatre**ti vistaraḥ. anyatra saptabhya aupadhikebhyaḥ puṇyakriyāvastubhyaḥ. karmapathebhyaś ca prāṇātipātādibhyaḥ. tatra hy avyākṛtam api kurvann avijñaptyā samanvāgato bhavati. satatasamitaṃ carato vā tiṣṭhato vā vistareṇa yāvad upajāyata eva puṇyam iti sūtre vacanāt. prāṇātipātādīṃś ca karmapathāṃ mṛducetanayāpi kurvan avijñaptyā samanvāgato bhavati.

「**劣った思をして〔業を〕なしつつある者は、処中に住し、表だけを成ずる**」とあるうち、「**処中に住し**」という語は、律儀と不律儀とに住する者を除くためである。なぜなら、律儀と不律儀とに住する者たちは、表と無表とを必ず成就するからである。「**劣った思をして**」という語は、鋭い思を除くためである。なぜなら、鋭い思によって表をなしつつある者は、無表を等起せしめることがあり得るからである。「**ましてや、無記の場合に**」とは、「ましてや、劣った思によって無記〔の業〕をなしつつあれば」である。なぜなら、非律儀非不律儀に住する者が、劣った思によって善あるいは不善をなしつつあっても、無表が起こらず表のみを成就するのに、ましてや、無記〔の業〕をなしつつあれば、無表の起こる懸念はないから、なおさらにその者は表のみを成就して無表を〔成就し〕ない。「**除く**」云々とは、「七つの有依の福業事と、殺生などの業道とを除く」ということである。なぜなら、その場合には、無記〔の業〕をなしつつあっても、無表を成就するからである。「動いていても、あるいは止まっていても、乃至、福徳は絶えず常にまさに生じる」と経②に説かれているからである。また、劣った思であっても、殺生などの業道をなしつつある者は、無表を成就するからである。

① Pradhan: tīvracetanā, 舟橋一哉［1987: p. 154 註 1］: tīvracetanayā. ② AKUp.［4004］,『中阿含』巻 2, 第 7 経（T01. 427c26-428c06),『増一阿含』巻 35, 第 40 品, 第 7 経（T02. 741b24-c26).

170 DN. 33（Vol. III, p. 269.1-9), AN. x, 168（Vol. V, pp. 249.12-251.25),『雑阿含』巻 37, 第 1040 経（T02. 272a10-b07）などを参照。

171 AKBh. (p. 238.2-6), AKVy. (p. 400.30-31).

172 AKBh. (p. 238.6-12), AKVy. (pp. 400.31-401.5).

173 AKBh. (pp. 238.23-239.2), AKVy. (p. 401.13-20).

174 もしそうならば、この世間にいる大半の人間は常に善業をなしていることになってしまうだろう。

175 第二部二章「静慮律儀と無漏律儀の構造」、ならびに第三章「別解脱律儀の構造」を参照。

176 AKBh. (pp. 238.13-239.11), AKVy. (p. 401.6-28).

177 AKBh. (p. 211.11-14), AKVy. (p. 373.7-19).

178 何故に根本業道において無表が生じていなければならないか、過去に落射した穴掘りの表が根本業道にならないのか、というような疑問については、第二部六章「行為論における無表」を参照。

179 AKBh. (pp. 238.13-239.11), AKVy. (p. 401.6-28).

180 後起の表が根本業道と同質の行為をなす場合に設定される。命令の場合には根本業道の表がそもそも設定されていないため、後起の表もないものと考えられる。

181 『大毘婆沙論』巻 122 (T27. 635a15-29),『順正理論』巻 41 (T29. 575a07-28),『蔵顕宗論』巻 22 (T29. 879a22-b14), ADV. (pp. 152.3-153.10).

182 Pradhan: vā 'vijñaptir.

183 前註の通り Pradhan には vā 'vijñaptir とあるが、AKBh(Tib). (D: ku 200b1): de'i tshe'i rnam par rig byed dang. de'i skad cig gi rnam par rig byed ma yin pa に従い、cāvijñaptir と改める。AKVy. (p. 402.2): cāvijñaptir もこれを支持する。

184 この箇所の註釈『称友疏』では、不与取の場合が紹介されている。

AKVy. (pp. 401.31-402.6):

evam anyeṣv apiti. yathā tāvad iha kaścit parasvaṃ hartukāmo maṃcād utthiṣṭhati śastraṃ gṛhṇāti. paragṛhaṃ gacchati. supto na vety ākarṇayati. parasvaṃ spṛśati. yāvan na sthānāt pracyāvayati. tāvat prayogaḥ. yasmiṃs tu kṣaṇe sthānāt pracyāvayati. tatra yā vijñaptis tatkṣaṇikā cāvijñaptir ayaṃ maulaḥ karmapathaḥ. dvābhyām hi kāraṇābhyām adattādānāvadyena spṛśyate prayogataḥ phalaparipūritaś ca. tataḥ param avijñaptikṣaṇāḥ pṛṣṭhaṃ bhavaṃti. yāvat tatparasvaṃ vibhajate. vikrīṇīte. gopāyati. anukīrtayati vā tāvad asya vijñaptikṣaṇā api pṛṣṭhaṃ bhavaṃtīti. evam anyeṣv api paṃcasu yathāsaṃbhavaṃ yojyaṃ.

「**同様に、他〔の業道〕についても**」とは、たとえば、【加行】まず、ここにある者が他者の所有物を奪おうと欲し、坐臥から立ち上がり、刀を持ち、他人の家に行き、「寝ているのか、あるいは〔寝て〕いないのか」と耳をそばだて、他者の所有物に触れ、〔その所有物の元あった〕場所から動かさない限りが加行である。【根本】けれども、〔その所有物の元あった〕場所から動かせば、その〔動かした刹那に〕おける表と、その〔表と同じ〕刹那の無表というこれが根本業道である。なぜなら、二因によって不与取罪に触れることになるからである。〔二因とは〕加行からと、果の成満からとである。【後起】それ以後の無表の諸刹那が後起である。その他者の所有物を分配し、売り、隠し、あるいは陳述するまでの、その者の表の諸刹那も後起である。ゆえに、同様に他の五〔つの業道〕についても、可能性に応じて適用すべきである。

185 AKBh. (p. 205.2-6), AKVy. (p. 367.7-13) では、受戒作法の完成する瞬間に不善心であった場合に、どのように善の表が起こり、表所生の別解脱律儀の無表が生じるのかについて詳説していることから、業道の無表の場合にも同刹那に起こっている表から生じるものと考えられる。

186 AKBh. (pp. 238.13-239.11).

187 過去に落謝した業から無表が生じる用例については次を参照。

『大毘婆沙論』巻 122 (T27. 634c17-24):

又若撥無表無表色。吠題呬字未生怨王。応当不触害父無間。謂発表位父命猶存。父命終時表業已謝。由先表力起[①]後無表故。未生怨触無間業。又彼杖髻出家外道。亦応不触害応無間。謂発表位目連命猶存。目連涅槃時表業已謝。由先表力起[①]後無表故。彼外道触無間業。

又、若し表・無表色を撥無せば、吠題呬字未生怨王（Ajātaśatru Vaidehiputra）は、応当に父を害する無間〔業〕に触れざるべし。謂く、表を発す位には父の命猶存し、父の命終る時には、表業已に謝するも、先の表の力が後の無表を起すに由るが故に、未生怨（Ajātaśatru）は無間業に触るるなり。又、彼の杖髻出家外道も亦、応に応〔供〕を害する無間〔業〕に触れざるべけん。謂く、表を発す位には目連（Maudgalyāyana）の命猶存し、目連の涅槃する時には、表業已に謝するも、先の表の力が後の無表を起すに由るが故に、彼の外道は無間業に触るるなり。

① 三本・宮本に基づいて「得」を「起」に改める。

『順正理論』巻 35 (T29. 543a06-08),『蔵顕宗論』巻 18 (T29. 861c29-862a02),『順正理論』巻 42 (T29. 580a10-13) も参照。

188 おそらくは、獣類が絶命に至る直接原因となった表を想定していると考えられる。AKBh. (pp. 244.22-245.3) を参照。

189 過去に落謝した業の自性が変化することはないとされる。AKBh. (p. 196.16-18), および AKVy. (pp. 354-355) を参照。これについては第六章「行為論における無表」において考察する。

190 『大毘婆沙論』巻 122 (T27. 634c17-24),『順正理論』巻 35 (T29. 543a06-08),『蔵顕宗論』巻 18 (T29. 861c29-862a02).

191 おそらく、⑴命令の最後の字音と倶起している表、⑵もしくは被命令者が命令内容を理解した瞬間における命令者の表のいずれかから無表が生じると考えられる。AKBh. (pp. 244.22-245.3) を参照。

192 この問題について上座部は、門 (dvāra) という概念によってこれを説明し、身業が語門によって遂行されるという理解を示す。このような説明方法を採用できた理由は、そもそも業の本質をすべて思に帰していたからであろう。一方の有部では、身語意業のそれぞれが別々の自性を持っていると理解するので、門 (dvāra) によって説明することが困難である。

193 AKBh. (p. 246.9-14).

194 『大毘婆沙論』巻 122 (T27. 636c17-637a02),『順正理論』巻 42 (T29. 579c25-580a15) を参照。

195 これと関連して AKBh. (p. 246.9-14) では、身語表がともになくとも無表が生じる事例などを挙げながら、無表の不合理性を指摘して有部を非難している。この箇所に対して衆賢は、無表が生じるからには必ずその前に表が生じているという立場を貫いている。

『順正理論』巻 42（T29. 579c25-580a15）を参照。

また、表によらない別解脱律儀の存在をめぐる問題も議論されている。これについては第二部三章「別解脱律儀の構造」を参照。この議論では受戒時に無心であった場合の別解脱律儀を問題としているが、やはり衆賢は「その前に必ず表が生じており、その表から無表が生じる」という立場をとり、無表理解の一貫性が窺える。

そして、無依の福業事についても衆賢は、「表が無くとも心が歓喜するだけで無表が生じるではないか」という論難に対して、「心が歓喜することで必ず表が生じている」と主張し、無表が生じるからには必ず表が生じているはずであるという立場を崩さない。『順正理論』巻 35（T29. 542b28-c05）を参照。

196 もちろん、表によって目的が達成されたならば、その瞬間の表と無表の二つが根本業道として設定される。

197 SN. 1, 5, 7（Vol. I, p. 33.16-21),『雑阿含』巻 36, 第 997 経（T02. 261a30-b16),『別訳雑阿含』巻 8, 第 134 経（T02. 426b11-26),『中阿含』巻 2, 第 7 経（T01. 427c26-428c06),『増一阿含』巻 35, 第 40 品, 第 7 経（T02. 741b24-c26).

198 『雑心論』巻 3（T28. 892c06-23),『大毘婆沙論』巻 122（T27. 635b01-c13).

199 事実、AKBh.（pp. 197.3-199.10）において、無依の福業事の解釈をめぐって経部と有部との間で激しい議論が交わされている。

200 『順正理論』巻 35（T29. 542b28-c05）:

> 又彼所説無表論者。無依福中既無表業。寧有無表。此亦不然。善無表業。彼定有故。謂聞某処某方邑中。現有如来或弟子住。生歓喜故。福常増者。彼必応有増上信心。遙向彼方。敬申礼讚。起福表業。及福無表。而自荘厳。希親奉覲。故依無表。説福常増。
>
> 又、彼の説く所の「無表論者は、無依の福中に既に表業無しとす。寧ぞ無表有らん」とは、此も亦然らず。善の無表業は、彼の定んで有るが故に。謂く、「某処某方邑の中に、現に如来或は弟子有りて住す。歓喜を生ずるが故に、福常に増す」と聞かば、彼れ必ず応に増上の信心有るべし。遙かに彼方に向ひ、敬つて礼讚を申べ、福の表業と、及び福の無表とを起して自ら荘厳し、親しく覲奉らんと希ふ。故に無表に依りて福常に増すと説く。

201 AKUp.［4004］を参照。『中阿含』巻 2, 第 7 経（T01. 427c26-428c06),『増一阿含』巻 35, 第 40 品, 第 7 経（T02. 741b24-c26).

202 AKVy.（p. 352.28-30）:

> **saptabhir aupadhikair** iti. upadhir ārāmavihārādiḥ. tatrabhavam aupadhikaṃ. tasyopadher abhāvān niraupadhikaṃ. **satatam** abhīkṣṇaṃ. **samitaṃ** nirantaraṃ.
>
> 「**七つの有依**」のうち、依（upadhi）とは園苑・僧院などであり、そ〔の依〕の有るものが「有依」である。その依が無ければ「無依」である。「**絶えず**」とは「絶え間なく」であり、「**常に**」とは「間断なく」である。

203 AKBh.（p. 225.11-17).

204 なお、Dhammajoti［2003: p. 85.21-27],［2007: p. 490.4-11］(=［2009a: p. 376.11-17]),［2007: p. 526.6-11］(=［2009a: p. 401.4-8]),［2007: p. 528.21-25］(=［2009a: p. 402.30-

33])は、死没などによって無表が捨せられた後も得という法が生じ続けて、その無表は過去に落謝していても有情と結びつけられ続ける(すなわち成就され続ける)と解釈しているが、これは正しくない。AKBh. (p. 210.4-10) の記述に従えば、捨せられると同時に現在と過去の無表の成就が解除される。仮に Dhammajoti 説が正しいならば、捨せられた後には現在の無表を成就せずに過去の無表を成就していなければならない。この Dhammajoti 説の問題点については第三部二章一節二項「Dhammajoti 説」において詳細に検討する。

205 『心論』では、捨せられる原因に関する詳しい記述が見られない。『心論経』巻2 (T28. 841c26-28) では、本頌のうちには説かれないが、長行のうちに (1)「本勢の過」、(2)「希望の止」、(3)「方便を息む」という三つの原因があると説かれている。『心論経』には詳しい説明がないものの、『雑心論』などの解釈を『心論経』にも適用して理解すれば、(1)「本勢の過」とは浄心あるいは煩悩の勢いが時間の経過とともに薄れて消えてしまうことであり、(2)「希望の止」とは自ら誓い受けたことを捨ててしまうこと(すなわち「誓受の断絶」)であり、(3)「方便を息む」とは身語の行をやめること(すなわち「作業の断絶」)である。

『雑心論』巻3 (T28. 892c06-23) には、本頌では『心論経』と同じ三つの原因しか挙げられていないが、長行では (5)「身種類の尽」(=「死没」) も原因とされている。またさらに、福業事の解説も追加されており、その箇所では既出の重複(「希望」と「身種類」)を除くと、「事」すなわち (4)「施与物の断絶」が捨せられる原因として追加されている。すなわち『雑心論』は、合計五つの因を挙げていることになる。『大毘婆沙論』巻122 (T27. 635b01-c13) も、『雑心論』と同じ五因を挙げる。

また、AKBh. (p. 225.11-17) では、上記の『雑心論』『大毘婆沙論』の説に加え、(6)「断善根」が追加される。この AKBh. における六因は、『順正理論』巻39 (T29. 566c29-567a19),『蔵顕宗論』巻21 (T29. 874a27-b17) と ADV. (p. 135.9-14) においても採用される。

なお、『入阿毘達磨論』巻1 (T28. 981b22-27) は、非律儀非不律儀の無表の捨について、「無表が得せられた因を棄捨したときに無表も捨せられる」と言及するだけで詳しい説明を加えていない。

206 青原令知[2005][2006].

第六章

207 この議論の仔細については第二部七章「無表と異熟」と、第三部二章「説一切有部における与果と得」を参照。

208 舟橋一哉[1954a], Dhammajoti[2007](=[2009a]).

209 無表の研究史については第二部一章「無表研究の総括と展望」を参照。

210 加藤精神[1953: p. 213.a20-b1], 舟橋一哉[1954a: p. 119.6-9], 平川彰[11: pp. 232.8-233.6](=[1964: pp. 206.16-207.11]).

211 AKBh. (p. 205.11-14).

212 AKBh. (p. 196.6-9).

213 AKBh. (p. 196.10-12) を参照（チベット訳、諸漢訳により 'tītānāgatapratyutpanno を 'tītānāgatapratyutpanne に改めるべきであろう）。引用経については AKUp. [4003] [1009], および『雑阿含』巻 2, 第 56 経（T02. 13b28-c03）を参照。

214 AKBh. (p. 196.12-16) を参照。引用経については AKUp. [4004], および『中阿含』巻 2, 第 7 経（T01. 427c26-428c06),『増一阿含』巻 35, 第 40 品, 第 7 経（T02. 741b24-c26）を参照。

215 AKBh. (p. 196.16-18) を参照。訳出については本章にて後述。

216 AKBh. (p. 196.18-20) を参照。引用経については AKUp. [4005], および『雑阿含』巻 13, 第 322 経（T02. 91c19-21）を参照。

217 AKBh. (p. 196.20-24) を参照。引用経については AKUp. [4006] を参照。

218 AKBh. (pp. 196.24-197.2).

219 AKBh. (p. 197.2-3).

220『大毘婆沙論』巻 122 (T27. 634c09-26):

為止如是譬喩者意。顕自所宗。表無表業皆是実有。故作斯論。(1) 若諸表業無実体者。則与契経相違。如契経言。愚夫希欲説名為愛。愛所発表説名為業。(2) 又契経言。在夜尋伺猶如起煙。旦動身語猶如発焔。(3) 若無表業無実体者。則亦与契経相違。如契経説。色有三摂一切色。有色有見有対。有色無見有対。有色無見無対。若無無表色者。則応無有三種建立。無第三故。(4) 又若撥無表無表色。吠題呬字未生怨王。応当不触害父無間。謂発表位父命猶存。父命終時表業已謝。由先表力起[①]後無表故。未生怨触無間業。(5) 又彼杖髻出家外道。亦応不触害応無間。謂発表位目連命猶存。目連涅槃時表業已謝。由先表力起[①]後無表故。彼外道触無間業。(6) 又若撥無表無表業。応無建立三品有異。謂住律儀品。住不律儀品。住非律儀非不律儀品。

① 三本・宮本に基づいて「得」を「起」に改める。

なお、波線箇所の訓読については前註 187 を参照。

221『成実論』巻 7 (T32. 290a19-22),『成実論』巻 7 (T32. 290a28-b09).

222 もちろん、目的が達成された瞬間に表が生じていたとしても、その表と、表から生じた無表との二つが根本業道になる。したがって、根本業道には必ず無表が存在する。本章は、無表の役割を考察するものであるから、表についての言及は最小限に留める。

223 Pradhan: svabhāvaviśeṣād, Hirakawa: svabhāvāviśeṣād.

224『大毘婆沙論』巻 122 (T27. 634c21-24).

225 Wogihara: na hy ājñāpanavijñapteḥ karmapatha upayujyate, Pradhan: na hy ājñāpanavijñaptiḥ maulaḥ karmapatho yujyate.

226 Pradhan: pūrvavat, 舟橋一哉 [1987: p. 50 註 18]: pūrvaṃ.

227 前註 225 の通り AKVy. には na hy ājñāpanavijñapteḥ karmapatha upayujyate とあるが、引用元であると考えられる AKBh. の na hy ājñāpanavijñaptiḥ maulaḥ karmapatho yujyate に合わせて訳出する。

228 なお、この無表は命令の語表から生じていたとしても、殺生業である以上は身無表であるとされる。AKVy. (p. 408.2-4),『大毘婆沙論』巻 122 (T27. 636c17-21),『順正理論』巻 42 (T29. 579c25-580a15) を参照。

229 『大毘婆沙論』巻 122（T27. 634c17-21）.
230 『大毘婆沙論』巻 122（T27. 634c21-24）.
231 AKVy.（p. 226.9-16）:

vartamānāḥ phalaṃ paṃceti. vartamānā eva phalaṃ **gṛhṇantī**ty avadhāraṇaṃ. pratigṛhṇantīti. ākṣipanti hetubhāvenāvatiṣṭhanta ity arthaḥ. **kāraṇahetur apy evam** iti. vartamāna eva phalaṃ pratigṛhṇāti natīto nānāgato vā. **sa tu nāvaśyaṃ saphala iti nocyate**. hy asaṃskṛtaṃ kāraṇahetur iṣyate. na cāsya phalam asti. anāgataś ca kāraṇahetuḥ. na ca pūrvam utpadyamānena dharmeṇa saphalaḥ.

「**現在なる五つが、果を**」とは、「ただ現在の〔五つ〕のみが果を**取る**」と限定するのである。「取る」[①]とは、「引き起こす」〔すなわち〕「因として住する」という意味である。「**能作因も同様に**」とは、「ただ現在なる〔能作因〕のみが果を取り、過去なる、あるいは未来なる〔能作因〕は〔果を取ら〕ない」ということである。「**けれども、それ（能作因）は必ず果を持つわけではないので、〔本頌に〕説かれていない**」とは、なぜなら、無為〔法〕は能作因として許容されるがそれに果はなく、また未来なる能作因は、以前に生起しつつある法をもって"果を持つ"とすることはないからである。

①AKBh. からの引用のように読めるが、Pradhan 本には該当する語が見られない。

232 Pradhan: anayeḥ.
233 AKVy.（pp. 226.17-26）:

dvau prayacchata iti. vartamānāv adhikṛtaṃ. **sahabhūsaṃprayuktakahetū vartamānāv eva phalaṃ prayacchataḥ**. **yuktaṃ tāvad yad atītāv iti**. niṣyandaphalena saphalāv etāv uktau. sabhāgasarvatragayor niṣyanda iti vacanāt. **atha kathaṃ vartamānau niṣyandaphalaṃ prayacchataḥ**. na hi tayor vartamānāvasthāyāṃ niṣyando dṛśyate ity ata āha. **samanantaranirvartanāt**. kiṃ. phalaṃ prayacchata ity adhikṛtaṃ. **tau cāpy atītau bhavata** iti. hetuphalayor asamavadhānāt. **na punas tad eva datta** iti. na punas tad eva phalaṃ prayacchata ity arthaḥ.

「**二は、**〔現在にあるときに果を〕**与える**」とは、「現在にある〔二つは〕」と係り、「**倶有・相応の両因は、現在にあるときに果を与える**」ということである。「**まず、過去にある**〔二因が与果することは〕**理に適っている**」とは、等流果について果のあるものとしてこの二つが説かれている。「同類と遍行とには等流〔果〕がある」（AKK. 2, 56cd）と説かれているからである。「**しかるに、どうして現在にある**〔二因〕**が等流果を与えるのか**」とは、なぜなら、それら二〔因〕の現在位において等流〔果〕が見られないから、それゆえに答える。「〔因の〕**無間に**〔果が〕**転起するからである**」〔と〕。〔それで〕どうなのか。「果を与える」と係る。「**その二つは過去においてあり**」とは、〔同類と遍行の二〕因と〔等流〕果とが同時に存在することはないからである。「**同じそれ（すでに与えられた果）を再び与えることはない**」とは、「重ねて同じその果を与えることはない」という意味である。

取果・与果の概略については櫻部建［1978: pp. 139.6-142.2］を参照。なお、直接連続する二刹那をもって同類・遍行の両因と等流果との関係を理解する場合には、因が現在位にあるときには、すでに正生位（utpadyamānāvasthā, 現在になる直前の位）に果があるため、因は現在にありながらも与果すると考えられている。〈異熟因―異熟果〉の場合には、異熟因の次刹那に異熟果は起こり得ず、必ず業果の間に一刹那以上間隔を置かなくてならない。これについては櫻部建［1978: p.140.4-10］を参照。

234 すなわち、たとえ殺生が完成した瞬間に、その殺生と関連する思が生じていたとしても、その思を根本業道として設定することはできない。なぜなら、殺生は意業（＝思）ではないからである。

235 『大毘婆沙論』巻 122（T27. 634c17-21),『順正理論』巻 35（T29. 542c10-12),『蔵顕宗論』巻 18（T29. 861c22-25).

236 阿毘達磨の厳密な定義に基づく「行為」とは一刹那に存在する身語意業だけを指す。

237 衆賢は、欲界の衆同分は思によってしか引かれないと理解しているため、このような文脈になっている点に注意しなければならない。『順正理論』巻 16（T29. 427c23-29）を参照。すなわち、殺生をなそうと決意した思の異熟によって地獄に堕ちるのだが、その与果を決定的にするためには無表という助因が必要である、というのである。

238 当然ながら「助因を欠いていれば殺生業が異熟果を与えない」という意味ではない。

239 『順正理論』巻 35（T29. 543a06-11）:

即彼先表及能起心。在現在時。為因能取今所造色為等流果。於今正起無表色時。彼在過去能与今果。唯彼先時所起思業。於非愛果為牽引因。後業道生。能為助満。令所引果決定当生。如是所宗。可令生喜。

即ち彼の先の表及び能起の心、現在に在る時、因と為りて能く今の所造色を取りて等流果と為す。今、正しく無表色を起す時に於て、彼れ過去に在りて能く今の果を与ふ。唯、彼の先の時に起す所の思業、非愛の果に於て牽引の因と為る。後に業道生じて、能く助満を為し、引く所の果を決定して当に生ずべからしむ。是の如き所宗は、喜びを生ぜしむ可し。

『順正理論』巻 43（T29. 587b25-28)；『蔵顕宗論』巻 23（T29. 886b18-22）:

若造多逆初一已招無間獄生。余応無果。無無果失。造多逆人。唯一能引余助満故。随彼罪増苦還増劇。謂由多逆感地獄中大柔軟身多猛苦具。受二三四五倍重苦。

「若し多逆を造らば、初めの一、已に無間獄の生を招く。余は応に果無かるべし」。果無き失無し。多逆を造る人、唯一、能く引いて余は助満するが故に。彼の罪の増すに随ひて苦還つて増して劇す。謂く、多逆に由りて地獄の中の大柔軟身と、多の猛苦具とを感じ、二・三・四・五倍の重苦を受く。

240 Pradhan: *add* na, 舟橋一哉［1987: p. 507 註 1］: *omit*.

241 Pradhan: -yamyenā-, 舟橋一哉［1987: p. 507 註 2］: -yamyā-.

242 『順正理論』巻 44（T29. 593b27-c10),『蔵顕宗論』巻 24（T29. 890b25-c06).

243 Pradhan: karaṇaiḥ, 舟橋一哉［1987: p. 510 註 1］: kāraṇaiḥ.

244 Pradhan: samāpattitaḥ, Hirakawa: samāptitaḥ.

245 Pradhan: vipākadāna, 舟橋一哉［1987: p. 510 註 3］: vipākadāne.

246 AKBh. (p. 238.2-12).

247 AKK. 4, 64-65.

248 複数の業が共同して一つの衆同分（この衆同分とは、人なら人、餓鬼なら餓鬼と、有情を特定の境涯たらしめる心不相応行法のことである）を引くとは考えられない。なぜなら、AKK. 4, 95a に説かれるように、衆同分は必ず一業によって引かれるからである。したがって、ここでは一つの業が一つの衆同分を引くために、その他の業がその助因になっている、という意味である。

また、無表とは無関係であるが、(1) 故意では、先に思を起こしているか否かが後の業の軽重に影響を及ぼすことが説かれている。このように表や無表のみならず、前後に生じた種々の法が影響し合うことによって業の重さが決定されると考えられる。

249 『大毘婆沙論』巻 119 (T27. 618b11-20),『順正理論』巻 44 (T29. 593c10-24),『蔵顕宗論』巻 24 (T29. 890c06-17).

250 この文脈を一読すると、無表には助因としての役割だけがあり、無表それ自体は異熟果を持たない、というように誤解してしまうかもしれないが、そういう意味ではない。衆賢は、欲界の衆同分は思（cetanā）によってしか引かれないと理解しているため、このような文脈になっている点に注意しなければならない。『順正理論』巻 16 (T29. 427c23-29) を参照。衆賢も、無表が満業になることを認めている以上、異熟果を持つと理解していたことは疑いない。『順正理論』巻 16 (T29. 427c19-21) を参照。

251 有部の一説（AKBh. (pp. 253.22-254.22) を参照）によれば、殺生などの業道と果との関係については、加行が異熟果を、根本業道が等流果（厳密に言えば異熟果・増上果に含まれる）を、後起が増上果を招くと考えられている。これに従えば、この加行に属する表や無表が来世を決定することになる。ただし、衆賢の理解に従えば欲界の身語業は引業にはなれないため、その場合にはその業を起こした能起の思が来世を招くと考えられる。『順正理論』巻 35 (T29. 543a06-11) を参照。

252 一つの行為のうちには膨大な数の思（cetanā）や表・無表が存在すると考えられるが、そのうちどれがどのような果報を招くのかについては『倶舎論』では言及がない。しかしながら、衆賢は能起の思こそが欲界の引業になると考えているようである。『順正理論』巻 16 (T29. 427c23-29) を参照。

253 『順正理論』巻 35 (T29. 543a11-17).

254 加藤精神［1954: p. 226.a6-11］を参照。一方で、佐々木現順［1990: p. 417.16-18, p. 427 註 2］は、無表には助因としての役割があったとしても「果を生ずる因ではない」と理解しているが、これには問題がある。詳しくは第七章「無表と異熟」において考察する。

第七章

255 研究史の詳細については第二部一章「無表研究の総括と展望」を参照。

256 Dhammajoti［2003］, 青原令知［2006］.

257 松島央龍［2010b: p. 65.2-3］を参照。また、松島央龍［2007: p. 21.12-17］［2011: pp. 146.24-147.4］においても同趣旨の主張が見られる。この松島央龍による一連の研究は、山田恭道［1972］や三友健容［1976］［1977a］［1977b］［1978］といった諸研究の流れを汲むものである。

258 すなわち、本章において後述するように、随心転の無表は心・心所と倶有因となるから、同一刹那の思と同じ異熟果を取る。

259 青原令知［2006: p. 63.11–26］を参照。色界繋の戒（静慮律儀）のみならず、欲界繋の戒（別解脱律儀）についても言及しているが、そもそも欲界における“戒”とは表・無表の両方を指しているから、「戒を保持することで欲界善趣に生まれる」という記述は、必ずしも「無表が異熟を取る」ことの直接的証明にはなっていない。受戒した者はその戒を捨するまで、その受戒の表を成就し続ける。舟橋一哉［1954a: pp. 255.7–256.4］, AKBh.（pp. 210.19–211.4）, AKVy.（p. 372.25–30）を参照。

260 平川彰［11: pp. 232.8–233.6］（=［1964: pp. 206.16–207.11］）, 山田恭道［1972: pp. 69.16–70.1］, 河村孝照［1972: p. 18.8］（=［2004: p. 18.6］）, 三友健容［1977b: pp. 191.b20–192.a1］, 佐々木現順［1990: p. 417.16–18, p. 427 註 2］, 松島央龍［2007: p. 21.12–17］［2010b: pp. 64.19–65.4］［2011: p. 146.9–10］などを参照。

261 非律儀非不律儀の無表が福業事や業道と関連して説かれることから、“戒”以外の役割があることも明白である。

262 AKBh.（p. 192.18–19）:

te tu vijñaptyavijñaptī.（4, 2a）

te tu kāyavākkarmaṇī pratyekaṃ vijñaptyavijñaptisvabhāve veditavye.

けれども、それらは表と無表とである。（4, 2a）

けれども、それら身と語の業は、それぞれ表と無表を自性とすると理解すべきである。

ここでは身語業の自性として、表と無表とが同列に並べられている。したがって、「身業」「語業」と言及されている場合には、身表・語表だけを指しているのではなく、同時に身・語の無表をも意味している。よって、「身語業が異熟果を取る」とするならば、当然そのまま「表も異熟果を取り、無表も異熟果を取る」と理解すべきである。舟橋一哉［1954a: pp. 105.14–107.12］も参照。

263 加藤精神［1954: p. 226.a6–15］, 舟橋一哉［1953: p. 290.a3–19］［1954a: pp. 105.14–107.12］［1954b: p. 42.a8–10］.

264 すでに加藤精神［1954: p. 226.a15–18］は、「例せば善男善女ありて八斎戒を受けたることありとせんか此の戒は一日一夜の戒であるから翌朝になれば此の戒の無表色は捨てるのであるが受戒の善業に対する感果は必ずあるのである」と述べていたことを忘れてはならない。この示唆に富む一文は、まさに本章が言わんとする結論を見事に要約している。この一文が忘れ去られてしまったゆえに、五十年以上も研究は逆行してしまったのである。

265 また、AKBh.（pp. 255.24–256.2）, AKVy.（p. 421.23–26）においても、有漏なる善不善は異熟果・等流果・士用果・増長果を取る旨が説かれている。

266 『品類足論』巻 6（T26. 716b14–15），『発智論』巻 12（T26. 980c05–18），『心論経』巻 1（T28. 838b20–22），『雑心論』巻 2（T28. 884c04–08），『大毘婆沙論』巻 16（T27. 80a20–21），『入阿毘達磨論』巻 2（T28. 988b07–08），『順正理論』巻 16（T29. 426c24–27），『蔵顕宗論』巻 9（T29. 817c15–18）を参照。また、『甘露味論』巻 1（T28. 970b01–02），

『心論』巻1（T28. 811c14–15）における異熟因（報因）の定義では、有漏無漏の分別がなされていない。

267 『順正理論』巻43（T29. 586a14–20）, 対応部：『蔵顕宗論』巻23（T29. 885c07–13）.

268 別解脱律儀・不律儀・非律儀非不律儀の三つは欲界繫法であり、静慮律儀は色界繫法である。AKBh.（p. 205.14–17）, AKVy.（p. 30.8–16）,『大毘婆沙論』巻122（T27. 639b10–11）を参照。

269 旧訳対応箇所：『毘曇婆沙論』巻11（T28. 80a12–18）も参照。俱有因となっている諸法が同一の果を取ることは、有部論書の各所に説かれている。『俱舍論』は次の場合に俱有因が適用されるとする。

AKBh.（pp. 83.16–84.1）:

sahabhūr ye mithaḥphalāḥ,（2, 50b）

mithaḥ pāraṃparyeṇa ye dharmāḥ parasparaphalās te parasparaḥ sahabhūhetur yathā katham.

bhūtavac cittacittānuvartilakṣaṇalakṣyavat.（2, 50cd）

catvāri mahābhūtāny anyonyaṃ sahabhūhetuḥ. cittaṃ cittānuvarttināṃ dharmāṇāṃ te 'pi tasya. saṃskṛtalakṣaṇāni lakṣyasya so 'pi teṣām. evaṃ ca kṛtvā sarvam eva saṃskṛtaṃ sahabhūhetur yathāyogam. .... ke punar ete cittānuvarttino dharmāḥ.

caittā dvau saṃvarau teṣāṃ cetaso lakṣaṇāni ca, cittānuvarttinaḥ.（2, 51abc）

sarve cittasaṃprayuktāḥ. dhyānasaṃvaro 'nāsravasaṃvaras teṣāṃ ca ye jātyādayaś cittasya ca. ete dharmāś cittānuvarttina ucyante.

俱有〔因〕なるは、互いに果となる〔諸法〕である。(2, 50b)

「互いに」とは、「相互に」ということである。諸法が相互に果となれば、それらは相互に俱有因である。【問】どのようにか。【答】

大種〔が相互に〕と、心と心に随い転じるもの（随心転）と、相と所相とのようにである。(2, 50cd)

四大種は互いに俱有因である。心は随心転の諸法の〔俱有因であり〕、それら〔諸法〕もそれ（心）の〔俱有因である〕。有為〔法〕の〔四〕相は所相（その相を有する有為法自身）の〔俱有因であり〕、そ〔の有為法〕もそれら〔四相〕の〔俱有因である〕。またこのように、すべての有為〔法〕は、理に応じて、俱有因である。……。【問】では、この随心転の諸法とは何か。【答】

心所と、二つの律儀と、それら〔三者〕の〔四相〕と、心の〔四〕相とが、随心転である。(2, 51abc)

すべての心相応〔法〕と、静慮律儀と無漏律儀と、それら〔三者〕の生（jāti）など〔の四相〕と、心の〔四相〕との、これら諸法が随心転であると言われる。

AKVy.（p. 191.29–31）:

teṣāṃ ca ye jātyādayaś cittasya ceti. teṣāṃ ca cittasaṃprayuktānāṃ cetanādīnāṃ dhyānasaṃvarasyānāsravasaṃvarasya ye jātyādayaś catvāro dharmāś cittasya ca te[①] cittānuparivartina ucyante.

「**それら〔三者〕の生（jāti）など〔の四相〕と、心の〔四相〕との**」とは、「それら心相応である思などと静慮律儀と無漏律儀との生（jāti）などの四法と、心のそれ（生などの四法）とが、随心転であると言われる。

①cittasya ca te は、Wogihara 校訂本の註（p. 191 註 3）により補う。

すなわち、心と随心転の諸法（心所法・静慮律儀・無漏律儀・これら三者の四相・心の四相）とは互いに俱有因である。そして、これら随心転の諸法は、心と同一時に起こり、同一果を持ち、善等の同一の自性を持つとされる。

AKBh.（p. 84.1–6）:

katham ete cittam anuparivarttante. samāsataḥ,

kālaphalādiśubhatādibhiḥ.（2, 51cd）

kālas tāvac cittenaikotpādasthitinirodhatayā ekādhvapatitatvena ca. phalādibhir ekaphalavipākaniḥṣyandatayā. pūrvakas tv ekaśabdaḥ sahārthe veditavyaḥ. śubhatādibhiḥ kuśalākuśalāvyākṛtacitte kuśalākuśalāvyākṛtatayā. evaṃ daśabhiḥ kāraṇaiś cittānuparivarttina ucyante.

【問】どのように、これらは心に随って起こるのか。【答】要約すれば、

時と、果などと、浄などとによってである。（2, 51cd）

まず、「時と」とは、〔随心転の諸法が〕心と同一に生じ、〔同一に〕住し、〔同一に〕滅することによって、そして同一の世（adhvan）に属することによってである。「果などと」とは、同一の〔士用・離繫〕果を持ち、〔同一の〕異熟〔果〕を持ち、〔同一の〕等流〔果〕を持つことによってである。ただし、前（生・住・滅の解説部分）にある「同一」の語は、「俱」の意味として理解すべきである。「浄などとによって」とは、善・不善・無記の心であれば、〔それに従ってこれらも〕善・不善・無記であることによってである。このように〔生・住・滅・世・果・異熟・等流・善・不善・無記の〕十因によって随心転であると言われる。

AKVy.（p. 192.8–13）:

ekaphalatayaikavipākatayaikaniṣyaṃdatayā ca cittam anuparivartante. phalam iha puruṣakāraphalaṃ visaṃyogaphalaṃ ca. vipākaphalaniṣyaṃdayoḥ pṛthaggṛhītatvāt. adhipatiphalaṃ tu sarvasādhāraṇatvāt na gaṇyate. ayaṃ caikaśabdaḥ saṃkhyāne sādhāraṇe vā **ekaphalataye**tyādi. **pūrvakas tv ekaśabdaḥ sahārthe** cittena sahotpādasthitinirodhatayety arthaḥ. na hy atra saṃkhyānārthaḥ saṃbhavati. na hi yaś cittasyotpādaḥ. sa eva cittānuparivartināṃ. yo vā teṣāṃ. sa cittasyeti.

果を同一とし、異熟を同一とし、等流を同一とするゆえに、心に随転する。ここでの「果」とは、士用果と離繫果とである。異熟果と等流〔果〕とは別に含まれるからである。一方、増上果は、すべてに共通であるから〔この中に〕含まれていない。また、この「同一」なる語は、「数」〔の意味〕として、あるいは「共通」〔の意味〕として「**同一の果**」云々とある。**ただし、前（生・住・滅の解説部分）にある「同一」の語は、「俱」の意味として**〔つまり〕「心と俱に生・住・滅がある」という意味である。なぜなら、その場合には「数」の意味はあり得ないからである。なんとなれば、心の生〔相〕は随心転の〔生相〕ではなく、あるいは、それら〔随心転〕の〔生相〕は心の〔生相〕ではないからである。

同趣旨は、『大毘婆沙論』巻 16（T27. 82b09-16），『大毘婆沙論』巻 155（T27. 787b26-29），『順正理論』巻 15（T29. 418a22-b05），『蔵顕宗論』巻 9（T29. 815a14-b08）を参照。また、俱有因に関する問題点については、兵藤一夫［1985a］［1985b］を参照。

270 テキストには「界」とあるが、前後の文脈から「果」に改める。

271 『発智論』巻 1（T26. 920c29-921a02）.

272 舟橋一哉［1954a: pp. 106.4-107.2］, Dhammajoti［2003: note 30］,［2007: pp. 517.30-518.4, p. 534 note 112］（=［2009a: p. 395.20-25, p. 406 note 114］）.

273 青原令知［2006: p. 31.12-15］を参照。ただし、根本や後起に含まれる表なども律儀などに含まれ得ると考えられる。たとえば、AKBh.（pp. 241.22-242.5）では、受戒の根本業道以降の諸刹那における表も後起に含まれると理解されている。そして、AKBh.（p. 207.15-20）では、受戒が成立した瞬間のみならず、第二刹那以降（すなわち後起）も別解脱律儀であると述べられている。

274 第二部二章「静慮律儀と無漏律儀の構造」、第三章「別解脱律儀の構造」、第四章「不律儀の構造」、第五章「非律儀非不律儀の構造」を参照。

275 AKBh.（p. 212.3-9），AKVy.（pp. 374.32-375.2）を参照。また、『大毘婆沙論』巻 118（T27. 617c27-29）においても、表によらず無表が生じる場合が説かれている。ただし、衆賢は無表があるからには必ずその前に表があるという立場をとる。『順正理論』巻 42（T29. 580a7-15），および AKVy.（p. 408.13-24）を参照。

276 なお、律儀には表も含まれることから、この『大毘婆沙論』の一節を「ここでの律儀とは表のみを指していて、無表は含まれていない」と解することは妥当ではない。なぜなら、この解釈を支持する記述や定義が存在しないからである。なにより、律儀とある場合には、表ではなくむしろ無表こそを意味している用例が多く確認される。たとえば、AKBh.（p. 208.8-12）における「律儀」は、無表のみを意味している。青原令知［2005］［2006］も、「律儀」という概念から「無表」の概念が生み出された点を指摘しており、この両者には密接な関係があることは疑いない。よって、「律儀」とある場合には、無表の存在が主眼に置かれていると考えられる。

277 もちろん欲界繫の随心転なる無表は存在しない。『大毘婆沙論』巻 122（T27. 639b10-11），AKBh.（p. 8.9），AKVy.（p. 30.8-16）を参照。

278 上記の前後の箇所も Dhammajoti［2007: p. 515.9-16］（=［2009a: p. 393.29-35］）によって引用され、本章の理解とは違う角度から検討されている。また、Dhammajoti は、『大毘婆沙論』では無表と関係して「律儀業」「勝業」「律儀果」「大果」などの言及があることを指摘している。もちろん、この Dhammajoti によって指摘された箇所は、無表が異熟果を取る可能性を示唆した箇所であることに疑いないが、「果」とあっても異熟果とは限らず、「律儀」とあっても表をも含む可能性があることに留意すべきである。

279 佐々木現順［1990: pp. 200.2-208.3］は、『順正理論』における引業・満業について考察しているが、本章で扱う内容については検討していない。

280 出典元不明。

281 この『順正理論』における議論は Dhammajoti［2003: p. 82.2-5］,［2007: p. 523.12-15］（=［2009a: p. 399.9-12］）においても引用されているが、その解釈には問題がある。

この箇所についてDhammajotiは、「引業」が「思」であり、「満業」が「無表」であると述べているが、不随心転の身語業と言われている以上は欲界の表も満業になると考えられる。

282 〈異熟因―異熟果〉の因果関係のうち、異熟因には引業と満業との二つがある。衆賢も当然これを認める。『順正理論』巻16（T29. 427b24-25），対応部：『蔵顕宗論』巻9（T29. 818a04-05）を参照。

283 同趣旨の理解は別の箇所からも窺える。

『順正理論』巻35（T29. 542c25-28）:

理皆不然。殺業爾時正究竟故。善心無容招苦果故。順現受等業成雑乱過故。若謂唯教者発表業思能牽引当来非愛果者。理実応爾。

理は皆然らず。殺業は爾の時、正に究竟せるが故に。善心は苦果を招く容き無きが故に。順現〔法〕受等の業は雑乱の過を成ずるが故に。若し「唯教者の表業を発す思、能く当来の非愛の果を牽引す」と謂はば、理は実に応に爾るべし。

284 『順正理論』巻16（T29. 427c19-21）.

285 『大毘婆沙論』巻16（T27. 82b09-16），『大毘婆沙論』巻155（T27. 787b26-29），AKBh.（pp. 83.16-84.6），『順正理論』巻15（T29. 418a22-b05），『蔵顕宗論』巻9（T29. 815a14-b08）.

286 随心転の表は存在しない。AKBh.（pp. 83.16-84.1），『順正理論』巻15（T29. 418a22-27）を参照。

287 思と倶有因の関係になり、間接的に引業となることができる。

288 『光記』巻6（T41. 123c29-124a24）.

289 『倶舎論要解』巻5（Z89. 190a1-14）を参照。この普寂の説は『国訳一切経』論疏部2（p. 129 註241）において紹介されている。訳者の西義雄は普寂の所説を高く評価している。

290 『発智論』巻1（T26. 920c27-921a04）:

<u>云何異熟因。答。諸心心所法。受異熟色。心心所法。心不相応行。此心心所法。与彼異熟。為異熟因</u>。復次諸身語業。受異熟色。心心所法。心不相応行。此身語業。与彼異熟。為異熟因。復次諸心不相応行。受異熟色。心心所法。心不相応行。此心不相応行。与彼異熟。為異熟因。是謂異熟因。

<u>【問】云何が異熟因なる。【答】⑴答ふ。諸の心・心所法は、異熟色と、心・心所法と、心不相応行とを受く。此の心・心所法は、彼の異熟の与めに異熟因と為るなり。</u>⑵復次に、諸の身語業は、異熟色と、心・心所法と、心不相応行とを受く。此の身語業は、彼の異熟の与めに異熟因と為るなり。⑶復次に、諸の心不相応行は、異熟色と、心・心所法と、心不相応行とを受く。此の心不相応行は、彼の異熟の与めに異熟因と為るなり。是れを異熟因と謂ふ。

291 旧訳の対応箇所は『八犍度論』巻1（T26. 774c20-26），『毘曇婆沙論』巻11（T28. 80a08-c06）を参照。

292 『大毘婆沙論』巻19（T27. 96b12-21）; 旧訳対応箇所：『毘曇婆沙論』巻11（T28. 80a08-12）:

云何異熟因。答。諸心心所法。受異熟色。心心所法。心不相応行。此心心所法。与彼異熟。為異熟因。此中……。心不相応行者。謂行蘊。即命根衆同分等。此顕異熟因及異熟果倶通五蘊。

「**【問】云何が異熟因なる。【答】答ふ。諸の心・心所法は、異熟色と、心・心所法と、心不相応行とを受く。此の心・心所法は、彼の異熟の与めに異熟因と為るなり**」① と。此の中……。心不相応行とは、謂く、行蘊、即ち命根・衆同分等なり。此は異熟因及び異熟果が倶に五蘊に通ずることを顕すなり。

①『発智論』巻 1（T26. 920c27–29）. 前註 290 を参照。

293 『大毘婆沙論』巻 19（T27. 96c12–97b09）, 旧訳対応箇所：『毘曇婆沙論』巻 11（T28. 80a18–c06）を参照。また、AKBh.（pp. 258.24–259.3）も参照。

294 『大毘婆沙論』巻 19（T27. 96b22–c11）を参照。ここでは、随心転の身語業（すなわち静慮律儀）であれば心と倶有因になるので心と同一果を取り、不随心転の身語業（欲界の表・無表）であれば心と倶有因にはならないので個別に異熟果を招く、と述べられている。さらに、表と無表とがどのように異熟果を招くかについて異説が紹介される。異説のうち第一説は、表と同一刹那にある無表は同一果を招くという説であり、第二説は、表と無表とは同一果を取らないが必ず同時に異熟果を招くという説である。『大毘婆沙論』の評家は、表と無表とが倶有因にならない以上、それらは別々に異熟果を招くとして両説ともに斥けている。なお、旧訳対応箇所：『毘曇婆沙論』巻 11（T28. 80a12–18）においても、除外規定は述べられていない。

295 すなわち、随心転の無表は心・心所法と倶有因になるからである。

296 AKBh.（p. 239.11–19）.

297 旧訳対応箇所：『毘曇婆沙論』巻 11（T28. 82a27–b14）.

298 『中阿含』巻 13, 第 66 経（T01. 509a20–21）.

299 教理的な定義に基づけば、「布施」とは、施物を与えた瞬間の諸蘊（身業・語業・能発思）であると説かれている。同趣旨は、『大毘婆沙論』巻 29（T27. 152a19–23）,『順正理論』巻 44（T29. 592a22–27）,『蔵顕宗論』巻 24（T29. 889b24–c01）においても確認される。

AKBh.（p. 268.12–18）:

kiṃ punas tat syād yena dīyate.

kāyavākkarma sotthānaṃ.（4, 113c）

kiṃ punas tad utthānam. yena kalāpena tad utthāpyate. āha cātra,

śubhena manasā dravyaṃ svaṃ dadāti yadā pumān,

tatkṣaṇaṃ kuśalāḥ skandhāḥ dānam ity abhidhīyate iti.

【問】さて、何かによって布施されるが、それは何であるか。【答】

身・語業と、および能発（utthāna）とである。（4, 113c）

【問】では、その能発とは何か。【答】ある〔心〕聚によって〔身語業が〕等起させられる、〔その心聚のこと〕である。それについて言われる。

「もし人が浄心によって自分の物を布施するならば、

その刹那（もしくは怛刹那）における善なる諸蘊が“布施”と呼ばれる」と。

ただし、布施は身に属する善行・善業であるとも説かれる。『甘露味論』巻 1（T28. 968c14), AKBh. (p. 238.6-12), AKVy. (pp. 400.31-401.5),『順正理論』巻 41（T29. 575 a04-05),『蔵顕宗論』巻 22（T29. 879a19-20), ADV. (p. 151.9-10）を参照。また、第二部五章「非律儀非不律儀の構造」において検討したように、福田に布施する場合には、たとえ能転心や表が無記であっても善無表が生じるとされる。以上の用例から、布施とは身業として理解されることが一般的であったと考えられる。

300 ただし、業の勢力が弱い場合には、その業が異熟するためには助因が必要とされる。第二部六章「行為論における無表」を参照。

301 第二部五章一節「非律儀非不律儀の得」を参照。世尊が福田であることは言うまでもない。

302 『大毘婆沙論』巻 20（T27. 99c06-23), 旧訳対応箇所：『毘曇婆沙論』巻 11（T28. 82b 19-c02）を参照。なお、旧訳『毘曇婆沙論』においても第三説に相当する答釈が説かれているが、表・無表によって衆同分が引かれているという解釈は説かれていない。

303 Pradhan: nirviśya, 舟橋一哉［1987: p. 436 註 1］: nirvartya.

304 AKVy. (p. 424.27-31)：

> **yat tarhī**ti. yady ekam eva karmaikam eva janmākṣipati. yat sthaviraniruddhenoktaṃ **so 'haṃ tasye**ti vistareṇa. tat kathaṃ na virudhyata iti vākyārthaḥ. tena janmāntare tagaraśikhine pratyekabuddhāya piṇḍapāto dattaḥ. tenaivam uktaṃ. **so 'haṃ tasye**ti vistareṇa. **nirvartye**ti. viṭhapitvety arthaḥ.
>
> 「**そうならば次の**」とは、もし一業だけが一生のみを引き起こすのであれば、長老アニルッダによって説かれた「**この私は、その**」云々という、そのことはどうして矛盾しないのか、ということが説かれた意味である。彼によって、他の生まれにおいてタガラシキン辟支仏に施食が与えられた。それによって次のように説かれたのである。「**この私は、その**」云々と。「**儲けて**」とは、「集めて」という意味である。

305 『順正理論』巻 43（T29. 585c16-29), 対応部：『蔵顕宗論』巻 23（T29. 885b08-21).

306 思と倶有因の関係にあれば思と同一果を取るため、間接的にではあるが衆同分を引き起こすことが可能である。これが可能である身語業は色界繋の無表のみである。

307 色界の身語業は思と倶有因になるため、実質的に思によって引かれていると理解し得る。

308 むしろ「有漏の無表が異熟果を招かない」という説自体が有部論書中に存在しない。

309 すでに本章において述べたように、衆賢は欲界の身語業が引業にはならないと明示して、この問題に回答を与えようと鋭く切り込んでいる。

310 『倶舎論』「破我品」において世親は、経部の立場からこれと同一見解を述べている。AKBh. (p. 478.9-12）を参照。

311 『順正理論』巻 75（T29. 746c16-747a10),『蔵顕宗論』巻 36（T29. 955b15-20）を参照。『倶舎論』では業異熟智力の内容説明まではなされていない。ただし、十力を説く阿含・ニカーヤは多く確認されることから、古い段階でこのような意識があったものと思われる。たとえば、MN. 12 (Vol. I, p. 70.3-9）を参照。

第八章

312 なお、『論事』と『論事註』において上座部は、大衆部の業増長と呼ばれる心不相応法を、業と果を結びつける媒介者として紹介して、これを論駁している。これに対する上座部の回答は第三部一章「上座部における相続転変差別」において考察し、本章においては「戒」「命令による業道の遂行」「自然と福徳が増大すること（福業事）」という三つについてのみ考察する。

313 本章と関連した研究に平川彰［11: pp. 201.17-220.2］(=［1964: 180.11-196.2］) がある。

314 Pṭs.（Vol. I, p. 44.34-35）.

315 Vis.（pp. 6.30-7.30）.

316 上座部にとって表（viññatti）は、業ではなく、心によって起こされた「行相の変化」に過ぎない。Kv. 8, 9（p. 110.12-16）, KvA. 10, 10（p. 127.1-12）, DhsA.（p. 83.19-27, p. 87.5-10）を参照。

317 山口益［1951: pp. 152.14-154.8］を参照。ただし、『成実論』における大衆部説は戒体として増長を説いているわけではない。

318 KvAṬ. 10, 7（VRI: p. 134.14）:

ṭhitena avinaṭṭhena. **upacayenā** ti sīlabhūtena kammūpacayena.

「**存続している**」とは、「消失していない」である。「**増長（upacaya）によって**」とは、「戒となる業増長によって」である。

319 『舎利弗阿毘曇論』巻 1（T28. 526c15-18）を参照。『舎利弗阿毘曇論』の所属部派については水野弘元［1: pp. 319-340］を参照。

320 有部の因果論については、第三部二章「説一切有部における与果と得」を参照。

321 すなわち命令の表は、すでに取果しており過去に落謝しているため、再び取果することはない。

322 殺生は身業であるから、たとえ殺害された瞬間に、命令者に殺生と関わる思があったとしても、それは殺生業道として設定できない。AKVy.（p. 408.2-4）を参照。

323 山口益［1951: pp. 152.14-155.20］, 梶山雄一［5: pp. 252.8-253.5］(=［1979: pp. 314.16-315.15］), 本多至成［2010: pp. 42-54］.

324 舟橋一哉［1954a: p. 139.4-9］を参照。ただし、増長や不失壊は業と果を結ぶための役割も持っているが、有部の無表にその役割はない。

325 「業に結ばれる」の用例については、KhpA.（pp. 28-31）と VinA.（Vol. II, p. 444.1-14, p. 445.5-16, pp. 457.4-478.7）を参照。もちろん、命令が達成された瞬間の命令者に殺生の思が生じているわけではないから、この「業に結ばれる」とは、他の註釈家が補足説明するように「目的が達成されたことで、業が成立した」という意味であろう。

326 第三部一章「上座部における相続転変差別」を参照。

327 相続転変差別を主張する経部も当然同様の理解を示す。それによれば、特殊に害すること（すなわち殺人教唆など）によって相続に特殊な変化が生じ、それが未来により多くの果をもたらすようになると説明される。AKBh.（p. 198.2-5）を参照。

328 SN. 1, 5, 7 (Vol. I, p. 33.16-21),『雑阿含』巻 36, 第 997 経 (T02. 261a30-b16),『別訳雑阿含』巻 8, 第 134 経 (T02. 426b11-26),『中阿含』巻 2, 第 7 経 (T01. 427c26-428c06),『増一阿含』巻 35, 第 40 品, 第 7 経 (T02. 741b24-c26).

329 有部における福業事の理論については、第二部五章三節「福業事の構造」を参照。また、『成実論』も無表によって福業事を説明している。『成実論』巻 7 (T32. 290a19-22, 290 a28-b09) を参照。

330 AKBh. (p. 197.14-17).

331 PTS: pavaḍḍhati, VRI: vaḍḍhati.

332 PTS: paṭigāhake paṭi ggahite ti padassa paṭiggāhakena paṭiggahite ti, VRI: paṭiggāhakena paṭiggahite ti.

333 SN. 1, 5, 7 (Vol. I, p. 33.16-21).

334 有部における別解脱律儀の無表の仔細については、第二部三章「別解脱律儀の構造」を参照。

335 寺本・平松［1935: p. 44.5-6］, 山口益［1951: pp. 152.14-155.20］, 梶山雄一［5: pp. 252.8-253.5］(=［1979: pp. 314.16-315.15］), 本多至成［2010: pp. 42-54］.

336 Kv. 15, 11 (p. 522.13-34), KvA. 15, 11 (pp. 157.25-158.3), KvA. 15, 11 (p. 158.16-20).

第三部　業果の理論

はじめに

第三部では、過去になされた業が如何にして未来に果報（異熟）を生み出すことができるのか、という「業果の理論」について考察する。インド思想一般における業説の特徴について、舟橋一哉［1954a: pp. 23.13–24.1］は次の二つを挙げている。

⑴ 業の余勢が何らかの形で行為者の上に残ること。

⑵ その余勢が何らかの形で行為者の上に好・不好の影響を与えること。

すなわち、業とは瞬間瞬間の心理的働き、あるいは表層的な肉体的運動そのものだけではなく、それが何らかの形で行為者の上に余勢として残り、時間が経過してその余勢が行為者に果報（異熟）をもたらす、というのである。

仏教の教理においても、このような余勢を説明するために、大衆部は増長を、正量部や犢子部は不失壊を、経部は相続転変差別を、瑜伽行派は種子説を唱えて、業と果の間に連鎖し続ける、業の余勢を想定している。ところが、部派仏教のうち最も多くの資料が現在まで伝わっているはずの上座部において、どのように業が果を生み出すと理解されていたのか未だ明らかになっていない。一方の説一切有部については、「過去に落謝した業そのものの中に余勢が保存され、中間の媒介者なく未来に対して異熟を与える」という荻原雲来説が長らく定説とされてきたが、新たにDhammajotiらによって「過去に落謝した業が異熟を生み出すまで、得の相続によって業が有情と結ばれている」という説が提示されている[1]。

そこでこの第三部では、第一章において上座部における理論を考察し、そこに相続転変差別の理論が援用されていることを明らかにする。そして第二章では、これまでに出された種々の学説を再検討して、説一切有部における業・与果・得という三要素の関係を明らかにする。

第一章　上座部における相続転変差別

問題の所在

本章では、「業果の接続がどのように理解されていたのか。業をなしてから果が生じるまでの間、果を生み出す力はどのように有情に保存されるのか」という問題に対する上座部の回答を検討していく。このような、過去に落謝した業が如何にして未来に果を結ぶのか、という問題については、説一切有部や経部を中心に多くの研究が積み重ねられてきている。しかしながらその一方で、上座部についての研究は数が少なく、未だ不明瞭な点が多く残されている。その数少ない研究の中でも本章が特に着目して礎とするのは、浪花宣明による成果である。

その浪花宣明の研究によれば、(1) 上座部は経部 (Sautrāntika)[2] の種子 (bīja) に相当するような業因と業果を結びつけるものを想定しなかった点や、(2)「業果がある」というのはあくまでも倫理的自覚の問題に過ぎないのであって、業因と業果の接続者を考える必要がなかった点を指摘している[3]。しかしながら浪花宣明の結論は、『ミリンダ王の問い』(Mil.)[4] と『清浄道論註』(VisṬ.)[5] に説かれる僅かな文脈から導かれたものであり、文献学的に精密なものではない。

また、浪花宣明は、経部の相続転変差別（自相続の特殊な変化 saṃtatipariṇāmaviśeṣa)[6] と類似する表現が上座部資料中に見られることを註記において指摘しているが、それを本論に加えた上での総合的な検討は果たされていない[7]。この相続転変差別とは、経部（もしくは世親）における因果の接続を説明する理論であることが知られており[8]、その理論とは「自他の因的効力を自相続の変化という形で受領し、それを保持して、後に自相続の上に果を生起させる」[9] というものである。この相続転変差別の理論は、瑜伽行派の識転変（vijñānapariṇāma）説発生の重要な契機となった可能性が指摘されたり[10]、シュミットハウゼンによって世親二人説を立証するための思想的根拠として用いられたりするなど[11]、仏教史の解明という立場からも極めて注目度が高い[12]。

このような情勢を受けて本章は、「どのようなプロセスを経て業は果を生み出すことができるのか」という問題に対する上座部の教理展開と、そこに相続転変差別の理論が受容される過程とを考察することで、上座部における業と果を結びつける理論の全容を解明し、経部との思想的共通性を明らかにする。

第一節　上座部における無我と相続の理解

まず本節では、無我説を説く仏教において、どのように業果が設定されるのかという問題を、有情の相続（Skt: saṃtati / saṃtāna, Pāli: santati / santāna）という観点から考察していく。上座部資料を検討すると、有情の相続によって業と果とを説明する主張は、「我」の是非をめぐって悪見を批判する文脈で現れる。すなわち、「業の作者がいる」「果の受者がいる」と構想することは、輪廻の主体として「我」が存在するという悪見に繋がり、そのような悪見を取り除いて無我説を主張するために、有情の相続に基づく因果論が解説されている。

このような、我が業果の担い手ではないという主張は、すでに初期経典中にも現れる。我という主体を認めない場合には、業の作者と果の受者を説明することが困難であるという点から、次のような疑問が比丘に生じている。

MN. 109（Vol. III, p. 19.10–13）:

atha kho aññatarassa bhikkhuno evaṃ cetaso parivitakko udapādi — “iti kira, bho, rūpaṃ anattā, vedanā anattā, saññā anattā, saṃkhārā anattā, viññāṇaṃ anattā, anattakatāni kammāni kamattānaṃ phusissantī” ti.

そのとき、もう一人の比丘の心に次のような考えが生じた。「なるほど、実に色は我ならざるものであり、受は我ならざるものであり、想は我ならざるものであり、諸行は我ならざるものであり、識は我ならざるものである。我ならざるものによってつくられた業は、どのような我に触れるのであろうか」と。

この記述に対して、パーリ上座部の大註釈家ブッダゴーサによる註釈と、その後継者ダンマパーラによる復註は、次のように説明する。ここでは特に復註における記述が重要である。

MNA. 109（Vol. IV, p. 79.1–4）:

anattakatānī ti anattani ṭhatvā katāni. **kamattānaṃ phusissantī** ti katarasmiṃ attani ṭhatvā vipākaṃ dassentī ti sassatadassanaṃ okkamanto evam āha.

「**我ならざるものによってつくられた**」とは、「我ならざるものに基づいてつくられた」である。「**どのような我に触れるのであろうか**」とは、「どのような我に基づいて、異熟を与えるのか」〔であり〕、常見に陥った〔比丘〕がこのように言ったのである。

MNṬ. 109（VRI: Vol. IV, p. 52.4–7）:

anattani ṭhatvā ti attarahite anattasabhāve khandhakoṭṭhāse ṭhatvā taṃ ādhāraṃ katvā **katāni** kammāni. **katarasmiṃ attani ṭhatvā** ti kīdise attani nissayavipākaṃ dassanti vipaccissanti. etena kārakavedakarahitattā attapakkhakammakāni na yujjantī ti dasseti, khandhānaṃ khaṇikattā ca katanāsaakatabbhāgamadoso ca āpajjatī ti.

「**我ならざるものに基づいて**」とは、「我の存在しない〔すなわち〕我ならざるものを自性とする蘊の部分に基づいて、それを支えにして**つくられた業**」ということである。「**どのような我に基づいて**」とは、「どのような種類の我において依止・異熟を与えているのか、報果しているのか」である。これによって作者と受者が存在しないゆえに、我に属する業に結ばれていることは妥当ではないことを示している。諸蘊は刹那的なものであるから、そして、“すでにつくった業が果を現じないで滅びてしまうこと（katanāsa）”と、“自分のつくらない業の果を享受すること（akatabbhāgama）”という過失[13]に陥ってしまうからである。

ダンマパーラによる復註において、諸蘊は刹那滅であるから、「我」に基づいて業果の「作者」「受者」と構想することは誤りであると示されている。

ここでの「刹那滅の諸蘊」とは、すなわち有情の相続に他ならない。これと同趣旨は『清浄道論』においても説かれる。

Vis.（p. 602.24–31）:

sabbabhavayonigatiṭhitinivāsesu hetuphalasambandhavasena pavattamānaṃ nāmarūpamattam eva khāyati. so n' eva kāraṇato uddhaṃ kārakaṃ passati, na vipākappavattito uddhaṃ vipākapaṭisaṃvedakaṃ. kāraṇe pana sati "kārako" ti, vipākappavattiyā sati "paṭisaṃvedako" ti samaññāmattena paṇḍitā voharant'[14] icc' ev' assa sammappaññāya sudiṭṭhaṃ hoti.

すべての有・胎・趣・〔識〕住・〔有情〕居においては、因果の接続によって転起する名色だけが認められる。彼（瑜伽者）は、因以外に作者を決して見ず、異熟の転起以外に異熟の受者を〔見〕ない。そして、因があるときに「作者あり」と、異熟の転起があるときに「受者あり」とするのは、諸賢者が単に通称にちなんで言語表現しているに過ぎない、と彼（瑜伽師）には正慧によって善く見られている。

VisṬ.（VRI: Vol. II, p. 356.20–22）:

kāraṇasāmaggiyaṃ dānādīhi sādhitakiriyāya vattamānāya kāraṇamatte kattuvohāro ti āha **"n' eva kāraṇato uddhaṃ kārakaṃ passatī"** ti. karotī ti hi **kārakaṃ**. **vipākapaṭisaṃvedakaṃ** na passatī ti sambandho.

因の和合のうち布施などとして達成された作業が現起しているときに、ただ〔その〕因に対して「作者」という言語表現があるので、「**因以外に作者を決して見ず**」と言われたのである。実に"なす"ので「**作者**」である。「〔異熟の転起以外に〕**異熟の受者を**見ない」と繋がる。

無我という仏教の立場からすれば、業果の「作者」や「受者」とは世俗的な言語表現に過ぎず、勝義としては「名色の転起」すなわち有情の相続（Pāli: santati / santāna）において因果関係が成立しているのであって、因となる諸法の転起こそが「業」であり、果となる諸法の転起こそが「異熟」であると説かれている。このように初期経典に見られる「我」をめぐる問題点を解決するために、上座部では「有情の相続」に基づく因果関係が説かれていると考えられる。

第二節　相続と種子の譬え

第一節において考察したように、上座部では、因果の主体としての「我」という実体を想定するのではなく、有情の相続に基づいて因果関係を理解している。それでは、一体どのようにして自らの相続のうちに因と果が設定されるのであろうか。続いて本節では、この問題を「種子の譬え」という点から考察する。まず経部においては、“因が時間を隔てて果を生み出す”という関係を、“種子から芽が出、花が咲き、やがて果実がみのる”という「種子の譬え」によって説明している。『倶舎論』における経部説では、この「種子の譬え」と相続転変差別（自相続の特殊な変化）が密接に関係して説かれている。

AKBh. (p. 477.9–12) :

naiva tu vayaṃ vinaṣṭāt karmaṇa āyatyāṃ phalotpattiṃ brūmaḥ. kiṃ tarhi. tatsaṃtatipariṇāmaviśeṣād bījaphalavat. yathā bījāt phalam utpadyata ity ucyate. na ca tad vinaṣṭād bījād utpadyate. nāpy anantaram eva. kiṃ tarhi. tatsaṃtatipariṇāmaviśeṣād aṅkurakāṇḍapatrādikramaniṣpannāt puṣpāvasānāt.

しかし我々は、消失してしまった業から未来に果が生じるとは決して説かない。【問】ではどうなのか。【答】その相続の特殊な変化（相続転変差別）から〔果が生じる〕。種子と果実のようにである。たとえば種子から果実が生じるように、と言われる。けれども、消失してしまった種子から〔未来に〕それ（果）が生じるのではなく、〔種子から〕無間に〔果が生じるの〕でもない。【問】ではどうなのか。【答】〔たとえば〕芽や茎や葉などの順序で完成して花を終わりとする〔というような〕その相続の特殊な変化（相続転変差別）から〔果が生じる〕。

さらに、『倶舎論』において経部は、この譬えにある「種子」を特に取り上げ、種子説として教理化している[15]。それによれば、種子とは果を生起させる功能を持った名色（すなわち有情存在そのもの[16]）であるとされる。

AKBh.（p. 64.4-6）:

kiṃ punar idaṃ bījaṃ nāma. yan nāmarūpaṃ phalotpattau samarthaṃ sākṣāt pāraṃparyeṇa vā. santatipariṇāmaviśeṣāt. ko 'yaṃ pariṇāmo nāma. santater anyathātvam. kā ceyaṃ santatiḥ. hetuphalabhūtās traiyadhvikāḥ saṃskārāḥ.

【問】それでは、この「種子」と呼ばれるものは何か。【答】それは果の生起に対して、直接的に、あるいは次第〔して間接〕的に能力を持つ名色である。〔その能力が発現するのは〕相続転変差別（自相続の特殊な変化）による。【問】この「変化」と呼ばれるものは何か。【答】相続が別様になることである。【問】では、この「相続」とは何か。【答】因果関係にある三世に属する諸行である。[17]

このように経部では、自相続における業果の接続を種子が育ち果実がみのる過程に譬えているが、このような考え方は経部独自のものというわけではなく、南北両伝の初期経典のうちからすでに説かれ、後代の上座部註釈文献にも受け継がれており、そこには教理形成の痕跡が確認される。すなわち、初期経典（阿含・ニカーヤ）の段階では「種子の譬え」は説かれるが、そこに有情の相続という概念までは現れていない[18]。しかし、初期経典よりやや遅れて成立したと考えられる『ミリンダ王の問い』においては、有情の相続という概念が導入され、樹木に果実がみのる過程を例に挙げながら、業がなされてから果報が現れるまでの間、その業の余勢がどのように有情の相続のうちに保存されているのかが取り上げられている。

Mil.（p. 72.19-32）:

rājā āha "bhante nāgasena, iminā nāmarūpena kammaṃ kataṃ kusalaṃ vā akusalaṃ vā, kuhiṃ tāni kammāni tiṭṭhantī" ti. "anubandheyyuṃ kho, mahārāja, tāni kammāni chāyā va anapāyinī" ti. "sakkā pana, bhante, tāni kammāni dassetuṃ 'idha vā idha vā tāni kammāni tiṭṭhantī'" ti. "na sakkā, mahārāja, tāni kammāni dassetuṃ 'idha vā idha vā tāni kammāni tiṭṭhantī'" ti. "opammaṃ karohī" ti. "taṃ kiṃ maññasi, mahārāja, yān' imāni rukkhāni anibbattaphalāni, sakkā tesaṃ phalāni dassetuṃ 'idha vā idha vā tāni phalāni tiṭṭhantī’” ti. “na hi, bhante” ti. “evam eva kho, mahārāja, abbocchinnāya santatiyā na sakkā tāni kammāni dassetuṃ ‘idha vā idha vā tāni kammāni tiṭṭhantī’” ti. “kallo si, bhante nāgasenā” ti.

王は言った。「尊師ナーガセーナよ、この名色によって善、あるいは不善の業がなされます。その業はどこに存在するのでしょうか」と。「大王よ、あたかも影が離れないように、それら業はつき従います」と。「尊師よ、それでは“それら業はここにある、あるいはそこにある”と、それら業を示すことができるでしょうか」と。「大王よ、“それら業はここにある、あるいはそこにある”と、それら業を示すことはできません」と。「譬えてください」と。「大王よ、次のことをどう考えますか。未だ果実を結んでいない樹木の果実について、“その果実がここにある、あるいはそこにある”と示すことができますか」と。「尊師よ、いいえ〔できません〕」と。「大王よ、〔それと〕同様に、断たれていない相続（santati）のうちに“それら業はここにある、あるいはそこにある”と、それら業を示すことはできません」と。「尊師ナーガセーナよ、もっともです」と。

この討論は漢訳『那先比丘経』にも含まれていることから[19]、有情の相続のうちにどのように業の余勢が保存されるのかという問題は、汎仏教的な議題の一つであったと考えられる。後代のブッダゴーサの著作にも同様の記述が見られる。ただし、経部のように「種子の譬え」が相続転変差別（自相続の特殊な変化）と関係して説かれてはいない。

Vis.（p. 555.6–15）; VibhA.（p. 164.17–26）:

santāne yaṃ phalaṃ etaṃ, n’ āññassa na ca aññato,
bījānaṃ abhisaṅkhāro, etass’ atthassa sādhako.

.... etassa ca pan’ atthassa bījānaṃ abhisaṅkhāro sādhako. ambabījādīnaṃ hi abhisaṅkhāresu katesu tassa bījassa santāne laddhapaccayo kālantare phalaviseso uppajjamāno na aññabījānaṃ, nāpi aññābhisaṅkhārapaccayā uppajjati, na ca tāni bījāni, te[20] abhisaṅkhārā vā[21] phalaṭṭhānaṃ pāpuṇanti, evaṃ sampadam idaṃ veditabbaṃ.

相続（santāna）においてその果は、他〔の因〕のものではなく、そして他〔の因〕からのものでもない。種子の栽培（abhisaṅkhāra）が、この意味を成り立たせる。

……。そしてまたこの意味を、種子の栽培が成り立たせる。なぜなら、マンゴーの種子の栽培がなされ、その種子の相続（santāna）において縁が獲られれば、後時に素晴らしい果実が生じるのであって、〔その果実は〕他の種子のものではなく、他の栽培を縁として生じたのでもなく、そしてそれら種子または栽培が果実の場所に到達したのでもない。このようなこの類似が知られるべきである。[22]

以上より、⑴上座部も経部も有情相続に基づいて業果の接続が果たされると考えていること、⑵その両者とも、業果の接続の過程を種子と果実の関係に譬えていることが確認される。しかしながら、上記のブッダゴーサの著作における「種子の譬え」は、あくまで「譬え」に過ぎず、どのように自相続のうちに業が保存され果を結ぶのか、という教理的な理解をそこから窺うことはできない。

第三節　相続転変差別の理論

本節では、過去の行為による影響力が、どのように自相続に保存され、未来に影響を及ぼすのかという点を考察する。このような「過去になした業と、未来に起こる果との間にあるプロセスを如何に理解するか」という問題は、諸部派によって見解が異なる。説一切有部は、三世実有説に基づいて「過去に落謝した法も実有であるから、その過去法は未来に果を与えることができる」と理解している[23]。一方、過去法の非実有を主張するその他の諸部派では、業と果の間に存続している余勢を想定している。大衆部や犢子部・正量部は、この余勢を説明するために増長や不失壊と呼ばれる心不相応法の存在を主張する。経部は、このような心不相応法の存在を認めなかったため[24]、「自他の因的効力を自相続の変化という形で受領し、それを保持して、後に自相続の上に果を生起させる」[25]という相続転変差別の理論によってこれを説明している[26]。

この問題について上座部は、三世実有説を採用せず、過去法は実有ではなくすでに蘊の自性を失っていると考えるために、有部と同様に解釈することができない[27]。加えて、『論事』や『論事註』において上座部は、大衆部や正量部を批判して、業の余勢としての役割を担う心不相応法の存在を否定しているため、増長や不失壊の理論を採用することもできない[28]。

そこで注目されるのは、経部における相続転変差別の理論である。なぜなら、経部と同様に上座部においても有情相続に基づいて業と果を説明しており、さらに経部の相続転変差別と近接する表現が上座部資料中にも見られる点が指摘されているからである。浪花宣明［2008: pp. 266–267 註 7］は次の箇所を引用する。

VisṬ.（VRI: Vol. II, p. 353.23–24）:

> kammasesassa vā aparāpariyāye vedanīyassa aparikkhīṇatāya santatiyā pariṇāmavisesato ti tehi tehi kāraṇehi āhitabalaṃ paṭhamaṃ vipaccati.
>
> あるいは、順後次受業が未だ尽きていなければ相続の特殊な変化から、というように、それぞれの諸因により強力になったものが第一に異熟する。

しかしながら、浪花宣明はその研究において、上座部における相続転変差別の理論について上記の一節を註で紹介するに留まっており、その理論の内容が研究対象になったことは未だない。そこで本節では、業縁（kammapaccaya）に関する記述を検討することで、この理論の詳細を明らかにしていく。

この業縁とは、諸要素の間にある関係性を二十四種の縁に基づいて分類するうちの一つである。すなわち上座部では、過去の業と現在の果との間にある関係性を、業縁によって説明している[29]。次のように定義される[30]。

PaṭṭhA.（p. 18.4–10）; Vis.（p. 538.11–17）:

> cittapayogasaṅkhātena kiriyābhāvena upakārako dhammo kammapaccayo. so nānākkhaṇikāya c' eva kusalākusalacetanāya sahajātāya ca sabbāya pi cetanāya vasena duvidho hoti. yath' āha — kusalākusalaṃ kammaṃ vipākānaṃ khandhānaṃ kaṭattā ca rūpānaṃ kammapaccayena paccayo. sahajātā[31] cetanā sampayuttakānaṃ dhammānaṃ taṃsamuṭṭhānānañ ca rūpānaṃ kam-

mapaccayena paccayo ti.

心の加行と称される作業として資助となる法が業縁（kammapaccaya）である。それは、異刹那の善・不善思と、倶生している一切思とについて二種類である。次のように説かれる。「善・不善の業は、異熟蘊と已作色にとって業縁として縁である。倶生している思は、相応した諸法と、それより等起する諸色にとって業縁として縁である」と。

この箇所に対して『発趣論復註』は、相続転変差別の理論に基づいて業果の接続を説明する[32]。

PaṭṭhMṬ.（VRI: p. 182.4–7）; VisṬ.（VRI: Vol. II, p. 263.13–16）:

cittappayogo cittakiriyā, āyūhanan ti attho. yathā hi kāyavacīpayogo viññatti, evaṃ cittappayogo cetanā. sā tāya uppannakiriyatāvisiṭṭhe santāne sesapaccayasamāgame pavattamānānaṃ vipākakaṭattārūpānam pi ten' eva kiriyabhāvena upakārikā hoti. tassa hi kiriyabhāvassa pavattattā tesaṃ pavatti, na aññathā ti.

「**心の加行**」とは、「心の作業」「努めること」という意味である。たとえば身・語の加行が表（viññatti）であるように、同様に心の加行は思（cetanā）である。それ（思）は、それによって生じた作業というものによって特殊になった相続（santāna）において、他の縁が揃ったときに、転起している異熟〔蘊と〕已作色にとって、まさにその作業として資助となるのである。なぜなら、その作業というものが転起したゆえに、それらの転起があるのであって、その他ではないからである。

ここでは「特殊になった相続」（visiṭṭha santāna）という表現が見られるが、これと類似した「特殊な相続」（saṃtānaviśeṣa）という表現が[33]、『倶舎論』では相続転変差別（saṃtatipariṇāmaviśeṣa）の同義として用いられる[34]。

AKBh.（p. 300.19–21）:

yad apy uktaṃ phalād iti. naiva hi sautrāntikā atītāt karmaṇaḥ phalotpattiṃ varṇayanti. kiṃ tarhi. tatpūrvakāt saṃtānaviśeṣād ity ātmavādapratiṣedhe saṃpravedayiṣyāmaḥ.

また、「果から」（AKK. 5, 25b）と説かれたが、経部の人々は決して過去の業から果の生起があるとは説明しない。【問】ではどうなのか。【答】それ（過去の業）を先とする特殊な相続（saṃtāna）からである、と破我品（『倶舎論』第九章）において解説するだろう。

また、上述の『発趣論復註』に対して註釈家ダンマパーラは、次のように相続転変差別のメカニズムの詳細を説明している。

PaṭṭhAṬ.（VRI: p. 235.12–15）:

uppannakiriyatāvisiṭṭhe ti cittapayogasaṅkhātāya cetanākiriyāya uppattiyā visiṭṭhe visesaṃ āpanne. yasmiñ hi santāne kusalākusalacetanā uppajjati, tattha yathābalaṃ tādisaṃ visesādhānaṃ katvā nirujjhati, yato tattheva avasesapaccayasamavāye tassā phalabhūtāni vipākakaṭattārūpāni nibbattissanti. tenāha “**sesapaccaya ...pe... na aññathā**” ti.

「**生じた作業というものによって特殊になった**〔相続において〕」とは、「心の加行と称される思なる作業が生起することで特殊にされ、特異点（visesa）の起こった〔相続において〕」である。実に、ある相続において善・不善の思が生じると、〔その思は〕力に応じた特異点をそ〔の相続〕に残して滅びる。そして、まさにそ〔の相続〕において、その他の縁が揃ったときに、それの果として異熟〔蘊と〕已作色が転起するだろう。それゆえに「**他の縁が…中略…その他ではないからである**」と言われたのである。

すなわち、何らかの善悪業をなすと、それと同時に、その力に応じて特異点（visesa）が自相続のうちに刻まれる。その特異点は、その後も自相続のうちに残り続け、ある一定の条件が揃ったときに異熟として転起する、と理解されている。これと同趣旨の理論は別の箇所からも回収される。

DhsMṬ.（VRI: p. 113.8–10）;

nanu ca sattamajavanacetanāya balavatāya upapajjavedanīyabhāvo hoti ānantariyatāpī ti, tatthāyaṃ adhippāyo siyā “paṭisandhiyā anantarapaccayabhāvino vipākasantānassa anantarapaccayabhāvena antimajavanacetanāya susaṅkhatattā sā sattamajavanacetanā upapajjavedanīyā ānantarikā ca hoti, na apatitajavanacetanā viya balavatāyā” ti.

【問】しかしながら、強力な第七速行思によって順次生受となり、無間のものに〔なるの〕ではないのか。【答】「結生の等無間縁となっている異熟相続が、最後の速行思によって等無間縁としてよく造作されているので、その第七速行思は、順次生受の状態となり、無間のものになる。落謝していない速行思のように、強力であるからではない」ということが、そこでの意趣であろう。

DhsAṬ.（VRI: p. 117.8–10）:

vipākasantānassa ...pe... susaṅkhatattā ti etena yasmiṃ santāne kammaṃ uppajjati, tattha uppajjamānam eva kiñci visesādhānaṃ karotī ti dīpeti. yato tasmiṃ yeva santāne tassa vipāko, nāññattha.

「**異熟相続が…中略…よく造作されているので**」とは、これによって、「ある相続（santāna）において業が生起すれば、そこにおいて生起している〔業〕こそが何らかの特異点（visesa）を残す」ことを明らかにしている。なんとなれば、その相続においてこそ、それ（業）の異熟があるのであって、その他において〔異熟があるの〕ではないからである。

以上が註釈文献から回収される、上座部における相続転変差別の理論であり、経部のそれと類似していることが解る[35]。

結　び

本章は、上座部における業果の接続をめぐる議論を考察した。以下の点が指摘される。

(1) 無我説を主張する仏教においては、「業の作者」「果の受者」を合理的に説明することが困難であった。すでに初期経典においてこの問題は現れている。上座部の教理によれば、「業の作者」「果の受者」という表現は世俗的な呼称に過ぎず、五蘊の相続に基づいて因果関係を理解することが勝義とされる。

(2) 上座部や経部では、過去の業が未来に果を結ぶまでの間、自相続のうちに業の影響力が保存されていると理解している。このような業果の接続を説明するために、種子が果実を結ぶという「種子の譬え」を南伝・北伝資料ともに用いている。

(3) 経部では、この「種子の譬え」をもとに、相続転変差別（自相続の特殊な変化）の教理によって業果の接続を説明する。一方、上座部のブッダゴーサの著作では、「種子の譬え」が説かれるものの、そこに相続転変差別に比されるような教理は説かれず、どのように業果の接続が教理的に説明されるのかという点は不明確である。

(4) これに対し、ブッダゴーサの後継者であるアーナンダとダンマパーラは、相続転変差別の理論に基づいて業果の接続を教理的に説明している。すなわち、善悪の業を自相続における特異点（visesa）という形で残し、それを保持して、後に自相続の上に果を生起させる、というプロセスを経て業と果は接続される。

以上をまとめると、上座部では、「無我でありながら“業の作者”や“果の受者”はどのように設定されるのか」という初期経典に現れる難点を解決するために、種子と果実の関係に譬えられる「自相続に基づく因果関係」が説かれるようになり、これを教理的に説明するために、アーナンダやダンマパーラは経部の相続転変差別の理論を援用しているものと考えられる。

また、上座部が相続転変差別の理論を導入した理由については、①現在有体過未無体説の採用と、②心不相応行法の不採用の二つが重要であると考えられる。すなわち上座部にとって、過去に落謝した業はすでに自性を失っており異熟を与える能力を有していないため、常に現在位において業の余勢が保存され続けていると理解しなければならない。ところが上座部は、大衆部の増長や正量部（犢子部）の不失壊に相当する、業の余勢の担い手となる心不相応行法の存在を法体系のうちに認めなかった。そのために、別法を想定せずとも「相続の特殊な変化」だけで業果の接続を説明できる相続転変差別の理論が採用されたのであると考えられる。

最後に、このような㈠上座部と経部とが業果の接続について共通した思想を抱えている点、㈡そして上座部における相続転変差別の理論が、ブッダゴーサ（五世紀）に帰せられる諸資料には説かれず、アーナンダやダンマパーラによる註釈において現れる点は、未だ確定していない上座部諸註釈家の思想性を考察する上で重大な一視点となることが予想される[36]。また、とりわけ近年ではダンマパーラに帰せられる著書において、有部や大乗などの北伝思想が受容されている点が注目を浴びているが[37]、本章においては、ダンマパーラより一世代前に属するとされるアーナンダの著作にも北伝思想が見られる点を指摘した。これは、南伝・北伝仏教の思想交流や、仏教史の全体像を解明する上でも重要な示唆を与えるであろう。

第二章　説一切有部における与果と得

問題の所在

本章は、有部における業と果との関係について、すなわち過去の業が未来に果を生み出す理論について考察する。前章において、上座部が経部と同様に、相続転変差別（自相続の特殊な変化）を唱えることで、業の余勢が異熟を結ぶまで自相続のうちに保存され続ける、と理解していた点を指摘した[38]。一方、有部については、古くは学界において無表（avijñapti）こそが業の余勢を引き継ぐ媒介者であると信じられてきたが、この主張は加藤精神・荻原雲来らによって否定され、それ以来、この両者のうち荻原雲来の結論が定説として定着している。その荻原雲来の学説によれば、三世実有説を唱える有部においては、与果・取果の教理によって過去に落謝した業が直接未来に果を与えることが可能であり、中間に存在する媒介者を何ら必要としないとされる[39]。言い換えれば、有部教理において業の余勢は過去位にある業そのものの中に保存され続けるのである。この定説に対して本章は、加藤精神の学説を再検討することで、若干の訂正を加えることを目的としている。まず、これまでの先行研究を精査して問題点を明らかにする[40]。

㈠　先行研究の成果

明治から大正にかけて舟橋水哉ら当時の学界は、「過去に落謝した業が、どうして未来に果を与えることができるのか」という問題に対し、「業と果との間で連鎖して存在し、過去に落謝した業に代わって果を生み出す媒介者が必要であり、その媒介者こそが無表である」と理解していた[41]。この関係を図示すると次のようになろう[42]。

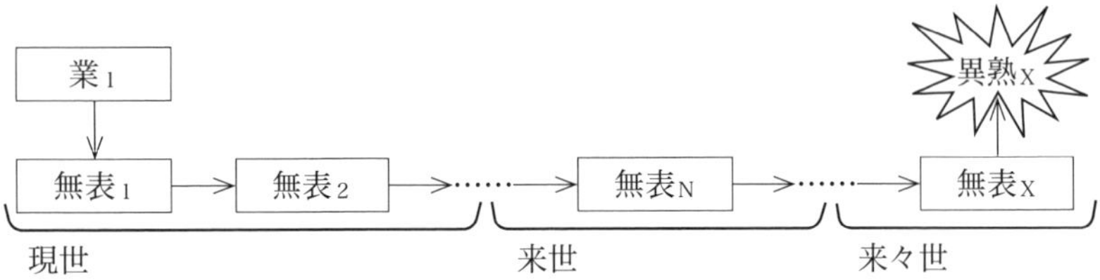

すなわち、たとえば殺生（業$_1$）が完成されると、それと同時に無表$_1$が生まれ、異熟を招くその時まで無表が相続し、異熟する瞬間に無表$_X$が過去に落謝した業に代わって苦受などの異熟を与えるという理解である。

このような当時の定説を加藤精神は痛烈に批判し、造業より感果まで、その中間の連鎖となるものは無表ではなくして得（prāpti）であると主張したが[43]、同年のうちに荻原雲来によって反論される[44]。荻原雲来は、業と異熟との間に連鎖する別法は無くとも業は果を与えると主張し、与果・取果によってそれが成立するとした[45]。これを図示すれば次のようになる。

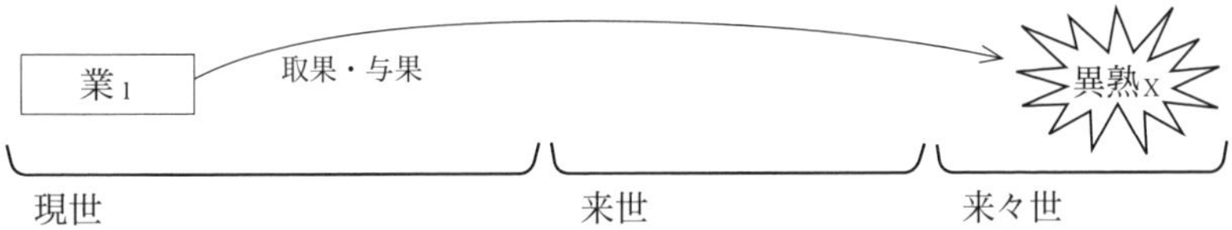

つまり、殺生（業$_1$）が完成されたその瞬間に、未来にどのような果（異熟$_X$）を引くか予約され（取果）、この業$_1$は過去に落謝していても予約された果（異熟$_X$）を与える能力があるとされる（与果）。

これに対して加藤精神も再反論し、荻原雲来説を認めながらも自説を撤回しなかった。加藤精神は、「有部宗に於ては善悪の業力は過去に在りても尚実有なるが故に、能く当来の異熟果を与果すと云ふのである」と結論付け[46]、さらに「又有情と業力との関係如何と云はゞ、予は之を得の力に帰せんとするものである」と再説し[47]、得こそが有情と業力とを繋ぎとめているとした。この加藤精神説を図示すれば次のようになろう[48]。

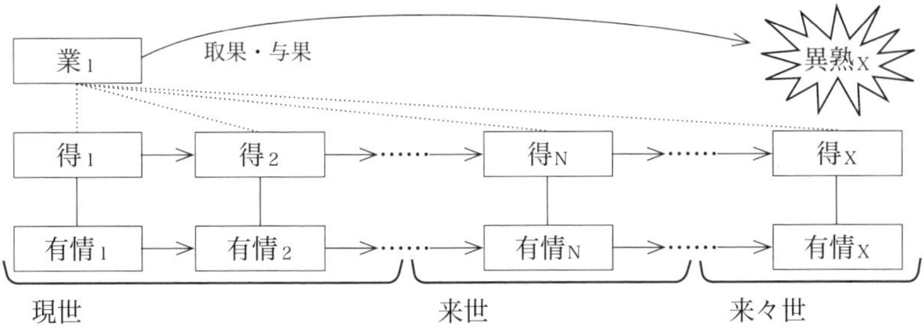

この加藤精神説によれば、過去の業が得せられているからこそ、その業が未来に与果できるとされる。

以上のように、三つの説が提示されたわけであるが、このうち舟橋水哉は加藤精神らの批判を受けて自説を後に撤回している[49]。残る荻原雲来と加藤精神との両説のうち、現代に至るまで主に荻原雲来説が定説として受け入れられ、加藤精神説はあまり注目されてこなかった。この最も大きな原因は、舟橋一哉［1954a: p. 104.5–6］が、加藤精神と荻原雲来の両説を検討して荻原雲来説が最も優れていると述べたことに由来すると考えられる[50]。その後、山田恭道［1972: p. 75.13–15］も、無表を論じる中で、この舟橋一哉の理解に賛同している。また、櫻部建［1978: pp. 139.6–142.2］[51]と兵藤一夫［1980: pp. 63.14–64.5］も、有部の因果論および業論を論じる中で、三世実有によって異熟因・異熟果の関係が成り立つとして荻原雲来説に言及するが、加藤精神説（すなわち得と与果の関係）には触れていない。業滅を考察した佐古年穂［1997: p. 36.14–18］も、有部においては業因業果の理は取果・与果によって成立し、得に中間者としての役割はないと指摘している。

一方、加藤精神説に言及する研究もある。那須良彦［2004］は、正量部の不失法因を検討し、その中で有部業論について、「善悪の業力は過去にあっても実有であるから、当来の果報を与果することが出来るとするのである。だが、この業力が何故に有情に随逐して離れないのかといえば、得（＝成就）の力によってこの業力が有情の身心に繋ぎ留められているからなのである」と述べて加藤精神説に触れている[52]。また、刹那滅の議論を検討した松島央龍［2010a］は、『順正理論』において、譬喩者が心相続によって業の相続を説明するのに対し、衆賢が得によって業の相続を説明している点を指摘している[53]。Dhammajoti［2003],［2007］(=［2009a］）も、与果と得とには関係があると主張し、その業は得によって異熟する時まで有情に結びつけられていると理解している[54]。しかしながら、那須良彦［2004］は、観誓（Avalokitavrata）が『中論』第 17 章、第 12 偈以降の主張者を毘婆沙師に帰した意図の解明を目的としており、また松島央龍［2010a］は、刹那滅に関する譬喩表現の紹介を主としたものである。したがって、これら両研究は必ずしも有部業論を直接的に扱ってはいない。そして、Dhammajoti［2003],［2007］(=［2009a］）は、有部業論の全体像を総合的に明らかにしようとした研究であるが、得と与果との関係については文献に基づく論拠を挙げていない。このように加藤精神説は、その是非が本格的に検討されてこなかったきらいがあり、具体的にどのように得が与果に影響を与えているか未だ明らかではない。

㈡　本研究の目的

以上、加藤精神・荻原雲来の両説、およびその後に発表された先行研究を概観した。両説ともに業と果との接続は三世実有説に基づく取果・与果よって成立すると述べ[55]、これに加えて加藤精神は得によって業力が有情に繋ぎとめられると理解している。

このうち、三世実有説によって業果の接続が果たされるという解釈は、多くの有部論書にその根拠を見出すことが可能であり[56]、学界において定説として広く受け入れられている。その一方で、加藤精神の解釈が、今日に至るまで詳細に検討されることは無かった。そこで本章では、加藤精神説およびDhammajoti 説に再検討を加え、有部における与果と得との関係を解明する。

第一節　加藤精神説と Dhammajoti 説

第一項　加藤精神説

まず、加藤精神説を検討し、その是非を探る。加藤精神は、心不相応行法の得（prāpti）と業果との間には関係性があり、業は過去に落謝してしまっていても得によって有情に結びつけられ続けている（すなわち成就されている[57]）からこそ、未来に果を生み出せると主張している。本章の結論を先んじて述べれば、加藤精神の説自体は正当なものであるが、その論証は適切ではない。

加藤精神［1929］は、三世実有説によって媒介者なしに業果の理は成立するが、業力[58]を有情に関係づけるものが得であると主張し、自説の根拠として『大毘婆沙論』から二箇所を引用する。本項は、この両引用を検討し、それが根拠となっていない点を指摘する。加藤精神［1929: pp. 6.15–7.2］は自説の根拠として、次の『大毘婆沙論』の文言を引用する。

『大毘婆沙論』巻 125（T27. 652a08–29）[59]:

有業成就。此業定当受異熟。謂業過去不善善有漏。異熟未熟。此業不失。……。此中謂業過去不善善有漏。異熟未熟。此業不失者。謂諸無間業。已現在前。已牽異熟。果未現前。若律儀業。若不律儀業。若非律儀非不律儀。諸余身語妙行悪行。若欲界繫善不善思。若悪作憂根俱生善思。若諸静慮無色順退分。乃至順決択分等業。已現在前。已牽異熟。此有三種。謂順現法受等如前說。果未現前。此業不失。由無前所説諸失縁故。

【第三句】「業成就して、此業定んで当に異熟を受くべきもの有り。謂く、業の過去の不善か善の有漏かなるものにして、異熟未だ熟せず、此業失せざるものなり（加藤精神訳：異熟未だ熟せずんば此業失せず）。……」[60]と。此の中、「謂く、業の過去の不善か善の有漏かなるものにして、異熟未だ熟せず、此業失せざるものなり（加藤精神訳：異熟未だ熟せずんば此業失せず）」とは、謂く、諸の無間業にして已に現在前し、已に異熟を牽き、果未だ現前せざるものなり。若しくは律儀業、若しくは不律儀業、若しくは非律儀非不律儀の諸余の身語の妙行・悪行、若しくは欲界繫の善・不善の思、若しくは悪作・憂根と倶生する善思、若しくは諸の静慮・無色の順退分、乃至、順決択分等の業、已に現在前し、已に異熟を牽き、── 此に三種有り。謂く、順現法受等なること前説の如し ──、果未だ現前せず、此業失せざるものなり（加藤精神訳：果未だ現前せずんば此業失せず)。前所説の諸の失縁無きに由るが故に。

上記の一節は、業異熟と業成就との関係を四句分別したうちの第三句であり、「業を成就し、この業の異熟することが定まっている」という場合を説明している。加藤精神は、この一節を「異熟果が現前しなければ、この業は捨せられない」と理解することで、業力と得との関係を明かしていると主張している。すなわち、業は異熟をもたらすまで得（成就）せられ続けており、得こそが業力を有情に結びつけているというのである。しかしながら、この加藤精神の理解は適切ではなく、必ずしも業力と得との関係を証明しているものではない。なぜなら、直前にある四句分別の第二句「業を成就せず、この業の異熟することが定まっている」という場合の註釈において、必ず異熟することが定まっていて、その果が未だ現前していなくても、その業を失してしまっている場合が認められているからである[61]。したがって、必ずしも得によって業力が有情に結びつけられていなくても定んで異熟する場合が認められているので、上記の『大毘婆沙論』の一節は、加藤精神によって示される理論を証明するものではない[62]。

また、加藤精神［1929: p. 7.8–12］は次の一文も引用し、自説の根拠とする。

『大毘婆沙論』巻 121（T27. 632b12–15）[63]:

若成就不善業。彼成就色無色界繫業耶。答。諸成就不善業。彼定成就色無色界繫業。謂生欲界若断善根。彼定成就不善業。及色無色界繫一業。謂染汚業。……。

「【問】若し不善業を成就せば、彼は色・無色界繫の業を成就すや。【答】答ふ。諸の不善業を成就せば、彼は定んで色・無色界繫の業を成就す」[64]とは、謂く、欲界に生ずるものにして若し断善根ならば、彼は定んで不善業と及び色・無色界繫の一業とを成就す。謂く、染汚業なり。……。

この『大毘婆沙論』の文言は、「断善根者ならば、欲界の不善業と色・無色界の染汚業を成就している」と述べているに過ぎず、その果については何も言及されていないため、必ずしも加藤精神説の根拠とはならない。またなにより上記『大毘婆沙論』の前後を検討すると、有部は「無色界の有情は、欲界繫・色界繫の業を成就しない」と主張している[65]。もしここで加藤精神が主張する「得（すなわち成就）されている業だけが与果し得る」という理解を是としてしまうと、無色界の有情は色界・欲界に二度と再生できなくなるという事態に陥ってしまう。したがって、ここからも業は成就されていなくても与果し得ることが確認される。

以上のように、加藤精神の提示した両引用は、いずれも自説の根拠となっていない。

第二項　Dhammajoti 説

続いて、Dhammajoti 説を検討する。Dhammajoti も、過去に落謝した業は異熟する時まで得（prāpti）によって有情に関係づけられるとし、加藤精神と同趣旨の理解を示している[66]。ただし、Dhammajoti の理解にも問題がある。Dhammajoti は、「捨」（tyāga）を「相続が止まること」と理解し、捨せられてもその過去法は得によって有情に繫ぎとめられるとしている。たとえば、表所生の無表は死没によって捨せられるが、Dhammajoti の理解に基づけば、その無表は死没後の来世に得によって有情に結びつけられ、この得の連鎖は業が異熟する時まで続くとされる。これを図示すれば次頁のようになろう。

しかし、この Dhammajoti の理解は誤りである。第一に、「捨」（tyāga）とは「非得（＝不成就）」であり、「相続が止まる」という意味ではない。なぜなら、別解脱律儀・不律儀・処中（非律儀非不律儀）の無表を捨せば、現在法の無表も、過去法の無表も不成就になるからである[67]。これは表についても同様であり、表が捨せられれば現在法・過去法ともに不成就になる[68]。仮に Dhammajoti の理解が正しければ、これらの法は捨せられた後も、法後得が生じ続けて、その法を有情に結びつけていなければならないはずである。し

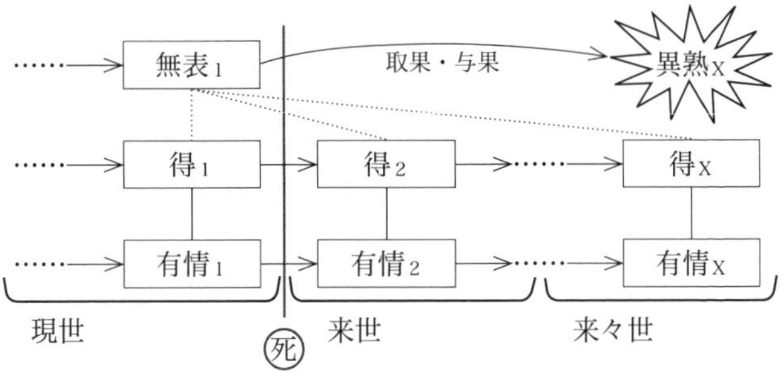

かしながら、ある法が捨せられているのにもかかわらず、その法が得によって有情に結びつけられているということは有部法相上あり得ない。この事実は、『大毘婆沙論』にある「欲界の卵𣪊に住する有情と、胎に住する異生とは、前生の表・無表を死没とともに捨してしまっているので、未だ今生では一切の善・不善色（表・無表を含む）を成就していない」という記述からも確認することができる[69]。また、表の捨は、その表が起こすところの無表の捨と同じ原因によって起こされる[70]。よって、表所生の無表は命終をその成就の限りとするから[71]、表の成就も命終を限りとする。もしもDhammajotiの理解が正しいのであれば、上記『大毘婆沙論』で取り上げられている有情や異生も前生の表・無表を成就していなければならないはずである。

第二に、Dhammajotiは「業が異熟をもたらせば、得の連鎖も終わる」と理解しているが、これも誤りである。なぜなら、得の連鎖が断絶していても業は異熟を与えることが可能だからである。有部の理解によれば、デーヴァダッタによる破僧は、釈迦牟尼が過去世で犯した不善業の報いであると理解されている[72]。すでに述べたように、有部法相に従えば、過去世でつくった表と、表所生の無表との成就は死没とともに失われてしまっており、また不善思も悟った時点で成就関係が失われている[73]。したがって、釈迦牟尼仏にとって、過去世でなした不善業の得はすべて断絶していることになる。それにもかかわらず、釈迦牟尼仏に不善業が異熟を起こしていると理解されているから、得が業と果との間で連鎖する必要は必ずしもない。そして、『大毘婆沙論』では「過去の業で、果が已に現前しておきながら、なお成就し続けている」という場合が認められているから[74]、果の現前によって得の連鎖が終わるというDhammajotiの理解は成り立たない。

第二節　得と与果が関係する場合

前節において検討したように、加藤精神およびDhammajotiによる論証には大きな問題がある。しかし、たとえ論証に問題があったとしても、「与果と得には関係がある」というアイデアが全く間違っているというわけではない。なぜなら、『順正理論』では業と異熟との中間者として得が言及されており[75]、中国撰述の『光記』においても得（成就）が与果に対して影響力を及ぼすと理解されているからである[76]。このような事態は有部法相からも確認することができる。

その事例の典型例は来世に上地に再生する場合である。有部における基本的理解に従えば、現世である上地を得てそこから退しなければ、来世にはその上地に再生すると理解されている。たとえば、ある欲界有情が来世に初静慮に再生する場合、現世で初静慮に入定することによって初静慮に属する業をつくり、その業を異熟因として来世に初静慮に再生することができる[77]。しかし、同時にこの有情は現世で欲界繫の業もつくっているはずであるから、どうして上地に属する業が優先的に異熟を起こすのかという点を教理的に説明する必要がある。

この問題に対して有部は、初静慮に属する業を得していることによって、その業の与果が決定的なものになるという理解を示している。すなわち、得せられている業のうち、最も上地に属する業が優先的に再生をもたらすと考えられているのである。これが端的に説かれる事例は、上流不還の聖者が初静慮乃至第四静慮を雑修し、来世に初静慮（梵衆天）に再生する場合である[78]。次のように説かれる。

AKBh. (p. 359.14-18) :

sa pluto ’rdhaplutaḥ sarvacyutaś ca.（6, 38ab）

sa punar eṣo 'kaniṣṭhaparama ūrdhvaṃsrotās trividhaḥ. plutādibhedāt. tatra pluto nāma ya iha dhyānāni vyavakīrya dhyānatrayāt[79] parihīṇaḥ prathamaṃ dhyānam āsvādya brahmakāyikeṣūpapannaḥ pūrvābhyāsavaśāc caturthaṃ dhyānaṃ vyavakīrya tasmāt pracyuto 'kaniṣṭheṣūpapadyate. eṣa hi madhyānimajjanāt plutaḥ. ....

彼は、(1)〔全〕超と、(2)半超と、(3)遍没とである。(6, 38ab)
また、この〔色〕究竟〔天〕(第四静慮の頂端)を最上とする上流は、〔全〕超などの別により、三種である。そのうち(1)〔全〕超と名付けられる者は、現世において諸静慮を雑修してから、初静慮に味着して、〔上位〕三つの静慮から退し(parihīṇa)、〔死後に〕梵衆〔天〕に生まれ、前世の修の勢力により第四静慮を雑修して、そこから死没して〔色〕究竟〔天〕に生まれる者である。この者は中間において沈むことがないので、〔全〕超である。……。

AKVy. (p. 560.12–19):

iha dhyānāni vyavakīrya dhyānatrayāt parihīṇaḥ[80] iti. dhyānavyavakiraṇaṃ caturthadhyānavyavakiraṇapūrvakam. ākīryate caturthaṃ prāg iti vacanāt. caturtham eva hi dhyānam ādito vyavakiraṇe samarthaṃ. nānyat. caturthāc ca dhyānād aparihīṇasya prathamādiṣu dhyāneṣūpapattir nāstīty ata ucyate. **dhyānatrayāt parihīṇa** iti. kathaṃ ca parihīṇa ity āha. **prathamaṃ dhyānam āsvādye**ti.

「**現世において諸静慮を雑修してから**、〔初静慮に味着して、上位〕**三つの静慮から退し**」とは、静慮の雑修は第四静慮の雑修を先とする。「第四〔静慮〕が先に修習される」(AKK. 6, 42a)と説かれているからである。なぜなら、第四静慮のみが最初に雑修することが可能であり、他〔の静慮〕は〔最初に修習〕できないからである。また、第四静慮から退しない者には、初静慮などに生まれることはないから、それゆえ「**三つの静慮から退し**」と言われるのである。【問】では、如何にして退するのか。【答】答える。「**初静慮に味着して**」と。

雑修静慮の修習者は来世に必ず初静慮(梵衆天)に生まれると理解されて

いるが、一生涯のうちに初静慮から第四静慮に至るまでが修習されるため、そのままだと最上地は初静慮ではなく第四静慮になるので、来世は第四静慮に再生することになり、初静慮に再生することはできない。そこで有部では、静慮を雑修して後に、上位三静慮から退することによって初静慮に再生すると理解している[81]。ある静慮地から退すれば、その地に属する善法も捨せられるので[82]、その善法のうちに含まれる業（＝異熟因）も捨せられる。上位三静慮から退する前と退した後との、業の成就 / 不成就（得 / 捨）を表に示せば次のようになる[83]。

	業の成就 / 不成就	
	退する前	退した後
第四静慮	成就	不成就
第三静慮	成就	不成就
第二静慮	成就	不成就
初静慮	成就	成就
没後の再生先	第四静慮[84]	初静慮

仮にもし三世実有説のみで業果の接続が説明されるのであれば、業（＝異熟因）を成就していようと成就していまいと与果に影響はないはずである。ところがこの雑修静慮の事例は、業の成就 / 不成就によってその業が実際に与果するか否かが決定されることを示唆している。すなわち、雑修静慮を修めた聖者が第四静慮乃至第二静慮に再生せず、初静慮に再生する理由は、上位三静慮の業を成就しておらず、初静慮の業のみを成就しているからであると考えられる。この雑修静慮の場合には、初静慮に属する業を死没するまで成就（得）し続けていることになるので、したがって加藤精神［1929］が述べたように、得が業力を有情に繋ぎとめていると考えることができる[85]。

第三節　得と与果が関係しない場合

第一項　上地・下地に再生する場合

前節において、得が業果の中間者となる事例を検討した。けれども、たとえ業の得が断たれてしまっていても、その業は果を感ずることが可能な場合も認められている[86]。この事実は、上地・下地に再生する事例から確認することができる。

まず、上地から下地に再生する場合を検討する。有部の理解によれば、下地から上地へ再生する際に下地の法を捨してしまうと考えられている[87]。したがって、上地にいる有情は下地の異熟因を成就できないため、もし上地から下地へ再生する場合には、得（成就）の断絶している業が下地への再生をもたらしていることになる。このような「上地→下地」への流転が、成就されていない業によってもたらされることは、中国撰述の『光記』においても言及されている[88]。

続いて、下地から上地に再生する場合を検討する。ここで問題となるのは、上地を得ないままその上地に再生する場合である。『大毘婆沙論』では、たとえ現世において上地を得ていなくても来世にその上地に再生する場合があると説かれている[89]。

『大毘婆沙論』巻 161（T27. 816c05-11）:

> 頗有不入初静慮生梵世耶。答。生。云何生。謂依未至定離欲界染。最後解脱道。及後時不入初静慮。彼若未離初静慮染命終。必当生於梵世。或上地歿生彼天中。問。不起彼定云何生彼。無異熟因故。答。順後次受業為異熟因故得生彼。
>
> 【問】頗し初静慮に入らずして梵世に生ずるもの有りや。【答】答ふ。生ず。【問】云何が生ずる。【答】謂く、未至定に依りて欲界の染を離れ、最後の解脱道と、及び後との時、初静慮に入らずとも、彼れ若し未だ初静慮の染を離れずして命終せば、必ず当に梵世に生ずべし。或は上地よ

り歿して彼の天中に生ずるあり。【問】問ふ。彼の定を起さずして、云何が彼に生ずる。異熟因無きが故に。【答】答ふ。順後次受業を異熟因と為すが故に、彼に生ずることを得。

　これと同趣旨が第二静慮、乃至、非想非非想処についても説かれている。よって、上地を得ていなくてもその地に再生できる場合は次の二つである。

　(1)　ある地の根本定を得なくても、その地の未至定（第二静慮以上は近分定）に依って下地から離染していれば、その地に再生することができる。

　(2)　たとえ定を起こしていなくても、順後次受業の異熟によって、その地に再生する場合がある。

　本項で重要となるのは(2)であり、この場合に業は、得が断絶していながらも異熟を与えることになる。これは次のような状況を想定している。たとえば、前世では初静慮の有情として生在して上地を得ていなかったのにもかかわらず、前々世で人だったときにつくった順後次受業によって現世で第三静慮の生存を得たというような場合である。この場合には、すでに検討したように、前々世において第三静慮まで得ながらも、前世で初静慮に再生するためには、前々世のうちに第三・第二静慮から退しておく必要がある。各世における状況を図示すれば次のようになる。

		前々世	前世	現世
色界	第四静慮			
	第三静慮	△		●
	第二静慮	△		
	初静慮	○	●	
欲界		●		

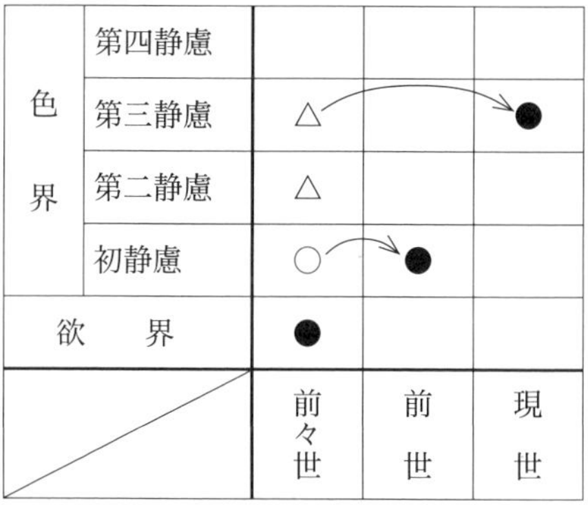

●：生在する地、○：禅定によって得られた地、
△：禅定によって得るも退した地。

現世での第三静慮の生存を引いた順後次受業は、前々世で第三静慮に入ったときにつくられた善業であるが、その後に第三静慮から退しているため前々世のうちにこの業は捨せられている[90]。また、前世では第三静慮に入定していないため、第三静慮に属する善法（先ほどの業も含まれる）は、前世の間、捨せられたままである[91]。このような場合には、現世で第三静慮の生存を引いた順後次受業は、造業から与果まで成就され続けておらず、その得は断絶したままである。したがって、得が業力を有情に繋ぎとめていなくとも、順後次受業が与果できると認められていることになる。

第二項　色界・無色界の有情が上地を得る場合

続いて、色界・無色界に再生した者が、その生在する地よりも勝れた色界定や無色界定を得るための条件という点から考察を進める。欲界に生在する有情の場合には、教えに従い修行を繰り返すことで、色界定や無色界定を起こすことが可能である[92]。しかし有部の教理によれば、色界・無色界にいる有情たちの場合には、修行によって上地を得ることはできない[93]。『倶舎論』によれば、色界・無色界に生在する有情たちが上地を得るための条件として、⑴因、⑵業、⑶法爾という三つが説かれる[94]。

AKBh.（pp. 458.16–459.7）:

kathaṃ rūpārūpyadhātvor ārūpyadhyānaviśeṣotpādanam. tribhiḥ kāraṇair dhyānārūpyasamāpattīnām upapattir[95] hetukarmadharmatābalaiḥ. tatra,

hetukarmabalād dhātvor ārūpyotpādanaṃ dvayoḥ.（8, 38ab）

dvayo rūpārūpyadhātvor ārūpyasamāpattyutpādanam hetubalād āsannābhīkṣṇābhyāsāt, karmabalāc cordhvabhūmikasyāparaparyāyavedanīyasya karmaṇaḥ pratyupasthitavipākatvāt. na hy adhastād avītarāgeṇordhvaṃ śakyam upapattum[96] iti.

dhyānānāṃ rūpadhātau tu tābhyāṃ dharmatayāpi ca.（8, 38cd）

rūpadhātau dhyānotpādanam etābhyāṃ hetukarmabalābhyāṃ dharmatayā ca saṃvartanīkāle. tadānīṃ hi sarvasattvā evādharabhūmikās taddhyānam utpādayanti. kuśalānāṃ[97] dharmāṇām udbhūtavṛttitvāt.

【問】色〔界〕・無色界において〔生在するその地よりも〕勝れた無色や静慮の生起は、どのようにしてあるのか。【答】因〔力〕と業〔力〕と法爾力という三つの理由によって、静慮や無色定の生起がある。そのうち、

両界において無色〔定〕を起こすのは、因〔力〕と業力とによる。(8, 38ab)

色〔界〕・無色界の両界において無色定を起こすのは、因力、〔すなわち〕時を隔てずに〔あるいは〕繰り返して修習することによって[98]、そして業力、〔すなわち〕上地に属する順後次受業の異熟が現前することによって、である。実に下〔地〕から離染していない者が上〔地〕に生を受けることはできないからである。

一方、色界において〔より勝れた〕静慮〔を起こすの〕は、二〔力〕と法爾とによる。(8, 38cd)

色界において〔より勝れた〕静慮を起こすのは、これら因〔力〕と業力により、そして〔器世間の〕壊れるときには法爾によって、である。諸々の善法が増盛な働きをするからである。

ここで問題となるのは、⑵業の条件である。すなわち、過去世につくった順後次受業が与果することで上地を得る場合があるというのである。有部法相を考察すると、このような場合には、成就(得)されていない順後次受業が異熟することで上地を得ていることが解る。『称友疏』では次のように註釈される。

AKVy. (p. 693.5-11):

karmabalāc ca. rūpadhātāv upapannasya **aparaparyāyavedanīyasya karmaṇaḥ pratyupasthitavipākatvāt**. tadvairāgyānukūlā saṃtatir avatiṣṭhate. **na hy adhastād avītarāgeṇordhvam** ārūpyadhātau **śakyam upapattum** iti. evam ārūpyeṣv ākāśānantyāyatanopapannasya karmabalāt. ūrdhvabhūmikasya vijñānānantyāyatanabhūmikasyāparaparyāyavedanīyasya karmaṇaḥ pratyupasthitavipākatvāt. tadvairāgyānukūlā saṃtatir avatiṣṭhate. na hy adhastād avītarāgeṇordhvaṃ śakyam upapattum iti.

そして業力、〔すなわち〕色界に再生した者に**順後次受業の異熟が現前することによって**、そ〔の生在する地〕からの離染に適した相続が継続する。**実に下〔地〕から離染していない者が上〔地**である〕無色界**に生を受けることはできないからである**。同様に、無色〔界〕のうち空無辺処に再生した者には、業力によって、上地〔すなわち〕識無辺処地に属する順後次受業の異熟が現前することによって、そ〔の生在する地〕からの離染に適した相続が継続する。実に下〔地〕から離染していない者が上〔地である〕無色界に生を受けることはできないからである。

すなわち、ある色界・無色界の地（たとえば初静慮）に生在している者が、それよりも上地（たとえば第二静慮）の禅定を起こすためには、その上地に属する順後次受業の異熟が現前することによって、その間だけ離染した状態が続いて上地を得ることが可能である、という意味である。

まず、ここで踏まえておかなければならない前提が二点ある。第一の前提は、異熟因と異熟果は必ず同地に属していなければならない点である[99]。たとえば初静慮の異熟をもたらす業は必ず初静慮に、第二静慮の異熟をもたらす業は必ず第二静慮に属していなければならない。したがって、下地に属する業が上地を得（成就）させるような異熟を引き起こすことはできない。第二の前提は、下地（たとえば初静慮）から離染しなければ上地（第二静慮）を得ることができない点である[100]。

この二つの前提を踏まえて、上記の『倶舎論』と『称友疏』に説かれる事例を考察すると、ここで「上地を得させる」という異熟をもたらした順後次受業は、その上地に属するものであることが解る。そして、順後次受業の異熟によって上地を得る以前は下地から離染していなかったので、この順後次受業は得（成就）せられていなかったにもかかわらず異熟をもたらしたことになる。したがって、この事例からも業は得せられていなくとも与果できることが確認される。

第三項　不定業について

ここまで考察してきたように、業は得せられていなくても異熟を生み出すことが可能である。しかしながら、ここで注目しなければならない点は、今生において上地を得ないまま次生において上地に再生したり、色・無色界の有情が業異熟によって上地を得る場合には、順後次受業なる定業のみが言及され、不定業は言及されていないことである。定業は決められた時に必ず異熟することが定まっており、阿羅漢といえどもそれを変更することはできない業であり、一方、不定業は異熟する時や実際に異熟するかどうかが定まっていない業であるとされる[101]。

したがって、この定業・不定業の教理を加味した上で業と得との関係を推測すれば、勢力の強い定業は得によって有情に繋がれていなくても異熟を与えることが可能であるが、相対的に微弱で勢力の弱い不定業は得によって有情に繋がれていなければ異熟を与えることができないと考えられていたと予想される。

結　び

以上、有部における業果の理論について考察した。次の点が指摘される。

(1) 有部において業と果の関係は三世実有説によって説明される。業は過去に落謝しても実有であるから、未来に果を結ぶことができると考えられている。

(2) しかし、得せられている業と、得せられていない業との両方があった場合、得せられている業が優先的に与果する事例が説かれている。この典型例は、今生で上地を得て次生にその上地に再生する場合である[102]。この場合、造業から与果までの間に得が連鎖することになる。

(3) ただし定業は、たとえ得せられていなくても与果する事例が認められている。したがって、有部の理解によれば、過去に落謝した業に代わって与果の担い手となる別法が、業と果との間に連鎖して存在する必要はない。

このように、有部において業果の理は三世実有説によって説明され、得が与果に影響を及ぼすと考えられている。ただし、与果するのは過去に落謝した業そのものであって、得が業に代わって与果するのではない[103]。そして、順後次受業などの定業はその勢力が強いため、たとえ得によって有情に結びつけられていなくても与果することが可能である。よって、加藤精神と荻原雲来の両説ともに妥当であったと結論付けられる。

総　括

第三部では、上座部および説一切有部において、過去に消え去ってしまったはずの業が、どのようにして未来に果を結ぶのかを考察した。

第一章においては、上座部における理論を考察した。ブッダゴーサが「種子の譬え」によって業果の接続を理解し、アーナンダやダンマパーラが「相続転変差別の理論」を北伝仏教から導入することによってこれを教理的に説明している。ここで重要な点は、「種子の譬え」と「相続転変差別の理論」との両者が決して相互に矛盾していないことである。上座部では現在有体過未無体説の立場をとるため、過去に消滅してしまった業にもはや感果の能力は存在しない。したがって、造業から感果までの間、業の余勢が自相続の中に存続していると解釈しなければならない。しかし上座部は（ならびに経部も）、大衆部や犢子部・正量部が想定したような余勢を受け継ぐ心不相応法の存在を否定した。ゆえに、このような別法の存在を想定せずとも「自相続の特殊な変化」だけで業果の接続を説明できる相続転変差別のみが、上座部教理を破壊せずに共存可能であり、これこそがアーナンダやダンマパーラが北伝仏教から相続転変差別の理論を援用した事由であると考えられる。

一方の有部における理論は、第二章において考察した。有部は三世実有説を採用するために、過去に落謝した業であっても与果する能力を持っていると解釈することが可能である。すなわち、造業から感果までの間に存続する業の余勢を想定しなくとも、過去に位置する業そのものの中に余勢が残っていると理解する。そして、この過去に位置する無数の業のうち、得によって現在時の有情に結ばれているものが優先的に異熟を引き起こすと理解されている。

このように仏教諸部派は、「過去に落謝してしまった業が、如何にして時間を隔てて異熟を結ぶのか」という問題を解決するために、様々な解釈と議論を重ねていたことが明らかとなった。この問題に対する仏教諸部派の解釈は、大きく分けて次の三通りに分類されよう。

⑴【説一切有部における与果・取果の理論】三世実有説を採用し、業は過去に落謝してしまっていても実有であり、媒介者なく直接的に異熟を与えることができると主張する。

⑵【大衆部における増長、および正量部・犢子部における不失壊の理論】現在有体過未無体説を採用し、常に現在位において存続している業の余勢として心不相応法の存在を主張する。すなわち、業をなすと、その余勢を受け継ぐ心不相応法（増長や不失壊）が生じ、それが相続していき、後に過去に落謝した業に代わって異熟を生み出すと主張する。

⑶【経部、上座部における相続転変差別の理論】同じく現在有体過未無体説を採用し、常に現在位において存続している業の余勢を想定しなければならないが、余勢としての心不相応法を想定しない。そこで、自相続が特殊に変化することで余勢が保存され、後に果が生み出されると理解する。

このように、業果の接続に関する諸部派の見解の相違について、その相違の原因は、①三世実有説と現在有体過未無体説のどちらを採用するか、②業の余勢を受け継ぐ心不相応法の存在を認めるか否か、という二点に集約される。

第三部　註

はじめに

1　那須良彦［2004］, Dhammajoti［2003］,［2007］(=［2009a］), 松島央龍［2010a］を参照。これと同様の理論は、加藤精神［1929］によっても提示されている。

第一章

2　経部（Sautrāntika）に関する総合的研究として加藤純章［1989］がある。経部の名称の由来、およびその聖典観については本庄良文［1992］がある。また、室寺義仁［2004］によれば、Sautrāntika の漢訳語は「経量部」ではなく「経部」が正しい。

3　浪花宣明［1996: pp. 21.25-22.24］［2008: pp. 262.15-264.6］を参照。しかしながら、このような浪花宣明による業研究にはいくつかの問題がある。たとえば、浪花宣明は経部が述べる種子について、「業因と業果を結びつける“もの”」(“ ”は筆者加）という表現を使い、種子を無表と同列に置きながら考察しているが、経部において種子は決して独立した法として認められているわけではない。決して経部の種子説は“種子”なる心不相応法を想定する理論ではない。すなわち、種子とは与果する功能を持った五蘊（名色）そのものである（兵藤一夫［1980］を参照)。この事実は、経部が採用する相続転変差別の理論からも確認することができる。この相続転変差別とは、「善悪業をなすと、自相続の変化という形でその業の余勢を保存して、後に自相続の上に果を生み出す」というものであり、大衆部の増長や正量部（犢子部）の不失壊のように業の余勢を受け継ぐ心不相応法を想定せずに、「相続の変化」だけでこれを説明しようとするところに特徴がある。

また、浪花宣明［1996: p. 22.13-24］［2008: pp. 263.24-264.6］では、「「業果がある」というのは倫理的自覚の問題である。それ故、「種子」などのような、困と果とを結びつけるものも倫理的自覚に属する。これに対して五蘊の相続は存在の問題である。その五蘊の相続の中に、倫理的自覚に属する、因と果とをつなぐものを持ち込むことはできない。……。しかし「業の種子が相続している」ということは体験できない。倫理的自覚の立場からは、「業の果を受けた」（浪花宣明［1996］:「業果は必ずある」）という自覚があれば、業の倫理性は成り立つ。それ故パーリ上座部は、業の因と果とをむすぶものを考えなかったのであろう」と述べている。しかしながら、本章の結論でも述べるように、少なくともアーナンダとダンマパーラは、相続転変差別の理論を用いながら、五蘊の相続という存在論に基づいて業果の接続を理解していると考えられる。

これと関連して浪花宣明［2008: pp. 261.27-262.14］では、中部経典などを引用した後に「先に述べたように、原始経典には、「現在の果は過去世の業による」と現実の苦楽の因を過去に求める教説は見られない」と述べ、「ブッダの業説の真意は現在の業によって未来の果があると説くことにある。業の倫理的意味もこの業因業果の関係においてのみ成立する」と結論している。しかしながら、『長老尼偈』第 400-447 偈などでは明らかに過去世の悪業が問題となっているから、上記のような浪花宣明の説は成り立たない。

4 Mil.（p. 72.19-32），Ss.（p. 139.23-32）.

5 VisṬ.（VRI: Vol. II, p. 356.17），VisṬ.（VRI: Vol. II, p. 358.18）.

6 善悪業の力によって有情の五蘊相続が特殊に変化することで、その果を享受することが「相続転変差別」である。相続転変差別という熟語の場合には saṃtati という語が用いられるが、saṃtati も saṃtāna も同義であると考えられる。この根拠として AKBh.（p. 300.19-21）では、「特殊な相続（saṃtāna）」という表現が相続転変差別と同義で用いられている。加藤純章［2012: p. 12.13-15］を参照。またパーリ上座部においても、本章で検討する用例から santati と santāna は同義であると考えられる。

7 浪花宣明［1996: p. 27 註 18］［2008: pp. 266-267 註 7］.

8 経部の相続転変差別や種子の理論については、兵藤一夫［1980］, 加藤純章［1989: pp. 245.1-250.7］［2012］, Cox, C.［1995: pp. 93.10-97.2］, Park, Chang-hwan［2007］［2014］, 堀内俊郎［2012］を参照。

9 兵藤一夫［1980: p. 81.14-15］.

10 小谷信千代［1975］を参照。また、経部と大乗仏教との関係性については御牧克己［1988: pp. 230.6-231.11］を参照。

11 Schmithausen［1967］= 和訳：シュミットハウゼン（訳：加治洋一）［1983］を参照。ただし、相続転変差別の語は『大乗荘厳経論』においても見られる。

12 また、興味深い指摘として、加藤純章［2012］は相続転変差別の検討を通して、世親がサーンキヤ学派の「転変説」や「因中有果論」に大きな影響を受けた可能性に言及している。

13 katanāsa と akatabbhāgama は、ともに詳細不明であるが、おそらくジャイナ教の熟語 kṛtapraṇāśa と akṛtakarmabhoga のことであろう。両熟語を直訳しても意味が通じないため、ここでは意訳した。これら両熟語の仔細については中村元［10: pp. 467.17-468.2］を参照。なお、このジャイナ教の両熟語は、仏教徒の無我説と利那滅をめぐっての論争において用いられていることは興味深い事実である。

14 PTS: vohāran t', VRI: voharant'.

15 種子説は本章で扱う因果の問題だけではなく、得・非得や断善根の問題など多岐にわたる。種子説の総合的研究については Park, Chang-hwan［2007］［2014］を参照。

16 種子（bīja）が有情存在そのものであるという指摘については、兵藤一夫［1980: p. 73. 5-10］を参照。

17 AKVy.（pp. 147.33-148.9）:

> **kiṃ punar idaṃ bījaṃ nām**eti. dravyāśaṃkayā pṛcchati. **yan nāmarūpaṃ phalotpattau samarthaṃ**. yat paṃcaskandhātmakaṃ nāmarūpaṃ① phalotpattisamarthaṃ. **sākṣād** anantaraṃ **pāraṃparyeṇa** dūrataḥ. **ko 'yaṃ pariṇāmo nām**eti. sāṃkhyānāṃ pariṇāmāśaṃkayā pṛcchati. **saṃtater anyathātvam** iti. anyathotpādaḥ. **kā ceyaṃ saṃtatir** iti. kiṃ yathā sāṃkhyānām avasthitadravyasya dharmāntaranivṛttau dharmāṃtaraprādurbhāvaḥ tathāvasthāyinyāḥ saṃtater anyathātvam iti. nety ucyate. kiṃ tarhi. **hetuphalabhūtā**. hetuś ca

phalaṃ ca **hetuphalaṃ**. hetuphalam iti nairantaryeṇa pravṛttās **traiyadhvikāḥ saṃskārāḥ** saṃtatir iti vyavasthāpyante.

「**それでは、この「種子」と呼ばれるものは何か**」とは、実体ではないのかという疑念ゆえに〔毘婆沙師が〕問うたのである。「**それは果の生起に対して……能力を持つ名色である**」とは、五蘊を自体とする、果を生起させる能力を持った名色②のことである。「**直接的に**」とは「無間に」である。「**次第〔して間接〕的に**」とは「〔時間的に〕隔たって」である。「**この「変化」と呼ばれるものは何か**」とは、サーンキヤ学徒たちの転変（pariṇāma）ではないのかという疑念ゆえに〔毘婆沙師が〕問うたのである。「**相続が別様になることである**」とは、〔相続が〕別様に生じることである。「**では、この「相続」とは何か**」とは、「サーンキヤ学徒たちの場合には、存続している実体について一方の法が消えたときに他方の法が現れるように、そのように〔経部の場合にも〕存続している相続について別様になることがあるのか」である。〔これに経部は〕「そうではない」と答える。【問】ではどうなのか。【答】「**因果関係にある**」ものである。「**因果**」とは、「因と果と」である。因果とは無間に転起するものであり、**三世に属する諸行**が相続（saṃtati）である、と安立される。

①AKVy.: rūpaṃ.　②Wogihara本に従えば前註①のように「色（rūpa）」となるが、AKVy.（p. 178 note 1）の示唆に従い nāmarūpaṃ と読む。また、兵藤一夫［1980: pp. 86-87 註 11］も参照。

18 SN. 11, 1, 10（Vol. I, p. 227.27-29）; 対応部：『雑阿含』巻 40, 第 1115 経（T02. 295a 29-b02）:

yādisaṃ vapate bījaṃ, tādisaṃ harate phalaṃ,
kalyāṇakārī kalyāṇaṃ, pāpakārī ca pāpakaṃ,
pavuttaṃ tāta te① bījaṃ, phalaṃ paccanubhossasī ti.

およそどのような種子でも播けば、その通りの果実を収穫する。善きことをなす者は善き〔果〕を、そして悪しきことをなす者は悪しき〔果〕を〔受ける〕。君よ、あなたによって種子が播かれました。あなたは果を受けるでしょう。

① PTS: vappte, VRI: tāta te.

19 『那先比丘経』巻下（T32. 715c19-24）を参照。なお、Mil.のこの箇所について浪花宣明［1996: p. 22.5-6］［2008: p. 263.16-17］は、「相続がある限り、業因と業果とをつなぐ他のものを考える必要はない、という意味である」という理解を示しているが、ここから必ずしも浪花宣明［1996: p. 22.22-24］［2008: p. 264.4-6］が主張するような「倫理的自覚の立場からは、「業の果を受けた」（浪花宣明［1996］:「業果は必ずある」）という自覚があれば、業の倫理性は成り立つ。それ故パーリ上座部は、業の因と果とをむすぶものを考えなかったのであろう」という理解は成り立たない。本章がこれから考察するように、上座部も業因と業果を結びつけるための理論を有しており、業の余勢は「相続の特殊な変化」という形で有情相続のうちに保存される。

20 PTS: *omit*, VRI: *add* te.

21 PTS（Vis.）: *omit*, PTS（VibhA.）: *add* vā, VRI（Vis.）: *add* vā.

22 註釈によれば、この譬えにある種子とは「有情そのもの」と理解されており、これは先ほど述べた経部と全く同じ解釈であることが注目に値する。

VisṬ.（VRI: Vol. II, pp. 294.25–295.5）; VibhMṬ.（VRI: p. 111.15–19）:

catumadhuraalattakarasādibhāvanā ambamātuluṅgādibījānaṃ **abhisaṅkhāro**. ettha ca abhisaṅkhataṃ① bījaṃ viya kammavā satto, abhisaṅkhāro viya kammaṃ, bījassa aṅkurādippabandho viya sattassa paṭisandhiviññāṇādippabandho. tatthuppannassa madhurassa rattakesarassa vā phalassa vā tass' eva bījassa, tato eva ca abhisaṅkhārato bhāvo viya kammakārakass' eva sattassa, taṃkammato eva ca phalassa bhāvo veditabbo.

四種の甘味や赤色の果汁などをつくり出すことが、マンゴーやマートゥルンガ（柚子）などの種子にとっての**栽培**（abhisaṅkhāra）である。そしてここでは、「業を持つ有情」が「栽培された種子」に譬えられ、「業」が「栽培」に譬えられ、「有情の結生識をはじめとする連続」が「種子の芽をはじめとする連続」に譬えられる。「まさに業をなす有情と、まさにその業から〔生じる〕果との関係」は、「まさにその種子と、まさにその栽培からそこに生じた甘い赤の花糸や果実との関係」に譬えられると理解すべきである。

① VibhMṬ.: *omit* ca abhisaṅkhataṃ.

VibhAṬ.（VRI: p. 121.15）:

tatthā ti aṅkurādippabandhasaṅkhāte bhūtupādārūpasantāne.

「**そこに**」とは、「芽をはじめとする連続と称される大種と所造色の相続において」である。

23 加藤精神［1929］, 荻原雲来［1928: pp. 14.8–15.12］(=［1938: pp. 1026.a4–1027.b9］), 舟橋一哉［1954a: p. 105.9–11］, 櫻部建［1963: p. 469.2–13］［1978: pp. 139.6–142.2］［1979: p. 301.9–11］［1988: pp. 206.9–210.6］, 兵藤一夫［1980: pp. 63.14–64.5］.

24 山口益［1951: pp. 152.14–162.12］.

25 兵藤一夫［1980: p. 81.14–15］.

26 相続転変差別によって業果の接続がどのように果たされるか、という経部の理論については『倶舎論』に次のようある。

AKBh.（p. 197.14–17）:

yad apy uktaṃ puṇyābhivṛddhivacanād iti tatrāpi pūrvācāryā nirdiśanti dharmatā hy eṣā yathā dātṝṇāṃ dāyāḥ paribhujyante tathā tathā bhoktṝṇāṃ guṇaviśeṣād anugrahaviśeṣāc cānyamanasām api dātṝṇāṃ tadālambanadānacetanābhāvitāḥ saṃtatayaḥ sūkṣmaṃ pariṇāmaviśeṣaṃ prāpnuvanti yenāyatyāṃ bahutaraphalābhiniṣpattaye samarthā bhavanti. …….

また、「福が増大すると説かれているから」と説かれたことについても、古規範師たちは〔次のように〕解釈する。「それぞれの施者の施物が享受されれば、それに従って、それぞれの享受者〔が得るところ〕の特殊な功徳と、特殊な利益とから、〔施すときとは〕異なる意を抱いている施者たちの、彼（享受者）を所縁とする思によって熏習された相続（saṃtati）が、微細なる特殊な変化を得て、これによって未来においてさらに多くの果を成満させることができるようになる、というこれが法爾としてある。……」。

AKBh. (p. 198.2–5) :

yad apy uktaṃ kārayataḥ kathaṃ karmapathāḥ setsyantīti, tatrāpy evaṃ varṇayanti. tat-prayogeṇa pareṣām upaghātaviśeṣāt prayoktuḥ sūkṣmaḥ saṃtatipariṇāmaviśeṣo jāyate yata āyatyāṃ santatir api① bahutaraphalābhinirvarttanasamarthā bhavatīti svayam api ca kurvataḥ kriyāphalaparisamāptāv eṣa eva nyāyo veditavyaḥ. so 'sau saṃtatipariṇāma-viśeṣaḥ karmapatha ity ākhyāyate.

また、「〔他の人々に命令して〕なさせつつある者に、どうして業道が達成されるだろうか」と説かれたことについても、次のように説明する。「彼（命令者）の加行（prayoga）によって他の人々を特殊に害することにより、加行者の相続において微細なる特殊な変化が生じ、それによって未来における〔命令者の〕相続もまた、さらに多くの果を成満させることができるようになる」と。自らなしつつある者にとっても、所作（加行）の果（業道）が完了するときに、同じこの道理があると理解されるべきである。まさにこのような相続の特殊な変化が業道である、と言われている。

① Pradhan: samante 'pi, 舟橋一哉［1987: p. 66 註 11］: santatir api.

27 KvA. 1, 6 (p. 44.5–10) :

idāni sabbamatthītivādakathā nāma hoti. tattha yesaṃ "yaṃ kiñci rūpaṃ atītānāgatapa-ccuppannaṃ ...pe.... ayaṃ vuccati rūpakkhandho" tiādivacanato "sabbe pi atītādibhedā dhammā khandhasabhāvaṃ na vijahanti, tasmā sabbaṃ atthi yeva nāmā" ti laddhi, se-yyathāpi etarahi sabbamatthivādānaṃ.

今、「一切実有説」といわれる議論がある。ここに、「過去・未来・現在の…略…。これが色蘊と呼ばれる」云々の言葉①から、「過去などに分類される一切諸法は、蘊の自性を捨てず、それゆえに“一切は実有である”と名付けられる」と〔いう〕執見がある。たとえば、現在では説一切有部の者たちにである。

① Vibh. (p. 1.9–12) を参照。

28 KvA. 15, 11 (pp. 157.25–158.3) :

idāni kammūpacayakathā nāma hoti. tattha yesaṃ kammūpacayo nāma kammato añño cittavippayutto avyākato anārammaṇo ti laddhi, seyyathāpi andhakānañ c' eva sammiti-yānañ ca.

次に、「業増長論」と呼ばれるものがある。ここに、「業増長と呼ばれるものは、業とは別にある心不相応、無記、無所縁のものである」と、ある者たちに執見がある。たとえば、アンダカ派や正量部の者たちにである。

KvA. 15, 11 (p. 158.16–20) :

kammamhi kammūpacayo ti kamme sati kammūpacayo, kamme vā patiṭṭhite kammū-pacayo, kammūpacayato va vipāko nibbattati①. tasmiṃ pana kamme niruddhe yāva aṅ-kuruppādā bījaṃ viya yāva vipākuppādā kammūpacayo tiṭṭhatī ti 'ssa laddhi, tasmā pa-ṭijānāti.

「業によって業増長があるのか」とは、「業があるときに業増長があるのか」、もしくは「業が確立されたときに業増長があり、まさに〔その〕業増長から異熟が転じるのか」である。また、「ある業が滅しても、芽を吹くまでの種子のように、異熟を生み出すまで業増長が存続する」という執見が彼（他論師）にあるので肯定したのである。

① PTS: -tī ti, VRI: -ti.

29　業縁には、倶生業縁（sahajāta-kammapaccaya）と、異刹那業縁（nānakkhaṇika-kammapaccya）との二種があるが、いわゆる過去の業と未来に起こる果との関係については、後者の異刹那業縁が問題となる。浪花宣明［1995: p. 152.14-22］(=［2008: pp. 238.28-239.6］), Karunadasa［2010: p. 107.8-31］を参照。

30　なお、Ronkin, N.［2005: p. 220.12-15］は、異刹那業縁を概説するにあたって、このPaṭṭhA.（p. 18）を註（note 120）で指示しつつ「An asynchronous condition obtains when a past *kamma* comes into fruition in a manifest corresponding action. Although the volition itself ceases, it leaves in the mind latent traces that take effect and assist the arising of an appropriate action when the necessary conditions are satisfied.」と紹介しているが、以下の本論で示す訳からも解るように、『発趣論註』にある異刹那業縁の定義からこのような理解を得ることは不可能である。おそらく『発趣論復註』（PaṭṭhMṬ.）などの記述を参照したものと思われるが、源泉となった出典元が明示されていない。また、Ronkin, N.［2005: pp. 193-243］では、『倶舎論』に説かれる有部の因果説や世親の種子（bīja）説と、上座部の因果説とが比較されているが、その中で相続転変差別の理論は言及されていない。

31　PTS (Vis.): *add* sahajātā, PTS (PaṭṭhA.): *omit*, VRI (Vis., PaṭṭhA.): *omit*.

32　『発趣論復註』（PaṭṭhMṬ.）の著者はアーナンダであり、『清浄道論註』（VisṬ.）の著者はダンマパーラであるとされる。よって、両註釈は異なる著者によって著されているのにもかかわらず、全く同文が現れることになる。したがって、この箇所の記述は、その註釈者自身の独自思想を端的に表しているのではなく、上座部において広く認められていた註釈定型句をそのまま用いていると考えられる。上座部註釈文献の思想的没個性さについては Warder, A. K.［1981: pp. 200.38-201.14］を参照。

33　なお、上座部資料中にも、業縁（kammapaccaya）と関連して「特殊な相続」（santānavisesa）という表現が見られる。PaṭṭhMṬ.（VRI: p. 236.11）を参照。

34　加藤純章［2012: p. 12.13-15］は、「特殊な相続」（saṃtānaviśeṣa）と「相続転変差別」（自相続の特殊な変化 saṃtatipariṇāmaviśeṣa）が同義であると指摘している。

35　なお、十三世紀ごろの註釈家スマンガラ（Sumaṅgala）も、業縁（kammapaccaya）を註釈する箇所で、相続転変差別の理論に基づく業果の接続を解説している。

AbhAVnṬ.（VRI: Vol. II, p. 276.15-18）:

sāsavakusalākusalacetanā ti attano uppādavisiṭṭhe santāne sesapaccayasamāgame pavattamānānaṃ vipākakaṭattārūpānaṃ santānavisesanakiriyābhāvena upakārikā kāmarūpārūpakusalacetanā, akusalacetanā ca. tassā hi tathā kiriyābhāvena pavattattā tesaṃ pavatti, na aññathā.

「**有漏の善・不善思によって**」とは、生起によって特殊になった自身の相続（santāna）において、他の縁が揃ったときに、転起している異熟〔蘊と〕已作色にとって、相続を特殊にする（santānavisesana）作業として資助となるものが、欲〔界〕・色〔界〕・無色〔界繋〕の善思と、不善思とである。なぜなら、それ（思）がそのように作業というものとして転起したゆえに、それらの転起があるのであって、その他ではないからである。

36 さらに、ダンマパーラに帰せられる『清浄道論註』(VisṬ.),『発趣論復々註』(PaṭṭhAṬ.),『法集論復々註』(DhsAṬ.）の三書において相続転変差別の理論が共通して説かれていることは、Warder, A. K.［2000: pp. 498–503］が主張する「ダンマパーラ複数人説」の反証となり、Hinüber［1996: §360, §364］や林隆嗣［2011: p. 228 註 5］らが主張する「ダンマパーラ著作群の思想的親和性」を裏付けるものである。

37 勝本華蓮［2006］は、ダンマパーラに帰せられる『チャリヤーピタカ註』(CpA.）と、瑜伽行派の『菩薩地』(Bbh.）との間にある並行句・共通思想を根拠に、ダンマパーラがアバヤギリ派もしくは大乗的上座部に属したという大胆な仮説を打ち出している。本章も、大乗と深い関わりがあった可能性のある経部における相続転変差別の思想が、ダンマパーラの著作にも見られる点を指摘し、経部の理論を「援用」しているなどの表現も用いている。しかしながら、この「援用」によってマハーヴィハーラ派の教理が破壊されているわけではないので、必ずしも本章の結論が勝本華蓮［2006］の仮説を裏付けているわけではない。

また、楠本信道［2010］も、縁起の語義解釈をめぐって世親の著作とダンマパーラの著作との間で共通する表現が見られることを報告している。そして、林隆嗣［2010］［2011］によって、有部などで認められている共業（sādhāraṇa-kamma）の概念は、ブッダゴーサ以前では積極的に認められていないものの、ダンマパーラ以降において容認・継承されている点が確認されている。本章の結論とこれらの研究との関係性は今後の研究課題としたい。目下の見通しとして、共業の異熟には相続転変差別の理論は適用できないはずであるから、この点がどのように理解されていたのかは上座部業論の特徴を探る上で大きな視座を与えるものと考えている。

第二章

38 上座部における業と果との関係について、浪花宣明［1996: pp. 21.25–22.24］［2008: pp. 262.15–264.6］は、相続（santati）があれば業と果の関係は成立するとして、両者を結びつける中間者を想定しない点を指摘している。また、上座部において業と果の接続が、経部の相続転変差別（saṃtatipariṇāmaviśeṣa）とほぼ同一の理論によって説明されている点については、第三部一章「上座部における相続転変差別」を参照。

39 これに対して、現在有体過未無体説の立場をとる部派では、過去に落謝してしまった業の余勢が常に現在位に存在し続けていると想定しなければならない。そこで、経部や上座部は相続転変差別の理論をもってこれを説明し、大衆部や正量部（犢子部）は増長や不失壊という心不相応法をもってこれを説明している。

40 無表（avijñapti）の研究史については第二部一章「無表研究の総括と展望」を参照。

41 研究史については青原令知［2017］を参照。

42 矢印は因果関係を示している。基本的に左から右に向かって時間が進行し、上下の関係は同一刹那時の階層構造を示している。また、「無表$_1$」のような下付きの$_{1\cdots X}$などの数字・記号は、その法が存在している時を表しており、同じ数字・記号ならばその法同士は同一時間に存在していることを意味している。すなわち、「無表$_1$」「業$_1$」とあれば同一刹那時に両者が倶起していることを意味する。

43 加藤精神［1928: p. 45.15–16］.

44 荻原雲来［1928: p. 15.5–12］（=［1938: pp. 1026.b14–1027.a9］）は、果報（異熟果）である無記法には法倶得しか起こらないという法相の点から、“未来の果報は法前得によって既に得されているから果を感ずる”とする加藤精神［1928: p. 31.5–6］の誤りを指摘している。この点については加藤精神［1929: p. 7.16］も自身の誤謬を認めている。

45 荻原雲来［1928: p. 15.2–5］（=［1938: p. 1026.b8–14］）.

46 加藤精神［1929: p. 6.10–11］.

47 加藤精神［1929: p. 6.12–13］.

48 図の中では「有情」と表記しているが、もちろん有部において「有情」という法が存在するわけではない。ここでは、得の役割を明確化するために仮に用いている。

49 舟橋水哉［1943］.

50 なお、舟橋一哉［1954a: p. 105.9–11］の記述は、荻原雲来が三世実有によって業因業果の関係を説明しているように読めるが、これはあまり正確な表現ではない。荻原雲来［1928: pp. 14.8–15.12］（=［1938: pp. 1026.a12–1027.a9］）は、業因業果の関係を取果・与果によって説明しており、意味の上からは三世実有説が大前提になっているが「三世実有」という語については直接言及していない。直接的に「三世実有」という語に言及して業因業果の関係を説明したのは加藤精神［1929］である。なお、舟橋一哉［1954a］は、与果と得の関係性について何も述べておらず、その点が「得と与果には関係性がある」とする本章の結論と相違している。

51 同趣旨は、櫻部建［1963: p. 469.2–13］［1979: p. 301.9–11］［1988: pp. 206.9–210.6］においても説かれる。

52 那須良彦［2004: p. 112.5–8］を参照。また、那須良彦［2004: p. 114 註 23］により、中国撰述の『成唯識論述記』巻 2（T43. 289b06–07）や、日本撰述の『唯識論同学鈔』（T66. 142b05–08）では、正量部の不失と有部の得とが、果を獲得するという点で同じ役割を持つと解釈していることが紹介されている。

53 『順正理論』巻 34（T29. 535a26–b06）.

54 Dhammajoti［2003: p. 85.21–27］,［2007: p. 490.4–11］（=［2009a: p. 376.11–17］）,［2007: p. 526.6–11］（=［2009a: p. 401.4–8］）,［2007: p. 528.21–25］（=［2009a: p. 402.30–33］）.

55 『倶舎論』は与果・取果について次のように述べている。〈異熟因—異熟果〉の関係における取果については、法は現在位にあるときのみ取果をなす。AKBh.（p. 96.10–13）を参照。

また、〈異熟因—異熟果〉の関係における与果については、法が過去位にあるときのみ与果をなす。AKBh.（p. 97.8–9）を参照。

56 『識身足論』巻 1（T26. 531b17–c28）,『大毘婆沙論』巻 76（T27. 393a25–b12）,『毘曇

婆沙論』巻40（T28. 294a03-19),『鞞婆沙論』巻7（T28. 464c08-26),『雑心論』巻11（T28. 963b07-11), AKBh. (pp. 295.20-296.4),『順正理論』巻51（T29. 629a26-b02),『蔵顕宗論』巻26（T29. 901b16-21), ADV. (p. 278.1-5）を参照。

57 成就は得の異名であり、とりわけ得によって結びつけられ続けている状態のことを意味する。AKBh. (p. 62.14-17）を参照。

58 加藤精神は「業力」という言葉を用いるが、意味が明瞭ではない。おそらく、異熟果を与える業の力という意味で用いているのであろう。

59 『大毘婆沙論』巻125（T27. 651b23-652b20）を参照。

		業の成就	異熟の決定
第一句	（T27. 651b23-c17）	○	×
第二句	（T27. 651c17-652a08）	×	○
第三句	（T27. 652a08-b03）	○	○
第四句	（T27. 652b03-20）	×	×

60 『発智論』巻12（T26. 980c11-13).

61 『大毘婆沙論』巻125（T27. 651c17-24）:

有業定当受異熟。此業不成就。……。此中謂業過去不善善有漏。異熟未熟。此業已失者。如律儀業。已現在前。已牽異熟。此有三種。謂順現法受。順次生受。順後次受。果未現前。此業已失。由前所説諸失縁故。……。

【第二句】「業定んで当に異熟を受くべきも、此業成就せざるもの有り。……」と。此の中、「謂く、業の過去の不善か善の有漏かなるものにして、異熟未だ熟せず、此業已に失するものなり」とは、如しくは律儀業、已に現在前し、已に異熟を牽き、── 此に三種有り。謂く、順現法受と、順次生受と、順後次受となり ──、果未だ現前せずして、此業已に失するものなり。前所説の諸の失縁に由るが故に。……。

62 果の現前/未現前は、その業の成就/不成就に直接影響しない。なぜなら、四句分別の第一句「業を成就するが、この業の異熟を未来に受けることはない」の註釈において、『大毘婆沙論』巻125（T27. 651b27-c10）は「過去の業で、果が已に現前しておきながら、なお成就し続けている」という場合を認めるからである。

63 加藤精神［1929: p. 7.7］は巻122とするが、巻121の間違い。

64 『発智論』巻11（T26. 976c08-10).

65 無色界有情が欲界繫業を成就しない旨は『大毘婆沙論』巻121（T27. 633b07-15),『発智論』巻11（T26. 976c28-977a01）を参照。同じく、色界繫業を成就しない旨は『大毘婆沙論』巻121（T27. 633c09-15),『発智論』巻11（T26. 977a09-11）を参照。

66 Dhammajoti［2003: p. 85.21-27],［2007: p. 490.4-11］(=［2009a: p. 376.11-17]),［2007: p. 526.6-11］(=［2009a: p. 401.4-8]),［2007: p. 528.21-25］(=［2009a: p. 402.30-33]).

67 AKBh. (p. 209.4-15, p. 210.4-10）を参照。また、別解脱律儀については『発智論』巻12（T26. 980a13-b02),『八犍度論』巻17（T26. 852a13-b01),『甘露味論』巻1（T28.

968a28-29),『心論』巻 1 (T28. 813b02-08),『心論経』巻 2 (T28. 840c22-29),『雑心論』巻 3 (T28. 889c01-12),『大毘婆沙論』巻 123 (T27. 642b23-643c04),『順正理論』巻 36 (T29. 549c26-550a03),『蔵顕宗論』巻 19 (T29. 866c20-26) を参照。

不律儀については『甘露味論』巻 1 (T28. 968b06-09),『心論』巻 1 (T28. 813c12-16),『心論経』巻 2 (T28. 841a29-b10),『雑心論』巻 3 (T28. 890a10-15),『順正理論』巻 36 (T29. 550a09-11),『蔵顕宗論』巻 19 (T29. 866c27-867a01) を参照。

処中の無表については『心論』巻 1 (T28. 813c22-27),『心論経』巻 2 (T28. 841b20-29),『雑心論』巻 3 (T28. 889a23-b03),『順正理論』巻 36 (T29. 550b03-09),『蔵顕宗論』巻 19 (T29. 867a13-19) を参照。なお、『甘露味論』巻 1 (T28. 968b09-11) の所説では過去法・現在法についての区別が説かれていない。

68 AKBh. (pp. 210.19-211.4) を参照。また、表の得捨については『心論』巻 1 (T28. 813b09-14, 813c22-27),『心論経』巻 2 (T28. 841a01-10, 841b20-29),『雑心論』巻 3 (T28. 889a23-b03, 890c07-12),『順正理論』巻36 (T29. 550b19-c03),『蔵顕宗論』巻19 (T29. 867a29-b13) を参照。

69 『大毘婆沙論』巻 128 (T27. 667b16-22, 667c22-28).

70 舟橋一哉［1954a: pp. 255.7-256.4］を参照。

AKBh. (pp. 210.19-211.4) :

vijñaptyā tu punaḥ sarve kurvanto madhyayānvitāḥ. (4, 23ab)

sarve saṃvarāsaṃvaramadhyasthā yāvad vijñaptiṃ kurvanti tāvat tayā varttamānayā samanvāgatāḥ.

atītayā kṣaṇād ūrdhvam ā tyāgāt. (4, 23cd)

prathamāt kṣaṇād ūrdhvam ā tyāgād atītayā vijñaptyā samanvāgato bhavati.

nāsty ajātayā. (4, 23d)

anāgatayā tu vijñaptyā na kaścit samanvāgataḥ.

nivṛtānivṛtābhyāṃ ca nātītābhyāṃ samanvitaḥ. (4, 24ab)

atītābhyām api nivṛtānivṛtāvyākṛtābhyāṃ vijñaptibhyāṃ na kaścit samanvāgataḥ. durbalasya hi dharmasya prāptir api durbalā nānubandhībhavati.

また一方、表については、〔業を〕なしつつある一切の者は、中を成就する。(4, 23ab)

律儀と不律儀と処中とに住する一切の者が、表をつくるその間、現在〔の表〕を成就する。

〔第一〕利那より後、捨するまで、過去〔の表〕を〔成就する〕。(4, 23cd)

第一刹那より後、捨するまで、過去の表を成就する。

未生〔の表〕を〔成就すること〕はない。(4, 23d)

未来の表を、何びとも成就することはない。

そして、有覆と無覆との過去〔の表〕を成就することはない。(4, 24ab)

有覆〔無記〕と無覆無記との過去の表を、何びとも成就することはない。なぜならば、力が弱い法にとっては、得 (prāpti) もまた力が弱く、転続しないからである。

AKVy. (p. 372.25–30):

kṣaṇād ūrdhvam ā tyāgād iti. yo yasyās tyāgas tasmād ā tyāgāt tay**ātītayā vijñaptyā samanvāgataḥ**. katham. saṃvaralakṣaṇāyās tāvad vijñaptes tyāgaḥ śikṣānikṣepādibhiḥ. tasmād ā tyāgād anayātītayā vijñaptyā samanvāgataḥ. asaṃvaralakṣaṇāyāḥ saṃvarasamādānādibhis tyāgaḥ. tasmād ā tyāgād anayā samanvāgataḥ. naivasaṃvaranāsaṃvaralakṣaṇāyāḥ prasādakleśavegacchedādibhis tyāgaḥ. tasmād ā tyāgād anayā samanvāgata iti.

「〔第一〕**刹那より後、捨するまで**〔過去の表を成就する〕」とは、あ〔る表〕の捨があるとき、その捨に至るまで、その**過去の表を成就する**。【問】如何にしてか。【答】まず、学〔処〕の棄捨などによって律儀を相とする表の捨があるとき、その捨に至るまで、この過去の表を成就する。律儀を受けるなどによって不律儀を相〔とする表〕の捨があるとき、その捨に至るまで、こ〔の過去の表〕を成就する。浄心あるいは煩悩の勢力の断絶などによって非律儀非不律儀を相〔とする表〕の捨があるとき、その捨に至るまで、こ〔の過去の表〕を成就する。

71 加藤精神［1928: pp. 28.16–30.9］［1953: p. 213.a 表］.

72 AKBh. (p. 262.18):

na ca punaḥ sarveṣāṃ buddhānāṃ cakrabhedaḥ. karmādhīnatvāt.

そしてまた、一切の諸仏に破〔法〕輪（cakrabheda）があるのではない。業に依存するからである。

AKVy. (p. 428.23–26):

karmādhīnatvād iti. yena śiṣyasaṃghabhedasaṃvartanīyaṃ karma kṛtaṃ bhavati. tasyaiva tadbhedo bhavati. nānyasya. śākyamuninā ca kila bodhisattvāvasthāyāṃ paṃcābhijñasya ṛṣeḥ parṣadbhedaḥ kṛta āsīt. yenāsya devadattena saṃgho bhinna iti.

「**業に依存するからである**」とは、ある者によって弟子なる僧伽の分裂を起こす業がつくられれば、その者だけにその分裂があり、他の者にはない。伝え聞くに、釈迦牟尼は菩薩の分位において、五神通を持つ仙人の取り巻きを分裂させたことがあり、それによって彼（釈迦牟尼）の僧伽はデーヴァダッタによって分裂した、と。

同趣旨は、『大毘婆沙論』巻 116（T27. 603c04–10),『順正理論』巻 43（T29. 588b03–05),『蔵顕宗論』巻 23（T29. 887a11–13）においても説かれる。また、釈迦牟尼が犯した過去の悪業の報いについては、平岡聡［1993a］［1993b］［2002: pp. 241.20–254.19],並川孝儀［2001］(=［2011: pp. 175–196]), 岡野潔［2006］［2010a］［2010b］も参照。

73 非色の染汚法は対治道によって断たれると自性断が適用されるため、その染汚法の得が断絶する。AKBh. (p. 321.1–2), AKVy. (pp. 500.30–501.3）を参照。

74 『大毘婆沙論』巻 125（T27. 651b27–c10).

75 『順正理論』巻 34（T29. 535a26–b06):

阿毘達磨。無心位中。説異熟因相続無断。得体実有。先已成立。即説此得。為相続体。若謂得体与業果別。不応説為業相続者。此難非理。一身果故。身与相続。是一義故。又如業種。業得亦然。故業相続。無有間断。是故我宗業果感赴。同於種果。無理能遮。雖諸業得有間断者。如已滅種。作用雖滅。而有少分与果功能。由此後時。能与自果。業亦応爾。故対法宗。無同彼宗過所随失。後当成立已滅猶有。

この箇所については松島央龍［2010a］が指摘している。

76 『光記』巻 15（T41. 248b17-21）:

又問。未離永離造諸善業。於永離染位可言受果。以成就故。於離染位悪業不成。如何感果。解云。夫業感果非要須成。如従上没将生下時。雖不成下諸善悪業。亦感果故。

77 『大毘婆沙論』巻 161（T27. 816b10-20）.

78 上流不還（ūrdhvaṃsrotas）とは不還果の一種のことである。

79 Pradhan: -cayāt, Hirakawa: -trayāt.

80 AKVy.: parihīyata, AKBh.: parihīṇaḥ.

81 このように、上流不還の聖者が静慮を雑修した後に上位の静慮地から退することは、『集異門足論』巻 14（T26. 426b18-c21）の段階において明瞭に説かれている。

82 色界繫の善法は、主に「易地」と「退」によって捨せられる。AKBh. (p. 224.20-22) によれば、無色界繫の善法の捨せられる条件も、色界繫の場合と同じく「易地」と「退」による。

83 たとえ上地を得ていなくても上地に属する有覆無記法は成就されているが、これは異熟因とはならないので表には含めていない。

84 本節で考察した AKBh. (p. 359.14-18), AKVy. (p. 560.12-19) には、第四静慮に再生すると明言されているわけではないが、退と再生が密接に関係して説かれている以上、第四静慮を成就した状態ならば第四静慮に再生するものと考えられる。

85 本章では得と業という観点から考察を進めているが、離染という視点からすれば「下地の煩悩を成就していないゆえに上地に再生することができる」とも言い得るであろう。

86 本章第一節二項において述べた、釈迦牟尼が犯した過去の悪業の場合も当てはまると考えられる。

87 回りくどいが『倶舎論』における記述から同趣旨を確認できる。【欲界繫法について】異熟因となり得る欲界繫法の身語意業のうち、⑴善不善の身語無表は必ず死没までに捨せられ（第二部三章三節、同第四章二節、同第五章四節を参照)、⑵善不善の身語表も上記無表と同じ条件で捨せられるため輪廻を隔てて成就関係は維持できず（AKVy. (p. 372.25-30) を参照)、⑶不善の思は離染の段階で捨せられるので上地へ輪廻する前にすでに捨せられており、善の思は上地へ輪廻すると同時に捨せられる（AKBh. (pp. 225.19-226.2) を参照)。【色界繫・無色界繫法について】色界繫・無色界繫の善法も上地に輪廻すれば下地の法は捨せられる（AKBh. (p. 224.18-22) を参照)。したがって、上地に再生した時点で下地の異熟因をすべて捨してしまっていることが確認される。

これは『大毘婆沙論』巻 121（T27. 632b12-634b10）や『識身足論』巻 13-15（T26. 593b09-606a04）からも確認することができる。

88 『光記』巻 15（T41. 248b17-21）:

又問。未離永離造諸善業。於永離染位可言受果。以成就故。於離染位悪業不成。如何感果。解云。夫業感果非要須成。如従上没将生下時。雖不成下諸善悪業。亦感果故。

89 ただし、同じ『大毘婆沙論』巻 161（T27. 816b10-20）によれば、有部所伝の契経には「前世において上地を得て、次世にその地に生まれる」というパターンしか説かれていないと述べられている。

90 AKBh. (p. 224.17–22), AKVy. (pp. 387.27–388.3) によれば、色界繫・無色界繫の善法は、「易地」「退」によって捨せられ、一部の色界繫法（特に順決択分）は「死没」によっても捨せられる。

91 AKBh. (p. 442.17–20).

92 『順正理論』巻 80 (T29. 775a10–25),『蔵顕宗論』巻 40 (T29. 977a06–22) によれば、欲界の有情（三洲の人と僅かな天）が上地を得る条件として、(1)因、(2)業、(3)法爾、(4)教という四つが説かれている。このうち(4)教とは、欲界にいる人が教えに従い修行を繰り返すことである。なお、漢訳『倶舎論』巻 29 (T29. 152a12–27) においても、欲界の有情が上地を得る条件として、これと同じ四条件が想定されているが、梵文 AKBh. には該当箇所が欠けており、玄奘による補遺であると考えられる。

93 この理由について、本文で以下に引く箇所で『倶舎論』は何も語らないが、おそらく有部における有情観がその背後にあると考えられる。すなわち、解脱を願う意を起こすためには慧と厭離の二つが必要とされる。しかし、三悪趣は苦からの厭離はあっても慧はなく、色界以上の天においては慧はあっても厭離がないため、解脱しようという意欲が生じない。ただ欲界の人趣と天趣だけが厭離と慧を具えていて解脱を願う意を引き起こす（ただし、欲界の北倶盧洲には慧も厭離もないためここから除かれる)。『大毘婆沙論』巻 7 (T27. 33b22–c16), AKBh. (p. 349.15–17), AKVy. (p. 540.5–9) などを参照。

94 同趣旨は、『大毘婆沙論』巻 153 (T27. 779a28–b11),『順正理論』巻 80 (T29. 775a10–25),『蔵顕宗論』巻 40 (T29. 977a06–22) にも説かれる。

95 Pradhan: upapattir, 櫻部・小谷・本庄［2004: p. 354 註 3］: utpattir.

96 Pradhan: utpattum, 櫻部・小谷・本庄［2004: p. 354 註 4］: upapattum.

97 Pradhan: kṛtsnānāṃ, Hirakawa: kuśalānāṃ.

98 AKVy. (pp. 692.30–693.5) :

hetubalāc cāsannābhīkṣṇābhyāsād iti. āsannābhyāsād abhīkṣṇābhyāsāc ca. kathaṃ kṛtvā. kaścid ārūpyasamāpattiṃ samāpadya tataś ca parihāyānantaram eva rūpadhātāv upapadyate. ārūpyasamāpattilakṣaṇasya sabhāgahetor balīyastvāt tasya rūpadhātāv ārūpyasamāpattir utpadyate①. abhīkṣṇābhyāsād api. yadi kaścid ārūpyasamāpattim abhīkṣṇaṃ samāpadya tataś ca parihāya rūpadhātāv upapadyate. tasyārūpyasamāpattilakṣaṇasya sabhāgahetor balīyastvād rūpadhātāv ārūpyasamāpattir utpadyate. evaṃ vijñānānantyāyatanasamāpatter api parihīṇasyākāśānantyāyatanopapannasya tathaiva tatsamāpattīnām utpādanaṃ. evaṃ tadūrdhvopapannasya.

「因力、〔すなわち〕時を隔てずに〔あるいは〕繰り返して修習することによって」とは、「修習してから時を隔てていないことによって、あるいは繰り返して修習することによって」である。【問】どのようにしてか。【答】ある者が無色定に入り、そしてそこから退失した直後に色界に再生した場合、無色定を相とする同類因がより強力であるため、色界にいるその者に無色定が生じる。〔そして〕繰り返して修習することによっても同様であり、もしある者が無色定に繰り返し入り、そしてそこから退失して色界に再生した場合、その者にとっては無色定を相とする同類因が強力であるため、色界にいる〔その者に〕無色定が生じる。同様に、識無辺処定〔に入って、そこ〕から退失し空無辺処に再生した者にも、全く同じように、その定が生じる。それより上〔地〕に再生した者にも同様である。

① Wogihara: utpatsyate, 櫻部・小谷・本庄［2004: p. 354 註 12］: utpadyate.

99 『雑心論』巻 3（T28. 897c28-898a06), AKBh.（p. 257.2-6),『順正理論』巻 43（T29. 584c23-29),『蔵顕宗論』巻 23（T29. 884b16-22).

100 下地から離染しなければ上地の善法を成就することができない点は、次の一節からも確認される。

AKBh.（p. 442.17-20）:

atha śuddhakādīnāṃ dhyānārupyāṇāṃ kathaṃ lābhaḥ.

atadvān labhate śuddhaṃ vairāgyeṇopapattitaḥ.（8, 14ab）

asamanvāgatas tena śuddhakaṃ dhyānam ārupyaṃ vā pratilabhate. adhobhūmivairāgyād vā. adhobhūmyupapattito vā. anyatra bhavāgrāt. na hi tasyopapattito lābhaḥ.

さて、浄などの静慮・無色の獲はどのようにしてあるか。

それを有していない者は、離染あるいは生によって浄〔等至〕を獲る。（8, 14 ab）

それを成就していない者は、下地から離染することによって、あるいは〔上地から〕下地に生まれることによって、浄の静慮もしくは〔浄の〕無色を獲る。〔ただし、生まれの場合には〕有頂を除く。なぜなら、〔有頂より上地はないので〕それ（有頂）が生によって獲られることはないからである。

なお、定（等至）には浄・無漏・味相応（染汚）の三種類があるが、本項で問題となっている「業異熟によって上地を得る」とは、このうちの浄等至を得ることであると考えられる。すなわち、業異熟の力によって離染の状態が得られ、それが得られている間だけ上地の浄等至に入るという状況を想定している。なお、以下の一節にあるように、無漏等至も離染によって得られるが、この場合の離染は聖道によるものであるから、その効果は一時的ではなく永続的である。したがって、本項で問題となる業異熟によって上地を得る状況とは根本的に異なっている。そして、味相応（染汚）等至については、離染から退するときと、上地から下地に生まれ変わるときに得られるものであるから、業異熟によって上地を得る場合にこの味相応（染汚）等至が関係することはない。

AKBh.（p. 443.6-12）:

anāsravaṃ tu vairāgyāt,（8, 14c）

atadvān labhate iti vartate. tadvāṃs tu kṣayajñānato 'py aśaikṣaṃ labhate indriyasaṃcārato 'pi śaikṣāśaikṣam. nanu ca niyāmāvakrāntito 'py anāsravaṃ prathamato labhate. nāvaśyam ānupūrvikeṇālābhāt. yathā tv avaśyaṃ labhaṭe tathoktam.

kliṣṭaṃ hānyupapattitaḥ.（8, 14d）

atadvān labhata ity evānuvartate. parihāṇito yadi tadvairāgyāt parihīyate. upapattito yady uparibhūmer adharāyām upapadyate.

一方、無漏〔等至〕は離染によって、（8, 14c）

それを有していない者は得る、と繋がる。また、それを有している者は、尽智によっても無学を得て、練根によっても学・無学を得る。【問】しかし、〔正性〕決定に入ることによっても、初めて無漏を得るのではないか。【答】必ずしもそうではない。次第〔証〕の者は得ないからである。〔ここでは〕必ず〔無漏等至を〕得るような場合を説いたのである。

染汚〔の等至〕を、退失と生とから、(8, 14d)

それを有していない者は獲る、とまさに〔先の句に〕繋がる。もしその〔地の〕離染から退するならば、退（parihāṇi）によって、もし上地から下〔地〕に再生するならば、生によって〔染汚等至を獲る〕。

101 第四部一章「不定業と既有業」を参照。

102 当然ながら、下地から離染して下地へ縛り付ける縁（すなわち煩悩）を断つことによって、上地へ再生することが可能である、という理解も重要である。しかし、『順正理論』巻34（T29. 535a26-b06）において、得こそが業果の間にある連鎖の体であり、この得の連続に間断があるかないかで与果に影響があると説かれていることは、「得せられている業が優先的に与果する」という本章の結論を裏付けている。このことは、『光記』巻15（T41. 248b17-21）における問答からも確認することができる。

103 得は所得の法（業）と倶有因にはならないので、その法と同一果を持つものではない。

AKBh. (p. 84.16-18):

prāptayaś ca sahajāḥ prāptimataḥ sahabhuvo na sahabhūhetur anekaphalavipākaniṣyandatvāt. na caitāḥ sahacariṣṇavaḥ pūrvam apy utpatteḥ paścād apīti.

また、諸々の得（prāpti）は、得とともにある〔諸法〕と倶有ではあるが、倶有因ではない。同一の〔士用果・離繫〕果や異熟や等流を持たないからである。また、これら（得）は、〔所得の法と〕ともに行ずるものではなく、先にも起こるし、後にも〔起こる〕からである。

これについては、『大毘婆沙論』巻25（T27. 129a28-b02），『雑心論』巻4（T28. 901b11-12），『順正理論』巻48（T29. 613a25-26），『蔵顕宗論』巻25（T29. 897a26-27）も参照。また、そもそも得は満業となり得ても引業にはなり得ないので、来世の生存を引き起こすことはできない。

AKBh. (pp. 258.24-259.3):

na ca kevalaṃ karmaivākṣepakaṃ janmanaḥ. kiṃ tarhi. anyad api savipākam. sarvathā tu,

nākṣepike samāpattī acitte prāptayo na ca. (4, 95cd)

savipākābhyām apy acittasamāpattibhyāṃ nikāyasabhāgo nākṣipyate. karmāsahabhūtatvāt. prāptibhiś ca karmaṇo 'nekaphalatvāt.

また、ただ業だけが生（janman）を引き起こすのではない。【問】ではどうなのか。【答】他のものも有異熟である。けれども、あらゆる点で、

〔二つの〕無心定は〔生を〕引き起こさない。諸々の得（prāpti）も〔生を引き起こさ〕ない。(4, 95cd)

〔二つの〕無心定も有異熟ではあるものの、〔それら二つによって〕衆同分が引き起

こされることはない。業と倶有ではないからである。また諸々の得によっても〔衆同分は引き起こされない〕。業と同一の果ではないからである。

AKVy. (p. 425.8-10) :

prāptibhiś ca nākṣipyate savipākābhir api. **karmaṇānekaphalatvāt**. tadākṣepakeṇa karmaṇā saha bhavaṃtyo 'pi prāptayo na tena sahaikaphalā iti. vṛkṣaprapāṭikā iva hi prāptayo bahiravasthāyino bhavaṃti.

また有異熟である**諸々の得によっても**〔衆同分は〕引き起こされない。**業と同一の果ではないからである**①。諸々の得は、それを引き起こす業とともに有るものであっても、それとともに同一の果を持つものではないからである。たとえば樹の蔓草のように、諸々の得は外部に位置するものであるからである。

① AKBh. には karmaṇo 'nekaphalatvāt とあるが、その引用部分であると理解する。

これと同趣旨は、『毘曇婆沙論』巻 11 (T28. 80a18-c07),『大毘婆沙論』巻 19 (T27. 96c12-97b09),『順正理論』巻 43 (T29. 586a14-20),『蔵顕宗論』巻 23 (T29. 885c07-13) においても説かれている。

第四部　修道論における業滅と造業

はじめに

仏教では、業が輪廻の直接的な原因であるとされる一方、解脱して輪廻を終極させるためには業ではなく煩悩を断つことが必要とされる。このような二重構造を仏教は主張するため、修行道論における業・煩悩・解脱（輪廻）の関係は必ずしも明確ではない。説一切有部の代表的な綱要書である『倶舎論』では、修行階梯を総説する第六章「賢聖品」において、修行者が解脱するために煩悩をどのように断じていくのかが詳説されているが、その中で輪廻の直接的原因である業がどのように断ぜられていくのかは明瞭には説かれていない。このような事情は上座部の『清浄道論』においても同様である。

解脱するにあたって業が問題となるのは主として次の二つの場合である。第一には、「無始以来の過去世からこれまでに積み上げてきた業を、入滅（すなわち無余依涅槃）するまでにどのように解消するのか」という問題である。仮に業が異熟しないまま入滅してしまったのであれば、業果の必然性を逸脱することになるからである。この問題は、修行や懺悔によって過去に積み上げてきた業の異熟を漸減・消滅させたり、現世に先取りして清算したりする“業滅”という視点から、これまで研究が進められている。

第二には、「輪廻を終極させたはずの者（阿羅漢）が新たに世俗的な行為をなした場合に、その行為は業となって来世を招いてしまうのかどうか」という問題である。もし阿羅漢が善業をなすのであれば、善業とはいえ来世を招いてしまう恐れがあるし、かといってなさないのであれば、阿羅漢は世俗的営みに一切関われないという問題に陥ってしまう。

以上の二つの問題点を受けて、この第四部では、上座部と説一切有部の修道論における業のあり方を考察する。まず第一章では、両部派の予備的考察として、業果の結びつきが変更可能な場合と不可能な場合の理論を考察する。この成果を受け継ぎながら第二章から第四章にかけて、上座部と有部の修道論における業・煩悩・解脱（輪廻）の関係を明確にし、上記のうち第一の問題を考察する。第五章では、「阿羅漢が業を積むことがあるのか」という上記のうち第二の問題を考察する。最後の第六章では、副次的考察として、聖者が無過失で飲酒をしてしまった場合に悪業を積むかどうかという視点から、修道論における造業の問題を考察する。

第一章　不定業と既有業

問題の所在

本章では、説一切有部における不定業（aniyatakarman）と、上座部における既有業（ahosikamma）の教理を検討し、その理解の差異を考察する。このような法相的差異を明確にすることは、各部派における業滅の体系を考察するための予備的考察として必須である。有部は、変更や訂正の効かない定業に対して、業の異熟を消し去ったり、その異熟を先取りしたりできる業として不定業という教理を有している。また上座部も、業が異熟しなくなった状態として既有業という教理を有している。この不定業と既有業は、両方とも順現法受（diṭṭhadhammavedanīya 現世で果を受けるべきもの）、順次生受（upapajjavedanīya 来世で果を受けるべきもの）、順後次受（aparāpariyavedanīya それより後の世で果を受けるべきもの[1]）の三時業と並べて説かれ、ともに業果の繫がりに何らかの変更が加えられる状況を説明するための教理となっている。したがって、この不定業と既有業を考察することは、両部派の業滅や、業果の必然性に対する見解の相違を知る上で、重要な手がかりになる。

そこで本章では、有部における定業・不定業の概念と、上座部資料中に現れる定業に関する議論および既有業の教理を概観し、両部派の業観の違いを考察する。

第一節　有部における定業・不定業

まず本節では、有部教理を考察する。有部は、業を定業・不定業の二つに分ける。このうち定業とは順現法受などの三時業のことであり、一旦つくってしまうと、その後に努力や修行を積んだとしても、異熟する時期を変更したり、異熟そのものを取り消したりすることはできない（時期・感果の決定）。

一方の不定業は、たとえつくってしまったとしても、その後の努力や修行によって、その異熟を取り消したり（感果の不定）、来世で受けるはずの異熟を現世で先取りして受けたりすることが可能である（時期の不定）。佐々木現順［1990: pp. 217.15-222.13］は、この不定業の概念によって、仏教の業論が運命論（決定論）に陥ることがないと評価している。まず、この定業・不定業について考察する。

第一項　教理化以前の段階

有部論書において、定業・不定業の分類が初めて現れるのは六足発智の最後に位置する『発智論』においてであり、たとえば『品類足論』は、三時業を紹介するに際して順現法受・順次生受・順後次受を挙げるのみで、定業・不定業といった分類については言及していない[2]。しかし、業の異熟の有無や、その異熟する時について変更を加えられる余地があるとする記述は、六足発智のうち初期から中期にかけて成立したとされる『業施設』（KarP.）にすでに確認される[3]。そこには次のように説かれている。

KarP.（P: khu 277b4-278a3, D: i 226b4-227a2）:

las ni gsum ste | gsum gang zhe na | tshe ’di la myong bar ’gyur ba dang | skyes nas myong bar ’gyur ba dang | lan grangs gzhan la myong bar（P277b5）’gyur ba’o || (1) tshe ’di la myong bar ’gyur ba’i las kyi rnam par smin pa nyams su ma[4]（D226b5）myong bar skyes nas myong bar ’gyur ba dang | lan grangs gzhan la myong bar ’gyur ba’i las kyi rnam par smin（P277b6）pa nyams su myong bar ’gyur ba yod dam zhe na | smras pa | nyams su myong bar ’gyur ba yod de | de yang dgra bcom pa nyid thob pa na |[5] las de’i rnam par smin pa（D226b6）mngon du ’byung zhing（P277b7）’ong bar ’gyur ba’i phyir ro || (2) skyes nas myong bar ’gyur ba’i las kyi rnam par smin pa nyams su ma myong bar tshe ’di la myong bar ’gyur ba dang | lan grangs gzhan la myong bar ’gyur（P277b8）ba’i las kyi rnam par smin[6] pa nyams su myong bar ’gyur ba yod dam zhe na |（D226b7）smras pa | nyams su myong bar

’gyur ba yod de | de yang dgra bcom pa nyid thob pa na |[7] las de’i rnam par smin（P278a1）pa mngon sum du[8] ’byung zhing ’ong bar ’gyur ba’i phyir ro || ⑶ lan grangs gzhan la myong bar ’gyur ba’i las kyi rnam par smin pa nyams su[9] ma myong bar[10] tshe ’di la myong bar（D227a1）’gyur ba dang |（P278a2）skyes nas myong bar ’gyur ba’i las kyi rnam par smin pa myong bar ’gyur ba yod dam zhe na | nyams su myong bar ’gyur ba yod de | de yang dgra bcom pa nyid thob pa nas |[11] las de’i rnam（P278a3）par smin pa mngon du ’byung zhing ’ong bar ’gyur ba’i phyir（D227a2）ro ||

業は三種である。【問】三種とは何であるか。【答】順現法受と順次生受と順後次受である。⑴【問】順現法受業の異熟が生じず、順次生受と順後次受との業の異熟が生じることはあるか。【答】答える。生じることがある。すなわち、阿羅漢果を得てから、その業の異熟が現前に生じつつ生起するからである。⑵【問】順次生受業の異熟が生じず、順現法受と順後次受との業の異熟が生じることはあるか。【答】答える。生じることがある。すなわち、阿羅漢果を得てから、その業の異熟が現前に生じつつ生起するからである。⑶【問】順後次受業の異熟が生じず、順現法受と順次生受との業の異熟が生じることはあるか。【答】〔答える。〕生じることがある。すなわち、阿羅漢果を得てから、その業の異熟が現前に生じつつ生起するからである。

ここでは、阿羅漢果を得た者は、来世以降に受けるはずの業の異熟を現世に先取りして受けたり、あるいは業の異熟を生じないままにすることが可能であると述べられている。通常、後代の有部論書では、順現法受などの三時業は定業で不可転であり、転換が許される業は不定業という別の範疇に収められる。ゆえに、順次生受業などの可転を認めている『業施設』の記述は、定業・不定業の教理が成立する以前のものであると推測される。

この『業施設』の記述は『大毘婆沙論』に引用され[12]、定業・不定業の問題と絡めて理解されている。そこでは、「有学や異生も業を転じさせることができるのに、どうして『業施設』では業の可転が阿羅漢に限られているのか」という問いに対し、三説が挙げられている[13]。この三説はともに同趣旨を述べており、「異生や有学などと異なり、阿羅漢には勝れた力があり、その力によって、消し去ることのできる悪業を滅してしまい、消し去ることのできない悪業については現世で果を受けなければならない」としている。さらに第二説にある譬喩から、悪業の果報を現世で先取りする必要について、「悪業は借金と同じで、入滅する前に清算しきらなければならない」と考えていたことが解る。

このように有部では、業果を滅することも、清算として業果を先取りすることも可能であると考えており、このような転じることのできる業を不定業として教理化している。したがって、定業たる三時業の異熟をも転じ得ると述べている『業施設』の記述は、有部における不定業の萌芽とみなすことができる[14]。

第二項　『発智論』における定業・不定業

前項において確認したように、『品類足論』や『業施設』の段階では未だ不定業の教理は見られない。この不定業が初めて現れるのは『発智論』においてである。そこでは、順現法受などの三時業（定業）の外側に不定業は置かれている[15]。この『発智論』では、三時業（定業）・不定業という分類が説かれるだけで、その内容までは説明されていない。しかし、「不定」という名称からも明らかなように、「異熟を転じることができるのは不定業のみである」という意識が、すでにこの段階からあったと予想される。

第三項　『大毘婆沙論』以後における定業・不定業

有部における定業・不定業の詳しい理解を知るためには、『大毘婆沙論』を待たなければならない[16]。この定業・不定業について、『大毘婆沙論』は複数の説を紹介する。第一説は、三時業を定業とし、三時業の外側に不定業を設ける説である[17]。これは『倶舎論』で世親が採用する説でもあり、禁戒や梵行によって転じることができるのは、このうち不定業のみであるとされる[18]。この四業説を表に示せば以下のようになる。

【第一説：四業説】

定業	順現法受業	現世で異熟を受けることが決定。
	順次生受業	来世で異熟を受けることが決定。
	順後次受業	来々世以降で異熟を受けることが決定。
不定業	順不定受業	異熟の受け方を転じることが可能[19]。

第二説は、不定業を二種類に分けて分析したものである[20]。四業説で説かれる不定業は、異熟の受け方を転じることが可能としか説かれていなかったが、この第二説では、これを異熟する時と、実際に異熟するかどうかについて決定・不定を分析し、二種類の区別を設けている。このうち時不定異熟定業は、異熟する時は決まっていないが、いつか必ず異熟を受けることが決定している。もう一方の時異熟倶不定業は、異熟する時も異熟するかどうかも決まっていない業とされる。この五業説を表に示せば次のようになる。

【第二説：五業説】

定業	順現法受業	現世で異熟を受けることが決定。
	順次生受業	来世で異熟を受けることが決定。
	順後次受業	来々世以降で異熟を受けることが決定。
不定業	時不定異熟定業	異熟する時が不定、しかし異熟することは決定。
	時異熟倶不定業	異熟する時、異熟するかしないかがともに不定。

最後に第三説として、順現法受業などにも異熟果についての定・不定の区別を設け、八つに分ける説が紹介されている[21]。この八業説を表に示せば次頁のようになる。

この第三の八業説を有部論書は譬喩者説に帰しており[22]、『称友疏』はこの譬喩者を経部であるとする[23]。譬喩者は五無間業を含めて一切の業が可転であると主張していたとされ、有部から非難を受けている[24]。

これら定業・不定業についての諸問題は、『大毘婆沙論』にほぼ出尽くしている。その後の有部論書は主として四業説を有部説として紹介しており、

【第三説：八業説】

順現法受業	時異熟倶定業	現世で異熟することが決定。
	時定異熟不定業	異熟する時は決定、実際に異熟するかは不定。
順次生受業	時異熟倶定業	来世で異熟することが決定。
	時定異熟不定業	異熟する時は決定、実際に異熟するかは不定。
順後次受業	時異熟倶定業	来々世以降で異熟することが決定。
	時定異熟不定業	異熟する時は決定、実際に異熟するかは不定。
時不定異熟定業		異熟する時が不定、しかし異熟することは決定。
時異熟倶不定業		異熟する時、異熟するかしないかがともに不定。

これが有部で最も有力な説であったと考えられる[25]。また、五業説も有部論書中で言及され、有部の一説として受け入れられていたようである[26]。したがって、一切業が可転であるとする譬喩者に対し、有部は不可転である定業と、可転である不定業との二種を設けていたことが解る。

第四項　「塩喩経」に対する有部の見解

続いて本項は、「塩喩経」に対する有部の見解を検討する。この経には、悪業をなしても修行に励む者は、地獄で果報を受けることなく、現世で果報を受けるだけで済むことが述べられている。本経は漢訳阿含に『中阿含』巻3, 第11経「塩喩経」として残っており、さらにパーリ対応経典（『増支部』第3集, 第99経）の存在も確認される。有部所伝とされる『中阿含』には次のように説かれる。

『中阿含』巻3, 第11経（T01. 433a25–b02）:

⑴ 有人作不善業。必受苦果地獄之報。云何有人作不善業。必受苦果地獄之報。謂有一人不修身。不修戒。不修心。不修慧。寿命甚短。是謂有人作不善業。必受苦果地獄之報。⑵ 復次。有人作不善業。必受苦果現法之報。云何有人作不善業。必受苦果現法之報。謂有一人修身。修戒。修心。修慧。寿命極長。是謂有人作不善業。必受苦果現法之報。

⑴人有りて不善業を作せば、必ず苦果地獄の報を受く。云何が人有りて不善業を作せば、必ず苦果地獄の報を受くる。謂く、一人有りて身を修せず、戒を修せず、心を修せず、慧を修せず、寿命甚だ短し。是れ人有りて不善業を作せば、必ず苦果地獄の報を受くと謂ふ。⑵復次に、人有りて不善業を作せば、必ず苦果現法の報を受く。云何が人有りて不善業を作せば、必ず苦果現法の報を受くる。謂く、一人有りて身を修し、戒を修し、心を修し、慧を修し、寿命極めて長し。是れ人有りて不善業を作せば、必ず苦果現法の報を受くと謂ふ。

ここでは、⑴修行に励まぬ者の悪業は悪趣をもたらし、⑵修行に励む者の悪業は現世で苦果を受けることが述べられている。この「塩喩経」の文言は、必ずしも不定業や業の可転について述べたものではない[27]。しかし、この経の解釈をめぐって『大毘婆沙論』と『順正理論』は、地獄で受けるはずの業の異熟を現世に転じて受けているとして、不定業と関連させて議論している。まず、『大毘婆沙論』はこの「塩喩経」を次のように解釈する。

『大毘婆沙論』巻20（T27. 100a16–25）[28]:

……。応作是説。彼説一人造一種業感一異熟。謂有一人害一生命。此業能引地獄異熟。彼若不能精勤修道成阿羅漢。便往地獄受此業果。彼人若能精勤修道成阿羅漢。便能引取地獄苦事。人身中受此業。不能引衆同分。引衆同分業不可寄受故。由此尊者世友説言。頗有能引地獄苦事人中受不。答曰。有能。謂若証得阿羅漢果。殊勝定慧薫修身故能為此事。非諸有学及諸異生能為此事。……。

「……。応に是の説を作すべし、『彼は、一人が一種の業を造りて、一異熟を感ずることを説きしなり』と。謂く、一人有りて、一生命を害す。此の業、能く地獄の異熟を引く。彼れ若し精勤修道して阿羅漢を成ずること能はずば、便ち地獄へ往きて此の業果を受く。彼の人、若し能く精勤修道して阿羅漢を成ぜば、便ち能く地獄の苦事を引取して、人身中に此の業を受く。衆同分を引くこと能はず。衆同分を引く業、寄受[29]す可からざるが故なり」と。此に由りて尊者世友、説いて言く、「頗し能く地獄の苦事を引きて、人中に受くること有りや不や。答へて曰く、有能。

謂く、若し阿羅漢果を証得せば、殊勝の定慧、身に薫修するが故に、能く此の事を為すも、諸の有学及び諸の異生は、能く此の事を為すに非ず。……」と。

この経の理解について『大毘婆沙論』は、「もし阿羅漢に地獄で異熟を受けるはずの悪業が残っているならば、定慧によってそれを現世に転じて異熟を受けることで清算する」と述べて、"阿羅漢のみにある特別な事例"として解釈することが正しいとしている。すなわち、婆沙論師たちが想定している本経における悪業とは、感果することは定まっていても、その時期までは定まっていない不定業（時不定異熟定業）である[30]。

この阿羅漢の勝れた定慧によって業を現世に転じて清算するという理解は、すでに述べたように、『大毘婆沙論』の別の箇所では「業は借金と同じで、入滅する前に清算しなければならない」という譬喩を用いて説かれている[31]。『順正理論』では、定業・不定業の教理に基づいて本経が解釈される[32]。すなわち、次のように説く。

『順正理論』巻40 (T29. 569c02-10):

云何名為順不定受。謂薄伽梵見一類業。或由尸羅或由正願或由梵行或由等持或由智力。令全無果或令軽微或令移位。説此一切名不定業。為転此業応修浄行。諸有情類此業最多。然契経言或有諸業応現法受。而或転於地獄受者。非此中辨順現受業。意説有業順不定受。若能精修身戒心慧。此所造業応人間受。由不精修身戒心慧。便乗此業堕奈落迦。

云何が名づけて順不定受と為す。謂く、薄伽梵、一類の業を見るに、或は尸羅に由り、或は正願に由り、或は梵行に由り、或は等持に由り、或は智力に由り、全く果無からしめ、或は軽微ならしめ、或は位を移さしむ。此の一切を説いて不定業と名づく。此の業を転ぜんが為に、応に浄行を修むべし。諸の有情類、此の業最も多し。然るに契経に、「或は諸業有り、応に現法に受くべし。而も或は転じて、地獄に於いて受く」と言ふは、此の中、順現受業を弁ずるに非ず。意は、業有り、順不定受なることを説く。若し能く身・戒・心・慧を精修せば、此の所造の業は、応に人間に受くべし。身・戒・心・慧を精修せざるに由り、便ち此の業に乗じて奈落迦に堕す。

したがって、「塩喩経」における「業果の先取り」とは、順次生受などの定業ではなく、不定業の異熟を現世に転じていると理解されている。ここでも業が転じ得るのは不定業のみであり、定業は不可転であるという規則は守られている。このように有部では、「塩喩経」における事例について、不定業をその後の修習(『大毘婆沙論』によれば阿羅漢の定慧)によって転じ、現世で受けたものであると理解している。

第五項　小結

有部における定業・不定業の展開について概観した。来世に受けるはずの業を現世に転換したり、業果を打ち消したりするという記述は『業施設』に見られ、それをもとにして不定業の教理が形成された可能性が考えられる。定業・不定業は『発智論』において明文化され、「三時業すべてが定業であり、不定業は三時業の範疇外に置かれる」という、後に有部が採用した分類がここですでに完成している。

『大毘婆沙論』以降の定業・不定業の教理は、五無間業を含めた一切業が可転であるという譬喩者の主張と対比して説かれている。この譬喩者の説と比べると、有部の定業・不定業の特色は、三時業すべてが定業であり、その異熟を必ず受けなければならない点にあると言える。

さらに、不定業の萌芽が現れる『業施設』の記述や、『大毘婆沙論』『順正理論』で取り上げられる「塩喩経」に関する議論では、阿羅漢といえども、すべての業の異熟を消し去ることはできず、消し去れなかった業については、清算として現世でその報いを受けなければならないとされる[33]。このことから、有部には業果の必然性を重視していた傾向が窺える。

第二節　上座部における既有業

続いて、上座部における既有業を検討する。有部と同様に上座部も、たとえ悪業を積んだとしても、その後の修行などによってその業を打ち消すことができると理解している。この打ち消されてもはや異熟しなくなった業のことを既有業という。浪花宣明［1994: p. 14.8-15］(=［2008: pp. 271.26-272.5］) は、この既有業の概念によって、業が異熟をなすことなく消えてしまう「業果の滅」が教理上明確な位置を持っていると指摘している。これは有部の言葉を借りれば、「感果の不定」を認めていることになる。

第一項　既有業の教理形成

まず、既有業の教理形成について考察する。既有業の教理は、上座部の阿毘達磨七論には現れず、『清浄道論』において初めて現れる。しかし、業果の必然性が必ずしも守られないことが教理化される萌芽は、すでに『無礙解道』に見られる。

Pṭs. (Vol. II, p. 78.3-11) :

(1) ahosi kammaṃ ahosi kammavipāko, (2) ahosi kammaṃ nāhosi kammavipāko, (3) ahosi kammaṃ atthi kammavipāko, (4) ahosi kammaṃ n' atthi kammavipāko, (5) ahosi kammaṃ bhavissati kammavipāko, (6) ahosi kammaṃ na bhavissati kammavipāko, (7) atthi kammaṃ atthi kammavipāko, (8) atthi kammaṃ n' atthi kammavipāko, (9) atthi kammaṃ bhavissati kammavipāko, (10) atthi kammaṃ na bhavissati kammavipāko, (11) bhavissati kammaṃ bhavissati kammavipāko, (12) bhavissati kammaṃ na bhavissati kammavipāko.

(1) 業がすでにあり、業の異熟はあった。(2) 業がすでにあり、業の異熟はなかった。(3) 業がすでにあり、業の異熟はある。(4) 業がすでにあり、業の異熟はない。(5) 業がすでにあり、業の異熟はあるだろう。(6) 業がすでにあり、業の異熟はないだろう。(7) 業があり、業の異熟はある。(8) 業があり、業の異熟はない。(9) 業があり、業の異熟はあるだろう。(10) 業があり、業の異熟はないだろう。(11) 業が未来にあり、業の異熟はあるだろう。(12) 業が未来にあり、業の異熟はないだろう。

ここでは、過去・現在・未来にある業と、その業の三時における異熟との関係が示され、未来にある業が過去・現在に異熟を招くことはできないことが述べられている。したがって、この『無礙解道』は必ずしも業滅や業の可転・不可転を主題としたものではないが、⑵⑷⑹⑻⑽⑿の記述は、業が過去・未来・現在にわたって異熟しない可能性を暗黙のうちに認めている。この『無礙解道』の一文は、『清浄道論』が既有業を定義する教証となっている[34]。したがって、『無礙解道』に説かれる、過去・未来・現在のいずれにおいても異熟しない業を想定する記述こそが、既有業の思想的源泉になっていると考えられる。

第二項　感果の不定

続いて本項では、既有業と順現法受など三時業との関係について考察する。すでに第一節において検討したように、有部では、順現法受など三時業（定業）の異熟する時期や感果の有無を転じることは不可能であり、それらを変更可能なものは不定業のみとされる。一方の上座部は、定業・不定業という分類を採用せず、順現法受業・順次生受業・順後次受業のいずれも既有業になり得ると考えている[35]。これを端的に示すのは、次の『清浄道論』の一節である。そこでは、順現法受業を解説する中で、もし順現法受業が異熟しなければ既有業になると述べられている。

Vis.（p. 601.3–8）:

tesu ekajavanavīthiyaṃ sattasu cittesu kusalā vā akusalā vā paṭhamajavanacetanā diṭṭhadhammavedaniyakammaṃ[36] nāma. taṃ imasmiṃ yeva attabhāve vipākaṃ deti. tathā asakkontaṃ pana “ahosikammam nāhosi kammavipāko, na bhavissati kammavipāko, n’ atthi kammavipāko” ti evaṃ[37] imassa tikassa vasena ahosikammaṃ nāma hoti.

これらのうち、一つの速行路にある七速行のうち、善あるいは不善の第一速行思が、順現法受業と名付けられる。それは、まさに現世における自体（生涯）に異熟を与える。一方、そのような〔異熟を引く〕力のないものは既有業である。「業の異熟は生じなかった」「業の異熟は生じないだろう」「業の異熟は生じない」と、このようにこの三つのことにより既有業と名付けられる。

この既有業の記述は、順次生受業と順後次受業においても説かれている[38]。すなわち上座部においては、三時業いずれも異熟果については不定であり、それらを既有業に転じることで、異熟を受けることなく消し去ることが可能であると考えられている[39]。

第三項　時期の決定

次に本項では、異熟する時期の移転について、上座部がどのような見解を抱いていたかを検討する。阿毘達磨論書の一つである『論事』「業論」(Kv. 21, 8) では、「一切業が決定している」とする他論師に対し[40]、上座部論師は「決定していない」と主張し、議論を展開している。上座部論師に対して、他論師は次のように一切業決定を主張している。

Kv. 21, 8 (pp. 611.35-612.14):

(B) na vattabbaṃ "diṭṭhadhammavedanīyaṃ kammaṃ diṭṭhadhammavedanīyaṭṭhena niyataṃ, upapajjavedanīyaṃ kammaṃ ...pe... aparāpariyavedanīyaṃ kammaṃ aparāpariyavedanīyaṭṭhena niyatan" ti. (A) āmantā. (B) diṭṭhadhammavedanīyaṃ kammaṃ upapajjavedanīyaṃ hoti, aparāpariyavedanīyaṃ hoti. ...pe.... upapajjavedanīyaṃ kammaṃ diṭṭhadhammavedanīyaṃ hoti, aparāpariyavedanīyaṃ hoti. ...pe....[41] aparāpariyavedanīyaṃ kammaṃ diṭṭhadhammavedanīyaṃ hoti, upapajjavedanīyaṃ hotī ti. (A) na h' evaṃ vattabbe. (B) tena hi diṭṭhadhammavedanīyaṃ kammaṃ diṭṭhadhammavedanīyaṭṭhena niyataṃ, upapajjavedanīyaṃ kammaṃ ...pe... aparāpariyavedanīyaṃ kammaṃ aparāpariyavedanīyaṭṭhena niyatan ti.

【他論師】「"順現法受業は、現法に感受するという意味によって決定し、順次生受業は…略…、順後次受業は、後次に感受するという意味によって決定している"と言ってはならないのか」。【自論師】「その通りである」。

【他論師】「順現法受業は、順次生受となり、順後次受となる。…略…。順次生受業は、順現法受となり、順後次受となる。…略…。順後次受業は、順現法受となり、順次生受となるのか」。【自論師】「そのように言ってはならない」。【他論師】「それでは、順現法受業は、現法に感受するという意味によって決定し、順次生受業は…略…、順後次受業は、後次に感受するという意味によって決定している」と。

すなわち、上座部論師および他部派論師ともに、順現法受業を順次生受や順後次受に転換して異熟を先延ばしにしたり、逆に順後次受業を順現法受や順次生受に転換したりして異熟を先取りすることはできないとしている。註釈の理解に従うならば、ここでは「時期の決定・不定」ではなく、「感果の決定・不定」について両部派に見解の相違があると考えられる。すなわち、上座部は「時期のみ決定、感果は不定」を主張し、他部派は「時期・感果ともに決定」を主張していると考えられる。よって、上座部は、異熟する時期については決定であると理解していることが解る。この箇所に対して『論事註』は、既有業の教理を用いて次のように説明する。

KvA. 21, 8 (p. 194.14–17):

diṭṭhadhammavedanīyaṭṭhena niyatan ti ettha diṭṭhadhammavedanīyaṃ diṭṭhadhammavedanīyaṭṭham[42] eva. sace diṭṭhe va dhamme vipākaṃ dātuṃ sakkoti deti, no ce ahosikammaṃ nāma hotī ti imam atthaṃ sandhāya paṭiññā sakavādissa.

「**現法に感受するという意味によって決定し**」と、ここでは「順現法受とは、現法に感受するという意味だけであり、もし現法で異熟を与えることができるならば与え、そうでなければ既有業と名付けられるものとなる」と、この意味を念頭に置いて自論師[43]の主張がある。

以上より上座部は、順現法受などの三時業について、それらを既有業に転換させて無異熟化することは可能であっても（感果の不定）、それらの異熟する時は決定していて変更が効かない（時期の決定）、と考えていたことが解る。

第四項　阿羅漢と既有業

前項までに次の点を確認した。まず、『清浄道論』以降の上座部では、業の異熟する時に基づいて、⑴現世で異熟を与える順現法受業と、⑵来世で異熟を与える順次生受業と、⑶来世より後に機会を得たときに異熟を与える順後次受業と、⑷これら三時業が異熟を与えなまいまま不活性化されてしまった既有業との四つを想定する。このように上座部は、三時業すべてが既有業に転換され得ると主張するが（感果の不定）、異熟する時については変更不可能であるとされる（時期の決定）。すなわち、「順次生受業→既有業」という報果の取り消しは可能であるが、「順次生受業→順現法受業」という時期の変更は不可能ということである。

ところで前節において、説一切有部は阿羅漢と業の関係に対して特別な注意を払い、「阿羅漢は来世で受けるはずの業の果報を現世に引き寄せて清算する」という理解を示している点を確認した。しかしながら、上記の上座部教理に従えば、このような解釈は上座部にはできないはずである。そこで本項では、上座部における阿羅漢と既有業の関係を考察することで、その理解の特徴をより明確にする[44]。

⑴　阿羅漢と現世でなした業

まず、最高の出世間善である阿羅漢道によってすべての業が既有業となるのかといえば、そうではない。「アングリマーラ経」の註釈は次のように述べ、現世でつくった三時業のうち、阿羅漢道によって既有業となるのは順次生受業・順後次受業のみであり、順現法受業は残って異熟を与えるとしている。

MNA. 86（Vol. III, pp. 339.22–340.1）:

therassa pana upapajjavedaniyañ ca aparapariyāyavedaniyañ cā ti[45] imāni dve kammāni kammakkhayakarena arahattamaggena samugghātitāni, diṭṭhadhammavedaniyaṃ atthi taṃ arahattaṃ pattassā[46] pi vipākaṃ deti yeva.

しかし、〔アングリマーラ〕長老の順次生受と順後次受というこれら二つの業は、業の滅尽をなす阿羅漢道によって破壊されている。順現法受はあり、それは阿羅漢果を得た者にも異熟を与える。

この阿羅漢にも順現法受業が残ることは、後代の綱要書においても説かれているため[47]、アングリマーラに限らず、阿羅漢たちすべてに適用されることが解る。しかしながら上座部は、順現法受業も既有業になることを認めていることから、「阿羅漢は現世で積んだ順現法受業のすべての異熟を受けなければならない」とは考えていないようである。このことは後述する『論事註』の議論からも裏付けられる。

⑵ 阿羅漢と過去世でなした業

続いて、過去世でつくった業について考察する。先ほど検討した註釈は特に現世で積んだ業についての理解であり、無始以来の過去世から積み上げてきた順次生受業・順後次受業までもが阿羅漢道によってすべて破壊されるわけではない。『ジャータカ』第522話の註釈部において、阿羅漢であるモッガラーナは、過去世に犯した順後次受業の異熟によって、暴行を受け殺されたと説明されている。

JāA. 522 (Vol. V, p. 126.10–11):

sattame pana[48] divase therassa pubbe kataṃ aparāpariyavedaniyakammaṃ okāsaṃ labhi.

さて七日目に、〔モッガラーナ〕長老がかつてなした順後次受業が〔異熟する〕機会（okāsa）を得た。

すなわち、阿羅漢であっても過去世でなした業の異熟を現世で受けることはあると理解されている。また、阿羅漢の非時死（いわゆる横死）が問題となっている『論事註』では、「阿羅漢はすべての業の異熟を感受してから入滅する。したがって、阿羅漢に非時死はない」という理解は誤っているとして、次のように述べている。

KvA. 17, 2 (p. 165.18–23):

evaṃ sabbathā pi saṃsārapavatte sati laddhavipākavāre kamme, na vijjate so jagatippadeso yatthaṭṭhito mucceyya[49] pāpakammā ti. evaṃ sante yad etaṃ “aladdhavipākavāram pi kammaṃ avassaṃ arahato[50] paṭisaṃveditabban” ti kappanāvasena “n’ atthi arahato akālamaccū” ti laddhipatiṭṭhāpanaṃ katam, taṃ dukkaṭam evā ti.

このように、あらゆる方法をもってしても、輪廻の流転があるならば、業が異熟の番（vāra）を得たとき、悪業より逃れられる場所は、世間のどこにもない[51]。このようであるので、次のように「業が異熟の番（vāra）を得ていないときにも、必ず阿羅漢にとって感受されなければならない」と妄分別することによって、「阿羅漢には非時の死はない」と執見が建てられてしまったのであるが、これは全くの誤りである。

阿羅漢は「異熟の番（vāra）を得た業」の異熟は受けなければならないが、「異熟の番（vāra）を得ていない業」の異熟は受けなくても済むと考えられていることが解る。ダンマパーラによる復々註（KvAṬ.）は、この「異熟の番（vāra）を得ていない業」を「異熟の機会（okāsa）を得ていない業」であるとして、次のように述べている。

KvAṬ. 17, 2（VRI: p. 147.7）:

aladdhavipākavārānan ti vipākadānaṃ pati aladdhokāsānaṃ.

「異熟の番（vāra）を得ていない〔業〕」とは、「異熟を与えることについて機会（okāsa）を得ていない〔業〕」ということである。

よって、阿羅漢でも受けなければならない「異熟の番（vāra）を得た業」とは「異熟の機会（okāsa）を得た業」であると考えられる。これは、先に見た『ジャータカ』第522話の註釈部において、阿羅漢であるモッガラーナが「異熟の機会（okāsa）を得た順後次受業」の異熟によって殺されるという記述と一致する。したがって、阿羅漢にも過去世でつくった業（順次生受業・順後次受業）は残存しており、それらが阿羅漢の最後生のうちに異熟を与える可能性は残っていることになる（もちろんこの業が来世の生存を引き起こせるわけではない）。

(3) まとめ

以上より、阿羅漢道による既有業への転換とは「輪廻から脱してもはや来世の生存はない」という観点から起きているのであって、来世の生存に関与しない業については阿羅漢の最後生の間に異熟を与える可能性を残している[52]。阿羅漢と既有業の関係は次のように説明されるだろう。

⑴【現世でなした業】阿羅漢になれば来世はないので、来世以降で異熟する順次生受業と順後次受業の二つは異熟しようがなくすべて既有業になるが、しかし現世で受ける分の順現法受業は機会が得られれば阿羅漢にも異熟を与える。

⑵【過去世でなした業】阿羅漢にも過去世でつくった順次生受業・順後次受業の二つが残存していると考えられる。これらの業は来世を引き起こすことはできないものの、異熟を与える機会を得れば阿羅漢の最後生のうちに異熟を与えることができる。

このような阿羅漢と既有業の関係からも、上座部においては「時期の決定」と「感果の不定」とが厳密に守られている。

第五項　初期経典に対する上座部註釈の見解

前項までに、上座部は、三時業いずれも無異熟化させることが可能であるが、異熟する時期については変更不能であると理解している点を指摘した。続いて本項では、この指摘を検証するために初期経典に対する上座部の註釈を検討する。上記の指摘を是とするならば、上座部は、有部のように「業果の先取り」を教理的に容認することができないはずである。ところが初期経典中には、来世で受けるはずの業果を現世に先取りしたと読むことのできる経典が存在する。したがって、上記の指摘が正しいならば、これらの経典内容が教理と矛盾しないようにするために、何らかの会通が註釈文献中で施されていることが予想される。その会通を通じて、上座部の業観の特徴を検討する[53]。

⑴『増支部』第3集, 第99経

まず、『増支部』第3集, 第99経に対する註釈家の理解を考察する。この経は、先に検討した有部の「塩喩経」に対応する経典であり、本経に対する

両部派の解釈を比較することで、容易にその違いを知ることができる[54]。次のように説かれている。

AN. iii, 99（Vol. I, p. 249.16-20）:

⑴ idha bhikkhave ekaccassa puggalassa appamattakam pi pāpaṃ kammaṃ[55] kataṃ tam enaṃ nirayaṃ upaneti. ⑵ idha pana bhikkhave ekaccassa puggalassa tādisaṃ yeva appamattakaṃ pāpaṃ kammaṃ kataṃ diṭṭhadhamme c' eva vedanīyaṃ[56] hoti, nāṇu pi khāyati, kiṃ bahud eva.

⑴ 比丘らよ、ここに一部の人にとって僅かでも悪業がなされれば、それはその者を地獄に導きます。⑵ しかし比丘らよ、ここに一部の人にとって全く同様に僅かな悪業がなされても、現世でのみ感受され、少しも〔来世に〕現れません。どうして多く〔現れるでしょうか〕。

このうち⑴で説かれる一部の人とは、身・戒・心・慧を修習しない異生であるとされ[57]、⑵で説かれる一部の人とは、身・戒・心・慧を修習する人であり、註釈の理解によれば阿羅漢であるという[58]。この経典を読む限りでは、ある人が地獄に堕ちるような悪業をなしても、その異熟を地獄で受けずに、現世で受けるだけで済むことを述べているように読める[59]。すでに見たように、有部では「業果の先取り」が本経において説かれていると理解しているが、異熟する時期の変更を認めない上座部はそのような解釈ができないはずである。この部分に対するブッダゴーサ註には次のようにある。

ANA. iii, 99（Vol. II, p. 360.9-24）:

etesu ākāresu yena yenākārena veditabbaṃ kammaṃ ayaṃ puriso karoti, tena ten' ev' assa vipākaṃ paṭisaṃvediyati nāma. aṭṭhakathāyaṃ hi laddhavipākavāram eva kammaṃ yathāvedaniyakammaṃ[60] nāmā ti vuttaṃ. .... idāni taṃ yathāvedaniyakammasabhāvaṃ dassento **idha bhikkhave ekaccassā** tiādim āha.

これら〔順現法受・順次生受・順後次受の〕相のうち、ある相によって感受すべき業を、ある人がなせば、そ〔の相〕によってのみ、そ〔の業〕の異熟を感受する。実に『アッタカター』[61]において、「異熟の番を得た業だけが、“その通りに感受しなければならない業”と呼ばれる」と言われた。……。今や、“その通りに感受しなければならない業”の自性を示しつつ、「**比丘らよ、ここに一部の**」云々と言ったのである。

ANA. iii, 99（Vol. II, p. 360.28–33）:

diṭṭhadhammavedaniyan ti tasmiṃ kamme yena[62] diṭṭhadhamme vipaccitabbaṃ vipākavāraṃ labhantaṃ diṭṭhadhammavedaniyaṃ hoti. **nāṇu pi khāyatī** ti dutiye attabhāve aṇum[63] pi na khāyati, aṇumattam pi dutiye attabhāve vipākaṃ na detī ti attho.

「**現世で〔のみ〕感受され**」とは、「その業によって[64]、現法で熟さなければならない異熟の番を得ている順現法受はあり」ということである。「**少しも〔来世に〕現れません**」とは、「第二の自体（生涯）において少しも現れない。少しの量も、第二の自体（生涯）において異熟を与えない」という意味である。

この註釈を適用すると、上座部は本経の⑴と⑵を別個の業と捉え、その⑵を取り上げて「一部の人（註釈によれば阿羅漢）にとって順現法受業はあるが、来世以降に異熟はない」と解釈しており、「業果の先取り」とは理解していない。これは、異熟する時期の決定を主張し、さらに阿羅漢にとって順次生受・順後次受の二つは既有業となっているが、順現法受業は残るとする上座部教理と矛盾していないことが確認される。

⑵『増支部』第10集, 第208経

続いて、『増支部』第10集, 第208経を検討する。本経では四無量心の修習によって「不還性」へ趣き、業の果報を現世で受けることが言及されている。榎本文雄［1989: p. 4.13–14］も、本経について「悪業の報いを現世で先取りする」ことが述べられているとする。問題となる箇所とその部分のブッダゴーサ註は次のようである。

AN. x, 208（Vol. V, p. 300.10–12）:

so evaṃ pajānāti: ‘yaṃ kho me idha[65] kiñci pubbe iminā karajakāyena pāpakammaṃ kataṃ, <u>sabban taṃ idha vedanīyaṃ</u>, <u>na taṃ anugaṃ bhavissatī</u>’ ti.

彼は次のように知ります。「かつて、現世で、この業から生じた身体に

よってなされた私の悪業は、すべて現世で感受され、つき従うものとはならないだろう」と。

ANA. x, 208（Vol. V, p. 78.3-8）:

sabbaṃ taṃ idha vedaniyan ti diṭṭhadhammavedaniyaṭṭhānavasena[66] vuttaṃ. **na taṃ anugaṃ bhavissatī**[67] ti mettāya upapajjavedaniyabhāvassa upacchinnattā upapajjavedaniyavasena na anugataṃ bhavissatī ti[68] idaṃ sotāpanna-sakadāgāmiariyapuggalānaṃ paccavekkhaṇaṃ veditabbaṃ.

「すべて現世で感受され」とは、順現法受の位について言われたのである。**「つき従うものとはならないだろう」**とは、「慈によって順次生受の状態が断たれたゆえに、順次生受について、つき従うものとはならないだろう」ということである。これは、預流・一来の聖者たちの観察であると理解されるべきである。

この註釈から、「現世で感受される業」は、あくまで順現法受業であるとしている。また、「つき従わない業」は、順次生受業であるとしている。よって、註釈は「業の異熟をすべて現世で先取りしてしまい、その業の異熟が来世につき従わない」とは考えておらず、「現世で感受される業」と「つき従わない業」とは別々の業であると理解している。したがって、来世で受ける業を現世で受ける業に「転換する」、あるいは「先取りする」というようには理解していない。このように註釈の理解は、異熟する時期の決定を説く上座部教理と矛盾しないことが確認される。

(3)『増支部』第３集，第33経

続いて、異熟する時期が移転し得ると解釈できる初期経典に対して、その解釈を否定するために、発達した上座部阿毘達磨の造業理論が援用されている事例を考察する。問題となるのは次のような経典の文言である。

AN. iii, 33（Vol. I, p. 134.20-23）:

yatth' assa attabhāvo nibbattati tattha taṃ kammaṃ vipaccati, yattha taṃ kammaṃ vipaccati tattha tassa kammassa vipākaṃ paṭisaṃvedeti diṭṭhe vā[69] dhamme upapajje[70] vā apare vā pariyāye.

その者の自体（生涯）が生じるところにその業が異熟し、その業が異熟する順現法に[71]、あるいは順次生に、あるいは順後次において、その業の異熟を感受します。

ここでは「業Aは、順現法（diṭṭhe vā dhamme）、あるいは順次生（upapajje vā）、あるいは順後次（apare vā pariyāye）のいずれかで異熟する」と述べられているから[72]、ある一つの業Aがいつ異熟するか決まっておらず、現世で異熟しなければ来世で、来世で異熟しなければそれ以後に異熟する、と異熟する時期を転換し得る文章であるかのように読める。ところが上座部諸師は、この経典が時期転換を否定している文章であると理解する。

ANA. iii, 33（Vol. II, pp. 222.29–223.9）:

tāni pi tato osakkitvā tīṇi yeva kammāni honti: diṭṭhadhammavedaniyaṃ, upapajjavedaniyaṃ, aparapariyāyavedaniyan ti. tesaṃ saṃkamanaṃ n' atthi, yathāṭṭhāne yeva tiṭṭhanti. yadi hi diṭṭhadhammavedaniyaṃ kammaṃ upapajjavedaniyaṃ vā aparapariyāyavedaniyaṃ vā bhaveyya, "**diṭṭhe vā dhamme**" ti satthā na vadeyya. sace pi upapajjavedaniyaṃ diṭṭhadhammavedaniyaṃ vā aparapariyāyavedaniyaṃ vā bhaveyya, "**upapajja vā**" ti satthā na vadeyya. athāpi aparapariyāyavedaniyaṃ diṭṭhadhammavedaniyaṃ vā upapajjavedaniyaṃ vā bhaveyya, "**apare vā pariyāye**" ti satthā na vadeyya.

それより、順現法受・順次生受・順後次受など三種の業〔の話〕に戻そう。これらに移転はなく、その通りの位にのみ存在する。なぜなら、もし順現法受業が、順次生受あるいは順後次受になるならば、「**順現法に**」と師が仰るはずがない。また、もし順次生受〔業〕が、順現法受あるいは順後次受になるならば、「**あるいは順次生に**」と師が仰るはずがない。そしてまた、順後次受〔業〕が、順現法受あるいは順次生受になるならば、「**あるいは順後次において**」と師が仰るはずがない。

ここから、順現法受業・順次生受業・順後次受業のそれぞれが相互に変わり得るならば、「順現法、あるいは順次生、あるいは順後次において」と世尊がわざわざ一々の名を挙げるはずがない、とブッダゴーサは理解していることが解る。よって、異熟する時期の決定が主張されており、実際に後世の綱要書[73]も、本経の註釈（『増支部註』）に言及して、その文言が三時業の時期転換を否定していると理解している。ダンマパーラによる復註（ANpṬ.）には次のようにある。

ANpṬ. iii, 33（p. 343.3–7）:

tesaṃ saṅkamanaṃ n' atthī ti diṭṭhadhammavedanīyādīnaṃ saṅkamanaṃ n' atthi, saṅkamanaṃ upapajjavedanīyādibhāvāpatti. ten' āha **yathāṭhāne yeva tiṭṭhantī** ti. **diṭṭhe va dhamme ti satthā**[74] **na vadeyyā** ti asanti niyāme. yasmā pana tesaṃ saṅkamanaṃ n' atthi, niyatasabhāvāni tāni, tasmā satthā dṭṭhe vadhamme tiādim avoca.

「**これらに移転はなく**」とは、「これら順現法受などに移転はなく」ということである。「移転」とは、〔順現法受などが〕順次生受などの状態になることである。それゆえに、「**その通りの位にのみ存在する**」と言うのである。「**「順現法に」と師が**[75]**仰るはずがない**」とは、「決定していないのであれば〔仰るはずがない〕」ということである。また、これら〔業〕に移転はないのであるから、それらは自性の決定したものであるので、師は「順現法受」云々と仰ったのである。

また、サーリプッタによる復註（ANṬ.）も同趣旨を述べ、さらに七速行思の造業理論を根拠として援用している。

ANṬ. iii, 33（VRI: Vol. II, p. 101.4–12）:

tesaṃ saṅkamanaṃ n' atthī ti tesaṃ diṭṭhadhammavedanīyādīnaṃ saṅkamanaṃ n' atthi, saṅkamanaṃ upapajjavedanīyādibhāvāpatti. ten' āha "**yathāṭhāne yeva tiṭṭhantī** " ti, attano diṭṭhadhammavedanīyādiṭṭhāne yeva tiṭṭhantīti attho. diṭṭhadhammavedanīyam eva hi paṭhamajavanacetanā, upapajjavedanīyam eva sattamajavanacetanā, majjhe pañca aparapariyāyavedanīyam evā ti n' atthi tesaṃ aññamaññaṃ saṅgaho, tasmā attano attano diṭṭhadhammavedanīyādisabhāve yeva tiṭṭhanti. ten' eva bhagavatā — "diṭṭhe vā dhamme, upapajja vā, apare vā pariyāye" ti tayo vikappā dassitā. ten' ev' āha "**diṭṭhadhammavedanīyaṃ kamman**" tiādi. tattha "**diṭṭhe vā dhamme ti satthā na vadeyyā**" ti asati niyāme na vadeyya. yasmā pana tesaṃ saṅkamanaṃ n'

atthi, niyatasabhāvā hi tāni tasmā satthā “diṭṭhe vā dhamme” tiādim avoca.
「**これらに移転はなく**」とは、「これら順現法受などに移転はなく」ということ。「移転」とは、〔順現法受などが〕順次生受などの状態になることである。それゆえに、**「その通りの位にのみ存在する**」と言うのであり、「〔これらの業は〕順現法受など、それ自体の位においてのみ存在する」という意味である。なぜなら、第一速行思のみが順現法受となり、第七速行思のみが順次生受となり、間の五つ〔の思〕のみが順後次受となる。であるから、それらが互いに取り込まれることはない。これゆえに、〔これらの業は〕順現法受など、各々の自性においてのみ存在するのである。だからこそ、世尊によって「順現法に、あるいは順次生に、あるいは順後次において」云々と、三種の分類が示されたのである。だからこそ、「〔もし〕**順現法受業**〔が、順次生受あるいは順後次受になるならば〕」云々と述べたのである。このうち、「**「順現法に」と師が仰るはずがない**」とは、「決定していないのであれば、仰るはずがない」ということである。また、これら〔業〕に移転はないのであるから、それらは自性の決定したものであるので、師は「順現法受」云々と仰ったのである。

すなわち、上座部の教理では、速行思という心作用が業となり、この速行思は一つの認識作用において七回連続して生起する。さらにこの七つの速行思は、それぞれ生起した順番に従って順現法受・順次生受・順後次受のいずれの業になるか決定している[76]。よって、彼らの教理では「第一速行思＝順現法受業」「第七速行思＝順次生受業」となることが決定しているので、もし順次生受業が順現法受業に移転するとするならば、「第七速行思＝順現法受業」を認めることに繋がってしまい、教理との間に矛盾が生じてしまう。したがって、上座部における『増支部』第 3 集, 第 33 経の理解は、「七つの速行思は、それぞれ、順現法受か、順次生受か、順後次受かのうちいずれかである」であり、「ある一つの業は、いつ異熟するか決まっておらず、順現法（diṭṭhe vā dhamme)、あるいは順次生（upapajje vā)、あるいは順後次（apare vā pariyāye）のいずれかで異熟する」ではないことが解る。このような造業理論の点からも、異熟する時期の転換は認められないと上座部は考えていたことが確認される。

第六項　小結

上座部における既有業と三時業とについて概観した。上座部は、有部と異なり感果の決定を説かず、業が異熟果を与えることなく消滅してしまうことを説明するために既有業の教理を有する。この教理が現れるのには、『清浄道論』の登場を待たなければならないが、それ以前の文献からも、業が異熟果を与えることなく消滅してしまう可能性を示す文脈が現れている。完成した上座部の既有業と三時業との教理は次のようにまとめられる。

(1) 上座部は、業の異熟する時期については決定であると考えており、業果の先取りや先延ばしということを認めていない。

(2) 一方で、実際に業が感果するかどうかについては不定であると考えており、順現法受業・順次生受業・順後次受業のいずれも異熟する機会を得なければ既有業に転換される[77]。

(3) この既有業への転換が最も重要な瞬間は、阿羅漢となり輪廻を終極させることで、これまで積み上げてきた諸業が来世を生み出す能力を失うときである。現世でつくった順次生受業・順後次受業は阿羅漢道によって既有業となるが、順現法受業は阿羅漢にも残って機会を得れば異熟を与える[78]。過去世でつくった業については、機会を得たものについては阿羅漢の最後生の間に異熟を与え、機会を得なかったものについては既有業になる。このような業理論に厳密に基づいて註釈家は経典を解釈している。

結　び

以上、有部の定業・不定業、および上座部の既有業について考察した。有部は、定業・不定業という分類を設け、定業の三時業については果の受け方を転じることは不可能であるが、不定業については異熟する時期の転換も、感果させずに消滅させることも可能であると考えている。一方の上座部は、既有業の教理を設け、三時業であっても異熟させずに打ち消すことが可能であるとするが、異熟する時期の変更は不可能であると考えている。有部の定業・不定業の分類に合わせて、上座部の教理を表に示せば次のようになると考えられる。

			時期	感果
有部説	定業	順現法受業	決定	決定
		順次生受業	決定	決定
		順後次受業	決定	決定
	不定業	時不定異熟定業	不定	決定
		時異熟俱不定業	不定	不定
上座部説	順現法受業		決定	不定
	順次生受業		決定	不定
	順後次受業		決定	不定
	既有業		—	—

この両部派の業に対する意見の相違が明らかになるには、有部の『大毘婆沙論』、上座部の『清浄道論』の登場を待たなければならないが、この相違の傾向は、有部の六足発智や上座部の七論の中からも見出すことができる。

よって、有部と上座部の三時業は、言葉の上では同じであっても、その理解は全く一致しない。有部は、異熟する時期の決まっていない不定業の教理を有する。一方の上座部は、異熟する時期の決定を主張するため、業果の先取りを認めることができない。そのため経典中に現れる「業果の先取り」の事例に対して、両部派は全く異なる理解を示している。

第二章　上座部修道論における業滅

問題の所在

本章は、パーリ初期経典とその註釈文献を検討し、上座部修道論における業滅の思想展開および教理体系を考察する。本章における“業滅”とは、業果の関係性に変更が加えられ、過去に積み上げてきた業の異熟を漸減・消滅させたり、現世に先取りして清算したりする事例のことを指す。

仏教では、輪廻の直接的な原因が業であるとしながらも、解脱して輪廻を終極させるためには煩悩を断つ必要があるとされる。そのため修行階梯における業・煩悩・輪廻（解脱）の関係が不明確であると榎本文雄［1989］によって問題提起されている。このような問題意識のもと業滅を考察した先行研究として、榎本文雄［1989］, 浪花宣明［1994］(=［2008: pp. 253–280］)[79], 藤本晃［2000a］があり、過去の業が異熟せず消滅してしまう事例や、その異熟を現世で先取りする事例が初期経典において見られる点、そしてそのような事態を説明するために上座部では既有業（ahosikamma）という教理を体系化している点が明らかになっている[80]。ところが、上座部修道論において、解脱するにあたり業滅はどのような位置を占めているのか、とりわけ業滅は煩悩とどのような関係にあるのかという点は未だ十分に明らかになっていない。そこで、この点を明らかにすることが本章の目的である。

ここでの結論を先取りすれば、上座部修道論において重要となる業滅は、惑業苦や「煩悩輪転→業輪転→異熟輪転」の三輪転説などに基づき、「煩悩滅→業滅」の関係をとる。そして、修道論上、煩悩の断が起こるのは見道より上の聖者に限られるので、業滅も聖者に起こる、というものである[81]。この典型例は、預流の不堕悪趣である。預流の聖者となり見所断煩悩が断たれれば、たとえその者に悪趣に堕ちるような悪業が残っていても、それらの悪業は悪趣に導く能力を失ってしまうとされる[82]。同様に、不還が欲界に戻らない根拠も欲界繫の煩悩を断ったからであると理解される[83]。そして阿羅漢となり、すべての煩悩を断ずれば、どのような業が残っていようとも、それらは来世を生み出せなくなる。以上が上座部修道論における業滅であり、本章はその教理形成を考察していく。

第一節　業滅の順序

第一項　ジャイナ教における事例

仏教における業滅の検討に先立ち、ジャイナ教古層資料における若干の事例を検討する。このジャイナ教の古層資料と、仏典の中でも古いとされる韻文資料との間には思想的共通性が見られると指摘されている[84]。ジャイナ教では、解脱するために業を滅することが修行の中心となっているが、これと同時に、煩悩（kaṣāya）を制する必要も説かれる。本節では、この煩悩と業がどのような関係を持って説かれているかを検討する。まず、惑業苦の関係がジャイナ教古層資料に現れることが、長崎法潤［1982: pp. 415–417］や中村元［10: pp. 232.20–233.17］によって報告されている。

Utt. 32, 7–8（p. 219.7–14）:

rāgo ya doso vi ya kammabīyaṃ kammaṃ ca mohappabhavaṃ vayanti,
kammaṃ ca jāimaraṇassa mūlaṃ dukkhaṃ ca jārīmaraṇaṃ vayanti.（7）
dukkhaṃ hayaṃ jassa na hoi moho, moho hao jassa na hoi taṇhā,
taṇhā hayā jassa na hoi loho loho hao jassa na kiṃcaṇāiṃ.（8）

（7）貪欲（rāga）と瞋恚（dosa）とは業（kamma）の種子であり、業は愚痴（moha）より生ずる、と人々は言う。業は生死（jārī-marana）の根本であり、生死を苦（dukkha）であると人々は言う。

（8）苦（dukkha）は愚痴（moha）のないところに破壊される。愚痴は渇愛（taṇhā）のないところに破壊される。渇愛は貪欲（loha）のないところに破壊される。貪欲は所得（kiṃcaṇa）のないところに破壊される。
（長崎法潤［1982: p. 415.13–14, p. 416.3–4］）

最初の偈（Utt. 32, 7）において「貪瞋痴→業→生死（苦）」という惑業苦の関係が説かれる。続く偈（Utt. 32, 8）では「無苦←無痴←無渇愛←無貪←無所得」の関係に基づき、煩悩を滅することによって苦の滅があり、さらにその煩悩滅のためには無所得が必要であるとされる。ここで注意すべきは、苦が生じる過程を述べる偈（Utt. 32, 7）において煩悩と業の関係は明示されているが、苦を滅する過程を述べる偈（Utt. 32, 8）では煩悩と業の関係が明示されていない点である。続いて、『イシバーシヤーイム』第九章[85]に現れる事例を検討する。

Isibh. 9, 1–5（p. 14.14–23）:

kamma-mūlam anivvāṇaṃ saṃsāre savva-dehiṇaṃ,
kamma-mūlāiṃ dukkhāiṃ kamma-mūlaṃ ca jammaṇaṃ.（1）
saṃsāra-saṃtaī-mūlaṃ puṇṇaṃ pāvaṃ pure-kaḍaṃ,
puṇṇa-pāva-nirohāya sammaṃ saṃparivvae.（2）
puṇṇa-pāvassa āyāṇe paribhoge yāvi dehiṇaṃ,
saṃtaī-bhoga-pāoggaṃ puṇṇaṃ pāvaṃ sayaṃ kaḍaṃ.（3）
saṃvaro nijjarā c' eva puṇṇa-pāva-viṇāsaṇaṃ,
saṃvaram nijjaraṃ c' eva savvahā sammam āyare.（4）
micchattaṃ aniyattī ya pamāo yāvi ṇegahā,
kasāyā c' eva jogā ya kamm' ādāṇassa kāraṇaṃ.（5）

（1）総ての有身のもの（savva-dehin）の輪廻に於いて涅槃せざるは業を根とす。諸々の苦は業を根とし、生はまた業を根とす。

（2）輪廻の相続の根本は以前になされたる善（puṇṇa）（と）悪（pāva）なり。善と悪を滅するために、正しく（人は）出家すべし。

（3）諸々の有身者には善と悪の執持と、享受とが存す。相続と享受の対象となるべき善（福）と悪は自ら造作されたるものなり。

（4）護（saṃvara）と遮（nijjarā）とは善と悪を滅するものなり。護と遮とを完全に（savvaho）行ずべし。

（5）邪信（micchatta）と不静寂（aniyatti）と放逸（pamāa）とはまた種々にして、煩悩（kasāya）とまた結とは業の執持の原因なり。（松濤誠廉

［1966: p. 73.8–17］）

このうち第1偈（Isibh. 9, 1）では業が輪廻や苦の原因であるとして「業→苦」の関係が、さらに続く第5偈（Isibh. 9, 5）では煩悩が業の原因であるとして「煩悩→業」の関係が説かれている。したがって、この二つを合わせると「煩悩→業→苦」という惑業苦の関係が成り立つ。他方、第4偈（Isibh. 9, 4）では、業を滅する手段として saṃvara と nijjarā というジャイナ教の教義が現れるが[86]、煩悩の滅については何も述べられていない。

このようにジャイナ教古層資料においても、惑業苦の関係が見られる。しかし、煩悩を滅する手段を説く偈（Utt. 32, 8）や、業を滅する手段を説く偈（Isibh. 9, 4）などが見られるものの、それらの中で業滅と煩悩滅との両者の関係は明確ではない。

第二項　韻文資料における事例

続いて仏教資料のうち、散文資料よりも古く成立した、もしくは沙門（苦行者）文学と密接な関係があるとされる韻文資料を検討する[87]。前項においてジャイナ教古層資料を検討したが、そこには惑業苦の関係が説かれていながらも、業を滅する際に煩悩がどのように関わっているかについては必ずしも明らかではなかった。この傾向は、仏教の韻文資料においても同様に見られる。『ダンマパダ』のうちには次のように惑業苦（煩悩→業→苦）の関係が説かれている[88]。

Dhp. 1:

manopubbaṅgamā dhammā, manoseṭṭhā manomayā,
manasā ce padutthena bhāṣati vā karoti vā,
tato naṃ dukkham anveti cakkaṃ va vahato padaṃ.

諸法は、意を先とし、意を主とし、意よりなるものである。もし汚れた意によって語ったり、なしたりするならば、それゆえに、苦がその者に従いゆく。あたかも〔車を〕ひく〔牛の〕足跡に車輪が〔従いゆくように〕。

Dhp. 164:

yo sāsanaṃ arahataṃ ariyānaṃ dhammajīvinaṃ,
paṭikkosati dummedho diṭṭhiṃ nissāya pāpikaṃ,
phalāni kaṭṭhakasseva attaghaññāya phallati.

悪しき見解[89]に依りて、法に生きる聖者・阿羅漢たちの教えを非難する愚か者は、カッタカ草の果実のように、自らの破滅のために果報を得る。

このような「煩悩→業→苦」の関係はジャイナ教古層資料にも見られることから[90]、当時の思想家たちの間で一般的に知られていた思想を仏教も共有していたものと考えられる[91]。しかしこの一方で、業滅と煩悩がどのような関係にあるのかについて韻文資料は明示していない[92]。本章の論述にあたって、韻文資料における業滅関連資料として二十三の事例を検討しているが[93]、『スッタニパータ』第235偈と第537偈、『ダンマパダ』第412偈、『イティヴッタカ』第112経などでは業滅と煩悩滅の両方が偈の中で説かれるものの、その二つがどのような関係にあるのか不明確である。この点で、仏教における韻文資料の傾向は、ジャイナ教古層資料の傾向と一致している。このような傾向が散文資料でどのように現れているかが注目される。

第三項　散文資料における事例

続いて、散文資料を検討する。散文資料においては煩悩と業滅とが関係して説かれるようになり、『相応部』第46章, 第26経では「渇愛滅→業滅→苦滅」の関係が[94]、そして『増支部』第3集, 第33経では「貪瞋痴滅→業滅」の関係が示されている。後代の註釈者たちは、これらの資料において説かれる“煩悩が滅すれば業も滅する”という「煩悩滅→業滅」の関係に基づいて、修道論における煩悩と業滅の関係を体系的に理解している。

そこでまず本項では、共通の定型句[95]を互いに含み、類似した内容を持っている①『増支部』第3集, 第33経、②『増支部』第3集, 第107・108経[96]、③『増支部』第6集, 第39経の三資料を検討し、「煩悩滅→業滅」の関係の教理展開を探る。これらの資料では、前半部において貪瞋痴（三不善根）がどのように業や異熟と結びつくかを説き、後半部では無貪瞋痴（三善根）がどのように業・異熟に関わるかを述べている。それぞれの経の前半部では惑業苦の関係が次のように説かれる。

① AN. iii, 33（Vol. I, p. 134.19–23）:

yaṃ bhikkhave lobhapakataṃ kammaṃ lobhajaṃ lobhanidānaṃ lobhasamudayaṃ yatth' assa attabhāvo nibbattati tattha taṃ kammaṃ vipaccati, yattha taṃ kammaṃ vipaccati tattha tassa kammassa vipākaṃ paṭisaṃvedeti diṭṭhe vā[97] dhamme upapajje[98] vā apare vā pariyāye.

比丘らよ、およそ貪によってつくられ、貪より生じ、貪を原因とし、貪を集因とするその業は、その者の自体（生涯）が生じるところにその業が異熟し、その業が異熟する順現法に、あるいは順次生に、あるいは順後次において、その業の異熟を感受します。（…瞋…痴…。）

② AN. iii, 107（Vol. I, p. 263.11–15）:

yaṃ bhikkhave lobhapakataṃ kammaṃ lobhajaṃ lobhanidānaṃ lobhasamudayaṃ taṃ kammaṃ akusalaṃ taṃ kammaṃ sāvajjaṃ taṃ kammaṃ dukkhavipākaṃ, taṃ kammaṃ kammasamudayāya saṃvattati, na taṃ kammaṃ kammanirodhāya saṃvattati.

比丘らよ、およそ貪によってつくられ、貪より生じ、貪を原因とし、貪を集因とするその業は、不善の業であり、罪過ある業であり、苦の異熟ある業であり、業を集める作用のある業であり、業を滅する作用のない業[99]です。（…瞋…痴…。）

③ AN. vi, 39（Vol. III, pp. 338.28–339.6）:

na, bhikkhave, lobhajena kammena dosajena kammena mohajena kammena devā paññāyanti, manussā paññāyanti, yā vā pan' aññā pi kāci sugatiyo. atha kho, bhikkhave, lobhajena kammena dosajena kammena mohajena kammena nirayo paññāyati tiracchānayoni paññāyati pettivisayo paññāyati, yā vā pan' aññā pi kāci duggatiyo.

比丘らよ、貪から生じた業によって、瞋から生じた業によって、痴から生じた業によって諸天は了知されず、諸人は了知されず、あるいは他の何らかの善趣も〔了知されません〕。その一方で比丘らよ、貪から生じた業によって、瞋から生じた業によって、痴から生じた業によって地獄が了知され、傍生が了知され、餓鬼境が了知され、あるいは他の何らかの悪趣も〔了知されます〕。

①『増支部』第 3 集, 第 33 経は、「貪瞋痴→業→異熟」の関係を、②『増支部』第 3 集, 第 107 経は、「貪瞋痴→業滅作用のない不善業→苦」の関係を、③『増支部』第 6 集, 第 39 経は、「貪瞋痴→業→悪趣」の関係を説いている。したがって、いずれの経も惑業苦の関係を説いており、内容的には同一趣旨である。

続いて、後半部を検討する。後半部も、共通した定型句（前半部の貪・瞋・痴を、無貪・無瞋・無痴に置き換えたもの）が置かれ[100]、それに続いて無貪瞋痴（三善根）と業の関係が解説されている。まず、①『増支部』第 3 集, 第 33 経には次のようにある。

① AN. iii, 33（Vol. I, p. 135.20–23）:

yaṃ bhikkhave alobhapakataṃ kammaṃ alobhajaṃ alobhanidānaṃ alobha-samudayaṃ lobhe vigate evaṃ taṃ kammaṃ pahīnaṃ hoti ucchinnamūlaṃ tālāvatthukataṃ anabhāvakataṃ[101] āyatiṃ anuppādadhammaṃ.

比丘らよ、およそ無貪によってつくられ、無貪より生じ、無貪を原因とし、無貪を集因とするその業は、貪が消え去っていれば[102]、同様にその業も断たれます。根本が断たれれば、ターラ樹の本を断つように、存在しないものにされ、未来に生じない性質のものとなります。（…無瞋…無痴…。）

貪瞋痴が消え去っていれば、無貪瞋痴の三善根によってつくられた業も断たれると説かれ、「貪瞋痴滅→業滅」の構造が見られる。続いて、②『増支部』第 3 集, 第 108 経には次のようにある。

② AN. iii, 108（Vol. I, p. 263.28–32）:

yaṃ bhikkhave alobhapakataṃ kammaṃ alobhajaṃ alobhanidānaṃ alobha-samudayaṃ, taṃ kammaṃ kusalaṃ taṃ kammaṃ anavajjaṃ taṃ kammaṃ sukhavipākaṃ, taṃ kammaṃ kammanirodhāya saṃvattati, na taṃ kammaṃ kammasamudayāya saṃvattati.

比丘らよ、およそ無貪によってつくられ、無貪より生じ、無貪を原因とし、無貪を集因とするその業は、善の業であり、罪過なき業であり、楽の異熟ある業であり、業を滅する作用のある業であり、業を集める作用のない業です。(…無瞋…無痴…。)

無貪瞋痴の三善根によってつくられた善業は、業滅作用があり、楽の異熟があるとされ、ここでは「無貪瞋痴→業滅作用のある善業→楽」の関係が説かれている。最後に、③『増支部』第6集, 第39経には次のように説かれる。

③ AN. vi, 39 (Vol. III, p. 339.17-23):

na, bhikkhave, alobhajena kammena adosajena kammena amohajena kammena nirayo paññāyati tiracchānayoni paññāyati pettivisayo paññāyati, yā vā pan' aññā pi kāci duggatiyo. atha kho, bhikkhave, alobhajena kammena adosajena kammena amohajena kammena devā paññāyanti, manussā paññāyanti, yā vā pan' aññā pi kāci sugatiyo.

比丘らよ、無貪から生じた業によって、無瞋から生じた業によって、無痴から生じた業によって地獄は了知されず、傍生は了知されず、餓鬼境は了知されず、あるいは他の何らかの悪趣も〔了知されません〕。その一方で比丘らよ、無貪から生じた業によって、無瞋から生じた業によって、無痴から生じた業によって諸天が了知され、諸人が了知され、あるいは他の何らかの善趣も〔了知されます〕。

「無貪瞋痴→業→善趣」の関係が説かれ、業滅については何も述べられていない。善趣の異熟について言及している点は、②『増支部』第3集, 第108経が楽の異熟について言及している点と類似している。これら三経の後半部における業滅・異熟の有無をまとめると次のようになる。

	業滅に言及	異熟に言及
①『増支部』第3集, 第33経	○	—
②『増支部』第3集, 第108経	○	○
③『増支部』第6集, 第39経	—	○

したがって、各経それぞれに内容が異なる。また、これら各経の前半部と後半部の内容を表に示すと次のようになり、前半部の惑業苦の関係は三経ともほぼ同一内容を伝えているが、後半部については三経とも内容の異なる点が確認される。

	①『増支部』第 3 集, 第 33 経	②『増支部』第 3 集, 第 107・108 経	③『増支部』第 6 集, 第 39 経
前半部	貪瞋痴→業→異熟	貪瞋痴→業滅作用のない不善業→苦	貪瞋痴→業→悪趣
後半部	貪瞋痴滅→業滅	無貪瞋痴→業滅作用のある善業→楽	無貪瞋痴→業→善趣

⑴ 『増支部』第 3 集, 第 33 経の韻文部と散文部

続いて、①『増支部』第 3 集, 第 33 経の末尾に付されている偈を考察する。次のようにある。

① AN. iii, 33 (Vol. I, p. 136.14–18):

lobhajaṃ dosajañ c' eva mohajañ cāpi 'viddasu[103],
yaṃ tena pakataṃ kammaṃ appaṃ vā yadi vā bahuṃ,
idh' eva taṃ vedanīyaṃ vatthu aññaṃ na vijjati.
tasmā lobhañ ca dosañ ca, mohañ[104] cāpi viddasu[105],
vijjaṃ uppādayaṃ bhikkhu sabbā duggatiyo jahe ti.

愚かな者によってなされた貪・瞋・痴から生じた業は、多かれ少なかれ、ここでのみ感受される。他の基 (vatthu) は存在しない[106]。それゆえ、貪・瞋・痴を了知した[107]比丘は、明を起こし、あらゆる悪趣を断つだろう。

偈の前半部で「貪瞋痴→業→異熟」の関係が説かれているが、後半部では「貪瞋痴の了知→悪趣断」の関係のみが説かれ、必ずしも業滅について言及していない。『増支部』第 3 集, 第 33 経における韻文部・散文部の構造を表

に示せば次のようになる。

	韻文部	散文部
前半部	貪瞋痴→業→異熟	貪瞋痴→業→異熟
後半部	貪瞋痴の了知→悪趣断	貪瞋痴滅→業滅

韻文資料は概して散文資料よりも古いとされるので[108]、この説に則るならば、韻文部の「貪瞋痴の了知→悪趣断」の関係に基づき、散文部における「貪瞋痴滅→業滅」の解釈が導かれた可能性が考えられる[109]。

⑵ まとめ

類似した構造を持つ①『増支部』第3集, 第33経、②『増支部』第3集, 第107・108経、③『増支部』第6集, 第39経の三資料を比較した。これらの資料において、惑業苦の「煩悩→業→苦」の関係は、①『増支部』第3集, 第33経の韻文部から見られ、各経の散文部でもほぼ同一内容である。

一方で、「煩悩滅→業滅」の関係は、資料①の散文部においてのみ明確に説かれ、資料②③においては明示されない。また、資料①においても、散文部では「煩悩→業→苦」「煩悩滅→業滅」の両関係が対となって説かれるが、韻文部では「煩悩→業→苦」のみが明示されていて、不堕悪趣について言及されるものの「煩悩滅→業滅」の関係は説かれていない。よって、「煩悩→業→苦」という惑業苦の関係に基づいて、散文資料に説かれる「煩悩滅→業滅」という関係が導き出されたと考えられる[110]。

第四項　註釈文献における事例

これまでに、「煩悩→業→苦」という惑業苦の関係をもとにして「煩悩滅→業滅」の関係が導かれた点を指摘した。続いて註釈文献を検討し、煩悩と業滅の関係を探る。榎本文雄［1989: p. 11 註4, 註9］は、『ウダーナ』（Ud. 3, 1）の韻文部では業滅だけが説かれているが、その散文部では偈本来の文脈を離れて、煩悩に関わる説明が加えられていると指摘している。実はこれと同種の傾向が、初期経典と上座部註釈文献の間においても見られる。上座部の註釈者たちは、この「煩悩滅→業滅→……」の関係に一貫して基づいて、初期経典に説かれる業滅を註釈している。本項は、そのような註釈文献の解釈を検討する。

⑴『長老偈』第80偈

まず、『長老偈』第80偈を検討する。すべての業が滅して次の生存がないことが説かれている。

Therag. 80:

yaṃ mayā pakataṃ kammaṃ appaṃ vā yadi vā bahu,
sabbam etaṃ parikkhīṇaṃ, n' atthi dāni punabbhavo ti.
私によってつくられた業は、多かろうとも少なかろうとも、すべて完全に滅びた。今や、次の生存は存在しない。

このように偈では、輪廻が断たれた原因を業滅に求めているが、偈の註釈は、煩悩の滅こそが輪廻を断つ原因であると次のように再解釈している。

TheragA. 80 (Vol. I, p. 185.6–10):

sabbam etaṃ parikkhīṇan ti, sabbam eva c' etaṃ kammaṃ kammakkhaya-karassa maggassa adhigatattā parikkhayaṃ gataṃ, kilesavaṭṭappahānena hi kammavaṭṭaṃ pahīnam eva hoti, vipākavaṭṭassa anuppādanato.
「**すべて完全に滅びた**」とは、業の滅尽をなす道が証得されたので、実にまたこのすべての業が完全なる滅尽に至ったのである。なぜなら、煩悩輪転の断によってこそ、業輪転が断たれるのである。異熟輪転が生起しないからである。

ここでは、業滅を説明するために三輪転説が援用されている。三輪転とは有情の輪廻する有り様を述べたものであり、『清浄道論』はこれを説明して、十二支縁起中の行・有を業輪転に、無明・渇愛・取を煩悩輪転に、識・名色・六処・触・受を異熟輪転に配当して、煩悩輪転が根本的原因となって有情は繰り返し輪廻すると説いている[111]。上記『長老偈』第80偈の註釈においても、煩悩輪転の断によって業輪転が断たれるとして「煩悩輪転断→業輪転断」の関係を示していることから、輪廻の根本的な原因を業ではなく煩悩に求めていることが解る[112]。これは、輪廻の原因を業に求めている偈本来の趣旨と内容が異なる。

⑵『スッタニパータ』第537偈

次に、『スッタニパータ』第537偈を検討する。この偈では、煩悩滅と業滅とが同じ偈中に述べられている[113]。

Sn. 537:

dukkhavepakkaṃ yad atthi kammaṃ uddhaṃ adho ca tiriyañ cāpi majjhe,
parivajjayit[v]ā[114] pariññacāri māyaṃ mānam atho pi lobhakodhaṃ,
pariyantam akāsi nāmarūpaṃ taṃ paribbājakam āhu pattipattan ti.

上にも下にも横にも中にも、苦の報いある業を完全に捨てて、完全な知識と行いを具え、また偽り・慢心・貪り・怒りをも[115]〔完全に捨てて、完全な知識と行いを具え〕、名色を終焉させ、達するところに達した、その者を遊行者と呼ぶ。

上訳のように、偈中の「偽り・慢心・貪り・怒りをも」(māyaṃ mānam atho pi lobhakodhaṃ)を業と同じく「完全に捨てて」(parivajjayitā or parivajjayitvā)にかけて理解すれば、両者は並列的に置かれているだけで、煩悩滅と業滅とが繋げられていないことになる。また、名色と同列に見て「終焉させ」(pariyantam akāsi)にかけて理解すれば、「業滅→煩悩滅」という関係で読むことも可能であり、これは後世の註釈文献による順序と逆転している。なお、註釈(SnA.)は、前者の解釈をとり、さらに「煩悩滅→業滅」の関係で結びつける[116]。

SnA. 537(Vol. II, p. 434.13-17):

ayaṃ pana adhippāyayojanā: yo, tiyaddhapariyāpannam pi dukkhajanakaṃ yad atthi kiñci kammaṃ, tassa[117] ariyamaggena taṇhāvijjāsinehe sosento appaṭisandhijanakabhāvakaraṇena **paribbājayitvā** tathā paribbājitattā eva ca taṃ kammaṃ pariññāya caraṇato **pariññacārī**.

さて、次が意趣の解説である。聖道によって渇愛・無明の湿潤を枯渇させている者は、三時に属し苦を生み出す業を[118]、結生を生み出せない状態にすることによって、**完全に捨てて**、またそのように完全に捨て去られているからこそ、その業を知り行うのであるから、**完全な知識と行いを具え**ているのである。

このように、韻文資料のうちでは煩悩滅と業滅との関係が明瞭ではないが、註釈では「煩悩滅→業滅」の関係に基づいて理解されている。

⑶ 『相応部』第35章, 第145経

『相応部』第35章, 第145経では、ジャイナ教において重視された古業・新業が[119]、仏陀によって説かれている。

SN. 35, 145（Vol. IV, pp. 132.10–133.9）:

navapurāṇāni bhikkhave kammāni desissāmi kammanirodham kammanirodhagāminiñ ca paṭipadaṃ, tam suṇātha sādhukam manasikarotha bhāsissāmīti. .... katamo ca bhikkhave kammanirodho. yo kho bhikkhave kāyakammavacīkammamanokammassa nirodhā vimuttiṃ phusati, ayaṃ vuccati bhikkhave kammanirodho. katamā ca bhikkhave kammanirodhagāminī paṭipadā. ayam eva ariyo aṭṭhaṅgiko maggo seyyathīdam sammādiṭṭhi sammāsaṅkappo sammāvācā sammākammanto sammāājīvo sammāvāyāmo sammāsati sammāsamādhi. ayaṃ vuccati bhikkave kammanirodhagāminī paṭipadā.

比丘らよ、私は新業・古業、業の滅、業の滅に至る道を説きましょう。汝らはそれを聞きなさい、よく作意しなさい。では説きましょう。……。また比丘らよ、業の滅とは何でしょうか。比丘らよ、身業・語業・意業の滅により解脱に触れます。比丘らよ、これが業の滅であると言われます。また比丘らよ、業の滅に至る道とは何でしょうか。これは八聖道です。すなわち、正見・正思・正語・正業・正命・正精進・正念・正定のことです。比丘らよ、これが業の滅に至る道であると言われます。

ここでは、業を滅することで解脱を得ると述べられており、煩悩について

は無言である。ところが、復註では「煩悩滅尽→業滅尽」の関係に基づいて本経が再解釈される。

SNA. 35, 145（Vol. II, p. 402.22-23）:

nirodhā vimuttiṃ phusatī ti, imassa tividhassa kammassa[120] nirodhena vimuttiṃ phusati.

「**滅により解脱に触れます**」とは、「この三種の業の[121]滅によって解脱に触れる」ということである。

SNṬ. 35, 145（VRI: Vol. III, p. 33.21-22）:

kammassa nirodhenā ti kilesānaṃ anuppādanirodhasiddhena kammassa nirodhena. **vimuttiṃ phusatī** ti arahattaphalavimuttiṃ pāpuṇāti.

「**業の滅によって**」とは、「煩悩の不起滅尽を達成したゆえに業が滅尽したので」である。「**解脱に触れる**」とは、「阿羅漢果の解脱を体得する」ということである。

第五項　小結

以上、業滅の条件や順序に関する資料を検討した。次の点が指摘される。

⑴ 韻文資料中から惑業苦の「煩悩→業→異熟」という関係が見られるが、煩悩と業滅の関係は示されていない。このような韻文資料の傾向はジャイナ教古層資料と一致している。

⑵ 散文資料では「煩悩→業→異熟」の関係を展開させて「煩悩滅→業滅」の関係を説く資料が現れる。

⑶ 業滅に関する初期経典の註釈を検討すると、「煩悩滅→業滅」の関係に矛盾が起こらぬよう再解釈が施されている事例が確認される[122]。

第二節　煩悩を助縁とする資料

第一項　初期経典における事例

前第一節では、初期経典中における業滅の順序を検討した。韻文資料中では業滅と煩悩との関係は明示されないが、散文資料中では「煩悩滅→業滅」という関係が確認され、この関係に基づいて後代の註釈家たちが初期経典を再解釈している点を指摘した。

ところで、何故に「煩悩滅→業滅」という関係が成立するのであろうか。煩悩が滅せられたゆえに今後は強力な悪業を新たに犯さなくなるという関係は理解しやすいが、煩悩を滅すればすでに過去に積まれた業までもが滅せられるという関係はそのままでは理解しがたい。

この問題に対し仏教では、業が異熟するには煩悩という助縁がなければならない、という理論を導入する。つまり、煩悩という助縁がなければ、業は異熟する機会を得ることができないと理解している。この理解の萌芽は初期経典中にすでに現れている。先に検討した『増支部』第3集, 第33経では、「貪瞋痴滅→業滅」の関係が説かれた直後に次の譬喩が述べられている。

AN. iii, 33（Vol. I, pp. 135.32-136.5）:

seyyathāpi bhikkhave bījāni akhaṇḍāni apūtīni avātātapahatāni sāradāni sukhasayitāni tāni puriso agginā ḍaheyya, agginā ḍahitvā masiṃ kareyya, masiṃ karitvā mahāvāte vā opuneyya[123] nadiyā vā sīghasotāya pavāheyya, eva' ssu tāni bhikkhave bījāni ucchinnamūlāni tālāvatthukatāni anabhāvakatāni āyatiṃ anuppādadhammāni,

比丘らよ、あたかも、欠けておらず・腐っておらず・風と日に損なわれず・熟し・よく安置された種子を、人が火によって焼き、焼いてから灰にし、灰にしてから大風に晒したり急流の河に流すように、比丘らよ、このようにこの種子は、根本が断たれれば、ターラ樹の本を断つように、未来に生じないようなものです。

この譬喩を「貪瞋痴滅→業滅」の関係に当てはめると、業が異熟するか否かが煩悩の有無によって左右され、煩悩に助縁としての役割を課していることが解る。

同じく『増支部』第3集, 第76経においてもほぼ同趣旨の譬喩が説かれる。これら両経では、業が田に、識が種子に、渇愛が湿潤に譬えられている[124]。

AN. iii, 76 (Vol. I, p. 223.17-26):

"bhavo bhavo ti bhante vuccati. kittāvatā nu kho bhante bhavo hotī" ti. "kāmadhātuvepakkañ ca ānanda kammaṃ nābhavissa api nu kho kāmabhavo paññāyethā" ti. "no h' etaṃ bhante". "iti kho ānanda kammaṃ khettaṃ viññāṇaṃ bījaṃ taṇhā sneho. avijjānīvaraṇānaṃ sattānaṃ taṇhāsaṃyojanānaṃ hīnāya dhātuyā viññāṇaṃ patiṭṭhitaṃ. evaṃ āyatiṃ punabbhavābhinibbatti hotī" ti.

「尊師よ、有、有と言われますが、尊師よ、一体どれだけによって有があるのでしょうか」と。「アーナンダよ、欲界の異熟ある業がないならば、果たして欲有は施設されるでしょうか」と。「いいえ、そうではありません。尊師よ」と。「アーナンダよ、そのように、業は田であり、識は種子であり、渇愛は湿潤です。無明という蓋と、渇愛という結とを抱く有情たちの識は、劣界に安住します。このように、未来に再有の生起があります」と。

続いて、色界・無色界についても同様の記述が繰り返される。すなわち、ここでは来世の識を生む原因として、業と煩悩の二つを挙げていることになる。また、煩悩を抱く有情の識は劣界に安住するという一文は、煩悩を断てば識は安住せず、輪廻が断たれることを示唆している。

このように、すでに初期経典のうちから、業が異熟する助縁としての役割を煩悩に課している資料が確認される。

第二項　註釈文献における事例

前項において、業の異熟に対して煩悩が助縁としての役割を果たす記述が初期経典中に見られる点を指摘した。上座部註釈文献を検討すると、この関係に基づいて初期経典を再解釈している事例が見られる。問題となるのは『スッタニパータ』第235偈である[125]。

Sn. 235:

khīṇaṃ purāṇaṃ navaṃ n' atthi sambhavaṃ, virattacittā āyatike bhavasmiṃ,
te khīṇabījā avirūḷhichandā nibbanti dhīrā yathāyam padīpo,
idaṃ pi saṃghe ratanaṃ panītaṃ, etena saccena suvatthi hotu.

古〔業〕は尽き、新〔業〕は生じない。未来の生存に対して心が離貪し、種子が尽き、生長することを欲しないそれら堅固なる人々は、あたかもこの灯火のように滅びる。これもまた僧団における優れた宝である。この真実（sacca）によって幸あれ。

註釈では、偈中の「古」「新」が業を意味していると理解されている[126]。仮にこの解釈を偈そのものに遡って適用し、さらに「離貪した心を抱き」（virattacittā）を煩悩滅として考えるならば、本偈では煩悩滅と業滅との両者が説かれていることになる。しかし、偈の段階では両者は必ずしも結びつけられていない。ところが、『スッタニパータ註』はこの偈に対して、先に検討した「業は田であり、識は種子であり」なる譬喩を引用しながら、「煩悩滅→業滅」の関係に基づいて再解釈している。

SnA. 235（Vol. I, p. 278）[127]:

kiṃ vuttaṃ hoti: yaṃ taṃ sattānaṃ uppajjitvā niruddham pi purāṇaṃ atītakālikaṃ kammaṃ taṇhāsinehassa appahīnattā paṭisandhiāharaṇasamatthatāya akhīṇaṃ yeva hoti, taṃ purāṇaṃ kammaṃ yesaṃ arahattamaggena taṇhāsinehassa sositattā agginā daḍḍhabījam iva āyatiṃ vipākadānāsamatthatāya khīṇaṃ. yañ ca nesaṃ buddhapūjādivasena idāni pavattamānaṃ kammaṃ navan ti vuccati, tañ ca taṇhāppahānen' eva chinnamūlapādapapuppham iva āyati(ṃ) phaladānāsamatthatāya yesaṃ natthisambhavaṃ.

ye ca taṇhāpahānen' eva āyatike bhavasmiṃ virattacittā, te khīṇāsavabhikkhū[128] "kammaṃ khettaṃ viññāṇaṃ bījan" ti ettha vuttassa paṭisandhiviññāṇassa kammakkhayena [129] khīṇattā khīṇabījā.

【問】何が言われているのか。【答：古業について】有情にとって、およそ古い過去の業は、生じてから滅していても、渇愛の湿潤が断たれていないので結生をもたらすことができるゆえに、まさに尽きていないのである。ある人たちにとって、その古業は、阿羅漢道によって渇愛の湿潤が枯渇したので、火によって焼かれた種子のように未来に異熟を与えることができないゆえに、まさに尽きたのである。【新業について】また、その者たち（阿羅漢）にとっては、仏供養などによって現在行っている新業は、すでに渇愛が断たれているので、根を切られた花のように未来に果を与えることができないゆえに、その者たちに〔さらに業が〕生じることはない。

また、まさに渇愛を断つことによって、未来の生存に対して心が離貪したその者たちが、漏尽の比丘であり、「業は田であり、識は種子であり」[130]と、ここに述べられている結生識が業滅によって尽きたので、〔結生識の〕種子が尽きたのである。

この註釈によれば、註釈元の「古業の尽」は「渇愛などを断ずることによって古業が結生をもたらすことができなくなること」と理解されている[131]。一方、新業については、渇愛が断たれていれば業がさらに積まれることはないと説明している。この新業への註釈は、「唯作」という語こそ現れないものの、意味の上からすれば、「煩悩を断じた阿羅漢による世俗的行いは、善業でも不善業でもなく、ただ作用のみの無記業である」という阿羅漢の唯作（kiriyā）の教理に則っていると考えられる[132]。したがって、これからなす業、およびすでになした業いずれの滅も、「煩悩滅→業滅」の関係に基づいて説明され、さらにその関係は煩悩が助縁であるとする譬喩によって結ばれていることが確認される。

このように、初期経典中に説かれる「煩悩を助縁として業が来世の生存を生み出す」という記述が、註釈資料において「煩悩滅→業滅」の関係を説明するために援用されている。

第三節　業滅の起こる主体

続いて本節では、誰に業滅が起こるのかという視点から考察する。初期経典中における業滅の資料は、その記述・内容が多岐にわたっており、一貫した方向性を見出しがたい。業滅の起こる主体についても、仏陀に起こり解脱と等価値に置く資料もあれば、異生にも起こると解釈し得る資料もある。このように、業滅の主体について初期経典はさほど注意を払っていない。しかし、前節において指摘したように、上座部註釈家たちは初期経典中の業滅に関する記述を「煩悩滅→業滅」の関係に基づいて理解している。上座部の教理によれば煩悩の滅尽は聖者のみに起こるので、これに連動して業滅が起こる主体についても聖者に限定されていくことが予想される。

そこで本節では、異生にも業滅が起こり得ると読める『ダンマパダ』第267偈（および『相応部』に見られるその並行偈）を特に取り上げ、註釈者がどのようにそれを聖者に限定していくかについて考察する。この偈は、「乞食さえしていれば比丘なのか」と問われた仏陀が、如何なる者が真の比丘であるか答えたものである。まず、両資料には次のように説かれている。

Dhp. 267:

yo ’dha puññañ ca pāpañ ca bāhetvā brahmacariyavā,
saṃkhāya loke carati sa ve bhikkhū ti vuccati.
この世で福徳（puñña）と悪徳（pāpa）を除去して、梵行を保ち、思慮して、世間において実践するその者こそが、比丘であると言われる。

SN. 7, 2, 10（Vol. I, p. 182.20-21）:

yo ’dha puññañ ca pāpañ ca bāhitvā brahmacariyaṃ,
saṅkhāya loke carati sa ve bhikkhū ti vuccatī ti.
この世で福徳（puñña）と悪徳（pāpa）を除去して、思慮して、世間において梵行を実践するその者こそが、比丘であると言われる。

この二つの偈における「この世で福徳と悪徳を除去して」の「除去して」

(bāhitvā) は絶対分詞であるから、動詞「(梵行を) 実践する」(carati) に先行する行為であるとも考えられる。また、ここでの主役は「比丘」(bhikkhu) であり、聖者に限定されてはいない。したがって、必ずしも両偈の背後に「聖者となって煩悩を断ずることで業が滅する」という関係が見て取れるわけではない[133]。

しかし、後代の上座部教理に基づけば puñña は三界の善業[134]、pāpa は悪業と定義されるため、本偈における puñña も pāpa も「業」として理解しなければならない。ただしそうなると、善悪業を除去した者こそが比丘であるという理解になってしまう。上述の如く、比丘 (bhikkhu) という語の示す範囲は聖者のみならず異生も含むので、異生に業滅が起こる可能性を含んでしまうことになる。ところが、異生に業滅を認めてしまうと、上座部の修道論上重要となる「煩悩滅→業滅」の関係から外れてしまう。そこで註釈者は、ここでいう比丘とは実は聖者のことであると註釈を施す。まず、ブッダゴーサ著『相応部註』は次のように註釈している。

SNA. 7, 2, 10 (Vol. I, p. 266.7–9):

bāhitvā ti aggamaggena jahitvā. **saṅkhāyā** ti ñāṇena. **sa ve bhikkhū ti vuccatī** ti so ve bhinnakilesattā bhikkhu nāma vuccati.

「**除去して**」とは、「最高の道によって捨て去って」である。「**思慮して**」とは、「智によって」である。「**その者こそが、比丘であると言われる**」とは、「彼は、煩悩が断たれているゆえに (bhinnakilesattā)、比丘 (bhikkhu) と呼ばれる」である。

この註釈の理解に従えば、この偈における比丘は異生ではなく、阿羅漢道 (=最高の道) の聖者ということになる。また、比丘 (bhikkhu) の語に対しても、「煩悩が断たれている」(bhinnakilesa) と語義釈を与えて、ただの異生の比丘ではなく、煩悩を断った聖者であると示している。この語義釈は『ダンマパダ註』においても説かれ、やはり偈中の比丘は、煩悩を断った聖者であると理解している。

DhpA. 267 (Vol. III, p. 393.4–10):

yo ’dhā ti yo idha sāsane ubhayam p’ etaṃ puññañ ca pāpañ ca maggabrahmacariyena bāhitvā panuditvā brahmacariyavā hoti. **saṃkhāyā** ti ñāṇena, **loke** ti khandhādiloke "ime ajjhattikā khandhā ime bāhirā" ti evaṃ sabbe pi dhamme jānitvā carati, so tena ñāṇena kilesānaṃ bhinnattā "**bhikkhū**" ti vuccatī ti attho.

「**この世で**」とは、「この教えのもとで福徳（puñña）と悪徳（pāpa）の両方を、道の梵行によって除去して、排除して、梵行を保つ」である。「**思慮して**」とは、「智によって」である。「**世間において**」とは、蘊などの界に関して「これらは内蘊である、これらは外〔蘊〕である」と、このようにあらゆる法を知り実践する者が、その智によって諸々の煩悩が破壊されたゆえに「**比丘**」と言われるのである、という意味である。

以上、業滅の主体について検討した。初期経典中では業滅の主体について特段の言及や制限をしていないが、註釈文献は聖者に限定しようとする傾向が見られる。

なお、この傾向は、業滅を説いているこの他の諸資料に対する註釈文献においても確認される[135]。したがって、上座部における業滅とは、聖者となり煩悩を断つことによって引き起こされる修道上のものが特に重視されていると言えよう。

第四節　預流と不還

前節までに、業滅を説く資料を検討し、初期経典における種々雑多な業滅の記述が、註釈家たちの手によって一つの方向に集約されていく様を見た。すなわち、修行階梯において重要となる業滅とは、助縁となる煩悩を断つことによって業が来世の生存を導く能力を失うことであり、「煩悩滅→業滅」の関係をとる。したがって、一切の煩悩を断ち阿羅漢となれば、たとえ阿羅漢に業が残存していても、それらは来世の生存をもたらす能力を失い既有業に転換される[136]。

このような業滅は阿羅漢果を得る前にも起こると考えられる。なぜなら、四果を得た者は輪廻する先やその回数が制限されるからである。ここで重要となるのは、預流果と不還果の二つである。預流果を得た者は悪趣に堕ちることがないとされ[137]、不還果を得た者は色界・無色界に化生してそこで般涅槃するとされる[138]。すなわち、これらの階位で断ぜられる三結や五下分結といった煩悩が業滅と深く関わると予想される。本節では、結（saṃyojana）の断がどのように業滅に関わるのかについて考察する。

第一項　結の定義

結（saṃyojana）とは、煩悩の呼称の一つであり、三結、五下分結、五上分結などに分類される。三結（有身見・疑・戒禁取）は、有情を悪趣に結びつける煩悩であり、預流道によって断ぜられる。五下分結（有身見・疑・戒禁取・欲貪・瞋恚）は、有情を欲界に繋ぎとめる煩悩であり、不還道によって断ぜられる[139]。五上分結（色貪・無色貪・慢・掉挙・無明）は、有情を色界・無色界に繋ぎとめる煩悩であり、阿羅漢道によって断ぜられる。結という煩悩の呼称はすでに初期経典において現れているが[140]、結と業果との関係は明示されていない。ところが『清浄道論』では、両者の関係を次のように明確に定義する。

Vis. (pp. 682.30-683.3) :

tattha saṃyojanānī ti khandhehi khandhānaṃ phalena kammassa dukkhena vā sattānaṃ saṃyojakattā rūparāgādayo dasa dhammā vuccanti. yāvaṃ hi te, tāva etesaṃ anuparamo ti. tatrā pi: rūparāgo, arūparāgo[141], māno, uddhaccaṃ avijjā ti ime pañca uddhaṃ nibbattanakakhandhādisaṃyojakattā uddhambhāgiyasaṃyojanāni nāma. sakkāyadiṭṭhi, vicikicchā, sīlabbataparāmāso, kāmarāgo, paṭigho ti ime pañca adhonibbattanakakhandhādisaṃyojakattā[142] adhobhāgiyasaṃyojanāni nāma.

そのうち結（saṃyojana）とは、〔現世の〕諸蘊と〔来世の〕諸蘊を、果と業を、苦と有情を結びつけるゆえに、色貪などの十法が〔結であると〕言われる。実にこれらがある限り、これらの静まることはない。このうち、色貪・無色貪・慢・掉挙・無明というこれら五つは、上（色界・無色界）に生まれる蘊などを結びつけるものなので、五上分結と呼ばれる。有身見・疑・戒禁取・欲貪・瞋恚というこれら五つは、下（欲界）に生まれる蘊などを結びつけるものなので、五下分結と呼ばれる。

すなわち、結という煩悩を断てば、業は果を生めなくなり、現世の諸蘊は来世に繋がらなくなるという。このように上座部は、現世と来世、業と果を結びつける助縁としての役割を、結という煩悩の定義に与えている。

第二項　三結と五下分結

前項では、業と果を結びつける助縁としての役割を結（saṃyojana）に課していることを指摘した。続いて、三結と五下分結とを検討し、預流が悪趣に堕ちない点や、不還が二度と欲界に還らない点がどのように解釈されているかを考察する。まず、『中部』第6経「希望経」には次のように述べられている。

MN. 6（Vol. I, p. 34.1–10）:

⑼ ākaṅkheyya ce bhikkhave bhikkhu: tiṇṇaṃ saṃyojanānaṃ parikkhayā sotāpanno assaṃ avinipātadhammo niyato sambodhiparāyaṇo ti, sīlesv ev' assa paripūrakārī ...pe... brūhetā suññāgārānaṃ. ⑽ ākaṅkheyya ce bhikkhave bhikkhu: tiṇṇaṃ saṃyojanānaṃ parikkhayā rāgadosamohānaṃ tanuttā sakadāgāmī assaṃ, sakid eva imaṃ lokaṃ āgantvā dukkhass' antaṃ kareyyan ti, sīlesv ev' assa paripūrakārī ...pe... brūhetā suññāgārānaṃ. ⑾ ākaṅkheyya ce bhikkhave bhikkhu: pañcannaṃ orambhāgiyānaṃ saṃyojanānaṃ parikkhayā opapātiko assaṃ tatthaparinibbāyī[143] anāvattidhammo tasmā lokā ti, sīlesv ev' assa paripūrakārī ...pe... brūhetā suññāgārānaṃ.

⑼ 比丘らよ、もし比丘が、“三結の滅尽により、預流者となり、不堕法者、決定者、等覚に至る者になりたい”と望むならば、諸々の戒を満たし、…中略…諸々の空家の増益者になりなさい。⑽ 比丘らよ、もし比丘が、“三結の滅尽により、〔そして〕貪瞋痴が薄いことにより、一来者となり、一度だけこの世間（人界）に戻ってきて苦の終わりをなしたい”

と望むならば、諸々の戒を満たし、…中略…諸々の空家の増益者になりなさい。⑾比丘らよ、もし比丘が、“五下分結の滅尽により、化生者となり、そこで般涅槃し、その世間（梵天界）から戻ることのない者になりたい”と望むならば、諸々の戒を満たし、…中略…諸々の空家の増益者になりなさい。

この『中部』第6経では修行階梯が十八段階に分けて説かれており、⑼預流果と⑾不還果の部分に三結と五下分結が現れる[144]。註釈と復註は預流果を次のように説明する。

MNA. 6（Vol. I, p. 162.14–33）:

navamavāre **tiṇṇaṃ saṃyojanānan** ti sakkāyadiṭṭhivicikicchāsīlabbataparāmāsasaṅkhātānaṃ tiṇṇaṃ bandhanānaṃ. tāni [145] saṃyojenti khandhagatibhavādīhi khandhagatibhavādayo, kammaṃ vā phalena, tasmā **saṃyojanānī** ti vuccanti. bandhanānī ti attho. .... **avinipātadhammo** ti vinipātetī ti vinipāto, nāssa vinipāto dhammo ti avinipātadhammo. na attānaṃ apāye vinipātasabhāvo ti vuttaṃ hoti. kasmā. ye dhammā apāyagamaniyā[146], tesaṃ pahīnattā.

第九〔の項目〕において、「**三結**」とは、有身見・疑・戒禁取と呼ばれる三種の束縛である。〔なぜなら、〕それらは、〔現世の〕蘊・趣・有などと〔来世の〕蘊・趣・有などを結びつける、あるいは業と果を〔結びつけるからである〕。それゆえに、「**結**」と言われたのであり、「束縛」という意味である。……。「**不堕法者**」とは、「堕とす」というのが「堕」(vinipāta) であり、「その者には堕とす法がない」[147]というのが不堕法者なのであり、「得た者たちには悪趣に堕ちる自性がない」という意味である。【問】なぜか。【答】悪趣へ行くべき法が[148]、彼らには断たれているからである。

MNṬ. 6（VRI: Vol. I, pp. 235.27–236.2）:

saṃyojentī ti bandhanti. kehī ti āha “**khandhagatī**” tiādi. asamucchinnarāgādikassa hi khandhādīnaṃ āyatiṃ khandhādīhi sambandho, samucchinnarāgādikassa pana taṃ n' atthi katānam pi kammānaṃ asamatthabhāvāpattito ti.

「**結びつける**」とは「束縛する」である。「何と〔何を結ぶのか〕」と〔いう問いに対して〕「**蘊・趣**」云々と答えたのである。なぜなら、貪などが正断されていない者には、蘊などが未来の蘊などと結ばれるが、しかし貪などが正断された者には、なされた業も〔来世の〕有を招くことができないので、それ（結びつけること）はないのである。

欲界へ導く原因となる五下分結のうち、特に三結が悪趣へ導く助縁として働くとされる。したがって、三結を断った預流果の者に悪業が残っていても、それは悪趣へ導く能力を失ってしまっている。不還果も次のように説明され、五下分結すべてを断てば、その者に残存する業は欲界へ導く能力を失ってしまうとされる[149]。

MNA. 6（Vol. I, pp. 163.33–164.5）:

ekādasamavāre **pañcannan** ti gaṇanaparicchedo. **orambhāgiyānan** ti oraṃ vuccati heṭṭhā, heṭṭhābhāgiyānan ti attho. kāmāvacaraloke uppattipaccayānan ti adhippāyo. **saṃyojanānan** ti bandhanānaṃ. tāni kāmarāgavyāpādasaṃyojanehi[150] saddhiṃ pubbe vuttasaṃyojanān' eva veditabbāni. yassa hi etāni appahīnāni, so kiñcāpi bhavagge uppanno hoti, atha kho āyuparikkhayā kāmāvacare nibbattati yeva, gilitabalisamacchopamo[151] h' ayaṃ[152] puggalo dīghasuttakena pāde baddhavihaṅgūpamo cā ti veditabbo.

第十一〔の項目〕において、「**五**」とは、数の限定である。「**下分**」とあるが、「下」と言われる〔語〕は「下方」〔という意味で、つまり下分とは〕「下に属する」という意味であり、「欲界繫の世間に生まれる縁」という意趣である。「**結**」とは、束縛のことである。それらは、欲貪と瞋恚の結とともに、先に述べた〔有身見・疑・戒禁取の〕結であると理解されるべきである。これら（五下分結）が断たれていない者は、たとえ有頂に生まれても、実にそこで寿命が尽きれば欲界〔繫の世間〕に再生する。まさにその人は、釣り針に捉えられた魚のようなものであり、また長い糸で足を縛られた鳥のようなものであると理解されるべきである。

以上、煩悩という観点から業滅の構造を概観した。上座部では、煩悩の呼び名の一つである結について、業が果をもたらすための助縁であり、煩悩を断つことによって業は果を招くことができなくなり、預流となり三結を断ずれば業は悪趣の生存を生み出す能力を失い、不還となり五下分結を断ずれば業は欲界の生存を生み出せなくなる、と理解されている。このように上座部修道論における業滅は、阿羅漢となる以前からも、煩悩を断ずるに従い段階的に起こると考えられる。

結　び

以上、上座部修道論における業と煩悩の関係を業滅という視点から検討した。本章の結論を記す。第一節では、業の滅する順序や条件について考察した。これより次の点が指摘される。

(1) 韻文資料において、「煩悩→業→苦（異熟）」という惑業苦の関係を示す資料が見られる。一方で、煩悩と業滅との関係を明瞭に示している韻文資料はない。これはジャイナ教古層資料と一致する。

(2) 散文資料において、「煩悩滅→業滅」の関係を示す資料が確認される。この関係は、「煩悩→業→苦（異熟）」の関係をもとにしながら導き出されたものと考えられる。

(3) 初期経典中には業滅のみを説く種々の経典が存在するが、それらに対して註釈家たちは、「煩悩滅→業滅」の関係に矛盾が起こらぬように再解釈を施している。

第二節では、煩悩を助縁とする資料を考察した。これより次の点が指摘される。

(1)「煩悩がなければ業は異熟を生み出せない」として、煩悩を業が異熟するための助縁であるとする記述が初期経典散文資料中に見られる。

(2) 後世の註釈者は、上記の初期経典の記述を援用することで、「煩悩滅→業滅」の関係を教理的に説明している。

(3) したがって、上座部修道論における業滅とは、助縁としての煩悩を断つことによって、業が異熟する能力を失うことであると考えられている。

第三節では、誰に業滅が起こるのかについて考察した。これより次の点が指摘される。

⑴ 初期経典中には異生にも業滅が起こると読める可能性を含んだ文献が見られる。

⑵ それらに対して註釈文献は、業滅が異生ではなく聖者に起こることを強調する。

第四節では、結（saṃyojana）に対する上座部註釈文献の解釈を検討し、次の結論を得た。

⑴ 上座部註釈文献では結の定義のうちに、業が果（特に来世の生存）を生み出すための助縁であることを明確に示している。

⑵ 預流となり三結を断てば業は悪趣へ導く能力を失い、不還となり五下分結を断てば業は欲界へ導く能力を失う。

これらにより、以下の結論を指摘し得る。

韻文資料において「煩悩→業→苦」の関係が現れているが、煩悩滅と業滅の関係は不明瞭である。これはジャイナ教古層聖典と一致する。一方の散文資料では、惑業苦の関係を発展させた「煩悩滅→業滅」の関係を示す資料が確認される[153]。「業滅→煩悩滅」の関係を示す資料はないので、業よりも煩悩を輪廻の根本原因と理解していたことが窺える。

後世の註釈者はこの理解に従い、「煩悩輪転→業輪転→異熟輪転」といった教理を援用しつつ、「煩悩滅→業滅」の関係に当てはめて業滅に関する文献に註釈を加えている。この業滅とは、助縁としての煩悩を断つことによって、業が異熟する能力を失うことである。したがって、上座部の修道論における業滅とは、預流の聖者となり三結を断じて残存している業が来世に悪趣に導く能力を失い、不還となり五下分結を断じて残存している業が欲界の生存を生み出せなくなり、阿羅漢となり一切煩悩を断じて残存する業が来世の生存を生み出せなくなることであると考えられる。

また、初期経典中の韻文・散文両資料を通じて、業滅のみを説き、煩悩と業滅の関係に関心を払っていない資料が多く見られることから、「煩悩滅→

業滅」という関係は当初から周知されていたわけではなかったことが予想される[154]。さらに、初期経典中に現れる業滅の資料は、業滅を起こした人物が聖者か異生かについて注意を払っておらず、いくつかの資料は異生でも業滅が起こると読むことが可能である。これらの資料に対して註釈は、業滅の起こる主体を聖者に限定する再解釈を施している。この理由は、上座部の修道論上、煩悩の断が起こるのは見道より上の聖者に限られるので、業滅も聖者にしか起こらないと考えられていたからである。

ただし、以上の結論は、上座部修道論において重要となる業滅についてであり、㈠来世の結生とは無縁の順現法受業などについては、阿羅漢といえども最後生の間に異熟を受ける可能性があること、㈡煩悩の断を前提としない世俗的な業滅も認められていることの二点は、十分に留意されていなければならない。

第三章　上座部における四無量心と世間的業滅

問題の所在

前章では、上座部の修道論において重要となる業滅とは、煩悩を断つことによって業が異熟する能力を失うことであり、「煩悩滅→業滅」の関係をとる点を指摘した。これは初期経典に説かれる業滅の多様な記述に対して、上座部註釈文献が「煩悩滅→業滅」の関係と齟齬が起こらないように再解釈していることから確認することができる。この一方で、修道論と直接絡まない世間的な業滅も資料中には説かれている。たとえば、浪花宣明［1994: pp. 13.27-15.31］(=［2008: pp. 271.12-273.24］) は、上座部註釈文献を検討し、謝罪や受戒によって過去の悪業が既有業に転換される事例を紹介している。この世間的な業滅は、煩悩の滅を前提としておらず、異生にも起こり得る。本章では、このような世間的な業滅の典型例として、四無量心に関する資料を検討しながらその構造を探る。

第一節　四無量心と業滅

四無量心とは、人々に対して慈・悲・喜・捨の無量の心を持って過ごす禅定修習の一つであり、初期経典中には「四無量心を修習すれば、過去の業が消滅してしまい、梵天への再生が叶う」という業滅の記述が確認される。この記述を糸口としながら、La Vallée Poussin［1927: pp. 207-212］や Vetter［1988: pp. 90.7-91.11], 榎本文雄［1989], Wiltshire［1990: p. 268.5-28］などの諸研究は、初期仏教における業報思想のあり方やその特徴を考察している[155]。この中でも榎本文雄［1989］は、四無量心の修習による業滅を軸にしながら、初期仏教における業滅思想の展開を論じている。

また、初期経典を中心にして修道論における四無量心の位置づけを考察する研究も数多く発表されている。中村元［1956b］(=［2010: pp. 42-62］)は、四無量心によって得られる梵住（brahma vihāra）が元来は「解脱の境地」を意味していたにもかかわらず、後に「梵天への再生」の意味で解されたと指摘している。これに続いて平野真完［1960］と藤田宏達［1972］は、四無量心が解脱ではなく梵天への再生を目指す修習であることから、そこには外教思想の影響が色濃くあることを指摘している。このような初期経典における性格・位置づけを踏まえて、片山一良［2007］は、部派仏教における四無量心の扱いは世間的なものであり、重要な位置を占めていなかったことを指摘している[156]。また、Martini［2011］や藤本晃［2014］, Dhammadinnā［2014］, Anālayo［2015］, 名和隆乾［2016］などの諸研究も、パーリ初期経典に説かれる四無量心を、悟りを直接的に得るためのものではなく、梵天に再生するための修行徳目であると理解している。

これら先行研究から次のような問題点を得ることができる。すなわち、後世の部派教理において、世間的なものである「有漏業による業滅」と、出世間的なものである「無漏業による業滅」とは、業滅の種類が全く異なるのではないかという疑問である。

なぜならば、上座部阿毘達磨の修道論において重要となる業滅は、聖者となり煩悩が断たれることによって、業が異熟（結生、異熟輪転）を起こす能力を失うことである[157]。ところが、有漏業である四無量心は、煩悩を断じ得ず、さらに梵天に再生する原因となるので、出世間業による業滅と同列に扱うことができない。この問題点を受けて本章は、上座部修道論という視点に基づきながら、四無量心の修習に対する註釈文献を検討することで、有漏と無漏の業滅の差異を検討する。

第二節　四無量心に関する註釈文献の検討

「四無量心の修習によって、これまでに積んだ業が消滅して、天界に再生できる」といった記述が見出せる経典として、①『長部』第 13 経、②『中部』第 99 経、③『相応部』第 42 章, 第 8 経、④『増支部』第 10 集, 第 208 経、

⑤『ジャータカ』第169話の五つがパーリ初期経典中に確認される。榎本文雄［1989］は、この他に四無量心と関係している資料として『増支部』第3集, 第99経を挙げるが、ここにはappamāṇavihārīという語があるのみで四無量心が出てくるわけではなく、後世の註釈者も四無量心と関連させて理解していないので、本章では扱わない[158]。

第一項　①『長部』第13経、②『中部』第99経、③『相応部』第42章, 第8経

①『長部』第13経では、法螺貝吹きの譬えとともに四無量心による業滅が説かれている。本経は戒蘊編に含まれるが、「戒→定→慧」の三学ではなく、「戒→四無量心（定）→業滅」という特殊な構造を持つ[159]。なお、②『中部』第99経、③『相応部』第42章, 第8経における四無量心の記述は、この①『長部』第13経のものとほぼ同内容であり[160]、ブッダゴーサやダンマパーラによる註釈も同内容を伝えているので、ここでまとめて扱う。四無量心の修習について、『長部』第13経には次のように説かれている[161]。

DN. 13（Vol. I, pp. 250.32–251.9）:

so mettāsahagatena cetasā ekaṃ disaṃ pharitvā viharati, tathā dutiyaṃ, tathā tatiyaṃ, tathā catutthaṃ. iti uddham adho tiriyaṃ sabbadhi sabbattatāya sabbāvantaṃ lokaṃ mettāsahagatena cetasā vipulena mahaggatena appamāṇena avereṇa avyāpajjhena[162] pharitvā viharati. seyyathāpi vāseṭṭha balavā saṅkhadhamo appakasiren' eva catuddisā viññāpeyya, evaṃ bhāvitāya kho vāseṭṭha[163] mettāya cetovimuttiyā yaṃ pamāṇakataṃ kammaṃ na taṃ tatrāvasissati, na taṃ tatrāvatiṭṭhati. ayam pi kho, vāseṭṭha, brahmānaṃ sahavyatāya[164] maggo.

彼は、慈を伴った心によって、一つの方向を満たして住します。同様に第二、同様に第三、同様に第四〔の方向を満たして住します〕。このように、上に、下に、横に、一切方に、一切を自分のものとして、あらゆる世間を、慈しみを伴った、広く、大なる、無量の、恨みなき、害意なき

思によって満たして住します。ヴァーセッタよ、あたかも力ある法螺貝吹きが容易に四方に知らせるように、ヴァーセッタよ、このように慈心解脱が修習されれば、有量の業がそこに残存せず、そこに留まりません。ヴァーセッタよ、実にこれが梵天と共住するための道です。

四無量心の修習によって有量の業（pamāṇakataṃ kammaṃ）が無くなると説かれている。まず、慈心解脱について『長部註』は次のように説明している。

DNA. 13（Vol. II, p. 406.5–7）:

mettāya cetovimuttiyā ti ettha mettā ti vutte upacāro pi appanā pi vaṭṭati, cettovimuttī ti vutte pana appanā va vaṭṭati.

「**慈心解脱**」とは、ここでは「慈」と言われた場合は、近分〔定〕も安止〔定〕も当てはまる。「心解脱」と言われた場合は、安止〔定〕だけが当てはまる。

慈心解脱を安止定と理解している。安止定とは、有漏世間の禅定作用の一状態であり、無漏出世間の聖道作用とは異なるものである[165]。続いて、有量の業（pamāṇakataṃ kammaṃ）について次のように註釈している[166]。

DNA. 13（Vol. II, p. 406.7–12）:

yaṃ pamāṇakataṃ kamman ti pamāṇakataṃ kammaṃ nāma kāmāvacaraṃ vuccati. appamāṇakatan kammaṃ nāma rūpārūpāvacaraṃ. taṃ hi pamāṇaṃ atikkamitvā odissakaanodissakadisāpharaṇavasena[167] vaḍḍhetvā katattā appamāṇakatan ti vuccati.

「**有量の業**」とは、有量の業というのは、欲界のものが言われている。無量の業というのは、色界・無色界のものが言われている。なぜなら、それは、量を超えて、限定・非限定に諸方を満たすことによって、増大させてなされたので、無量と言われるのである。

有量の業とは欲界の業であり、無量の業とは色界・無色界の業であると示されている。また無量の業とは、ここでは四無量心の修習のことが言われている。したがって、前章において検討した、出世間の無漏業による業滅とは異なり、「四無量心による業滅」とは、世間の有漏業によって業滅を起こすことになる。

次に、業が残らず留まらないとは何を意味するのかについて、以下のように註釈している[168]。

DNA. 13（Vol. II, p. 406.12-21）:

na taṃ tatrāvasissati na taṃ tatrāvatiṭṭhatī ti taṃ kāmāvacarakammaṃ tasmiṃ rūpārūpāvacarakamme[169] na ohiyyati[170] na tiṭṭhatī ti[171]. kiṃ vuttaṃ hoti. taṃ kāmāvacarakammaṃ tassa rūpārūpāvacarakammassa antarā laggituṃ vā ṭhātuṃ vā rūpārūpāvacarakammaṃ pharitvā pariyādiyitvā attano okāsaṃ gahetvā patiṭṭhātuṃ na sakkoti. atha kho rūpārūpāvacarakammam[172] eva kāmāvacaraṃ mahogho viya parittaṃ udakaṃ pharitvā pariyādiyitvā attano okāsaṃ gahetvā tiṭṭhati, tassa vipākaṃ paṭibāhitvā sayam eva brahmasahavyataṃ upanetī ti.

「そこに残存せず、そこに留まりません」とは、「その欲界の業が、その色界・無色界の業のうちに残らず、存在しない」ということである。何が言われているのか。その欲界の業は、その色・無色界の業の間に結びついたり留まることが、〔すなわち〕色・無色界の業を満たし、占めて、自らの〔異熟を与える〕機会を得て止住することができない。まさにこの場合には、あたかも大暴流が僅かな水に対するように、色・無色界の業が欲界〔の業〕を満たし、占めて、自らの〔異熟を与える〕機会を得て止住する。それの異熟を排けて、己のみ、梵天との共住に導く、というのである。

すなわち、欲界の業は、色界・無色界の業によって阻害されて、異熟することができない。逆に、色界・無色界の業は、欲界の業を阻害して、自らが優先的に異熟することができると考えられている。これについてダンマパーラによる『長部復註』も、次のように述べて同様の理解を示している[173]。

DNṬ. 13（Vol. I, p. 526.4-7）:

na ohiyyati[174] na tiṭṭhatī ti katupacitam pi kāmāvacarakammaṃ yathādhigate mahaggatajjhāne aparihīne taṃ abhibhavitvā paṭibāhitvā sayaṃ ohiyyakaṃ hutvā paṭisandhiṃ dātuṃ samatthabhāve na tiṭṭhati.

「残らず、存在しない」とは、「欲界の業がなされ積まれても、上位に属する禅定が獲得されたまま不退である間、それ（欲界の業）は制され排けられ、自ら残存して結生を与えることができる状態にあるのではない」ということである。

DNṬ. 13（Vol. I, p. 526.10-12）:

kammassa pariyādiyanaṃ nāma tassa vipākuppādanaṃ nisedhetvā attanā[175] vipākuppādanan ti āha "**tassa vipākaṃ paṭibāhitvā**" tiādi.

「業の占有というものは、そ〔の欲界〕の異熟の生起を拒んで、自ら異熟の生起がある」と言わんとして、「**それの異熟を排けて**」云々と〔述べられているのである〕。

色界・無色界の業は、欲界の業の異熟を妨げて、自らの異熟を優先的に起こすと解釈している。ただし、それは上位に属する禅定が獲得され不退の間に限られる、としている。

第二項　④『増支部』第10集, 第208経

続いて考察する④『増支部』第10集, 第208経においても、四無量心による業滅が説かれている。問題となる部分は次の箇所である。

AN. x, 208（Vol. V, pp. 299.17-300.15）:

sa kho so bhikkhave ariyasāvako evaṃ vigatābhijjho vigatavyāpādo[176] asammūḷho sampajāno patissato[177] mettāsahagatena cetasā ekaṃ disaṃ pharitvā viharati, tathā dutiyaṃ, tathā tatiyaṃ, tathā catutthaṃ. iti uddham adho tiriyaṃ sabbadhi sabbattatāya[178] sabbāvantaṃ lokaṃ mettāsahagatena cetasā vipulena mahaggatena appamāṇena averena avyāpajjhena[179] pharitvā viharati. so evam pajānāti 'pubbe kho me idaṃ cittaṃ parittaṃ ahosi abhāvitaṃ, etarahi pana me idaṃ cittaṃ appamāṇaṃ subhāvitaṃ, yaṃ kho pana kiñci pamāṇakataṃ kammaṃ, na taṃ tatrāvasissati, na taṃ tatrāvatiṭṭhatī' ti. .... bhāvetabbā kho panāyaṃ bhikkhave mettācetovimutti itthiyā vā purisena vā. itthiyā vā bhikkhave purisassa vā nāyaṃ kāyo ādāya gamanīyo. cittantaro ayaṃ bhikkhave macco. so evaṃ pajānāti: 'yaṃ kho me idha[180] kiñci pubbe iminā karajakāyena pāpakammaṃ kataṃ, sabban taṃ idha vedanīyaṃ, na taṃ anugaṃ bhavissatī' ti. evaṃ bhāvitā kho bhikkhave mettācetovimutti[181] anāgāmitāya saṃvattati, idha paññassa[182] bhikkhuno uttariṃ[183] vimuttiṃ appaṭivijjhato ti.

比丘らよ、実にある聖弟子は、このように貪を離れ、瞋を離れ、混迷なく、正智正念にして、慈を伴った心によって、一つの方向を満たして住します。同様に第二、同様に第三、同様に第四〔の方向を満たして住します〕。このように、上に、下に、横に、一切方に、一切を自分のものとして[184]、あらゆる世間を、慈しみを伴った、広く、大なる、無量の、恨みなき、害意なき思によって満たして住します。彼は次のように知ります。"かつて私のこの心は、矮小で、修されていなかった。しかし今や私の心は無量で、よく修されている。有量の業はそこに残存せず、そこに留まらない"と。……。比丘らよ、女性によって、男性によって、この慈心解脱は修されるべきです。比丘らよ、女性によって、男性によって、この身体は持ち去られるべきではありません。比丘らよ、心の内にあるこれには死があります。彼は次のように知ります。"かつて、現世で、この業から生じた身体によってなされた私の悪業は、すべて現世で感受され、随順しないだろう"と。比丘らよ、このように慈心解脱を修せば、不還に趣きます。現世で、智慧ある比丘がさらに上の解脱を成就することはないからです、と。

四無量心によって単に業が滅せられると説く③『相応部』第42章, 第8経などの他経典と異なり、本経ではさらに「過去になした悪業の果報を現世でのみ受け、来世には随順しない」ことが示されている[185]。また、四無量心を説く他の経典では梵天界に趣くことが強調されるが、本経では不還に到達することが示されている[186]。本経に対してブッダゴーサは、「大暴流と僅かな水」の譬えを持ち出して註釈している。この譬えは、先の第一項で取り上げた『長部註』や、次の第三項において検討する『ジャータカ註』においても同じく説かれている。

ANA. x, 208 (Vol. V, p. 77.16-21):

appamāṇan ti appamāṇasattārammaṇatāya[187] appamāṇaṃ. **pamāṇakataṃ kammaṃ** nāma kāmāvacarakammaṃ. **na taṃ tatrāvatiṭṭhatī** ti[188] mahāogho[189] parittaṃ udakaṃ viya attano okāsaṃ gahetvā ṭhātuṃ na sakkoti. atha so ogho[190] parittaṃ udakaṃ viya idam eva appamāṇaṃ kammaṃ ajjhottharitvā attano vipākaṃ nibbatteti.

「**無量**」とは、無量の有情を対象とするゆえに、〔あるいは自在になされたゆえに〕[191] 無量なのである。「**有量の業**」と呼ばれるものは、欲界の業のことである。「**そこに留まらない**」とは、大暴流が僅かな水に対するように、〔有量の業は〕自らの機会を得て留まることができない。そこでは、その暴流が僅かな水に対するように、この無量の業は〔有量の業を〕飲み込んで、自らの異熟を起こす。

ここでは、前第一項において検討した『長部註』の解釈と同趣旨が述べられている。十二世紀の註釈家サーリプッタによる復註（ANṬ.）も、ほぼ同一の見解を示している。

ANṬ. x, 208（VRI: Vol. III, pp. 331.17-332.2）:

yasmiṃ santāne kāmāvacarakammaṃ mahaggatakammañ ca katūpacitaṃ vipākadāne laddhāvasaraṃ hutvā ṭhitaṃ, tesu kāmāvacarakammaṃ itaraṃ nīharitvā sayaṃ tattha ṭhatvā attano vipākaṃ dātuṃ na sakkoti, mahaggatakammam eva pana itaraṃ paṭibāhitvā attano vipākaṃ dātuṃ sakkoti garubhāvato. tenāha "**taṃ mahogho parittaṃ udakaṃ viyā**" tiādi.

ある相続において、なされ積まれた欲界の業と、上位に属する業とが、異熟を与える時に機会を得て留まる。それらのうち欲界の業は他を取り除き、自らそこに留まって、自らの異熟を与えることはできない。しかし、上位に属する業は他を排けて、自らの異熟を与えることができる。なぜなら、より重大であるからである。それゆえに言われるのである、「**大暴流が僅かな水に対するように**」云々と。

よって本経の註釈も、四無量心による上位に属する業は、欲界の業を排けて、優先的に異熟すると理解している。

第三項　⑤『ジャータカ』第169話

最後に検討する⑤『ジャータカ』第169話は、四無量心によって梵天界へ生まれることが説かれている。ここでは、四無量心を修習することにより十一の利益[192]があり、菩薩であったころのゴータマ仏も修習して梵天界に再生したことが説かれ、次の二つの偈が付されている。

Jā. 169 (Vol. II, p. 61.25-26) :

yo ve mettena cittena sabbalok' ānukampati,
uddhaṃ adho ca tiriyañ ca[193] appamāṇena sabbaso.
「無量の慈心によって、上にも、下にも、横にも、遍くすべての世間を憐れむ。

Jā. 169 (Vol. II, p. 61.27-28) :

appamāṇaṃ hitaṃ cittaṃ paripuṇṇaṃ subhāvitaṃ,
yaṃ pamāṇakataṃ kammaṃ na taṃ tatrāvasissatī ti.
無量に利益する心が[194]、満たされ、よく修習される。
有量の業は、そこに留まらない」と。

これまで検討してきた資料と同様に、四無量心の修習によって有量の業が制限されると説かれている。この偈に対する註釈も、これまで見てきた諸註釈と同趣旨の理解を示している。

JāA. 169 (Vol. II, p. 62.11-21) :

yaṃ pamāṇakataṃ kamman ti yaṃ appamāṇaṃ appamāṇārammaṇan ti evaṃ ārammaṇantikavasena[195] ca vasībhāvappattavasena[196] ca avaddhetvā[197] kataṃ parittaṃ kāmāvacarakammaṃ. **na taṃ tatrāvasissatī** ti taṃ parittaṃ kammaṃ yan taṃ appamāṇaṃ hitaṃ cittan ti saṃkhaṃ gataṃ[198] rūpāvacarakammaṃ tatra nāvasissati[199]. yathā nāma mahoghena ajjhotthaṭaṃ[200] parittodakaṃ oghassa abbhantare tena asaṃhiramānaṃ nāvasissati na tiṭṭhati, atha kho mahogho va taṃ vikkhambhetvā[201] tiṭṭhati, evam eva taṃ parittakammaṃ tassa mahaggatakammassa abbhantare tena mahaggatakammena acchinditvā agahitavipākokāsaṃ[202] hutvā na avasissati na tiṭṭhati na sakkoti attano vipākaṃ dātuṃ atha kho mahaggatakammam eva taṃ ajjhottharitvā[203] tiṭṭhati vipākaṃ detī ti.

「**有量の業**」とは、「無量無量所縁」[204]と〔比べて〕、このように所縁の際限についても、また自在力を得ることについても、増大させずになされた、限りある欲界の業のことである。「**そこに留まらない**」とは、「その僅かな業は、"無量に利益する心"と呼ばれる色界業において留まらない」ということである。あたかも、大暴流に飲み込まれた僅かな水が、暴流の中で、それに支配されないまま、残らず留まらない。そこで大暴流は、それを鎮伏させて留まる。このようにまさにその僅かな業は、その上位に属する業の中で、その上位に属する業によって奪われ、異熟の機会を得られずにあって、残らず、留まらず、自らの異熟を与えることができない。そこで上位に属する業は、それを飲み込んで留まり、異熟を与える。

やはりここでも四無量心による上位に属する業は、欲界の業よりも優先的に異熟することが述べられている。

第四項　小結

以上、四無量心による業滅が説かれる経典と、その註釈を検討した。色界業である四無量心の修習は、欲界業と比べ「上位に属する業」[205]であるので、欲界業を排け、自らが優先的に異熟して、より良い来世を引くとされている。しかし、業滅の期間について「禅定が獲得され不退の間」と限定されているので[206]、禅定から退くなどすれば効力も消える可能性を残していると考えられる。

第三節　重業の定義

前節では、「四無量心の修習による業滅」に関する経典と、その註釈文献を検討した。そこでは、色界業である四無量心の修習は、欲界の業と比べ

「上位に属する業」（＝色界・無色界の禅業[207]）であるので、欲界の業の異熟を排けて自らが優先的に異熟できるとされていることを確認した。

続いて本節は、業が異熟する優先順位に関する上座部の教義を検討し、上記の結論を補強する。多くの善業・悪業を積んだ場合、どのような業の異熟が優先して来世を引き起こすのかについて、『清浄道論』は次のように述べている。

Vis.（p. 601.15–25）:

aparam pi catubbidhaṃ kammaṃ: yaṃ garukaṃ, yaṃ bahulaṃ, yad āsannaṃ, kaṭattā vā pana kamman ti. ⑴ tattha kusalaṃ vā hotu akusalaṃ vā, garukāgarukesu yaṃ garukaṃ mātughātādikammaṃ[208] vā mahaggatakammaṃ vā, tad eva paṭhamaṃ vipaccati. ⑵ tathā bahulābahulesu[209] pi yaṃ bahulaṃ hoti susīlyaṃ vā dussīlyaṃ vā, tad eva paṭhamaṃ vipaccati. ⑶ yad āsannaṃ nāma maraṇakāle anussaritakammaṃ. yaṃ hi āsannamaraṇo anussarituṃ sakkoti, ten' eva upapajjati. ⑷ etehi pana tīhi muttaṃ punappunaṃ laddhāsevanaṃ kaṭattā vā pana kammaṃ nāma hoti: tesaṃ abhāve taṃ paṭisandhiṃ ākaḍḍhati.

さらに、重（garuka）・多（bahula）・近（āsanna）・已作（kaṭattā）の四種の業がある。⑴ その中で、善あるいは不善があろうとも、重と非重の中では、母殺しなどの業、あるいは上位に属する業（mahaggatakamma）といった重〔業〕が第一に異熟する。⑵ 同様に、多と僅の中では、善性であれ悪性であれ多〔業〕が第一に異熟する。⑶ 近〔業〕とは、死時に随念された業である。実に死時に近い者が随念することのできたところのそれ（業）によって、彼は生まれる。⑷ しかし、これら三つを離れて再三再四得られた習行が、已作（kaṭattā）業と呼ばれる。これら〔重業・多業・近業の三つ〕が存在しないならば、それ（已作業）は結生を引く。

すなわち、重大な業や、多くなされた業などは、そうでない業と比べて優先的に異熟を起こすことが述べられている。ここで問題となるのは、重業が「上位に属する業」（mahaggatakamma）とされていることである。前節で見てきたように、上座部の註釈家は、四無量心によって得られる業を「上位に属する業」としている。この「上位に属する業」は、色界・無色界の業のことを指しており[210]、四無量心もこのうちの色界の業に含まれる[211]。さらに、重業についてブッダゴーサは次のようにも述べている。

ANA. iii, 33（Vol. II, p. 212.3-11）[212]:

kusalākusalesu pana garukāgarukesu yaṃ garukaṃ [213], taṃ yaggarukaṃ nāma. tad etaṃ kusalapakkhe mahaggatakammaṃ, akusalapakkhe pañcānantariyakammaṃ veditabbaṃ. tasmiṃ sati sesāni kusalāni vā akusalāni vā vipaccituṃ na sakkonti, tad evaṃ[214] duvidham pi paṭisandhiṃ deti. yathā hi māsappamāṇā[215] pi sakkharā vā ayaguḷikā vā udakarahade pakkhittā udakapiṭṭhe upplavituṃ na sakkoti, heṭṭhā va pavisati, evam evaṃ[216] kusale pi akusale pi yaṃ garukaṃ, tad eva gaṇhitvā gacchati.

ところで、善・不善の重・非重の中で、重いものが重〔業〕（garuka）と呼ばれる。それは、善の側では上位に属する業（mahaggatakamma）であり、不善の側では五無間業であると知られるべきである。それがあるならば、残りの善あるいは〔残りの〕不善は異熟することができない。このように、その二種（善・不善の重業）が[217]結生を与える。あたかも、豆粒[218]ほどの大きさの小石や鉄球でも、湖に投げ込まれれば、水面に浮上することができず、下へ沈む。同様に、善の中でも不善の中でも、重〔業〕だけが捉えていく。

ここにおいても、重業は他の業よりも優先的に異熟して、他の業は異熟を起こすことができないと述べられている。したがって、ここでの業が異熟する優先順位に関する記述は、四無量心の修習による「上位に属する業」が、欲界の業を排けて、優先的に異熟を起こすという内容と一致している。

結　び

以上、四無量心による業滅について検討し、上座部においてどのように理解されていたかを考察した。四無量心の修習は、禅定と深い関わりがあり、色界業とされる。これら禅定などによって生み出された色界・無色界の業は、欲界の業を排けて、自らが優先的に異熟することが可能である。すなわち、すでに悪業を積んでいても、後により威力の強い色界・無色界の業を積めば、それらより相対的に威力の弱い悪業は阻害されて異熟できなくなってしまい、色界・無色界の業が優先的に異熟することで天界に再生できる、と理解されている。これとほぼ同じ内容が、業の異熟する優先順位を規定する重業の解説部分からも得られる。

しかし、色界・無色界の業によって欲界の業が排けられ、異熟の機会を得られずにいるのは、「禅定が獲得され不退の間」[219]などと条件が付されているので、禅定から退失するなどすれば、再び欲界の業は異熟する可能性を残していると考えられる[220]。

出世間の無漏業による業滅は、業を無異熟化して来世の結生をなくし、輪廻を断ち切るものであるが、四無量心の業滅は、より良い来世を獲得するという点で輪廻を肯定的に捉えているところに大きな違いがある。このように上座部では、「出世間業による業滅」と「世間業による業滅」とが峻別されて理解されている。

第四章　説一切有部修道論における業滅

問題の所在

本章では、説一切有部の修道論において、過去に積み上げてきた業をどのように解消して解脱するのか、煩悩と業滅の関係はどのようなものであるのか、という点を考察する。初期経典や上座部註釈文献を用いた業滅の研究は数多く発表されているが[221]、説一切有部の資料を用いた研究は数が少なく、平岡聡［2002］と佐古年穂［1997］が見られるのみである。

このうち、平岡聡［2002: pp. 254–263］は[222]、『ディヴィヤアヴァダーナ』を研究対象として、そこに説かれる業滅が修道論に基づく出世間的なものではなく、懺悔・三帰依・浄信・善業・陀羅尼などによって引き起こされる在家的なものである点を指摘している。これは、前章において考察した上座部の場合と同じように、有部においても修道論と直接関係しない業滅が認められたことを意味している。

一方の佐古年穂［1997］は、『倶舎論』を研究対象としながら、定業が業障と同じ働きをする点や、不定業の業果を先取りすることが可能な点を指摘している。しかし、この佐古年穂［1997］では、過去に犯した業が修行階位のどの段階でどのように解消されるかについて明示しておらず、有部における業滅の教理展開も扱われていない。

これらの問題点を受けて本章は、これまで検討されてこなかった有部論書を広く検討することで、修行階梯における業滅の具体的なあり方と、その教理展開について考察することを目的とする。

第一節　説一切有部における煩悩と業滅

本節では、説一切有部における煩悩と業滅の関係を考察する。これに先立ち第四部二章「上座部修道論における業滅」において、上座部における業滅の検討を通して、修行階梯の上で重要となる業滅とは、異熟に対して助縁となっている煩悩を断つことによって、業が異熟する能力を失ってしまうことであり、「煩悩滅→業滅」の関係に基づいて理解される点を指摘した。この典型例は預流の不堕悪趣であり、三結（見所断煩悩）を断つことによって残存する業が悪趣に導く能力を失うと上座部は考えている。このような理解の萌芽はすでに初期経典の段階で見られ、それをもとに上座部において教理化されたものと考えられる。ところで、初期経典からすでに見られるこの「煩悩滅→業滅」の関係は、説一切有部においても引き継がれているが、この関係だけですべての業が解消されるとは理解されていない。『倶舎論』の第五章「随眠品」冒頭部には次のように説かれる。

AKBh. (p. 277.3–5):

karmajaṃ lokavaicitryam ity uktam. tāni ca[223] karmāṇy anuśayavaśād upacayaṃ gacchanti. antareṇa cānuśayān bhavābhinirvarttane na samarthāni bhavanti. ato veditavyāḥ.

mūlaṃ bhavasyānuśayāḥ. (5, 1a)

「世間の多様性は業より生じる」(AKK. 4, 1a) と説かれた。そして、それら諸々の業は随眠の力によって積まれる。また、随眠なしに〔諸々の業は〕有 (bhava) を生み出すことができない。それゆえに、

有 (bhava) の根本は随眠である。(5, 1a)

と知られるべきである。

AKVy. (p. 441.5–9):

aṃtareṇa cānuśayān vinānuśayair **bhavasya** janmano **'bhinirvartane** utpādane **na samarthāni bhavaṃti** kuśalāny akuśalāni vā karmāṇi. na hy arhataḥ paunarbhavikāni karmāṇy aniyatāni na saṃti. anuśayābhāvāt tu punarbhavābhinirvartane na samarthāni bhavaṃti. ata evaiṣām aniyatatvaṃ sidhyati.

また、随眠なしに〔すなわち〕随眠なくしては、善あるいは不善の諸々の業は**有 (bhava) を**、〔つまり〕生涯 (janman) を**生み出す**、生じさせる**ことができない**。なぜなら、〔すべての随眠を断じた〕阿羅漢にも次

の有をもたらす不定業がないわけではないが、けれども随眠がないゆえに〔それら不定業は〕次の有を生み出すことができないからである。だからこそ、これら〔諸業〕が不定であることが成り立つ。

『称友疏』では、煩悩を断ずることにより起こる業滅の対象として不定業のみが言及され、定業については言及されていない。したがって、上座部のように「煩悩滅→業滅」の関係だけによって無間業を除くすべての業が解消される、とは理解されていない。次節以降で詳しく検討するが、有部における業滅は、上座部と比べて複雑に教理化されている。このように「煩悩滅→業滅」の関係だけで業滅が説明できない理由は、二つあると考えられる。

第一に、未だ煩悩を断じていない異生の中にも不堕悪趣を認めるからである。それゆえ、初期経典や上座部教理におけるように「煩悩滅→業滅」の関係に基づいて不堕悪趣を説明するだけでは不十分になってしまっている。

第二に、決められた時に必ず異熟することが決定している定業については、阿羅漢や仏であっても、それを転じて滅することができないとされるので、これら定業がたとえ五無間業でなくとも業障と同じ働きをする場合が認められているからである。したがって、修行階梯の進展に差し障る異熟をもたらす定業は、先に清算しておかなければ高位の修行階位には進めないと解釈されるので、阿羅漢には来世をもたらす定業はそもそも存在しない。上記の『称友疏』の文言はこのような解釈を前提とした上での註釈であると考えられる。

このように、「異生の不堕悪趣」「定業」という二つの要素が絡むため、有部における業滅の理論は、上座部のそれと比べて複雑になってしまっている。続いて本章では、この二つの要素を解明し、有部における業滅を考察する。

第二節　不堕悪趣の理論

本節では、有部における「不堕悪趣」の問題について検討する。すでに言及したように、上座部阿毘達磨と異なり、有部阿毘達磨の場合には、異生であっても不堕悪趣の者がいることを認めるため、悪趣に堕ちない理由を「煩悩滅→業滅」の関係だけで説明することができない。結論を先取りすれば、不堕悪趣の理解は次のように展開したと考えられる。すなわち『発智論』の段階では、不堕悪趣は「煩悩滅→業滅」の関係に基づいて理解されている。これに従うと、不堕悪趣は煩悩を断じた聖者のみに限られる。ところがその後、有部では聖者となる前の忍位という修行段階から不堕悪趣になることが教理的に定められたため、この『発智論』の記述だけでは不堕悪趣を説明するのに不十分になってしまった。そこで『大毘婆沙論』より後では、非択滅の教理を援用して不堕悪趣を説明することによってこの問題を解決している。本節は、この有部における教理展開の経緯を明らかにすることを目的とする。

第一項　不堕悪趣と煩悩の関係

まず、『発智論』と『大毘婆沙論』以降の論書とを比較し、思想展開の痕跡を探る。『発智論』は、次のように預流の不堕悪趣を説明している。

『発智論』巻 12 (T26. 980c19-25)[224]:

> 若預流者。有不善業。能順苦受。異熟未熟。彼既成熟。応堕悪趣。何道障故。而不堕耶。答。由二部結。縛諸有情。令堕悪趣。謂見所断修所断結。諸預流者。雖未永断修所断結。而已永断見所断結。欠一資糧。不堕悪趣。如車具二輪。有所運載。鳥有二翼。能飛虚空。欠一不然。此亦如是。
>
> 【問】預流者の若きは、不善業の能く苦受に順じ異熟未だ熟せざるもの有りて、彼れ既に成熟せば、応に悪趣に堕すべきに、何の道の障ふるが故に、而も堕せずや。【答】答ふ。二部の結に由りて、諸の有情を縛り、悪趣に堕せしむ。謂く、見所断と修所断の結なり。諸の預流者は、未だ修所断の結を永断せずと雖も、而も已に見所断の結を永断す。一資糧を欠かば、悪趣に堕せざるなり。車、二輪を具せば運載する所有り、鳥に二翼有らば能く虚空を飛ぶも、一を欠かば然らざるが如く、此も亦是の如し。

たとえ悪趣へ導く不善業が残っていたとしても見所断煩悩を断てば、その不善業は悪趣へ導く能力を失ってしまうと考えられており、「煩悩滅→業滅」の関係が見られる。このような考え方は初期経典から現れており、パーリ上座部の阿毘達磨もこの「煩悩滅→業滅」という関係で不堕悪趣を理解している[225]。したがって『発智論』の段階では、有部も上座部も同じ理解であったことが窺える。

ところが、『発智論』の註釈である『大毘婆沙論』は、上記の理解をそのまま受け入れようとはしない。この部分の解釈について『大毘婆沙論』は九説を挙げるが[226]、それらを検討すると、「煩悩滅→業滅」という関係はほとんど重視されていない。

第一説：(a) 預流は智者であるから悪趣に堕ちない。(b) 異生は悪趣に堕ちるが、預流は聖者であるから悪趣に堕ちない。(c) 預流は善の意楽・無害の意楽を有しているから悪趣に堕ちない。(d) 預流は持戒者であるから悪趣に堕ちない。

第二説：預流は悪趣に対し非択滅を得しているので、悪業があっても悪趣に堕ちない。

第三説：預流は善悪の得失を如実に知見するので、たとえ失念して悪業を起こしたとしても悪趣に堕ちない。

第四説：預流は有身見を断じているので、悪業があっても悪趣に堕ちない。

第五説：預流は智の腹が浄いので、悪業があったとしても悪趣に堕ちない。たとえば不適切なものを食べていても、消化しきって大きな苦を生まないように。

第六説：預流は如来の聖種（āryavaṃśa）に属するので、悪業があったとしても悪趣に堕ちない。たとえば王族が罪を犯しても、刑罰を受けないように。

第七説：預流は感官の対象の過失を熟知しているので、悪業があったとしても悪趣に堕ちない。たとえば釣り針の餌を見ても、賢い魚は尾で餌を叩き落としてから食べて命を落とさないように。

第八説：預流は止観を具しているので、悪業があっても悪趣に堕ちない。

第九説：預流および一来は心が調柔で、涅槃に資し、信種が堅く、信根が深いので、悪業があっても悪趣に堕ちない。

九つの説のうち、第四説にのみ「煩悩滅→業滅」の関係が示されている。その他の諸説の多くは、註釈元である『発智論』の文意からかなり離れた説明をしている。すなわち『発智論』は、「悪趣へ導くための助縁となる見所断煩悩を断っているために、業は悪趣という異熟をもたらせない」として、「煩悩滅→業滅」の関係によって不堕悪趣を説明している。しかし、一方の『大毘婆沙論』では、この煩悩滅と不堕悪趣とが必ずしも結びつけられていない。この傾向はその後の論書においても引き継がれる[227]。『倶舎論』では、次のように預流の不堕悪趣を説明しているが、その中で「煩悩滅→業滅」の関係は取り上げられていない。

AKBh. (p. 356.22-24):

kasmād avinipātakadharmā bhavati. tadgāmikakarmānupacayād[228] upacita-vipākadānavaiguṇyāc ca. saṃtater balavatkuśalamūlādhivāsanāt[229] prayogā-śayaśuddhitaḥ.

【問】何故に〔預流は〕不堕法であるのか。【答】そこに趣くような業を〔今後〕積むことがなく、そしてすでに積まれた〔業については〕異熟を与える性質を欠いてしまうからである。加行と意楽との清浄さゆえに、〔その者の〕相続には強力な善根による熏習があるからである。

このように、『大毘婆沙論』以降の論書において預流の不堕悪趣が「煩悩滅→業滅」の関係に基づいて理解されない最大の理由は、異生であっても順決択分のうちの「忍位」の修行階位に達すれば、その後、般涅槃するまで決して悪趣に堕ちないとする有部教理が反映されているからであると考えられる[230]。『大毘婆沙論』では、忍位を得た異生も聖者と同じく不堕悪趣になるとされる。

『大毘婆沙論』巻6 (T27. 30b28-c02)[231]:

忍亦得亦捨。……。復有何勝利謂。畢竟不退。不作無間業。不堕悪趣。

忍も亦得し、亦捨す。……。復、何なる勝利有りやと謂へば、畢竟して退せず、無間業を作さず、悪趣に堕せざるなり。

この「忍位」という修行階位は、『発智論』の編纂された段階ではまだ成立しておらず、『甘露味論』や『大毘婆沙論』に至って体系化される修行階位である[232]。『大毘婆沙論』は『発智論』を註釈しているので預流と不堕悪趣を対比する形をとっているが、忍位の修行階位が新たに導入されたことにより[233]、未だ煩悩を断じていない異生であっても悪趣に堕ちない者の存在が教理的に認められるようになり、不堕悪趣を「煩悩滅→業滅」という関係から説明するだけでは不十分になってしまっているのである。また、見方を変えれば、忍位における不堕悪趣が認められた後も、初期経典以来の預流と不堕悪趣とを関連づけて論じる枠組みは有部において引き継がれ、「煩悩滅→業滅」という関係性を用いずにこれを説明する必要があったと推測される。

第二項　忍位と不堕悪趣

第一項では、有部が『大毘婆沙論』において新たに忍位という修行階位を設け、その忍位に達すれば異生であっても不堕悪趣を得ると考えている点を指摘した。したがって、有部では「煩悩滅→業滅」という関係以外によって不堕悪趣を説明する必要がある。この説明のために有部は回りくどい解釈を必要とする。なぜなら、有部法相によれば、たとえ忍位を得てもその善根は死没すれば捨せられてしまい、輪廻を隔てて成就し続けることができないからである[234]。『大毘婆沙論』は、命終とともに忍位の善根は捨せられるにもかかわらず、どうして忍位を得た者は不堕悪趣としてあり続けることができるのか、という問いに対して十五もの説を挙げている[235]。この十五の説のうち、いずれが正統説であるか『大毘婆沙論』は何も述べていないが、教理的説明という点からは非択滅を援用した第六説が最も重要である[236]。なぜなら、前項（第二節一項）において見たように、『大毘婆沙論』が預流の不堕悪趣を説明する場合にも非択滅が言及されているからである[237]。

非択滅とは、悟りの慧によらない滅のことであり、縁が欠けることによって未来法を永久に未来に留まらせる無為法のことである[238]。有部では、善趣・悪趣を問わず、何らかの原因で来世の境涯が限定される場合には、この非択滅の教理が援用される[239]。ここで問題となる悪趣に対する非択滅は、ただ一度の施食だけで得られる場合もあるし、逆に長い間、施食を続けても得られない場合もあるが、どのような者であろうとも忍位にさえ達すれば必ず得られるとされる[240]。忍位と非択滅について『倶舎論』と『称友疏』とは次のように説明する。

AKBh.（p. 348.4–9）:

kṣāntilābhy anapāyagaḥ.（6, 23b）

vihīnāyām api kṣāntau na punar apāyān yāti tadgāmikakarmakleśadūrīkaraṇāt[241]. kṣāntilābhād eva hi gatiyonyupapattyāśrayāṣṭamādibhavakleśānāṃ keṣāṃcid anutpattidharmatāṃ[242] pratilabhate. apāyagatīnām aṇḍajasaṃsvedajayonyor asaṃjñisattvottarakurumahābrahmopapattīnāṃ ṣaṇḍhapaṇḍakobhayavyañjanāśrayāṇām aṣṭamādibhavānāṃ darśanaheyakleśānāṃ ca. tāṃ tu yathāyogaṃ mṛdvadhimātrāyāṃ ca. mṛdvyām apāyagatīnām. adhimātrāyām itareṣām.

忍を獲た者は、悪趣に行かない。（6, 23b）

忍が捨せられたとしても、二度と悪趣へ行かない。そこへ導く業と煩悩を遠離しているからである[243]。まさに忍を獲ることによって、(1) ある種の趣、(2)〔ある種の〕生まれ方、(3)〔ある種の〕生処、(4)〔ある種の〕依身、(5) 第八以上の生存、(6)〔ある種の〕諸煩悩について不生法（anutpattidharmatā）を獲る。〔すなわち〕(1) 諸悪趣、(2) 卵生・湿生という胎、(3) 無想有情〔天〕・北倶盧〔洲〕・大梵〔天〕という生処、(4) 扇搋・半択迦・二形という身、(5) 第八以上の生存、(6) 見所断の煩悩について〔不生法を獲る〕。また、それ（不生法）を、下〔忍〕・上〔忍〕において、道理に応じて〔獲る〕。下〔忍〕において諸悪趣の〔不生法を獲る〕、上〔忍〕において他の〔不生法を獲る〕。

AKVy.（p. 540.5–6）:

anutpattidharmatāṃ pratilabhata iti. apratisaṃkhyānirodhaṃ teṣāṃ gatyādīnāṃ pratilabhata ity arthaḥ.

「**不生法を獲る**」とは、「それらの趣などについて非択滅を獲る」という意味である。
したがって、忍位を得れば次の対象について非択滅が得られる。

修行階位	非択滅の対象
下忍	悪趣
上忍[244]	卵生・湿生
	無想有情天・北倶盧洲・大梵天
	扇搋・半択迦・二形
	第八以上の生存
	見所断煩悩

同趣旨は『順正理論』においても説かれる[245]。このように『大毘婆沙論』以降の有部では、非択滅の教理を援用することによって異生の不堕悪趣を説明している。したがって、聖者になる以前に不堕悪趣の者となっているわけであるから、もはや「煩悩滅→業滅」という関係によって殊更に聖者の不堕悪趣を説明する必要性がなくなってしまっている。

第三項　小結

説一切有部における不堕悪趣の理論について検討を進め、次の点を確認した。

(1)「悪趣に堕ちる業が預流にも残っていたらどうなるのか」という問題について、『発智論』は「煩悩滅→業滅」の関係に基づいて、「異熟に対して助縁となっている見所断煩悩が断たれれば、業は悪趣に導く能力を失う」と述べている。この理解は初期経典や上座部註釈文献においても共通して見られる。

(2) ところが、上記の理解は『大毘婆沙論』以降の有部論書において重要視されていない。その理由は、有部では未だ煩悩を断じていない異生であっても悪趣に決して堕ちなくなった者の存在を認めるようになったために、「煩悩滅→業滅」の関係だけで不堕悪趣を説明することができなくなってしまったからであると考えられる。

(3) そこで有部は、非択滅の教理を援用することによって不堕悪趣の問題を解決している。したがって、何らかの要因によって悪趣に対する非択滅を得れば、その有情に見所断煩悩や悪趣に導く悪業が残っていたとしても、その悪業は悪趣へ導く能力を失うものと考えられる。

第三節　定業と業障

第一項　定業

続いて本節では、「定業」という点から修行階梯における業滅の次第を考察する。定業・不定業について、異熟する時期、実際に感果するかどうかの決定・不定を表に示すと次のようになる[246]。

		時期	感果
定業	順現法受業	決定	決定
	順次生受業	決定	決定
	順後次受業	決定	決定
不定業	時不定異熟定業	不定	決定
	時異熟倶不定業	不定	不定

上表のうち「不定」とある項目については、たとえ業をつくってしまったとしても、修行や懺悔などを通して、異熟そのものを消し去ったり、異熟を受ける時期を先取りしたり先延ばししたりすることができる。しかし、「決定」とある項目については転換不可能であり、感果が決定ならばその異熟をいつか必ず受けなければならず、これに加えて時期も決定ならばその感果する時までも定まっていることになる。よって、有部において転換可能なのは「不定」とある項目部分のみである。

このように、定業は転換不可能であるから、「煩悩滅→業滅」の関係によって滅すると解釈することができない。ここから「もしも修行者に悪趣へ導く定業が残っていた場合、忍位や見道に進むことができるのか」という疑問が生じるが、結論的に言えば、この疑問に対して有部は、「そのような定業は業障と同じ働きをなすために、前もって解消しておかなければ先の修行階位に進むことはできない」と理解している[247]。続いて、この理解の仔細を検討する。

第二項　業障

まず、業障と修行階梯との関係について考察する。業障とは煩悩障・業障・異熟障の三障のうちの一つであり、この障害を持つ者は現世では聖者になれないとされる[248]。ここで問題となる業障に相当する業として、有部・上座部はともに五無間業を挙げる。すなわち五無間業は、如何なる方法をもってしてもその異熟を除滅させることはできず、来世は地獄に生まれることが決定しているので、聖者となることに対して障害となる。なぜなら、聖者は決して地獄に堕ちないという原則があるからである。

上座部では、順現法受などの三時業はいずれも既有業（ahosikamma）に変換して解消し得ると理解するので[249]、業障は五無間業のみに限定されるが[250]、一方の有部では、業障とは呼ばれないが、五無間業以外にもそれと類似した働きをする業が広く認められている。なぜなら、有部において順次生受などの定業は、如何なる手段をもってしても変更不能と考えられているので、来世に地獄に堕ちることが決定している悪業などは、たとえそれが五無間業でなくても業障と同じ働きをするからである。『倶舎論』ではこの点を考慮し、業障の範囲が次のように広められている。

AKBh. (p. 259.15–18) :

anyāny api hy apāyādiniyatāni aṇḍajasaṃsvedajastrītvāṣṭamabhavaniyatāni karmāṇi vaktavyāni syuḥ. yāny eva tu pañcabhiḥ kāraṇaiḥ sudarśakāni suprajñakāni adhiṣṭhānataḥ phalato gatita upapattitaḥ pudgalataś ca tāny evoktāni nānyāni.

実に他にも悪趣など〔を引くこと〕に決定している〔業〕と、卵生・湿生・女性・第八有〔を引くこと〕に決定している諸々の業も、〔業障として〕説かれるべきであるかもしれない。けれども、処（adhiṣṭhāna）・果（phala）・趣（gati）・生（upapatti）・人（pudgala）という五つの根拠によって、見やすく判りやすいものだけが説かれ、他は〔説かれて〕いない。

AKVy.（p. 425.13–18）:

apāyādiniyatānīti. narakatiryakpretaniyatāni. **ādi**śabdenāsaṃjñisamāpatti-mahābrahmasaṃvartanīyaṃ ca niyataṃ karma gṛhyate. ṣaṇḍhapaṇḍakobhayavyaṃjanasaṃvartanīyaṃ ca vaktavyaṃ. tathāṇḍajasaṃsvedajastrītvāṣṭamabhavaniyatāni karmāṇi vaktavyāni. āryā hi narakādiṣu nopapadyaṃte. aṇḍajāṃ saṃsvedajāṃ ca yoniṃ na pratipadyaṃte. strītvam aṣṭamaṃ ca bhavaṃ na nirvartayiṣyaṃti. saptakṛtvobhavaparamatvāt.

「**悪趣など〔を引くこと〕に決定している**」とは、「地獄・餓鬼・畜生〔を引くこと〕に決定している」である。また、「**など**」という語によって、無想定と大梵とを引き起こすことに決定している業が含まれている。また、扇搋・半択迦・二形生を引き起こすことに〔決定している業〕も、〔業障として〕説かれるべきである。同様に、卵生・湿生・女性・第八有〔を引き起こすこと〕に決定している業も、〔業障として〕説かれるべきである。なぜなら、聖者たちは、地獄などに再生することはないし、卵生と湿生の胎に入ることもなく、女性や第八有を引き起こすこともないだろう。最大七度の生存あるものであるからである。

ここで注目すべきは、無間業など不善の定業のみならず、たとえ善業であっても女性や第八有を引く業は、極七返や正性決定といった修行階梯の原則に差し障るので、業障と同じ働きをする点である。この障害となる業を予め取り除いておかなければ先の修行階梯には進めないわけだが、定業を能動的に取り除くことは不可能である。したがって、定業が障害となっている場合に先の修行階梯に進むためには、その業が異熟するなどして障害とならなくなるまで、ただひたすら受動的に待つしかない[251]。以上より次の特徴を指摘することができる。

⑴ 五無間業を有部・上座部ともに業障としており、これを犯した場合

には来世の堕地獄が決定するため、その生涯においては聖者になれない。

⑵ 定業について有部は、その異熟する時期と、感果の有無を転じることは不可能であるとする。そのため、もしその定業が修行の進展に差し障る異熟をもたらす場合には、たとえそれが五無間業でなくとも業障と同じ働きを果たす場合がある[252]。

第三項　三時障

さて前項では、無間業でなくとも定業が修行階梯の進展に際して障害となる場合がある点を指摘した。具体的にどのような業が、修行階梯のどの段階において障害となるのか、『倶舎論』では次のように詳説されている[253]。

AKBh. (p. 265.4–9) :

anyad api tu karma savipākaṃ triṣu kāleṣv atyarthaṃ vighnayati. katameṣu trisu.

kṣāntyanāgāmitārhattvaprāptau karmātivighnakṛt.（4, 107cd）

mūrdhabhyaḥ kṣāntim ākirata āpāyikāni karmāṇi vighnāyopatiṣṭhante. tad-vipākabhūmyatikramāt. yathā puruṣasya deśatyāgaṃ kurvato dhanikā upatiṣṭhante. anāgāmiphalaṃ prāpnuvataḥ kāmāvacarāṇi vighnāyopatiṣṭhante tathaiva sthāpayitvā dṛṣṭadharmavedanīyaṃ karma. arhattvaṃ prāpnuvato rūpārūpyāvacarāṇi tathaiva.

また一方、他の有異熟の業も、三時において重大な障碍をなす。【問】いずれの三〔時〕においてであるか。【答】

忍〔位〕(kṣānti) と不還〔果〕(anāgāmitā) と阿羅漢性 (arhattva) を得する時、業が重大な障碍をなす。（4, 107cd）

頂から忍に入ろうとしている者にとって、悪趣へ導く諸業が、障碍のために立ちはだかる。〔忍が〕その異熟地（悪趣）を超えているからである。あたかも〔元の〕土地から離れようとしている男の人にとって、諸々の債主が立ちはだかるようなものである。〔それと〕全く同様に、不還果を得しようとする者にとって、欲界繋〔の諸業〕が、障碍のために立ちはだかる。ただし、順現法受業を除く。全く同様に、阿羅漢果を得しつつある者にとって、色・無色〔界〕繋〔の諸業〕が〔障碍のために立ちはだかる〕。

これをまとめれば次のようになる。

(1) 忍位の段階で不堕法（悪趣に堕ちない性質）が必ず得られる[254]。したがって、忍位に進むためには、悪趣へ導く業を先に清算しておく必要がある。

(2) 不還となれば、もはや欲界に還ってくることはないので、欲界へ導く業を先に清算しておく必要がある。

(3) 阿羅漢となれば、もはや輪廻をめぐることはないので、色・無色界へ導く業を先に清算しておく必要がある。

ただし、不還と阿羅漢に進む場合には、上記の異熟を招く業があったとしてもそれが順現法受であるならば、その業は例外的に障害にはらないと規定されている。なぜなら順現法受業は、引業となって来世をもたらすことができないため障害にはならないからである[255]。たとえば、不還果へ進もうとする欲界の聖者がいるとして、彼に欲界繋の順次生受業が残っていればそれが障害となって不還果に進むことはできないが、もしその業が順現法受ならば「再び欲界に戻らない」という不還果の原則に違反しないので障害とはならず、そのまま不還果に進むことができるという意味である[256]。したがって、この例外規定が忍位について付されていない理由は、そもそも「悪趣へ導く業」が順現法受であることはあり得ないからであると考えられる。

第四節　業の清算

以上のように有部では、順現法受業を除くその他の諸業が、もしも修行階梯の進展に対して障害となる場合には、先にその業を清算しておかなければ先の階位に進めないと理解されている。この場合、その障害となる業が順次生受・順後次受の定業であるならば、何者であってもその業を転じることは不可能であるため、その業が異熟するなどして障害とならなくなるまで修行者はひたすら待つしかない。一方、その障害となる業が不定業であるならば、修行者がその異熟を現世で先取りするなどして能動的に清算することが可能である。

『倶舎論』の一節において、不定業が順現法受になる原因として⑴田、⑵意欲、⑶離染という三つが言及されているが、ここで問題となるのは⑶離染である。これについて次のように述べている。

AKBh. (p. 232.8-15):

atha vā,

tadbhūmyatyantavairāgyāt. (4, 55c)

yasya[257] vā karmaṇo yā bhūmiḥ kuśalasyākuśalasya vā tato ’tyantavairāgyāt tat karma dṛṣṭadharmavedanīyaṃ karma saṃpadyate tasyāṃ bhūmau jātasya. kīdṛśaṃ karmety āha.

vipāke niyataṃ hi yat. (4, 55d)

yad dhi karma niyataṃ vipāke na tv avasthāyāṃ. nāpy aniyataṃ. tasyaiṣa niyamaḥ. yat punar avasthāntaraniyataṃ tasya tatraiva niyato vipākas tadvato ’tyantavairāgyāsaṃbhavāt. yac cāniyataṃ tasyāvipāka evātyantavairāgyāt.

あるいはまた、

⑶その地より究極的に離染すれば、である。(4, 55c)

あるいは、ある善もしくは不善なる業の〔属する〕地があり、そこから究極的に離染すれば、その地に生まれた者にとって、その業は順現法受業となる。【問】如何なる業が〔順現法受業になるの〕か。【答】答える。

実に異熟について決定している業である。(4, 55d)

実に異熟について決定しているが、〔異熟する時期の〕分位について〔決定して〕いない業（＝時不定異熟定業）である。〔また、感果・時期ともに決定していない〕不定〔業〕(＝時異熟倶不定業) でもない。これが、そ〔の業〕についての定則である。また、他の分位に決定している〔業〕(＝定業) は、その同じ〔分位〕において異熟することが決定している[258]。

そ〔の他の分位で異熟する定業〕を有する者が究極的に離染することはあり得ないからである。そして〔異熟することが〕決定していない〔業〕(=時異熟倶不定業)に異熟は全くない。究極的に離染するからである。

AKVy. (p. 394.17–25):

tadbhūmyatyaṃtavairāgyād iti. tato bhūmer atyaṃtavairāgyāt tad adṛṣṭadharmavedanīyam api karma dṛṣṭadharmavedanīyaṃ saṃpadyate. yathānāgāmyarhatām avītarāgāvasthākṛtaṃ. punar adharabhūmyanāgamanād anupādāya ca parinirvāṇāt. **na tv avasthāyām** iti. yad aniyataṃ dṛṣṭadharmādyavasthāsu. na cāniyataṃ vipāke niyatatvāt. tad eva dṛṣṭadharmavedanīyaṃ bhavati. ata evāha. **yat punar avasthāṃtare** dṛṣṭadharmādike **niyatam. tasya tatraivā**vasthāṃtare **vipākaḥ. tadvato 'tyaṃtavairāgyāsaṃbhavād** iti. evam avasthāṃtaraniyatavipākena karmaṇā tadvatpudgalasyātyaṃtaṃ tasyā bhūmer vairāgyāsaṃbhavād ity arthaḥ.

「**その地より究極的に離染すれば、である**」とは、その地より究極的に離染するならば、順現法受でない業も、順現法受〔業〕になる。たとえば、不還と阿羅漢とが、未だ離染していない分位の間につくった〔業〕である。〔不還は〕二度と下地に還ることはないから、および〔阿羅漢は生死流転から〕離れ、般涅槃するからである。「**分位について〔決定して〕いない**」とは、現法などの分位について決定していないが、異熟について決定しているので〔時と異熟ともに〕不定ではない〔業〕のことである。そのような〔業〕(時不定異熟定業)だけが順現法受になる。だからこそ「**また、**現法など**他の分位に決定している〔業〕は、その同じ**他の分位**において異熟することが**〔決定している〕[259]」と言ったのである。「**そ〔の他の分位で異熟する定業〕を有する者が究極的に離染することはあり得ないからである**」とは、「このように、他の分位において異熟することが決定している業、そ〔の業〕を持つ者が、究極的にその地から離染することはあり得ないからである」という意味である。

ある地から離染すると、その地に残存する時不定異熟定業は順現法受業に転換され、時異熟倶不定業は無異熟に転換される。もしも転換不可能な業

（たとえば順次生受業などの定業）がその地に残存していたならば、その地から離染することはできず、離染する前に必ず清算しておく必要がある。

すなわち欲界から離染する場合、つまり不還の聖者になれば、次のように欲界繫の定業・不定業は転換される。

			時期	感果	転換
欲界繫業	定業	① 順現法受業	決定	決定	そのまま
		② 順次生受業	決定	決定	先に清算済み
		③ 順後次受業	決定	決定	先に清算済み
	不定業	④ 時不定異熟定業	不定	決定	順現法受業に転換
		⑤ 時異熟倶不定業	不定	不定	無異熟業に転換

不還果を得る前に修行者は、上記の②順次生受業と③順後次受業の異熟を受けきって先に清算しておく必要がある。そして不還果を得れば、④時不定異熟定業は順現法受業としてその生涯中に異熟することで清算され、⑤時異熟倶不定業は無異熟に転換されて果を与えることなく滅する。①順現法受業は、その生涯中に異熟を受ければ済むもので、来世の境涯に影響がないため、不還果を得たとしても転換されずに残存する。阿羅漢果を得る場合には、色界繫業と無色界繫業とは次のように転換される。

			時期	感果	転換
色界繫業 無色界繫業	定業	① 順現法受業	決定	決定	そのまま
		② 順次生受業	決定	決定	先に清算済み
		③ 順後次受業	決定	決定	先に清算済み
	不定業	④ 時不定異熟定業	不定	決定	順現法受業に転換
		⑤ 時異熟倶不定業	不定	不定	無異熟業に転換

阿羅漢果を得る前に②順次生受業と③順後次受業を清算しておく必要があり、阿羅漢果を得れば④時不定異熟定業と⑤時異熟倶不定業が転換されることなどは、不還果を得る場合と全く同じである。また、本節では取り上げなかったが、忍位を得る前に悪趣へ導く定業を、預流を得る前に卵生へ導

く定業などを先に清算しておく必要があることは言うまでもない。このような“業の清算”の必要性は、『倶舎論』のみならず、すでに『婆須蜜論』において議論されており[260]、『大毘婆沙論』や『順正理論』においても説かれることから[261]、有部における一貫した理解であったことが確認される[262]。

結　び

以上、有部における業滅について考察した。有部における不堕悪趣の解釈は次のように展開したと考えられる。

⑴『発智論』の段階で不堕悪趣は、異熟に対して助縁となっている見所断煩悩を断ずることで、過去の業が悪趣の生存をもたらす能力を失うと説明されている。すなわち、「煩悩滅→業滅」の関係がここから読み取れる。しかし、『大毘婆沙論』の段階になると、異生にも不堕悪趣の者がいることを教理的に認めたために、「煩悩滅→業滅」の関係だけでは不堕悪趣を説明しきれなくなってしまった。

⑵ そこで、『大毘婆沙論』以降の有部では、異生の不堕悪趣に対し、非択滅の教理を援用することによってこれを解決している。

また、修行階梯における業滅のあり方は次のようにまとめられる。有部の場合には、定業・不定業の教理が発達したため、上座部と比べて複雑である。

⑴ 有部では、業を定業と不定業との二種類に分ける。このうち定業は、①順現法受業、②順次生受業、③順後次受業の三種であり、これらは定まった時に必ず異熟することが決定していて、如何なる手段をもってしてもこれらを転じることは不可能である。一方、不定業には、異熟果を与えることは定まっているがそれがいつであるかは定まっていない④時不定異熟定業と、異熟する時も実際に異熟するかどうかも定まっていない⑤時異熟倶不定業との二種がある。この不定業については、その後の修行や謝罪などによって、異熟する時を変更したり、もしくは異熟果そのものを消したりすることが可能である[263]。

⑵ このように有部では、五無間業以外にも異熟の時期や感果の有無を変更できない業を想定する。したがって、もしこれらの業が修行階梯の進展に差し障るような異熟をもたらす場合には、業障と同じ働きをするために、何らかの形でこれらの業を取り除かなければ先の修行階梯に進むことはできない。

⑶ 修行階梯の原則に差し障る業の詳細を記せば、悪趣に導く業が忍位を得ることに、卵生・湿生・無想有情天・北倶盧洲・大梵天・扇搋・半択迦・二形・女性・第八有・狂乱を起こす業が預流[264]を得ることに、欲界繋業が不還を得ることに、色界繋・無色界繋業が阿羅漢となることに、それぞれ障害となり得る。

⑷ ただし、たとえ異熟の内容が修行階梯に差し障るものであったとしても、その業が⑤時異熟倶不定であるならば、修行や懺悔を通じてその業を異熟しないように取り除いてしまうことが可能であり、また異熟する助縁となっている煩悩を断ずればその業も無異熟化されるので修行階梯に障害とはならない。そして、異熟果を与えることが決定している④時不定異熟定業ならば、その異熟果を現世に先取りするなどして能動的に清算することが可能である。しかし、②順次生受、③順後次受の定業は、その異熟を取り除くことも、報果する時の変更もできないため、その業が異熟するなどして障害とならなくなるまでただひたすら待つしかない。この一方で、①順現法受業については、来世の境涯には影響を及ぼさないため、修行階梯に対して決定的な障害とはならない[265]。

すなわち、修行階梯の進行に差し障る重大な異熟をもたらすことが決定している業については、先に清算しなければ修行階梯を進むことはできない。予め清算しきってからでなければ先の修行階梯に進めないわけであるから、預流（厳密には忍位）には悪趣へ導く定業はそもそも存在せず、同じく阿羅漢には来世をもたらす定業はそもそも存在しない。

このように有部では、業を清算する必要性が教理の中に明瞭に定められている。これは有部において定業・不定業の教理が細分化して発達したため、たとえ五無間業でなくとも業障と同じ働きを持つ業を想定したことによると考えられる。

以上のように、初期経典以来の「煩悩滅→業滅」の関係を有部も採用しているが、「異生の不堕悪趣」や「業の清算」を教理的に説明する必要が生じたため、修行階梯における業滅は、「煩悩滅→業滅」という関係が重要視されていない。

第五章　阿羅漢の行為論

問題の所在

阿羅漢は、すべての煩悩を断っているのであるから悪心を起こさず、人殺しや盗みなどをして悪業をつくることはない[266]。しかし、阿羅漢は有漏の善業をなすことがあるのだろうか。たとえば、河で溺れている人を助けたり、社会貢献をしたりする場合、これらの行いは仏道修行とは無関係の有漏の善業、すなわち福徳（Skt: puṇya, Pāli: puñña）であるから、それは阿羅漢に来世の生存を生み出してしまうのではないか。それとも、阿羅漢にはもはや有漏業に結びつくような世俗心は生じず、溺れている人を見つけても何も感ぜず、社会貢献にも全く無関心なのであろうか。

このような「もはや輪廻しないはずの阿羅漢であっても、新たに有漏の善業をつくるのか」という問いが有部および上座部の資料に現れており、『異部宗輪論』の有部説や[267]、『論事』の「阿羅漢福徳積集論」（Kv. 17, 1）を検討すると、両部派は次のように全く異なる見解を示している。

有　部：阿羅漢は福徳をつくる。

上座部：阿羅漢は福徳をつくらない。

本章では、この阿羅漢の行為論に対する理解の差異を考察することで、阿羅漢と善業、そして輪廻の関係を明らかにする。

第一節　上座部における阿羅漢の行為

本節では、上座部における理解を考察する。上座部は「阿羅漢は福徳をつくらない」とする。しかしこれは、阿羅漢が世俗的に「よい」とされる行為を全く何もしないという意味ではない。上座部では、阿羅漢だけに生じる唯作心（kiriyācitta）という特殊な無記心が存在し、その無記心によって世俗的に「よい」とされる行為を遂行すると考えられている。この心は無記であるから、福徳ではないし、果報も当然生まない。このような上座部における阿羅漢の行為が業にならない仕組みは、すでに先行研究によってかなりの部分が明らかになっている[268]。そこで本節では、これまでの研究においてあまり取り上げられてこなかったブッダゴーサより後の註釈文献をも加えて考察し、この理解が一貫して現れることを再確認する。

まず、『論事』の「阿羅漢福徳積集論」(Kv. 17, 1) に対する諸註釈を軸にして検討を進める。この「阿羅漢福徳積集論」では、「阿羅漢は福徳をつくる」と主張する論難者(註釈によればアンダカ派)に対して、上座部は「阿羅漢は福徳をつくらない」と主張している。この上座部の主張に対して論難者は、「阿羅漢といえども仏塔礼拝などの世俗的行為をするのであるから、阿羅漢も福徳を積むはずである」(趣意) と次のように論難している。

Kv. 17, 1 (p. 543.15–27):

(B) arahā dānaṃ dadeyyā ti. (A) āmantā. (B) hañci arahā dānaṃ dadeyya, no ca[269] vata re vattabbe "n' atthi arahato puññūpacayo" ti. (B) arahā cīvaraṃ dadeyya ...pe... piṇḍapātaṃ dadeyya, senāsanaṃ dadeyya, gilānapaccayabhesajjaparikkhāraṃ dadeyya, khādanīyaṃ dadeyya, bhojanīyaṃ dadeyya, pānīyaṃ dadeyya, cetiyaṃ vandeyya, cetiye mālaṃ āropeyya, gandhaṃ āropeyya, vilepanaṃ āropeyya ...pe... cetiyaṃ abhidakkhiṇaṃ kareyyā ti. (A) āmantā. (B) hañci arahā cetiyaṃ abhidakkhiṇaṃ kareyya, no ca[270] vata re vattabbe — "n' atthi arahato puññūpacayo" ti.

【他論師】「阿羅漢は、施物を施すではないか」。【自論師】「その通りである」。【他論師】「もし阿羅漢が施物を施すなら、実に"阿羅漢が福徳を積むことはない"と言ってはならない」。【他論師】「阿羅漢は衣を施し…略…托鉢食を施し、坐具を施し、医薬資具を施し、硬い食べ物を施し、柔らかい食べ物を施し、飲用水を施し、塔廟に礼拝し、塔廟に華鬘をのせ、香りをのせ、香粉をのせ…略…塔廟を右遶するであろう」。【自論師】「その通りである」。【他論師】「もし阿羅漢が塔廟を右遶するなら、実に"阿羅漢が福徳を積むことはない"と言ってはならない」。

この議論からも明らかなように、阿羅漢が世俗的に「よい」とみなされる行為をなすこと自体は、自論師・他論師ともに認めている[271]。しかし、全く同じ「よい」とされる行為をなしたのにもかかわらず、どうして阿羅漢の場合には福徳が積まれないのか、という根拠は『論事』の段階では述べられていない。『論事註』はこれを教理的に説明して、阿羅漢においては善心ではなく唯作心によって施が遂行されると述べている。

KvA. 17, 1（p. 164.11–14）:

dānaṃ dadeyyā tiādīsu kiriyacittena[272] dānādipavattisabbhāvato sakavādī paṭijānāti. itaro cittaṃ anādiyitvā kiriyāpavattimattadassanen' eva laddhiṃ patiṭṭhapeti. sā pana ayoniso patiṭṭhāpitattā appatiṭṭhāpitā hotī ti.

「**施物を施すではないか**」云々について、唯作心によって布施などを起こすことがあるので、自論師は肯定する。他論師は心を取らずに、行いの起こすところだけを見ることによって、執見を確立するのである。けれども、それ（執見）は非如理に立てられたものであるから、正しく立てられたものではない。

この阿羅漢の唯作心による説明は、アーナンダによる『論事復註』（KvMṬ.）と、およびダンマパーラによる『論事復々註』（KvAṬ.）とにおいても同様に述べられており、上座部における一貫した理解が窺える。

KvMṬ. 17, 1（VRI: p. 113.15–16）:

cittaṃ anādiyitvā ti "**kiriyacittena dānādipavattisabbhāvato**" ti vuttaṃ kiriyacittaṃ abyākataṃ anādiyitvā ti attho.

「**心を取らずに**」とは、「"**唯作心によって布施などを起こすことがあるので**"と言われる無記の唯作心を取らずに」という意味である。

KvAT. 17, 1（VRI: p. 147.3–4）:

kiriyacittaṃ abyākataṃ anādiyitvā ti "kiriyacittaṃ abyākatan" ti aggahetvā, dānādipavattanena dānamayādipuññattena ca gahetvā ti attho.

「**無記の唯作心を取らずに**」とは、「"無記の唯作心"と把握せずに、布施などが転じるという点で、また、布施などよりなる福徳を得るという点で把握して」という意味である。

なお、阿羅漢が仏塔崇拝などをしても新たに業をつくらないということは、他の註釈文献にも同様に述べられている[273]。このように上座部では、阿羅漢であっても仏塔礼拝や布施などの世俗的な行為を行う。しかし、その行為は善心ではなく唯作心と呼ばれる無記心によって遂行されるため業にはならない。上座部はこのような理論によって、「阿羅漢が来世を生み出す業を積むことはない」と考えている。

第二節　説一切有部における阿羅漢の行為

一方、有部の理解は未解明で問題が残されている。『異部宗輪論』によれば、有部は「阿羅漢は福徳をつくる」と主張している。ところで有部教理によれば、この福徳（puṇya）とは欲界繋の有漏善業とされ[274]、この有漏法は見所断・修所断のいずれかであって、非所断は無漏法のみとされる[275]。仮にこの説を是とするならば、阿羅漢にはすでに有漏業の素因は断たれて残っておらず、無漏業しか起こさないという解釈も可能なはずであるが、『異部宗輪論』の記述に従うとするならば、阿羅漢も有漏善業を起こし得るはずである。これはどちらが正しいのであろうか。また、もし阿羅漢が有漏善業を起こすとするならば、有漏業は異熟果を取るので[276]、輪廻しないはずの阿羅漢が輪廻の原因をつくってしまうという問題が生じる。そこで本節では、そのような問題を検討し、有部における理解を探る。ここで問題点を整理すれば次のようになる。

問題点①：「阿羅漢は福徳（＝有漏善業）をつくる」という『異部宗輪論』の記述は、「阿羅漢はすべての有漏を断じている」とする教理と抵触している恐れがある。

問題点②：阿羅漢が有漏善業をつくるならば、輪廻しないはずの阿羅漢が、輪廻の原因となる有漏善業をつくるという矛盾に陥る。

第一項　問題点①について

「阿羅漢は福徳（＝有漏善業）をつくる」という記述が、「阿羅漢はすべての有漏を断じている」という教理と抵触している恐れがある点を上に指摘した。本項では、この問題を解決するにあたり、意業と身語業との法相を別々に検討する。なぜなら、非色法である意業（思）と、色法である身語業とでは法相定義が大きく異なるため、同じ方法論によって単一的に議論することができないからである。

(1)　意業（非色法）

(a)　断と不成就

まず、阿羅漢の起こす意業（非色法）について、断（prahāṇa）と不成就（asamanvāgama）という視点から考察する。有部では、見道・修道の修行階梯の進展に従って有漏法が断たれても、それが必ずしも不成就になるとは考えない。見道・修道による断（prahāṇa）と、得・捨によって説明される不成就（asamanvāgama）とは同一ではない。ある法が見道・修道によって断たれても、依然としてその法が得（prāpti）によって有情に結びつけられている（すなわち成就されている）、という場合を有部は想定している。そして非色の善法こそが、このような場合に当てはまる。この事実は、三界繫の非色の善法と染汚法とが捨せられる条件を説明する記述から確認できる。まず欲界繫の非色の善法と、三界繫の非色の染汚法とが捨せられる条件について、次のように『倶舍論』は説明している。

AKBh.（pp. 225.19–226.2）:

kāmāptaṃ kuśalārūpaṃ mūlacchedordhvajanmataḥ.（4, 42ab）

kāmāvacaraṃ kuśalam arūpasvabhāvaṃ dvābhyāṃ kāraṇābhyāṃ parityajyate. kuśalamūlasamucchedād rūpārūpyadhātūpapattito vā.

pratipakṣodayāt kliṣṭam arūpaṃ tu vihīyate.（4, 42cd）

kliṣṭaṃ tv arūpasvabhāvaṃ <u>sarvam eva</u> pratipakṣodayād vihīyate. yasyopakleśaprakārasya yaḥ prahāṇamārgas tenāsau saparivāraḥ parityajyate nānyathā.

欲界繫の非色の善は、〔善〕根の断と上〔地〕に生まれることとによって〔捨せられる〕。(4, 42ab)

非色を自性とする欲界繫の善〔法〕は、二因によって捨せられる。善根の断によって、あるいは色・無色界に生まれることによってである。

けれども非色の染汚は、対治が起こることによって捨せられる。(4, 42cd)

けれども非色を自性とする染汚〔法〕は、みなすべて[277]対治道によって捨せられる。ある随煩悩の類に対し、ある対治道があり、そ〔の対治道〕によって、そ〔の随煩悩の類〕と伴うものとが捨せられるのであって、それ以外にはない。

また、色界繫・無色界繫の善法が捨せられる条件については、次のように述べられている。

AKBh. (p. 224.18–22) :

bhūmisaṃcārahānibhyāṃ dhyānāptaṃ tyajyate śubham. (4, 40ab)

sarvam eva dhyānāptaṃ kuśalaṃ dvābhyāṃ kāraṇābhyāṃ parityajyate. upapattito vā bhūmisaṃcārād ūrdhvaṃ cādhaś ca[278] parihāṇito vā samāpatter. nikāyasabhāgatyāgāc[279] ca kiṃcit. yathā ca rūpāptaṃ kuśalaṃ bhūmisaṃcārahānibhyāṃ tyajyate,

tathārūpyāptam āryaṃ tu phalāptyuttaptihānibhiḥ. (4, 40cd)

(1) 易地と (2) 退とによって、静慮〔地〕所繫の浄 (śubha) は捨せられる。(4, 40ab)

まさにすべての静慮〔地〕所繫の善 (kuśala) は、二因によって捨せられる。(1) 生まれること、〔すなわち〕上〔地〕もしくは下〔地〕へ地を易えることにより、あるいは (2) 等至から退することによる。そして、一部は (3) 衆同分を捨すること（死没）による。また、あたかも色界繫の善が、易地と退とによって捨せられるように、

無色界繫〔の善〕も同様である。けれども聖〔すなわち無漏の善〕は得果と練〔根〕と退とによる。(4, 40cd)

染汚法は対治道によって断ぜられれば捨せられるが、欲界繫・色界繫・無色界繫の善法はいずれも対治道によって断ぜられても捨せられない。したがって、修行階梯が進み阿羅漢となってすべての有漏法を断じたとしても、すでに成就されている善法は依然として成就され続けることが解る。このような非色の不染汚法（善・無覆無記）が断ぜられても成就され得るという記述は、『識身足論』の段階から確認することができる[280]。以上より次の点が明らかとなった。

(A) 非色の染汚法（不善・有覆無記）は、見道などの対治によって断たれれば、その断たれた法は不成就となる。

(B) 非色の善法は、見道などの対治によって断たれても、依然として成就され得る場合がある。

(b) 自性断と所縁断

続いて、自性断（svabhāvaprahāṇa）と所縁断（ālambanaprahāṇa）という点から考察する。善心と無覆無記心の二つは、見道・修道によって断たれても成就され得る点をすでに指摘した。すなわち、「染汚法の断」と「不染汚法の断」とでは、同じ「断」（prahāṇa）という語を用いているが、その内容は全く異なっている。このことを合理的に説明するために有部は、諸法を断ずる場合には (1) 自性断と (2) 所縁断との二通りの断じ方があると説明する[281]。

このうち (1) 自性断とは、その法の得（prāpti）を断絶することであり、聖道によって、ある法 X に自性断が起これば、その法 X が再び起こることは永久にない。これは非色の染汚法（不善・有覆無記）に適用される[282]。

一方の (2) 所縁断とは、断たれた法自体が起こらなくなることを意味するのではない。所縁断とは、ある法 Z を所縁としている煩悩 Y が断ぜられたときに、法 Z に所縁断が起こると言われるのである。したがって、所縁断が起きてもその法の得が断絶されるわけではなく、再び現前し得る[283]。これは非色の不染汚法（善および無覆無記）と色法とに適用される[284]。この二種の断を『倶舎論』は次のように説明する。

AKBh.（p. 321.1–2）:

kiyatā kleśaḥ prahīṇo vaktavyaḥ. svāsaṃtānikaḥ prāpticchedāt. pārasāṃtānikas tu kleśaḥ sarvaṃ ca rūpam akliṣṭaś ca dharmas tadālambanasvāsāṃtānikakleśaprahāṇāt.

【問】如何なる〔条件〕によって「煩悩が断たれた」と言われるべきか。

【答】自らの相続に属する〔煩悩〕は、得（prāpti）の断絶によってである。けれども、他者の相続に属する煩悩と、すべての色と、不染汚法とは、それを所縁とする、自らの相続に属する煩悩の断によってである。

AKVy.（pp. 500.30–501.3）:

svāsāṃtānikaḥ prāpticchedād iti vistaraḥ. svasaṃtānakleśaḥ prāptivigamāt prahīṇo vaktavyaḥ. parasaṃtānakleśas tu na prāpticchedāt. svasaṃtāne tatprāptyabhāvāt. kiṃ tarhi **tadālaṃbanasvāsāṃtānikakleśaprahāṇāt**. pārasāṃtānikakleśālaṃbanasvāsāṃtānikakleśaprāpticchedād ity arthaḥ. **sarvaṃ rūpaṃ** kuśalākuśalāvyākṛtaṃ. **akliṣṭaś ca dharma** ity arūpī kuśalasāsravaṃ anivṛtāvyākṛtaś ca. tathaiva tadālaṃbanasvāsāṃtānikakleśaprahāṇāt prahīṇo vaktavya iti.

「**自らの相続に属する〔煩悩〕は、得の断絶によってである**」云々とは、「自らの相続にある煩悩は、得の除去によって断たれる」と言われるべきである。けれども、他者の相続にある煩悩は、得の断絶によってではない。自己の相続にそれの得はないからである。ではどうなのか〔と言えば答えて〕、「**それを所縁とする、自らの相続に属する煩悩の断によってである**」〔であり〕、〔すなわち〕「他者の相続に属する煩悩を所縁とする、自らの相続に属する煩悩の断によってである」という意味である。善・不善・無記なる**すべての色と**、有漏善と無覆無記の非色なる**不染汚法とは**、まさに同様に、それを所縁とする、自らの相続に属する煩悩の断によって断たれると言われるべきである。

見道・修道によって、自相続にある煩悩、すなわち染汚（不善と有覆無記）なる非色法が断たれる場合には(1)自性断が適用され、色法とおよび不染汚（善と無覆無記）なる非色法とが断たれる場合には(2)所縁断が適用される。何故、後者には(2)所縁断のみが適用され、(1)自性断が適用されないのかという理由について、『大毘婆沙論』は「それらの諸法は道に反しておらず、さらに明・無明と直接的に関係するものではないから」と答えている[285]。以上を整理すれば次のようになる。

	適用	断ぜられ方	断ぜられた諸法
自性断	非色の染汚法（煩悩）	対象となる法の得（成就）を断絶させる	不成就になる
所縁断	非色の不染汚法、および色法	対象となる法を所縁としている自相続中の煩悩がすべて断たれた場合、その法が断たれたとする	再び現前し得る

したがって、所縁断の場合は、その法が「断たれた」と言われても、その法が不成就になるわけではない。この関係を図示すれば以下のようになる[286]。仮に煩悩 X と Y, そして有漏善 Z があったとしてみよう。下図では、煩悩 X, Y はともに断たれておらず、有漏善 Z を所縁として随増している状態を図示している。

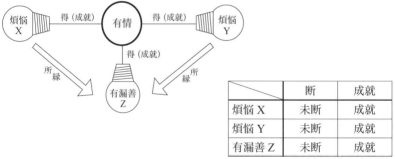

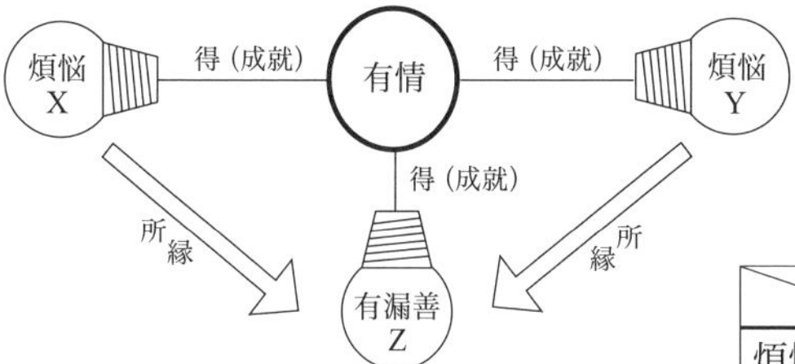

	断	成就
煩悩 X	未断	成就
煩悩 Y	未断	成就
有漏善 Z	未断	成就

＊電球の灯る可能性がある状態が「成就」である。

たとえばある修行者がいたとして、修行階梯の進展に伴い、見道・修道によって煩悩 X が断たれたとする。このとき煩悩 X には自性断が適用されるから、断たれると同時に不成就となる。これが下図の状態である。

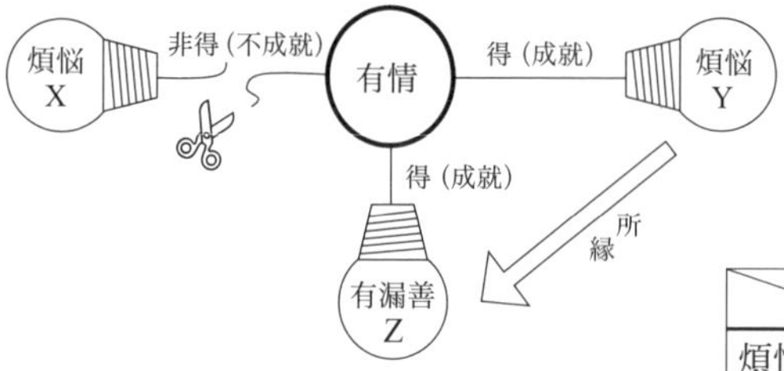

	断	成就
煩悩 X	自性断	不成就
煩悩 Y	未断	成就
有漏善 Z	未断	成就

＊断ぜられた煩悩 X は、不成就であり、二度と起こることはない。すなわち断線した電球は、二度と灯らない。

さらに修行階梯が進み、有漏善 Z を所縁としている最後の煩悩 Y が断たれたとする。すると、有漏善 Z を所縁とする法がすべて断たれたことになるので、有漏善 Z には所縁断が適用される。しかし、煩悩 X, Y の場合と異なり、有漏善 Z は依然として成就されたままであり、実際に「起こる」（現前: saṃmukhībhāva, 現行: samudācāra）ことも有り得る[287]。これが下図の状態である。

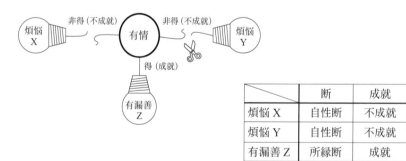

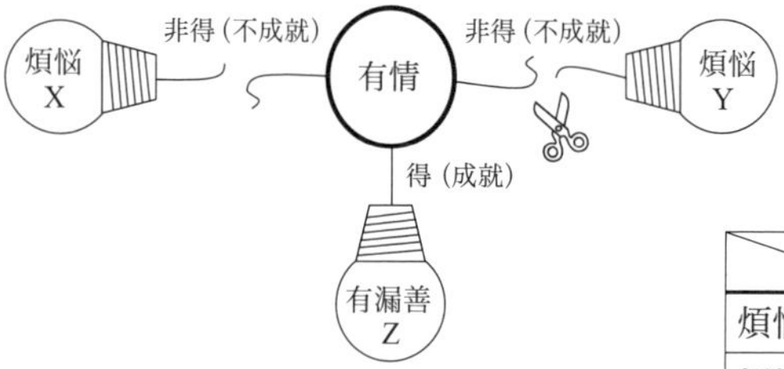

	断	成就
煩悩 X	自性断	不成就
煩悩 Y	自性断	不成就
有漏善 Z	所縁断	成就

＊有漏善 Z は断たれても成就されている。すなわち善法の場合は、断線することが断ではなく、断ぜられた後でも電球に明かりが点く。

さて、有部の法相に従えば、有漏の善業は不染汚法であるから、(1) 自性断は適用されず、(2)所縁断のみが適用されることになる。その旨を『倶舎論』は次のように述べる。

AKBh. (p. 236.10–13):

kiṃ punaḥ kāraṇam antyenaivānantaryamārgeṇa kuśalasya karmaṇaḥ prahāṇaṃ nānyena. na hi tasya svabhāvaprahāṇaṃ prahīṇasyāpi saṃmukhībhāvāt. kiṃ tarhi. tadālambanakleśaprahāṇāt. ato yāvad eko 'pi tadālambanakleśaprakāra āste tāvad asya prahāṇaṃ nopapadyate.

【問】では、どのような理由で、最後の〔すなわち第九〕無間道のみによって善業の断があり、〔その〕他（第一から第八までの無間道）によっては〔善業の断が〕ないのであるか。【答】なぜなら、それ（善業）に自性断はない。すでに断たれた〔善〕であっても現前することがあるからである。【問】そうならば、どのように〔断ぜられるの〕か。【答】そ〔の善〕を所縁とする煩悩が断たれるからである。それゆえに、そ〔の善〕を所縁とする煩悩が一品でも残っている限りは、こ〔の善業〕の断は成り立たない。

したがって、善業の断には自性断ではなく所縁断が適用されるため、たとえ善業が断たれたとしても再び現前することがあるとされる。『称友疏』も同趣旨の説明をする。

AKVy. (p. 398.24–32):

na hi tasya svabhāvaprahāṇam iti. prāpticchedaprahāṇaṃ. **prahīṇasyāpi** kuśalasya **saṃmukhībhāvāt**. **tadālambanakleśaprahāṇād** iti. tadālaṃbanasya kleśasya prahāṇāt tasya kuśalasya prahāṇaṃ bhavati. tadālaṃbanakleśaprahānaṃ ca navamasya tadālaṃbanakleśaprakārasya prahāṇe sati bhavatīti. navamānaṃtaryamārgacetanaiva kṛṣṇaśuklasya karmaṇaḥ kṣayāya bhavati. tadā hi navamasya kleśaprakārasya prāpticchede visaṃyogaprāptir utpadyate. tasya ca kṛṣṇaśuklasya karmaṇo 'nyasyāpi cānivṛtavyākṛtasya sāsravasya dharmasya visaṃyogaprāptir utpadyata iti varṇayaṃti. evaṃ caturdhyānavairāgyeṣv api vaktavyaṃ.

「なぜなら、それ（善業）に自性断はない」とは、得の断絶による断〔について〕である。〔なぜなら、〕**すでに断たれた善であっても現前することがあるからである。「そ〔の善〕を所縁とする煩悩が断たれるからである**」とは、「そ〔の善〕を所縁とする煩悩が断たれれば、その善に断がある」ということである。また、それを所縁とする煩悩の断は、それを所縁とする第九品の煩悩の断があるときにあるので、第九無間道の思だけが、黒白業（欲界繫善業）を尽くすためのものである。なぜなら、第九品の煩悩の得が断ぜられるとき離繫得が生じ、〔すなわち〕その黒白業（欲界繫善業）と、他の無覆無記なる有漏法の離繫得も生じるからである。以上のように〔人々は〕説明する。四静慮の離染についても、同様に説かれるべきである。

なお、上記の部分では、善業のうち欲界と色界四静慮のものだけが言及され、無色界のものについては言及されていない。しかしこれは、黒白業（欲界繫善業）と白業（色界繫善業）について解説している部分だからであり、「善業の断」という点から見れば無色界繫善業も所縁断のみが適用されると考えられる[288]。このように有部では、有漏の善業（および無覆無記業）には所縁断のみが適用され[289]、断たれたとしても再び現前することがある（すなわち新たに有漏善業をつくることがある）と説かれているため、阿羅漢であってもこれらの業（思）を起こし得ると考えられる。

⑵　身語業（色法）

続いて、身語業について考察する。身語業は色法であり、有部法相の解釈が非色法とは大きく異なるため、三世の成就・不成就について、意業（非色法）と同じ方法によって考察することができない。すでに述べたように、非色法について有部は、それが所縁断の状態になっていても再び現前する場合を認めている。ところで色法が断ぜられる場合には、その三性が善・不善・無記のいずれであっても、自性断ではなく、必ず所縁断が適用される。この記述から、「阿羅漢になっても染汚の身語業を現前させたり、過去や未来の染汚身語業を成就し続けたりするのか」と疑問が生じるかもしれないが、そのようなことはない。

まず、阿羅漢が新たに不善の身語業を現前させることはない。なぜなら、表の三性はそれを引き起こす心の三性に従うので[290]、もはや不善心を起こし得ない阿羅漢が新たに染汚の表と無表を起こすことはないからである。

さらに、阿羅漢が過去・未来の染汚身語業を成就していることもない。未来法について言えば、有覆無記の色法には法倶得のみが起こり、そして欲界繋の色法に法前得は起こらないため、未来の染汚の身語業を先立って予め得しておくことはできない[291]。また、過去法について言えば、有覆無記法については法倶得しか起こらないため、そして不善法についても、⑴不律儀の無表は無漏律儀を成就すると同時に捨せられ[292]、⑵不善の非律儀非不律儀の無表も煩悩の断と同時に捨せられ[293]、⑶無表が捨せられればそれを引き起こした表も同時に捨せられるため[294]、以上より阿羅漢が過去の染汚の身語業を成就していることはない[295]。したがって、三時の染汚なる身語業は、煩悩を断じた阿羅漢には成就されておらず、これからも起こり得ない点が確認される。

一方、不染汚（善および無覆無記）の身語業については、阿羅漢となった後にも起こすことがある、と理解されている。その根拠は、すべての煩悩を断じた仏にも表を起こす随転心・能転心が生じると認められているからである[296]。次のように『倶舎論』に説かれている[297]。

AKBh. (p. 204.15–19):

tulyaṃ muneḥ.（4, 12c）

buddhasya tu bhagavatas tulyaṃ pravartakenānuvartakam. kuśale kuśalam avyākṛte cāvyākṛtam.

śubhaṃ yāvat.（4, 12c）

kuśalaṃ vā bhavaty anuvartakam avyākṛte 'pi pravartake. na tu kadācit kuśalaṃ pravartakam anuvartakaṃ cāvyākṛtaṃ bhavati.

牟尼にとっては〔随転心と能転心との三性は〕等しい。(4, 12c)

しかしながら、仏・世尊にとって随転〔心〕は能転〔心〕と等しい。〔能転心が〕善であれば〔随転心も〕善であり、そして〔能転心が〕無記であれば〔随転心も〕無記である。

乃至、善である。(4, 12c)

あるいは、能転〔心〕が無記であっても随転〔心〕は善となる。けれども、如何なるときも能転〔心〕が善で、随転〔心〕が無記となることはない。

有部法相によれば、⑴無漏心は能転心・随転心となって表を起こせないと理解されているため[298]、上記『倶舎論』で言及されている善心とは有漏でしかあり得ず、⑵表は有漏のみであるから、仏の善心が等起させる善なる表も有漏の善業であると考えられる。以上により、あらゆる煩悩を断った阿羅漢であっても身語意の有漏善業をなすと考えられる。

第二項　問題点②について

前第一項では、有部において「阿羅漢でも有漏の善業をつくる」ということが教理的に認められている点を指摘した。しかし、依然として「解脱して輪廻を終極させたはずの阿羅漢が、輪廻の原因となる有漏業をつくってしまう」という問題が残されている。続いて、この問題に対する有部の教理的理解を考察する。結論を先んじて言えば、たとえ業をつくっても、阿羅漢の場合には輪廻を導くような業にはならないと解釈する。

この結論は『大毘婆沙論』にある記述から端的に知ることができる。そこでは三界に住する異生と聖者とのそれぞれが、三界九地において幾種の業をつくるのか詳説されている。まず欲界有情である阿羅漢の造業については次のように述べられている。

『大毘婆沙論』巻114 (T27. 595b09-12):

若已離非想非非想処染。彼能造欲界二種業。謂順現法受及不定受。能造四静慮四無色一種業。謂不定受。

若し已に非想非非想処の染を離るれば、彼は能く欲界の二種の業、謂く、順現法受と及び不定受とを造り、能く四静慮と四無色との一種の業、謂く、不定受を造る。

ここで重要なことは、順現法受業（現世で異熟を受ける業）と不定業（異熟の受け方が決まっていない業）しか阿羅漢はつくらないと考えられている点である。これは欲界に住む阿羅漢だけでなく、三界九地に住むすべての阿羅漢に共通して説かれる。『俱舎論』においても次のように説かれている。

AKBh. (pp. 230.24–231.8) :

yadviraktaḥ sthiro bālas tatra notpadyavedyakṛt. (4, 52ab)

yato bhūmeḥ vītarāgapṛthagjano bhavaty asau ca sthiro bhavaty aparihāṇadharmā sa tatropapadyavedanīyaṃ karma na karoti. trividham anyat karoti.[299]

nānyavedyakṛd apy āryaḥ. (4, 52c)

sthira iti vartate. āryapudgalas tu yato vītarāgo na ca parihāṇadharmā sa tatropapadyavedanīyaṃ cāparaparyāyavedanīyaṃ ca karma na karoti. na hy asau bhavyaḥ punar ādhastanīṃ bhūmim āyātum. aniyataṃ kuryād dṛṣṭadharmavedanīyaṃ cātropapannaḥ.

kāme 'gre vā 'sthiro 'pi na. (4, 52d)

parihāṇadharmāpi tv āryapudgalaḥ kāmadhātor bhavāgrād vītarāgaḥ tayor upapadyāparaparyāyavedanīyaṃ karmābhavyaḥ karttum. kiṃ kāraṇam. phalād dhi sa parihīṇo bhavati. na cāsti phalaparihīṇasya kālakriyeti paścāt pravedayiṣyāmaḥ.

ある〔地〕より離染した堅なる愚者は、そ〔の地〕における順次生受〔業〕をつくらない。(4, 52ab)

ある地より離染した異生がいて、そしてその者が堅なる (sthira) 不退法の者であれば、その者はその地において〔異熟を受ける〕順次生受〔業〕をつくらず、他の三種〔の業〕をつくる。

聖者は他の順受〔業〕もつくらない。(4, 52c)

「〔聖者であって〕堅固な者は」と続く。一方、聖人が、ある〔地〕から離染し、そして退法の者でなければ、その者はそ〔の地〕において〔異熟を受ける〕順次生受と順後次受との業をつくらない。なぜなら、彼の者が、再び下地に来生することは有り得ないからである。〔けれども、その不退法の聖者は〕不定〔業〕をつくることはあるだろうし、生まれたそ〔の地〕において〔異熟を受ける〕順現法受〔業〕を〔つくることもあるだろう〕。

堅固ならざる者も、欲〔界〕あるいは有頂において〔異熟を受ける順受業をつくら〕ない。(4, 52d)

欲界〔あるいは〕有頂より離染した聖人で、たとえ退法の者であっても、それら二〔地〕において〔異熟を受ける〕順次生受と順後次受との業をつくることは有り得ない。【問】なぜか。【答】なぜなら、その者は果より退せる者であり、〔それについて〕「果より退せる者に命終はない」と後で説明するだろう。[300]

したがって、有頂より離染した聖者、すなわち阿羅漢は、退法であっても不退法であっても順現法受業と不定業のみをつくる。同趣旨は『順正理論』『蔵顕宗論』『灯明論』においても説かれ、有部の一貫した理解であることが窺える[301]。

このうち順現法受業は、必ず異熟を受けなければならない定業であり、阿羅漢であってもその異熟から逃れることはできないが、順次生受・順後次受の二つの定業と異なり、来世の生存を生み出すことはできないとされる[302]。ゆえに、もし阿羅漢が順現法受業をつくっても、その業の異熟は阿羅漢の最後生のうちに受けるのであるから、その業が阿羅漢に来世の生存を生み出すことは決してない。一方の不定業は、修行などによって異熟する時期を早めたり、異熟そのものを消し去ることが可能であるとされる[303]。『大毘婆沙論』や『順正理論』によれば、阿羅漢になった者はその勝れた力によって、残っている不定業を異熟させずに消し去ってしまったり、その異熟を現世で先取りしたりして業の清算をすると述べられている[304]。したがって、阿羅漢がつくる不定業は、来世の生存を生み出すことなく解消されてしまう。よって、阿羅漢が最後生でつくる業は次のようになる。

順現法受業：現世で果を受ければ済むので、来世を生み出すことはない。

不　定　業：阿羅漢の勝れた力によって、業果を先取りして清算してしまうか、業果そのものを消し去ってしまうことができるので、来世を生み出すことはない。

以上より、たとえ阿羅漢が三界繫の善業をなしたとしても、それらの業は来世の生存を生み出すことはないと、有部では解釈されていたことが解る。

結　び

以上、阿羅漢の行為論に関する上座部と有部の理解を検討した。輪廻しないはずの阿羅漢がさらに業をつくるかどうかについて、上座部と有部とは異なる解釈を施している。

上座部は、阿羅漢になった者はもはや善・不善の業をさらにつくることはないと解釈している。しかしこれは、仏道修行とは無関係の世俗的に「よい」とされる行為を、阿羅漢が全くなさないという意味ではない。そのような場合、阿羅漢には善心ではなく、阿羅漢のみに起こる唯作（kiriyā）という特殊な無記心が起きており、その心がそのような世俗的な行為を成立させていると解釈する。

有部は、阿羅漢となった者も有漏の善業をつくることがあると解釈している。すなわち、仏道修行とは無関係の世俗的に「よい」とされる行為をなす場合、阿羅漢にも三界繋有漏心が起こり、それらは善業になる。しかしこの阿羅漢の善業は、阿羅漢の最後生で異熟を受ければ済むもので、来世を導く能力はないものにしかならないと解釈されている[305]。

この両部派による解釈の萌芽は、上座部においては阿羅漢の唯作心が説かれる『法集論』から[306]、有部においては諸法の断と成就の関係が説かれる『識身足論』から確認することができる。これら阿毘達磨の法相は、一見すると無味乾燥な定義集に過ぎないが、このような問題にも矛盾なく回答し得るよう厳密に定義されていることが解る。

第六章　聖者と飲酒

問題の所在

本章では、飲酒を業という視点から検討し、上座部と説一切有部それぞれの部派における飲酒観の違いについて考察する。インド文化圏において、飲酒は一般的に悪視される傾向があると杉本卓洲［1985］［1999: pp. 251–283］によって指摘されている。有部と上座部の三蔵において、比丘・比丘尼が守るべき波羅提木叉としてだけではなく[307]、在家者が遵守すべき五戒のうちにも飲酒を遠離することが定められている。特にこの五戒は、殺生・不与取・欲邪行・虚誑語・飲酒の五項目を犯さないと誓うことであり、優婆塞・優婆夷となるために受ける戒として非常に重要である[308]。この五戒をめぐって有部と上座部の両部派は、聖者となった者は五戒を決して犯すことがないと解釈している[309]。

なお、五戒のうちで飲酒は、他の四つ（殺生・不与取・欲邪行・虚誑語）と比べて特殊な位置にある。業という点からすれば飲酒以外の四項目は不善業道に含まれるが、飲酒はその中に含まれていない。また、律蔵という点からすれば飲酒以外の四項目は波羅夷に含まれるが、飲酒は波逸提に含まれ比較的軽罪である。このように飲酒は、同じ五戒という枠組みの中にありながらも、他の四つとは異なる扱いを受けている。

以上より、「聖者は五戒を犯さない」、および「五戒のうち、飲酒は他四項目と比べて特異な扱いを受けている」という二点が確認される。本章は、有部と上座部の論師たちがこの二点をどのように会通したかという点を考察する。たとえば、聖者は酒を飲まないとしても、無理やり飲まされた場合や、酒だと気が付かずに飲んでしまった場合はどうなるのであろうか。実はこのような場合に対し、有部と上座部は全く異なる解釈を施している。

第一節　性罪 / 世間罪と遮罪 / 制定罪

まず本節では、有部と上座部において飲酒が如何なる性質の犯罪として理解されていたのかを考察する。飲酒を戒める記述はすでに『スッタニパータ』においても確認されるが[310]、この飲酒が如何なる性質の犯罪であるのかについては、有部と上座部との間で解釈が根本的に異なっている。

有部も上座部も、犯罪には二種類あると理解している。一つ目は、その行為自体が本質的に呵責されるべき、殺人などの不善なる行いとしての犯罪である。これは、在家出家を問わず如何なる人が起こしたとしても罪に問われる行為であり、必ず煩悩によって起こされる。二つ目は、僧団の風紀を正すために設けられ、出家者にのみ適用される犯罪である。この場合には、その行為自体が本質的に呵責されるべき行いというわけではなく、必ずしも煩悩によって遂行されるわけではない（たとえば草木の伐採[311]）。有部では前者を性罪（Skt: prakṛtisāvadya）といい、後者を遮罪（Skt: pratikṣepaṇasāvadya）という。上座部では前者を世間罪（Pāli: lokavajja）といい[312]、後者を制定罪（Pāli: paṇṇattivajja）という。

有部では、飲酒を除く四項目（殺生・不与取・欲邪行・虚誑語）はいずれも性罪とされるが、飲酒を性罪とするか遮罪とするかで見解が分かれている[313]。阿毘達磨論師は飲酒を遮罪であると主張するが、持律師はこれを性罪であるとする[314]。一方、上座部は、五戒すべてが世間罪（有部における性罪に相当）であるとする[315]。これを表に示せば次のようになろう。

		性罪 / 世間罪	遮罪 / 制定罪
有部	阿毘達磨論師		○
	持律師	○	
上座部		○	

このように部派仏教における飲酒観は一様ではない。これら諸説のうち、

有部における持律師の飲酒観が論書中にこれ以上詳説されることはない。そのため本章では、有部阿毘達磨論師説と上座部説を検討し、「聖者がどうして酒を飲まないのか」という問題に対する解釈を比較する。

第二節　説一切有部における理解

まず、説一切有部における飲酒と聖者の関係を検討する。説一切有部では、聖者となった者は決して五戒を犯さないと理解されている[316]。この五戒のうち飲酒を除いた殺生・不与取・欲邪行・虚誑語からなる他の四つを聖者が犯さない理由について、有部論書は「聖者になれば見所断煩悩が断たれるので、それらの四つの行為を聖者が犯すことは無い」と理解している[317]。ところがこの理論は、遮罪である飲酒に適用することができない。なぜなら、性罪は必ず煩悩によって起こされるが、遮罪は必ずしも煩悩によって起こされるとは限らないからである[318]。

したがって、飲酒学処については、他の四つとは異なる解釈を施す必要がある。ここで有部は、主に二つの点からこれを説明する。一つは「聖者は慚(hrī)を具えているので飲酒をしない」という解釈であり[319]、もう一つは「不作律儀（akaraṇa-saṃvara）の効力によって、畢竟して聖者は飲酒をしない」という解釈である。この「不作律儀」とは、聖者にのみ起こり死没後にも効果が維持されているという点から、無漏律儀（すなわち無漏の無表）のことであると考えられる[320]。

このように有部では、聖者は飲酒から究極的に遠離していると考えるが、無理やり酒を飲まされた場合はどうなるのか、という疑問が依然として残っている。殺生などと異なり、本人の意志にかかわらず酒を飲んでしまったという事態が容易に起こり得るからである。この問題に対し、有部は次のような理解を提示している。

『大毘婆沙論』巻123（T27. 645c08-11）:

> 有余師説。聖者経生必不飲酒。雖嬰孩位養母以指強渧口中。不自在故而無有失。纔有識別設遇強縁。為護身命亦終不飲。故遮罪中。独立酒戒。

有余師は説く。「聖者の経生なるものは必ず酒を飲まず。嬰孩位に養母が指を以て強いて口中に渧すと雖も、自在ならざるが故に而も失有ること無し。纔かに識別有らば設へ強縁に遇ふとも、身命を護らんが為に亦終に飲まず。故に遮罪中、独り酒戒を立つるなり」と。

本人の意志とは無関係に無理やり口に入れられた場合は飲んでしまったとしても過失にはならず、意志が僅かにでもあれば飲酒を断固拒絶すると考えられている。このような有部論師による会通は常識的で理解しやすいが、そのような会通が可能であった理由は、飲酒を遮罪として理解するからであると考えられる。

第三節　上座部における理解

続いて、上座部における理解を検討する。上座部教理においても、聖者となった者は決して五戒を破らないと理解されている[321]。ところで上座部では、五戒すべてが世間罪（有部における性罪にあたる）であり、それらは世間一般に呵責されるべきもので、業という点からすれば不善心によって引き起こされる不善業である[322]。したがって、聖者となり煩悩を断つことによって、飲酒を含めたこれら五戒を犯さなくなると理解されている[323]。

このように上座部の教理に従うと、飲酒は世間罪（lokavajja）であり、不善心によって引き起こされる。では、たとえば「酒だと知らずに飲んでしまった」「無理やり飲まされた」といった、不善心によって引き起こされない場合はどうなるのであろうか。常識的に考えれば、このような場合には「たとえ飲んでしまっても世間罪にはならないはず」と考えてしまいがちであるが、上座部ではそのように解釈できない事情がある。

なぜならパーリ律において、酒だと知らずに飲酒してしまった場合でも飲酒学処を犯したことになると規定されており[324]、さらに『律註』によれば、世間罪である飲酒学処は必ず不善心によって犯されると解釈されているからである[325]。したがって、これらの記述を文字通りに受け入れれば、本人の意志の如何にかかわらず、酒が体内に入りさえすれば必ず不善心が生じ、学処に違犯したという解釈に陥ってしまう[326]。上座部註釈者もこの問題に気が付いていたらしく、『長部註』においてブッダゴーサは次のような解釈を提示している。

DNA. 5（Vol. I, p. 305.23-28）:

sace pi 'ssa surañ ca khīrañ ca missetvā mukhe pakkhipanti, khīram eva pavisati, na surā. yathā kiṃ. koñcasakuṇānaṃ khīramissake udake khīram eva pavisati. na udakaṃ. idaṃ yonisiddhan ti ce, idaṃ dhammatāsiddhan ti ca veditabbaṃ.

もし酒と乳を混ぜて彼（聖者）の口に入れても、乳のみが入り、酒は〔入ら〕ない。【問】どのようにであるか。【答】あたかも鷺鳥たちが乳の混じった水において乳のみを飲み、水を〔飲ま〕ないようにである。【問】これは胎によって成就されたのか。【答】これは法性によって成就されたと理解すべきである。

上座部では、聖者となった者の体内に酒は吸収すらされないと理解されている。これと同じ解釈がダンマパーラによる『イティヴッタカ註』においても説かれている。

ItivA.（Vol. II, p. 53.29-31）:

akusalacitten' eva c' assa pātabbato ekantena sāvajjabhāvo. ariyasāvakānaṃ pana vatthuṃ ajānantānam pi mukhaṃ na pavisati, pageva jānantānaṃ.

不善心によってのみ、これが飲まれるので、〔飲酒は〕一向に有罪なるものである。また、〔それが酒であると〕対象を知らない聖弟子たちの口に〔酒は〕入らない。ましてや〔酒であると対象を〕知っている〔聖弟子〕たちの〔口に酒が入ることなどあろうはずがない〕。

このような解釈は現実に即した理解とは言いがたいが、初期経典や律蔵の記述を阿毘達磨教理のもとに会通しようとする上座部註釈文献の性格を端的に表していると考えられる[327]。

結　び

以上、有部と上座部における飲酒と聖者との関係について考察した。両部派の解釈は大きく異なっているが、その原因は飲酒が如何なる罪であるかという理解の相違に基づいている。両部派は次のように解釈する。

有部は、飲酒学処を遮罪であるとし、飲酒は必ずしも不善心によって犯されるわけではないと理解する。すなわち、業という視点からすれば飲酒は必ずしも不善業ではないことになる。よって飲酒学処の場合には、殺生などのように、それを引き起こす煩悩が断たれたから飲酒を犯さない、というように解釈することができない。そこで有部は、不作律儀（すなわち無漏律儀）による犯罪抑止力によって、聖者が飲酒を犯すことはないと理解している。

一方の上座部は、飲酒学処を性罪（＝世間罪）であるとしており、業という視点からすれば飲酒は殺生などと同じ不善業であると理解している。さらに律蔵によれば、酒だと知らずに飲んでしまった場合でも飲酒学処を犯したことになる。したがって、聖者が知らぬ間に無理やり酒を飲まされたとしても飲酒学処を犯したことになってしまう。この問題を解決するために上座部では、たとえ無理やり飲まされたとしても聖者の体内に酒は吸収されないと解釈している。

両部派の論師たちは、「聖者は酒を飲まない」という初期経典以来の理解を、発達した部派固有の教理と矛盾が起きないように再解釈している点が確認される。

総　括

第四部においては、修道論における業滅と造業の問題について種々の角度から考察した。初期経典において「煩悩→業→苦」と「煩悩滅→業滅」との両関係が出揃い、この関係をもとにして部派はそれぞれに独自の教理体系を組む[328]。まとめれば次のようになる。

【修道論における造業の問題について】　まず造業については、両部派ともに「煩悩→業→苦」の関係に基づき、煩悩が残っていれば、その煩悩を起こすことによって新たに業が積まれ、その業によって来世の生存がもたらされると理解している。そして、修行階梯の進展とともに煩悩が断たれれば、徐々に強力な悪業を犯す可能性も断たれていくと理解している。このような理解は両部派で共通しているが、阿羅漢が善業をなすかどうかについての解釈は両部派で対立している。

上座部では、一切の煩悩を断じた阿羅漢によってなされる世俗的営みは“作用のみ”であると解釈する。すなわち、阿羅漢が世間的に「よい」とされる行為をなしたとしても、それは善悪業ではなく、唯作（kiriyā）という特殊な無記業である。一方の有部では、阿羅漢といえども有漏の善業をつくると解釈する。そのために、「阿羅漢はすべての有漏を断じている」という教理と矛盾が起きないよう教理を複雑に展開させ、阿羅漢がたとえ善業をつくってもその業は来世を導く能力のない性質の業にしかならないと解釈している。

【修道論における業滅について】　修行階梯の進展とともに、どのように過去に積んだ業を解消していくかについても、両部派は異なる解釈を施している。上座部は、初期経典において確立した「煩悩滅→業滅」の関係を比較的忠実に受け継いで修行階梯における業滅を組織している。すなわち、預流となり見所断煩悩を断てば、悪業が残存していてもそれらは悪趣への再生をもたらす能力を失い、同様に、業が残存していても不還となり欲界繋煩悩を断てば欲界への再生を、阿羅漢となり一切の煩悩を断てば来世の生存をもたらすことはできなくなると理解している。

一方、有部では、「煩悩滅→業滅」の関係を受け継ぎつつも、それだけでは説明できない事態を想定するため上座部と比べて複雑な解釈を施すに至っている。なぜなら有部では、「異生の不堕悪趣」と「定業」の二つを想定するからである。まず異生の不堕悪趣については、煩悩を未だ断っていない異生（忍位）の段階で不堕悪趣になると有部は理解するため、これを初期経典や上座部のように「煩悩滅→業滅」の関係で説明することができない。そこで有部では、異生の不堕悪趣を教理的に説明するために非択滅の教理を援用している。また、定業は一切変更転換ができないと考えるため、この業についても「煩悩滅→業滅」の関係に基づいて解消することができず、たとえそれが無間業でなくとも業障と同じ働きをしてしまう場合が認められている。よって、「煩悩滅→業滅」の関係で解消される業とは不定業のみである。したがって、修行階梯に差し障る定業は、異熟するまで待つなどして先に清算しなければ上位の修行階梯に進むことはできないと考えるため、“業の清算”の必要性が教理的に明瞭に定められている。これら「異生の不堕悪趣」と「定業」という二要素の萌芽は有部の六足発智の段階から随所に見られるが、修行階梯における業滅の教理体系が完成するのは『大毘婆沙論』に至ってからである。

第四部　註

第一章

1　順後次受業については有部と上座部とで理解が異なる。この順後次受業は、有部においては「来々世以後のいずれかで異熟することが決まっている業」という意味であり、上座部では「来世以降、入滅するまで随順して、そのいずれかの世で異熟する可能性を有している業」という意味で理解されている。

2　『品類足論』巻 5（T26. 712a20–21），巻 7（T26. 718a09–13），巻 9（T26. 728c15–16）.

3　『業施設』の和訳については青原令知［2012a］［2012b］［2013］［2014］［2016］を参照。『業施設』のシノプシスについては福田琢［2000］を参照。また、有部『施設論』の書誌学的問題については松田和信［1982］，本庄良文［1998］を参照。

4　P: *omit*, D: *add* ma.

5　P: *omit*, D: *add* |

6　P: *omit*, D: *add* par smin.

7　P: *omit*, D: *add* |

8　P: *omit*, D: *add* du.

9　P: *omit*, D: *add* nyams su.

10　P: bar, D: ba.

11　P: *omit*, D: *add* |

12　『大毘婆沙論』巻 20（T27. 103b17–28），旧訳対応箇所：『毘曇婆沙論』巻 11（T28. 84b26–29）.

13　『大毘婆沙論』巻 20（T27. 103b29–c10）; 旧訳対応箇所：『毘曇婆沙論』巻 11（T28. 84c01–11）:

> ⑴ 答。唯阿羅漢有勝定慧薫修身故有如是能。有学異生無如是事。⑵ 復次。唯阿羅漢能善知自業有近有遠有可転有不可転。諸可転者以修力転之。若不可転者引現前受無後有故。譬如有人欲適他国所有債主悉来現前彼人即便迴転酬償。此説満業可有是事衆同分業不並受故。又一相続無断続故。⑶ 有余師説。有業前生雖受異熟而有余残。今時証得阿羅漢果以勝修力及決択力引現前受。唯阿羅漢有如是能故彼偏説。

14　『業施設』の所説は、業論を体系化する黎明期の過程が残されており、後代の学説と必ずしも合致していない点が報告されている。青原令知［2009a］［2009b］［2010］を参照。

15　『発智論』巻 11（T26. 972a17–973a24），対応部：『八犍度論』巻 15（T26. 841b11–843a20）.

16　定業・不定業の概説的紹介については加藤宏道［1977］も参照。

17　『大毘婆沙論』巻 114（T27. 593b23–28）.

18　『順正理論』巻 40（T29. 569c02–10）.

19　四業説に分類される不定業は、具体的な転じられ方について言及がない。

20 『大毘婆沙論』巻 114 (T27. 593b28-c06).
21 『大毘婆沙論』巻 114 (T27. 593c06-22).
22 『雑心論』巻 3 (T28. 895c22-29), AKBh. (p. 230.7-12),『順正理論』巻 40 (T29. 570b28-c05),『蔵顕宗論』巻 21 (T29. 875c18-24).
23 AKVy. (p. 392.21).
24 『大毘婆沙論』巻 114 (T27. 593b10-11),『雑心論』巻 3 (T28. 895c22-23),『順正理論』巻 40 (T29. 570c27-29) を参照。この八業説は、『発智論』と齟齬を起こしてしまっている。
25 四業説は、『大毘婆沙論』以降の有部論書において必ず説かれる。『心論』巻 1 (T28. 814b13-15),『心論経』巻 2 (T28. 842b15-22),『雑心論』巻 3 (T28. 895c16-22), AKBh. (pp. 229.21-230.1),『順正理論』巻 40 (T29. 569a24-29),『蔵顕宗論』巻 21 (T29. 875c12-16), ADV. (pp. 140.9-141.5) を参照。
26 四業説と五業説は必ずしも矛盾しない。五業説が説かれる論書として次のようなものがある。AKBh. (pp. 229.21-230.1),『順正理論』巻 40 (T29. 569a29-b01),『蔵顕宗論』巻 21 (T29. 875c17-18) を参照。
27 佐々木現順［1990: p. 221.5-10］は、この現存中阿含経においては業果を転じるという不定業の概念が現れていないと指摘する。
28 旧訳対応箇所:『毘曇婆沙論』巻 11 (T28. 82c21-26).
29 来世の境涯に「寄せて受ける」ことができないという意。
30 阿羅漢となれば来世はないので時不定異熟定業を現世に転じて清算することは、第四部四章「説一切有部修道論における業滅」においても検討する。
31 『大毘婆沙論』巻 20 (T27. 103b29-c10), 旧訳対応箇所:『毘曇婆沙論』巻 11 (T28. 84c01-11).
32 『順正理論』には、引用される経典の名前は記されていないが、身・戒・心・慧の修習によって業が転じると説かれる点から、『中阿含』第 11 経「塩喩経」からの引用であることが解る。
33 阿羅漢に残る不定業の清算方法については第四部二章「上座部修道論における業滅」を参照。
34 Vis. (p. 601.1-14).
35 Vis. (p. 601.1-14), MNA. 86 (Vol. III, p. 339.7-21), ANA. iii, 33 (Vol. II, pp. 210.30-212.2), ANA. iii, 99 (Vol. II, p. 360.3-13), PṭsA. (Vol. III, pp. 575.31-576.7).
36 PTS: -nīyakamma-, VRI: -niyakamma- (always).
37 PTS: *add* evaṃ, VRI: *omit*.
38 Vis. (p. 601.1-14).
39 当然のことながら、五無間業なる順次生受業を既有業に転じることはできない。
40 註釈によれば、この他論師とはアンダカ派と一部の北道派であるという。
41 PTS: *omit*, VRI: *add* ...pe....
42 PTS: -vedanīyam, VRI: -vedanīyaṭṭham.
43 佐藤密雄［1933: p. 640.a8-9］(=［1991: p. 872.15］) は、自論師を他論師に訂正して

訳出しているが、根拠が明確でない。PTS版・ビルマ版はともに自論師（sakavādissa）としており、英訳 Law, B. C.［1940: p. 237.18］も自論師のまま訳出している。また、この註釈に現れる既有業（ahosikamma）は上座部特有の教理であることから、他部派によって主張された説であるとは理解しがたい。ここでは自論師のまま訳出する。

44 修行階梯と業滅の関係については第四部二章「上座部修道論における業滅」、および第四部四章「説一切有部修道論における業滅」を参照。

45 PTS: aparapariyāyavedaniyañ cā ti, VRI: aparāpariyavedanīyañ cā ti.

46 PTS: arahattaṃ pattassā, VRI: arahattapattassā.

47 Ss.（p. 137.25–28）:

arahantānaṃ hi upapajjavedanīyañ ca aparāpariyavedanīyañ cā ti imāni dve kammāni kammakkhayakarena arahattamaggena samugghātitāni. diṭṭhadhammavedanīyam atthi. tam arahattappattassā pi vipākaṃ deti yeva.

阿羅漢たちの順次生受と順後次受というこれら二つの業は、業の滅尽をなす阿羅漢道によって破壊されている。順現法受はあり、それは阿羅漢果を得た者にも異熟を与える。

48 PTS: *omit*, VRI: *add* pana.

49 PTS: na muñceyya, VRI: mucceyya.

50 PTS: arahata, VRI: arahato.

51 Dhp. 127cd を参照。

52 この点で出世間無漏業による業滅は、世間有漏業による業滅と大きく異なっている。浪花宣明［1994: pp. 13.27–15.31］（=［2008: pp. 271.12–273.24］）は、謝罪や帰依などの善業による悪業の業滅を紹介しているが、これら世間的な業滅は輪廻の終極に直接向かうものではない。

53 なお、「アングリマーラ経」（MN. 86）においてもこの会通が確認される。その詳細については第五部一章四節「アングリマーラの苦受」において説明し、ここでは省略する。

54 佐々木現順［1990: pp. 221.18–222.2］は、漢訳『中阿含』と比べてパーリ所伝の本経を「ここでも亦、身・戒・心・慧を修習しないから、その人の業が地獄に導くというのであって善因楽果・悪因苦果の必然的理法のみが語られている。その必然性に反して、業因の善悪と異質的業果が生じ得る可能性は現存の中阿含には、以上の如く、説かれていない」と評している。

55 PTS: pāpaṃ kammaṃ, VRI: pāpakammaṃ.

56 PTS: kataṃ diṭṭhadhamme c' eva vedanīyaṃ, VRI: diṭṭhadhammavedanīyaṃ.

57 ANA. iii, 99（Vol. II, p. 361.3–4）:

abhāvitakāyo tiādīhi kāyabhāvanārahito vaṭṭagāmī puthujjano dassito.

「**身体を修せず**」云々によって、身体の修習のない、輪転に趣く異生が示されている。

58 ANA. iii, 99（Vol. II, p. 361.9）:

bhāvitakāyo tiādīhi khīṇāsavo dassito.

「**身体を修し**」云々によって、漏尽者が示されている。

59 榎本文雄［1989: p. 6.23–25］も、本経の趣旨を「ここでは悪業や悪業の報いそのものは変わらなくても、修行をすれば悪業の影響力が相対的に小さくなるという趣旨のようである」と理解している。この理解について異論はないが、榎本文雄［1989: p. 6.23-25］は、本経を四無量心の修習による業滅と関連させて理解している。これについては疑問の余地があり、この詳細は第四部三章「上座部における四無量心と世間的業滅」で述べる。

60 PTS: yathāvedaniyakammaṃ, VRI: yathāvedanīyaṃ kammaṃ.

61 ここで言及されている『アッタカター』なる文献の仔細は全く不明である。その引用されている文章が他の上座部文献中に現れないことから、ここでの『アッタカター』とは、ブッダゴーサに先立って成立していた註釈文献の一つであろうか。森祖道［1984: pp. 207-222］を参照。

62 PTS: yena, VRI: yeva.

63 PTS: aṇum, VRI: aṇu.

64 前註62に示したように、VRIのyevaに従えば「実にその業のうち」となる。

65 PTS: idha, VRI: idaṃ.

66 PTS: diṭṭhadhammavedaniyaṭṭhānavasena, VRI: diṭṭhadhammavedanīyakoṭṭhāsavanetaṃ.

67 PTS: anubhavissatī, VRI: anugaṃ bhavissatī.

68 PTS: *add* ti, VRI: *omit.*

69 PTS: diṭṭh' eva, VRI: diṭṭhe vā (always).

70 PTS: upapajje, VRI: upapajja (always).

71 前註69の通りPTSはdiṭṭh' evaとするが、ANA.の引用や別本に合わせてdiṭṭhe vāと読む。

72 また、この箇所の異読をめぐる問題点についてはHinüber［1994: pp. 39-51］を参照。ここでは伝統的な解釈（三時業）に従って訳出する。

73 Ss. (p. 138.14-15):

tesaṃ saṃkamanaṃ n' atthi yathāṭṭhāne yeva tiṭṭhanti. idaṃ pana aṅguttaratikavaṇṇanāya vuttaṃ.

これら（順現法受・順次生受・順後次受）に移転はなく、その通りの位にのみ存在する。これは『増支部』三集の註釈に説かれている。

74 ANpṬ.: saṇṭhāne, ANA.: satthā, ANṬ.: satthā.

75 前註に示したように、ANpṬ.のsaṇṭhāneに従えば「形状において」となるが意味が通じない。ANA.およびANṬ.に従いsatthāと読む。

76 第一速行思＝順現法受業、第二〜第六速行思＝順後次受業、第七速行思＝順次生受業。

77 当然のことながら、五無間業は堕悪趣が決定するために既有業には転換されない。

78 残存するすべての順現法受業の異熟を受けなければならないとは考えていなかったようである。これについてはKvA. 17, 2 (p. 165.18-23) を参照。

第二章

79 浪花宣明［1994: pp. 7.20-8.33, p. 13.19-26］(=［2008: pp. 264.14-265.25, p. 271.4-11］) は、「多少疑問の残るところもある」と認めながらも、初期経典における業滅とは

「現在これからなす行為が業ではなくなる」という意味であり、「過去の業を滅する」という意味ではないと主張し、榎本文雄らに反論を加えた。これに対して榎本文雄［1996: pp. 10-11 註 14］は、「過去の業を滅する」という意味で初期経典は読み得ると再反論している。

本章の結論は榎本文雄の見解を支持する。『長老尼偈』第 400-447 偈では明らかに過去の業が滅する対象となっている。ただし、SnA. 547（Vol. II, p. 436.7-9）は、Sn. 547 の「福徳（puñña）と悪徳（pāpa）の両方にあなたは染まりません」という記述に対し、「今後、福徳・悪徳をなさない」および「過去になした福徳・悪徳が果報をもたらさない」という二釈を挙げているので、そもそも初期経典の表現自体が「現在これからなす行為が業ではなくなる」とも「過去の業を滅する」とも解釈し得るものであったと考えられる。なお、阿羅漢となった後の行為については第四部五章「阿羅漢の行為論」を参照。

80 既有業とは、本来異熟するはずであったが、何らかの原因で異熟する能力を失ってしまった業のことである。既有業については第四部一章「不定業と既有業」を参照。

81 平岡聡［1992: p. 127.14-26］［2002: p. 262.5-15］は、『ディヴィヤアヴァダーナ』(Divy.) における業滅が在家的であり、初期経典や阿毘達磨で説かれる業滅が出家的であると指摘する。また、浪花宣明［1994: pp. 13.27-15.31］(=［2008: pp. 271.12-273.24］) は、上座部註釈文献を検討し、謝罪や受戒によって過去の悪業が既有業（ahosi-kamma）に転換される事例を紹介している。これら世間的な業滅については第四部三章「上座部における四無量心と世間的業滅」を参照。これら世間的業滅は必ずしも煩悩の断を前提としておらず、本章が扱おうとしている出世間的な業滅とは峻別して理解されている。

82 MNA. 6 (Vol. I, p. 162.14-33), VisṬ. (VRI: Vol. II, p. 466.11-13).

83 DNA. 16 (Vol. II, p. 543.12-19), MNA. 6 (Vol. I, pp. 163.33-164.5).

84 中村元［10: pp. 741-772］.

85 『イシバーシヤーイム』(Isibh.) の第九章は、Mahākāsava の語録であり、仏教の大迦葉（Mahākassapa）と同一人物である可能性が指摘されている。しかし谷川泰教［1988］［1991］は、この『イシバーシヤーイム』第九章の内容について、ジャイナ教そのものの特徴を示していると指摘している。

86 saṃvara とは業の流入を抑制することであり（中村元［10: pp. 554.4-559.16］を参照)、nijjarā とは人が過去に積み上げた業を苦行によって滅することである（中村元［10: pp. 566.6-568.18］を参照)。

87 韻文資料と散文資料の間には思想的差異が確認され、これを根拠にして韻文資料が散文資料に先立って成立したという説は根強い（中村元［11-18］を参照)。しかし、この思想的差異を時代的な発展段階として捉えない見方も現れている。松本史朗［2004: pp. 1-54］は、そもそも韻文資料は、当時の沙門（苦行者）たちが共通して持っていた文学作品の一部であり、必ずしも純粋な仏教思想を説くものではないと述べている。また、馬場紀寿［2008: p. 240 註 105］も、小部が三蔵に編入された経緯を考察して、韻文資料から散文資料へ発展していったという直線的な伝承形態の理解に疑問を投げかけている。

88　この他に、Dhp. 66, SN. 2, 3, 2（Vol. I, p. 57.13-14）においても惑業苦の関係が説かれる。

Dhp. 66；SN. 2, 3, 2（Vol. I, p. 57.13-14）:

caranti bālā dummedhā, amitteneva attanā,
karontā pāpakaṃ kammaṃ, yaṃ hoti kaṭukapphalaṃ.

智慧の弱き愚か者は、まるで自身を敵であるかのようにして[1]、苦しい果をもたらす悪しき業をなす。

① amitteneva については amitena iva と読む。Norman, K. R.［1997a: pp. 79-80 note 66］を参照。

89　Itiv. 32（p. 26.19-24）, Itiv. 33（p. 27.5-10）では、diṭṭhi が人中に繋縛された法（dhamma）であり、輪廻の原因として説かれている。

90　長崎法潤［1982: pp. 415.2-416.8］.

91　ただし、並川孝儀［2005: pp. 110.18-115.27］（=［2004: pp. 37.1-41.17］）は、最古層資料における業報思想は輪廻に対して否定的表現を用いて消極的な態度をとるという点で、それ以降の資料におけるものと根本的に異なっていることを指摘している。

92　業滅と苦との関係は、「業が異熟して苦受を与えることによって、その業が滅する」という関係が考えられるが、業滅と煩悩との間にある関係は想像しにくい。

93　韻文資料中に現れる業滅関連資料として、Sn. 235, Sn. 520, Sn. 526, Sn. 537, Sn. 547, Sn. 636, Sn. 715, Sn. 731-732, Sn. 900, Sn. 992, Dhp. 39, Dhp. 173, Dhp. 267, Dhp. 412, Therag. 80, Therag. 81, Therag. 872, Therīg. 431, Therīg. 447, Itiv. 112（p. 123.1-4）, Ud. 3, 1（p. 21.12-15）, SN. 5, 8（Vol. I, p. 134.4-5）, SN. 7, 2, 10（Vol. I, p. 182.18-21）を本章の論述にあたって検討した。

94　SN. 46, 26（Vol. V, p. 86.12-22）:

evaṃ vutte āyuasmā udāyi bhagavantam etad avoca. katham bhāvitā nu kho bhante satta bojjhaṅgā katham bahulīkatā taṇhakkhayāya saṃvattantī ti. idha udāyi bhikkhu satisambojjhaṅgam bhāveti viveka◦ virāga◦[1] nirodhanissitaṃ vossaggaparināmiṃ vipulaṃ mahaggatam appamāṇam abyāpajjhaṃ, tassa satisaṃbojjhaṅgam bhāvayato viveka◦ virāga◦ nirodhanissitaṃ vossaggapariṇamiṃ vipulam mahaggatam appamāṇam abyāpajjhaṃ taṇhā pahīyati. taṇhāya pahānā kammam pahīyati. kammassa pahānā dukkham pahīyati. ...la....

このように言われたとき、長老ウダーイは世尊に次のことを言った。「尊師よ、どのように七覚支は修習されるのでしょうか。どのように多く修せば、渇愛を尽くすのに作用するのでしょうか」と。「ウダーイよ、ここに比丘が、遠離〔に基づき〕離貪〔に基づき〕滅尽に基づき捨棄に転化する広く、大なる、無量の、害意なき念覚支を修習するとします。彼が、遠離〔に基づき〕離貪〔に基づき〕滅尽に基づき捨棄に転化する広く、大なる、無量の、害意なき念覚支を修習すれば、渇愛は断ぜられます。渇愛が断ぜられることにより、業が断ぜられます。業が断ぜられることにより、苦が断ぜられます。…略…。

① PTS: viveka◦ virāga◦, VRI: vivekanissitaṃ virāganissitaṃ（always）.

苦の起こる原因について、業よりも煩悩がより本源的な原因であるとしている。註釈も渇愛が根本となって業が生起すると主張して、「渇愛滅→業滅→苦滅」の関係を強調している。

SNA. 46, 26 (Vol. III, p. 149.22-27):

taṇhāya pahānā kammaṃ pahīyatī ti, yaṃ taṇhāmūlakaṃ kammaṃ uppajjeyya taṃ taṇhāpahānena pahīyati. **kammassa pahānā dukkhan** ti, yam pi kammamūlakaṃ vaṭṭadukkhaṃ uppajjeyya taṃ kammapahānena pahīyati. taṇhākkhayādayo taṇhādīnaṃ yeva khayā. atthato pan' etehi nibbānaṃ kathitan ti veditabbaṃ.

「**渇愛が断ぜられることにより、業が断ぜられます**」とは、「およそ業は渇愛を根本として生起し、渇愛が断ぜられることによって、それ(業)は断ぜられる」である。「**業が断ぜられることにより、苦が**〔断ぜられます〕」とは、「同様に、およそ輪転の苦は業を根本として生起し、業が断ぜられることによって、それ(輪転の苦)は断ぜられる」である。渇愛の滅尽などは、実に渇愛などの滅尽のことである。また、意に従えば、これらによって、涅槃が言われているのだと知られるべきである。

SNṬ. 46, 26 (VRI: Vol. II, p. 134.11-13):

taṇhāmūlakan ti taṇhāpaccayaṃ. yañ hi taṇhāsahagataṃ asahagatam pi taṇhaṃ upanissāya nipphannaṃ, sabbaṃ taṃ taṇhāmūlakaṃ. **pahīyati** anuppādappahānena. **taṇhādīnaṃ yeva khayā**, na tesaṃ saṅkhārānaṃ khayā. **etehi** taṇhakkhayādipadehi.

「**渇愛を根本として**」とは、「渇愛を縁として」である。なぜなら、渇愛と倶起する〔業〕も、倶起しない〔業〕も、渇愛に依止して完成するので、それらすべては渇愛を根本としているのである。「**断ぜられる**」とは、不起捨断ゆえに〔かく言うのである〕。「**実に渇愛などの滅尽のことである**」とは、「それら諸行(saṅkhāra)の滅尽ではない」である。「**これらによって**」とは、「渇愛の滅尽などの句によって」である。

95 AN. iii, 33 (Vol. I, p. 134.15-18), AN. iii, 107 (Vol. I, p. 263.7-10), AN. vi, 39 (Vol. III, p. 338.20-24).

96 AN. iii, 107 と AN. iii, 108 の両経を、ビルマ版や註釈では合わせて一つの経として扱っている。

97 PTS: diṭṭh' eva, VRI: diṭṭhe vā (always).

98 PTS: upapajje, VRI: upapajja (always).

99 ANA. iii, 107 (Vol. II, p. 367.29-30):

na taṃ kammaṃ kammanirodhāyā ti taṃ pana kammaṃ vaṭṭagāmikammānaṃ nirodhatthāya na saṃvattati.

「**業を滅する**〔作用の〕**ない業**」とは、「輪転に趣く業の滅のために作用しない業」のことである。

100 AN. iii, 33 (Vol. I, p. 135.16-19), AN. iii, 108 (Vol. I, p. 263.23-27), AN. vi, 39 (Vol. III, p. 339.9-13).

101 PTS: anabhāvakataṃ, VRI: anabhāvaṅkataṃ (always).

102 ANA. iii, 33 (Vol. II, p. 223.11):

lobhe vigate ti lobhe apagate niruddhe.

「**貪が消え去っていれば**」とは、「貪が捨て去られ、滅せられていれば」のことである。

103 PTS: cāpi ’viddasu, VRI: cāpaviddasu.

104 PTS: mohañ, VRI: mohajañ.

105 PTS: cāpi ’viddasu, VRI: cāpi viddasu.

106 「ここでのみ感受される。他の基（vatthu）は存在しない」は、ANA. iii, 33（Vol. II, pp. 223.29-224.5）によれば、「自業自得であり、他業他得はないこと」と説明される。

107 前註 105 に示したように、PTS に従えば「了知しない」となる。ここでは cāpi viddasu に改めて読む。

108 中村元［14: pp. 573-732］(=［旧14: pp. 259-398］) を参照。なお初出は中村元［1956a］である。

109 さらにこの「貪瞋痴の了知→悪趣断」の関係から、③ AN. vi, 39 の「無貪瞋痴→業→善趣」や、② AN. iii, 108 の「無貪瞋痴→業滅作用のある善業→楽」の関係を導くのも比較的想像しやすいように思われる。

110 ① AN. iii, 33, ② AN. iii, 107-108 において説かれる業滅は、その対象が過去の業でなく、浪花宣明［1994: pp. 7.20-8.33, p. 13.19-26］(=［2008: pp. 264.14-265.25, p. 271.4-11］) が指摘するような「現在これからなす行為が業ではなくなる」と読むことも不可能ではない。

浪花宣明が指摘するように、阿羅漢にとって「これから新たにつくる業は、来世を生まなくなる」という点で業滅が起きているのは当然である。しかし、これら経に説かれている業滅が、過去の業を対象としないというのは説得力が無い。なぜなら、① AN. iii, 33 の末尾に付された偈では（AN. iii, 33（Vol. I, p. 136.14-18）を参照)、悪趣を断つことが問題となっている以上、これら経典における業滅は、過去の業も対象にしていると読み得る。なお、Bodhi［2012: p. 1640 note 373］も、① AN. iii, 33 に対して「But because there is no more rebirth, with his passing all accumulated kamma from the past becomes defunct.」と述べている。

111 Vis.（p. 581.9-14).

112 同趣旨は、ItivA. 40（Vol. I, p. 154.24-25), UdA. 7, 2（pp. 363.25-364.16), UdA. 7, 3（p. 366.3-8), UdA. 8, 2（p. 394.2-9), UdA. 8, 4（p. 398.27-31）にも説かれる。

113 MVA.（Vol. III, p. 400.11-16）と『仏本行集経』巻 39（T03. 834c27-28）に並行する偈が確認されている。

114 PTS: parivajjayitā, VRI: paribbājayitvā.

115 中村元［14: p. 165.12-16］(=［旧12: p. 212.3-6］),［10: pp. 227.1-228.3, pp. 753.9-755.1］は、この偽り・慢心・貪り・怒りの四煩悩が、ジャイナ教説と一致し、後世の部派仏教説と異なる点を指摘している。

116 この前者の解釈をとるのは、荻原雲来［1935a］, 荒牧・榎本・藤田・本庄［1986］（荒牧・本庄・榎本［2015］に再録。なお、本偈を含む『スッタニパータ』第三章は榎本文雄訳), 村上・及川［1985-1989 iii］, 宮坂宥勝［2002］, そして I. B. Horner と W. Rahula

の両者である（Norman, K. R.［1984: p. 93.10-16］を参照）。

一方で後者の解釈をとるのは、中村元［1958］［1984］と Norman, K. R.［1984],［1992］（=［2001］）である。PTS の「完全に捨て去り」には「-tā」とあり parivajjayitar の主格という解釈も可能であるが、SnA. の PTS 校訂者は「-tvā」の絶対分詞に改めている（なお、Sn. と SnA. のビルマ版は「-tvā」とある）。Norman, K. R.［1992: p. 252 note 537］（=［2001: pp. 275-276 note 537］）は、この語が絶対分詞であると予想している（なお、Norman, K. R.［3: p. 93.10-22］も参照）。これと同偈が置かれる MVA.（Vol. III, p. 400.11-16）も、この語を絶対分詞「-tvā」とする。この場合、「完全に捨てて」が動詞「終焉させ」より先立つ動作であるとも考えられ、後者の解釈をとる場合、「業滅→煩悩滅」という順序を支持する。

117 PTS: tassa, VRI: taṃ sabbam pi.

118 前註 117 に示した別本（taṃ sabbam pi）に従えば、「……苦を生み出す業すべてを」となる。

119 ジャイナ教では、新業の流入を防護（saṃvara）して、古業を苦行によって滅ぼすことによって解脱を得るとされる（長崎法潤［1974］［1979］［1982］を参照）。このジャイナ教説は、MN. 14（Vol. I, pp. 92.26-93.11），MN. 101（Vol. II, p. 214.6-23）などの仏典においても正確に伝えられている。

120 PTS: *omit*, VRI: *add* kammassa.

121 前註 120 の通り PTS では kammassa が落ちているが、別本と復註に従って補って読む。

122 この他の業滅に関する資料のうち、煩悩滅に関わる註釈を施している資料には SnA. 520（Vol. II, p. 428.3-9），SnA. 547（Vol. II, p. 436.7-9），ANA. iv, 28（Vol. III, p. 60.19-20）などがある。

123 PTS: opuneyya, VRI: ophuṇeyya.

124『増支部』第 3 集, 第 76 経と対応する漢訳として『七処三観経』第 42 経（T02. 881c04-21）がある。また、これと同趣旨は、続く『増支部』第 3 集, 第 77 経においても説かれている。なお、本経と類似した譬えを持つ経典として、『相応部』第 22 章, 第 54 経と、および対応する漢訳『雑阿含』巻 2, 第 39 経があり、そこでは種子に識食、地界に四識住、水界に喜貪が当てられている。

125 対応する偈が MVA.（Vol. I, p. 293.12-17）と『婆須蜜論』巻 10（T28. 801c10-11）に確認されている。

126 偈中には「古」「新」という両単語が置かれているだけであり、「業」を形容していると明示されるには註釈文献を待たねばならない。しかし、諸和訳（中村元［1958: p. 46.6-8］［1984: p. 53.12-14]，荒牧・榎本・藤田・本庄［1986: p. 149.12-15]，村上・及川［1985-1989 ii: p. 289.6-11]，宮坂宥勝［2002: p. 81.7-10]）は、この部分を「業」であると解釈している。一般に仏教の韻文資料にはジャイナ教との共通思想が色濃く残っているとされ、そのジャイナ教が古業・新業の教理を説くことからも、『スッタニパータ』第 235 偈に古業・新業の教えが説かれていても全く不思議ではないし、文脈からもそのように読むのが自然であると考えられる。

127 この部分の註釈は『クッダカパータ註』（KhpA.）に含まれるとして、PTS テキストでは省略されている。ここではKhpA.（pp.194.23–195.3）の部分を訳出する。

128 PTS: khīṇāsavabhikkhū, VRI: khīṇāsavā bhikkhū.

129 PTS: *omit*, VRI: *add* eva.

130 AN. iii, 76（Vol. I, p. 223.22, p. 223.30）, AN. iii, 77（Vol. I, p. 224.16）.

131 このような理解はSnA. 537（Vol. II, p. 434.13–17）においても見られる。

132 阿羅漢は唯作という無記心によって世俗的行為を起こす。第四部五章「阿羅漢の行為論」を参照。

133 おそらく偈の本意は、「世俗的な営みをやめて出家して修行に励む者こそが比丘である」というようなもので、後代問題となるような業滅が当初から問題視されていたとは考えにくい。

134 MahN.（Vol. I, p. 90.15–17）:

> **puññaṃ** vuccati yaṃ kiñci tedhātukaṃ kusalābhisaṅkhāraṃ, **apuññaṃ** vuccati sabbaṃ akusalaṃ.
>
> 「**福徳**」と呼ばれるものは三界繋の善行であり、「**非福徳**」と呼ばれるものは一切の不善である。

135 たとえば、Ud. 3, 1（p. 21.1–15）においては、「すべての業を捨てた比丘」とのみ記されており、この比丘が聖者であるか異生であるか不明である。これに対して註釈UdA. 3, 1（p.165.3–11）は、この比丘が漏尽の比丘であるとして、比丘（bhikkhu）の語に対し「煩悩が断たれている」（bhinnakilesa）という語義解釈を与えている。

また、AN. iii, 74（Vol. I, p. 221.10–25）においては、古業・新業を唱えるニガンタ派の所説に対して、戒・定・慧（三学）の修習に従って業が滅せられることが説かれている。よって、経典の字義に従う限りでは、三学の修習によって業が滅せられるわけであるから、異生にも業滅が起こる余地を残している。しかし、註釈ANA. iii, 74（Vol. II, p. 333.9–28）は、この可能性を否定し、三学それぞれに、戒＝預流・一来、定＝不還、慧＝阿羅漢と当てはめて解釈している。したがって、ここで業滅が起こるのは聖者になってからであり、異生のときに三学を修習して業を滅するというものではない（ただし、三学の一解釈として、それに四沙門果を配当する理解は初期経典のうちからも確認される。『増支部』第3集, 第86経を参照）。

そして、Dhp. 38–39は、出家と還俗を繰り返したチッタハッタ比丘に帰せられているが、ここで説かれる「福徳と悪徳が捨て去られた」という語について、因縁譚を読む限りでは「チッタハッタ比丘は、世俗的な善悪の行為を捨て去ってもはや還俗しなかった」という意味で読み得る。しかし、やはり註釈DhpA. 38–39（Vol. I, p. 309.15–17）は、ここでも「阿羅漢となって漏を尽くして福徳・悪徳を捨て去った」と述べて、聖者となった以降の出来事と理解している。

136 既有業と阿羅漢果については第四部一章「不定業と既有業」を参照。

137 Vis.（p. 676.1–4）.

138 Vis.（p. 677.24–26）.

139 この五下分結（有身見・疑・戒禁取・欲貪・瞋恚）のうちには預流道で断たれる三結（有身見・疑・戒禁取）も重複して含まれている。

140 初期経典における五下・五上分結については森章司［1995: pp. 269.10-270.2］を参照。
141 PTS: anurūparāgo, VRI: arūparāgo.
142 PTS: adhonibbattakakhandhādisaṃ yojakattā, VRI: adhonibbattanakakhandhādisaṃyojakattā.
143 PTS: tatthaparinibbāyī, VRI: tattha parinibbāyī.
144 阿羅漢果の部分で五上分結は説かれていない。
145 PTS: *omit*, VRI: *add* hi.
146 PTS: vinipātagamanīyā, VRI: apāyagamaniyā.
147 nāssa vinipāto dhammo. 所有複合語で avinipātadhammo を読むことを指示している。
148 前註 146 に示したように、PTS（vinipātagamanīyā）に従えば「堕処に行くべき（法）」となるが、VRI（apāyagamaniyā）に従って「悪趣へ行くべき（法）」と読む。こちらの方が意味が明瞭である。
149 同趣旨は、DNA. 16（Vol. II, p. 543.12-19）にも説かれる。
150 PTS: -vyāpāda-, VRI: -byāpāda-.
151 PTS: -macchopamo, VRI: -macchūpamo.
152 PTS: h' ayaṃ, VRI: svāyaṃ.
153 この結論は、必ずしも韻文が散文に先立つことを単純に主張するものではない。単に韻文と散文で立場が異なっていた可能性も考えられる。
154 このことは、『増支部』第 3 集, 第 33 経と、『増支部』第 3 集, 第 107・108 経を比べたとき、「煩悩→業→苦」の関係を示す部分はよく一致するが、業滅と煩悩との関係を示す部分があまり一致しないことからも支持されると思われる。

第三章

155 また、Martini［2011］, Dhammadinnā［2014］, Anālayo［2015］は、四無量心が業を消し去る実践ではなく、業を一時的に抑制したり、業を浄化・変容させたりする実践と理解している。これらの研究は非常に示唆的であるが、名和隆乾［2016］がその問題点を指摘するように、論書や註釈に基づきながら初期仏教における四無量心を解明しようとする趣が強い。果たして初期経典の字義からこの結論が導き出せるかは疑わしい。後代の論書や註釈に基づくならば、部派教理における四無量心が第一に考察されるべきであろう。

なお、本章の結論（すなわち上座部修道論における理解）に基づくならば、四無量心の修習によって梵天（色界）に生まれた場合、前世でつくった欲界繫の順次生受業は異熟する機会を失って消し去られてしまうことになる。上座部は異熟時の移転を認めないからである（第四部一章「不定業と既有業」を参照）。
156 これと同じ理解は、阿部真也［2008］においても確認される。
157 第四部二章「上座部修道論における業滅」を参照。
158 榎本文雄［1989: pp. 4.22-7.11］は、本経（AN. iii, 99）には四無量心の修習による業滅が説かれていると述べている。しかしながら、本経には四無量心の慈・悲・喜・捨の語も、四無量心の業滅と絡んで頻出する「有量の業」（pamāṇakataṃ kammaṃ）という語も現れない。しかし、「無量に過ごす」（appamāṇavihārī）という語や、「水と塩の結晶」の譬えなど、四無量心が説かれる経典と類似した表現を含んでいる。ただし注意しなければならないが、ANA. iii, 99（Vol. II, p. 360.14–17）によれば、後世の註釈家は、四無量心ではなく梵行によって業を尽くしていると理解している。また、ANA. iii, 99（Vol. II, p. 361.18–20）には、「無量に過ごしている」（appamāṇavihārī）とは漏尽者のことであると註釈されている。

159 平野真完［1960］は、三学の定蘊にある色界四禅の代わりに四無量心が置かれていると指摘している。

160 MN. 99（Vol. II, p. 207.15–22）では外道の青年に対して、SN. 42, 8（Vol. IV, p. 322.2–14）ではジャイナ教説に対して、悪業をやめ四無量心を修習することを説いている。

161 ②③の対応箇所については、MN. 99（Vol. II, p. 207.15–22）と、SN. 42, 8（Vol. IV, p. 322.2–14）を参照。なお、以下に検討する①～⑤の経典では慈悲喜捨の四つについてほぼ同じ記述が繰り返され、各々の註釈文献では悲以降は適宜省略されているため、本節では慈の箇所を特に取り上げて考察していく。

162 PTS: avyāpajjhena, VRI: abyāpajjena（always）.

163 PTS: evaṃ bhāvitāya kho vāseṭṭha, VRI: evam eva kho vāseṭṭha evaṃ bhāvitāya.

164 PTS: -vya-, VRI: -bya-.

165 水野弘元［1978（= 1964）: pp. 919–940］.

166 これと同文は、MNA. 99（Vol. III, p. 450.10–15）と、SNA. 42, 8（Vol. III, p. 105.28–32）においても確認される。

167 PTS: odissaka-anodissaka disāpharaṇavasena, VRI: odissakaanodissakadisāpharaṇavasena.

168 これと同文は、MNA. 99（Vol. III, p. 450.16–25）と、SNA. 42, 8（Vol. III, pp. 105.33–106.9）においても確認される。

169 PTS: rūpārūpāvacarakamme, VRI: rūpāvacarārūpāvacarakamme.

170 PTS: ohiyyati, VRI: ohīyati（always）.

171 PTS: *add* ti, VRI: *omit.*

172 PTS: rūpārūpāvacarakammam, VRI: rūpāvacarārūpāvacarakammam.

173 これと同文は、MNṬ. 99（VRI: Vol. III, p. 207.23–25）においても確認される。なお、SNṬ. 42, 8（VRI: Vol. III, p. 93.19–22）においては同趣旨ながらもやや異なる註釈が施されているが、これは ANṬ. x, 208（VRI: Vol. III, pp. 331.17–332.2）と同文を含むものである。ここから上座部における四無量心理解への一貫性が窺える（この箇所の訳は次の第二項に挙げる）。

174 PTS: ohiyyati, VRI: ohīyati（always）.

175 PTS: attanā, VRI: attano.

176 PTS: vigatavyāpādo, VRI: vigatabyāpādo.

177 PTS: patissato, VRI: paṭissato.

178 PTS: sabbatthatāya, VRI: sabbattatāya.

179 PTS: avyāpajjhena, VRI: abyāpajjena.

180 PTS: idha, VRI: idaṃ.

181 PTS: mettācetovimutti, VRI: mettā cetovimutti.

182 PTS: paññ' assa, VRI: paññassa.

183 PTS: uttariṃ, VRI: uttari.

184 前註 178 に示した PTS の sabbatthatāya を VRI の sabbattatāya に改めて読む。

185 本経（AN. x, 208）について榎本文雄［1989: p. 4.15–21］は、四無量心の修習による業果の先取りという新解釈が施されていると述べており、単なる「四無量心の修習による業の滅」（SN. 42, 8 など）という思想から、本経の「四無量心による業果の先取り」に展開したことを示唆している。しかしながら、上座部の註釈は先取りしているとは理解していない。これについては、すでに第四部一章「不定業と既有業」で述べたように、上座部は業の異熟時転換を認めておらず、その原則は本経に対する註釈（ANA.）おいても適用されている。

186 本経（AN. x, 208）では慈心解脱を修することによって不還（anāgāmitā）が得られるとするが、本来ならば世間定である四無量心によって聖道は得られないはずである。註釈（ANA.）も、「不還」（anāgāmitā）を「定不還」（jhānānāgāmitā）とし、特殊な理解を示している。

187 PTS: *omit*, VRI: *add* ciṇṇavasitāya vā.

188 PTS: *omit*, VRI: *add* taṃ.

189 PTS: mahāogho, VRI: mahogho.

190 PTS: so ogho, VRI: kho naṃ oghe.

191 前註 187 に示した別本の ciṇṇavasitāya vā を補って読む。

192 PTS のテキストでは、「十一の利益（ekādasānisaṃsā）が期待される」と述べておきながら、その内容を列挙している箇所で十しか述べていない。五番目の「人でないものたちに愛される」（amanussānaṃ piyo hoti）が欠けている。

193 PTS: *add* ca, VRI: *omit*.

194 JāA. 169（Vol. II, p. 62.9–10）:

> **appamāṇaṃ hitaṃ cittan** ti appamāṇaṃ katvā bhāvitaṃ sabbasattesu hitam cittaṃ.
> 「**無量に利益する心が**」とは、「無量になして、修習され、あらゆる衆生を利益する心」のことである。

195 PTS: ārammaṇantikavasena, VRI: ārammaṇattikavasena.

196 PTS: vasībhāvappattavasena, VRI: vasībhāvappattivasena.

197 PTS: avaddhetvā, VRI: avaḍḍhitvā.

198 PTS: saṃkhaṃ gataṃ, VRI: saṅkhagataṃ.

199 PTS: nāvasissati, VRI: na avasissati.

200 PTS: ajjhottaṭaṃ, VRI: ajjhotthaṭaṃ.

201 PTS: vikkhambhetvā, VRI: ajjhottharitvā.

202 PTS: agahitavipākokāsaṃ, VRI: aggahitavipākokāsaṃ.

203 PTS: ajjhottaritvā, VRI: ajjhottharitvā.

204 「無量無量所縁」（appamāṇaṃ appamāṇārammaṇaṃ）とは、所縁のあり方を四つに分別したうちの一つである。すなわち、「無量無量所縁」とは「無量の性質を持つ定にして、無量の所縁を持つ」という意味である。Dhs.（pp. 37.28–38.26）を参照。

205 「上位に属する業」とは、色界・無色界の業のことで、四無量心はこのうちの色界業にあたる。DNA. 13（Vol. II, p. 406.9），JāA. 169（Vol. II, p. 62.11–21）を参照。

206 DNṬ. 13（Vol. I, p. 526.4–7）.

207 森祖道［1988: p. 71.12–18］.

208 PTS: mātughātādi kammaṃ, VRI: mātughātādikammaṃ.

209 PTS: bahulā bahulesu, VRI: bahulābahulesu.

210 DNA. 13（Vol. II, p. 406.9）.

211 JāA. 169（Vol. II, p. 62.11–21）.

212 これと同文が Ss.（p. 132.3–11）にも引用される。浪花宣明［1998: p. 253.13–20］を参照。

213 PTS: *omit*, VRI: *add* hoti.

214 PTS: evaṃ, VRI: eva.

215 PTS: māsappamāṇā, VRI: sāsapappamāṇā.

216 PTS: evaṃ, VRI: eva.

217 前註 214 で示した VRI に従えば「まさにその二種が」となる。

218 前註 216 で示した VRI に従えば「ゴマ粒」となる。

219 DNṬ. 13（Vol. I, p. 526.4–7）.

220 この結論は、原実［2000: p. 34.11–14］が四無量心の効力について、「その空間は『友情』（maitrī）に満たされており、それを維持する限り相互の安全が保証されるが、不注意（pramatta）や裏切りによって信頼関係に破綻を来すと、両者は再び『危険な関係』に戻る」と、その効力が限定的で解除され得るものであると指摘するのと一致する。

第四章

221 第四部二章「上座部修道論における業滅」、および第四部三章「上座部における四無量心と世間的業滅」を参照。

222 初出は平岡聡［1992］である。

223 Pradhan: *omit*, 小谷・本庄［2007: p. 5 註 1］: *add* ca.

224 対応部：『八犍度論』巻 17（T26. 853a14–26）.

225 第四部二章「上座部修道論における業滅」を参照。

226 『大毘婆沙論』巻 125（T27. 652c09–653b07）:

> 随本論文所釈如是。⑴然有説者。愚堕悪趣智則不然。一切預流是智者故。凡堕悪趣聖則不然。一切預流是聖者故。有悪意楽害意楽者堕悪趣。有善意楽無害意楽者不然。一切預流有善意楽無害意楽故。犯戒者堕悪趣。持戒者不然。一切預流是持戒者。由彼已得聖所愛戒堅牢船故。⑵復有説者。一切預流於諸悪趣得非択滅。諸法若得非択滅者。彼法畢竟不現在前。是故預流不堕悪趣。⑶有余師説。若有不見悪行過失妙行功徳。彼堕悪趣。一切預流如実知見善悪得失。由失念故。雖暫起悪業而不堕悪趣。⑷有作是説。薩迦耶見未断未遍知。造悪業者容堕悪趣。一切預流薩迦耶見已断已遍知。雖暫起悪業而不堕悪趣。如世尊説。若有身見已断已遍知。具五功徳。一者障三

悪趣。二者遮五無間業。三者解脱種種諸悪見趣。四者無際生死已作分斉。五者臨命終時心神明了。⑸ 有説。預流智腹浄故。雖有悪業不堕悪趣。如有二人食不応食。一内火劣所食不消便致大苦。一内火盛所食易消不増大苦。如是異生及預流者。雖倶受境作不善業。而諸異生智腹不浄無聖道火故。便堕悪趣受諸劇苦。諸預流者智腹浄故。於人天中但受微苦。⑹ 有説。預流従無量殑伽沙等。如来応正等覚聖種中生故。雖有悪業不堕悪趣。如有二人倶犯王法。一是凡庶便致重刑。一是王子但遭訶責。如是異生及預流者倶作悪業。而諸異生非聖種故。所造悪業招悪趣苦。一切預流是聖種故。悪業但招人天軽苦。⑺ 有説。預流見境過故。雖有悪業不堕悪趣。如有二魚倶貪鉤餌。一無善巧為食呑鉤喪失身命。一有善巧以尾撃餌接取食之不失身命。如是異生及預流者。雖倶受境作不善業。而諸異生無聖智故。於所受用不見過失。深生耽著便招重苦。諸預流者有聖智故。於所受用見諸過失。不深耽著但受軽苦。⑻ 有説。預流具止観故。雖有悪業不堕悪趣。如瞿陀与烏倶於水上共食死屍。有人以箭射之。瞿陀無翼便没水中。烏有翼故即時飛去。如是異生及預流者。雖倶受境作不善業。為無常箭所中射時。異生無止観翼故。即便沈没悪趣水中。預流有止観翼故。便昇天人涅槃空界。⑼ 有説。預流及一来者。心調柔故。順涅槃故。信種堅故。信根深故。雖有悪業不堕悪趣。譬如大海義勅衆流。汝今便可漂抜諸樹同集我所。衆流対曰。余悉能漂唯除楊柳。海問其故。衆流復言。柳具二徳不可漂至。一盤根深固。二柔軟随流。設鼓波濤不能漂抜。如是悪趣義勅惑流。汝今可漂諸受欲者同集我所。惑流対曰。余悉能漂唯除二果。悪趣問其故。惑流復言。彼具二徳不可漂至。一信根深固。二心行調柔。鼓業波濤不能漂抜。故預流者不堕悪趣。

227 『雑心論』巻 5（T28. 911b13-18),『順正理論』巻 64（T29. 694a27-b01).

228 Pradhan: tadgāmi-, 櫻部・小谷［1999: p. 220 註 2］: tadgāmika-.

229 Pradhan: -kuśala-, 櫻部・小谷［1999: p. 221 註 4］: -kuśalamūla-.

230 このような異生にも不堕悪趣の者がいることを認める傾向は、『ウダーナヴァルガ』などからも窺い知ることができる。

UV. 4, 9:

saṃyagdṛṣṭir adhīmātrā laukikī yasya vidyate,
api jātisahasrāṇi nāsau gacchati durgatim.
世間的ではあっても勝れた正見があるならば、
その者は千たびの生存を経ても、悪趣に行くことはない。

なお、註釈『ウダーナヴァルガ・ヴィヴァラナ』では、上記の偈は忍位の不堕悪趣と関連して理解されている（Balk, M.［1984 i: pp. 249.12-250.24］を参照)。また、異生の不堕悪趣を認めないパーリ上座部においては、上記の偈に相当するものが流布していない点は、部派の教理形成と、その部派が保持する聖典との関係性を考察する上で興味深い視点を投げかけている。この偈に関する仔細については、田中裕成［2016］を参照。

231 旧訳対応箇所：『毘曇婆沙論』巻 3（T28. 21c01-03）も参照。有余師説（『大毘婆沙論』巻 6（T27. 30c11-12),『毘曇婆沙論』巻 3（T28. 21c12-14)）も、西方師説（『大毘婆沙論』巻 7（T27. 31a24-27),『毘曇婆沙論』巻 3（T28. 22a14-16)）も等しく忍位の不堕悪趣を認める。

232 兵藤一夫［1990］, 周柔含［2009: pp. 133-144］.

233 『発智論』とほぼ同時期に成立したと考えられる『婆須蜜論』巻 8（T28. 779c07-24）では、異生でありながらも悪趣に堕ちなかった者の一例として、二十億耳（Śroṇakoṭīviṃsa）が紹介されている。しかしながら、まだ『婆須蜜論』の段階では不堕悪趣を忍位によって説明していない。一方、『大毘婆沙論』巻 6（T27. 27a24-28),『毘曇婆沙論』巻 3（T28. 19b15-18）では、「二十億耳は忍位を得たから不堕悪趣になった」と説明されている。『婆須蜜論』の成立年代については、渡辺楳雄［1954: pp. 134.17-136.8, p. 205.1-14], 櫻部建［1969: pp. 53.10-55.6］）を参照。なお、二十億耳が僧房を布施して、それによって九十一劫悪趣に堕ちなかったという話は、『根本有部毘奈耶薬事』巻 16（T24. 80a01-26）に説かれる。この『根本有部毘奈耶薬事』の和訳については八尾史［2013: p. 468.1-29］を参照。

234 AKBh.（p. 347.17-20）や AKBh.（p. 377.16-18）によれば、忍位（の善根）が捨せられることは、その功徳を喪失することを意味する。すなわち、忍位が捨せられた後にも、どうしてその功徳である不堕悪趣の効力が続いているのかが問題となっている。そして、このような議論が現れるのは、実際にその法（忍位）が与果（不堕悪趣）するかどうかにあたっては、得せられているかどうかが大きな条件になっているからと考えられる。ただし、たとえ捨せられた過去法であっても、現在に果を与えることは、有部において認められている（たとえば AKBh.（pp. 458.16-459.7), AKVy.（pp. 692.30-693.4）では、捨せられた状態の過去法が同類因として働いて次世に与果している)。

235 『大毘婆沙論』巻 120（T27. 625b21-626a07）; 旧訳対応箇所：『毘曇婆沙論』巻 3（T28. 23b29-24a16）:

問。得忍異生命終時。捨忍法不。若捨者何故不堕悪趣。又若捨者何故異生命終時捨。聖者不捨。若不捨者何故此文及大種蘊皆不説耶。答。応言捨。問。若爾彼何故不堕悪趣。(1) 答。由此善根勢力大故。自有善根勢力微劣。雖復成就不障悪趣。況不成就。如生得善。或有善根勢力強盛。雖不成就而障悪趣。況復成就。如此忍法。是故雖捨不堕悪趣。(2) 復有説者。由此善根身中生故。令招悪趣諸業煩悩遠離。於身畢竟不起。因尚不起。況堕悪趣。如人秋時服於下薬。薬雖不住彼人身中。而彼身中病亦不生。此亦如是。(3) 復有説者。由此善根勢力威猛熏習身故。令招悪趣諸業煩悩於此身中永不復起。因不起故不堕悪趣。如師子王所居窟穴。王雖不在余気尚存。諸小禽獣無能入者。此亦如是。(4) 復次。此善根身中如主勢力強盛。不善如客勢力衰微。(5) 復次。此善根意楽増上。楽断悪法楽修善法。(6) 復次。此善根身中生已一切悪趣得非択滅。非択滅法無有生者。是以不堕。(7) 復次。由此善根身中生故。令彼行者堕大法流。由如此義不堕悪趣。(8) 復有説者。由此善根隣近聖道。依聖道力不堕悪趣。如怖怨賊依附於王。依王力故令諸怨賊不敢正視。況能為害。此亦如是。近聖道故令招悪趣諸業煩悩尚不現行。況堕悪趣。(9) 復有説者。由此善根守護聖者所住身器。義言此身聖道当住。能招悪趣諸業煩悩応永遠離。如有勝処王応居止所。司守掌余無能住。此亦如是。(10) 復有説者。由此善根身中生故。令彼行者定処人天不居悪趣。如富貴者定居勝処不居卑陋。此亦如是。(11) 有説。此善根加行正勝。令招悪趣諸業煩悩勢力衰微。不復能招悪趣異熟。是故雖捨不堕悪趣。(12) 有説。由此善根増上力故。令彼行者見悪行過失妙行功徳。由此悪業必不復生。況堕悪趣。⒀有説。由此善根増上力故。令彼行者住善意楽。見生死過涅槃勝徳。不造悪業不堕悪趣。⒁有説。由此善根増上力故。令彼行者其心調柔随順涅槃信根深固。由此雖捨不堕悪趣。⒂尊者妙音説曰。由此善根増上力故。令彼行者意楽殊勝。於般涅槃心常随順趣向臨入。欲楽忍可希求敬愛。由此因縁不造悪業。是故雖捨不堕悪趣。

236 残る十四説は譬喩的説明が多く、そこから必ずしも教理的な理解を明確に窺い知ることができない。

237 『大毘婆沙論』巻 125（T27. 652c16–19）.

238 AKBh.（p. 4.10–12）を参照。本章が問題とする業という観点からすれば、たとえば、ある有情が悪趣に対する非択滅を得れば、もはや悪趣に再生することはないから、たとえその有情に悪趣へ導く（すなわち悪趣をすでに取果している）不定業が残っていたとしてもその業は与果する能力を失ってしまい、今後新たに悪業をつくったとしてもその業は悪趣を取果できないことになる。また、有部諸論における非択滅の定義やその思想展開については、宮下晴輝［1989］を参照。上記の『倶舎論』に見られるような非択滅の定義は、『大毘婆沙論』以降の論書に説かれる。

239 有部では、悪趣であれ善趣であれ、来世の境涯に制限が加えられる場合には、非択滅の教理によってそれが解釈されている。異生のみならず、聖者の不堕悪趣も非択滅によって説明される。このような預流者の不堕悪趣を非択滅によって説明する解釈は、『大毘婆沙論』巻 125（T27. 652c16–19），巻 65（T27. 339a04–05），『入阿毘達磨論』巻 2（T28. 989a10–13），『順正理論』巻 6（T29. 363b15–17）を参照。

なお、善趣に対する非択滅については、『大毘婆沙論』巻 32（T27. 165b05–28），『毘曇婆沙論』巻 17（T28. 124c06–125a01）を参照。および『大毘婆沙論』巻 65（T27. 339a03–08）も参照（ただし、旧訳対応箇所：『毘曇婆沙論』巻 35（T28. 253c03–08）では、非択滅の教理は援用されていないようである）。

240 『大毘婆沙論』巻 32（T27. 164c30–165a26），『毘曇婆沙論』巻 17（T28. 124b17–25），『雑心論』巻 9（T28. 949c25–950a11）.

241 Pradhan: tadbhūmika-, 櫻部・小谷［1999: p. 150 註 2］: tadgāmika-.

242 Pradhan: anutpattidharmatā, AKVy.（p. 540.5）: anutpattidharmatāṃ.

243 おそらく「たとえ断じていなくても、もはや起こすことはない」という意味であろう。

244 上忍に至れば間髪を入れず世第一法に入り、さらにその直後に見道に入るため、上忍を得れば見所断煩悩は断たれていなくとも起こることは決してない。AKBh.（pp. 344.16–345.2）を参照。

245 『順正理論』巻 61（T29. 681c25–28），巻 61（T29. 682a22–b04）.

246 有部の定業・不定業については第四部一章「不定業と既有業」を参照。

247 AKBh.（p. 356.24–25）:

apāyaniyate[①] tu karmaṇy asau kṣāntim api notpādayet.

〔ある修行者に〕堕処に〔趣くことが〕決定した業があれば、その者は忍（kṣānti）すらも起こせないであろう。

① Pradhan: -nipāte, 櫻部・小谷［1999: p. 221 註 5］: -niyate.

同趣旨は、『順正理論』巻 64（T29. 694b01-02）にも説かれる。

248 AKBh.（p. 259.4-23）.

249 既有業とは異熟する機会を失った業のことである。第四部一章「不定業と既有業」を参照。

250 ANA. vi, 86（Vol. III, p. 413.19-23），MNA. 22（Vol. II, p. 102.22-34）を参照。

251 たとえ異熟するまで待たなくても、修行階梯の進展に対して障害とならなくなるまで待てばよいものと考えられる。たとえば第八有を引く善業の場合、来世になれば第七有を引く善業となるわけだから、来世まで待てばこの善業は聖者になることに対して障害とはならなくなる。

252 上座部でも、五無間業以外に業障に似た働きを持つ業が想定されているが、それらは謝罪などによって取り除くことができる。したがって、上座部では、五無間業以外の業は基本的にすべて消滅させることが可能である。MNA. 22（Vol. II, p. 102.22-34）を参照。

253 この三時障の議論は、『大毘婆沙論』巻 53（T27. 276b27-c11），『毘曇婆沙論』巻 29（T28. 215a11-20）の段階から見出すことができる。

254 『大毘婆沙論』巻 120（T27. 625b21-626b01），AKBh.（p. 348.4-10）.

255 AKBh.（p. 230.14-17）を参照。同趣旨は、『雑心論』巻 3（T28. 895c29-896a01），『順正理論』巻 40（T29. 571a12-15），『蔵顕宗論』巻 21（T29. 876a08-11）においても説かれている。ただし、『大毘婆沙論』巻 114（T27. 594a02-11）では、順現法受業が衆同分の果を引くという説も紹介されており、この説によるならば悪趣へ導く順現法受業もあり得ることになる。

256 衆賢の『順正理論』巻 43（T29. 590b10-12），『蔵顕宗論』巻 23（T29. 888a11-13）は、順現法受業以外にも、Ⓐ時異熟倶不定業およびⒷ時不定異熟定業も障害にはならないとする。この二つの場合は『倶舎論』および『称友疏』では言及されていないが、AKBh.（p. 232.8-15），AKVy.（p. 394.17-25）において、離染すればⒶの業を無異熟業に、Ⓑの業を順現法受業に転換して清算できると述べており、障害とはならないと考えていたようである。それについては次節において検討する。

257 Pradhan: tasya, 舟橋一哉［1987: p. 276 註 3］: yasya.

258 異熟する分位（時）が決まっている業は、必ず異熟果をもたらすという意味である。異熟する分位（時）は決まっているが、異熟するか否かは不定という業（＝時決定異熟不定業）は、有部においては認められていない。第四部一章「不定業と既有業」を参照。

259 AKBh. より補う。

260 『婆須蜜論』巻 8（T28. 777b26-c13）:

> 阿羅漢於欲界般涅槃。云何受色無色界相応報。或作是説。速疾受報故。受色無色界行受閑静身。問。若能受陰者。何以故。不究竟尽諸行。不得阿羅漢。受色無色界報。設逮阿羅漢。於現法中受報界。是故後世受報縁。則有微妙報。若彼行還阿羅漢不捨因縁。以雑行還阿羅漢。則有其縁相応之行。是行果未熟受妙報。或作是説。初第二第三禅地縁彼行受苦楽報。第四禅地及無色界相応受不苦不楽報。此亦如上所説。復次阿羅漢若般涅槃受善報。抜諸苦源①不善善者縁。云何般涅槃有其処所。彼作是念。云何彼無所有耶。当作是観。設彼行無報者。彼行則無所有。亦無果実。行亦無所有。

如倉穀欲使不得成就不生萌芽②。彼則無所有。若阿羅漢行果已壊。是謂報果。阿羅漢亦無所有。是故此不爾行所有。

① 三本・宮本に基づいて「原」を「源」に改める。 ② 三本・宮本に基づいて「牙」を「芽」に改める。

261 『大毘婆沙論』巻 20（T27. 103c02-07),『毘曇婆沙論』巻 11（T28. 84c03-05),『順正理論』巻 40（T29. 571c12-22),『蔵顕宗論』巻 21（T29. 876b28-c09).

262 “業の清算”の必要性が教理的に明確に定められている点は、聖者と心狂乱との関係においても確認される。有部では有情が狂乱する原因として、(1) 大種の不調和、(2) 業、(3) 恐怖、(4) 危害の四種類があると考えているが、聖者は (1) 大種の不調和によってのみ狂乱し、仏は何によっても狂乱することはないとされる。『倶舎論』と『称友疏』によれば、もし心を狂乱させる業が定業であるならば、異生の段階で解消していなければ聖者にはなれないが、もしそれが不定業であるならば、聖者となることにより、その不定業は心を狂乱させる異熟を与えることができなくなると理解されている。

AKBh.（p. 234.13-16）:

āryāṇām api cittaṃ kṣipyate bhūtavaiṣamyeṇānyatra buddhāt. na karmaṇā niyatasya pūrvaṃ vipākād aniyatasyāvipākāt. na bhayena. pañcabhayasamatikramāt. nopaghātena. amanuṣyaprakopakāraṇasyāprāsādikasyākaraṇāt①. na śokena. dharmatābhijñatvāt.

聖者たちの心も、仏を除いて、〔大〕種の不調和によって狂う。業によってではない。定業は先に異熟しているからであり、不定〔業〕は異熟しないからである。恐怖によってでもない。五つの恐怖を超えているからである。危害によってでもない。非人を怒らせる原因となる憎恚をなさないからである。憂愁によってでもない。法性を証知しているからである。

① Pradhan: manuṣya-, Hirakawa: amanuṣya-.

AKVy.（p. 397.7-12）:

anyatra buddhād iti. mahāpuṇyasaṃbhāratvān na buddhasya tadvat bhūtavaiṣamyenāpi cittaṃ kṣipyate. **na karmaṇe**ti. kiṃ. āryāṇāṃ kṣipyate cittaṃ anyatra bhūtavaiṣamyād eva. kiṃ kāraṇam ity āha. niyatasya karmaṇaḥ pūrvaṃ pṛthagjanāvasthāyām eva vipākāt. aniyatasyāvipākād āryāvasthāyāṃ. ata eva caitad aniyatam ity ucyate.

「**仏を除いて**」とは、仏には大いなる福徳の資糧があるので、そのように〔大〕種の不調和によってすらも心が狂わない。【問】「**業によってではない**」とは、どのようにであるか。【答】聖者たちの心は、ただ〔大〕種の不調和を除いて、狂わ〔ない〕。【問】なぜか。【答】答える。定業は先に異生の分位において、〔すでに〕異熟しているからである。不定業は聖者の分位において、異熟しないからである。またそれゆえにこそ、「これは不定である」と言われるのである。

これと同趣旨は、『大毘婆沙論』巻 126（T27. 658b14-21),『雑心論』巻 11（T28. 960b11-13）の段階から確認することが可能であり、『順正理論』巻 40（T29. 572c06-11）においても説かれている。

263 当然ながら、④時不定異熟定業の異熟果を消し去ってしまうことはできない。

264 これらの業が障害となるのはあくまで預流に対してであるが、修行階梯上の問題からそれ以前の上忍に対しても障害になる（上忍になれば必ず預流になることが確定しているため）。AKBh.（p. 348.4–9）を参照。

265 たとえば、聖者は決して業によって狂乱しないため、狂乱をもたらす定業は順現法受であっても聖道に対して障害になると考えられる。ただし、順現法受業は現世のうちに解消されるから、その後ならば聖者になることは可能である。

第五章

266 煩悩を断つに従って凶悪な不善業を犯さなくなっていき、あらゆる煩悩を断った阿羅漢が不善業をつくらない点は両部派ともに認めているが、不還の聖者が悪業をつくるかどうかについては見解が分かれている。Vis.（p. 685.27–34）にある上座部の理解に従えば、不還の聖者といえども不善心を起こし、雑穢語と貪欲との悪業をつくることがあるとされる。一方、有部の見解によれば、不還の聖者は不善業をつくることはないとされる。『発智論』巻 5（T26. 941a04），『大毘婆沙論』巻 175（T27. 879a15–18），AKBh.（p. 361.7–11），『順正理論』巻 65（T29. 698a19–26），『蔵顕宗論』巻 31（T29. 929a16–22），ADV.（p. 343.3–6）などを参照。

267 SBhUC.（P: u 174a1, D: su 144b7），『異部宗輪論』（T49. 16b19），『部執異論』（T49. 21b25），『十八部論』（T49. 19a14）.

268 水野弘元［1978（= 1964）: pp. 184.1–187.17, pp. 195.10–196.7, p. 200.4–17］［1974: p. 23.6–10］（=［2: p. 200.6–10］），浪花宣明［1994: p. 8.25–30］（=［2008: p. 265.15–22］）.

269 PTS: *omit*, VRI: *add* ca.

270 PTS: *omit*, VRI: *add* ca.

271 修行階位についての言及は無いが、出家僧が霊廟（cetiya）に参拝しに行く話が註釈文献中に説かれている。

VibhA.（p. 446.17–24）:

> “ahaṃ mahācetiyaṃ vandissāmī” ti dve there anusāsitvā anupubbena cārikaṃ caranto mahāvihāraṃ sampāpuṇi. tasmiṃ samaye mahāvihāro suññо. cetiyaṅgaṇe eraṇḍā jātā. cetiyaṃ gacchehi parivāritaṃ, sevālena pariyonaddhaṃ. thero dharamānakabuddhassa nipaccākāraṃ dassento viya mahācetiyaṃ vanditvā pacchimadisāya sālaṃ pavisitvā olokento “evarūpassa nāma lābhaggayasaggappattassa sarīradhātucetiyaṭṭhānaṃ anāthaṃ jātan” ti cintayamāno nisīdi.
>
> 「私は大霊廟（mahācetiya）を参拝しようと思います」と、二人の長老を教戒してから、順次に遊行をしつつ大精舎に到着した。そのとき、大精舎は無人だった。霊廟の庭にはエーランダ草が生えていた。霊廟は藪に取り囲まれ、苔に覆われていた。長老は生きている仏に五体投地をするかのように大霊廟に礼拝し、西の方角から会堂に入り、眺めながら、「利得の頂点と名声の頂点を得たこのような御方の身体の遺骨が集まる場所が放置されている」と考えながら坐した。

272 PTS: kiriyācittena, VRI: kiriyacittena.

273 SNA. 12, 64（Vol. II, pp. 114.33–115.6），KhpA.（p. 194.23–32）を参照。SnA. 235 にも本来 KhpA.（p. 194.23–32）と同文が含まれているのであるが、PTS 版の SnA. 235（Vol.

I, p. 278）ではKhpA.に譲る形で省略されている。ただし、問題となる部分でKhpA.（およびSnA.）は、「唯作心」という語を用いてはこの問題を説明していない。KhpA.（およびSnA.）は、業が異熟するには煩悩が縁となっており、煩悩が断たれた阿羅漢が新たに業をつくっても、それは異熟しないと註釈している。

274 AKK. 4, 46.

275 AKBh.（pp. 28.23-29.11）.

276 AKBh.（pp. 255.16-256.4）.

277 AKVy.（p. 389.7）:

sarvam eveti. kāmarūpārūpyāvacaraṃ.

「**みなすべて**」とは、欲〔界繫〕・色〔界繫〕・無色〔界〕繫のものである。

278 Pradhan: avaśyaṃ, 舟橋一哉［1987: p. 235 註 1］: adhaś ca.

279 Pradhan: nikāyasabhāgatvāc, 舟橋一哉［1987: p. 235 註 2］: nikāyasabhāgatyāgāc.

280 染汚心は、断ぜられれば必ず不成就になると説かれている。不善心については『識身足論』巻16（T26. 612b03-05）, 欲界繫有覆無記心については『識身足論』巻16（T26. 612b05-07）, 色界繫有覆無記心については『識身足論』巻16（T26. 612b21-23）, 無色界繫有覆無記心については『識身足論』巻16（T26. 612c07-09）を参照。

不染汚心は、断ぜられても必ずしも不成就になるわけではない。欲界繫善心については『識身足論』巻16（T26. 612a24-b03）, 欲界繫無覆無記心については『識身足論』巻16（T26. 612b07-11）, 色界繫善心については『識身足論』巻16（T26. 612b11-21）, 色界繫無覆無記心については『識身足論』巻16（T26. 612b23-c04）, 無色界繫善心については『識身足論』巻16（T26. 612c05-07）, 無色界繫無覆無記心については『識身足論』巻16（T26. 612c09-21）を参照。

281 有部の断惑理論は複雑である。加藤宏道［1985］, 福田琢［1997］を参照。

282 すなわち、前項(a)「断と不成就」において考察した結論（A）に相当。

283 AKBh.（p. 236.10-13）.

284 すなわち、前項(a)「断と不成就」において考察した結論（B）に相当。

285 『大毘婆沙論』巻53（T27. 274b24-c09),『毘曇婆沙論』巻29（T28. 213b18-c04）を参照。また、自性断・所縁断は『順正理論』巻6（T29. 362c27-363a10),『蔵顕宗論』巻4（T29. 790c19-791a01）にも説かれる。

286 このような図示による心識の考え方は、佐々木閑先生のご教示による。

287 AKBh.（p. 236.10-13）.

288 佐古年穂［1997: pp. 30.26-31.5］を参照。

289 AKBh.（p. 321.1-2）, AKVy.（pp. 500.30-501.3）によれば、身語業の場合は染汚であっても所縁断が適用される。

290 第一部二章「説一切有部における表の構造」を参照。

291 AKBh.（p. 65.17-23）:

nivṛtasya ca rūpasya.（2, 39a）

nivṛtāvyākṛtasyāpi vijñaptirūpasya sahajaiva prāptir, adhimātreṇāpy avijñaptyanutthāpanādaurbalyasiddheḥ. yathā 'vyākṛtānāṃ dharmāṇām ayaṃ praptibhedaḥ kim evaṃ kuśalākuśalānām api kaścit prāptibhedo 'sti. astīty āha.

kāme rūpasya nāgrajā.（2, 39b）

kāmāvacarasya vijñaptyavijñaptirūpasyāgrajā praptiḥ sarvathā nāsti. sahajā cāsti paścātkālajā ca.

有覆〔無記〕の色の〔得〕も〔倶に生じるのみである〕。(2, 39a)

有覆無記の表色の得も、ただ倶に生じる。上〔品の煩悩〕によっても無表を起こせないので、力の弱いことが成立しているからである。【問】無記法にとってこのような得の差別があるのと同様に、善・不善〔法〕にとっても何か差別があるのか。【答】ある。

欲〔界〕における色の〔得が〕先に生じることはない。(2, 39b)

欲界繋の表・無表色には、あらゆるあり方をしても、得が先に生じることはない。だが、〔得が〕倶に生じることと、後に生じることはある。

また、第一部二章一節一項「表と継続的行為」も参照。

292 律儀を獲れば不律儀は捨せられる。AKBh.（p. 225.3-7）を参照。

293 非律儀非不律儀（処中）が捨せられる条件については、AKBh.（p. 225.11-17）を参照。

294 AKVy.（p. 372.25-32）.

295 前述の通り有覆無記の色法には法倶得しかない。AKVy.（p. 372.25-32）を参照。

296 なお、以下の AKBh. の記述は、仏の場合にのみ適用される例外である。AKBh. の理解に基づけば、随転心の三性は必ずしも能転心に一致しなくてもよいとされる。この問題については第一部二章二節二項「『倶舎論』以後 ── 三性不定説」を参照。

297 同趣旨は、『順正理論』巻 36（T29. 547c03-07),『蔵顕宗論』巻 19（T29. 865a28-b03）にも説かれる。

298 AKBh.（p. 204.5-11）.

299 舟橋一哉［1987: p. 269 註 1］に従い、kim anyat karoti を trividham anyat karoti に訂正して読む。

300 AKVy.（p. 393.6-24）:

yadviraktaḥ sthiro bāla iti. yato virakto **yadvirakta** iti samāsaḥ. **sthira**grahaṇaṃ parihāṇadharmaṇo nirāsārthaṃ. tasya hi tasyāṃ bhūmāv upapadyavedanīyaṃ karma saṃbhavati. **bāla**grahaṇam āryanivṛttyarthaṃ. āryasya hi tatropapadyavedanīyaṃ aparaparyāyavedanīyaṃ ca na saṃbhavati. anāgāmitvāt. **nānyavedyakṛd**① **apī**ti nāparaparyāyavedanīyakṛd api. nopapadyavedanīyakṛd apīty arthaḥ. tatra yuktiṃ darśayann āha. **na hy asau bhavyaḥ punar ādhastīṃ bhūmim āyātum** iti. na hy asāv āryo 'parihāṇadharmā yato vītarāgaḥ. tata ādhastīm adhastātbhavāṃ bhūmim āyātuṃ bhavyaḥ. parihāṇadharmā tu bhavyaḥ. tadyathā. āryo bhavāgralābhī parihāṇadharmā yaḥ parihāya rūpadhātāv upapadyeta. tasyopapadyavedanīyam aparaparyāyavedanīyaṃ cāpi saṃbhavati yathoktam udāyisūtre. **aniyataṃ kuryād** iti. aniyatavedanīyam aparihāṇadharmāpy āryo dṛṣṭadharmavedanīyaṃ ca yatropapannaḥ. tatra kuryāt. **kāmadhātor bhavāgrād vā vītarāga** iti. kāmavītarāgo 'nāgāmī. bhavāgravītarāgo 'rhan. **tayor** iti kāmadhātubhavāgrayoḥ. **paścāt pravedayiṣyāma** iti. mriyate na phalabhraṣṭa ityādi.

「**ある〔地〕より離染した堅なる愚者は**」とは、「ある〔地〕から離染した」(yato virakta)ということが「**ある〔地〕より離染した**」(yadvirakta)という合成語である。「**堅なる**」という語は、退法者を除外するためである。なぜなら、その者(退法者)には〔離染した〕その地において〔異熟を受ける〕順次生受業は起こり得るからである。「**愚者**」という語は、聖者を除くためである。なぜなら、〔不退法の〕聖者には〔離染した〕その地において〔異熟を受ける〕順次生受業も順後次受業も起こり得ないからである。〔なんとなれば〕不還者だからである。「**他の順受〔業〕もつくらない**」とは、「順後次受〔業〕もつくらず、順次生受〔業〕もつくらない」という意味である。それについての論証を示して、「**なぜなら、彼の者が、再び下地に来生することは有り得ないからである**」、〔すなわち〕「なぜなら、ある〔地〕より離染した彼の不退法の聖者が、〔離染した〕そ〔の地〕より下、〔すなわち〕下の生存である地に来生することは有り得ないからである」と述べたのである。けれども、退法者は有り得る。たとえば、有頂を獲た②退法の聖者が退いて色界に生まれるとするならば、その者には順次生受業も順後次受業も起こり得る。「ウダーイン経」に説かれている通りである。「**不定〔業〕をつくることはあるだろうし**」とは、「不退法の聖者も不定受〔業〕をつくることはあるだろうし、生まれたそ〔の地〕において〔異熟を受ける〕順現法受〔業〕を〔つくることもあるだろう〕」ということである。「**欲界あるいは有頂より離染した**」のうち、欲界から離染した者は不還であり、有頂より離染した者は阿羅漢である。「**それら二〔地〕において**」とは、「欲界と有頂とにおいて」である。「**後で説明するだろう**」とは、「果より退失した者は死なない」(AKK. 6, 60a)云々のことである。

① Wogihara: nāryo 'nya-, AKBh. (p. 231.1): nānya-.　② 舟橋一哉［1987: p. 268.9］は、「有頂〔地よりの離染〕を獲た」と補足するが、これは誤りであろう。有頂地よりの離染を獲た聖者とは、まさに阿羅漢のことであるが、阿羅漢は退したまま命終することが認められていなからである(AKK. 6, 60a を参照)。

301 『順正理論』巻 40 (T29. 571a29-b09),『蔵顕宗論』巻 21 (T29. 876a14-24), ADV. (p. 142.1-10).

302 順現法受業は引業となって衆同分を引くことができない。『雑心論』巻 3 (T28. 895c29-896a01), AKBh. (p. 230.14-17),『順正理論』巻 40 (T29. 571a12-15),『蔵顕宗論』巻 21 (T29. 876a08-11) を参照。ただし、『大毘婆沙論』巻 114 (T27. 594a02-11) では、順現法受業が衆同分の果を引くという説も紹介されている。

303 第四部一章「不定業と既有業」および四章「説一切有部修道論における業滅」を参照。

304 第四部一章「不定業と既有業」および四章「説一切有部修道論における業滅」を参照。

305 有部法相によれば阿羅漢にも上下の差別を設けて六種を想定するため、「退堕する恐れのある下位の阿羅漢だけが有漏善業をつくるのではないか」という疑問が起こるかもしれない。しかしながら、不退法の阿羅漢であっても有漏善業をつくり得ると考えられているようである。先に検討した AKBh. (pp. 230.24-231.8) をはじめ、『順正理論』巻 40 (T29. 571a29-b09),『蔵顕宗論』巻 21 (T29. 876a14-24), ADV. (p. 142.1-10) の記述に従えば、もはや決して退堕することのない不退法の阿羅漢であっても有漏善業をつくり得ると考えられている。また、AKBh.（p. 204.15-19），『順正理論』巻 36（T29. 547c03-07），『蔵顕宗論』巻 19（T29. 865a28-b03）によれば、如来であっても有漏善心を起こして有漏善の身語業をなすと考えられている。

306 本章においては『法集論』（Dhs.）の用例は考察しなかったが、水野弘元［1978（= 1964）: pp. 184.1-188.4］には、すでに『法集論』の段階で阿羅漢の唯作心が説かれる点が明らかにされている。

第六章

307 パーリ律波逸提法第 51 条〈飲酒戒〉。仔細については平川彰［16: pp. 539-549］を参照。

308 平川彰［12: pp. 127.1-138.15］（=［1964: pp. 406.8-416.11］），浪花宣明［1987: pp. 69.1-74.11］.

309 この解釈の起源は初期経典にまで遡ることができる。AN. vii, 6（Vol. IV, p. 5.16-20），AN. iv, 61（Vol. II, p. 66.27-30），AN. v, 47（Vol. III, p. 53.17-20），AN. v, 179（Vol. III, pp. 211.29-212.5）を参照。これらの漢訳対応経は見出せないが、『集異門足論』巻 16（T26. 436a22-24）に引用される経典から、有部でも同趣旨の経典を保持していたことが窺える。また、『中阿含』巻 35, 第 142 経（T01. 649c22-24），Saṅg. vii, 4（p. 178.12-15）も参照。

310 Sn. 106, Sn. 112, Sn. 398-399.

311 パーリ律波逸提法第 11 条〈伐草木戒〉。

312 KhpA.（p. 24.13-17）では性罪（pakativajja）という語が用いられている。

313 堀内俊郎［2004］は、世親・衆賢らが性罪・遮罪という点から飲酒学処をどのように理解していたかについて論考している。

314 AKBh.（p. 218.14-25）:

kiṃ punaḥ kāraṇaṃ pratikṣepaṇasāvadyāc chikṣāpadasya na vyavasthāpitam.

pratikṣepaṇasāvadyān madyād eva.（4, 34cd）

kiṃ kāraṇaṃ madyād eva nānyasmāt.

anyaguptaye.（4, 34d）

madyaṃ pibato 'nyāny apy aṅgāny aguptāni syuḥ. kathaṃ punar madyapānaṃ pratikṣepaṇasāvadyaṃ gamyate. prakṛtisāvadyalakṣaṇābhāvāt. prakṛtisāvadyaṃ hi kliṣṭenaiva cittenādhyācaryate. śakyaṃ tu madyaṃ pratīkārabuddhyaiva pātuṃ yāvan na madayet. kliṣṭam eva tac cittaṃ yan madanīyaṃ jñātvā pibati. na tat kliṣṭaṃ yad amadanīyamātrāṃ viditvā pibati. prakṛtisāvadyaṃ madyam iti vinayadharāḥ. .... nety ābhidhārmikāḥ.

【問】また、どうして遮罪から〔離れることが〕学処に立てられなかったのか。【答】

ただ酒なる遮罪から〔離れることが学処に立てられている〕。（4, 34cd）

【問】どうして、ただ酒〔なる遮罪〕からのみであって、他〔の遮罪〕から〔離れることは学処に立てられて〕いないのか。【答】

他〔の律儀支分〕を護るためである。（4, 34d）

酒を飲むと、他の支分も護られていないことになるだろう。【問】さて、どのように飲酒は遮罪であると理解されるのか。【答】性罪の相を欠いているからである。なぜならば、性罪は染汚心によってのみ犯されるが、ところが、治療と考えて酔わない程度に酒を飲むことができるからである。【難】酔うだろうと知って飲めば、その心は染汚のみである。【答】酔わない量を知って飲めば、そ〔の心〕は染汚ではない。〔しかるに〕持律者たちは「酒は性罪である」と主張する。……。〔一方で〕阿毘達磨論師たちは「〔酒は性罪では〕ない」と〔主張する〕。

315 VinA. (Vol. IV, p. 860.18), KhpA. (p. 24.13-17).

316 AKBh. (p. 361.12-14).

317 有部によれば、これら殺生などの身語業は修所断であるが、殺生などが実際に起こされるためには見所断煩悩の助けが必要であり、見所断煩悩が断たれた聖者にはこの殺生などは決して現行しない。『大毘婆沙論』巻27 (T27. 139c11-17),『毘曇婆沙論』巻15 (T28. 109b11-17), AKBh. (p. 285.17-21, p. 286.8-16), AKVy. (p. 457.8-9),『順正理論』巻47 (T29. 610c05-17, 610b10-12),『蔵顕宗論』巻25 (T29. 895c27-896a10, 895c16-18), ADV. (p. 238.7-9, p. 239.4-8) を参照。

318 AKBh. (p. 218.14-21).

319 AKBh. (p. 219.2-3):

āryair anadhyācaraṇaṃ hrīmattvāt tena ca smṛtināśāt. alpakasyāpy apānam aniyamād viṣavat.

聖者たちによって犯されることが無いのは、慚を持つからであり、またそれ（酒）によって念を失うからである。少量でも飲まないのは、〔酔う〕量が決定していないからである。毒のように。

320 AKBh. (p. 361.12-14):

anyeṣām apy asti pāryāyikaṃ satpuruṣatvam. pañcavidhasya pāpasyātyantam akaraṇasaṃvarapratilambhāt prāyeṇākuśalaprahāṇāc ca. yeṣāṃ tu niṣparyāyeṇa teṣām ihādhikāraḥ.

他〔すなわち預流と一来〕にも、異門としての善士性がある。〔なぜなら〕五種の悪〔すなわち殺生・不与取・欲邪行・虚誑語・飲酒〕を永久に作らない律儀（不作律儀）を獲るからと、多く不善を断じているからである。一方、不異門という点で、彼ら〔不還〕についてここで〔善士性を〕立てているのである。

AKVy. (p. 564.2-7):

anyeṣām apiti. srotaāpannasakṛdāgaminām apīty arthaḥ. **pāryāyikam** iti. paryāye bhavaṃ pāryāyikaṃ. kenacit prakāreṇa bhavatīty arthaḥ. katham ity āha. **paṃcavidhasya pāpasyātyaṃtam akaraṇasaṃvarapratilaṃbhād** iti. paṃcavidhasya pāpasya prāṇātipātādattādānakāmamithyācāramṛṣāvādamadyapānalakṣaṇasyākaraṇenākriyayā saṃvaraḥ saṃvaraṇam. tasya pratilaṃbhāt. na hy āryā janmāṃtare 'py etat paṃcavidhaṃ pāpam adhyācaraṃti.

「**他にも**」とは、「預流と一来にも」という意味である。「**異門としての**」とは、異門においてある (paryāye bhavaṃ)〔ということで、すなわち〕「異門としての (pāryāyikaṃ)」であり、「〔預流と一来にも、〕ある観点から〔善士性が〕ある」という意味である。【問】どのようにか。【答】「**五種の悪を永久に作らない律儀（不作律儀）を獲るから**」と答える。〔その意味は〕「殺生・不与取・欲邪行・虚誑語・飲酒を相とする五種の悪をなさない作らないという点で律儀〔つまり、これら悪の〕遮止があり、それを獲ているから」〔であり〕、なぜなら聖者たちは、他生においても、これら五種の悪を犯さないからである。

また、舟橋一哉［1954a: p. 272.2-8］は、不作律儀を処中無表に分類する。しかし、処中無表（非律儀非不律儀）であるとするならば、死没すれば必ず捨せられてしまうため、他生に輪廻した聖者にはその効力が切れてしまうことになる。ところが不作律儀の場合、輪廻を隔てて効力が持続すると認められている以上、これは無漏律儀であると考えるのが妥当である。処中無表の捨については AKBh. (p. 225.11-17) を、無漏無表の捨については AKBh. (pp. 224.20-225.2) を参照。『光記』巻 14 (T41. 228b16-17) もこれを無漏法による効果であるとする。

なお、AKBh. (pp. 217.20-218.1), AKVy. (p. 379.9-13),『順正理論』巻 38 (T29. 559c13-27),『蔵顕宗論』巻 20 (T29. 870c10-24), ADV. (pp. 127.17-128.10) では欲邪行が不作律儀によって遠離されると説かれ、AKBh. (p. 218.8-14),『順正理論』巻 38 (T29. 560a21-b01),『蔵顕宗論』巻 20 (T29. 871a18-27), ADV. (pp. 127.17-128.10) においては虚誑語が不作律儀によって遠離されると説かれている。

321 DNA. 5 (Vol. I, p. 305.18-22) :

ettha ca yo pañca sikkhāpadāni ekato gaṇhati, tassa ekasmiṃ bhinne sabbāni bhinnāni honti. yo ekekaṃ gaṇhati, so yaṃ vītikkamati, tad eva bhijjati. setughātaviratiyā pana bhedo nāma n' atthi, bhavantare pi hi ariyasāvako jīvitahetu pi n' eva pāṇaṃ hanati na suraṃ pivati.

またこのうち、五つの学処を一括して受ける者にとっては、一つでも破られればすべて破れる。一つずつ受ける者は、犯したものだけが破られる。ところが、「堤となり壊す離」には破れるということはない。なぜなら、他の生存においても聖弟子は、命に代えても決して生類を殺さず、酒を飲まない〔からである〕。

322『律註』において飲酒は世間罪 (lokavajja) であると定義されている。

VinA. (Vol. IV, p. 860.18) :

akusalen' eva pātabbatāya lokavajjatā ti.

不善〔心〕のみによって飲まれるので世間罪である。

また、KhpA. (p. 24.13-17) では、十戒を解説する中で前半五つ、すなわち五戒すべては性罪 (pakativajja) であると述べられている。なお、性罪 (pakativajja) という表現は、有部では多く見られるが、上座部ではほとんど用いられない。Mil. (p. 266.15-21) では、それら世間罪 (lokavajja) は不善業道であるとされる。

323 上座部では、殺生などからの「離」(virati) に、「現前からの遠離」「受持による離」「堤となり壊す離」という三種類のあり方を想定する。このうち「堤となり壊す離」は、聖者が不善法を断つことによって得られる「離」であるとされる。また、DhsA. (pp. 102.32-103.35) も参照。

DNṬ. 5 (Vol. I, p. 436.9-11) :

setu vuccati ariyamaggo, tappariyāpannā hutvā pāpadhammānaṃ samucchedavasena ghātanavirati **setughātavirati**.

堤とは聖道のことが言われている。それ（聖道）に属する者となり、諸々の悪法の正断（samuccheda）による破壊の離が、「**堤となり壊す離**」である。

324 Vin.（Vol. IV, p. 110.19–20）では飲酒学処について、酒だと気が付かないで飲んでしまった場合でも波逸提が適用されるとする。

Vin.（Vol. IV, p. 110.19–20）:

majje majjasaññī pivati, āpatti pācittiyassa. majje vematiko pivati, āpatti pācittiyassa①. majje amajjasaññī pivati, āpatti pācittiyassa.

酒を「酒である」という想いで飲めば、波逸提の犯罪である。酒を〔「酒かもしれない」と〕疑いながら飲めば、波逸提の犯罪である。酒を「酒ではない」という想いで飲めば、波逸提の犯罪である。

① PTS: *omit*, VRI: *add* āpatti pācittiyassa.

325 VinA.（Vol. IV, p. 860.18）.

326 ここで、律蔵は教団運営の規則であるから、論書などで説かれる教理とは無関係なのではないか、という疑問が生じるかもしれない。ところが阿毘達磨論師たちは、律蔵に説かれる善悪も、論書に説かれる善悪も、同一の基準ですべて解釈し得るという立場で註釈を施す。これについては拙稿（清水俊史［2013］）を参照。

327 事実、飲酒学処をめぐって、パーリ律の復註文献では極めて複雑な議論が展開されている。特にこれら復註文献では、業論に基づく善・不善・無記の理論によって律も解釈する傾向が著しく強くなるため、『律註』（VinA.）にある「不善心によって飲まれるので世間罪である」という一文と、パーリ律にある「酒であると知らずに飲んでも犯罪である」という一文とを合理的に会通する必要があったものと思われる。清水俊史［2013］を参照。

総　括

328 当然ながら、謝罪などの世俗的な行為によって過去の悪業が異熟をもたらすことなく滅してしまうことを両部派ともに想定している。この典型例は四無量心による業滅であり、煩悩の滅を前提としない世俗的な業滅であると後代の註釈家は理解している。

第五部　業論と聖典解釈

はじめに

第五部は、上座部と有部の発達した教理と、聖典に説かれている字義の間にある齟齬が、どのように解消されているのかについて考察する。

第一章と第二章は、仏弟子アングリマーラの伝承について考察を加える。第一章では、上座部註釈文献において初期経典に説かれる「アングリマーラ経」が、どのように上座部阿毘達磨の教理体系と整合性を持って会通されているのかを考察する。続く第二章では、有部におけるアングリマーラ伝承について考察する。従来の研究は上座部所伝の初期経典に重きを置くものが多かったが、本章では有部論書におけるアングリマーラを検討し、そこから有部伝承における特徴と教理的整合性との関係を明らかにする。

第三章は、上座部における宿作因論批判を考察する。特に初期経典中における態度と註釈文献の態度の違いに着目し、どのように初期経典が再解釈されているのかを考察する。

第四章は、上座部と有部における施餓鬼の構造を探る。従来の施餓鬼に関する研究では、藤本晃による研究が最も総合的なものであるが、『ミリンダ王の問い』および説一切有部における施餓鬼に関する考察が不十分である。そこでこの欠を補い、部派仏教における施餓鬼の構造を検討する。

第一章　上座部におけるアングリマーラ

問題の所在

本章の目的は、パーリ資料における「アングリマーラ経」を、特に上座部註釈文献を用いながら検討し、その教理的理解を探ることにある。パーリ上座部に伝わるアングリマーラ説話のあらすじは次のようなものである。

説話の主人公となるアングリマーラは、もともとアヒンサカという名前の婆羅門階級の青年であった。彼は技芸を体得するためにタッカシラーへ留学するが[1]、その優秀さゆえに周りから妬まれ、師にあらぬことを讒言されてしまう。それを信じてしまった師は、激怒してアヒンサカに復讐を決意する。この師は、“自ら手を下したのであれば、私の悪評が流れてしまう。このアヒンサカに凶行を命じておけば、そのうち誰かがこやつを始末してくれるに違いない”と考えて、彼に「千本の指を集めてこい」と命じる。

アヒンサカは、これを達成するために人々を殺害して指を切り取り、その指に糸を通して首輪にしていたので、アングリマーラ（指鬘）と呼ばれるようになった。最後の一本を得ようとして、ちょうど通りかかった母親に襲いかかろうとするが、ここで仏陀がアングリマーラと母親の間に割って現れる。アングリマーラは、標的を仏陀に変えて襲いかかるものの、仏陀の神通力に圧倒され、とうとう凶行を放棄して出家することを決意する。

そしてその後、出家したアングリマーラは修行に励んで阿羅漢果を得る。しかし阿羅漢となった後、アングリマーラが城内で托鉢をしていると、犯した凶行の報復として住民から石や棒を投げつけられ大怪我を負ってしまう。それを知った仏陀は、「地獄で受けるはずだった業を、現世で受けているのです」とアングリマーラに語りかける。

以上のような筋書きのアングリマーラ説話は、仏教徒の間で古くから親しまれてきた説話の一つであり、多くの異本が存在する[2]。また、学術的な関心からは、その劇的な内容から浮かび上がる「犯罪者でも出家し阿羅漢となり得るのか」「犯した悪業の報いを受けることなく阿羅漢となり解脱してしまったら、業果の必然性を破ることにならないか」「業は果報を生むことなく滅することがあるのか」などの問題点・疑問点を考察することで、仏教における業思想を解明する手がかりになるとして、数多くの研究が発表されている。

それらの成果によれば、本来のアングリマーラ説話の原型は、「殺人鬼アングリマーラが仏陀に教化され、出家して悟りを得た」という単純なプロットしか有していなかったが、上述の問題点・疑問点を合理的に説明するために様々な解釈が積み重ねられ、苦を受けて悪業を清算するプロットや、罪人を正当化するプロットが新たに増広されてきたことが指摘されている[3]。特にこの悪業の清算については、アングリマーラが呟く「悪趣に至る多くのこのような業をなして、業の異熟に触れられ、負債なき者になった」という偈中にある「業の異熟」をめぐって、上座部の註釈文献では「悪業の異熟」と「出世間の業の異熟」という全く正反対の二つの解釈が付されているが、そのどちらが偈本来の意味に近いかについても諸学者の間で意見が分かれている。

しかしながら、これまでの先行研究は、あくまでアングリマーラ説話を「初期経典」として扱い、その原意を探ることを目的としていた[4]。そのため、上座部阿毘達磨教理とアングリマーラ説話との整合性という点は、未だ十分に考察されていない。

これを受けて本章は、アングリマーラ説話を「初期経典」としてではなく「上座部文献」として扱い、上座部註釈家がアングリマーラ説話をどのように理解していたのかを考察する。そして結論として、上記で述べた問題点・疑問点に対する上座部註釈家の回答が、阿毘達磨教理に忠実に基づいていることを指摘したい[5]。

第一節　アングリマーラ関連資料の構造

まず本節では、パーリ資料におけるアングリマーラ説話のプロットを確認することで、検討方法を明確化させる。アングリマーラが登場する代表的資料として『中部』第86経と、『長老偈』第866-891偈と、およびこれらの註釈とを合わせて四つの説話がパーリ資料のうちに伝えられている。これらに説かれるプロットをまとめると以下の表のようになる。

	『長老偈』	『中部』	『長老偈註』	『中部註』
① 出産因縁物語。	—	—	○	○
② 師の妻に誘惑され、他の弟子に嫉妬される。[6]	—	—	○	○
③ 師に教唆されて人を殺し、指を集める。	—	—	○	○
④ 母を殺して、不足分を補おうとする。	—	—	○	○
⑤ 仏陀が現れ、仏陀を殺そうと襲いかかる。	○	○	○	○
⑥ 仏陀が神通力をアングリマーラに示現する。	○	○	○	○
⑦ その結果、アングリマーラは出家する。	○	○	○	○
⑧ パセーナディ王と会う。	—	○	—	○
⑨ 女が難産に苦しむ。	—	○	—	○
⑩ アングリマーラの誓言により、女は安産する。	—	○	—	○
⑪ 不放逸に励み、阿羅漢果を得る。[7]	△	○	○	○
⑫ アングリマーラが城内で迫害され苦受を被る。[8]	△	○	○	○
⑬ 仏陀に「地獄で受けるはずの業の異熟を、現世で受けている」と説法される。	—	○	○	○
⑭ アングリマーラが回顧録的な偈を唱える。[9]	○	○	○	○

ここで重要となるのは、アングリマーラが阿羅漢果を得るプロット⑪と、アングリマーラが迫害を受けて仏陀が説法するプロット⑫⑬である。この部

分の註釈に、本章が明らかにしようとする、阿羅漢果と業滅の関係、そして解脱した後に被った苦受に関する解釈が含まれている。

そこで本章では、次の第二節においてプロット⑪に対する上座部解釈を検討することで、アングリマーラの犯した悪業と阿羅漢果の関係に着目し、大量殺人の悪業を犯した者であっても聖道を証得することができるのか、この悪業はどのように消滅させられたのかという疑問点を考察する。続く第三節においては、三時業や業障などを中心に検討を加えながら、「アングリマーラ経」に対する註釈がこれら上座部阿毘達磨の法相を考慮したものである点を指摘する。そして第四節と第五節においては、阿羅漢となったアングリマーラが迫害されて苦受を被る箇所（プロット⑫⑬）と、これまでの自らの行いを回顧する箇所（プロット⑭）とを考察して、上座部註釈家にとってこの苦受が如何なるものであったのかを明確にしたい。

第二節　アングリマーラの阿羅漢果と業滅

第一節において示したプロットから明らかなように、上座部に残る伝承では、アングリマーラは数々の悪事を犯したのにもかかわらず、その報いを受ける前に阿羅漢果を得ている。そこで本節では、上座部註釈家の見解を通して、阿羅漢果を得ることに対して悪業が妨げとならなかったのか、輪廻の原因となるはずの悪業はどの時点でどのように消滅させられたのかという点について考察する。

この考察に先立って論点を明確化させるために、有部教理と比較しながら上座部の業理論の特徴について述べておく必要がある[10]。第一に、有部は五無間業以外にも異熟果の取り消しが効かない定業と呼ばれる概念を有しているのに対して、上座部はこのような概念を有せず五無間業以外の業であればその異熟果を取り消せると理解している。第二に、有部も上座部も、業が来世を生み出すためには煩悩という助縁が必要であると理解している。すなわち、見所断煩悩を断てば悪趣に導くはずだった業はその助縁を失って有情を悪趣に導けなくなり（預流の不堕悪趣）、一切煩悩を断ずればいくら業が残っていてもそれらは来世を生み出せなくなる（阿羅漢の般涅槃）。しかし有部の場合には、定業の異熟果は取り消せないため、この定業が五無間業と同様の働きをして、修行階梯の進展に対して障害となる場合がある。たとえば、来世を生む定業は、たとえそれが善業であっても阿羅漢果を得ることに対して障害となる。なぜなら、阿羅漢に来世は存在しないからである。この場合には、その定業の異熟を先に受けきって清算してからでなければ、上位の修行階梯には進めないと有部は理解するのである。一方の上座部では、このような定業の教理を有していないために、五無間業を除いて修行階梯の障害となる業は存在せず[11]、煩悩を断ずればそれに応じて業も来世を生み出す能力を失う。

仮にこの上座部教理の原則を「アングリマーラ経」に当てはめるのであれば、アングリマーラの犯した大量殺人の悪業は、それが五無間業でない以上、預流果や阿羅漢果を得ることに対して障害とはならず、預流果を得た時点で悪趣を生み出す能力を失い、阿羅漢果を得た時点で来世を生み出す能力をすべて失うはずである[12]。

本節は、この教理の原則が経典註釈においても確認されるかどうかを検証していく。そこで、アングリマーラが阿羅漢果を証得したときに呟いた偈と伝承される、プロット⑪に含まれる『長老偈』第871偈と第872偈の二つ（および『中部』と『ダンマパダ』におけるその相当偈[13]）を考察する。

第一項　『長老偈』第871偈相当資料の検討

まず、『長老偈』第871偈（およびその並行偈）を検討し、アングリマーラの阿羅漢果証得に対する上座部註釈家の理解を考察する。偈には次のように説かれる。

Therag. 871; Dhp. 172; MN. 86 (Vol. II, p. 104.21-22):

yo ca[14] pubbe pamajjitvāna pacchā so na ppamajjati,
so 'maṃ lokaṃ pabhāseti abbhā mutto 'va candimā.
以前に放逸であっても、後に放逸でなくなった者は、この世間を照らす。

あたかも雲から離れた月のように。

後代の諸註釈は、この偈を煩悩の断滅と関連させて解釈している。『中部』第86経に含まれる上記相当偈について、ブッダゴーサによる註釈（MNA.）とダンマパーラによる復註（MNṬ.）は、次のように説明している。

MNA. 86（Vol. III, p. 340.5-10）:

abbhā mutto ti desanāsīsamattam etaṃ abbhā mahikā dhūmo rajo rāhū ti. imehi pana upakkilesehi mutto candimā idha adhippeto. yathā hi evaṃ nirupakkileso candimā lokaṃ pabhāseti. evaṃ pamādakilesavimutto appamatto bhikkhu imaṃ attano khandhāyatanadhātulokaṃ pabhāseti, vigatakilesandhakāraṃ[15] karoti.

「**雲から離れた**」とは、これは説明を主にしたものである。雲・霧・煙・塵・月食という、これらの汚れを離れた月というのが、ここでの意趣である。すなわち、まさに汚れの無い月が世間を照らすように、放逸の煩悩から解脱した不放逸なる比丘が、自己のこの蘊・処・界の領域（loka）を照らし、煩悩の暗闇を打ち払うのである。

MNṬ. 86（VRI: Vol. III, p. 156.24）:

pamādakilesavimutto ti pamādahetukehi sabbehi kilesehi vimutto.

「**放逸の煩悩から解脱した**」とは、「放逸という原因を持つすべての煩悩から解脱した」〔という意味〕である。

すなわち、偈に含まれる「放逸でなくなった」（na ppamajjati）の部分を、註釈者たちは「すべての煩悩から解脱した」と解釈していることから、偈中の主体は有学の段階のアングリマーラではなく、解脱し阿羅漢になったアングリマーラであることが解る。同じく『長老偈』第871偈に対するダンマパーラ註（TheragA.）も、次のように述べて不放逸を重視し、それを三明・六神通に結びつけている。

TheragA. 871（Vol. III, p. 59.17-23）:

yo puggalo gahaṭṭho vā pabbajito vā kalyāṇamittasaṃsaggato pubbe pāpamittasaṃsaggena vā attano vā paṭisankhānābhāvena pamajjitvā sammāpaṭipattiyam[16] pamādaṃ āpajjitvā, pacchā kalyāṇamittasaṃsaggena yoniso ummujjanto na ppamajjati, sammā paṭipajjati[17], samathavipassanaṃ anuyuñjanto tisso vijjā cha abhiññā pāpuṇāti, so abbhādīhi mutto cando viya okāsalokaṃ attanā adhigatāhi vijjābhiññāhi imaṃ khandhādilokaṃ 'va[18] obhāsetī ti.

在家者であれ出家者であれ、善友と交際するより以前に悪友と交際することによって、あるいは自らの思慮の欠如によって放逸になり、正しく実践せずに[19]放逸に沈む。後に善友と交際することによって正しく浮揚すれば、放逸にならず、正しく実践し、止観に専心し、三明・六神通を得る。そのような者は、雲などから離れた月が器世間を〔照らす〕如く、自ら証得された〔三〕明と〔六〕神通によって蘊などの領域（loka）をまさに照らすのである。

よって、不放逸が三明・六神通を成就する原動力とされており、やはり偈中の主体はすでに三明・六通を得て阿羅漢となったアングリマーラであることが解る。さらに別の偈（『長老偈』第883-884偈）の註釈部においても[20]、不放逸が道果を得て三明・六通を成就する原動力として重視され、「かつての自らの放逸に叱責を向け、不放逸の実践を称賛し、他の者たちの努力を生じさせる」ために語ったものと理解されている[21]。

以上、『長老偈』第871偈とその並行偈に対する諸註釈から、⑴不放逸がすべての煩悩を断じて三明・六通を成就するための原動力として非常に重視されていたこと、⑵アングリマーラが阿羅漢となれたのは世尊のもとで不放逸に励んだからであり、大量殺人の悪業が得果の妨げになっているという解釈は見られないことの二点が確認される[22]。

第二項　『長老偈』第872偈相当資料の検討

続いて、第一項において検討した『長老偈』第871偈の直後に置かれている『長老偈』第872偈（およびその並行偈）を通して、アングリマーラの悪業がどのように消滅したのかという"業滅"について考察する。偈には次のようにある。

Therag. 872；Dhp. 173；MN. 86（Vol. II, p. 104.23-24）:

yassa pāpaṃ kataṃ kammaṃ kusalena pithīyati,

so 'maṃ lokaṃ pabhāseti abbhā mutto 'va candimā.

かつてなされた悪業が善によって遮られた者は、この世間を照らす。あたかも雲から離れた月のように。

この偈には、業滅に深く関わる「かつてなされた悪業が善によって遮られた者は」という一文が含まれている。本偈においては pāpa と対立する語として puñña ではなく kusala の語が用いられている。初期経典に現れる善・悪を表現する語の研究によれば[23]、puñña と pāpa は世間的な有漏の善悪を意味し[24]、出世間的な無漏の善を意味する場合には kusala が用いられるとされる[25]。したがって、この『長老偈』第 872 偈（およびその並行偈）が成立した時点においても、この善（kusala）という語には、後世で言われるところの出世間的な無漏の善業が意趣されていたと考えられる[26]。この理解は註釈文献においても引き継がれる。

まず、『ダンマパダ』に含まれる当該偈（Dhp. 173）に対して、註釈は次のように善（kusala）を説明している。

DhpA. 173（Vol. III, p. 170.12）:

tattha **kusalenā** ti arahattamaggaṃ sandhāya vuttaṃ.

そのうち「**善によって**」とは、阿羅漢道について説かれている。

すなわち、善（kusala）とは阿羅漢道のことであり、この阿羅漢道によって悪業を遮ったと理解されている。これと同一の理解は、『中部』第 86 経に含まれる当該偈へのブッダゴーサ註（MNA.）においても確認される。

MNA. 86（Vol. III, p. 340.11-12）:

kusalena pithīyatī[27] ti maggakusalena pithīyati.[28] appaṭisandhikaṃ karīyati.

「**善によって遮られた**」とは、「道の善によって遮られた、〔すなわち〕不結生のものになった」〔という意味〕である。

この解釈は、本節冒頭で述べた「全煩悩を断ずることで業は来世を生み出せなくなる」という上座部教理に忠実に従っており、ダンマパーラによる復註（MNṬ.）においても踏襲されている。

MNṬ. 86（VRI: Vol. III, p. 156.25）:

pāpassa pidhānaṃ nāma avipākadhammatāpādanan ti āha “**appaṭisandhikaṃ kariyatī**” ti.

「悪の捨断と呼ばれる無異熟の状態を引き起こした」と言わんとして、**「不結生のものになった」**と〔述べたのである〕。

悪業が結生をなさないことを「無異熟の状態を引き起こした」と言い換えている。この無異熟の状態とは既有業（ahosikamma）のことに他ならない[29]。したがって、ブッダゴーサとダンマパーラの理解によるアングリマーラの業滅とは、「アングリマーラが阿羅漢となって煩悩が断たれたことにより、縁を失った悪業が異熟する力を失い既有業になった」ということである。

また、『長老偈』に収載される当該偈に対しても、その註釈（TheragA.）においてダンマパーラは、以上の理解をまとめたような説明を加えている。

TheragA. 872（Vol. III, p. 59.24-26）:

yassa puggalassa katūpacitaṃ pāpakammaṃ kammakkhayakarena lokottarakusalena avipākārahabhāvassa āharitattā vipākuppādane[30] dvārapidhānena pithīyati thakīyati.

ある人の、かつてなされ積み重ねられた悪業が、業の滅尽をなす出世間の善によって、無異熟に相応した状態がもたらされたので、異熟の生起において門を遮蔽することによって遮られ塞がれるのである。

したがって、諸註釈の見解は統一がとれており、「出世間の善たる阿羅漢道によって、アングリマーラは悪業を遮った」と考えている。さらにこの「悪業を遮った」とは、「不結生がなされた」および「無異熟の状態を引き起こした」と同義であると理解されている。

また、このような出世間の善に対する註釈家の理解は、上座部の阿毘達磨教理からも確認することができる。上座部では、業の持つ機能を四種（令生・支持・妨害・破壊）に分類し、そのうちの“他業を異熟しないように破壊してしまう業（破壊業）”こそが、アングリマーラの起こした出世間の善にあたると説かれている。

ANA. iii, 33（Vol. II, p. 218.14-25）:

upaghātakaṃ pana sayaṃ kusalam pi akusalam pi samānaṃ aññaṃ dubbalakammaṃ ghātetvā tassa vipākaṃ paṭibāhitvā attano vipākassa okāsaṃ karoti. evaṃ pana kammena kate okāse taṃ vipākaṃ uppannaṃ nāma vuccati. upacchedakan ti pi etass' eva nāmaṃ. ……. tattha ajātasattuno kammaṃ kusalacchedakaṃ ahosi, aṅgulimālattherassa akusalacchedakan ti.

そして、破壊〔業〕は、自らは善であれ不善であろうとも、他の力の弱い業を破壊して、そ〔の力の弱い業〕の異熟を排けて、自らの異熟の機会をつくる。また、このように業によって〔異熟の〕機会がつくられれば、その異熟は生起すると言われる。これは断絶業とも呼ばれる。……。そのうち、アジャータサットゥの〔不善〕業は善業を断ち切るものであり、アングリマーラ長老の〔善業は〕不善業を断ち切るものである。

すなわち、アングリマーラの起こした出世間の善業（阿羅漢道の思）によって、不善業は断ち切られてしまい異熟する能力を失ったと理解されている。このように上座部註釈家の理解に基づけば、大量殺人の悪業を犯したアングリマーラのような殺人鬼であっても、不放逸に修行に励んで阿羅漢果を得れば、その悪業は阿羅漢果という善によって消滅させられてしまうのである。

第三項　まとめ

以上、第二節では、アングリマーラの阿羅漢果と業滅について考察した。『長老偈』第871偈とその並行偈に対して註釈家たちは、「不放逸に励んで阿羅漢果を得ることで、その者の煩悩が打ち払われた」と理解しており、続く『長老偈』第872偈とその並行偈に対しては、「出世間の善たる阿羅漢道によって、悪業を遮り、不結生がなされた」と理解している。したがって、この連続する両偈の註釈から、「阿羅漢道という出世間の善によって、煩悩という助縁が断たれることで、業は来世を生み出す力を失ってしまった」という「煩悩滅→業滅」の関係が読み取れ[31]、この関係は、上座部阿毘達磨の修道論における業滅と全く同一機軸である[32]。

また、ここでブッダゴーサが「不結生」という点から業滅を説明していることは、「阿羅漢には来世が無い」という点から業滅が起きていることを意味している。この説明は、阿羅漢となった後にアングリマーラが被った苦受の原因を教理的に解説する上で重要な伏線となっている。すなわち、来世の結生をそもそも生み出せない順現法受業は、阿羅漢道による業滅の対象ではないということである。

第三節　大量殺人の悪業と、無間業に対する配慮

前節において、アングリマーラが阿羅漢果を得た際に呟いたとされる偈を、上座部註釈文献に基づきながら考察した。上座部註釈家はアングリマーラの得果に対して、「阿羅漢となることでこれまで犯してきた悪業が来世を生み出せなくなった」と述べるのみで、その中に悪業が得果の妨げになっていたり、得果する前に悪業を清算していたという解釈は見られなかった。

このような、アングリマーラの犯した重大な悪業が、阿羅漢道によって一気に既有業に転換させられてしまったという註釈家の理解は、一見不合理に感じられるかもしれない。たとえば、有部では業は負債に譬えられ、五無間業以外であっても、重大な異熟をもたらす業については修行階梯の進展に対して“業障”と同じ働きをする場合があり、それらについては得果する前に清算する必要があることが説かれている。これを受けて本節では、阿毘達磨の教理を踏まえながら、上座部註釈家たちがアングリマーラの犯した悪業をどのように理解していたのかを考察して、前節までの結論を補強する。

第一項　三時業・三障・五障害の定義

まず、「アングリマーラ経」を考察する前に、上座部阿毘達磨における三時業・三障・五障害の教理を確認する。上座部は、現世で異熟する順現法受業、来世で異熟する順次生受業、来世以降のいつかに異熟する順後次受業という三時業の他に[33]、これら諸業が縁を欠くことで異熟しなくなった状態の業（既有業）を想定する。ここで重要なことは、定業/不定業の概念を持つ有部の解釈と異なり、上座部では順現法受業・順次生受業・順後次受業の三

つとも、もはや異熟しない状態（既有業）に転換させることが可能な点である[34]。よって、上座部においては、五無間業以外の業が“業障”と同じ働きをして聖道を妨げることはなく[35]、聖道を妨げる“業障”はあくまで五無間業のみである。“業障”とは三障（業障・煩悩障・異熟障）のうちの一つであり、この三障のうちいずれか一つでも該当する者は、今生では聖道（正性決定）に入ることが不可能とされる。『清浄道論』において三障（āvaraṇa）は次のように定義される。

Vis.（p. 177.10–14）:

ye ca te sattā kammāvaraṇena vā samannāgatā kilesāvaraṇena vā samannāgatā vipākāvaraṇena vā samannāgatā asaddhā acchandikā duppaññā abhabbā niyāmaṃ okkamituṃ kusalesu dhammesu sammattan ti vuttā, tesam ekassā p' ekakasiṇe pi bhāvanā na ijjhati. tattha kammāvaraṇena samannāgatā ti ānantariyakammasamaṅgino. kilesāvaraṇena samannāgatā ti niyatamicchādiṭṭhikā c' eva ubhatovyañjanakapaṇḍakā ca. vipākāvaraṇena samannāgatā ti ahetukadvihetukapaṭisandhikā.

「業障を具し、あるいは煩悩障を具し、あるいは異熟障を具して、信なく、意欲なく、悪慧な者は、善法において正性決定に入ることは不可能な有情である」と〔Vibh.（p. 341.38–41）において〕説かれている。その彼らのうち一人として一遍においてすらも修習を達成しない。そのうち、「業障を具し」とは、無間業を具している者たちである。「煩悩障を具し」とは、決定邪見者と、両性者と黄門である。「異熟障を具し」とは、無因〔結生者〕と二因結生者である。

したがって、五無間業を犯した者は、来世に必ず地獄に堕ちることが決定しているため、その生涯の間に聖者になることはできない（業障）。そして、強力な邪見などの煩悩を抱いてしまった者にとってはその煩悩が聖道を得る妨げとなり（煩悩障）、無貪・無瞋・無痴の三因が先天的に具わっていない者（無因結生者・二因結生者）には聖道を得る資質がないとされる（異熟障）。また、この三障と同趣旨が、業・煩悩・異熟・非難・命令違反という五障害（antarāyika）の定義からも確認することができる。

MNA. 22（Vol. II, p. 102.22–34）:

saggamokkhānaṃ antarāyaṃ karontī ti **antarāyikā**. te kammakilesavipākaupavādaāṇāvītikkamavasena pañcavidhā. (1) tattha pañcānantariyadhammā kammantarāyikā nāma. tathā bhikkhunīdūsakakammaṃ, taṃ pana mokkhass' eva antarāyaṃ karoti, na saggassa. (2) niyatamicchādiṭṭhidhammā kilesantarāyikā nāma. (3) paṇḍakatiracchānagataubhatobyañjanakānaṃ paṭisandhidhammā vipākantarāyikā nāma. (4) ariyūpavādadhammā upavādantarāyikā nāma, te pana yāva ariye na khamāpenti, tāvad eva, na tato paraṃ. (5) sañcicca vītikkantā satta āpattikkhandhā āṇāvītikkamantarāyikā nāma. te pi yāva bhikkhubhāvaṃ vā paṭijānāti, na vuṭṭhāti vā, na deseti vā, tāvad eva, na tato paraṃ.

〔生〕天と解脱にとって障害をなすので**"障害"**（antarāyika）である。それらは、(1) 業、(2) 煩悩、(3) 異熟、(4) 非難、(5) 命令違反により五種類ある。(1) このうち、五無間法が、業障害といわれる。同様に、比丘尼を汚す業も、解脱にとって障害をなすが、〔生〕天にとって〔障害をなさ〕ない。(2) 決定邪見法が、煩悩障害といわれる。(3) 去勢者・動物・両性具有者の結生法が、異熟障害といわれる。(4) 聖者を非難する法が、非難障害といわれる。しかし、これらは聖者に謝罪しない間であり、その後には〔障害となら〕ない。(5) 七罪聚という故思の違反が、命令違反障害といわれる。これらも比丘であることを自称する、あるいは出罪しない、あるいは告白しない間であり、その後には〔障害となら〕ない。

ここでの (1) 業障害の定義を見ると、五無間業の他に比丘尼に乱暴を働く業も、聖道に対して障害をなすと理解されている。また、(4) 非難障害や (5) 命令違反の場合には、その障害を取り除くための謝罪などといった条件が記載されているが、(1) 業障害と (2) 煩悩障害、(3) 異熟障害の場合にはこの条件が記載されていない。

したがって、以上の法相に従えば、㈠ 三障・五障害に該当する者は現世で聖道を得られないこと、㈡ この三障・五障害のうち業に関するものとして、五無間業と比丘尼に乱暴を働く業とを犯した者だけが、何があろうともその生涯のうちに聖道を得ることはできないこと、㈢有部のような定業の概念を上座部は持っていないため、これ以外の業であれば聖道に対して妨げにはならないこと、の三点が確認される。

第二項　五無間業と大量殺人の悪業

続いて、「アングリマーラ経」に対する解釈を検討する。前項において確認した上座部教理を字義通りに受け取ると、解脱という観点からすれば、五無間業と比丘尼に乱暴を働く業とを犯してさえいなければ、たとえ大量殺人の悪業を犯していたとしても現世の間に聖道を得る可能性は残されていることになる。逆に、たとえそれが一つの悪業であっても五無間業を犯すことは、その生涯において聖道を得る可能性を根絶させてしまう。「アングリマーラ経」の註釈では、この上座部教理に基づいていると考えられる箇所がある。

まず、アングリマーラが五無間業を犯していない点に関心を払っている箇所を検討する。これが問題となるのは、第一節において挙げたプロット④に対する註釈部である。この箇所では、アングリマーラが大量殺人を犯していると知った母親がその蛮行をやめさせるために息子を探しに出かけ、母を遠くから見つけたアングリマーラが千本目の指を集めるために母親に襲いかかろうとする。それを観察した仏陀は次のように考えたと伝承されている。

MNA. 86（Vol. III, p. 331.11–18）:

taṃ divasañ ca bhagavā paccūsasamaye lokaṃ olokento aṅgulimālaṃ disvā: "mayi gate etassa sotthi bhavissati, agāmake araññe ṭhito catuppadikaṃ gāthaṃ suṇitvā, mama santike pabbajitvā cha abhiññā sacchikarissatī ti. sace na gamissāmī mātari aparajjhitvā anuddharaṇīyo[36] bhavissati karissāmi 'ssa saṅgahan" ti pubbaṇhasamayaṃ nivāsetvā piṇḍāya pavisitvā katabhattakicco taṃ saṅgaṇhitukāmo vihārā nikkhami.

その日、世尊は、暁近くに世間を見渡しつつアングリマーラを見て、「私が行けば、彼に安穏があるだろう。人気のない森で、四句からなる偈を聞き、私の傍らで出家して、六神通を作証するだろう。もし私が行かなければ、母に危害を加え、救い上げることができなくなる。私は彼を愛護しよう」と〔考えて〕、午前中に、内衣を纏い、乞食のために入り、食事の所作を終え、彼を愛護しようと精舎から出発した。

すなわち、アングリマーラが母を害した場合には、五無間業を犯したことになって“業障”に該当してしまうため、こうなってしまっては仏陀といえどもアングリマーラを救い上げられなくなる。この註釈によれば、そのような事態に陥ることを回避するために、仏陀は精舎から出発してアングリマーラのもとに行ったのである、と理解されている。これと同じ理解は『長老偈註』においても確認することができる。

TheragA.（Vol. III, p. 56.23-29）:

bhagavā “ayaṃ ‘aṅgulimālaṃ ānessāmī’ ti gacchati — sace sā āgamissati aṅgulimālo ‘aṅgulisahassaṃ pūressāmī’ ti mātaram pi māressati. so ca pacchimabhaviko. sacāhaṃ na gamissāmi mahājāni abhavissā” ti ñatvā pacchābhattaṃ piṇḍapātapaṭikkanto sayam eva pattacīvaraṃ gahetvā aṅgulimālaṃ uddissa tiṃsayojanikaṃ maggaṃ pādasā ’va paṭipajjamāno antarā magge gopālakehi vāriyamāno pi jālinaṃ vanaṃ upagañchi.

世尊は、「彼女は“アングリマーラを連れてこよう”と言って出かけたが、もし彼女が到着すれば、アングリマーラは“千本目の指を満たそう”と母でさえ殺してしまうだろう。しかし、彼は最後生者である。もし私が行かなければ、大きな損失になるだろう」と考えて、食後に托鉢から戻ると、自ら鉢と衣を携え、アングリマーラに向かって三十ヨージャナの道のりを徒歩で歩いていき、道の途中で放牧者たちに止められつつもジャーリンの森に近づいた。

このように、註釈に残される因縁譚に従う限り、仏陀はアングリマーラに母親殺しの五無間業を犯させないようにするために教化に向かったのであり、大量殺人の悪業については全く等閑視されている。

この理解は、アングリマーラが出家を決意するエピソード（プロット⑦）からも確認することができる。そこでは、アングリマーラから出家を乞われた仏陀が、彼がこれまで犯してきた業を観察し、解脱する資質が彼に具わっていることを確認する旨が説かれている。

TheragA. 870（Vol. III, pp. 58.34–59.5）:

evaṃ tena pabbajjāya yācitāya sattā tassa purimakammaṃ olokento ehibhikkhubhāvāya hetusampattiṃ disvā, dakkhiṇahatthaṃ pasāretvā "ehi bhikkhu, svākkhāto dhammo, cara brahmacariyaṃ sammā dukkhassa antakiriyāyā" ti āha. sā eva ca tassa pabbajjā upasampadā ca ahosi.

このように、彼によって出家が乞われたので、師は彼の過去の業を見て、「来なさい比丘よ」〔と世尊に言われて出家が成立する〕者となるための因が成就したのを見て、右手を伸ばして「来なさい比丘よ、法は善く説かれました。完全に苦を終わらせるために、梵行をなしなさい」と言った。まさにこれが彼の出家であり、受戒であった。

ここでの「過去の業」とは、もちろんアングリマーラが犯してきた大量殺人の業も含まれている。したがって、上座部註釈家は大量殺人の悪業について、それが修行の妨げになるとは理解していない。

第三項　まとめ

このように上座部註釈家たちは、阿羅漢果証得に対して過去に犯してきた大量殺人の悪業が障害になるとは考えていない。註釈に残された因縁譚では、これら悪業の問題は等閑視されており、これとは対照的に、母殺しの無間業を犯していないことがトピックとして重要視されている。このような註釈態度を可能にする背景には、説一切有部のような定業の概念を持たず、基本的に無間業以外のすべての業を無異熟化させることが可能とする上座部教理があると考えられる。

第四節　アングリマーラの苦受

これまでに、殺人鬼アングリマーラが教化され阿羅漢果を得るまでのプロットを考察して、初期経典に対する註釈家の解釈が、全く上座部阿毘達磨に則っている点を指摘した。それによれば、アングリマーラが犯した悪業は、阿羅漢果を得るための障害とはならず、阿羅漢道という出世間の善業（無漏の善業）によって無異熟化されてしまったと註釈されている。

しかしながら、この大量殺人の悪業は、無余依涅槃に対して障害となり最後生の間に清算が必要となる可能性は残されている。というのも、プロット⑫⑬では、「アングリマーラは、阿羅漢果を得た後に、来世で受けるはずだった悪業の報いを現世で受けた」と説かれているからである。ところが、この一文を字義通りに受け入れることは、「業の異熟する時期は変更不可能」とする上座部教理と矛盾を起こしてしまう。これを受けて本節では、阿羅漢果を得た後にアングリマーラが悪業の報いを受けるプロット⑫⑬に関する、上座部註釈者の解釈を検討する。

第一項　業の転換と苦受

まず本項では、プロット⑫⑬の考察を通して、アングリマーラの被った苦受を上座部註釈家たちがどのように理解していたのかを検討する。このうちプロット⑫は、阿羅漢果を得て業を滅尽したはずのアングリマーラが城内で人々から棒や土塊を投げつけられて大怪我を負ってしまう筋書きであり、続くプロット⑬は、大怪我を負って戻ってきたアングリマーラを見て、世尊が「婆羅門よ、あなたは耐えなさい。数年、数百年、数千年もの間、地獄で受ける業の異熟を、あなたはまさに現世で受けているのです」と語りかけるという筋書きである。

この部分について榎本文雄［1989: p. 9.9–10］は、地獄で受けるはずの悪業の苦果を現世で受けることによって、報いを先取りしていると指摘している。藤本晃［2000a: p. 163 註 9］は、「悪業の「先取り」というよりも、アラカン果を得るに至る、より強力な善業によってこれまでの悪業から生じるはずの果報を消し去ったと解釈するほうが自然」と指摘している。一方で平岡聡［2008: p. 20.9–15］は、アングリマーラの受ける苦果について、南伝北伝の諸経典に相当な差異が見られ、苦果を受けるプロット自体を欠く資料もあることから、このような「苦果を受けることによって悪業を清算する」という思想が後世の付加であることを指摘している。まず、問題となる箇所の経典本文には次のようにある。

MN. 86（Vol. II, p. 104.13–17）:

"adhivāsehi tvaṃ, brāhmaṇa, adhivāsehi tvaṃ, brāhmaṇa. yassa kho tvaṃ[37] kammassa vipākena bahūni vassāni bahūni vassasatāni bahūni vassasahassāni niraye pacceyyāsi tassa tvaṃ, brāhmaṇa, kammassa vipākaṃ diṭṭhe va dhamme paṭisaṃvedesī" ti.

「婆羅門よ、あなたは耐えなさい。婆羅門よ、あなたは耐えなさい。婆羅門よ、数年、数百年、数千年もの間、地獄で煮られたであろうその業の異熟を、あなたはまさに現世で受けているのです」と。

この『中部』第86経の文脈では、アングリマーラの犯した悪業は、来世で受けるはずの報いを現世で先取りして受けることによって清算されているように読める[38]。しかし上座部教理では、業を無異熟の状態に転換することは可能であっても、異熟する時期を変更することは不可能と定めるため、"来世で受けるはずの異熟を現世で先取りする"という「業果の先取り」を教理的に容認することができない[39]。

この部分に対して註釈は、上座部教理と矛盾が起こらぬように巧みな再解釈を施している。まず、ブッダゴーサによる註釈は次のように述べ、ここで受けている苦果とは、現世で異熟を受けるべき順現法受業の異熟であるとする。

MNA. 86（Vol. III, pp. 339.7–340.2）:

yassa kho tvaṃ[40] **kammassa vipākenā** ti idaṃ[41] sabhāgadiṭṭhadhammavedaniyakammaṃ[42] sandhāya vuttaṃ. kammam hi kayiramānam[43] eva tayokoṭṭhāse pūreti. sattasu cittesu kusalā vā akusalā vā paṭhamajavanacetanā diṭṭhadhammavedaniyakammaṃ[44] nāma hoti. taṃ imasmiṃ yeva attabhāve vipākaṃ deti. tathā asakkontaṃ ahosikammaṃ, nāhosi kammavipāko, na bhavissati kammavipāko, n' atthi kammavipāko ti imassa tikassa vasena ahosikammaṃ nāma hoti. atthasādhikā sattamajavanacetanā upapajjavedaniyakammaṃ nāma. taṃ anantare attabhāve vipākaṃ deti, tathā asakkontaṃ vuttanayen' eva ahosikammaṃ nāma hoti. ubhinnam antare pañcajavanacetanā aparapariyāyavedaniyakammaṃ[45] nāma hoti. taṃ anāgate yadā okāsaṃ labhati tadā vipākaṃ deti. sati saṃsārappavattiyā ahosikammaṃ nāma na hoti. therassa pana upapajjavedaniyañ ca aparapariyāyavedaniyañ cā ti[46] imāni dve kammāni kammakkhayakarena arahattamaggena samugghātitāni, diṭṭhadhammavedaniyaṃ atthi taṃ arahattaṃ pattassā[47] pi vipākaṃ deti yeva. taṃ sandhāya bhagavā **"yassa kho tvan"** tiādim āha.

「**その業の異熟を、あなたは**」とは、これは同類の順現法受業について言われたのである[48]。なぜなら、つくられる業は三種類を満たしている。七心における善あるいは不善の第一速行思が順現法受業と名付けられる。それはまさに現世における自体（生涯）に異熟を与える。そのような〔異熟を引く〕力のないものは既有業である。「業の異熟は生じなかった」「業の異熟は生じないだろう」「業の異熟は生じない」というこの三つの効力により既有業と名付けられるのである。目的を成就する第七の速行思が順次生受業と名付けられる。それは続く次世における自体（生涯）に異熟を与える。そのような〔異熟を引く〕力のないものは、すでに述べた規定により、既有業と名付けられる。両者の間にある五つの速行思が順後次受業と名付けられる。それは未来に機会を得るときに異熟を与える。輪廻の生起があるならば、既有業というものは生じない。しかし、〔アングリマーラ〕長老の順次生受と順後次受というこれら二つの業は、業の滅尽をなす阿羅漢道によって破壊されている。順現法受はあり、それは阿羅漢果を得た者にも異熟を与える。それについて世尊は「**あなたは**」云々と仰ったのである。

これに従えば、アングリマーラの受けた業の異熟は順現法受業のものであり、阿羅漢道によって既有業の状態（異熟する能力を失った状態）になったものは順次生受業と順後次受業の二つであるということになる[49]。この解釈は、修道論に基づく業滅理解と[50]、異熟する時期の変更を認めない業理論に極めて忠実である[51]。

しかし一方で、このような「アングリマーラの苦受は順現法受業によるものである」という解釈は、経典の字句と齟齬を起こしてしまっている。なぜなら、経典には本来ならば地獄で受けるはずだった業の異熟を現世で受けていると説かれているので、やはり字義通りに読めばこの業とは順現法受ではなく順次生受である。この箇所の註釈は七速行に基づく上座部教理を前提としており極めて複雑である。そこで、この註釈の意図を正確に把握し、上座部にとってアングリマーラの苦受が如何なるものであったかを理解するために、次項ではアングリマーラが犯した悪業を法相的に分析する。

第二項　アングリマーラの悪業と苦受

本項では、上座部における造業理論に基づきながら、アングリマーラが犯した悪業を法相的に分析する[52]。上座部では、心所法の思だけが業であるとされるが、より具体的にいうと、心が速行（javana）と呼ばれる主体的意志活動をなすときの思だけが善悪業になり得る。さらに、速行は必ず七心刹那連続して生じるとされるので、何か主体的意志活動をなす場合には、最低でも合計七つの速行の思（業）が生じていることになる。連続して主体的意志活動をなす場合には、活動を続ける分だけ上記の七速行がセット単位で生起し続ける必要がある。身語業をなす場合にも、この速行によって身語の動作が引き起こされることから、この七速行のセットが連続して生じ続けることで継時的な行動が維持される。この七速行のセットのうち、第一速行思が順現法受業に、第二速行から第六速行までの五つの思が順後次受業に、第七速行思が順次生受業になる。

このような造業理論を踏まえると、アングリマーラが犯した大量殺人には、それを成立させるための無数ともいうべき七速行思のセットが生じており、それぞれセットが生じるたびに一つの順現法受業と、五つの順後次受業と、一つの順次生受業が生じていたと考えられる。すなわち重要な点は、アングリマーラの犯した「悪業」とは、大量殺人を通して「一つの悪業」が熟成されていったのではなく、無数ともいうべき悪業を積んでいることである。したがって、ここでの註釈家による理解とは、「アングリマーラが大量殺人を通して積み上げてきたその無数の悪業のうち、順後次受業・順次生受業の二種類が阿羅漢道によって無異熟化された」ということである。

この阿羅漢道による業滅が、順後次受業・順次生受業だけを対象として、順現法受業を対象としない理由は、あくまで「輪廻から脱した」という修道論的視点から業滅が起きているからである。順現法受業は、来世のあり方には何ら影響を与えないのであるから、阿羅漢道による業滅の対象とはならない[53]。さらに上座部では、異熟する時期の転換は不可能であると理解しているので、これら順後次受と順次生受の両業を順現法受に転換させることはできない。ゆえに順後次受業・順次生受業については、阿羅漢の最後生の間に異熟を受けて清算する必要性は全くない。また順現法受業についても、そのすべてが必ず異熟するわけではなく、種々の条件を満たした特別に強力な順現法受業だけが異熟の機会を得ると理解されており[54]、それ以外の異熟の機会を得られなかった順現法受業はそのまま既有業に転換される。

したがって、“業果の必然性”や“業の清算”という概念は、上座部教理においては絶対視されていない[55]。すなわち註釈の理解に基づけば、アングリマーラに生じた苦受は、“悪業の清算”でも、“業果の必然性”を守るためでもなく、単にアングリマーラの犯した凶行は順現法受・順次生受・順後次受の悪業をつくっており、かつその凶行が峻烈であったために、そのうちの順現法受業が異熟の機会を得たことによる、と解釈されている。

第三項　上座部教理に基づく再解釈

このように、順現法受業の異熟によって苦を受けたとするブッダゴーサ註の解釈は、異熟する時期の決定を主張する上座部教理に忠実である。しかし、この解釈は『中部』第86経の記述と齟齬を起こしてしまっている。なぜなら、経典を字義通りに読めば、アングリマーラは来世に地獄で受けるはずの悪業の報いを現世に先取りして受けているからである。

この問題を受けてブッダゴーサ註は、『中部』第86経にある yassa を yādisassaに置き換えて、「地獄で受ける業の異熟」を「*地獄で受けるような業の異熟*」に読み換えることでこの齟齬を巧みに解消している。

MNA. 86（Vol. III, p. 340.2–4）:

tasmā **yassa kho** ti ettha yādisassa kho tvaṃ brāhmaṇa[56] kammassa vipākenā ti evaṃ attho veditabbo.

したがって、「**その**（yassa）〔業の異熟を、あなたは〕」というのは、ここでは「婆羅門よ、それと類似した（yādisassa）業の異熟を、あなたは」と、このような意味であると理解しなければならない。

すなわち、原文と註釈に従った文章の訳は以下の通りとなる。

MN. 86（Vol. II, p. 104.14–17）の原文訳 :

yassa kho tvaṃ kammassa vipākena bahūni vassāni bahūni vassasatāni bahūni vassasahassāni niraye pacceyyāsi tassa tvaṃ, brāhmaṇa, kammassa vipākaṃ diṭṭhe va dhamme paṭisaṃvedesī ti.

婆羅門よ、数年、数百年、数千年もの間、地獄で煮られたであろうその業の異熟を、あなたはまさに現世で受けているのです、と。

MNA. 86（Vol. III, p. 340.2–4）の註釈に従った文章 :

yādisassa kho tvaṃ kammassa vipākena bahūni vassāni bahūni vassasatāni bahūni vassasahassāni niraye pacceyyāsi tassa tvaṃ, brāhmaṇa, kammassa vipākaṃ diṭṭhe va dhamme paṭisaṃvedesī ti.

婆羅門よ、数年、数百年、数千年もの間、地獄で煮られたであろう、それと類似した〔順現法受〕業の異熟を、あなたはまさに現世で受けているのです、と。

したがって、註釈の理解によれば、アングリマーラは地獄で受けるのと同等に苛烈な順現法受業の異熟を受けている。つまり、来世に地獄で受ける予定だった順次生受業を順現法受に転換させて受けているのではなく、アングリマーラが受けている苦受は、そもそも順現法受業の異熟によるものであり、その苦受の内容が地獄で受けるものと類似していたに過ぎない、ということである。このように、アングリマーラが業の果報を現世で受けている部分について、上座部は業滅の教理にあわせて会通していることが確認される[57]。

第五節　「業の異熟」の原意と再解釈

最後に、プロット⑭に含まれる『長老偈』第882偈とその並行偈[58]を検討する。このプロット⑭は、迫害を受けたアングリマーラが仏陀から言葉をかけられた後に（プロット⑫⑬）、独坐に入り偈を唱える箇所である。次のように説かれる。

Therag. 882; MN. 86 (Vol. II, p. 105.15–16):

tādisaṃ kammaṃ katvāna bahuṃ duggatigāminaṃ,
phuṭṭho kammavipākena anaṇo bhuñjāmi bhojanam.
悪趣に至る多くのこのような業をなして、
業の異熟に触れられ、負債なき私は食を受ける。

ここでの「業の異熟」が何を意味しているのかが問題となる。たとえば有部では、業を「負債」に譬えた上で“業の清算”の必要性が明確に教理化されているので[59]、本偈もそのような立場から「業の異熟に触れられ、負債なき」とは、「悪業の報いを受けることによって、業の清算をした」と理解することも可能である。偈の前後の文脈からしても、このように理解することは極めて自然である。しかし、前節において述べてきたように、上座部教理を念頭に置くならば、この理解は妥当ではない。

なぜなら、前節において指摘したように、上座部では、五無間業を除くそれ以外の業は、得果に対しても無余依涅槃に対しても障害とはならないため、“業の清算”が教理的に定められているわけではない。なにより『長老偈』におけるアングリマーラ説話では、『中部』第86経とは異なり、アングリマーラが苦果を受けたというプロットを欠いているのにもかかわらず、本偈が挿入されている。このように上座部では、本偈における「業の異熟」を「悪業の異熟」として解釈しなければならない必然性を持たない。

そこで上座部の註釈家は、この句について全く異なる二つの解釈を挙げる。まず、『長老偈註』においてダンマパーラは次のように註釈している。

TheragA. 882 (Vol. III, p. 62.30–36):

tādisaṃ kamman ti anekasatapurisavadhaṃ dāruṇaṃ tathārūpaṃ pāpakammaṃ. **phuṭṭho kammavipākenā** ti, pubbe katassa pāpakammassa vipākena phuṭṭho sabbaso pahīnakammo vipākamattaṃ paccānubhonto ti. atha vā **phuṭṭho kammavipākenā** ti, upanissayabhūtassa kusalakammassa phalabhūtena lokuttaramaggena lokuttarakammass' eva vā phalena vimuttisukhena phuṭṭho, sabbakilesānaṃ[60] khīṇattā.

「**このような業**」とは、何百人もの殺害という恐ろしい悪業のことである。【第一説】「**業の異熟に触れられ**」とは、かつてなされた悪業の異熟に触れられ、完全にその業を断った者は、異熟のみを経験するということである。【第二説】あるいはまた、「**業の異熟に触れられ**」とは、強い原因たる善業の果である出世間道に、あるいは出世間業の果である解脱の楽に触れられたということである。〔なぜなら〕すべての煩悩が尽きたからである。

ここでは「業の異熟」の部分について二つの解釈が提示されている。【第一説】に従えば、何百人も殺害した悪業の異熟を受けることで清算していると解釈し得る。【第二説】に従えば、「業の異熟」の業とは出世間業のことであるとされ、この場合には悪業の清算として苦受を被るという解釈にはならない。

同偈に対してブッダゴーサは、『中部註』において次のように註釈を施している。

MNA. 86（Vol. III, p. 343.1-5）:

phuṭṭho kammavipākenā ti maggacetanāya phuṭṭho. yasmā hi maggacetanāya kammaṃ paccati vipaccati ḍayhati parikkhayaṃ gacchati, tasmā sā **kammavipāko** ti vuttā. tāya hi phutthattā esa anano nikkileso jāto, na dukkhavedanāya.

「**業の異熟に触れられ**」とは、「道の思に触れられて」ということである。なぜなら、道の思によって業が煮られ・異熟し・焼かれ・滅尽に至る。それゆえに、それ（道の思）が、〔偈において〕「**業の異熟**」と言われるのである。実に、それに触れられたことにより、彼は負債がなく煩悩がなくなるのである。苦受に〔触れられて〕ではない。

したがって、「業の異熟」とは「道の思」であると註釈し、過去に犯した業の苦受に触れたという解釈を否定する。これはダンマパーラの註釈するところの【第一説】を退け、【第二説】を採用したと考えられる。これを表に示すと次のようになる。

	悪業の異熟	出世間業の異熟
ブッダゴーサ註（MNA.）	×	○
ダンマパーラ註（TheragA.）	○	○

この部分の解釈について平岡聡［2008: pp. 7.13–8.5］は、「業の異熟」を「出世間業の異熟」と理解する方が『長老偈』の原意に近いと理解している。その根拠として、『長老偈』第882偈および第872偈が「業果の不可避性・必然性」にまで踏み込んでいないこと、そして、これら註釈文献の記述においても「出家前の悪業を出家後の善業で〈相殺〉する」という解釈の方が優勢であることなどを挙げて、『長老偈』の段階では、悪業を苦果によって清算するよりも、「悪業は善業で相殺される」と解釈する方が『長老偈』の文脈に合っていると指摘する。そして、アングリマーラ説話の原型について、「悪人アングリマーラは出家し、修行を積んで解脱すると、出家前の悪業の果報（苦果）を経験することなく死んだ」程度のものであると推察している[61]。アングリマーラの苦果にまつわる説話が多種多様であることからも、アングリマーラ説話の展開は、「悪人が出家して解脱し、苦果を受けることなく死んだ」というのが原型にあって、後に業果の必然性や悪業の清算が問題視されて苦果を受けるプロットが付加された、という推論には説得力がある。

しかしながら、『長老偈』第882偈の「業の異熟」が「悪業の異熟」、すなわち悪業の清算ではないと言いきることは難しいと思われる。またさらに、ここで上座部註釈家が「出世間業の異熟」と解釈することは、上座部教理の影響を受けていると考えられる。

第一に、ここでは「悪趣に至る多くのこのような業」とある直後に「業の異熟に触れられ」と述べられているのにもかかわらず、この二つが全く相反する悪業と出世間業であるとすることは文脈的に不自然である。なにより、入滅する前に犯した悪業の報いを現世で受けなければならないと「業果の不可避性・必然性」を述べている偈が、パーリ韻文資料中に確認される[62]。

第二に、対応する漢訳『雑阿含』巻38, 第1077経において、『長老偈』第882偈と完全に一致する偈が見られ、「業の異熟」の部分がそこでは「悪報」と訳されている[63]。この『雑阿含』巻38, 第1077経は、増広の具合から『中部』第86経の前段階に位置すると考えられ[64]、散文部に苦果の記述を欠いているのにもかかわらず、それでも漢訳者は、この「業の異熟」について過去の悪業の報いであると理解している[65]。したがって、南北両伝に共通して確認される解釈は「悪業の報い」であり、出世間業と解釈するのは上座部特有の理解であった可能性がある。表に示せば次のようになる。

		悪業の異熟	出世間業の異熟
南伝	ブッダゴーサ註（MNA.）	×	○
	ダンマパーラ註（TheragA.）	○	○
北伝	『雑阿含』巻38, 第1077経	○	×

第三に、ブッダゴーサとダンマパーラが「業の異熟」を「出世間業の異熟」と解釈するのは、教理的な矛盾を生まないための方途であったと読み得る。なぜなら、「悪趣に至る多くの業」と「業の異熟」との二つの業を同じものと理解して、「悪趣に至る業」が「現世で異熟した業」であると考えてしまうと、「来世に地獄の生存を生む順次生受業の異熟を現世に先取りしている」と読めてしまうからである。すでに第四節で述べたように、「業果の先取り」は上座部業論において認められていない。さらに、すでにアングリマーラの順次生受業は阿羅漢道によって既有業に転換されているという教理的理解からも外れてしまうことになる。またなにより、この偈の「業の異熟」を、道思や出世間業の異熟と解釈できるのは、上座部が無漏業に異熟を認めているからであり、無漏業に異熟を認めない説一切有部では、そのような解釈自体

が不可能である[66]。

よって、『長老偈』第882偈（および『中部』第86経に収載される相当偈）にある「業の異熟」の意味を、ブッダゴーサやダンマパーラが道思や出世間業として解釈するのは、上座部の教理を色濃く反映している。したがって、その註釈の理解が偈頌の原意にまで遡れるか否かについては、より慎重な吟味が必要であろう。

結　び

以上、「アングリマーラ経」に対する註釈から、アングリマーラの業滅と、その悪業の清算に関する上座部の教理的理解を検討した。次の点が指摘される。

⑴ アングリマーラが阿羅漢果を得て業を滅したことについて、上座部は、「出世間の善たる阿羅漢道によって、悪業を遮り、不結生がなされた」と註釈している。この註釈の理解は、「異熟に対して助縁となる煩悩を断ずることによって、業は来世の結生をもたらせなくなる」という上座部教理に従っている。

⑵ 有部とは異なり上座部は、定業の教理を持たず、順現法受などの三時業いずれも既有業に変換し得ると考えているため、アングリマーラの犯した大量殺人の悪業が聖道や阿羅漢果を得ることに対して障害になるとは考えていない。

⑶ アングリマーラが阿羅漢果を得た後に被った苦受については、アングリマーラがつくった大量殺人の諸悪業のうち、順現法受のものが異熟したと考えられている。順後次受と順次生受の二つは阿羅漢道によって既有業となってしまっているため、アングリマーラに異熟を与えることができない。

⑷ 経典にある「地獄で煮られたであろうその業の異熟を、あなたはまさに現世で受けている」という文言は、字義通りに読むと、来世に地獄で受けるはずだった業の報いを現世に先取りして清算している

と読める。しかし「業果の先取り」は、異熟する時期の決定を主張する上座部教理と矛盾を起こしている。そこで註釈家は、「地獄で煮られたであろう、それと類似した順現法受業の異熟を、あなたはまさに現世で受けている」と再解釈することで、この矛盾を回避している。

(5) 漢訳資料や、上述した上座部の教理を考慮すると、『長老偈』第882偈（および『中部』第86経に収載される相当偈）における「業の異熟」を出世間業と解釈するのは、上座部特有の教理を反映していると考えられる。

以上、上座部註釈文献に基づきつつ、アングリマーラの業滅について考察した。これら註釈文献の語義釈において、ブッダゴーサやダンマパーラは、経典と上座部教理との間に齟齬が生じぬよう、細心の注意を払いながら再解釈していることが確認される。

第二章　説一切有部におけるアングリマーラ

問題の所在

「アングリマーラは大量殺人を犯し、さらに母親や仏陀に襲いかかるが、仏陀に教化されて出家し、そして阿羅漢果を得る」という筋書きのアングリマーラ説話は、古くから仏教徒の間で親しまれてきた。この説話は、「犯罪者でも出家し解脱し得るのか。犯した悪業の報いを受けることなく解脱してしまったら、業果の必然性を破ることにならないか。業は果報を生むことなく滅することがあるのか」などの多くの問題を提起している。この問題を合理的に説明するために様々な解釈が積み重ねられ、アングリマーラが悪業の報いを受けるプロットや、罪人を正当化するプロットが新たに製作されたことが指摘されている[67]。

南伝北伝を合わせて様々なアングリマーラ説話の異本が伝わっているが、これまでの研究の中心は、パーリ経蔵に収載される説話を取り上げ、その原型を探ることにあった[68]。そのため、アングリマーラ説話とそれを保持する部派教団との関係性はあまり注目されてこなかった。これを受けて前章「上座部におけるアングリマーラ」では、上座部註釈文献に残されているアングリマーラ説話と阿毘達磨教理との関係性を取り上げ、上座部註釈家が教理と矛盾を起こさぬように「アングリマーラ経」を再解釈して理解していた点を明らかにした。続いて本章では、説一切有部に伝承されているアングリマーラ説話を取り上げ、そこに垣間見られる説話の部派性を考察する。

第一節　有部論書におけるアングリマーラ理解

説一切有部におけるアングリマーラの悪業に関する争点は、彼が犯してきた大量殺人の業報にではなく、彼が五無間業の加行位を犯したかどうか、すなわち母親や仏陀を殺そうと意を起こしたかどうかに集中している。なぜならば、説一切有部の場合、五無間業は実際に両親や仏陀を害していなくても、害そうと意を起こしただけで（つまり加行位を起こしただけで）来世に必ず地獄に堕ちなければならない定業[69]を生むとされるからである[70]。このような無間業の加行不可転説の萌芽となる記述は『発智論』に現れ、その後の有部論書でも一貫して認められている[71]。この『発智論』の加行不可転説を『大毘婆沙論』は、母を殺そうとした者の譬え話によって説明している。母親殺しの無間業の加行位を起こせば、たとえその目的が達成されなくても、その者は必ず地獄に堕ちると述べられている。

『大毘婆沙論』巻 118（T27. 617a06–12）:

> **頗有未害生殺生未滅。此業異熟定生地獄耶。答。有。如作無間業加行時命終**。其事云何。謂如有人欲害其母適起加行。或為官司所獲。或母有力反害其子。或母福徳天神為殺子堕地獄而母猶存。或起加行致母必死。而便中悔自害其命亦生地獄。如害母如是造余無間応知亦爾。
>
> 「**【問】頗も未だ生を害せず、殺生未だ滅せざるに、此の業異熟して、定んで地獄に生ずるもの有りや。【答】答ふ。有り。無間業の加行を作す時、命終するが如し**」と、〔『発智論』[72]に説く〕其の事云何。謂く、人有り、其の母を害せんと欲して適に加行を起し、或は官司の為に獲へられ、或は母に力有りて反つて其の子を害し、或は母に福徳ありて天神為に子を殺し地獄に堕するに而も母は猶存し、或は加行を起し母を必死に致して、而も便ち中に悔いて自ら其の命を害し、亦地獄に生ずるが如し。母を害するが如く、是の如く余の無間〔業〕を造るにつきても、応に知るべし、亦爾なることを。

このように、五無間業の加行位を起こせば、目的達成の如何にかかわらず、来世の堕地獄が決定してしまうと考えられている。すなわち、有部阿毘達磨の教理に忠実に従うと、「母を殺そう、仏陀を殺そう」と意を起こした時点で、来世で地獄に生まれることが決定した定業をつくってしまうのである。

第一項　「無間業の加行不可転」をめぐる議論

以上、有部では、無間業を犯す場合には目的が達成されなくとも、加行位の段階で堕地獄がすでに決定してしまうと理解されていた点を指摘した。これを前提として『大毘婆沙論』では、アングリマーラの犯した悪業が、無間業の加行位にあたるのかどうかが議論されている。なぜなら、普通に考えれば、母親を殺そうとし、仏陀を殺そうとしたのだから、アングリマーラの行いは五無間業の加行位にあたり、来世で地獄に必ず堕ちなければならない定業となっているはずである。しかし、経典においてアングリマーラは、地獄に堕ちることなく解脱を得ているからである。この矛盾点を回避するために『大毘婆沙論』は、母に対しても仏に対しても無間業の加行位を犯していないと説明している。

『大毘婆沙論』巻 115（T27. 600b28-c07）:

問。尊者指鬘云何能転。答。彼猶未作無間加行。是故彼説。我今且未殺母。且当飯食。問。豈非欲害一切智耶。答。爾時彼於非一切智起害加行。非於一切智。由是因縁。世尊化作凡流苾芻。入踏婆林勿彼尊者於一切智起殺加行不可救療。若諸有情於一切智起殺加行。如殑伽沙数如来応正等覚。亦不能救令脱地獄。故知。彼於非一切智起殺加行。非於一切智。

【問】問ふ。尊者指鬘（Aṅgulimāla）は云何が〔定業を〕能く転ぜしや。【答】答ふ。彼は猶未だ無間〔業〕の加行を作さざるなり。是の故に彼は説く、「我は今且らく未だ母を殺さず、且らく当に飯食すべし」と。【問】問ふ。豈に一切智を害せんと欲せしに非ざらんや。【答】答ふ。爾の時、彼は一切智に非ざるものに於て害の加行を起すも、一切智に於てには非ず。是の因縁に由りて、世尊は化して凡流の苾芻と作る。婆林に入踏し、彼の尊者をして一切智に於て殺の加行を起して救療す可からざること勿らしむ。若し諸の有情が、一切智に於て殺の加行を起さば、殑伽沙の数の如き如来・応正等覚も亦、救ひて地獄を脱せしむること能はざるなり。故に知る、彼は一切智に非ざるものに於て殺の加行を起すも、一切智に於てには非ざることを。

すなわち、アングリマーラは、母親に襲いかかる場面で、母を殺そうとしたのではなく食事を食べようとしたのだから無間業にならないとする。また、仏陀に襲いかかったときも、仏陀が平凡な比丘の姿に変身して現れたため、相手が一切智者だと知らずに殺そうとしたのだから、それは無間業の加行位にはあたらないとする。次節で検討するが、このような「言い訳」の元となるプロットがアングリマーラ説話中に確認される。

これと同様の議論が『順正理論』にも現れる。『順正理論』は、無間業の加行には「近」と「遠」の二種があり、「近」は不可転であり堕地獄が決定しているが、「遠」は可転であり堕地獄を回避できると述べている[73]。アングリマーラについても、まだ決定的な「近」の加行位は犯しておらず、それゆえに堕地獄が決定しているのではないとして、次のように説明している。

『順正理論』巻 43（T29. 589a18-21）:

指鬘雖発欲害母心。而未正興害母加行。於世尊所雖有害心。亦未正興害仏加行。彼作是意近方下手。世尊為遮彼業障故。至未生信不令得近。

指鬘（Aṅgulimāla）、母を害せんと欲する心を発すと雖も、而も未だ正しく害母の加行を興さず。世尊の所に於て害心有りと雖も、亦未だ正しく害仏の加行を興さず。彼れ是の意を作して近方に手を下す。世尊は彼の業障を遮せんが為の故に、未だ信を生ぜざるに至り、近づくことを得しめず。

第二項　小結

有部論書におけるアングリマーラの扱いについて検討した。アングリマーラの犯した悪業の争点は、彼が無間業の加行位を犯したかどうかに集中している。有部では、五無間業を犯す場合、加行位を犯しただけで定業となり、必ず来世に地獄で異熟を受けなければならないとされている。そのため、アングリマーラが母親や仏陀を殺そうと襲いかかる場面で、彼が五無間業の加行位を犯していないことを、有部論師たちは証明する必要があったと考えられる。

したがって、有部論書の中では、アングリマーラが犯した大量殺人に関する“業果の必然性”や“業滅”といった問題は論じられていない。

第二節　有部伝承におけるアングリマーラ説話

第一項　有部所伝のプロット

続いて、有部におけるアングリマーラ説話の伝承を検討する。本章の第一節一項で検討した『大毘婆沙論』におけるアングリマーラへの言及から、有部伝承には次の二つのプロットが含まれていたことが解る。

Ⓐ 母親と食事に関するプロット

Ⓑ 仏陀が平凡な比丘の姿に変身してアングリマーラの前に現れるプロット

この二つのプロットは、「五無間業の加行位を犯していない」とアングリマーラを正当化する根拠になっており、有部内において重要な位置を占めていると考えられる。いくつかの資料では、腹を空かせたアングリマーラのために母親が食事を持っていくという記述が見られる。このような資料の記述が、「母を害するか、食事をするか迷って、食事を選んだ」という『大毘婆沙論』の「言い訳」の根拠となっていると考えられる。また、『賢愚経』と『出曜経』の二資料では、「仏陀は比丘の姿に変身した」という記述が見られる。この記述もまた、「仏陀だと気が付かずに襲ってしまった」という「言い訳」の根拠になっていると考えられる。このⒶⒷのプロットが現存する諸資料に現れるかどうかを検討すると、次頁のようになる。

この表によれば、『大毘婆沙論』から回収されたⒶⒷのプロットは北伝のみに見られる。しかし、ここで注意しなければならない点は、プロットⒶⒷが揃っているからといって有部所伝であると決めつけることができないことである。もちろんこれとは逆に、プロットⒶⒷを欠いているから非有部系の伝承であると決めつけることもできない。なぜなら、有部所伝と考えられる『雑阿含』巻38, 第1077経の中にプロットⒶⒷが無いのは、単に増広される以前の姿を保っているからかもしれず、同じく有部所伝の『ウダーナヴァルガ・ヴィヴァラナ』(UVV. 16, 5-6) は、このプロットにあたる部分を引用していないだけであるとも考えられるからである。

資料		プロットⒶ	プロットⒷ
南伝	『ダンマパダ』(Dhp. 172-173)	—	—
	『ダンマパダ註』(DhpA. 172-173)	—	—
	『中部』第 86 経 (MN. 86)	—	—
	『中部註』第 86 経 (MNA. 86)	—[74]	—
	『長老偈』(Therag. 866-891)	—	—
	『長老偈註』(TheragA. 866-891)	—	—
北伝	『雑阿含』巻 38, 第 1077 経	—	—
	『別訳雑阿含』巻 1, 第 16 経	—	—
	『増一阿含』巻 31, 第 38 品, 第 6 経	○[75]	—
	竺法護訳『鴦掘摩経』	○[76]	—
	法炬訳『鴦崛髻経』	—	—
	『賢愚経』巻 11	○[77]	○[78]
	『出曜経』巻 17	○[79]	○[80]
	『僧伽羅刹所集経』巻 2	—	—
	『ブッダチャリタ』(BC. 21, 13)	—	—
	『仏所行讃』巻 4	—	—
	『仏本行経』巻 4	—	—
	『ウダーナヴァルガ・ヴィヴァラナ』(UVV. 16, 5-6[81])	—	—

第二項 『出曜経』における一致

有部所伝の文献と考えられる『出曜経』に引用されるアングリマーラ説話では[82]、本章第一節で検討した『大毘婆沙論』の議論を踏まえて、アングリマーラに情状酌量の余地が生み出されるように増広されている痕跡が見られる。本項ではこの点を考察する。まず、母を襲う場面ににおいて、呪術の成就まで集める指があと一本となっていたアングリマーラは、食事を持ってやって来た母親を見て次のように考える。

『出曜経』巻 17（T04. 703b22-26）:

時母送餉躬詣彼園。無害遙見便生此念。吾受師訓当辨指鬘。今少一指不充其数。今値我母自来送餉。若我先食呪術不成。若我先殺母者当犯五逆罪。

時に母、餉[83]を送らんとして躬ら彼の園に詣る。無害（Ahiṃsaka）[84]、遙かに見て便ち此の念を生ず、「吾、師の訓を受けて、当に指鬘を辦ずべし。今、一指を少いて、其の数充たず。今、我が母の自ら来て餉を送らんとするに値ふ。若し我、先づ食せば呪術は成ぜざらん。若し我、先づ母を殺さば、当に五逆罪を犯すべし」と。

すなわち、ここでアングリマーラは、先に食をとるべきか、それとも母を殺すか迷っている。決して母親に襲いかかり殺そうと決意した文脈ではない。この『出曜経』の場面は、先の『大毘婆沙論』にあった母親殺害の加行位を起こしたかどうかの問題に対して、有部にとって都合が良い。この点について『賢愚経』は、息子のために母親が食事を持ってくるところまでは同じであるが[85]、その後アングリマーラは明らかに母親殺害の思を起こしており、有部教理にとって都合が悪い。

『賢愚経』巻 11（T04. 424a13）:

児遙見母。走趣欲殺。

児、遙かに母を見て、走り趣いて殺さんと欲す。

続いて、このようにアングリマーラが迷っているのを神通力によって知った仏陀が、平凡な比丘の姿に変身してアングリマーラのもとに現れるプロットを見てみよう。『出曜経』には次のように説かれる。

『出曜経』巻 17（T04. 703b26-29）:

如来三達見彼無害。興五逆意殺母不疑。若審爾者億仏不救。……。即化作比丘。

如来、三達もて彼の無害（Ahiṃsaka）を見たまひ、五逆の意を興して母を殺さんことを疑はず。「若し審して爾らば、億仏も救ひたまはず。……」

と。即ち化して比丘と作る。

すなわち、「このままだとアングリマーラは間違いなく五逆罪を犯そうと意を起こして母を殺してしまう。そうなっては何億という諸仏であっても救うことはできない」と仏陀は考え、比丘の姿に変身してアングリマーラのもとへ向かう。この「化して比丘と作る」という部分は、「アングリマーラは仏陀だと気付かずに襲ってしまった」とする有部の弁護に通じるものがある。

そして、ある比丘（変身した仏陀）が現れたのを見て、アングリマーラは次のように声を上げる。

『出曜経』巻 17（T04. 703c07-09）:

吾願果矣。必成指鬘。又不害母。呪術成辦。権停我母及此餉食。殺彼比丘然後能食。

「吾が願、果たせり。必ず指鬘を成ぜん。又、母を害せずして、呪術、成辦せん。権し我、母及び此の餉食を停め、彼の比丘を殺して然る後に能く食せん」と。

したがって、アングリマーラがこれから犯そうとする悪業とは、「ある比丘（この時点で仏陀であると気が付いていない）を殺して、その後に食事をとろう」というものである。よって、『出曜経』に付された因縁話は、アングリマーラが五無間業の加行位を犯したことにならないように配慮されていることが解る。これも『大毘婆沙論』における有部の記述と一致する。

第三項　小結

有部所伝と思われるアングリマーラ説話のうち、『出曜経』に引用されるものは、有部教理との間の問題点を回避するような非常に都合の良い内容となっている。この『出曜経』の因縁話は、パーリ所伝やその他の多くの漢訳などと比べて、有部教理に対してあまりにも都合が良い。

結　び

本章では、有部阿毘達磨論書において言及されるアングリマーラについて考察した。次の点が指摘される。

⑴ 有部論書におけるアングリマーラへの関心は、彼が五無間業（殺母と殺阿羅漢）の加行位を犯しているか否かについてである。アングリマーラが犯した大量殺人に関する“業果の必然性”や“業滅”といった問題は論じられていない。

⑵ 上記の「五無間業の加行位を犯していない」ことを証明するために、『大毘婆沙論』は次のような説明をしている。

・食事を持ってきた母親に対してアングリマーラは、彼女を殺すより前に、まず食事をとろうと行動していたから、未だ殺母の無間業の加行位を犯していない。

・仏陀は平凡な比丘の姿に変身して現れたため、アングリマーラはそれが仏陀であると気が付かなかった。したがって、殺阿羅漢の無間業の加行位を犯していない。

⑶ この二つの説明は、有部内においてアングリマーラを正当化する上で重要であると考えられる。数あるアングリマーラ説話のうち、『出曜経』のものが有部論書との親和性が最も高く、五無間業の加行位を犯していないように配慮されている。

以上より、初期経典や各種説話文学から得られるアングリマーラへの興味関心と、阿毘達磨における興味関心には隔たりがあることが解る。実際になされた大量殺人の悪業よりも、仏陀や母親を殺害しようとの思を起こしたかどうかを問題視する有部論書の記述は、その最たるものであると言える[86]。

第三章　上座部における宿作因論批判

問題の所在

我々が現世で受ける境遇や苦楽のすべては、前世でつくった業の果報なのか。非業の死はあるのか。このような疑問は古代インドにおいて大きな関心を集めていたらしく、現世で受ける苦・楽・不苦不楽の原因をめぐり、『増支部』第3集, 第61経では次の三つの邪説が紹介されている。

① 宿作因論：苦・楽・不苦不楽はすべて前世につくった業を原因とする。

② 無 因 論：苦・楽・不苦不楽は原因なく感受する（業因業果の理を認めない）。

③ 尊 祐 論：主宰神や造物主によって苦・楽・不苦不楽が与えられる。

これら三説のうち、①宿作因論はジャイナ教の、②無因論はマッカリ・ゴーサーラなど外道の、③尊祐論は婆羅門教の説であったとされる。このうち②無因論と③尊祐論の両説は、仏教の立場と著しく相違している。なぜなら、仏教では業因業果の理を認め、主宰神（Skt: Īśvara, Pāli: Issara）や造物主（Skt: Prajāpati, Pāli: Pajāpati）の存在を認めないからである。ところが、仏教も輪廻業報思想を受け入れているために、①宿作因論と仏教における業論との違いが必ずしも明瞭ではない[87]。これを受けて、仏教における業論がどのように宿作因論と異なるかについて、初期仏教を中心に多くの研究がなされてきた[88]。藤田宏達［1979］は、この両者の立場を比べながら、初期仏教における業論の特徴について次のように述べている（以下、趣意）。

⑴ 現在の業因が未来の業果をもたらすという点で、人間の自由意志が認められ、それに基づいて努力精進するところに大きな道徳的意義を認めている。

⑵ 宿作因論では現世における事情が過去世の業によって決定されると説くが、仏教の業論では現世で受ける境遇や苦楽すべてが過去世の

業を原因とするわけではない。

藤田宏達［1979: p. 122.8-11］によれば、上記の理解は有部論書においても見られるという。また、平岡聡［1993a］［1993b］［2002: pp. 241-254］は、仏陀が被った苦受に関する諸部派の伝承を比較しながら、有部では初期仏教で否定されていた宿作因論的な考え方が採用されていて、過去の業で現世のすべてを証明する傾向がある点を指摘している。このように初期仏教および有部の理解については研究が進んでいるが、一方で上座部教理の理解については未だ明らかになっていない。そこで本章は、上座部論師たちが業論と宿作因論との間にどのような違いを見出していたかを検討する。

第一節　苦受

第一項　初期経典と『ミリンダ王の問い』

まず、苦受の原因という視点から仏教における業論の特徴を考察する。『相応部』第 36 章, 第 21 経では、「この世で感受する苦楽のすべては業の異熟による」と主張する宿作因論に対して、仏陀は、「感受は必ずしも業の異熟によるものだけではなく、①胆汁、②痰液、③風、④胆汁・痰液・風の和合、⑤季節の変化、⑥不規則な養生、⑦突発生という七つの原因によっても起こる」と説いている[89]。

この初期経典の理解は『ミリンダ王の問い』においても確認される。そこでは「仏陀が入滅の間際に受けた肉体的苦痛は悪業の果報なのか」というミリンダ王の問いに対して、長老ナーガセーナは『相応部』第 36 章, 第 21 経を引用しつつ、業によってのみ苦受が起こるという理解は間違っており、胆汁など他の原因によっても起こると説いている[90]。

第二項　上座部教理

ところが、時代が下るとともに事情が異なってくる。上座部教理では、苦・

楽を精神的なものと肉体的なものとの二種類に細分化したうち、肉体的[91]な苦・楽は必ず業報によって生起すると解釈される。この事実は、上座部があらゆる心の状態を八十九種に分類するうち、肉体的な苦受と楽受とに相応した心とは[92]、いずれも異熟心（過去の業の異熟として起こった心）に分類される点からも明らかである[93]。

しかしながら、このような上座部教理は、先に検討した『相応部』第36章, 第21経および『ミリンダ王の問い』における記述と矛盾を起こしている。なぜなら、これらの資料では、“業の異熟以外にも肉体的な苦楽を引き起こす原因がある”と説かれているが、上座部教理に基づけば、肉体的な苦楽は必ず過去に積み上げた業の異熟でなければならないからである。この問題を解決するために、上座部註釈文献は次のように再解釈を施している。

SNA. 36, 21（Vol. III, p. 82.14）:

imasmiṃ sutte lokavohāro nāma kathito ti.

この経（SN. 36, 21）では世間の慣例というものが語られている。

SNṬ. 36, 21（VRI: Vol. III, p. 74.13-15）:

lokavohāro nāma kathito pittasamuṭṭhānādisamaññāya lokasiddhattā. kāmaṃ sarīrasannissitā vedanā kammanibbattāva, tassā pana paccuppannapaccaya-vasena evam ayaṃ lokavohāro ti vuttañ c' eva gahetvā paravādapaṭisedho kato ti daṭṭhabbaṃ.

「**世間の慣例というものが語られている**」とは、“胆汁から”などの呼称が世間で成立しているからである。もちろん肉体に属する受（vedanā）は、まさに業により生起するのだが、(1)それ（受）にとって現在時の縁であるから、以上のこ〔の教説〕は世間の慣例としてあるのであり、(2)そして説かれていることのみを捉えて他説（宿作因論）の排除がなされた、と見られるべきである。

したがって、註釈文献は、『相応部』第36章, 第21経では世間の慣例に従って現在直接的に苦楽の原因となっている縁が説かれているに過ぎず、元を辿れば胆汁など七つの原因も業によって引き起こされると解釈している。これと全く同じ傾向が『ミリンダ・ティーカー』においても見られる[94]。

MilṬ. (pp. 26.32–27.3) :

imasmiṃ pañho(e) therassa ekaṃsikaṃ byākaraṇaṃ na hoti tasmā vicāretvā yaṃ yuttataraṃ taṃ gahetabbaṃ. tatrāyaṃ vicāraṇākāro. .... tasmā therassa kammavipākato vā esā vedanā nibbattā ti vādo yuttataro ti gahetabbaṃ.

この問いにおける長老の〔発言は〕一部分回答になっていない。したがって、考察して、より妥当〔な結論〕が得られるべきである。その場合、次が〔その〕考察の有り様である。……。したがって、長老にとっては、「まさに業の異熟からこの受が起こった」という説がより理に適っている、と把握されるべきである。

このように、“肉体的苦楽は業の異熟以外からも起こる”という聖典の記述を、註釈文献は“肉体的苦楽は業の異熟からのみ起こる”という教理に合わせて再解釈している点が確認される。これらの態度を表にまとめれば次のようになる。

肉体的受の原因	『相応部』第36章、第21経	『ミリンダ王の問い』	『相応部註』	『相応部復註』	『ミリンダ・ティーカー』
風	×	×	△	△	△
胆汁	×	×	△	△	△
痰液	×	×	△	△	△
風・胆汁・痰液の和合	×	×	△	△	△
季節の変化	×	×	△	△	△
不規則な養生	×	×	△	△	△
突発生	×	×	△	△	△
業の異熟	○	○	○	○	○

○：業因による、×：業因によらない、△：間接的に業因による。

第二節　死没

第一項　『ミリンダ王の問い』

続いて、死没の原因という視点から仏教の業論の特徴を考察する。『ミリンダ王の問い』では死没する原因を種々に説き、業によって死ぬ場合（時死）もあれば、業によらず死ぬ場合（非時死）もある、と説かれている[95]。ここでは、時死と非時死の原因を次のように分類している[96]。

	第一説	第二説
時　死	寿命を迎えての死	業の異熟による死
非時死	餓えによる死	風から起こる死
	渇きによる死	胆汁から起こる死
	蛇毒による死	痰液から起こる死
	薬物による死	風・胆汁・痰液の和合による死
	焼死	季節の変化による死
	溺死	不規則な養生による死
	殺害による死	突発生なる死

このうち第二説における八項目は、前節で検討した苦受を被る八つの原因と全同である。したがって、前節の結論と併せて考えると、『ミリンダ王の問い』における非時死とは、直接/間接的を問わず全く業によらない非業の死であると考えられる。

第二項　上座部教理

ところが上座部論書を検討すると、「たとえ非時死であっても業によって引き起こされている」と理解されている。

Vis.（pp. 229.12–230.1）:

yam pi c' etaṃ adhippetaṃ, taṃ kālamaraṇaṃ akālamaraṇan ti duvidhaṃ hoti. tattha kālamaraṇaṃ puññakkhayena vā āyukkhayena vā ubhayakkhayena vā hoti. akālamaraṇaṃ kammupacchedakakammavasena. .... yaṃ pana dūsīmārakalāburājādīnaṃ viya taṅkhaṇañ ñeva[97] ṭhānā cāvanasamatthena kammunā upacchinnasantānānaṃ, purimakammavasena vā satthāharaṇādīhi[98] upakkamehi upacchijjamānasantānānaṃ maraṇaṃ hoti, idaṃ akālamaraṇaṃ nāma.

また、この意趣されたところのこれ（死）は、時死と非時死との二種類である。そのうち、時死は、福徳が尽きるゆえに、あるいは寿命が尽きるゆえに、あるいは両者が尽きるゆえにある。非時死は、業を断絶する業によってある。……。また、ドゥーシー魔やカラーブ王などのように、まさにその刹那にその場から死没させる効力のある業によって相続が断絶された者たちの〔死〕、あるいは過去の業によって剣で切られるなどの手だてにより相続が断絶された者たちの死、これが「非時死」と呼ばれる。

VisṬ.（VRI: Vol. I, p. 272.9–10）:

kalāburājādīnan ti **ādi**-saddena nandayakkhanandamāṇavakādīnaṃ saṅgaho daṭṭhabbo.

「**カラーブ王などの**」とあるが、「**など**」の語によって夜叉ナンダや青年ナンダなどが含まれると見られるべきである。

ドゥーシー魔は、『中部』第50経に登場し、仏弟子たちに暴行を加えたために寿命がその場で断たれてしまったとされる。またカラーブ王は、『ジャータカ』第313話に登場し、菩薩に暴行を加えたためにその場で地面に飲み込まれて地獄に堕ちたとされる。さらに、ダンマパーラによる註釈『清浄道論註』では、夜叉ナンダと青年ナンダを非時死の事例として加えている。夜叉ナンダは、『ウダーナ』（Ud. 4, 4）に登場し、サーリプッタに暴行を加えたためにその場で地面に飲み込まれて地獄に堕ちたとされる。青年ナンダは、『ダンマパダ』第69偈の因縁譚（DhpA.）に登場し、ウッパラヴァンナー比丘尼に乱暴を働いたためにその場で地獄に堕ちたとされる。

以上の四者は「非時死」の例として挙げられているが、いずれも本来もっと続くはずの寿命が、犯した悪業の力によって断絶され、その場で地獄に堕ちている。したがって、非時死であっても業の力によって死ぬと理解されていることが解る。これは、夜叉ナンダが登場する『ウダーナ』に対するダンマパーラ註からも確認できる。

UdA. 4, 4 (p. 246.18–22):

> kiṃ pana so yakkhattabhāven' eva nirayaṃ upagacchī ti. na upagacchi, yañ h' ettha[99] diṭṭhadhammavedanīyaṃ pāpakammaṃ ahosi, tassa balena yakkhattabhāve mahantaṃ dukkhaṃ anubhavi. yaṃ pana upapajjavedanīyaṃ ānantariyakammaṃ, tena cutianantaraṃ niraye uppajjī ti.
>
> 【問】ところで、彼（夜叉ナンダ）は夜叉の状態のまま地獄へ趣いたのか。
>
> 【答】趣いていない。実にこの場合には順現法受の悪業があり、それの力によって夜叉の状態に大いなる苦が起こり、そして順次生受なる無間業によって死の直後に地獄に再生したのである。

すなわち、上座部教理では、死は時死のみでなく非時死も、必ず業によって招かれると理解されている。

第三節　業論と宿作因論の差異

前節までに上座部教理を検討し、肉体的苦楽や死は必ず業の果報によって引き起こされる点を指摘した。けれども、このような上座部の業論は、初期仏教で否定されていたはずの宿作因論に極めて接近してしまっている[100]。そこで本節では、業論と宿作因論との差異がどこにあるのかという問題を考察する。両論の差異について『増支部註』は次頁に示す五説を述べている[101]。

このうち、上座部業論の特徴が顕著に表れているのは、第三説・第四説・第五説の三つである[102]。第三説や第四説によれば、“現世の努力・精進によって現世や来世での望ましい果報を得ることが可能である”という点、第五説によれば、“善・不善の意思を起こす自由意志が認められている”という点

	業論	宿作因論
第一説	業受[103]・唯作受・異熟受の三受を認める。	異熟受のみを認める。
第二説	苦受の原因として次の八種を認める。①胆汁、②痰液、③風、④胆汁・痰液・風の和合、⑤季節の変化、⑥不規則な養生、⑦突発生、⑧業の異熟。	⑧業の異熟のみを苦受の原因として認める。
第三説	順現法受業・順次生受業・順後次受業という三業を認める。	順後次受業のみを認める。
第四説	順現法受の異熟・順次生受の異熟・順後次受の異熟という三異熟を認める。	順後次受の異熟のみを認める。
第五説	善思・不善思・異熟思・唯作思という四思を認める。	異熟思のみを認める。

が、宿作因論に対する上座部業論の特徴であるとされる。この特徴は上座部の教理からも裏付けられる。上座部では、過去に積み上げられてきた業のうち、⑴重大な業、⑵常習的な業、⑶臨終間際の業、⑷それ以外の業、という順序で優先的に果報をもたらすと理解している[104]。またさらに、業の持つ四種の機能（令生・支持・妨害・破壊）のうちに、“他業の異熟の勢力を削ぐ業（妨害業）”や“他業を異熟しないように破壊してしまう業（破壊業）”があると説かれることからも確認することができる[105]。すなわち、たとえ悪業を犯してしまっても、より強力な善業を後から積めば、悪業よりもその善業が優先的に異熟をもたらしたり、悪業の異熟を漸減したり消滅させたりすることが可能である。以上の点が、宿作因論に対する上座部業論の特徴であると考えられる。

結　び

上座部資料を通じ、初期仏教から阿毘達磨における仏教の宿作因論批判を考察した。次の結論が得られる。

(1) 初期経典および『ミリンダ王の問い』では、肉体的苦楽は業以外の原因によって引き起こされる可能性があると説かれており、それこそが仏教の業論と、外道の宿作因論との違いであると考えられている。

(2) ところが上座部教理では、肉体的苦楽や死は必ず業によって引き起こされると理解される。したがって、初期経典および『ミリンダ王の問い』にある記述は教理と齟齬を起こしてしまっているが、註釈文献はこれらの記述が俗説であると定義して齟齬を取り除こうとしている。

(3) 以上のように上座部教理に従えば、肉体的苦楽や死は必ず業によって引き起こされるものの、業果の必然性までは主張されておらず、たとえ悪業をつくってしまっても、その後の努力や精進といった善業によって、その悪業の異熟の勢力を弱めたり消し去ってしまったりすることが可能である。このように現世における努力や精進を積極的に認める点が、宿作因論に対する上座部業論の特徴であると言える。

第四章　施餓鬼の構造

問題の所在

本章は、上座部と有部の資料において説かれる施餓鬼の構造を検討し、その中に現れる廻向について考察する。本章で取り上げる「施餓鬼」とは施者が餓鬼たちの安楽を願って彼らのために食事や衣服を施すことであり、「廻向」とはその施の功徳を餓鬼たちに振り向けることである[106]。しかし、人界にいる施者が、餓鬼界にいる餓鬼たちに直接施すことはできない。また、餓鬼界にいる餓鬼たちも、人界で施されたものを直接手で触れたり食べたりすることはできない。この両者を結びつけるためには、僧団という中継点を通す必要がある。つまり、施者が僧団に対して布施などの善業を行い、その功徳を餓鬼たちのために廻向することによって、廻向された餓鬼たちは何らかの果報を受けるのである。現代でも見られるこのような施餓鬼は、仏教ではすでに初期経典の中に現れ[107]、その後、部派仏教や大乗仏教にも引き継がれていく。

ところで、「善業をなしているのは施者であるのにもかかわらず、その善業の功徳を受けるのは廻向された餓鬼である」という、この施餓鬼および廻向というものが、仏教全般で言われる「自業自得」の原則を破っているのではないか、という問題が度々指摘されてきた。施餓鬼を説く初期経典などを読むと、「施者のなした善業（甲）が廻向された餓鬼に移譲され、その善業（甲）の果報を餓鬼が享受する」という「他業他得」が説かれていると理解することもできる。この自業自得の原則と廻向との間にある矛盾をどのように解決するかについて、多くの研究がなされている。Gombrich［1971］, 櫻部建［1974］(=［2002: pp. 136–147］), McDermott［1975］［1977］, Schmithausen［1986］, 入澤崇［1989］などは、初期経典における廻向が他業他得であると理解している。

一方、『餓鬼事』と『餓鬼事註』を詳細に検討した藤本晃［2006］は、初期経典における廻向も自業自得の原則を守っていると主張する[108]。これは、上座部註釈文献における廻向の構造が自業自得の原則を守っており、その構造が初期経典における理解にも適用できると考えているからである。上座部註釈文献では、自業自得の原則に反しないように廻向の仕組みを次のように構築している。

すなわち、廻向とは、施者が僧団に布施をして、特定の誰かあるいは一切衆生の繁栄や幸福が増すことを願うだけのことであり、実際に廻向される対象者がいるかいないかは問題とされない。また、廻向は単に他者の幸福を願うだけのことであるから、いくら廻向したとしても施者の善業が減ることはなく、僧団に布施した分の善業をそのまま得ることができる。一方、廻向される対象者は、それに気付けば廻向者が行った善業に対して随喜（anumodana）を起こす。この随喜は善業であり、それを起こした本人に楽の果報を与える。したがって、廻向がなされたとしても施者から対象者に善業が移譲されるのではない。あくまでも施者と対象者とがそれぞれに善業を起こしているのである。このような廻向の仕組みは、自業自得の原則を逸脱していないことになる。

以上のような上座部教理における廻向の仕組みは、Malalasekera［1967］, Spiro［1971］, Schmithausen［1986］, Withanachchi［1987］, 浪花宣明［1987］, 林隆嗣［1999a］などによって徐々に明らかにされ、その後、藤本晃［2006］が『餓鬼事』と『餓鬼事註』における施餓鬼の構造を検討することによってこの結論を補強した。このような仕組みは、複数の上座部註釈文献において一致して確認される。

しかしながら、これは五世紀以降に記された上座部註釈文献に現れた記述であり、この理解がそのまま初期経典まで遡れるか否かについては、さらなる吟味が必要であると思われる。「遡り得る」と主張する藤本晃［2000b: p. 63.16-21］［2006: p. 139.17-28］も、『餓鬼事』などの初期経典の記述からだけでは、そこに現れる廻向が自業自得の原則を守っているのかどうかについて、よく解らないと指摘している。それにもかかわらず“註釈文献における記述がそのまま初期経典の理解にまで遡り得る”とする根拠は、「註釈文献の記述は、初期経典の内容を全く踏み越えることがない」という考えによる[109]。一方、Schmithausen［1986］やWithanachchi［1987］などは、このような上座部註釈文献に説かれる廻向の構造は、部派仏教の教理によって解釈されたものに過ぎず、初期仏教まで遡り得ないと考えている。

そこで本章は、より多くの資料を用いて、廻向や施餓鬼の構造と、その歴史的な展開とを検討する。本章の第一節では、上座部註釈文献以前に成立した『論事』と『ミリンダ王の問い』における施餓鬼の構造を検討する。続く第二節では、従来あまり検討されてこなかった有部資料を用いて有部における施餓鬼の構造を検討する。

第一節　上座部における施餓鬼の構造

すでに述べたように、上座部註釈文献における施餓鬼の構造は、「餓鬼は布施に随喜し、その随喜が善業となって餓鬼自身に果報を与える」として自業自得の原則に反しないように解釈されている。ここでは『論事』と『ミリンダ王の問い』の両資料を用い、このような随喜によって自業自得を説明する解釈が、註釈文献以前の上座部資料においても一貫して現れているか否かを検討する。

第一項　『論事』における施餓鬼

『論事』における施餓鬼は、McDermott［1975: p. 431.a6–b4], Schmithausen［1986: p. 215.7–20], 藤本晃［2006: pp. 146–150］らによって検討され、そこに説かれる施餓鬼の構造が自業自得の原則に反しないよう説かれている点が指摘されている[110]。ここでは、従来の研究で取り上げられてこなかった『論事復註』（KvMṬ.）と『論事復々註』（KvAṬ.）も加えて段階的に検討し、「自業自得」の原則を厳守する施餓鬼の構造の祖型が『論事』において見られる点を改めて考察する。

『論事』では、「施餓鬼は自業自得の原則を逸脱しているのではないか」という議論が交わされている。そこでは、『餓鬼事』第5経の第6偈にある「ここ（人界）より施されたものによって、死せる餓鬼たちはそこ（餓鬼界）に生存する」という文言[111]の解釈をめぐり、どのように餓鬼たちが廻向された施物を受用しているのかについて議論されている。「ここより施されるものによって、そこで生存する」という言葉を認めれば、他業他得を認めることに繋がってしまうとして、次のように上座部論師は論難している。

Kv. 7, 6 (p. 347.14–18):

(A) ito dinnena tattha yāpentī ti. (B) āmantā. (A) añño aññassa kārako parakataṃ sukhadukkhaṃ añño karoti, añño paṭisaṃvedetī ti. (B) na h' evaṃ vattabbe ...pe....

【自論師】「ここより施されるものによって、そこで生存するのか」。【他論師】「その通りである」。【自論師】「ある者（甲）が別の者（乙）の行為者となるのか。他作の苦楽をある者（甲）がなし、別の者（乙）が感受するのか」。【他論師】「そのように言ってはならない…略…」。

他業他得を認めていない点から、上座部が施餓鬼について自業自得の原則を適用して理解している態度が窺える。また、随喜に関する言及もある。

Kv. 7, 6 (p. 347.19–27):

(B) na vattabbaṃ "ito dinnena tattha yāpentī" ti. (A) āmantā. (B) nanu petā attano atthāya dānaṃ dentaṃ anumodenti, cittaṃ pasādenti, pītiṃ uppādenti, somanassaṃ paṭilabhantī ti. (A) āmantā. (B) hañci petā attano atthāya dānaṃ dentaṃ anumodenti, cittaṃ pasādenti, pītiṃ uppādenti, somanassaṃ paṭilabhanti, tena vata re vattabbe "ito dinnena tattha yāpentī" ti.

【他論師】「"ここより施されるものによって、そこで生存する"と言ってはならないのか」。【自論師】「その通りである」。【他論師】「餓鬼たちは自分のために布施を行いつつある者に随喜し、心に浄信を起こし、喜びを生じ、喜悦を得るのではないのか」。【自論師】「その通りである」。【他論師】「もし"餓鬼たちは自分のために布施を行いつつある者に随喜し、心に浄信を起こし、喜びを生じ、喜悦を得る"なら、それゆえに実に"ここより施されるものによって、そこで生存する”と言うべきである」。

ここでは「餓鬼が布施に対して随喜する」と述べられているものの、後代の註釈文献における「餓鬼が随喜することによって果報を得る」というような説明まではなされていない。この部分の註釈によれば、この随喜をめぐって上座部論師と他論師との間で見解の相違があったとされる。上座部註釈は、この随喜こそが布施の受用であると述べている。

KvA. 7, 6 (p. 99.10–13):

> **dānaṃ dentan** ti dānaṃ dadamānaṃ disvā ti attho. tattha yasmā attano anumoditattā ca tesaṃ tattha bhogā uppajjanti, tasmāssa iminā kāraṇena laddhiṃ patiṭṭhapentassā[112] pi appatiṭṭhitā va hoti.
>
> 「**布施を行いつつある者に**」とは、「布施を行いつつある者を見て」という意味である。また、そこ（餓鬼界）で〔餓鬼〕自身が随喜することから、彼ら（餓鬼）にとってそこ（餓鬼界）で受用が起こるのである。それゆえに、この理由によって彼（他論師）が執見[113]を確立したとしても[114]、非確立である。

この理解はダンマパーラによる『論事復々註』でも同様に認められている。

KvAṬ. 7, 6 (VRI: p. 120.3–4):

> **iminā kāraṇenā** ti anumoditattā 'va tesaṃ tattha bhogā uppajjantī ti etena kāraṇena.
>
> 「**この理由によって**」とは、「“まさに随喜したので、彼らにとってそこで受用が起こる”というこの理由によって」のことである。

「施物を実際に手にすること」が受用ではなく、「餓鬼が布施に対して随喜すること」が受用であると述べられており、自業自得の原則が守られていることが解る。また、『論事註』以降の註釈によれば、『論事』において他論師は、「随喜なしに布施の受用がある」という執見を抱いていたとされる。

KvA. 7, 6 (p. 99.2–5):

> idāni ito dinnakathā nāma hoti. tattha yesaṃ “ito dinnena yāpenti, petā kālaṅkatā tahin” ti vacanaṃ nissāya “yaṃ ito cīvarādidinnaṃ ten' eva yāpentī” ti laddhi, seyyathāpi rājagirikasiddhatthikānaṃ.

次に、此処施論と呼ばれるものがある。ここに、「ここ（人界）より施されたものによって、死せる餓鬼たちはそこ（餓鬼界）に生存する」（Pv. 5（p. 4.10）を参照）という語によって「ここ（人界）より施された衣など、それだけによって生存する」と、ある者たちに執見がある。たとえば、王山部・義成部にである。

KvMṬ. 7, 6（VRI: p. 89.2–3）:

ten' eva yāpentī ti ten' eva cīvarādinā yāpenti, ten' eva vā cīvarādidānena yāpenti, sayaṃkatena kammunā vinā pī ti adhippāyo.

「**それだけによって生存する**」とは、「自らなした業なしにも、衣などそれだけによって生存し、あるいは衣などの布施だけによって生存する」という意趣である。

KvAṬ. 7, 6（VRI: p. 120.2–3）:

ten' eva cīvarādidānenā ti anumodanaṃ vinā dāyakena pavattitacīvarādidānena. ten' āha "**sayaṃkatena kammunā vinā pī**" ti.

「**衣などの布施だけによって**」とは、「随喜することなく、施者によって転じられた衣などの布施によって」ということである。それゆえに、「**自らなした業なしにも**」と述べられたのである。

以上、『論事』およびその註釈を検討した。『論事』の段階では、「随喜」と「自業自得の原則」という二つの要素が別々に説かれており、後世の『論事註』などの註釈文献におけるような、これら二つを総合した施餓鬼の構造が明示されて説かれているわけではない。しかし、そのような構造の祖型はすでに『論事』の中に現れている。

第二項　『ミリンダ王の問い』における施餓鬼

前第一項では、『論事』における「此処施論」（Kv. 7, 6）とその註釈を検討して、上座部註釈文献に説かれる施餓鬼の構造の萌芽が『論事』の段階で見られることを指摘した。続いて本項では、『ミリンダ王の問い』に説かれる施餓鬼の構造を検討する。上座部註釈文献では施餓鬼の構造について、「施者が僧団に布施しそれを餓鬼たちに廻向すると、廻向された餓鬼たちはその布施に随喜する。餓鬼たちの起こした随喜は善業であり、その善業こそが餓鬼たちに果報を与える」と理解している。したがって、上座部の理解に従うならば、施餓鬼は自業自得の原則に反していない。なぜなら、廻向された餓鬼に何らかの果報があったとしても、それは餓鬼自らが起こした善業（すなわち随喜）によるものであり、決して施者のなした善業（＝布施による善業）が餓鬼に移譲されているわけではないからである。

しかし、『論事』以降に成立したとされる『ミリンダ王の問い』を検討すると[115]、そのような上座部註釈文献で説かれる、随喜によって餓鬼の果報を説明する施餓鬼の構造は現れない。むしろ『ミリンダ王の問い』の問答からは、施者から餓鬼に功徳が移譲されているという他業他得の理解のもとに施餓鬼が説かれていることを示唆する記述が見られる。これを主張するのはMcDermott［1977］や玉井威［1982］である[116]。McDermott［1977］は、『ミリンダ王の問い』における廻向の問題に対する長老ナーガセーナの回答が、『論事』などで説かれるような上座部の正統説から外れており、他業他得の廻向が説かれていると指摘している[117]。しかし、『ミリンダ王の問い』における廻向の構造と、上座部註釈文献で説かれる正統説とを、文献学的に比較した研究は依然として不十分であるように思われる。そこで本項では、『ミリンダ王の問い』に説かれる施餓鬼の譬喩と、上座部註釈文献に記される廻向の譬喩とを比較し、それらの譬喩から得られる廻向の構造が異なっている点を指摘する。

まず、ミリンダ王の「施餓鬼をしても、廻向された対象者が存在しなかった場合、その施の果報は消えて無意味になってしまうのか」という問いに、ナーガセーナは「消えることなく、施者がその果報を受ける」と答え、次のような譬喩を述べている。

Mil. (pp. 294.18–295.4):

“tena hi, bhante nāgasena, dāyakānaṃ dānaṃ vissotaṃ[118] hoti aphalaṃ, yesaṃ uddissa kataṃ yadi te na paṭilabhantī[119]” ti. “na hi taṃ, mahārāja, dānaṃ aphalaṃ hoti avipākaṃ, dāyakā yeva tassa phalaṃ anubhavantī” ti.

“tena hi, bhante nāgasena, kāraṇena maṃ saññāpehī” ti. “idha, mahārāja, keci manussā macchamaṃsasurābhattakhajjakāni paṭiyādetvā ñātikulaṃ gacchanti, yadi te ñātakā taṃ upāyanaṃ na sampaṭiccheyyuṃ, api nu taṃ upāyanaṃ vissotaṃ gaccheyya vinasseyya vā” ti. “na hi, bhante, sāmikānaṃ yeva taṃ hotī” ti. “evam eva kho, mahārāja, dāyakā yeva tassa phalaṃ anubhavanti. yathā vā[120] pana, mahārāja, puriso gabbhaṃ paviṭṭho asati purato nikkhamanamukhe kena nikkhameyyā” ti. “paviṭṭhen' eva bhante” ti. “evam eva kho, mahārāja, dāyakā yeva tassa phalaṃ anubhavantī” ti.
「尊師ナーガセーナよ、それではもし〔布施の対象として〕指定された者たちが得ないのであれば、施者たちの施は流失し果報の無いものになってしまいます」と。「大王よ、実にその施は果報の無いものではなく、異熟の無いものではありません。まさに施者たちが、その果報を受けます」と。「尊師ナーガセーナよ、それでは根拠をもって私を納得させてください」と。【譬喩1】「大王よ、ここにある人々が魚・肉・酒・飯・硬食を用意して、親族の家に行くとします。もしその親族たちがその贈物を受け取らなければ、果たしてその贈物は消失し、あるいは消滅するでしょうか」と。「尊師よ、そうではありません。まさに所有者にそれがあります」と。【譬喩2】「大王よ、〔それと〕同様に施者自身が、その果報を受けるのです。大王よ、あるいはまた、部屋へ入った人がいるとします。前方に出口が無ければ、どこを通って彼は出るでしょうか」と。「尊師よ、入ったのと同じ場所を通って〔出ます〕」と。「大王よ、〔それと〕同様に施者自身が、その果報を受けるのです」と。

ナーガセーナの回答のうち、【譬喩1】では「功徳」が「贈物」に、「餓鬼」が「親族」に、「施者」が「贈物の所有者」に譬えられている。【譬喩2】では「功徳」が「部屋へ入った人」に、「餓鬼」が「前方の出口」に、「施者」が「部屋の入口」に譬えられている。この譬喩において功徳は、随喜などによって餓鬼の内に起こるものではなく、施者から餓鬼に物質的に移譲されるものとして譬喩されていることが解る。したがって、廻向される対象者がいれば、その功徳は対象者に移譲され、施者には戻ってこないことが暗示されている。

ところで、上座部註釈文献の理論に従えば、施者と餓鬼の起こす功徳はそれぞれが別々に起こすものであり、施者から餓鬼へ物質的に移譲されるものではない。ゆえに、たとえ餓鬼が功徳を受けても受けられなくても、そのことが施者の功徳の増減に影響することはない。しかし、この『ミリンダ王の問い』におけるナーガセーナの回答は、餓鬼が功徳を受けるか否かによって施者の受ける功徳が増減すると述べているのであるから、このような構造は、上座部註釈文献における施餓鬼の構造と一致しているとは言いがたい。

また、ナーガセーナは、善業が餓鬼に廻向されることを次のように譬えている。

Mil.（p. 297.5–14）:

> yathā, mahārāja, udapāne bahusalilasampuṇṇe ekena desena udakaṃ paviseyya, ekena nikkhameyya, nikkhamante pi aparāparaṃ uppajjati, na sakkā hoti khayaṃ pāpetuṃ, evam eva kho, mahārāja, kusalaṃ bhiyyo bhiyyo pavaḍḍhati. vassasate pi ce, mahārāja, puriso kataṃ kusalaṃ āvajjeyya, āvajjite āvajjite bhiyyo bhiyyo kusalaṃ pavaḍḍhati, tassa taṃ kusalaṃ sakkā hoti yathicchakehi saddhiṃ saṃvibhajituṃ. idam ettha, mahārāja, kāraṇaṃ, yena kāraṇena kusalaṃ bahutaraṃ.
>
> 大王よ、たとえば、多くの水を湛えた井戸において、一方から水が入り、一方から流出するとしましょう。流れ出つつあっても、次々と〔水が〕生じ、尽きることはありません。大王よ、全く同様に、善はますます増大します。大王よ、もしある者が百年間もなした善を傾注するならば(āvajjeyya)、傾注するたびにますます善は増大します。彼は、その善を欲する人々とともに分け合うことができます。大王よ、ここではこの根拠ゆえに、善は多大なのです。

「施者のなした善業」が「井戸にたまった水」に、「廻向」が「その井戸から水が流出すること」に譬えられている。ここでも廻向された功徳（＝善業）が施者から対象者に物質的に移譲されるものとして表現されていることが解る。以上の譬喩からも解るように、『ミリンダ王の問い』から読み取ることのできる施餓鬼の構造は、上座部註釈文献で見られた構造と異なっている。

一方、上座部註釈文献である『法集論註』などにおける廻向に関する註釈を検討すると、そこで説かれる譬喩は『ミリンダ王の問い』における譬喩と全く相違している。『法集論註』で説かれる廻向の譬喩は施餓鬼に限定されているわけではないが、上座部註釈文献で見られる施餓鬼の構造とよく一致している。次のような譬喩を述べている[121]。

DhsA.（p. 158.20–30）:

dānaṃ datvā gandhādīhi pūjaṃ katvā asukassa nāma patti hotū ti vā sabbasattānaṃ hotū ti vā pattiṃ dadato pattānuppadānaṃ veditabbaṃ. kiṃ pan' evaṃ pattiṃ dadato puññakkhayo hotī ti. na hoti. yathā pana ekaṃ dīpaṃ[122] jāletvā tato dīpasahassaṃ jālentassa paṭhamadīpo khīṇo ti na vattabbo, purimālokena pana saddhiṃ pacchimāloko ekato hutvā atimahā hoti. evam eva[123] pattiṃ dadato parihāni nāma n' atthi. vuḍḍhi[124] yeva pana hotī ti veditabbo[125]. parehi dinnāya pattiyā vā aññāya vā puññakiriyāya sādhu sādhū[126] ti anumodanavasena abbhanumodanaṃ veditabbaṃ.

布施をなし、香などで供養をなし、「彼の誰々という者に利益（patti）あれ」あるいは「すべての衆生に〔利益〕あれ」と利益を与えるゆえに、「利益の施与」（pattānuppadāna）であると理解されるべきである。【疑】しかし、そのようであれば、利益を与える者の福徳が尽きてしまうのではないか。【答】そうではない。あたかも一つの灯火を灯し、それから千の灯火を灯しても、最初の灯火が尽きたと言われず、逆に先の〔灯火の〕光と後の〔灯火の〕光が合わさって一つになって一層大きくなる。同様に、そのように利益を与える者に〔福徳の〕減退はなく、逆に増大するのみであると理解されるべきである。他の人たちによって施された利益、あるいは他の福徳ある所作に対して「善いかな。善いかな」と随喜することが、「随喜」（abbhanumodana）であると理解されるべきである。

ここでは「利益」が「灯火」に、「利益の施与」が「灯火を灯すこと」に譬えられている。「元の灯火を他の灯火に灯しても、元の灯火が消えることはない」という譬喩は、「施者と餓鬼の起こす功徳はそれぞれが別々に起こすものであり、餓鬼に廻向するからといって施者の功徳の増減に影響はない」とする上座部註釈文献における施餓鬼の理解と一致している。

したがって、この『法集論註』の譬喩は、『論事註』やその他の上座部註釈文献で説かれる、随喜による施餓鬼の構造と矛盾しないように説かれている。仮に『ミリンダ王の問い』のように功徳を物質的に移譲することが廻向であると理解されて譬えられたならば、「利益」は「灯火」ではなく「灯火の油」に譬えられていたであろう。

以上、『ミリンダ王の問い』における施餓鬼の構造は、上座部註釈文献に現れるものと異なる構造であった可能性を、両者の譬喩の内容を比較検討することで、より鮮明に指摘することができたと考える。『ミリンダ王の問い』では、上座部註釈文献のように「餓鬼が布施に対して〈随喜〉という善業を起こす」という自業自得の原則を貫く解釈は見られない。『ミリンダ王の問い』における施餓鬼の構造は、廻向した功徳が施者から餓鬼に移譲されること、すなわち他業他得を暗に認めている。

第三項　小結

『論事』と『ミリンダ王の問い』における施餓鬼の構造を考察した。次の二点が指摘される。

(1) 上座部註釈文献における、自業自得の原則に基づいた「餓鬼は布施に随喜し、その随喜という善業が餓鬼自身に果報を与える」という解釈の萌芽は、阿毘達磨文献である『論事』において現れる。

(2) 一方、『ミリンダ王の問い』における施餓鬼の解釈は、上記の上座部註釈文献に見られる解釈と異なっており、廻向した功徳が施者から餓鬼に移譲されることを意味する譬喩が用いられている。これは『ミリンダ王の問い』において、他業他得の構造のもとに施餓鬼が解釈されていた可能性を示唆する。

したがって、同じ上座部所伝の資料でありながら施餓鬼に対する異なった解釈が現れることは、廻向をめぐる解釈が最初から一枚岩であったわけではないことを示しているように思われる。

第二節　有部における施餓鬼の構造

すでに本章の「問題の所在」において述べたように、廻向や施餓鬼に関する研究は数多く発表されているが、その中で有部における施餓鬼を考察したものは数が少ない。しかしながら、有部において施餓鬼が説かれていないというわけではない。有部所伝と思われる『雑阿含』巻 37, 第 1041 経（対応経：『増支部』第 10 集, 第 177 経）は施餓鬼を説く経典であり、その後の有部論書にも施餓鬼に関する言及が見られる。

このような有部の施餓鬼については、Dhammajoti や林隆嗣による研究[127]が、『発智論』『大毘婆沙論』の事例を紹介しつつ、それが上座部註釈文献と同じく自業自得の原則のもとに解釈されている点を指摘している。本節では、先行研究が扱わなかった資料も加えて、有部における施餓鬼の構造を考察する。

第一項　『発智論』における施餓鬼

有部阿毘達磨文献の中で初めて施餓鬼が問題とされるのは、『発智論』[128]においてである。そこでは、「なぜ施餓鬼の対象が餓鬼のみであるのか」という疑問に対し、『発智論』は「法爾（dharmatā）としてそうなのである」と答えているだけである。この『発智論』の段階では、施餓鬼における自業自得の問題にはまだ触れられていない[129]。なお、『発智論』の註釈である『大毘婆沙論』によれば、この議論は『雑阿含』巻 37, 第 1041 経の内容を解釈しているとされる[130]。

第二項　『婆須蜜論』『大毘婆沙論』『順正理論』における施餓鬼

「施餓鬼は自業自得の原則に違反するのではないか」という問題が有部論

書の中で初めて現れるのは、『婆須蜜論』においてである[131]。この問題に対して『婆須蜜論』では次の四説を挙げている[132]。

第一説：餓鬼は嫉妬して心意が顚倒しているので、食などを不浄なものと見て、そのまま食であると見ることができない。しかし、食などを祭祀して餓鬼がその施に対して歓喜すれば、心は顚倒しなくなり、増上行を得て食を受けることができる。

第二説：餓鬼は嫉妬の意があるので、善い境涯へ行くことができない。しかし、祭祀することで餓鬼が施に対して歓喜すれば、その善心によって善い境涯へ行くことができる。

第三説：餓鬼は嫉妬の意があるので、身体は長大であるが心は常に疲れている。しかし、食を祭祀して餓鬼がその施に対して歓喜すれば、身も心も広大になり、増上行を得て食を受けることができる。

第四説：餓鬼は施に対して善心を起こし、その善心によって食を受けることができる。

具体的な廻向の構造について、四説いずれも「餓鬼は施に対して歓喜し、それによって何らかの果報を得ている」とし、自業自得の原則に則っていることが解る。

続いて、『大毘婆沙論』[133]の中にも「施餓鬼が自業自得の原則に違反しているのではないか」という問題が現れている。そこでも有部は四説を挙げ、『婆須蜜論』と同様に自業自得の原則を主張している。

第一説：餓鬼は布施に対して随喜し、捨相応の思を起こして順現法受業をつくり、それが異熟を与える。

第二説：餓鬼はすでに前世において、現世で飲食を得る業をつくっているのであるが、慳貪の心があったので現世では顚倒を起こしてしまい、この食を受用することができない。しかし、親族が施会を設けることで、餓鬼がその布施に対して随喜し、捨相応の思を起こすと、この顚倒を取り除くので、食を受用できるようになる。

第三説：餓鬼はすでに前世において飲食を得る業をつくっているのであるが、慳貪の心があったので現世では力が弱く、力持ちの鬼神たちが守護している食事場所に行くことができない。しかし、親族が施会を設けることで、餓鬼がその布施に対して随喜し、捨相応の思を起こすと、心身が強くなり、食事の場所へ行って食を受用することができる。

第四説：餓鬼はすでに前世において飲食を得る業をつくっているのであるが、それが微劣であるので、現世で与果することができない。しかし、親族が施会を設けることで、餓鬼がその布施に対して随喜し、捨相応の思を起こすと、その前世でつくった業が与果できるようになる。

いずれも餓鬼が布施に対して随喜し、捨相応の思を起こして、それが餓鬼に異熟を与えると考えられている。捨（upekṣā）は大善地法であるから、捨相応の思とは善業であることが解る。この四説では、捨相応の思がどのように餓鬼に異熟を与えるのかという点に違いはあるが、いずれも自業自得の原則を守っている。

有部論書における施餓鬼の記述は『大毘婆沙論』が最も詳しい。『倶舎論』では施餓鬼に関する記述は見られないようである。衆賢は『順正理論』において、餓鬼を解説する部分で施餓鬼について触れ、『大毘婆沙論』における第一説を紹介している。

『順正理論』巻 31（T29. 517c10–12）：

彼鬼見已。於自親知及財物中。生己有想。又自明見慳果現前。於所施田心生浄信。相続生長捨相応思。由此便成順現法受。

彼の鬼は見已りて、自らの親知及び財物の中に於て、己有の想を生ず。又、自ら明に慳果の現前するを見て、所施の田に於て心に浄信を生じ、捨相応の思を相続し生長す。此に由りて便ち順現法受を成ず。

第三項　小結

有部資料中における施餓鬼を検討した。有部は施餓鬼の構造について、「餓鬼は施に対して随喜し、捨相応の思を起こし、その思が餓鬼に何らかの果報を与えている」と解釈し、自業自得の原則を主張している。これは『婆須蜜論』以降の論書において一貫して見られる。さらにこの構造は、上座部註釈文献における施餓鬼の構造と同一である。

結　び

上座部と有部の資料における施餓鬼の構造を検討した。これらを要約すれば次の二点が指摘される。

(1) 上座部と有部の論師たちが伝える施餓鬼の構造は同一である。廻向について「施主から餓鬼に善業が移譲される」とは解釈せず、あくまで自業自得の原則を貫き、「餓鬼は施に対して随喜し、その善業である随喜こそが餓鬼に果報を与えている」と理解している。両部派のこのような構造の萌芽は、上座部では『論事』から、有部では『婆須蜜論』から見られる。

(2) ところが、上座部所伝の『ミリンダ王の問い』では、上記とは異なった施餓鬼の構造が見られる。『ミリンダ王の問い』は廻向について、「施主から餓鬼に善業が移譲される」と理解している。これは『ミリンダ王の問い』が他業他得を容認する立場から廻向を理解していたことを示唆する。『ミリンダ王の問い』に説かれる廻向の譬喩も、後の上座部資料における廻向の譬喩とは異なっている。

このように、上座部資料中に他業他得を容認する施餓鬼が説かれていることは、後代の資料で見られるような自業自得を貫く施餓鬼の構造がどのような起源を持ち、どのように展開したのかを解明する上で重要な鍵となる。

総　括

第五部では、発達した業の教理と、聖典の中に説かれる字義との間にある齟齬を、上座部と有部が如何に解消させているのかについて考察した。

第一章と第二章では、アングリマーラ伝承について考察した。上座部も有部も、阿毘達磨の業論と齟齬が起こらぬように「アングリマーラ経」を再解釈していることが確認された。また、有部におけるアングリマーラ説話は、「無間業の加行不可転」の有部教理と齟齬が起こらぬように再編された痕跡が確認された。

第三章では、上座部資料中における宿作因論批判を検討した。初期経典と『ミリンダ王の問い』では、肉体的苦楽は業以外によっても引き起こされる可能性を認めていた。ところが上座部教理は、肉体的苦楽や死は必ず業によって引き起こされると理解するため、これら初期経典および『ミリンダ王の問い』にある記述を俗説として斥けている点が確認された。

第四章では、上座部と有部の資料中に見られる施餓鬼について考察した。上座部と有部はともに「自業自得の原則」を主張し、廻向について「施主から餓鬼に善業が移譲される」とは解釈せず、「餓鬼は施に対して随喜し、その善業である随喜こそが餓鬼に果報を与えている」という理解のもとに初期経典を解釈している。ところが、上座部所伝の『ミリンダ王の問い』では、廻向について「施主から餓鬼に善業が移譲される」と「他業他得」を容認する立場から理解していた可能性を指摘した。

以上のように、経典に記された字義と、発達した阿毘達磨教理との間には齟齬が見られる場合がある。このような齟齬に対して両部派の論師たちは、阿毘達磨教理に適うように経典を解釈したり、齟齬を起こしている初期経典を俗説として斥けている。このように上座部と有部にとっては、阿毘達磨こそが不可侵なる最高の仏説として受容されていたことが確認される。

第五部　註

第一章

1　パキスタン・パンジャーブ地方にあった古代都市。現在はタキシラ（Taxila）と表記される。

2　アングリマーラの代表的資料として『中部』第 86 経、『長老偈』第 866-891 偈がある。

3　平岡聡［2008］.

4　赤沼智善［1967: pp. 39-41］, 岩本裕［2: pp. 145-160］, 榎本文雄［1989］, 平岡聡［2008］.

5　本章に先立つ予備的考察として、第四部一章「不定業と既有業」では、業と異熟の連結に変更が加えられる事例を検討し、⑴上座部教理に基づけば異熟時の変更は不可能であること、⑵「アングリマーラ経」の註釈においても、アングリマーラが受けている苦しみは、あくまで「地獄で受けるほど苦しい順現法受業の異熟」であって、本来地獄で受けるべき順次生受業を順現法受業に転換・先取りして現世で報いを受けるとは考えていない点を指摘した。また、第四部二章「上座部修道論における業滅」では、⑴後代の阿毘達磨において重要となる業滅とは、異熟に対して縁となっている煩悩を断つことによって、業が異熟する能力を失うことであり「煩悩滅→業滅」の関係に基づいて起こる点、⑵この「煩悩滅→業滅」の関係に基づいて後代の註釈家は、この関係と齟齬を起こしている初期経典の記述に対して、齟齬が起こらぬように再解釈を施している点を明らかにした。

6　『中部註』に付された因縁物語では、アングリマーラに嫉妬した他の弟子たちが「密通している」と師に讒言するのみで、アングリマーラが師の妻から誘惑された話を欠く。

7　『長老偈』では出家した後の事績について明瞭には語られていない。『長老偈註』の理解に基づけば、『長老偈』第 871-873 偈はアングリマーラが出家して阿羅漢果を得たときに語った偈であるとされる。『中部』ではこれら三偈はプロット⑭に含まれる。

8　『長老偈』第 866-891 偈はアングリマーラが出家後に受けた迫害などを明瞭には説いていないが、『長老偈』第 882 偈では業の異熟に触れられた旨が説かれている。この解釈をめぐる問題については本章第五節で考察する。

9　『長老偈註』の理解に従えば、『長老偈』第 874-891 偈がプロット⑭にあたる。

10　以下については第四部「修道論における業滅と造業」を参照。

11　僅かだが例外もある（本章第三節一項「三時業・三障・五障害の定義」を参照）。

12　ただし、そもそも来世を生み出せない順現法受業は異熟する能力を失うとは限らない（仔細については本章第四節「アングリマーラの苦受」を参照）。

13　『中部』ではプロット⑭のうちに対応偈が含まれる（MN. 86（Vol. II, p. 104.21-22）と MN. 86（Vol. II, p. 104.23-24）を参照）。なお、『中部』のプロット⑪そのものに対して『中部註』は注目すべき註釈を施していない。また、韻文資料が概して散文資料よりも成立が古い点、および北伝資料においてもこれら両偈に対してアングリマーラの因縁話が付されている点から（『出曜経』巻 17–18（T04. 703a23–704c13), UVV. 16, 5–6 を参照)、これら両偈はアングリマーラ説話の展開する素となっており、セットになって伝承されたものであると考えられる。

14 Therag. 871: *omit*, Dhp. 172, MN. 86: *add* ca.

15 PTS: vigatakilesandhakāraṃ, VRI: vihatakilesandhakāraṃ.

16 PTS: sammā paṭipattiyā, VRI: sammāpaṭipattiyam（sammā-apaṭipattiyam).

17 PTS: sammā paṭipajjati, VRI: sammā paṭipajjati.

18 PTS: *add* 'va, VRI: *omit*.

19 前註 16 に示した通り、PTS の校訂によれば「正しく実践することについて（放逸に沈む)」（sammā paṭipattiyā）となる。ここでは VRI に従い、sammāpaṭipattiyam（sammā-apaṭipattiyam）と読む。

20 Therag. 883:

pamādam anuyuñjanti bālā dummedhino janā,
appamādañ ca medhāvī dhanaṃ seṭṭhaṃ va rakkhati.
智慧乏しき愚か者たちは、放逸に耽る。しかし、智慧ある者は、あたかも最高の富のように不放逸を護る。

TheragA. 883（Vol. III, p. 63.4–15):

tattha **bālā** ti bālyena samannāgatā idhalokaparalokatthaṃ ajānantā. **dummedhino** ti, nippaññā, te pamāde ādīnavaṃ apassantā. **pamādaṃ anuyuñjantī** ti, pavattenti, pamādena kālaṃ vītināmenti. **medhāvī** ti, dhammojapaññāya samannāgato pana paṇḍito kulavaṃsāgataṃ **seṭṭhaṃ** uttamaṃ, sattaratana**dhanaṃ** viya **appamādaṃ rakkhati**, yathā hi "uttamaṃ dhanaṃ nissāya bhogasampattiṃ pāpuṇissāma, puttadāraṃ posessāma, sugatigamanamaggaṃ sodhessāmā" ti dhane ānisaṃsaṃ passantā dhanaṃ rakkhanti, evaṃ paṇḍito pi "appamādaṃ nissāya paṭhamajjhānādīni paṭilabhissāmi, maggaphalāni pāpuṇissāmi, tisso vijjā cha abhiññā sampādessāmī" ti appamāde ānisaṃsaṃ passanto dhanaṃ seṭṭhaṃ 'va appamādaṃ rakkhatī ti attho.

その中で、「**愚か者たち**」とは、「愚鈍であり此世・彼世の理を知らない者たち」のことである。「**智慧乏しき**」とは、「智慧を欠いた者たち」のことである。その彼らは放逸にある禍患を見ないのである。「**放逸に耽る**」とは、「〔放逸を〕生起せしめ、放逸に時を過ごす」〔という意味〕である。「**智慧ある者**」とは、法滋養の慧をも具えた賢人のことであり、良家にある**最高の**この上ない七宝という**富**のように**不放逸を護る**のである。あたかも「この上ない富に依って、私たちは財の成就を得るだろう。子供と妻を養うだろう。善逝の行く道を清めるだろう」と富の中に功徳を見て富を護るように、賢人もまた「不放逸に依って、初禅などを得るだろう。道果を得るだろう。三明・六通を成就するだろう」と不放逸の中に功徳を見て、最高の富のように不放逸を護る、という意味である。

Therag. 884:

mā pamādam anuyuñjetha mā kāmaratisanthavam,
appamatto hi jhāyanto pappoti paramaṃ sukhaṃ.

放逸に耽るなかれ。欲楽と交わることに〔耽る〕なかれ。
禅定している実に不放逸なる者は、最高の楽を得る。

TheragA. 884（Vol. III, p. 63.16–21）:

mā pamādan ti, pamādaṃ mā **anuyuñjetha**, pamādena kālaṃ mā vītināmayittha. **mā kāmaratisanthavan** ti vatthukāmesu, kilesakāmesu ca ratisankhātaṃ taṇhāsanthavam pi mā anuyuñjetha, mā vindittha, mā paṭilabhittha. **appamatto hī** ti, upaṭṭhitasatitāya appamatto puggalo. **jhāyanto** jhāyanappasuto, **paramaṃ** uttamaṃ nibbānaṃ, **sukhaṃ** pāpuṇāti.

「**放逸に〔耽る〕なかれ**」とは、「放逸に**耽る**な、放逸に時を過ごしてはならない」〔という意味〕である。「**欲楽と交わることに〔耽る〕なかれ**」とは、「事欲と煩悩欲において、喜といわれる渇愛と交わることに、耽ってはならず、見出してはならず、得てもならない」〔という意味〕である。「**実に不放逸なる者は**」とは、「現前した念によって不放逸な人」のことである。「**禅定している**」とは、禅定に専念し、**最高の**この上ない涅槃という**楽**を得るのである。

21　TheragA. 882（Vol. III, pp. 62.37–63.3）:

pubbe attano pamādavihāraṃ garahamukhena pacchā appamādappaṭipattiṃ pasaṃsanto, tattha ca paresaṃ ussāhaṃ janento **pamādam anuyuñjantī** tiādikā gāthā abhāsi.

かつての自らの放逸住に叱責を向けることによって、以後には不放逸の実践を称賛する。またそのとき、他の者たちの努力を生じさせようとして、「**放逸に耽る**」云々と偈を語った。

22　不放逸が重視される姿勢は、『長部』第16経「大般涅槃経」における仏陀の遺言に対する註釈からも窺える。

DN. 16（Vol. II, p. 156.1–2）:

handa dāni bhikkhave āmantayāmi vo: “vayadhammā sṃkhārā, appamādena sampādethā” ti.

「さあ、比丘らよ、今こそあなたたちに告げましょう。“諸行は衰滅するものである。不放逸につとめなさい”」と。

DNA. 16（Vol. II, p. 593.31–34）:

appamādena sampādethā ti satiavippavāsena sabbakiccāni sampādeyyātha. iti bhagavā parinibbānamañce nipanno pañcacattārīsa vassāni dinnaṃ ovādaṃ sabbaṃ ekasmiṃ appamādapade yeva pakkhipitvā adāsi.

「**不放逸につとめなさい**」とは、「念を失わず、なすべきすべてのことを完成させなさい」のことである。このように世尊は、般涅槃の床に臥して、四十五年の間示されたすべての教令を、「不放逸」というただ一つの語に込めて示したのである。

23　舟橋一哉［1952: pp. 229–248］, 佐々木現順［1958: pp. 19–40］, 藤田宏達［1974］, 真野龍海［1975］, 真柄和人［1981］［1984］［1986］.

24　この根拠として、韻文資料における「善悪の超越」の文脈では、必ずpuññaとpāpaの組み合わせが用いられ、kusalaとpāpaの組み合わせが用いられることはない。

25　kusalaが世間的な善行とは異なる意味で用いられたことは、仏教との深い関わりが指摘されているジャイナ教文献の『イシバーシヤーイム』第27章からも確認される。そこではsucaritaと相反するものとしてkusalaの語が用いられている。以下の和訳は松濤誠廉［1966］に従う。波線および《　》内は筆者加。

Isibh. 27（p. 58.5-6）:

sādhu-sucaritaṃ avvāhatā samaṇa-saṃpayā. vārattaeṇaṃ. arahatā isiṇā buitaṃ.
善行為《sucarita》は良き哉。危損されざる沙門の道は（良き哉）。Vārattaa阿羅漢・聖仙によりて云われたり。

Isibh. 27, 7:

vavagaya-kusale saṃchiṇṇa-sote pejjeṇa doseṇa ya vippa-mukko,
piya-m-appiya-sahe akiṃcaṇe ya āt' aṭhaṃ ṇa jahejja dhamma-jīvī.（7）
善《kusala》より離れ、流れを断ち、愛と瞋より解脱し、好と悪に耐えて、また、無所得の人は法に生きて自我（の目的）を捨てざるべし。

したがって、このVārattaa聖仙はsucaritaを称賛する一方でkusalaを否定しており、両語が対立する意味を持つものとして扱われている。

26　韻文資料の中でkusalaとpāpaの両語が同じ偈のうちに説かれるのは、①この『長老偈』第872偈（およびその並行偈）と、②七仏偈として知られる『ダンマパダ』第183偈、③『長部』第16経「大般涅槃経」において世尊がチュンダに与える偈、④『ジャータカ』第535話, 第253偈の四種が知られるが、①③においてkusalaはpāpaを打ち砕くものとして用いられている。

韻文資料における①『長老偈』第872偈と②『ダンマパダ』第183偈の扱いについては、真柄和人［1984］が詳しい。また、②『ダンマパダ』第183偈に対する註釈理解については、森祖道［2000］, 片山一良［2000］, 渡辺研二［2005］が詳しい。

なお、③『長部』第16経「大般涅槃経」において世尊がチュンダに語りかける偈は、チュンダがその時点では在家者である以上、前後の文脈上は在家的であるとも理解し得るが、偈には貪瞋痴の断滅が説かれるなどその内容自体は出家的である。註釈もここでのkusalaの語が出世間善を意味すると理解する。

DN. 16（Vol. II, p. 136.22-24）:

dadato puññaṃ pavaḍḍhati, saṃyamato veraṃ na cīyati,
kusalo ca jahāti pāpakaṃ, rāgadosamohakkhayā sanibbuto ti.
施者には福徳が増大し、制する者には怨みは積まれない。
そして、善なる者は悪徳を捨て、貪瞋痴が尽くされ寂静がある。

DNA. 16（Vol. II, p. 572.23-25）:

kusalo ca jahāti pāpakan ti kusalo pana ñāṇasampanno ariyamaggena anavasesaṃ pāpakaṃ lāmakaṃ akusalaṃ jahāti.
「**そして、善なる者は悪徳を捨て**」とは、「そして、善なる者、すなわち智を具えた者は、劣った不善なる悪徳を聖道によって余りなく捨てる」〔という意味〕である。

27　PTS: pithīyatī, VRI: pidhīyatī.

28　PTS: pithīyati, VRI: pidhīyati.

29　第四部一章「不定業と既有業」を参照。

30 PTS: vipāk' uppādane, VRI: vipākuppādane.

31 なお、『ダンマパダ註』において、アングリマーラが大量殺人を犯したのにもかかわらず般涅槃できたことに疑問が提示されているが、それが般涅槃に対して障害になっているという解釈は見られない。

DhpA. 172-173（Vol. III, p. 170.2-7）:

"parinibbuto ① bhikkhave mama putto" ti. "bhante ettake manusse māretvā parinibbuto" ti. "āma bhikkhabe, so pubbe ekaṃ kalyāṇamittaṃ alabhitvā ettakaṃ pāpam akāsi, pacchā pana kalyāṇamittaṃ paccayaṃ labhitvā appamatto ahosi, ten' assa taṃ pāpakammaṃ kusalena pihitan" ti.

「比丘らよ、私の子（アングリマーラ）は般涅槃しました」と。「尊師よ、これだけの人を殺したのに般涅槃したのですか」と。「実に比丘らよ、以前に善知識を得ずにこれだけの悪事をなした者でも、その後にその善知識という因を得て不放逸になりました。それゆえに、彼のその悪業は善（kusala）によって覆われたのです」と。

① PTS: *omit*, VRI: *add* ca.

32 上座部修道論における業滅のあり方については第四部二章「上座部修道論における業滅」を参照。

33 順後次受業の理解は有部と上座部で大きく異なる。説一切有部では、来々世以降のどの生涯で異熟するか明瞭に定まっている業であると理解されるが、上座部では、来世以降入滅するまで随順し、その間どの生涯で異熟するかは定まっていない業であると理解される。

34 第四部一章「不定業と既有業」を参照。有部における定業とは異熟する時の変更も感果の取り消しも効かない業のことであり、不定業とはこれらの変更が可能な業のことである。

35 有部においては、たとえ善業であっても、卵生・湿生・女性・第八有などを引くことが決定している定業は、極七返や正性決定といった修行階梯の原則に差し障るので、業障と同じ働きをする。なぜなら有部では、それら定業は、異熟果の内容や異熟する時を変更させることが不可能と理解されているからである。第四部一章「不定業と既有業」、ならびに第四部四章「説一切有部修道論における業滅」を参照。

36 PTS: anuddharaṇiyo, VRI: anuddharaṇīyo.

37 PTS: *omit*, VRI: *add* brāhmaṇa.

38 榎本文雄［1989: pp. 8.8-9.25］は、業果の先取りによる“業の清算”が「アングリマーラ経」（MN. 86）において説かれていると理解している。また、平岡聡［2008: pp. 27-28 註 19］は、アングリマーラ説話においては先に業の無力化が、後に業果の先取りが成立したと述べている。

39 第四部一章「不定業と既有業」を参照。

40 PTS: *add* brāhmaṇa, MN. 86: *omit*.

41 PTS: hi 'ssa bhagavā, VRI: *omit*.

42 PTS: diṭṭhadhammavedaniyaṃ kammaṃ, VRI: sabhāgadiṭṭhadhammavedanīyakammaṃ.

43 PTS: kayiramānam, VRI: kariyamānam.

44　PTS: -vedaniya-, VRI: -vedanīya-.
45　PTS: aparapariyāyavedaniyakammaṃ, VRI: aparāpariyavedanīyakammaṃ.
46　PTS: aparapariyāyavedaniyañ cā ti, VRI: aparāpariyavedanīyañ cā ti.
47　PTS: arahattaṃ pattassā, VRI: arahattapattassā.
48　前註41に示したPTSに従うと、主語Bhagavāと過去受動分詞vuttaṃとの格が合わない。VRIに従う。
49　これはアングリマーラの阿羅漢道による業滅が、あくまでも修道論という観点から起きているのであって、来世を生み出す能力のない順現法受業は阿羅漢にも残り得ることを示している。なお、過去世につくった順後次受業も阿羅漢に随順して現世で異熟する可能性がある。JāA. 522（Vol. V, p. 126.10–11）を参照。したがって、ここで言及されている順後次受業とは、現世でつくったもののことであろう。また同様に、ここで既有業になった順次生受業も現世でつくったものであり、前世でつくったものは現世（阿羅漢の最後生）の間に異熟を受ける可能性を残していると考えられる。
50　本章第二節三項、ならびに第四部二章「上座部修道論における業滅」を参照。
51　第四部一章「不定業と既有業」を参照。
52　以下の上座部業論については第一部一章「上座部における表の構造」を参照。
53　本章第二節三項を参照。なお、過去世でつくってきた順後次受業については、来世を生み出せないという点では不結生のものになっているが、それが最後生の間に異熟する可能性は残されている。たとえばJāA. 522（Vol. V, p. 126.10–11）では、モッガラーナ長老は過去世の順後次受業が異熟の機会を得たために暴行を受けて殺されてしまったと述べられている。また、仏陀といえども過去世でつくった順後次受業による苦受を最後生の間に被ったとされる。仏陀が過去に犯した悪業の伝承については、干潟龍祥［1978: pp. 112.16–113.8］, Walters, J. S.［1990］, 平岡聡［1993a］［1993b］［2002: pp. 241–254］, 並川孝儀［2001］(=［2011: pp. 175–196］), 岡野潔［2006］［2010a］［2010b］を参照。
　ただし、このような事例をもとに仏教が、あらゆる業について、その果報の必然性や不可避性を主張していたと解することには注意が必要である。有部であろうとも上座部であろうとも、その阿毘達磨教理の上では、たしかに強力な一部の業（たとえば五無間業や、有部教理における定業など）については業果の必然性や不可避性が説かれているが、その他の一般的な業については基本的に転換し得る点は十分に留意されるべきである。少なくとも有部および上座部の阿毘達磨においては、「あらゆる業の因果が絶対的であり不可避である」とは考えられていない。
54　通常の順現法受業は力が弱く、明瞭な異熟をもたらすには特別な条件が必要であるとされる。DhpA. 145（Vol. III, pp. 93.22–94.7）とMNA. 142（Vol. V, p. 77.18–23）によれば、布施の場合、次の四条件が必要であるとされる。

⑴ 布施される対象が、滅尽定から出定したばかりであること。
⑵ 布施を与える際に、施者が強い思をもって与えること。
⑶ 布施されるものが、正しい方法で入手されていること。
⑷ 布施される対象が、漏尽の阿羅漢や不還であり勝れた徳を有していること。

このうち条件⑵に関する註釈の説明によれば、布施を完成させた七速行に属する第一速行思が順現法受業となって布施者に果報を与える場合には、布施する前、布施した瞬間、布施した後の思が強くなければならないとされる。したがって、当該の業が異熟の機会を得るためには、その前後に生じた思（業）が助縁として働いている点が確認される。このような、他の業が異熟するための助縁となる業を、上座部では「支持業」（upatthambhaka-kamma）と名付けて教理化している。

Vis.（p. 601.29–32）:

upatthambhakaṃ pana vipākaṃ janetuṃ na sakkoti, aññena kammena dinnāya paṭisandhiyā janite vipāke uppajjamānakasukhadukkhaṃ upatthambheti, addhānaṃ pavatteti.

また、支持〔業〕とは、〔それ自身は〕異熟を生み出すことはできないが、他の業によって結生が与えられた時に、生ぜしめられた異熟において起こりつつある楽・苦を支持して、持続せしめる。

55 むしろ、このような“業果の必然性”から脱することが仏教の目的であるとも言い得る。

56 PTS: *add* brāhmaṇa, MN. 86: *omit*.

57 JāA. 522（Vol. V, p. 126.10–11）は、「モッガラーナの過去世に犯した順後次受業が異熟する機会を得ることで、モッガラーナが暴行を受けて殺されてしまう」という内容を含んでいる。したがって、阿羅漢であっても過去世でなした業の異熟を現世で受けることはあると理解されている。

58 MN. 86（Vol. II, p. 105.15–16）.

59 AKBh.（p. 265.4–9）.

60 PTS: sabbakilesānaṃ, VRI: sabbaso kilesānaṃ.

61 平岡聡［2008: p. 8.4–5］.

62 Therag. 81:

yaṃ mayā pakataṃ pāpaṃ, pubbe aññāsu jātisu,
idh' eva taṃ vedaniyaṃ, vatthu aññaṃ na vijjatī ti.
かつて他の生涯において、私によってなされた悪は、
今この世で受けなければならない。他の基（vatthu）は存在しない。

なお、『長老偈註』におけるこの偈の因縁話では、苦果は阿羅漢果を得る以前からすでに受けている。

63 『雑阿含』巻 38, 第 1077 経（T02. 281b23–24）:

我已作悪業　　必向於悪趣
已受於悪報　　宿責食已食

『別訳雑阿含』には、前半部のみ一致する偈が見られるが、後半部は一致しない。この後半部は、悪業を消し去ったことが述べられており、業の苦果を受けたかについては述べられていない。

『別訳雑阿含』巻 1, 第 16 経（T02. 379a19–20）:

作悪業已訖　　必応堕悪趣
蒙仏除我罪　　得免於悪業

64 稲荷日宣［1959］, 赤沼智善［1967: pp. 39–41］, 岩本裕［2: pp. 145–160］.

65 ただし、『雑阿含』が求那跋陀羅によって漢訳される以前に、アングリマーラが苦受

を被ることを説いている『鴦掘摩経』(竺法護)、『鴦崛髻経』(法炬)、『出曜経』(竺仏念)がすでに訳出されている。したがって、苦受を被るという筋書きを保持するアングリマーラ説話を求那跋陀羅が知っていて、その知識を本偈に上書きしてしまったという可能性も否定できない。

66 有部が無漏業に異熟を認めないのは、非黒非白業を「無異熟業能尽諸業」とすることからも解る。水野弘元［2: pp. 198.11–199.12］(=［1974: pp. 21.15–22.9］)を参照。ただし、有部系以外の多くの学派では、非黒非白業に異熟を認めていることから、無漏業に異熟を認めない有部の立場が特殊であったとも考えられる。

第二章

67 平岡聡［2008］.

68 赤沼智善［1967: pp. 39–41］, 岩本裕［2: pp. 145–160］, 榎本文雄［1989］, 平岡聡［2008］を参照。また、上座部註釈文献における「アングリマーラ経」理解については、第五部一章「上座部におけるアングリマーラ」を参照。

69 この定業(および不定業)とは、説一切有部で発展した教理である。有部では、決まった時に必ず異熟を受けなければならない定業と、異熟の受け方に変更を加えることのできる不定業という二種の業を分類し、一般的に重大な犯罪などが定業になるとされる。

70 この点は上座部と大きく異なっている。上座部では、実際に母親や仏陀を殺していなければ無間業は成立せず、地獄に堕ちることは決定しないと考えられている。

71 AKBh. (pp. 263.21–264.1),『順正理論』巻 43 (T29. 589a09–c20),『蔵顕宗論』巻 23 (T29. 887b24–c02).

72 『発智論』巻 11 (T26. 975a14–15).

73 『順正理論』巻 43 (T29. 589a26–b02):

> 然我所宗。無間加行総説有二。一近二遠。於中近者不可転故。本論依之而興問答。……。於中遠者由尚未至不可転位。容有可転。
>
> 然るに我が宗とする所は、無間の加行は総じて二有りと説く。一には近、二には遠なり。中に於て近は転ず可からざるが故に、本論は之に依りて問答を興す。……。中に於て遠は尚未だ転ず可からざる位に至らざるに由りて、転ず可きこと有る容し。

74 パーリ所伝では、母親はアングリマーラが王に討伐される前に説得し助けようとして出かけている。また、パーリ所伝だと母とアングリマーラは出会えなかったことになっている。

MNA. 86 (Vol. III, p. 334.25–28):

> mata pi ’ssa aṭṭha usabhamattena ṭhānena antaritā: “tāta ahiṃsaka kattha ṭhito ’si. kattha nisinno ’si. kuhiṃ gato ’si. mayā saddhiṃ na kathesi tātā” ti vadantī āhiṇḍitvā apassamānā etto va gatā.
>
> なお、彼の母は八ウサパの距離だけ離れていた。「いとしきアヒンサカよ、どこに立っているの。どこに坐っているの。どこに行ったの。いとしき者よ、私と一緒に話さないのね」と言って、さまよい、見ないままそこから去った。

75 『増一阿含』巻 31, 第 38 品, 第 6 経 (T02. 719c14–15):

爾時。鴦掘魔母。持食詣鴦掘魔所。

76 『鴦掘摩経』(T02. 509a19-20):

指鬘之母怪子不帰。時至不食懼必当飢。齎餉出城就而餉之。

77 『賢愚経』巻 11 (T04. 424a11-12):

不得飲食。其母憐愍。遣人為致。悉各懐懼。無敢往者。其母持食。

78 『賢愚経』巻 11 (T04. 424a18-19):

於時世尊具遙睹見。知其可度。化作比丘。

79 『出曜経』巻 17 (T04. 703b21-23):

無害親所生母毎生此念。吾子久在曠野。飢寒勤苦必然不疑。時母送餉躬詣彼園。

80 『出曜経』巻 17 (T04. 703b26-29):

如来三達見彼無害。興五逆意殺母不疑。若審爾者億仏不救。吾今宜往抜済其苦。使母子倶全豈不善乎。即化作比丘。

81 アングリマーラに関する説話の引用は UV. 16, 5-6 の註釈部にある。Balk, M. [1984 i: pp. 516.29-519.8] を参照。

82 『出曜経』巻 17 (T04. 703a23-704c13).

83 乾飯のこと。

84 無害 (Ahiṃsaka) はアングリマーラの本名。

85 『賢愚経』巻 11 (T04. 424a11-12):

不得飲食。其母憐愍。遣人為致。悉各懐懼。無敢往者。其母持食。

86 本章では取り扱わなかったが、諸アングリマーラ説話には、「過去の悪業の清算として現世で苦受を被る」というプロットがある。これについて平岡聡 [2008: pp. 19.15-20.8] にまとめられた資料によれば、唯一『出曜経』だけが、アングリマーラが四向四果を得る前に苦果を受ける筋書きとなっている。他の説話はすべて阿羅漢果を得た後に苦果を受ける筋書きとなっている。

第四部四章「説一切有部修道論における業滅」において、有部では修行階梯の進展に対して障害となる悪業を先に清算してからでなければ上位の階位に進むことができないと考えられている点を指摘した。本章で述べたように、『出曜経』の説話が説一切有部の強い影響下にあったと仮定するならば、この「道果を得る前に苦を受けて悪業を清算した」というプロットも、このような有部教理の影響を受けたと考えることができる。

第三章

87 赤沼智善 [2: p. 461.8-17].

88 赤沼智善 [2: pp. 435-462], 舟橋一哉 [1954a: pp. 2-23], 雲井昭善 [1978], 藤田宏達 [1979].

89 SN. 36, 21 (Vol. IV, pp. 230.9-231.2):

santi, bho gotama, eke samaṇabrāhmaṇā evaṃvādino evaṃdiṭṭhino — yaṃ kiñcāyaṃ purisapuggalo paṭisaṃvedeti sukhaṃ vā dukkhaṃ vā adukkhamasukhaṃ vā sabbaṃ taṃ pubbekatahetūti. idha ① bhavaṃ gotamo kim āhāti.

pittasamuṭṭhānāni pi kho, sīvaka, idhekaccāni vedayitāni uppajjanti. sāmam pi kho etaṃ, sīvaka, veditabbaṃ yathā pittasamuṭṭhānāni pi idhekaccāni vedayitāni uppajjanti, lokassa pi kho etaṃ, sīvaka, saccasammataṃ yathā pittasamuṭṭhānāni pi idhekaccāni vedayitāni uppajjanti. tatra, sīvaka, ye te samaṇabrāhmaṇā evaṃvādino evaṃdiṭṭhino — yaṃ kiñcāyaṃ purisapuggalo paṭisaṃvedeti sukhaṃ vā dukkhaṃ vā adukkhamasukhaṃ vā sabbaṃ② taṃ pubbekatahetū ti. yañ ca sāmaṃ ñātaṃ tañ ca atidhāvanti, yañ ca loke saccasammataṃ tañ ca atidhāvanti. tasmā tesaṃ samaṇabrāhmaṇānaṃ micchāti vadāmi. semhasamuṭṭhānāni pi kho, sīvaka ...pe.... vātasamuṭṭhānāni pi kho, sīvaka ...pe.... sannipātikānipi kho, sīvaka ...pe.... utupariṇāmajāni pi kho, sīvaka ...pe.... visamaparihārajāni pi kho, sīvaka ...pe.... opakkamikāni pi kho, sīvaka ...pe.... kammavipākajāni pi kho, sīvaka, idh' ekaccāni vedayitāni uppajjanti. ....

「君、ゴータマよ、一部の沙門・婆羅門たちは次のような説を抱き、次のような見解を抱いています。〔すなわち〕“ある人物が感受するところの楽、あるいは苦、あるいは不苦不楽は、すべて前世でつくられた原因を持つ”と。ここで尊者ゴータマは何と答えますか」と。

「シーヴァカよ、この世では、実に胆汁から起こる、ある感受が生じます。シーヴァカよ、“この世では、実に胆汁から起こる、ある感受が生じる”と、このようにこれが自身でも理解されるべきです。シーヴァカよ、“この世では、実に胆汁から起こる、ある感受が生じる”と、このようにこれが世間でも事実であると受け入れられています。そこでシーヴァカよ、一部の沙門・婆羅門たちは次のような説を抱き、次のような見解を抱いています。〔すなわち〕“ある人物が感受するところの楽、あるいは苦、あるいは不苦不楽は、すべて前世でつくられた原因を持つ”と。彼らは、自身で理解されることを通り越しており、世間で事実であると受け入れられていることを通り越しています。したがって、彼ら沙門・婆羅門たちが誤っていると私は説きます。シーヴァカよ、実に痰液から起こる…中略…。シーヴァカよ、実に風から起こる…中略…。シーヴァカよ、実に〔胆汁・痰液・風の〕和合から起こる…中略…。シーヴァカよ、実に季節の変化から生じる…中略…。シーヴァカよ、実に不規則な養生から生じる…中略…。シーヴァカよ、実に突発生の…中略…。シーヴァカよ、この世では、実に業の異熟から生じる、ある感受が生じます。……」と。

① PTS: *add* pana, VRI: *omit*. ② PTS: sabbantaṃ, VRI: sabbaṃ.

90 Mil. (pp. 134.29–135.10) :

na hi, mahārāja, sabbaṃ taṃ vedayitaṃ kammamūlakaṃ. aṭṭhahi, mahārāja, kāraṇehi vedayitāni uppajjanti, yehi kāraṇehi puthusattā① vedanā vediyanti. katamehi aṭṭhahi. (1) vātasamuṭṭhānāni pi kho, mahārāja, idh' ekaccāni vedayitāni uppajjanti, (2) pittasamuṭṭhānāni pi kho, mahārāja ...pe.... (3) semhasamuṭṭhānāni pi kho, mahārāja ...pe.... (4) sannipātikāni pi kho, mahārāja ...pe.... (5) utupariṇāmajāni pi kho, mahārāja ...pe.... (6) visamaparihārajāni pi kho, mahārāja ...pe.... (7) opakkamikāni pi kho, mahārāja ...pe.... (8) kammavipākajāni pi kho, mahārāja, idhekaccāni vedayitāni uppajjanti. imehi kho, mahārāja, aṭṭhahi kāraṇehi puthusattā① vedanā vedayanti. tattha ye te puggalā 'satte kammaṃ vibādhatī' ti vadeyyuṃ, te ime puggalā sattakāraṇaṃ paṭibāhanti. tesaṃ taṃ vacanaṃ micchā ti.

「大王よ、感受すべてが、業を根本とするのではありません。大王よ、八つの原因によって感受が生じます。それらの原因によって、多くの人々は受（vedanā）を感受します。八つとは何でしょうか。⑴大王よ、この世では、実に風から起こる、ある感受が生じます。⑵大王よ、実に胆汁から起こる…中略…。⑶大王よ、実に痰液から起こる…中略…。⑷大王よ、実に〔風・胆汁・痰液の〕和合から起こる…中略…。⑸大王よ、実に季節の変化から生じる…中略…。⑹大王よ、実に不規則な養生から生じる…中略…。⑺大王よ、実に突発生なる…中略…。⑻大王よ、この世では、実に業の異熟から生じる、ある感受が生じます。大王よ、実にこの八つの原因によって、多くの人々は受を感受します。そこで、“業が人々を害する”と主張する人々は、〔業を除く〕七つの原因を排除します。彼らのその言葉は誤りです」と。

① PTS: puthusattā, VRI: puthū sattā.

この点は、仏陀の受けた苦受が宿業によるものであるとする有部・正量部の解釈と大きく異なる。平岡聡［1993a］［1993b］［2002: pp. 241-254］, 並川孝儀［2011: pp. 175-196］(=［2001］) を参照。

91 上座部では、身識相応の受のみが肉体的（kāyika）なものであるとされる。Vis.（p. 461.1-14）を参照。一方の有部は、前五識相応の受が肉体的（kāyika）であるとされる。AKBh.（pp. 41.7-42.6）を参照。

92 苦倶不善異熟身識および楽倶善異熟身識のこと。水野弘元［1978（= 1964）: pp. 155. 11-156.3, p. 160.1-11］を参照。

93 受と相応する心を表にすると次のようになる（水野弘元［1978（= 1964）: pp. 108-109 図］を編集）。

三受		五受	心の種類		
			善・不善心	無記心	
				唯作心	異熟心
苦	肉体的	苦	×	×	○
	精神的	憂	○	×	×
楽	肉体的	楽	×	×	○
	精神的	喜	○	○	○
不苦不楽		捨	○	○	○

上の表の善・不善心とは、心が意図的に善悪の業を遂行しているときの心のことであり、唯作心とは、心が善でも悪でもない活動をしているときの心のことである。

94 MilṬ.（pp. 26.32-27.3）を参照。また別の箇所では、『ミリンダ王の問い』の記述が教理と矛盾しているので理解しがたいとも述べている。

MilṬ.（p. 26.3-8）:

tatra ye te satte kammaṃ vibādhati te ime sattakāraṇaṃ[①] **paṭibāhanti tesan taṃ vacanaṃ micchā** ti potthakesu likhitaṃ taṃ dujjānaṃ. tasmā ye satte kammaṃ vibādhati te sattā kammavipākajā dukkhā vedanā vedayantī ti ye pana sattakāraṇaṃ[①] paṭibāhanti tesaṃ taṃ vacanaṃ micchā ti pāṭhena bhavitabbaṃ. evaṃ hi sati pubbāparaṃ sameti.

「そこで、"業が人々を害する"〔と主張する〕人々は、〔業を除く〕七つの原因を排除します。彼らのその言葉は誤りです」[②]と、経巻（Mil.）に書されたこれは了知しがたい。したがって、「"業が人々を害する"〔と主張する〕人々は、"業の異熟から生じる苦受を感受する"と〔主張しておきながら〕、さらに〔それに基づいた〕七つの原因を排除します。その彼らのその言葉は誤りです」と、聖典があるべきである。実にこのようであれば前後が一致する。

①テキストにはsatteとあるが、Mil.に合わせてsattakāraṇaṃと読む。②ここでのMilṬ.の引用文はMil.のテキストと完全に一致しているわけではないが、註90の訳をそのまま引用する。

95 Mil.（pp. 301.8-309.3）.

96 Mil.（p. 302.6-29）.

97 PTS: taṃ khaṇaṃ yeva, VRI: taṅkhaṇañ ñeva.

98 PTS: satthāharaṇādīhi, VRI: satthaharaṇādīhi.

99 PTS: yaṃ tattha, VRI: yañ h' ettha.

100 注意しなければならないが、初期仏教で否定されている宿作因論は業果の必然性・絶対性を主張する説ではなく、現在の出来事すべてが過去の業によるものであることを主張するものである。

101 ANA. iii, 61（Vol. II, p. 274.11-28）を参照。また、VibhA.（p. 497.18-27）, MNA. 101（Vol. IV, p. 1.15-18）も参照。

102 第一説は、業の異熟による受のみならず、心が善・不善・無記の業を遂行しているときにも受があるという意味である。これは、受（vedanā）が共一切心心所（有部でいう大地法にあたる）であるため、心が如何なる状態であっても受が相応して起こるという教理に基づいている。

第二説については、本章第一節でも見たように、上座部では⑧業の異熟のみならず①胆汁など他の項目についても業が間接的原因になって受が引き起こされると考えており、必ずしも両者の差異を明確に指摘しているものではない。

103 業受（kammavedanā）とは、心が善悪業の働きをしているときに倶生している受のことであり、「業の異熟による受」という意味ではない。

104 Vis.（p. 601.15-25）.

105 Vis.（pp. 601.26-602.3）, AbhSmhṬ.（pp. 129.35-130.19）.

第四章

106 廻向や施餓鬼に関する研究は数多い。梶山雄一［1973］（=［1983: pp. 148-184］［1997: pp. 162-193］［8: pp. 223-252］）, 櫻部建［1974］（=［2002: pp. 136-147］）, 森山清徹［1976］などは、その問題点を手際よくまとめている。それらによれば、廻向には次の二種類がある。

① 方向転換型：自分が積んだ善業を他の者に分け与えて、その者を救済する。

② 内容転換型：自己の善業を、自己の菩提に転換する。

このうち、②は自業自得の原則に反していないが、①は原則に反する。本章が問題とするのは、施餓鬼の際になされる①の廻向である。

107 AN. x, 177 経と、その漢訳対応経である『雑阿含』巻 37, 第 1041 経の両経が重要である。これらの経典は後の論書でも言及され、部派における施餓鬼の基本的な典拠になっている。

108 これに先立って、藤本晃［2000a］［2000b］［2000c］が発表されている。

109 藤本晃［2006: p. 5.20–32］を参照。森祖道［1984］［1990］［2010］や櫻部建［1990］は、上座部註釈文献の資料的価値については未確定であるとする。

110 ただし、この『論事』における施餓鬼の理解が、初期経典の理解にまで遡り得るかという点で諸研究の結論は相違している。

111 次のような偈頌による物語である。

Pv. 5（p. 4.8–14）; Khp.（p. 6.12–25）:

evaṃ dadanti ñātīnaṃ ye honti anukampakā,
sucïṃ paṇītaṃ kālena kappiyaṃ pānabhojanaṃ,
idaṃ vo ñātīnaṃ hotu sukhitā hontu ñātayo.（3）
te ca tattha samāgantvā ñātipetā samāgatā,
pahūte annapānamhi sakkaccaṃ anumodare.（4）
ciraṃ jīvantu no ñātī yesaṃ hetu labhāmase,
amhākañ ca katā pūjā dāyakā ca anipphalā.（5）
na hi tattha kasī① atthi gorakkh' ettha na vijjati,
vaṇijjā tādisī n' atthi hiraññena kayākkayaṃ②,
ito dinnena yāpenti petā kālakatā③ tahiṃ.（6）
unname udakaṃ vuṭṭhaṃ yathā ninnaṃ pavattati,
evam eva ito dinnaṃ petānaṃ upakappati.（7）
yathā vārivahā pūrā paripūrenti sāgaraṃ,
evam eva ito dinnaṃ, petānaṃ upakappati.（8）

「実にこれが親族たちのためになりますように。親族たちが幸福になりますように」と、このように憐れみある人々は、清らかで勝れた、時に適った食べ物や飲み物を、親族たちのために施す。(3)

そして、そこに寄り集まった親族の餓鬼たちは、多くの食べ物や飲み物に恭しく随喜する。(4)

「我々の親族たちが長く生きますように。彼らのおかげで〔我々は幸福を〕得ています。私たちのために供養がなされました。そして施者も果報を受けます」と。(5)

そこ（餓鬼界）に耕作はなく、ここ（餓鬼界）に牧畜もない。金をもって売買する、そのような商売はない。ここ（人界）より施されたものによって、死せる餓鬼たちはそこ（餓鬼界）に生存する。(6)

あたかも高所にある雨水が低きに流れるように、同様に、ここ（人界）より施されたものは餓鬼たちの役に立つ。(7)
あたかも満ちた水流が海を満たすように、同様に、ここ（人界）より施されたものは餓鬼たちの役に立つ。(8)

① PTS: kasī, VRI: kasi.　② PTS: kayakkayaṃ, VRI: kayākayaṃ（註釈にある kaya-vikkaya という語義釈の読みに従って、kaya-akkhaya と読む）.　③ PTS: kālakatā, VRI: kālagatā.

この『餓鬼事』から、「施者が僧団に布施をし、それを餓鬼たちに廻向することによって、餓鬼たちは幸福を得る」という、施餓鬼の基本的な構造が読み取れる。また、第4偈には随喜の語が見られるが、この文面からだけでは、自業自得の原則に反しているか否か明らかではない。

なお、施物が餓鬼に直接ではなく、実際には僧団に布施されていることは、この説話の終わりにある偈から解る。

Pv. 5（p. 4.19–21）; Khp.（p. 6.30–31）:

ayañ ca kho dakkhiṇā dinnā, saṅghamhi suppatiṭṭhitā,
dīgharattaṃ hitāy' assa ṭhānaso upakappati.（11）
そして実にこの施物が施され、僧団によく安立したならば、
すぐさま〔そして〕長い間、その者の利益となり役に立つ。(11)

112 PTS: laddhi patiṭṭhāpentiyā, VRI: laddhiṃ patiṭṭhapentassā.

113 『論事復註』(KvMṬ.）は、執見の内容について次のように註釈する。

KvMṬ. 7, 6（VRI: p. 89.3–4）:

iminā kāraṇenā ti yadi yaṃ ito cīvarādi dinnaṃ, na tena yāpeyyuṃ, kathaṃ anumodeyyuṃ ...pe... somanassaṃ paṭilabheyyun ti laddhiṃ patiṭṭhapentassa pī ti vuttaṃ hoti.
「**この理由によって**」とは、「“もしここから施された衣などによって生存しないならば、どうして随喜し、…略…喜悦を得るだろうか”という執見を確立したとしても」と言われている。

114 前註 112 の通り PTS は laddhi patiṭṭhāpentiyā だが、VRI や復々註の記述に従い laddhiṃ patiṭṭhapentassā と読む。

115 『論事』および『ミリンダ王の問い』の成立年代については、水野弘元［1978（＝1964）: pp. 17–40］を参照。

116 玉井威［1982］に対する批評は、浪花宣明［1987: p. 148 註 8］を参照。

117 McDermott［1977: pp. 462.a21–464.a3］.

118 PTS: vissotaṃ, VRI: visositaṃ（always）.

119 PTS: na paṭilabhantī, VRI: nappaṭilabhantī.

120 PTS: *add* vā, VRI: *omit*.

121 Uj.（p. 289.8–20）にも同じ譬喩が現れる。

122 PTS: padīpaṃ, VRI: dīpaṃ.

123 PTS: evam evam, VRI: evam eva.

124 PTS: vaḍḍhi, VRI: vuḍḍhi.

125 PTS: veditabbā, VRI: veditabbo.

126 PTS: suṭṭhū, VRI: sādhū.

127 Dhammajoti［2007: pp. 555.18-557.16］(=［2009a: pp. 424.20-425.31］), 林隆嗣［1999a: pp. 43.27-44.13］.

128『発智論』巻 1（T26. 919c12-27), 対応部：『八犍度論』巻 1（T26. 773b23-c07).

129 有部論書における自業自得の原則は、すでに『識身足論』巻 3（T26. 542b06-c23）において主張されている。

130『大毘婆沙論』巻 12（T27. 59a15-27), 旧訳対応箇所：『毘曇婆沙論』巻 7（T28. 44c08-20).

131『婆須蜜論』の成立年代については、渡辺楳雄［1954: pp. 134.17-136.8, p. 205.1-14］, 櫻部建［1969: pp. 53.10-55.6］を参照。

132『婆須蜜論』巻 8（T28. 784b22-c08).

133『大毘婆沙論』巻 12（T27. 61a15-b14), 旧訳対応箇所：『毘曇婆沙論』巻 7（T28. 46b03-c07).

結　論

本書は、阿毘達磨における業の理論体系を考察した。序論において掲げた四つの問い（研究の目的）に対して次のように回答し得よう。

【1：行為の構造を明らかにする】　これについては第一部において表を、第二部において無表を考察した。第一部では、能動的な意思によって具体的な肉体的行動が引き起こされるプロセスを解明することで、上座部と説一切有部の両部派は互いに異なった理解を示していることを明らかにした。第二部では、説一切有部における無表の問題を集中的に考察し、その得捨の全体像を提示した。同時に、⑴随心転の無表の得捨に関する従来の研究の誤解を訂正し、⑵非律儀非不律儀の無表の役割が「因果の時間的逆転現象」を防ぐための働きをしている点を指摘し、⑶無表が果を招くか否かという問題についても「招く」という明確な回答を提示できたものと考える。

【2：業が果を起こす理論を明らかにする】　これについては第三部において考察した。上座部は、現在有体過未無体に基づくため、業と果を接続させるためには、その間、常に現在位に留まり続ける業の余勢を想定する必要がある。そのため上座部では、業と果の接続について「種子の譬え」や「相続転変差別の理論」をもって答えている。一方、三世実有説を主張する説一切有部は、与果・取果の理論によってこれを説明し、過去にある業が直接的に未来に果を生み出すと理解している。また有部においては、得によって過去にある業が有情に結びつけられているか否かが、その業が与果できるか否かを決定づける上で重要な要素となっている点を明らかにした。

【3：修道論における業・煩悩・輪廻（解脱）の関係を明らかにする】　修道

論と業の問題について本書では、第四部の冒頭において、⑴解脱したはずの阿羅漢が新たに輪廻の原因となる業をつくることがあるのか（造業の問題)、⑵過去に積み上げてきた業を修道論においてどのように断じていくのか（業滅の問題)、という二つの問いを立てた。

このうち「造業の問題」について、両部派は全く異なる解釈を提示している。上座部は、「阿羅漢のなす世俗的行為は唯作心と呼ばれる特殊な無記心によって遂行されるため、業はつくられない」と解釈する。一方で説一切有部は、「阿羅漢といえども有漏の善業をつくることがあるが、それは順現法受業か不定業にしかならないため、来世を生み出す能力はない」と解釈している。

もう一方の「業滅の問題」についても、両部派は異なる解釈を示している。両部派ともに「業が異熟するためには煩悩という助縁が必要であり、煩悩が断ぜられるのに応じて業も断ぜられる」という「煩悩滅→業滅」の関係を採用する点は共通している。すなわち、修行階梯が進んで煩悩が断たれるたびに、業が残存していても異熟する力を失うと考えられている。上座部は、この考えをそのまま受け継いで、修道論における業滅を理解している。ところが説一切有部では、「異生の不堕悪趣」や「定業」を想定するために、「煩悩滅→業滅」だけでは修道論における業のあり方を説明できなくなってしまっている。この二つの問題を回避するために、有部の修道論における業滅は極めて複雑に組織されている。

【4：阿毘達磨の業論と経典の間にある齟齬はどのように解消されているのか】 この問題については第五部を中心に検討したが、第四部一章「不定業と既有業」においても取り上げた。経典に記された字義は、必ずしも発達した阿毘達磨の業論と親和しない場合が見られる。このような問題に対して両部派は、阿毘達磨を優先させて、それに適うように経典を解釈したり、齟齬を起こしている経典を俗説として斥けてしまう用例が確認された。このように阿毘達磨は、ある意味において経典よりも権威のある、真の仏説として受容されている。

初出一覧

序論： 書き下し

第一部 表の構造（行為の構造Ⅰ）

第一章 上座部における表の構造：「パーリ上座部における行為の構造」『仏教研究』第40号，2012.

第二章 説一切有部における表の構造：「説一切有部における表（vijñapti）の構造」『佛教大学大学院紀要 文学研究科篇』第41号，2013.

第二部 無表の構造（行為の構造Ⅱ）

第一章 無表研究の総括と展望：「説一切有部における随心転の無表 ── 静慮律儀と無漏律儀の得捨」『仏教文化研究』第58号，2014.

第二章 静慮律儀と無漏律儀の構造：「説一切有部における随心転の無表 ── 静慮律儀と無漏律儀の得捨」『仏教文化研究』第58号，2014.

第三章 別解脱律儀の構造：「説一切有部における別解脱律儀の構造」『東海仏教』第60輯，2015.

第四章 不律儀の構造：「説一切有部における不律儀者の受戒」『仏教論叢』第61号，2017.

第五章 非律儀非不律儀の構造：「説一切有部における非律儀非不律儀の構造」『佛教大学仏教学会紀要』第22号，2017.

第六章 行為論における無表：「有部行為論における無表の役割」『佛教大学総合研究所紀要』第22号，2015.

第七章 無表と異熟：「説一切有部における身語意業とその異熟果」『仏教文化研究』第60号，2016.

第八章 上座部における無表不要論：「パーリ上座部における無表不要論」『東海仏教』第62輯，2017.

第三部 業果の理論

第一章 上座部における相続転変差別：「パーリ上座部における相続転変差別 ── 経部と上座部の接点」『仏教史学研究』第57巻1号，2014.

第二章 説一切有部における与果と得：「説一切有部における業果の理論」『インド学チベット学研究』第18号，2014.

第四部 修道論における業滅と造業

第一章 不定業と既有業：「不定業と既有業 ── 有部と上座部の業理論」『佛教大学大学院紀要 文学研究科篇』第39号，2011.

第二章　上座部修道論における業滅：「パーリ上座部修道論における業滅の教理展開 ── 初期経典から註釈文献へ」『仏教文化研究』第 59 号，2015.

第三章　上座部における四無量心と世間的業滅：「有漏業による業滅 ── 四無量心に関する上座部註釈文献を通して」『仏教論叢』第 55 号，2011.

第四章　説一切有部修道論における業滅：「説一切有部修道論における業滅の教理展開」『仏教史学研究』第 57 巻 2 号，2015.

第五章　阿羅漢の行為論：「説一切有部における阿羅漢の行為論」『佛教大学総合研究所紀要』第 21 号，2014.

第六章　聖者と飲酒：「部派仏教における飲酒学処の教理的理解 ── 聖者は酒を飲むか」『仏教論叢』第 57 号，2013.

第五部　業論と聖典解釈

第一章　上座部におけるアングリマーラ：「パーリ上座部におけるアングリマーラ経釈義 ── 聖典の字義と、阿毘達磨に基づく解釈」『南アジア古典学』第 11 号，2016.

第二章　説一切有部におけるアングリマーラ：「有部阿毘達磨論書におけるアングリマーラ」『仏教論叢』第 56 号，2012.

第三章　上座部における宿作因論批判：「パーリ上座部における宿作因論批判 ── 初期仏教から阿毘達磨教理へ」『仏教論叢』第 58 号，2014.

第四章　施餓鬼の構造：「部派仏教における施餓鬼の構造 ── 有部と上座部による廻向の教理的理解」『佛教大学仏教学会紀要』第 17 号，2012.

結論：　書き下し

Abbreviations

アルファベット略号

AbhAVnṬ. *Abhidhammāvatāra-Abhinavaṭīkā* (*Abhidhammatthavikāsinī*), Dhammagiri-Pāli-ganthamālā edition, vols. 134-135, *Abhidhammāvatāra-Abhinava-Ṭīkā*, 2 vols., Igatapurī: Vipaśyanā Viśodhana Vinyāsa, 1998.

AbhS. *Abhidhammatthasaṅgaha*, Hammalawa Saddhātissa (ed.), *The Abhidhamma-tthasaṅgaha of Bhadantācariya Anuruddha and the Abhidhammatthavibhāvinī-ṭīkā of Bhandantācariya Sumaṅgalasāmi*, Oxford: Pali Text Society, 1989.

AbhSmhṬ. *Abhidhammatthasaṅgaha-Mahāṭīkā* (*Abhidhammatthavibhāvinī*), *The Abhi-dhammatthasaṅgaha of Bhadantācariya Anuruddha and the Abhidhammattha-vibhāvinī-ṭīkā of Bhandantācariya Sumaṅgalasāmi*, Oxford: Pali Text Society, 1989.

ADV. *Abhidharmadīpa-Vibhāṣāprabhāvṛtti*, P. S. Jaini (ed.), *Abhidharmadīpa with Vibhāṣāprabhāvṛtti*, Patna: K. P. Jayaswal Research Institute, 1959;『灯明論』とも表記する.

AKBh. *Abhidharmakośa-Bhāṣya*, P. Pradhan (ed.), *Abhidharmakośabhāṣya of Vasu-bandhu*, Patna: K. P. Jayaswal Research Institute, 1967;『倶舎論』とも表記する; 引用文中の (4, 20ab) などの指示は、『倶舎論』本頌の箇所 (第四章第二十偈 ab 句) を意味する.

AKK. *Abhidharmakośa-Kārikā*, Cf. Chap. 1-9: AKBh.; Chap. 1-3: 福原亮厳 (監修)『梵本蔵漢英和訳合璧阿毘達磨倶舎論本頌の研究 ― 界品・根品・世間品』, 永田文昌堂, 1973; Chap. 4-5: 福原亮厳 (監修)『梵本蔵訳漢訳合璧阿毘達磨倶舎論本頌の研究 ― 業品・随眠品』, 永田文昌堂, 1986.

AKUp. *Abhidharmakośa-ṭīkā Upāyikā, chos mngon pa'i mdzod kyi 'grel bshad nye bar mkho ba*, Peking No. 5595, Derge No. 4094; 四桁の数字 (例: AKUp. [4002]) で示される資料番号の比定: 本庄良文『倶舎論註ウパーイカーの研究 訳註篇』全2巻, 大蔵出版, 2014.

AKVy. *Abhidharmakośa-vyākhyā*, Unrai Wogihara (ed.), *Sphuṭârthā Abhidharmako-śavyākhyā by Yaśomitra*, Tokyo: Sankibō busshorin, 1971;『称友疏』とも表記する.

AN. *Aṅguttara-Nikāya*, R. Morris (ed.), A. K. Warder (rev.), *The Aṅguttara-nikâya*, vol. 1, London: Pali Text Society, 1885 (rep. 1961); R. Morris (ed.), vols. 2-3, 1888-1897 (rep. 1955-1958); E. Hardy (ed.), vols. 4-5, 1899-1900 (rep. 1958).

ANA. *Aṅguttaranikāya-Aṭṭhakathā* (*Manorathapūraṇī*), M. Walleser and H. Kopp (eds.), *Manorathapūraṇī: Buddhaghosa's commentary on the Aṅguttara-Ni-*

	kāya, 5 vols., 1924–1957; Revised edition, vols. 1–2, London: Pali Text Society, 1967–1973; Reprint, vols. 3–5, 1966–1979.
ANpṬ.	*Aṅguttaranikāya-Purāṇaṭīkā* (*Līnatthappakāsanā*), P. Pecenko (ed.), *Aṅguttaranikāyapurāṇaṭīkā: Catutthā Līnatthapakāsinī*, Bristol: Pali Text Society, 2012.
ANṬ.	*Aṅguttaranikāya-Ṭīkā* (*Sāratthamañjūsā*), Dhammagiri-Pāli-ganthamālā edition, vols. 44–46, *Aṅguttaranikāye Sāratthamañjūsā*, 3 vols., Igatapurī: Vipaśyanā Viśodhana Vinyāsa, 1995.
ARIRIAB	*Annual Report of The International Research Institute for Advanced Buddhology at Soka University* [創価大学・国際仏教学高等研究所・年報].
Bbh.	*Bodhisattvabhūmi*, Unrai Wogihara (ed.), *Bodhisattvabhūmi: a statement of whole course of the Bodhisattva* (*being fifteenth section of Yogācārabhūmi*), 2 vols., Tokyo: Unrai Wogihara, 1930–1936; Combined reprint, Tokyo: Sankibō busshorin, 1971.
BC.	*Buddhacarita*, E. H. Johnston (ed.), *The Buddhacarita: Or, Acts of the Buddha*, Part I, Calcutta: Baptist Mission Press, 1935.
Bv.	*Buddhavaṃsa*, N. A. Jayawickrama (ed.), *Buddhavaṃsa and Cariyāpiṭaka*, London: Pali Text Society, 1974.
BvA.	*Buddhavaṃsa-Aṭṭhakathā* (*Madhuratthavilāsinī*), I. B. Horner (ed.), *Madhuratthavilāsinī, nāma, Buddhavaṃsaṭṭhakathā of Bhadantâcariya Buddhadatta Mahāthera*, London: Pali Text Society, 1946.
Cp.	*Cariyāpiṭaka*, N. A. Jayawickrama (ed.), *Buddhavaṃsa and Cariyāpiṭaka*, London: Pali Text Society, 1974.
CpA.	*Cariyāpiṭaka-Aṭṭhakathā* (*Paramatthadīpanī*), D. L. Barua (ed.), *Achariya Dhammapāla's Paramatthadīpanī: being the commentary on the Cariyā-piṭaka*, London: Pali Text Society, 1939; 2nd edition, London: Pali Text Society, 1979.
D	Derge edition.
Dhp.	*Dhammapada*, O. von Hinüber and K. R. Norman (eds.), *Dhammapada*, Oxford: Pali Text Society, 1994; Reprint, Oxford: Pali Text Society, 1995.
DhpA.	*Dhammapada-Aṭṭhakathā*, H. C. Norman (ed.), *The Commentary on the Dhammapada*, 5 vols., London: Pali Text Society, 1906; Reprint, London: Pali Text Society, 1970.
Dhs.	*Dhammasaṅgaṇī*, E. Müller (ed.), *Dhammasaṅgaṇī*, London: Pali Text Society, 1885; Reprint, London: Pali Text Society, 1978.
DhsA.	*Dhammasaṅgaṇī-Aṭṭhakathā* (*Atthasālinī*), E. Müller (ed.), *The Atthasālinī: Buddhaghosa's Commentary on the Dhammasaṅgaṇi*, London: Pali Text Society, 1897; Revised edition, L. S. Cousins (ed.), London: Pali Text Society, 1979.
DhsAṬ.	*Dhammasaṅgaṇī-Anuṭīkā*, Dhammagiri-Pāli-ganthamālā edition, vol. 130,

Abhidhammapiṭake Dhammasaṅgaṇī-anuṭīkā, Igatapurī: Vipaśyanā Viśodhana Vinyāsa, 1998.

DhsMṬ. *Dhammasaṅgaṇī-Mūlaṭīkā*, Dhammagiri-Pāli-ganthamālā edition, vol. 130, *Abhidhammapiṭake Dhammasaṅgaṇī-mūlaṭīkā*, Igatapurī: Vipaśyanā Viśodhana Vinyāsa, 1998.

Divy. *Divyāvadāna*, E. B. Cowell and R. A. Neil (eds.), *The Divyâvadâna: a collection of early Buddhist legends*, Cambridge: The University Press, 1886.

DN. *Dīgha-Nikāya*, T. W. Rhys Davids and J. E. Carpenter (eds.), *Dīgha-nikāya*, vols. 1-2, London: Pali Text Society, 1889-1903 (rep. 1966-1975); J. E. Carpenter (ed.), vol. 3, 1911 (rep. 1976).

DNA. *Dīghanikāya-Aṭṭhakathā* (*Sumaṅgalavilāsinī*), T. W. Rhys Davids and J. E. Carpenter (eds.), *Sumaṅgala-vilāsinī: Buddhaghosa's Commentary of the Dīgha Nikāya*, vol. 1, London: Pali Text Society, 1929 (2nd ed. 1968); W. Stede (ed.), vols. 2-3, 1931-1932 (2nd ed. 1971).

DNṬ. *Dīghanikāya-Ṭīkā* (*Līnatthappakāsanā*), Lily de Silva (ed.), *Dīghanikāya-ṭṭhakathāṭīkā Līnatthavaṇṇanā*, 3 vols., London: Pali Text Society, 1970.

Dv. *Dīpavaṃsa*, Hermann Oldenberg (ed.), *The Dîpavaṃsa: an ancient Buddhist historical record*, London: Williams and Norgate, 1879; Oxford: Pali Text Society, 2000.

GDhp. *Gāndhārī Dharmapada*, John Brough (ed.), *The Gāndhārī Dharmapada*, London: Oxford University Press, 1962.

Hirakawa Hirakawa Akira (Prot.), *Index to the Abhidharmakośabhāṣya* (*P. Pradhan edition*) [阿毘達磨倶舎論索引], Part 1, pp. 427-437, Tokyo: Daizō shuppan, 1973.

Isibh. *Isibhāsiyāiṃ*, Walther Schubring (ed.), *Isibhāsiyāiṃ: a Jaina text of early period*, Lalbhai Dalpatbhai series, No. 45, Ahmedabad: L. D. Institute of Indology, 1974.

Itiv. *Itivuttaka*, Ernst Windisch (ed.), *Iti-vuttaka*, London: Pali Text Society, 1889; Reprint, London: Pali Text Society, 1975.

ItivA. *Itivuttaka-Aṭṭhakathā* (*Paramatthadīpanī*), M. M. Bose (ed.), *Paramattha-Dīpanī Iti-vuttakaṭṭhakathā* (*Iti-vuttaka commentary*) *of Dhammapālâcariya*, 2 vols., London: Pali Text Society, 1934-1936; Combined reprint, London: Pali Text Society, 1977.

Jā. *Jātaka*, Viggo Fausbøll (ed.), *The Jātaka, together with its commentary, being tales of the anterior births of Gotama Buddha*, 6 vols., London: Pali Text Society, 1877-1897; Reprint, Oxford: Pali Text Society, 1990-1991.

JāA. *Jātaka-Aṭṭhakathā*, Viggo Fausbøll (ed.), *The Jātaka, together with its commentary, being tales of the anterior births of Gotama Buddha*, 6 vols., London: Pali Text Society, 1877-1897; Reprint, Oxford: Pali Text Society, 1990-1991.

JAOS — *Journal of the American Oriental Society.*

JPTS — *Journal of the Pali Text Society.*

KarP. — *Karma-prajñapti, las gdags pa*, Peking No. 5589, Derge No. 4088.

Khp. — *Khuddakapāṭha*, Helmer Smith (ed.), *The Khuddaka-pāṭha, together with its commentary, Paramatthajotikā I*, London: Pali Text Society, 1915; Reprint, London: Pali Text Society, 1978.

KhpA. — *Khuddakapāṭha-Aṭṭhakathā* (*Paramatthajotikā*), Helmer Smith (ed.), *The Khuddaka-pāṭha, together with its commentary, Paramatthajotikā I*, London: Pali Text Society, 1915; Reprint, London: Pali Text Society, 1978.

KṅkhpṬ. — *Kaṅkhāvitaraṇī-purāṇaṭīkā*, Dhammagiri-Pāli-ganthamālā edition, vol. 106, *Vinayapiṭake Kaṅkhāvitaraṇī-purāṇaṭīkā*, Igatapurī: Vipaśyanā Viśodhana Vinyāsa, 1998.

Kv. — *Kathāvatthu*, A. C. Taylor (ed.), *Kathāvatthu*, 2 vols., London: Pali Text Society, 1894–1897; Combined reprint, London: Pali Text Society, 1979.

KvA. — *Kathāvatthu-Aṭṭhakatā* (*Pañcapakaraṇa-Aṭṭhakatā*), N. A. Jayawickrama (ed.), *Kathāvatthuppakaraṇa-aṭṭhakathā: included in Pañcappakaraṇa-aṭṭhakathā named Paramatthadīpanī*, London: Pali Text Society, 1979.

KvAṬ. — *Kathāvatthu-Anuṭīkā* (*Pañcapakaraṇa-Anuṭīkā*), Dhammagiri-Pāli-ganthamālā edition, vol. 129, *Abhidhammapiṭake Pañcapakaraṇa-anuṭīkā*, Igatapurī: Vipaśyanā Viśodhana Vinyāsa, 1998.

KvMṬ. — *Kathāvatthu-Mūlaṭīkā* (*Pañcapakaraṇa-Mūlaṭīkā*), Dhammagiri-Pāli-ganthamālā edition, vol. 128, *Abhidhammapiṭake Pañcapakaraṇa-mūlaṭīkā*, Igatapurī: Vipaśyanā Viśodhana Vinyāsa, 1998.

MahN. — *Mahāniddesa*, L. de La Vallée Poussin and E. J. Thomas (eds.), *Mahāniddesa*, 2 vols., London: Pali Text Society, 1916–1917; Combined reprint, London: Pali Text Society, 1978.

Mil. — *Milindapañha*, Vilhelm Trenckner (ed.), *The Milindapañho: Being Dialogues between King Milinda and the Buddhist Sage Nāgasena*, London: Pali Text Society, 1986.

MilṬ. — *Milinda-Ṭīkā*, Padmanabh S. Jaini (ed.), *Milinda-Ṭīkā*, London: Pali Text Society, 1961.

MN. — *Majjhima-Nikāya*, Vilhelm Trenckner (ed.), *The Majjhima-Nikāya*, 3 vols., London: Pali Text Society, 1888–1902; Reprint, London: Pali Text Society, 1974–1979.

MNA. — *Majjhimanikāya-Aṭṭhakathā* (*Papañcasūdanī*), I. B. Horner and D. Kosanbi (eds.), *Papañcasūdanī: Majjhimanikāyaṭṭhakathā of Buddhaghosâcariya*, vols. 1–2, London: Pali Text Society, 1922–1928 (rep. 1977–1979); I. B. Horner (ed.), vols. 3–5, 1933–1938 (rep. 1976–1977).

MNṬ. — *Majjhimanikāya-Ṭīkā* (*Līnatthappakāsanā*), Dhammagiri-Pāli-ganthamālā edi-

	tion, vols. 19–22, *Majjhimanikāye Līnatthappakāsanā*, 4 vols., Igatapurī: Vipaśyanā Viśodhana Vinyāsa, 1995.
MVA.	*Mahāvastu-Avadāna*, Émile Senart (ed.), *Mahāvastu avadānaṃ: Le Mahâvastu; texte sanscrit publié pour la première fois et accompagné d'introductions et d'un commentaire*, 3 vols., Paris: Imprimerie nationale, 1882–1897.
P	Peking edition.
PaṭṭhA.	*Paṭṭhāna-Aṭṭhakathā*, C. A. F. Rhys Davids (ed.), *Tikapaṭṭhāna (concluded), together with a digest of the five other Paṭṭhānas and the commentary (concluded)*, vol. 3, London: Pali Text Society, 1923; Reprint, London: Pali Text Society, 1988.
PaṭṭhAṬ.	*Paṭṭhāna-Anuṭīkā (Pañcapakaraṇa-Anuṭīkā)*, Dhammagiri-Pāli-ganthamālā edition, vol. 129, *Abhidhammapiṭake Pañcapakaraṇa-anuṭīkā*, Igatapurī: Vipaśyanā Viśodhana Vinyāsa, 1998.
PaṭṭhMṬ.	*Paṭṭhāna-Mūlaṭīkā (Pañcapakaraṇa-Mūlaṭīkā)*, Dhammagiri-Pāli-ganthamālā edition, vol. 128, *Abhidhammapiṭake Pañcapakaraṇa-mūlaṭīkā*, Igatapurī: Vipaśyanā Viśodhana Vinyāsa, 1998.
Pradhan	*See* AKBh.
PTS	Pali Text Society.
Pṭs.	*Paṭisambhidāmagga*, Arnold C. Taylor (ed.), *Paṭisambhidāmagga*, 2 vols., London: Pali Text Society, 1905–1907; Reprint, London: Pali Text Society, 1979.
PṭsA.	*Paṭisambhidāmagga-Aṭṭhakathā*, C. V. Joshi (ed.), *Saddhammappakāsinī: commentary on the Paṭisambhidāmagga*, 3 vols., London: Pali Text Society, 1933–1947; Reprint, London: Pali Text Society, 1979.
PTSD	*The Pali Text Society's Pali-English Dictionary*, London: Pali Text Society, 1921–1925; Reprint, London: Pali Text Society, 1979.
Pv.	*Petavatthu*, N. A. Jayawickrama (ed.), *Vimānavatthu and Petavatthu*, London: Pali Text Society, 1977.
PvA.	*Petavatthu-Aṭṭhakathā (Paramatthadīpanī)*, E. Hardy (ed.), *Dhammapāla's Paramattha-dīpanī: being the commentary on the Peta-vatthu*, London: Pali Text Society, 1894.
Saṅg.	*Saṅgītisūtra*, V. Stache-Rosen (ed.), *Das Saṅgītisūtra und sein Kommentar Saṅgītiparyāya*, 2 vols., Berlin: Akademie Verlag, 1968.
SBhUC.	*Samayabhedoparacanacakra, gzhung lugs kyi bye brag bkod pa'i 'khor lo*, Peking No. 5639, Derge No. 4138.
Skt	Sanskrit.
SN.	*Saṃyutta-Nikāya*, Léon Feer (ed.), *The Saṃyutta-nikâya of the Sutta-piṭaka*, 6 vols., London: Pali Text Society, 1884–1904; Reprint, London/Oxford: Pali Text Society, 1960–1990.

Sn. *Suttanipāta*, Dines Andersen and Hermer Smith (eds.), *Sutta-nipāta*, London: Pali Text Society, 1913; Reprint, London: Pali Text Society, 1965.

SNA. *Saṃyuttanikāya-Aṭṭhakathā* (*Sāratthappakāsinī*), F. L. Woodward (ed.), *Sāratthappakāsinī: Buddhaghosa's commentary on the Saṃyutta-nikāya*, 3 vols., London: Pali Text Society, 1929-1937; Reprint, London: Pali Text Society, 1977.

SnA. *Suttanipāta-Aṭṭhakathā*, Hermer Smith (ed.), *Sutta-Nipāta Commentary* (*Paramatthajotikā II*), 3 vols., London: Pali Text Society, 1916-1918; Reprint, London: Pali Text Society, 1966-1972.

SNṬ. *Saṃyuttanikāya-Ṭīkā* (*Līnatthappakāsinī*), Dhammagiri-Pāli-ganthamālā edition, vols. 32-34, *Saṃyuttanikāye Līnatthappakāsanā*, 3 vols., Igatapurī: Vipaśyanā Viśodhana Vinyāsa, 1994.

Ss. *Sārasaṅgaha*, Genjun H. Sasaki (ed.), *Sārasaṅgaha*, Oxford: Pali Text Society, 1992.

T 大正新脩大蔵経.

Therag. *Theragāthā*, H. Oldenberg and R. Pischel (eds.), *The Thera- and Therî-gâthâ: stanzas ascribed to elders of the Buddhist order of recluses*, London: Pali Text Society, 1883; Revised edition, K. R. Norman and L. Alsdorf (eds.), London: Pali Text Society, 1966.

TheragA. *Theragāthā-Aṭṭhakathā* (*Paramatthadīpanī*), F. L. Woodward (ed.), *Paramatthadīpanī Theragāthā-aṭṭhakathā: The Commentary of Dhammapālâcariya*, 3 vols., London: Pali Text Society, 1940-1959; Reprint, London: Pali Text Society, 1971-1984.

Therīg. *Therīgāthā*, H. Oldenberg and R. Pischel (eds.), *The Thera- and Therî-gâthâ: stanzas ascribed to elders of the Buddhist order of recluses*, London: Pali Text Society, 1883; Revised edition, K. R. Norman and L. Alsdorf (eds.), London: Pali Text Society, 1966.

TherīgA. *Therīgāthā-Aṭṭhakathā* (*Paramatthadīpanī*), William Pruitt (ed.), *Therīgāthā-Aṭṭhakathā*, Oxford: Pali Text Society, 1998.

Tib Tibetan.

tr. translation.

Ud. *Udāna*, Paul Steinthal (ed.), *Udāna*, London: Pali Text Society, 1885; Reprint, London: Pali Text Society, 1982.

UdA. *Udāna-Aṭṭhakathā* (*Paramatthadīpanī*), F. L. Woodward (ed.), *Paramattha-Dīpanī Udānaṭṭhakathā* (*Udāna Commentary*) *of Dhammapālâcariya*, London: Pali Text Society, 1926; Reprint, London: Pali Text Society, 1977.

Uj. *Upāsakajanālaṅkāra*, Hammalava Saddhatissa (ed.), *Upāsakajanālaṅkāra: a critical edition and study*, London: Pali Text Society, 1965.

Utt. *Uttarādhyayanasūtra*, Jarl Charpentier (ed.), *The Uttarādhyayanasūtra: being*

	the first Mūlasūtra of the Śvetāmbara Jains, Uppsala: Appelbergs boktr., 1922.
UV.	*Udānavarga*, Franz Bernhard (ed.), *Udānavarga*, Göttingen: Vandenhoeck & Ruprecht, 1965.
UVV.	*Udānavarga-vivaraṇa, ched du brjod pa'i tshoms kyi rnam par 'grel pa*, Peking No. 5601, Derge No. 4100; Transliteration: Balk, M. [1984].
Vibh.	*Vibhaṅga*, C. A. F. Rhys Davids (ed.), *The Vibhaŋga: being the second book of the Abhidhamma Piṭaka*, London: Pali Text Society, 1904; Reprint, London: Pali Text Society, 1978.
VibhA.	*Vibhaṅga-Aṭṭhakathā* (*Sammohavinodanī*), A. P. Buddhadatta (ed.), *Sammohavinodanī: Abhidhamma-Piṭake Vibhangatthakathā*, London: Pali Text Society, 1923; Reprint, London: Pali Text Society, 1980.
VibhAṬ.	*Vibhaṅga-Anuṭīkā*, Dhammagiri-Pāli-ganthamālā edition, vol. 131, *Vibhaṅga-anuṭīkā*, Igatapurī: Vipaśyanā Viśodhana Vinyāsa, 1998.
VibhMṬ.	*Vibhaṅga-Mūlaṭīkā*, Dhammagiri-Pāli-ganthamālā edition, vol. 131, *Vibhaṅga-mūlaṭīkā*, Igatapurī: Vipaśyanā Viśodhana Vinyāsa, 1998.
Vin.	*Vinaya*, Hermann Oldenberg (ed.), *The Vinaya Piṭakaṃ*, 5 vols., London: Williams and Norgate, 1879-1883; Reprint, London/Oxford: Pali Text Society, 1982-1993.
VinA.	*Vinaya-Aṭṭhakathā* (*Samantapāsādikā*), J. Takakusu and M. Nagai (eds.), *Samantapāsādikā: Buddhaghosa's commentary on the Vinaya Piṭaka*, 7 vols., London: Pali Text Society, 1924-1947; Reprint, London: Pali Text Society, 1966-1981.
VinṬ(Sd).	*Sāratthadīpanī-Ṭīkā*, Dhammagiri-Pāli-ganthamālā edition, vols. 96-98, *Vinayapiṭake Sāratthadīpanī-ṭīkā*, 3 vols., Igatapurī: Vipaśyanā Viśodhana Vinyāsa, 1998.
VinṬ(Vjb).	*Vajirabuddhi-Ṭīkā*, Dhammagiri-Pāli-ganthamālā edition, vol. 101, *Vinayapiṭake Vajirabuddhi-ṭīkā*, Igatapurī: Vipaśyanā Viśodhana Vinyāsa, 1998.
VinṬ(Vmv).	*Vimativinodanī-Ṭīkā*, Dhammagiri-Pāli-ganthamālā edition, vols. 102-103, *Vinayapiṭake Vimativinodanī-ṭīkā*, 2 vols., Igatapurī: Vipaśyanā Viśodhana Vinyāsa, 1998.
Vis.	*Visuddhimagga*, C. A. F. Rhys Davids (ed.), *The Visuddhi-magga of Buddhaghosa*, 2 vols., London: Pali Text Society, 1920-1921; Combined reprint, London: Pali Text Society, 1975.
VisṬ.	*Visddhimagga-Ṭīkā* (*Paramatthamañjūsā*), Dhammagiri-Pāli-ganthamālā edition, vols. 139-140, *Visuddhimagga-Mahāṭīkā*, 2 vols., Igatapurī: Vipaśyanā Viśodhana Vinyāsa, 1998.
VRI	Vipassana Research Institute, Chaṭṭha Saṅgāyana Tipiṭaka, based on Dhammagiri-Pāli-ganthamālā edition.
Vv.	*Vimānavatthu*, N. A. Jayawickrama (ed.), *Vimānavatthu and Petavatthu*, Lon-

	don: Pali Text Society, 1977.
Wogihara	*See* AKVy.
Z	大日本仏教全書.

漢訳資料の略号（大正新脩大蔵経の収録順）

『長阿含』	仏陀耶舎共竺仏念訳『仏説長阿含経』 T01（No. 1）.
『大集法門経』	施護訳『仏説大集法門経』 T01（No. 12）.
『中阿含』	瞿曇僧伽提婆訳『中阿含経』 T01（No. 26）.
『雑阿含』	求那跋陀羅訳『雑阿含経』 T02（No. 99）.
『別訳雑阿含』	失訳『別訳雑阿含経』 T02（No. 100）.
『鴦掘摩経』	竺法護訳『仏説鴦掘摩経』 T02（No. 118）.
『鴦崛髻経』	法炬訳『仏説鴦崛髻経』 T02（No. 119）.
『央掘魔羅経』	求那跋陀羅訳『央掘魔羅経』 T02（No. 120）.
『増一阿含』	瞿曇僧伽提婆訳『増一阿含経』 T02（No. 125）.
『七処三観経』	安世高訳『仏説七処三観経』 T02（No. 150A）.
『仏本行集経』	闍那崛多訳『仏本行集経』 T03（No. 190）.
『仏所行讃』	馬鳴菩薩造 曇無讖訳『仏所行讃』 T04（No. 192）.
『仏本行経』	釈宝雲訳『仏本行経』 T04（No. 193）.
『僧伽羅刹所集経』	僧伽跋澄等訳『僧伽羅刹所集経』 T04（No. 194）.
『賢愚経』	慧覚等訳『賢愚経』 T04（No. 202）.
『法句経』	尊者法救撰 維祇難等訳『法句経』 T04（No. 210）.
『出曜経』	竺仏念訳『出曜経』 T04（No. 212）.
『法集要頌経』	尊者法救集 天息災訳『法集要頌経』 T04（No. 213）.
『摩訶僧祇律』	仏陀跋陀羅共法顕訳『摩訶僧祇律』 T22（No. 1425）.
『四分律』	仏陀耶舎共竺仏念等訳『四分律』 T22（No. 1428）.
『十誦律』	弗若多羅共羅什訳『十誦律』 T23（No. 1435）.
『根本有部毘奈耶薬事』	義浄訳『根本説一切有部毘奈耶薬事』 T24（No. 1448）.
『集異門足論』	尊者舎利子説 玄奘訳『阿毘達磨集異門足論』 T26（No. 1536）.
『法蘊足論』	尊者大目乾連造 玄奘訳『阿毘達磨法蘊足論』 T26（No. 1537）.
『識身足論』	提婆設摩阿羅漢造 玄奘訳『阿毘達磨識身足論』 T26（No. 1539）.
『界身足論』	尊者世友造 玄奘訳『阿毘達磨界身足論』 T26（No. 1540）.
『品類足論』	尊者世友造 玄奘訳『阿毘達磨品類足論』 T26（No. 1542）.
『八犍度論』	迦旃延子造 僧伽提婆共竺仏念訳『阿毘曇八犍度論』 T26（No. 1543）.
『発智論』	尊者迦多衍尼子造 玄奘訳『阿毘達磨発智論』 T26（No. 1544）.
『大毘婆沙論』	五百大阿羅漢等造 玄奘訳『阿毘達磨大毘婆沙論』 T27（No. 1545）.
『毘曇婆沙論』	迦旃延子造 五百羅漢釈 浮陀跋摩共道泰等訳『阿毘曇毘婆沙論』 T28（No. 1546）.
『鞞婆沙論』	阿羅漢尸陀槃尼撰 僧伽跋澄訳『鞞婆沙論』 T28（No. 1547）.

『舎利弗阿毘曇論』	曇摩耶舎共曇摩崛多等訳『舎利弗阿毘曇論』 T28 (No. 1548).
『婆須蜜論』	尊婆須蜜造 僧伽跋澄等訳『尊婆須蜜菩薩所集論』 T28 (No. 1549).
『心論』	尊者法勝造 僧伽提婆共恵遠訳『阿毘曇心論』 T28 (No. 1550).
『心論経』	法勝論 大徳優波扇多釈 那連提耶舎訳『阿毘曇心論経』 T28 (No. 1551).
『雑心論』	尊者法救造 僧伽跋摩等訳『雑阿毘曇心論』 T28 (No. 1552).
『甘露味論』	尊者瞿沙造 失訳『阿毘曇甘露味論』 T28 (No. 1553).
『入阿毘達磨論』	塞建陀羅阿羅漢造 玄奘訳『入阿毘達磨論』 T28 (No. 1554).
『倶舎論』	尊者世親造 玄奘訳『阿毘達磨倶舎論』 T29 (No. 1558).
『順正理論』	尊者衆賢造 玄奘訳『阿毘達磨順正理論』 T29 (No. 1562).
『蔵顕宗論』	尊者衆賢造 玄奘訳『阿毘達磨蔵顕宗論』 T29 (No. 1563).
『瑜伽師地論』	弥勒菩薩説 玄奘訳『瑜伽師地論』 T30 (No. 1579).
『成実論』	訶梨跋摩造 鳩摩羅什訳『成実論』 T32 (No. 1646).
『那先比丘経』	失訳『那先比丘経』 T32 (No. 1670B).
『光記』	普光述『倶舎論記』 T41 (No. 1821).
『成唯識論述記』	基撰『成唯識論述記』 T43 (No. 1830).
『異部宗輪論』	世友菩薩造 玄奘訳『異部宗輪論』 T49 (No. 2031).
『十八部論』	真諦訳『十八部論』 T49 (No. 2032).
『部執異論』	天友大菩薩造 真諦訳『部執異論』 T49 (No. 2033).
『唯識論同学鈔』	良算抄『唯識論同学鈔』 T66 (No. 2263).
『倶舎論要解』	普寂著『阿毘達磨倶舎論要解』 Z89.

シリーズとして出版された原典訳

『原始仏典』	中村元（監修）『原始仏典』, 春秋社.
『国訳一切経』	『国訳一切経』, 大東出版社.
『国訳大蔵経』	『国訳大蔵経』, 国民文庫刊行会.
『ジャータカ全集』	中村元（監修・補註）『ジャータカ全集』, 春秋社.
『新国訳大蔵経』	『新国訳大蔵経』, 大蔵出版.
『南伝大蔵経』	『南伝大蔵経』, 大蔵出版.
『パーリ仏典』	片山一良（訳）『パーリ仏典』, 大蔵出版.

Bibliography

Anālayo, Bhikkhu

2015 "Brahmavihāra and Awakening: A Study of the Dīrghaāgama Parallel to the Tevijja-sutta," *Asian Literature and Translation*, Vol. 3, No. 4, pp. 1–27.

Balk, Michael

1984 *Prajñāvarman's Udānavargavivaraṇa: transliteration of its Tibetan version (based on the xylographs Chone / Derge and Peking)*, 2 vols., Bonn: Indica et Tibetica.

Ballée, W. B.

1969 "Die Stellung der Vinaya-Ṭīkās in der Pāli-Literatur," *Zeitschrift der Deutschen Morgenländischen Gesellschaft*, Vol. XVII, Supplementa I, Teil 3, pp. 824–835.

Bodhi, Bhikkhu

2000 *The Connected Discourses of the Buddha: A Translation of the Saṃyutta Nikāya*, Boston: Wisdom Publications.

2012 *The Numerical Discourses of the Buddha: A Complete Translation of the Aṅguttara Nikāya*, Boston: Wisdom Publications.

Brough, John

1962 *The Gāndhārī Dharmapada*, London: Oxford University Press.

Chung, Jin-il (鄭鎮一)

2008 *A Survey of the Sanskrit Fragments Corresponding to the Chinese Saṃyuktāgama*, Tokyo: Sankibō busshorin.

Chung, Jin-il (鄭鎮一) and Fukita, Takamichi (吹田隆道)

2011 *A Survey of the Sanskrit Fragments Corresponding to the Chinese Madhyamāgama: Including References to Sanskrit parallels, Citations, Numerical categories of Doctrinal concepts, and Stock phrase*, Tokyo: Sankibō busshorin.

Cousins, Lance Selwyn

1981 "The Paṭṭhāna and the Development of the Theravādin Abhidhamma," *JPTS*, Vol. IX, pp. 22–46.

1996 "Good or Skilful? *Kusala* in Canon and Commentary," *Journal of Buddhist Ethics*, Vol. 3, pp. 136–164.

2005 "The Paṭṭhāna and the Development of the Theravādin Abhidhamma," *Abhidharma and Madhyamaka*, London: Routledge, pp. 52–70.

Cox, Collett

1995 *Disputed Dharmas: Early Buddhist Theories on Existence*, Tokyo: The International Institute for Buddhist Studies.

Dhammadinnā, Sāmaṇerī

2014 "Semantics of Wholesomeness: Purification of Intention and the Soteriological Function of the Immeasurables (*appamāṇas*) in Early Buddhist Thought," *Buddhist Meditative Traditions: Their Origin and Development*, Taipei: Shin Wen Feng Print Co., pp. 51–129.

Dhammajoti, KL.

2003 "The Karmic Role of the *Avijñapti* in Sarvāstivāda," *Bukkyō kenkyū* 仏教研究 [Buddhist studies], Vol. 31, pp. 69–90.

2007 *Sarvāstivāda Abhidharma*, Hong Kong: Centre for Buddhist Studies, 3rd rev. edition.

2009a *Sarvāstivāda Abhidharma*, Hong Kong: Centre for Buddhist Studies, 4th rev. edition.

2009b "Fa Ju Jing, the Oldest Chinese Version of the Dharmapada," *Bukkyō kenkyū* 仏教研究 [Buddhist studies], Vol. 37, pp. 1–38.

Frauwallner, Erich

1956 *The Earliest Vinaya and the Beginnings of Buddhist Literature*, Rome: Is. M.E.O..

Frauwallner, Erich (English translation by Kidd, S. F.)

1995 *Studies in Abhidharma literature and the origins of Buddhist philosophical systems*, New York: SUNY Press.

Gethin, Rupert

2004 "Can Killing a Living Being Ever Be an Act of Compassion? The analysis of the act of killing in the Abhidhamma and Pali Commentaries," *Journal of Buddhist Ethics*, Vol. 11, pp. 167–202.

Gombrich, Richard Francis

1971 "Merit Transference in Sinhalese Buddhism: A Case Study of Interaction between Doctrine and Practice," *History of Religions*, Vol. 11, pp. 203–219.

1996 *How Buddhism began: the conditioned genesis of the early teachings*, 1st edition, London: Athlone Press.

2006 *How Buddhism began: the conditioned genesis of the early teachings*, 2nd edition, London: Routledge.

von Hinüber, Oskar

1994 *Selected Papers on Pāli Studies*, Oxford: Pali Text Society.

1996 *A Handbook of Pāli Literature*, Berlin: Walter de Gruyter.

Karunadasa, Yakupitiyage

1967 *Buddhist Analysis of Matter*, Colombo: Dept. of Cultural Affairs.

1989 *Buddhist Analysis of Matter*, Singapore: Buddhist Research Society, 2nd edition.

2010 *The Theravāda Abhidhamma: Its Inquiry into the Nature of Conditioned Reality*, Hong Kong: Centre for Buddhist Studies (University of Hong Kong).

Kieffer-Pülz, Petra

2007 "Stretching the Vinaya Rules and Getting Away with It," *JPTS*, Vol. XXIX, pp. 1–49.

2013 "Buddhist Nuns in South India as Reflected in the Andhakaṭṭhakathā and in Vajirabuddhi's Anugaṇṭhipada," *ARIRIAB*, Vol. XVI, pp. 29–46.

Lamotte, Étienne

1936 *Le traité de l'acte de Vasubandhu Karmasiddhiprakaraṇa*, Bruges: Imprimerie Sainte Catherine.

Lamotte, Étienne (English translation by Pruden, L. M.)

1988 *Karmasiddhiprakaraṇa: the treatise on action by Vasubandhu*, Berkeley: Asian Humanities Press.

La Vallée Poussin, Louis de

1923-1931 *L'Abhidharmakośa de Vasubandhu: traduction et annotations*, 5 vols., Paris: Paul Geuthner.

1927 *La Morale Bouddhique*, Paris: Nouvelle Librairie Nationale.

La Vallée Poussin, Louis de (English translation by Pruden, L. M.)

1988-1990 *Abhidharmakośabhāṣyam*, 4 vols., Berkeley: Asian Humanities Press.

La Vallée Poussin, Louis de (English translation by Lodrö Sangpo)

2012 *Abhidharmakośa-Bhāṣya of Vasubandhu: the treasury of the Abhidharma and its (Auto) commentary*, 4 vols., Delhi: Motilal Banarsidass.

Law, Bimala Chuen

1933 *A History of Pāli Literature*, 2 vols., London: Kegan Paul, Trench, Trubner.

1940 *The Debates Commentary (Kathāvatthuppakaraṇa-Aṭṭakathā)*, London: Pali Text Society.

2000 *A History of Pāli Literature*, New Delhi: Indica Varanasi.

Malalasekera, Gunapala Piyasena

1967 ""Transference of Merit" in Ceylonese Buddhism," *Philosophy East and West*, Vol. 17, No. 1/4, pp. 85-90.

Martini, Giuliana

2011 "The Meditative Dynamics of the Early Buddhist Appamāṇas," *Canadian Journal of Buddhist Studies*, Vol. 7, pp. 137-180.

McDermott, James P.

1975 "The Kathāvatthu Kamma Debates," *JAOS*, Vol. 95, No. 3, pp. 424-433.

1977 "Kamma in the Milindapañha," *JAOS*, Vol. 97, No. 4, pp. 460-468.

Ñāṇamoli, Bhikkhu

1962 *The Guide (Netti-ppakaraṇaṁ)*, London: Pali Text Society.

Ñāṇamoli, Bhikkhu and Bodhi, Bhikkhu

1995 *The Middle Length Discourses of the Buddha: A Translation of the Majjhima Nikāya*, Boston: Wisdom Publications.

Norman, Kenneth Roy

1-8 *Collected papers*, 8 vols., Oxford: Pali Text Society, 1990-2007.

1983 *Pāli Literature: including the canonical literature in Prakrit and Sanskrit of all the Hīnayāna schools of Buddhism*, Wiesbaden: Otto Harrassowitz.

1984 *The Group of Discourses (Sutta-nipāta)*, Vol. I, London: Pali Text Society.

1992 *The Group of Discourses (Sutta-nipāta): Revised Translation with Introduction and*

Notes, Vol. II, Oxford: Pali Text Society.

1997a *The Word of the Doctrine*（*Dhammapada*）, Oxford: Pali Text Society.

1997b *A Philological Approach to Buddhism: the Bukkyō Dendō Kyōkai lectures 1994*, London: School of Oriental & African Studies（online edition, 2012）.

2001 *The Group of Discourses*（*Sutta-nipāta*）, *Second edition: Translated with Introduction and Notes*, Oxford: Pali Text Society, 2nd edition.

（K. R. NormanによるSn.訳には三種類がある。Norman, K. R.［1984］は、NormanがSn.を訳出し、その訳と解釈が異なる部分についてI. B. HornerとW. Rahulaの両者による別訳が合わせて載せられている。Norman, K. R.［1992］は、Norman, K. R.［1984］のNorman訳についてNorman自身が詳細な註釈を施したものである。Norman, K. R.［2001］は、Norman, K. R.［1992］の誤植を訂正して版を組み直したものであり、内容はNorman, K. R.［1992］と基本的には同じであるが、頁数などが異なるため引用には注意が必要である。）

Park, Chang-hwan

2007 *The Sautrāntika Theory of Seeds*（*bīja*）*Revisited: with Special Reference to the Ideological continuity between Vasubandhu's Theory of Seeds and its Śrīlāta/Dārṣṭāntika Precedents*, Ph. D. dissertation submitted in University of California, Berkeley.

2014 *Vasubandhu, Śrīlāta, and the Sautrāntika Theory of Seeds*, Wien: Arbeitskreis für tibetische und buddhistische Studien, Universität Wien.

Rhys Davids, Caroline Augusta Foley

1923 "Abhidhamma-Pitaka and Commentaries," *Journal of the Royal Asiatic Society of Great Britain and Ireland*, Vol. 55(2), pp. 243-250.

Rhys Davids, Thomas William

1908 *Early Buddhism*, London: Archibald Constable.

Ronkin, Noa

2005 *Early Buddhist Metaphysics: The making of a philosophical tradition*, London and New York: Routledge Curzon.

Schmithausen, Lambert

1967 "Sautrāntika-Voraussetzungen in Viṁśatikā und Triṁśikā," *Wiener Zeitschrift für die Kunde Süd- und Ostasiens*, Vol. 11, pp. 109-136.

1986 "Critical Response," *Karma and Rebirth: Post Classical Development*, Albany: State University of New York Press, pp. 203-230.

Schopen, Gregory

2000 "Hierarchy and Housing in a Buddhist Monastic Code: A Translation of the Sanskrit Text of the *Śayanāsanavastu* of the *Mūlasarvāstivāda-vinaya*," *Buddhist Literature*, Vol. 2, pp. 92-196.

Spiro, Melford Elliot

1971 *Buddhism and Society: a Great Tradition and its Burmese Vicissitudes*, London: George Allen & Unwin.（1982年再版の増補版は未見）

Vetter, Tilmann
1988 *The Ideas and Meditative Practices of Early Buddhism*, Leiden: Brill.
Waldron, William S.
2003 *The Buddhist Unconscious: The ālaya-vijñāna in the context of Indian Buddhist thought*, London: Routledge Curzon.
Walshe, Maurice
1995 *The Long Discourses of the Buddha: A Translation of the Dīgha Nikāya*, Boston: Wisdom Publications.
Walters, Jonathan S.
1990 "The Buddha's Bad Karma: A Problem in the History of Theravâda Buddhism," *Numen*, Vol. XXXVII, Fasc 1, pp. 70-95.
Warder, Anthony Kennedy
1981 "Some Problems of the Later Pali Literature," *JPTS*, Vol. IX, pp. 198-207.
2000 *Indian Buddhism*, Delhi: Motilal Banarsidass.（3rd rev. ed.）
Willemen, Ch., Dessein, B., and Cox, C.
1998 *Sarvāstivāda Buddhist Scholasticism*, Leiden: Brill.
Wiltshire, Martin G.
1990 *Ascetic Figures before and in Early Buddhism: The Emergence of Gautama as the Buddha*, Berlin: Mouton de Gruyter.
Withanachchi, C.
1987 "Transference of Merit: the So-called," *Buddhist philosophy and culture: essays in honour of N. A. Jayawickrema*, Colombo: N. A. Jayawickrema Felicitation Volume Committee, pp. 153-168.
青原令知
2005 「初期有部論書における無表と律儀」『印度学仏教学研究』53(2), pp. 129-133.
2006 「初期有部論書における無表と律儀（承前）── 律儀の用例」『岐阜聖徳学園大学仏教文化研究所紀要』6, pp. 29-75.
2009a 「『業施設論』の構造」『印度学仏教学研究』57(2), pp. 205-210.
2009b 「『業施設』における煩悩の総称語」『印度学仏教学研究』58(1), pp. 176-181.
2010 「『業施設論』の業論と表・無表分別」『仏教学研究』66, pp. 1-30.
2012a 「『業施設』和訳研究（1）── 第1章第1節（付：『故思経』諸本対照テキスト）」『龍谷大学論集』479, pp. 9-33.
2012b 「『業施設』和訳研究（2）── 第1章第2節～第2章」『仏教学研究』68, pp. 1-27.
2013 「『業施設』和訳研究（3）── 第3章～第5章」『仏教学研究』69, pp. 75-113.
2014 「『業施設』和訳研究（4）── 第6章～第9章」『龍谷大学論集』483, pp. 26-51.
2016 「『業施設』和訳研究（5）── 第10章・第11章」『龍谷大学論集』487, pp. 5-41.
2017 「いわゆる「無表業の誤解」について」『印度学仏教学研究』65(2), pp. 191-198.
赤沼智善
1-12, 別1 『赤沼智善著作選集』全12巻・別巻1巻，うしお書店，1997-2000.

1967 『印度仏教固有名詞辞典』, 法蔵館, 1967 復刊.

姉崎正治

1904 『現身仏と法身仏』, 有朋館.

1925 『現身仏と法身仏』, 改訂版, 前川文栄閣.

阿部真也

2008 「有部論書における四無量について」『印度学仏教学研究』56(2), pp. 177–182.

荒牧典俊

1983 「Suttanipāta Aṭṭhakavagga にみられる論争批判について」『中川善教先生頌徳記念論集：仏教と文化』, 同朋舎出版, pp. 117–146.

荒牧典俊・榎本文雄・藤田宏達・本庄良文

1986 『ブッダの詩 I』, 講談社.

荒牧典俊・本庄良文・榎本文雄

2015 『スッタニパータ［釈尊の言葉］全現代語訳』, 講談社.

石田一裕

2012 「経量部とガンダーラ有部の関係 ── 不律儀の考察を通して」『仏教文化学会紀要』21, pp. 78–102.

稲荷日宣

1959 「経典の加増形態より見たる央堀摩羅経」『印度学仏教学研究』7(2), pp. 624–627.

入澤崇

1989 「廻向の源流」『西南アジア研究』30, pp. 1–20.

岩本裕

1-5 『仏教説話研究』全 5 巻, 開明書院, 1978–1979.

上田義文

1957 『仏教における業の思想』, あそか書林.

1966 『仏教における業の思想』, 増訂版, あそか書林.

榎本文雄

1989 「初期仏教における業の消滅」『日本仏教学会年報』54, pp. 1–13.

1993 「『尊婆須蜜菩薩所集論』所引の阿含の偈をめぐって ── tathāgata の原意を中心に」『渡辺文麿博士追悼記念論集：原始仏教と大乗仏教 上』, 永田文昌堂, pp. 255–269.

1996 「罪業の消滅と prāyaścitta」『待兼山論叢 哲学篇』30, pp. 1–12.

岡野潔

2006 「Anavataptagāthā の釈尊の業の残滓を説く因縁話の形成」『論集』33（印度学宗教学会), pp. 116–136.

2010a「釈尊が前世で犯した殺人 ── 大乗方便経によるその解釈」『哲学年報』69, pp. 139–175.

2010b「業縛の生死観との戦い ── 大乗方便経はいかに釈尊の悪業の伝承を変えたか」『日本仏教学会年報』75, pp. 53–67.

荻原雲来

1928 「加藤氏の業感縁起論の誤解に就いてを読みて」『大正大学々報』4, pp. 13-20.
1935a『釈迦牟尼聖訓集（巴利文スツタニパータ）』，大東出版社.
1935b『法句経』，岩波書店.
1938 『荻原雲来文集』，荻原博士記念会.（再版：山喜房仏書林，1972）
荻原雲来（・山口益）
1933-1939『和訳 称友倶舎論疏』全 3 巻，梵文倶舎論疏刊行会.
小谷信千代
1975 「saṃtatipariṇāmaviśeṣa と vijñānapariṇāma について」『印度学仏教学研究』24(1), pp. 73-76.
1995 『チベット倶舎学の研究 ―『チムゼー』賢聖品の解読』，文栄堂.
小谷信千代・本庄良文
2007 『倶舎論の原典研究 随眠品』，大蔵出版.
梶山雄一
1-8 『梶山雄一著作集』全 8 巻，春秋社，2008-2013.
1973 「廻向の宗教」『本願・廻向』（親鸞大系 思想篇 第三巻），法蔵館，pp. 315-341.
1979 「バーヴァヴィヴェーカの業思想 ―『般若灯論』第十七章の和訳」『業思想研究』，平楽寺書店，pp. 305-357.
1983 『「さとり」と「廻向」― 大乗仏教の成立』，講談社現代新書.
1997 『「さとり」と「廻向」― 大乗仏教の成立』，人文書院.
片山一良
2000 「原始仏教における善悪 ―『法句』第 183 偈の意味するもの」『日本仏教学会年報』65, pp. 179-194.
2007 「四梵住 ― 仏の無量心」『日本仏教学会年報』72, pp. 13-26.
勝本華蓮
2006 「Cariyapitakaṭṭhakathā と Bodhisattvabhūmi ― パーリ註釈書にみられる瑜伽行派の思想」『仏教研究』34, pp. 173-192.
加藤純章
1989 『経量部の研究』，春秋社.
2012 「『倶舎論』における「相続の特殊な変化」（saṃtati-pariṇāma-viśeṣa 相続転変差別）― 積集説から転変説へ（覚え書）」『豊山学報』55, pp. 1-15.
加藤精神
1928 「「業感縁起論の誤解」に就いて」『大正大学々報』3, pp. 27-47.
1929 「有部の業感縁起論に就て」『大正大学々報』5, pp. 1-17.
1953 「有部の無表色に対する近代学者の誤解を匡す」『印度学仏教学研究』1 (2), pp. 211-213.
1954 「有部宗の極微に関する古今の謬説を匡す」『印度学仏教学研究』2(2), pp. 224-226.
加藤宏道
1977 「業の可転に対する有部の立場」『宗教研究』51(3), pp. 141-143.

1985 「断惑論の特質」『印度学仏教学研究』33(2), pp. 56-61.
河村孝照
1963 「俱舎論における無表色に関する一考察」『印度学仏教学研究』11(2), pp. 241-245.
1972 『阿毘達磨概説』, 大宣堂印刷出版部.
1986 「自業自得論」『東洋学研究』20, pp. 41-48.
2004 『俱舎概説』, 山喜房仏書林.
木村泰賢
1-6 『木村泰賢全集』全6巻, 大法輪閣, 1967-1969.
1922a『原始仏教思想論 ── 特に大乗思想の淵源に注意して』, 丙午出版社.
1922b『阿毘達磨論 ── 成立の経過に関する研究』, 丙午出版社.
1929 『真空より妙有へ』, 甲子社書房.
1935 『小乗仏教思想論』, 明治書院.
楠本信道
2010 「『釈軌論』・『縁起経釈』・『第一義宝函』における縁起の語義解釈」『筑紫女学園大学・短期大学部人間文化研究所年報』21, pp. 49-70.
工藤道由
1982 「世親の無表業の解釈をめぐって」『印度学仏教学研究』31(2), pp. 130-131.
1983a「世親の無表の解釈をめぐって」『駒沢大学大学院 仏教学研究会年報』16, pp. 16-17.
1983b「世親と衆賢の無表業理解」『宗教研究』255, pp. 212-214.
1983c「身表形色説 ── 表業・無表業」『仏教学』16 (仏教学研究会), pp. 1-21.
1985 「無表と思」『駒沢大学大学院 仏教学研究会年報』18, pp. 1-8.
雲井昭善
1967 『仏教興起時代の思想研究』, 平楽寺書店.
1974 「インド思想と業 ── 序章」『仏教学セミナー』20, pp. 387-403.
1976 「善悪応報の思想 ── インド一般思想として」『仏教思想2 悪』, 平楽寺書店, pp. 89-114.
1978 「業因業果と無因無縁論」『仏教思想3 因果』, 平楽寺書店, pp. 55-82.
1979 「インド思想における業の種々相」『業思想研究』, 平楽寺書店, pp. 1-71.
1988 「死後の世界 ── 輪廻・他界」『仏教思想10 死』, 平楽寺書店, pp. 251-279.
2003 「共業 (Sādhāraṇa-karman) について ── 業の社会性」『天台学報』45, pp. 1-7.
後藤敏文
2009 「「業」と「輪廻」── ヴェーダから仏教へ」『印度哲学仏教学』24, pp. 16-41.
阪本 (後藤) 純子
2015 『生命エネルギー循環の思想 ──「輪廻と業」理論の起源と形成』, 龍谷大学現代インド研究センター.
櫻部建
1960 「破我品の研究」『大谷大学研究年報』12, pp. 21-112.

1963 「俱舎論における我論 ── 破我品の所説」『自我と無我 ── インド思想と仏教の根本問題』，平楽寺書店，pp. 455–478.
1965 「入阿毘達磨論の研究」『大谷大学研究年報』18, pp. 163–227.
1969 『俱舎論の研究 界・根品』，法蔵館.
1974 「功徳を廻施するという考え方」『仏教学セミナー』20, pp. 93–100.
1975 『仏教語の研究』，文栄堂.
1978 「アビダルマ仏教の因果論」『仏教思想 3 因果』，平楽寺書店，pp. 125–146.
1979 「『俱舎論』に見える業論」『業思想研究』，平楽寺書店，pp. 285–304.
1988 「有部」『岩波講座東洋思想 8 インド仏教 1』，岩波書店，pp. 198–225.
1990 「パーリ・アビダルマ研究 ── その過去と将来」『水野弘元博士米寿記念論集：パーリ文化学の世界』，春秋社，pp. 317–327.
1997 『増補 仏教語の研究』，文栄堂.
2002 『阿含の仏教』，文栄堂.

櫻部建・小谷信千代
1999 『俱舎論の原典解明 賢聖品』，法蔵館.

櫻部建・小谷信千代・本庄良文
2004 『俱舎論の原典研究 智品・定品』，大蔵出版.

佐古年穂
1985 「無表色に関する一考察」『印度学仏教学研究』33(2), pp. 136–137.
1987 「『俱舎論』の無表の定義に於ける諸注釈の問題」『印度学仏教学研究』35(2), pp. 100–102.
1997 「『俱舎論』の業滅について」『仏教学』39（仏教思想学会），pp. 23–38.

佐々木現順
1958 『阿毘達磨思想研究 ── 仏教実在論の歴史的批判的研究』，弘文堂.
1960 『仏教心理学の研究 ── アッタサーリニーの研究』，法蔵館.
1990 『業論の研究』，法蔵館.

佐々木閑
1999 『出家とはなにか』，大蔵出版.
2000 『インド仏教変移論 ── なぜ仏教は多様化したのか』，大蔵出版.

佐藤密雄
1933 『論事附覚音註』，大東出版社.
1991 『新訂増補 論事附覚音註』，山喜房仏書林.

清水俊史
2013 「業と律 ── 犯罪アディカラナと学処」『仏教文化研究』57, pp. 21–39.

下田正弘
2000 「註釈書としての〈大乗涅槃経〉── ニカーヤ・アッタカターとの一致にみる涅槃経の展開形態」『加藤純章博士還暦記念論集：アビダルマ仏教とインド思想』，春秋社，pp. 327–339.

周柔含

2009 『説一切有部の加行道論「順決択分」の研究』，山喜房仏書林.
シュミットハウゼン，L.（加治洋一 訳）
1983 「『二十論』と『三十論』にみられる経量部的前提」『仏教学セミナー』37，pp. 1-24.
杉本卓洲
1985 「飲酒戒考」『金沢大学文学部論集 行動科学科篇』5，pp. 77-93.
1999 『五戒の周辺 ── インド的生のダイナミズム』，平楽寺書店.
武田宏道
2000 「業の因果における生果の功能 ──『倶舎論』破我品の所説を中心にして」『加藤純章博士還暦記念論集：アビダルマ仏教とインド思想』，春秋社，pp. 83-96.
田中裕成
2016 「有部系アビダルマにおける「有漏の忍」と「世間的な正見」──『ウダーナヴァルガ・ヴィヴァラナ』の解釈から」『佛教大学仏教学会紀要』21，pp. 175-203.
谷川泰教
1988 「原始ジャイナ教」『岩波講座東洋思想 5 インド思想 1』，岩波書店，pp. 150-174.
1991 「Isibhāsiyāiṃ 第 9 章の研究（II）── Isibhāsiyāiṃ 研究 II」『密教文化』174，pp. 142-119.
玉井威
1982 「ミリンダパンハーにおける廻向説について」『真宗教学研究』6，pp. 69-74.
塚田康夫
1985 「倶舎論における無表の法相的性格」『大崎学報』138，pp. 19-56.
塚本啓祥・松長有慶・磯田熙文（編著）
1990 『梵語仏典の研究 III 論書篇』，平楽寺書店.
寺本婉雅・平松友嗣
1935 『蔵漢和三訳対校異部宗輪論・異部宗精釈・異部説集』，黙働社.
中村元
1-32, 別 1-8『中村元選集［決定版］』全 32 巻・別巻 8 巻，春秋社，1988-1997.
旧 1-20『中村元選集』全 20 巻，春秋社，1961-1977.
1956a「原始仏教聖典成立史研究の基準について」『日本仏教学会年報』21，pp. 31-78.
1956b『慈悲』，平楽寺書店.
1958 『ブッダのことば』，岩波書店.（改訳：中村元［1984］）
1984 『ブッダのことば』，岩波書店.（初訳：中村元［1958］）
2010 『慈悲』，講談社.
中村元・早島鏡正
1963-1964『ミリンダ王の問い』全 3 巻，平凡社.
長崎法潤
1974 「マハーヴィーラの業説」『仏教学セミナー』20，pp. 404-429.
1979 「ジャイナの業思想」『業思想研究』，平楽寺書店，pp. 499-534.
1982 「ジャイナ教の解脱論」『仏教思想 8 解脱』，平楽寺書店，pp. 405-432.

那須円照
2009 『アビダルマ仏教の研究 ── 時間・空間・涅槃』，永田文昌堂.
那須良彦
2004 「有部の不失法因と正量部の不失 ──『中論』第 17 章所述の「不失」に対する観誓の解釈」『印度学仏教学研究』53(1)，pp.110–114.
2006 「『婆沙論』における得修（未来修）と成就（得）の実在論証」『東海仏教』51，pp. 35–52.
浪花宣明
1987 『在家仏教の研究』，法藏館.
1994 「パーリ上座部の業論（1）── 業果の必然性」『仏教研究』23，pp. 3–20.
1995 「パーリ二十四縁説の研究」『仏教研究』24，pp.147–164.
1996 「パーリ上座部の業論（2）── 輪廻」『仏教研究』25，pp. 7–27.
1998 『サーラサンガハの研究』，平楽寺書店.
2004 『分別論註』，平楽寺書店.
2008 『パーリ・アビダンマ思想の研究』，平楽寺書店.
2014 『法集論註』，平楽寺書店.
並川孝儀
2001 「ブッダの過去の悪業とその果報に関する伝承」『香川孝雄博士古稀記念論集：仏教学浄土学研究』，永田文昌堂，pp.133–144.
2004 「原始仏教にみられる輪廻思想」『印度哲学仏教学』19，pp. 35–56.
2005 『ゴータマ・ブッダ考』，大蔵出版.
2011 『インド仏教教団 正量部の研究』，大蔵出版.
名和隆乾
2016 「パーリ聖典における四無量心の予備的研究 ── 四無量心と涅槃の関係について」『真宗文化』25，pp.1–21.
西義雄
1967 「業の思想 ── とくに世間即ち社会道徳の基盤として」『講座仏教 I 仏教の思想』，大蔵出版，pp. 67–112.
1975 『阿毘達磨仏教の研究 ── その真相と使命』，国書刊行会.
西村実則
2002 『アビダルマ教学 ── 倶舎論の煩悩論』，法藏館.
2012 『荻原雲来と渡辺海旭 ── ドイツ・インド学と近代日本』，大法輪閣.
袴谷憲昭
1995 「選別学派と典拠学派の無表論争」『駒沢短期大学研究紀要』23，pp. 45–94.
2013 『仏教文献研究』，大蔵出版.
馬場紀寿
2008 『上座部仏教の思想形成 ── ブッダからブッダゴーサへ』，春秋社.
林隆嗣（Hayashi, Takatsugu）
1993 「南方上座部の行為論 ── *Aṭṭhasālinī* における業と門との関係」『印度学宗教学会

論集』20, pp. 31-44.
1994 「アッタサーリニーにおける行為論」『印度学仏教学研究』42(2), pp. 133-135.
1999a "Preliminary Notes on Merit Transfer in Theravāda Buddhism,"『印度学宗教学会論集』26 別冊, pp. 29-54.
1999b "On the Authorship of the *Aṭṭhasālinī*,"『仏教研究』28, pp. 31-71.
2000 「南方上座部における業の機能 ── janaka-kamma が生み出すもの」『仏教学』42 (仏教思想学会), pp. 1-24.
2003 「臨終業について」『印度学仏教学研究』52(1), pp. 172-176.
2005 「「異熟概論（異熟論）」── パーリ註釈文献の源泉資料に関連して」『印度学仏教学研究』53(2), pp. 107-113.
2010 「上座部の共業（sādhāraṇa-kamma）について ── 聖典からブッダゴーサへ」『印度学仏教学研究』59(1), pp. 175-182.
2011 「上座部の共業（sādhāraṇa-kamma）について ── ダンマパーラ以降」『印度学仏教学研究』60(1), pp. 221-228.

原実
2000 「慈心力」『国際仏教学大学院大学研究紀要』3, pp. 9-47.

干潟龍祥
1978 『改訂増補版 本生経類の思想史的研究』, 山喜房仏書林.

兵藤一夫
1980 「『倶舎論』に見える説一切有部と経量部の異熟説」『仏教思想史』3, pp. 57-88.
1985a 「「六因説」について ── 特にその成立に関して」『大谷学報』64(4), pp. 95-109.
1985b 「「六因説」について ── 特に「相応因」と「倶有因」に関して」『印度学仏教学研究』33(2), pp. 288-291.
1990 「四善根について ── 有部に於けるもの」『印度学仏教学研究』38(2), pp. 73-81.
2000 「有部論書における『阿毘曇心論』の位置」『加藤純章博士還暦記念論集：アビダルマ仏教とインド思想』, 春秋社, pp. 129-150.

平岡聡
1992 「『ディヴィヤ・アヴァダーナ』に見られる業の消滅」『仏教研究』21, pp. 113-132.
1993a 「業観の変遷 ── 仏陀の宿業を中心として」『仏教論叢』37, pp. 9-13.
1993b 「「悪心出仏身血」説話の伝承」『渡辺文麿博士追悼記念論集：原始仏教と大乗仏教 上』, 永田文昌堂, pp. 285-302.
2002 『説話の考古学 ── インド仏教説話に秘められた思想』, 大蔵出版.
2008 「アングリマーラの〈言い訳〉── 不合理な現実の合理的理解」『仏教学セミナー』87, pp. 1-28.

平川彰
1-17 『平川彰著作集』全 17 巻, 春秋社, 1988-2000.
1960 『律蔵の研究』, 山喜房仏書林.
1964 『原始仏教の研究 ── 教団組織の原型』, 春秋社.

平野真完

1960 「阿含に於ける四梵住について」『印度学仏教学研究』8(2), pp. 562–563.
深浦正文
1951 『倶舎学概論』, 百華苑.
福田琢
1997 「説一切有部の断惑論と『倶舎論』」『東海仏教』42, pp. 1–16.
2000 「『業施設』について」『日本仏教学会年報』65, pp. 55–76.
福原亮厳
1965 『有部阿毘達磨論書の発達』, 永田文昌堂.
1969 『成実論の研究』, 永田文昌堂.
1982 『業論』, 永田文昌堂.
福原亮厳（監修）
1973 『梵本蔵漢英和訳合璧阿毘達磨倶舎論本頌の研究 ── 界品・根品・世間品』, 永田文昌堂.
1986 『梵本蔵訳漢訳合璧阿毘達磨倶舎論本頌の研究 ── 業品・随眠品』, 永田文昌堂.
藤田宏達
1959 「四沙門果の成立について」『印度学仏教学研究』7(2), pp. 69–78.
1972 「原始仏教における禅定思想」『佐藤博士古稀記念：仏教思想論叢』, 山喜房仏書林, pp. 297–315.
1974 「原始仏教における善悪の問題」『印度学仏教学研究』22(2), pp. 1–10.
1976a 「原始仏教の倫理思想」『講座仏教思想 3 倫理学・教育学』, 理想社, pp. 19–63.
1976b 「原始仏教における悪の観念」『仏教思想 2 悪』, 平楽寺書店, pp. 115–156.
1978 「原始仏教における因果思想」『仏教思想 3 因果』, 平楽寺書店, pp. 83–124.
1979 「原始仏教における業思想」『業思想研究』, 平楽寺書店, pp. 99–144.
藤本晃
1999 「*Petavatthu-Aṭṭhakathā* について」『印度学仏教学研究』48(1), pp. 60–63.
2000a 「Petavatthu 註における善業と悪業」『日本仏教学会年報』65, pp. 147–164.
2000b 「*Petthavatthu-Aṭṭhakathā* における「指定 uddisati」説と「自業自得」」『パーリ学仏教文化学』14, pp. 53–68.
2000c 「*Petavatthu-Aṭṭhakathā* に示される anumodanā」『印度学仏教学研究』49(1), pp. 59–61.
2006 『廻向思想の研究』, ラトナ仏教叢書.
2014 「梵天共住と悟りの奇妙な関係」『奥田聖応先生頌寿記念：インド学仏教学論集』, 佼成出版社, pp. 635–648.
舟橋一哉
1952 『原始仏教思想の研究 ── 縁起の構造とその実践』, 法蔵館.
1953 「無表業と生果の功能 ── 加藤精神博士の「有部の無表色に対する近代学者の誤解を匡す」を読みて」『印度学仏教学研究』2(1), pp. 289–291.
1954a 『業の研究』, 法蔵館.
1954b 「原始仏教における出家道と在家道 ── 往生思想の起源に関して（ちなみに加藤精神先生の論難に答ふ）」『印度学仏教学研究』3(1), pp. 34–43.

1962 「称友造阿毘達磨倶舎論明瞭義釈破我品 ── 梵文の和訳と註と梵文テキストの正誤訂正表」『大谷大学研究年報』15, pp. 1-61.
1972 「初期仏教の業思想について ── 相応部の一経典の解釈をめぐって」『仏教学セミナー』16, pp. 1-11.
1974 「仏教における業論展開の一側面 ── 原始仏教からアビダルマ仏教へ」『仏教学セミナー』20, pp. 45-65.
1987 『倶舎論の原典解明 業品』, 法藏館.

舟橋水哉
1943 「無表業に就いて」『真宗同学会年報』1, pp. 141-144.

堀内俊郎
2004 「世親の飲酒観 ── 性罪と遮罪」『仏教学』46(仏教思想学会), pp. 159-177.
2012 「中期瑜伽行派の思想」『シリーズ大乗仏教 7 唯識と瑜伽行』, 春秋社, pp. 111-149.

本庄良文
1984 『倶舎論所依阿含全表 I 』, 私家版.
1992 「Sautrāntika」『印度学仏教学研究』40(2), pp. 148-154.
1997 「『倶舎論』七十五法定義集」『三康文化研究所年報』26/27, pp. 1-30.
1998 「『随眠施設』『名色施設』── 有部『施設論』の未知なる構成要素」『印度学仏教学研究』47(1), pp. 141-146.
2014 『倶舎論註ウパーイカーの研究 訳註篇』全 2 巻, 大蔵出版.

本多至成
2010 『正量部の業思想』, 永田文昌堂.

前田恵学
1-8, 別 1-2 『前田恵学集』全 8 巻・別巻 2 巻, 山喜房仏書林, 2003-2007.
1964 『原始仏教聖典の成立史研究』, 山喜房仏書林.(=[別 1])

真柄和人
1981 「Puñña(功徳)について」『浄土宗学研究』14, pp. 179-208.
1984 「初期偈経典にみえる kuśala について」『仏教論叢』28, pp. 1-8.
1986 「Kuśala について ── 初期偈経典の行方」『仏教文化研究』31, pp. 9-22.

増谷文雄
1-12 『増谷文雄著作集』全 12 巻, 角川書店, 1981-1982.
1962 『アーガマ資料による仏伝の研究』, 在家仏教協会.

松島央龍(Matsushima, Hisakami)
2007 「倶舎論以前の無表」『龍谷大学大学院文学研究科紀要』29, pp. 1-23.
2009 「世親・衆賢の表業論」『印度哲学仏教学』24, pp. 30-45.
2010a "Saṃghabhadra on karma and Momentariness: bīja-theory and Three Other Metaphors,"『印度学仏教学研究』58(3), pp. 43-47.
2010b 「『大毘婆沙論』の無表 ── 倶舎論以前の無表業(2)」『印度哲学仏教学』25, pp. 55-70.

2011 「無表の研究」『龍谷大学大学院文学研究科紀要』33, pp. 138–147.

松田和信

1982 「梵文断片 Loka-prajñapti について ── 高黄寺・玉泉寺・四天王寺・智恩寺貝葉・インド所伝写本の分類と同定」『仏教学』14（仏教学研究会）, pp. 1–21.

松濤誠廉

1966 「聖仙の語録 ── ジャイナ教聖典 Isibhāsiyāiṃ 和訳」『九州大学文学部四十周年記念論文集』, pp. 57–140.

松本史朗

2004 『仏教思想論 上』, 大蔵出版.

真野龍海

1975 「初期仏教の倫理思想 ── 善の位置について」『仏教の倫理思想とその展開』, 大蔵出版, pp. 45–62.

水野弘元

1-3 『水野弘元著作選集』全 3 巻, 春秋社, 1996–1997.

1930 「譬喩師と成実論」『駒沢大学仏教学会年報』1, pp. 134–156.

1954 「業説について」『印度学仏教学研究』2(2), pp. 110–120.

1960 「業について」『日本仏教学会年報』25, pp. 301–325.

1964 『パーリ仏教を中心とした仏教の心識論』, 山喜房仏書林.（改訂版：水野弘元［1978］）

1974 「業に関する若干の考察」『仏教学セミナー』20, pp. 1–25.

1978 『パーリ仏教を中心とした仏教の心識論』, ピタカ.（初版：水野弘元［1964］）

1984 「原始仏教における心」『仏教思想 9 心』, 平楽寺書店, pp. 110–143.

三友健容

1976 「アビダルマ仏教における無表業論の展開（一）」『大崎学報』129, pp. 119–142.

1977a 「アビダルマ仏教における無表業論の展開（二）」『印度学仏教学研究』25(2), pp. 194–198.

1977b 「アビダルマ仏教における無表業論の展開（三）」『法華文化研究』3, pp. 179–193.

1978 「アビダルマ仏教における無表業論の展開（四）」『印度学仏教学研究』26(2), pp. 364–368.

2007 『アビダルマディーパの研究』, 平楽寺書店.

御牧克己

1988 「経量部」『岩波講座東洋思想 8 インド仏教 1』, 岩波書店, pp. 226–260.

宮坂宥勝

2002 『ブッダの教え ── スッタニパータ』, 法蔵館.

宮下晴輝

1989 「非択滅無為」『仏教学セミナー』49, pp. 45–62.

村上真完

1993a 「人格主体論（霊魂論）── 倶舎論破我品訳註（一）」『塚本啓祥教授還暦記念論文集：知の邂逅 ── 仏教と科学』, 佼成出版社, pp. 271–292.

1993b 「人格主体論（霊魂論）── 倶舎論破我品訳註（二）」『渡辺文麿博士追悼記念論

集：原始仏教と大乗仏教 下』，永田文昌堂，pp. 99–140.

村上真完・及川真介

1985–1989『仏のことば註 ── パラマッタ・ジョーテイカー』全 4 巻，春秋社.

1990 『仏と聖典の伝承：仏のことば註 ── パラマッタ・ジョーティカー研究』，春秋社.

室寺義仁

1994 「「不動業」（ānejya/āniñjya-karma）について ── なぜ、「聖者」たちは輪廻するのか」『日本仏教学会年報』59, pp. 123–146.

2004 「経部 ── 初期 Sautrāntika」『高野山大学論叢』39, pp. 1–24.

森章司

1995 『原始仏教から阿毘達磨への仏教教理の研究』，東京堂出版.

森祖道

1984 『パーリ仏教註釈文献の研究 ── アッタカターの上座部的様相』，山喜房仏書林.

1988 「南伝アビダルマ思想の体系」『岩波講座東洋思想 9 インド仏教 2 』，岩波書店，pp. 56–85.

1990 「註釈文献の種類と資料的価値」『水野弘元博士米寿記念論集：パーリ文化学の世界』，春秋社，pp. 91–123.

1995 「パーリ仏教研究の現状と課題」『印度哲学仏教学』10, pp. 341–362.

2000 「パーリ文献に現われたいわゆる「七仏通誡偈」」『日本仏教学会年報』65, pp. 165–178.

2006 「パーリ註釈文献研究の最近の展望 ── 1984 年「拙書」刊行以降」『印度学仏教学研究』55(1), pp. 164–170.

2010 「インド仏教研究とパーリ註釈文献」『新アジア仏教史 03 インド III 仏典からみた仏教世界』，佼成出版社，pp. 104–107.

森山清徹

1976 「般若経における「廻向」の問題」『印度学仏教学研究』24(2), pp. 152–153.

八尾史

2013 『根本説一切有部薬事』，連合出版.

山口益

1951 『世親の成業論』，法蔵館.

山口益・舟橋一哉

1955 『倶舎論の原典解明 世間品』，法蔵館.

山田恭道（Yamada, Kyodo）

1962 “On the idea of “avijñapti-karma” in Abhidharma Buddhism,”『印度学仏教学研究』10(1), pp. 51–55.

1972 「アビダルマにおける業の問題 ── 無表業を中心として」『東北仏教研究会研究紀要』3, pp. 67–81.

吉元信行

1974 「原始仏教における帰依と業」『仏教学セミナー』20, pp. 101–122.

1982 『アビダルマ思想』，法蔵館.

両瀬渉
1986 「別解脱律儀の捨 ──「心論」系論書を中心として」『印度学仏教学研究』34(2), pp. 769–771.
2003 「仏教の倫理思想 ── 有部の無表業説」『印度哲学仏教学』18, pp. 87–96.
渡辺研二
2005 「ジャイナ教聖典と Dhammapada 183」『長崎法潤博士古稀記念論集：仏教とジャイナ教』, 平楽寺書店, pp. 41–52.
渡辺楳雄
1954 『有部阿毘達磨論の研究』, 平凡社.（復刻版：臨川書店, 1989）
和辻哲郎
1-25, 別 1-2 『和辻哲郎全集』（増補版全集）全 25 巻・別巻 2 巻, 岩波書店, 1989–1992.
1927 『原始仏教の実践哲学』, 岩波書店.
1970 『改版 原始仏教の実践哲学』, 岩波書店.
2011 『和辻哲郎仏教哲学読本』全 2 巻, 書肆心水.

索　引

サンスクリット・パーリ語

A

abbhanumodana　465
Abhidhamma　19
Abhidharma　19
Abhidharmadīpavibhāṣāprabhāvṛtti　30
Abhidharmakośabhāṣya　26, 30
abhisaṅkhāra　226, 256
adhiṣṭhāna　348
Ahiṃsaka　444
ahosikamma　271, 384, 386, 418
Ajātaśatru Vaidehiputra　200
akaraṇa-saṃvara　376
ākāravikāra　45, 73
akatabbhāgama　221, 254
ālambanaprahāṇa　363
anāgāmitā　349, 394
Aṅgulimāla　440, 441
aniyatakarman　271
antarāyika　421
anubandha　172
anumodana　457
anutpattidharmatā　344
anuvartaka　52
anuvartana　52
aparāpariyavedanīya　271
appamāṇaṃ appamāṇārammaṇaṃ　394
appamāṇavihārī　326, 393
arhattva　349
āryavaṃśa　341
asamanvāgama　361
asaṃvara　80
asaṃvāsa　188
āsanna　334
āśaya　118
aśubha　153, 172
aurabhrika　193
āvajjana　35
Avalokitavrata　236
āvaraṇa　421
avidyā　50
avijñapti　48, 77, 80, 152, 167, 176, 233, 259
avipranāśa　84, 85
avyāpārakatā　70

B

bahula　334
bandhanapālaka　193
bhava　188, 338
bhavaṅga　35
bhikkhu　315
bīja　84, 219, 254, 258
bodhi　28
Buddhaghosa　27

C

cakrabheda　263
calana　70
caura　193
cetanā　33, 34, 48, 67, 157, 159, 206, 228
cuti　35

D

daṇḍanetāra　193
dassana　35

dhamma 32, 387
Dhammapāla 27
dharma 32
dharmatā 467
diṭṭhadhammavedanīya 271
dravya 192
duścarita 123

G

garuka 334, 335
gati 348
ghāyana 35

H

hāni 185
hetusamutthāna 51
hrī 376

I

Issara 447
Īśvara 447

J

janman 267, 338
jāti 209
javana 33, 35, 429
javanacetanā 41
javanavāra 36
javanavīthi 36

K

kamma 19
kammabaddha 172, 177
kammapaccaya 227, 228, 258
kammavedanā 483
kammunā bajjhati 172, 177
karman 19
karmavācana 103, 104, 190
katanāsa 221, 254
kaṭattā 334
kaukkuṭika 193
kāyaviññatti 42
kāyika 482
khaṇikatā 70
kiriyā 373, 380
kiriyācitta 357
kriyā 52, 123
kṣānti 349
kusala 417, 475, 476
kuśala 153, 362

L

lakṣaṇa 104
loka 415
lokavajja 375, 377, 407

M

madhya 196
Madhyamakārikā 181
mahaggatakamma 334, 335
Mahākassapa 386
mātsika 193
Maudgalyāyana 200
mithyādṛṣṭi 191
mṛgalubdhaka 193

N

nāgabandhaka 193
naivasaṃvaranāsaṃvara 80, 121, 179, 197, 263
nāman 192
nānāvāsa 103

O

okāsa 286

P

Pajāpati 447

pakativajja 407
pamāṇakataṃ kammaṃ 327
paṇṇattivajja 375
pāpa 314, 417
parihāṇi 93, 185, 267
parihīṇa 242
pariṇāma 255
parivajjayitar 390
paṭisandhi 35
pattānuppadāna 465
patti 465
payoga 41
phala 348
phusana 35
prahāṇa 361, 363
Prajāpati 447
prāpti 181, 234, 267, 361, 364
pratikṣepaṇasāvadya 375
pravāha 164
pravartaka 52
pṛthagjana 182
pudgala 348
puñña 174, 314, 357, 417
puṇya 357
puthujjana 182

R

rājan 193

S

sādhāraṇa-kamma 259
sahajāta 44
sahuppanna 44
śākunika 193
Saṃghabhadra 27
saṃmukhībhāva 366
sampaṭicchana 35
saṃtāna 220
saṃtānaviśeṣa 228, 258
saṃtati 220, 255, 256
saṃtatipariṇāmaviśeṣa 219, 228, 257, 258, 259
samuccheda 408
samudācāra 366
samutthāna 54
samuṭṭhāna 44
saṃvara 80, 86
saṃyojana 317, 318
saṅkhāra 388
sanniṭṭhāpakacetanā 42, 47
santāna 220, 226, 228, 230
santānavisesa 258
santānavisesana 259
santati 220
santīraṇa 35
saukarika 193
Sautrāntika 219, 253
savana 35
sāyana 35
setu 137
sīlopacaya 168
Sphuṭārthā Abhidharmakośavyākhyā 30
Śroṇakoṭīviṃsa 397
sthira 371
śubha 172, 362
sucarita 123, 475
Sumaṅgala 258
svabhāvaprahāṇa 363
śvapāka 193

T

tadārammaṇa 35
tatkṣaṇasamutthāna 51

U

upacaya 84, 85, 169, 176, 214, 338
upadhi 201
upapajjavedanīya 271

upapatti 348
upasaṃpad 108
upatthambhaka-kamma 478
ūrdhvaṃsrotas 264
utpadyamānāvasthā 205
utthāna 212

V

vācīviññatti 43
vadhyaghātaka 193
vāgurika 193
vāra 286
Vasubandhu 27
vatthu 304, 389, 478
vedanā 449, 482, 483
vidyā 50
vihāni 185
vijñānapariṇāma 219
vijñapti 25, 31, 48, 80, 101
viññatti 25, 31, 44, 72, 77, 228
virati 103, 407
visesa 229, 230
visiṭṭha santāna 228
vitakka 174
vīthi 36
voṭṭhapana 35
vyāvahārika 193

Y

Yaśomitra 27

和漢語

あ

アーナンダ（上座部註釈家） 39, 173, 231, 251
アーナンダ（仏弟子） 311
悪戒 80, 152
悪行 123, 161
悪業の清算 411, 430, 433
悪作 147
悪趣 317, 322, 344
阿含 20, 131
アジャータサットゥ（Pāli: Ajātasattu） 419
アジャータシャトル（Skt: Ajātaśatru） 141
『アッタカター』 385
アニルッダ 164
アバヤギリ派 259
阿毘達磨 19, 20, 26, 378, 411, 471, 488
阿毘達磨論師 375
アヒンサカ 410
阿羅漢 98, 195, 269, 274, 316, 322, 339, 350, 355, 357, 380
阿羅漢果 350, 353, 413
阿羅漢性 349
阿羅漢道 317, 384, 417, 419
阿羅漢福徳積集論 358
「アングリマーラ経」 284, 384, 410
アンダカ派 358, 383

い

意業 34, 165
『イシバーシヤーイム』（Isibh.） 298, 475
異熟 147, 217, 249, 252, 271, 422
異熟因 142, 153, 161
異熟果 84, 86, 151, 152, 153, 161, 165
異熟障 347, 421
異熟する時期の転換 294, 295, 430
異熟相続 230
異熟輪転 296, 306
異生 89, 182, 274, 322, 341, 354
異刹那業縁 258
一来 342
一切実有説 257
已得退 185
異門 406
意門 34
意門路 36, 37
意欲 116, 118, 144, 351
因 246
因果関係 255
因果の時間的逆転現象 143, 150, 487
引業 151, 158, 159, 162, 165, 350, 404
因中有果論 254
引転 35
因等起 51
韻文資料 309, 386

う

ヴェーダ 19
有学 274
有情 220, 317
有尋有伺 50
有身見 317
ウダーイ 387
「ウダーイン経」 404
『ウダーナヴァルガ・ヴィヴァラナ』（UVV.） 443
有頂 372, 404
ウッパラヴァンナー 452
『ウパーイカー』（AKUp.） 30
優婆夷 113, 118
優婆夷律儀 102
優婆塞 113, 118

優婆塞律儀　102
ウパニシャッド　19
有覆無記　60, 264
有分　35
有量の業　327, 333
有漏　185
有漏業　325
有漏の善業　357
有漏法　151, 153, 361
運命論　272

え

廻向　456
依処　144
円満　147
「塩喩経」 276, 383

お

王侯　113
王山部　461
応堕　195
飲酒　374
音声　34

か

我　220
戒　80, 85, 87, 151, 152, 167
戒禁取　317
戒増長　168
戒体　101
戒非心所論　168
戒非心随転論　168
戒無教　169
学処　119
確定　35
カシミール　110, 112, 118, 119, 195
渇愛　311, 388
果の受者　230, 231
果報　217
カラーブ王　452
狩人　113
観誓　236
ガンダーラ　112, 118

き

愧　75
疑　317
既有業　271, 280, 296, 316, 347, 384, 386, 418, 420, 430, 488
義成部　461
獲　187
形色　34
行相の変化　45, 73
経部　83, 84, 169, 173, 219, 223, 252, 253, 256
経量部　253

く

共一切心心所　483
俱有因　154, 159, 267
共業　259
空無辺処　266
苦行　386, 390
苦行者　386
苦俱不善異熟身識　482
『俱舎論』(AKBh.)　20, 26, 30, 164, 223
『俱舎論要解』 159
苦受　413, 429
俱生　44
俱生業縁　258
供養　123

け

加行　41, 126, 130, 144, 257
加行不可転　439, 471
解脱　23, 269, 488
結　317, 322
結生　35, 436

決定させる思　42, 47
決定論　272
外道　141
下忍　186, 344
現観　184
現行　366, 406
言語表現　222
現在有体過未無体　172, 252, 487
玄奘　74, 265
見所断　344
現前　185, 366
見道　94, 184, 186, 361

こ

故意　147
業　19, 23, 246, 269, 311, 422, 488
行為　19, 25, 136, 487
業異熟智力　166
業縁　228, 258
業果の先取り　279, 289, 294, 394, 427, 437
業果の必然性　269, 279, 430, 442, 446, 455
業果の不可避性・必然性　434, 435
『光記』 159, 241
業受　483
『業施設』(KarP.)　272
業増長論　257
後天的習性　83, 101, 113, 136
業道　121, 144, 151, 152
業に結ばれる　172, 177
業の作者　230, 231
業の余勢　231, 233, 251, 252, 255, 259, 487
業報輪廻　19, 24
業滅　23, 269, 296, 314, 317, 321, 337, 442, 446, 488
業輪転　296, 306
五蘊　186, 253
五蘊相続　32, 254
五戒　102, 374
後起　126, 144
極七返　348, 476
黒白業　368
五下分結　317, 322
古業　308, 313, 390
語業　34, 48
五識相応　482
五障害　421
五上分結　317
五神通　263
業障　347, 356, 413, 420, 421
語門　34
五門路　36
顧慮行　123
近住律儀　102
近分　183
根本　126
根本業道　125, 130, 137, 150, 162
羯磨説　103

さ

サーリプッタ（上座部註釈家） 292, 331
サーリプッタ（仏弟子） 452
サーンキヤ　254, 255
在家者　374
在俗信者　113, 118
栽培　256
裁判　119
裁判官　113
作業　52, 114, 134
雑修静慮　185, 243
殺人教唆　138
『サマンタパーサーディカー』(VinA.)　71
慚　75, 376
僧伽　263
三界九地　371
三学　391
三帰依　337
懺悔　337
三結　317, 322

三時業　271, 347, 385, 413
三時障　349
三十三天　164
三障　347, 421
三性決定説　55, 59
三性不定説　55, 59
散心　90, 93, 184
三世実有　83, 84, 136, 141, 150, 236, 250, 252, 260, 487
三善根　75, 302
三蔵　167, 386
三不善根　75
散文資料　299, 300, 309
三明　416
三輪転説　296, 306

し

思　33, 34, 48, 144, 157, 159, 165
シーヴァカ　481
時異熟倶不定業　295, 352, 399
四依　104
識　311
色界　159, 246
色界繋　264, 362
色界繋業　353
色界繋善法　92, 93
色究竟天　242
識転変　219
色法　143, 184, 368
識無辺処　266
四句分別　238
自業自得　389, 456, 458, 467, 471
自在力　333
支持業　478
四沙門果　391
自性　67, 75
自性断　363, 368
七善業道　101, 124, 190
七不善業道　124
失　185
十戒　102
湿生　344, 355
実体　192, 255
史的イエス　28
史的仏陀　28
時不定異熟定業　278, 295, 352, 399
四無量心　324, 330
死没　92, 93, 97, 98, 119, 134
捨　92, 95, 100, 109, 184, 239, 243
ジャーリンの森　424
ジャイナ教　254, 297, 309, 386, 389, 390, 447
釈迦牟尼　240, 263
邪見　191
遮罪　375
沙弥尼律儀　102
沙弥律儀　102
沙門　386
沙門（苦行者）文学　299
受　483
重業　335
執持　123
種子　83, 84, 219, 253, 254
種子の譬え　223, 231, 251, 487
十善業道　123
十二支縁起　74, 306
十八不共仏法　166
十不善業道　33, 123
十力　213
取果　142, 170, 233, 252, 260, 487
受戒作法　101, 106, 107, 121
宿作因論　447
衆賢　27, 54, 107, 151, 152, 157
主宰神　447
出観　90
出家　425
出定　90, 187
修道　361

衆同分　93, 95, 157, 404
修道論　26, 296, 323, 337, 488
受用所成福徳論　174
受用退　185
受用福徳　174
順決択分　92, 94, 95, 185, 186
順現法受業　36, 295, 404, 429
順後次受業　36, 249, 295, 430
順次生受業　37, 295, 430
順住分　186
順勝進分　186
『順正理論』 118, 152, 157, 241
順退分　186
助因　144, 147, 150, 151, 152
上位に属する業　331, 334, 395
正学律儀　102
勝義　73, 75
定業　249, 271, 295, 339, 346, 381, 413, 488
『成業論』 168, 171, 190
性罪　375, 407
上座部　20, 27, 167, 219, 252, 487
上座部註釈家　167, 314, 425
上座部文献　411
聖者　98, 184, 185, 322, 341, 400
聖種　341
成就　89, 100, 110, 187, 238, 243
正生位　205
正性決定　348, 421, 476
『清浄道論』（Vis.） 20
定所生　80
浄信　337, 459
聖道　308, 327, 421
浄等至　186
上忍　186, 344, 398
『成唯識論述記』 260
称友　26
『称友疏』（AKVy.） 30, 161
正量部　84, 167, 171, 177, 252
静慮律儀　88
上流不還　185, 241
助縁　173, 310, 316, 321
所縁断　363, 368
初期経典　177, 224, 296, 310, 326, 338, 378, 411, 456
初期仏教　23, 392
諸行　224, 255
職業　113
初静慮　50, 74, 241
女性　355
所造色　256
処中　196
助伴　147
シラブル　40
持律師　375
心　161
尋　174
心狂乱　400
身業　34, 48
新業　308, 313, 390
心作用　35
身識相応　482
心聚　212
心所法　154, 161
真諦　74
神通力　410
瞋恚　317
心不相応行　161, 171
心不相応行法　231, 237
心不相応法　167, 252
身門　34

す

随喜　457, 465
随心転　80, 88, 98
推度　35
随転心　52, 369
随念　174
スコラ学　28

スマンガラ　258
スリランカ　167

せ

誓言　114
誓受　114, 134
聖書　28
制定罪　375
性転換　188
青年ナンダ　452
施餓鬼　24, 456
世間罪　375, 377
世親　27, 190, 219, 254, 259
世俗的行為　358
世第一法　95, 184, 398
説一切有部　20, 27, 152, 226, 251, 284, 487
殺生　121
刹那性　70
刹那等起　49, 51, 107
刹那滅　49, 221, 236, 254
善意無過失　51, 67
善慧戒註　171
善行　123
禅業　334
善根　342
戦争　119
全超　242
染汚業　239
染汚法　361

そ

相応　75
造作業　147
増長　83, 84, 167, 169, 171, 177, 252
増長業　147
相続　172, 187, 220, 222, 253, 254, 256
相続転変　177
相続転変差別　83, 173, 219, 223, 231, 251, 252, 254, 487
造物主　447
触　35
速行　33, 35, 41, 429
速行回　36
速行思　74
速行心　74
速行路　36, 46
存在論　253
尊祐論　447

た

退　93, 97, 98, 185, 242, 264, 267
大迦葉　386
第九品の煩悩　368
第四静慮　185, 242, 243, 264
退失　185
大地法　483
大種　256, 400
大種所造　171
大衆部　83, 84, 167, 168, 171, 177, 252
大乗経典　21
『大乗荘厳経論』　254
大乗的上座部　259
大乗仏教　254, 456
第八有　355
『大毘婆沙論』　154, 161
退分定　186
退法　371, 404
大梵天　344, 355
タガラシキン　213
他業他得　389, 456, 466
タッカシラー　410
陀羅尼　337
断　361
断善根　111, 119, 134, 239
ダンマパーラ　27, 173, 221, 231, 251, 259
ダンマパーラ複数人説　259

ち

チッタハッタ　391
中間静慮　50, 74
註釈者　322
註釈定型句　258
註釈文献　296, 378
中忍　186
『中論』 181, 236
チュンダ　475
頂　95, 186
頂法　185

て

デーヴァダッタ　240, 263
田　123, 144, 351
天趣　265
転変　255
転変説　254

と

ドゥーシー魔　452
等起　44, 54, 75
塔廟　358
『灯明論』（ADV.）　30
等無間縁　230
同類因　266
等流果　142, 162
得　87, 181, 187, 234, 237, 238, 243, 361
特異点　229, 231
得果　97, 98
犢子部　177, 252
屠羊者　113

な

ナーガールジュナ　181
ナーガセーナ　225
煖　95, 186
煖法　185

に

二因結生者　421
ニカーヤ　20, 131
二形生　115, 119
肉体的　482
二十億耳　397
入定　184
如来　341
忍　95
忍位　342, 349, 350, 355, 396, 397
人趣　265

ね

涅槃　73
念覚支　387

の

能作因　141
能転心　52, 369
能発　212

は

媒介者　84, 100, 136, 177, 252
波逸提　374, 408
破壊業　418
破僧　240
八斎戒　102, 117
八聖道　137, 308
波羅夷　111, 374
波羅提木叉　374
半超　242

ひ

比丘尼律儀　102
比丘律儀　102
非黒非白業　479
非色法　143, 184
非時死　453

彼所縁　35
非神話化　28
非択滅　343, 345, 354, 381, 398
非得　93, 185, 239
非難　422
毘婆沙師　236
白業　368
白四羯磨　104, 188
辟支仏　213
譬喩者　279
表　25, 31, 44, 48, 72, 101
表戒論　168
表所生　80, 121
非律儀非不律儀　79, 121

ふ

不異門　406
不飲酒　123
福業事　121, 131, 137, 167, 173
福徳　357
不結生　417, 419
不還　322, 350, 353, 355, 401
不還果　317, 349, 353
普光　159
不作為性　70
不作律儀　376
不失壊　84, 167, 171, 177, 252
普寂　159
不定業　249, 271, 278, 295, 488
不成就　93, 239, 243, 361
不生法　344
不随心転　80, 101, 121
布施　121, 123, 461
不堕悪趣　339, 354, 381, 396, 397, 413, 488
不退法　371, 404
不堕法　342
ブッダゴーサ　20, 27, 221, 231, 251
仏陀の金口直説　20
仏塔　358
部派仏教　217, 456
不放逸　416, 474
ブラーフマナ　19
不律儀　79, 113

へ

別解脱律儀　101, 102, 111
遍没　242

ほ

『法蘊足論』 160
法倶得　260, 369
防護　390
法蔵部　169
法爾　115, 173, 246, 467
法滅　111
北道派　383
菩薩　263, 332, 452
『菩薩地』(Bbh.)　259
北倶盧洲　265, 344, 355
法性　378
法相　49, 51, 54, 62, 64, 101, 373, 422
『発智論』 161
犯戒　111, 119
梵行　425
梵衆天　185, 241
梵天　76
煩悩　23, 269, 316, 317, 380, 422, 488
煩悩障　347, 421
煩悩輪転　296, 306
凡夫　89

ま

マッカリ・ゴーサーラ　447
マハーヴィハーラ派　259
満業　151, 159

み

味相応　185

未得退　185
明　50
妙行　161
命根　158
名色　222, 253

む

無因結生者　421
無因論　447
無我　231, 254
無愧　75
無記法　154
無間業　279, 347, 355, 383, 439
無間道　367
無見無対色　137
無慚　75
無色界　159, 184, 239, 246
無色界繋　264, 362
無色界繋業　353
無心　190
無尋有伺　50
無想有情天　344, 355
無表　25, 48, 79, 85, 136, 150, 151, 152, 167, 177, 233
無表悪戒論　168, 170
無表仮有論　139
無覆無記　368
無明　50
無余依涅槃　269, 426, 432
無量の業　331
無量無量所縁　333, 394
無漏　185
無漏業　336, 479
無漏色　137
無漏定　98
無漏法　154
無漏律儀　88, 376

め

名称　192
命令　128, 129, 137, 167
命令違反　422
滅尽定　107, 109, 190

も

目連　141

や

易地　93, 98, 264
夜叉ナンダ　452
夜尽　111

ゆ

唯作　313, 373, 380
唯作心　357, 488
『唯識論同学鈔』 260

よ

与果　142, 170, 233, 252, 260, 487
与学沙弥　195
欲界　157, 159, 184, 207, 246, 265, 296, 318, 350, 372, 381
欲界繋　60, 101, 133, 151, 152, 165, 190, 241, 353
欲邪行　125
欲貪　317
預流　322, 342, 355
預流果　317
預流道　317

ら

楽倶善異熟身識　482
卵生　344, 353, 355

り

離　407

離繫得　368
離殺生　124
離染　93, 185, 351, 353, 404
律儀　79, 86
律蔵　374, 378
領受　35
両性具有者　111
輪廻　23, 269, 322, 336, 413
倫理的自覚　219, 253

れ

霊廟　401
連結者　181
練根　97, 98
連鎖　171, 172

ろ

六足発智　295, 381
六通　416
漏尽者　384
六法戒　102

わ

惑業苦　296, 321

著者紹介
清水俊史（しみず　としふみ）

2010 年　佛教大学大学院修士課程修了
2013 年　佛教大学大学院博士課程修了　博士（文学）
現　在　日本学術振興会特別研究員 PD, 佛教大学総合研究所特別研究員
主要著作：
"Phaladāna and Prāpti in Sarvāstivāda," *Journal of Indian and Buddhist Studies*, Vol. 62, No. 3, 2014.
"How many Dhammapālas were there?," *Journal of Indian and Buddhist Studies*, Vol. 64, No. 3, 2016.
「パーリ上座部における楽受の実在性を巡る論争 —— 初期経典から註釈文献まで」『南アジア古典学』第 12 号, 2017.

阿毘達磨仏教における業論の研究
説一切有部と上座部を中心に

2017 年 9 月 10 日　第 1 刷発行

著　　者　清 水 俊 史
発 行 者　石 原 大 道
発 行 所　大蔵出版株式会社
〒 150-0011 東京都渋谷区東 2-5-36 大泉ビル 2F
TEL 03-6419-7073　FAX 03-5466-1408
http://www.daizoshuppan.jp/
装　　幀　CRAFT 大友
印 刷 所　三協美術印刷株式会社
製 本 所　東京美術紙工協業組合

ISBN 978-4-8043-0592-9　C3015